dumont taschenbücher

Hugo Schöttle, geb. 1923; 1945–1951 Musikstudium; 1954–1956 Verlagshersteller, dann Fachredakteur für Fotografie. Seit 1974 Schriftleiter der »Leica Fotografie«, einer internationalen Zeitschrift für Kleinbildfotografie. Schöttle ist als Organisator und Juror internationaler Fotowettbewerbe und als Gestalter von Fotoausstellungen bekannt geworden, ebenso als Herausgeber von Bildbänden und Fotobüchern. 1968 Berufung in die Deutsche Gesellschaft für Photographie (DGPh), 1973–1977 Vorsitzender der Sektion Bild in der DGPh; 1974 Berufung in die Gesellschaft Deutscher Lichtbildner (GDL). Hugo Schöttle ist Herausgeber von »dumont foto. Fotokunst und Fotodesign international«, das in jährlichem Rhythmus erscheint.

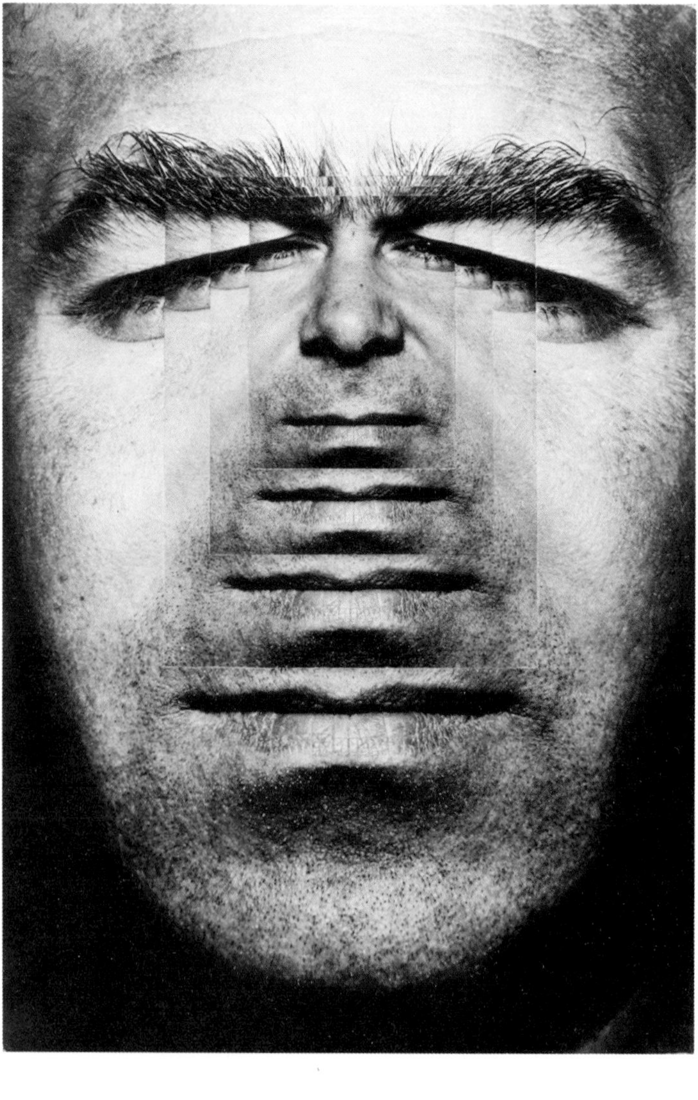

Foto: Janusz Bakowski, Warschau (Polen)

Hugo Schöttle

DuMont's Lexikon der Fotografie

Foto-Technik · Foto-Kunst
Foto-Design

DuMont Buchverlag Köln

Umschlagabbildung Vorderseite: Foto: Margita Mancová, Bratislava (Tschechoslowakei)

Umschlagabbildung Rückseite: vgl. Farbabb. 13

CIP-Kurztitelaufnahme der Deutschen Bibliothek

Schöttle, Hugo
DuMonts Lexikon der Fotografie : Foto-Technik, Foto-Kunst, Foto-Design. – Köln : DuMont, 1978.
(DuMont-Taschenbücher ; 58)
ISBN 3-7701-0944-9

Erstveröffentlichung

Zeichnungen und schematische Darstellungen: DuMont Buchverlag, Köln, nach Angaben des Autors

Druck: Gebr. Rasch & Co., Bramsche

Printed in Germany ISBN 3-7701-0944-9

Vorwort

Als Nicéphore Niépce im Sommer 1826 das erste fotografische Bild erzeugte – er nannte es »Heliographie« –, war auf der Zinnplatte lediglich eine Abstrahierung des Motivs zu sehen. Die von ihm angewandte Technik gestattet ihm, die Umrisse der Natur in einer undifferenzierten Licht-Schatten-Zeichnung festzuhalten. Das Bild zeigt den Blick aus dem Arbeitszimmer von Niépce auf einen Hof, der als solcher nur mit einiger Phantasie erkennbar ist. Deutlicher sind die Konturen von den Gebäuden, die zu seinem Anwesen gehörten.

Heute, über 150 Jahre später, hat sowohl die Schwarzweißfotografie als auch die Farbfotografie eine in der Präzision der Wiedergabe kaum noch zu überbietende Vervollkommnung erfahren. Nach unterschiedlichen Methoden kann, was dem menschlichen Auge sichtbar ist, fotografisch reproduziert und festgehalten werden. Einige Techniken, zum Beispiel Röntgenologie, Mikroskopie, Thermographie, Radiographie, erschließen gar Bereiche, die dem »unbewaffneten« menschlichen Auge verschlossen sind. Im Fernsehbild, in der elektronisch-optischen Wiedergabe der von Kameras abgetasteten Natur, werden gestochen scharfe Bilder, selbst vom Mond und vom Mars, bis in die letzte von der Fernseh-Kultur erschlossene Hütte dieser Erde transportiert. Fernsehen und Fotografie als Schwerpunkte visueller Kommunikation sind im gesellschaftspolitischen Bereich da und dort zu gefährlichem Zündstoff geworden.

Fotografie und alle von ihr abgeleiteten Techniken der Bildherstellung und Bildübermittlung in einem Lexikon darzustellen, das würde ein vielbändiges Werk bedingen. Dieses Lexikon der Fotografie kann demgemäß nur einen allgemein interessierenden und jedermann praktisch zugänglichen Bereich der Fotografie erfassen. Er ist in der Auswahl der Begriffe so abgestimmt und geformt, daß er in weitestem Sinne einer Einführung in die Fotografie entspricht. Außer dem Ziel, ein breites, an der Praxis orientiertes Grundwissen zu vermitteln, erleichtert dieses Lexikon die Lektüre von Fachbüchern und Fachzeitschriften und die Vertiefung des Wissens beim Studium. Ausgehend von der theoretischen Basis dessen, was Fotografie ist und bewirkt, wird dem Leser das Vokabular der modernen Geräte-, Verarbeitungs- und Reproduktionstechniken vermittelt und erläutert, bis hin zu kompositorischen Elementen des Foto-Design und der experimentellen Fotografie. Besonderes Gewicht wurde den gestalterischen Fragen praktischer, aber auch künstlerisch ambitionierter Fotografie beigemessen, sowohl im Hinblick auf die historischen Quellen wie auch auf aktuelle fotografische Stilrichtungen, wie sie heute in Ausstellungen, Fotogalerien oder in den Museen der Bildenden Kunst sichtbar werden. Den geschichtlich Interessierten werden die Beschreibungen historisch bedeutsamer Kopierverfahren ansprechen, von denen das eine oder andere in diesen Tagen wieder eine Art Renaissance erlebt.

Ergänzt wird das Lexikon durch eine Auswahl von Kurzbiographien geschichtlich bedeutsamer Fotografen, deren Lebenswerk für die Entwicklung der Fotografie von besonderem Interesse ist. Eine kurzgefaßte Bibliografie über zeitgenössische Fachliteratur gibt dem Leser Hinweise auf Publikationen, die geeignet sind, das vermittelte Grundwissen weiter zu vertiefen. Insgesamt spricht das Lexikon alle an praktischer Fotografie interessierten Kreise an: Fotoamateure wie Berufsfotografen, Fotolaboranten wie Grafiker, Lithografen, Typografen oder Drucker und all jene, die nur am Rande mit Fotografie beschäftigt oder an ihr interessiert sind.

Ein Wort des Dankes

Die Wissens-, Informations- und Bildquellen, die den Autor in die Lage versetzten, wichtige Beiträge dieses Lexikons der Fotografie dem neuesten Stand der Technik entsprechend zu präsentieren und zu illustrieren, sind vielfältig. Ich möchte an dieser Stelle allen danken, die in irgendeiner Form einen praktischen Beitrag zum Gelingen dieses Buches geleistet haben. Mein besonderer Dank gilt jedoch den Herren Professor Gottfried Jäger, Bielefeld, Manfred Kage, Institut für wissenschaftliche Fotografie, Weißenstein, und Bernd Lohse, Leverkusen, denen ich, neben aktiver Mitarbeit, manchen wichtigen Hinweis verdanke. Erwähnen möchte ich in diesem Zusammenhang auch das Entgegenkommen von Herrn Gerhard Ludwig, Essen, auf dessen Arbeit über »Lichtbildner und Technologen in Deutschland« (Essen 1974) ich mich bei der Abfassung der Kurzbiografien von Fotografen stützen konnte. Wichtige Beiträge der Information und Illustration verdanke ich den Pressestellen und Archiven der Firmen Agfa-Gevaert, Leverkusen, Kodak, Stuttgart, Ernst Leitz, Wetzlar. Nicht zuletzt aber sei den Fotografen gedankt, deren Aufnahmen in diesem Buch einen Eindruck von der Qualität und Vielfalt des fotografischen Schaffens unserer Tage vermitteln.

Hugo Schöttle
Würzbach, im Oktober 1977

Fotografie – Medium der Massenkommunikation

Kein geringerer als der französische Dichter Charles Baudelaire war es, der in einer 1859 veröffentlichten Betrachtung über die den etablierten Kunstbetrieb bedrohenden Kunsteigenschaften der Fotografie Schlimmes prognostizierte: »Wird es der Fotografie erlaubt, die Kunst in einigen ihrer Funktionen zu ergänzen, so wird diese alsbald verderbt und verdrängt sein, dank der Bundesgenossenschaft, die ihr aus der Menge erwachsen wird. Die Fotografie muß deshalb zu ihrer eigentlichen Pflicht zurückkehren, der Wissenschaften und Künste Dienerin zu sein ...« Heute, 130 Jahre später, schätzt man ihre Kunsteigenschaft in gleicher Weise wie ihre Fähigkeit, den Künsten, die durch Fotografie keineswegs verdrängt wurden, zu dienen. Für Forschung, Wissenschaft und Technik ist Fotografie inzwischen unersetzliches Werkzeug geworden. Die »Bundesgenossenschaft« der Menge aber hat sie sich total und auf eine Weise erobert, die Baudelaire und seine Zeitgenossen nicht voraussehen konnten: Sie wird vom Millionenheer der Knipser und Fotoamateure repräsentiert, das aus reiner Lust am Bildermachen fotografiert. Wer wollte aber daran zweifeln, daß sich gerade bei einfachen Knipsern eine der positivsten Eigenschaften der Fotografie zeigt: der zündende Funke der Kreativität. Diese äußert sich bereits in der Feststellung eines Kindes, das seine ersten selbstgemachten Fotos betrachtet: »Schaut her, das hab' ich gemacht!«

Fotografie im Zeitalter der Massenkommunikation äußert sich in der Flut der Bilder, die uns bedrängt. Sie überschwemmt uns aus Zeitungen, Zeitschriften, Büchern und vor allem aus den Programmen des Fernsehens. Dreieinhalb Stunden sitzt der Durchschnittsbürger in unseren Landen täglich vor dem Bildschirm, sagt eine Statistik. Das ist fast halb so viel Zeit, wie er für den Broterwerb aufwendet. Bilder unterhalten, vermitteln Wissen, spielen eine große Rolle als Meinungsmacher. Die Beschäftigung mit ihnen ist wesentlicher Bestandteil von Lern- und Informationsprozessen geworden, sie stehen im Zentrum allgemeiner Kommunikation, der sich die Menschen nicht entziehen können.

Obwohl das so ist, bereitet den Menschen das »Lesen« von Bildern, die kritische Betrachtung oder gar die Beurteilung ihres Inhalts meist große

Schwierigkeiten. Der Leser der Zeitschrift versteht sie als selbstverständliche, man könnte fast sagen rein dekorative Zugabe zum Text, und er bemüht sich nicht (oder nur in Ausnahmefällen), beispielsweise den Wahrheitsgehalt ihrer Information zu prüfen. Dagegen bietet das flüchtige Fernsehbild, das sich zur unterhaltsamen Handlung verdichtet, dem Menschen einen weit höheren Reiz, denn es eignet sich zum Dauerkonsum, zur Ausfüllung immer größerer Lücken des Mit-sich-selbst-Beschäftigtseins in der Freizeit.

So überraschend es klingt, so wahr ist es doch, daß unsere Kinder zwar nach wie vor Lesen und Schreiben lernen, aber das Lesen von Bildern bringt ihnen niemand bei. Hieraus erklärt sich unter anderem, daß die Ansprüche auf Qualität der fotografischen Darstellung, selbst bei bildinteressierten Personen, oft erstaunlich niedrig sind. Wissenschaftler, die sich mit diesem Phänomen beschäftigen, sprechen vom weitverbreiteten Analphabetismus der Bildsprache. Diese wird zwar in der praktischen Anwendung als eines der wirksamsten Medien moderner Kommunikation durchaus erkannt und benützt, aber in ihren tatsächlichen Auswirkungen, in negativen wie positiven, meist falsch bewertet und unterschätzt. Mit Recht fordern kluge Pädagogen, daß das »Fertigen und Lesen von fotografischen Bildern« zum Pflichtfach der modernen Schulbildung werden sollte. Trotz vielversprechender Ansätze einer sich mühsam genug an Universitäten und Fachhochschulen etablierenden Informationswissenschaft, die sich mit Didaktik, Anwendung und Präsentation von Foto, Film und Fernsehen beschäftigt, ist das wirklich fundierte Wissen um die Auswirkungen des Bildes auf die moderne Gesellschaft noch äußerst gering. Wie anders sollte man sich sonst die durch nichts zu rechtfertigende Oberflächlichkeit erklären, die sich weitverbreitet in der Gestaltung von Fernsehprogrammen zeigt, aber natürlich ebenso im indiskutablen Niveau eines Großteils der illustrierten Presse. Qualität sei eine Geldfrage, so entschuldigen sich die Macher. Aber ist sie nicht in erster Linie eine Frage gesellschaftspolitischer Wertung und vor allem geistiger Potenz?

Wenn hiermit festgestellt wurde, daß der Anspruch der Allgemeinheit an die Qualität der Fotografie, angesichts des täglichen Umgangs mit Bildern, gering sei, so liegt eines der erfolgversprechendsten Rezepte, einen Wandel zu schaffen, zunächst einmal in der Aufforderung an jedermann, selbst und sehr bewußt zu fotografieren. Sie muß allerdings begleitet sein von Information und Anleitung darüber, wie dies zu bewerkstelligen ist. Eine Statistik der Industrie sagt, daß in Deutschland in jeder Sekunde 70 Fotos entstehen. Das sind nahezu 2,2 Milliarden Bilder im Jahr. Eine unvorstellbare Menge. Wir sehen sie vor uns, diese Bilderflut, die aus den Kopierfabriken in die Fotogeschäfte und von dort in die Brieftaschen, Fotoalben und Aufbewahrungsschachteln der Verbraucher fließt. Sie ist jedoch nicht nur Ausdruck einer besonderen Spezies des »Massenkonsums« (ohnehin eine zweifelhafte Bezeichnung im Hinblick auf Fotografie), sondern auch Beweis für das breite Interesse am Gestalterischen.

Ich sprach bereits vom Funken der Kreativität, der sich schon beim Anfänger zeigt. Leicht läßt sich dieser Funke zum Feuer der Begeisterung echten Engagements entfachen, das allein zu besseren Bildern führt. Die Kamera, die das Leben in der Familie festhält, die uns auf der Reise oder in den Urlaub gewissermaßen als Notizbuch oder als modernes Tagebuch begleitet, kann dies bewirken. Daneben gibt es Möglichkeiten – über das Notieren hinaus –, Bilder zu schaffen, die als bewahrenswerte Dokumente, vielleicht sogar als künstlerischem Anspruch genügende Darstellungen Jahrzehnte überdauern mögen.

Wie kann solch gehobener Anspruch befriedigt werden? Der Künstler-Report von Karla Fohrbeck und Andreas Johannes Wiesand (München 1975) stellt fest, »daß es in der breiten Bevölkerung neue, oft verschüttete Bedürfnisse nach künstlerischer Entfaltung gibt, die es künftig stärker zu berücksichtigen gilt . . ., und daß hier ein gut Teil künftiger künstlerischer Arbeit im Bereich der Jugend- und Erwachsenenbildung liegt, zunehmend in dem Maße, wie sich der Freizeitanteil am Zeitbudget der Erwerbstätigen erhöht und wie die künstlerischen Fächer aus dem allgemeinbildenden Schulteil abgedrängt werden . . .« Daß die unprofessionelle Beschäftigung mit der Fotografie, neben anderen Formen kreativer Tätigkeit, hier eine besondere Rolle spielen kann und muß, resultiert aus der Tatsache, daß Fotografie zu den am weitesten verbreiteten Hobbys zählt. Hier ist ein weites Feld für Bildung und Ausbildung, zumal sich bei näherer Betrachtung zeigt, daß der Besitz einer Kamera nicht gleichzeitig auch deren sinnvolle Verwendung zwingend bewirkt. Unzählige Fotoapparate liegen ungenutzt. Sie lassen uns an das schlimme Schlagwort von der »Kamera als Statussymbol« denken. Doch gerade dieses ist eine der vielen Fehleinschätzungen amateurhafter Fotografie.

Vom Amateur zum Profi

Dort, wo sich Amateurfotografen mit ihren besten Arbeiten einer breiten Öffentlichkeit präsentieren, in den Ausstellungen ihrer Vereine und Klubs z. B., zeigt sich, daß diese hinsichtlich ihrer technischen und gestalterischen Qualität den Leistungen professioneller, ja künstlerischer Fotografie in nichts nachsteht. Das erklärt auch, weshalb in vielen Bereichen professioneller Lichtbildnerei der Nachwuchs aus dem Amateurlager kommt. Dies ist keineswegs verwunderlich, denn die Freude an der Fotografie, schöpferische Fähigkeiten und Phantasie sind wichtige Voraussetzungen für gute Leistungen. Es sind Eigenschaften, die sich besonders dann entfalten können, wenn Freude und nicht das Muß zur Antriebskraft für die berufliche Arbeit wird. Das Ziel ist klar: Hobby als Beruf. Allerdings nützen auch Begabung und Freude nicht viel, wenn sie nicht gestützt werden vom

Wissen um das Wie und von handwerklicher Geschicklichkeit, egal ob man sie sich in einer traditionellen Ausbildung in der Lehre und Fachschule oder autodidaktisch erworben hat.

Vor allem dem Bildjournalismus aber gilt das Interesse des aufstrebenden Fotoamateurs. Doch der Beruf des Bildjournalisten sei in eine Krise geraten, sagen Fachleute. Richtig ist, daß Tagesschau und Fernsehreportage seine Aufgabengebiete verändert haben. Statt auf brandaktueller Berichterstattung wie ehedem (die unbestreitbar vom Fernsehen übernommen wurde) liegt das Schwergewicht der Tätigkeit der Bildjournalisten von heute in einer eher feuilletonistischen, das Wissen um die aktuellen Ereignisse vertiefenden, ausführlich kommentierenden Berichterstattung. Tageszeitungen, Wochenzeitungen und Illustrierte sind nach wie vor die wichtigsten Abnehmer seiner Reportagen. Dabei ist zu berücksichtigen, daß die Möglichkeit der Publikation anspruchsvoller Bildserien auf ein gutes Dutzend Zeitungen und Zeitschriften zusammengeschrumpft ist. Allerdings: Auch das Fernsehen bietet viele, zum Teil noch ungenutzte Möglichkeiten, hervorragende Arbeiten zu verwerten.

Erfolg zu haben in diesem Beruf setzt heute voraus, daß der Reporter Bild und Wort gleichermaßen beherrscht. Die Betonung in der Skala seiner Aufgaben hat sich wieder, wie in der Frühzeit des Bildjournalismus in den 20er und 30er Jahren, auf den »Journalismus« verlagert. Der Nur-Bildermacher ist wenig gefragt. Damit ist der Beruf zwar schwieriger, aber auch wieder exklusiver geworden. Er verlangt – neben dem außergewöhnlichen fotografischen Talent – universelles Wissen, ein hohes Maß an Intelligenz und Kontaktfähigkeit und nicht zuletzt die bildgestalterische Kraft, die dazu gehört, bedeutende Ereignisse in Bilder umzusetzen.

Was ist ein Foto-Designer?

Es war einmal eine Zeit . . ., so könnte man heute sagen, da galt der Beruf des Fotografen als Synonym für leichtes Geldverdienen, für kostenloses In-der-Welt-Herumreisen und für billigen Tagesruhm. Heute kann davon nicht mehr die Rede sein. Die Forderungen an das fotografische Können sind in dem stark überfüllten Beruf immens gewachsen. Insbesondere die freischaffenden Fotografen haben es schwer, sich durchzusetzen. Trotzdem hat der Fotografenberuf nichts von seiner Attraktivität verloren. Es ist ein freier, das Schöpferische im Menschen fordernder Beruf, und er ist jedermann zugänglich. Allein die Leistung zählt. Werbung, Mode, Industrie und Technik, Forschung, Lehre und Wissenschaft, das sind die Arbeitsbereiche des modernen Fotografen, der sich gerne spezialisiert. Als freischaffender »Formgestalter« der Fotografie nennt er sich Foto-Designer, eine Bezeichnung, die seine Arbeit als eine schöpferische akzentuiert. In einer offiziellen Beschreibung seines Berufsbildes heißt es: »Foto-Designer sind selbständige, eigenschöpferisch arbeitende Fotografen im Aufgaben- und Tätigkeitsfeld der visuellen Kommunikation, die methodenbewußt, systematisch konzipierend und realisierend arbeiten. Dazu werden Erkenntnisse der Kommunikationsforschung genutzt, die die Wissenschaften der Informatorik, der Psychologie und Soziologie einbeziehen und in neuen Relationen zusammenführen. Die Arbeit des Foto-Designers fordert geistige Leistung, analytische Fähigkeiten und hohes Urteilsvermögen, um Bildideen mit spezifisch fotografischen Gestaltungsmitteln in kommunikationsrelevante Bildaussagen umzusetzen.« Deutlich wird in dieser Definition, daß sich der moderne Fotograf seiner gesellschaftsformenden Funktion durchaus bewußt ist. Wie die Protagonisten des Fernsehens, wie die Meinungsmacher der Presse betrachtet er sich als Beeinflusser öffentlicher Meinung wie des guten Geschmacks im Bereich der Massenkommunikation. Die geistige Substanz, die nicht zuletzt im gestalterischen Niveau seiner Bilder Ausdruck findet, ist gleichzeitig der Maßstab für seine berufliche Qualifikation. Dort wo es ihm gelingt, Bildideen so zu verwirklichen, daß sie mehr sind als nur zweckmäßig, entstehen mitunter Fotografien von künstlerischem Rang.

Abbildung Mit dem → Objektiv an der Kamera, aber auch mit einer einfachen → Sammellinse ist man in der Lage, ein seitenverkehrtes, auf dem Kopf stehendes Abbild auf einem Film festzuhalten. Das Objektiv (die Sammellinse) vereinigt die von einem Objektpunkt ausgehenden Lichtstrahlen zu einem Bildpunkt. Aus unendlich vielen solcher Bildpunkte entsteht das komplette Bild des abzubildenden Gegenstandes. Weil sich dieses auf einem Film festhalten läßt, wird von einem reellen (wirklichen) Abbild gesprochen (Abb. 1a). Befindet sich der Gegenstand innerhalb der dingseitigen → Brennweite der Sammellinse oder eines Objektivs, so können sich die von ihm ausgehenden Strahlen hinter den Linsen nicht mehr vereinigen (Abb. 1b). Nur durch ein zusätzliches optisches System mit sammelnden Eigenschaften, wie es z. B. das menschliche Auge darstellt, kann ein virtuelles Bild wahrgenommen werden, welches durch rückwärtige Verlängerung der aus der Linse austretenden Strahlen aufrecht und »durch« das optische System hindurch gesehen wird (so funktioniert beispielsweise eine Lupe). Ähnliches gilt für optische Systeme mit streuenden (divergierenden) Eigenschaften (→Zerstreuungslinsen), da sämtliche von einem Objektpunkt ausgehenden und in das System einfallenden Lichtstrahlen zerstreut und nicht in einem Bildpunkt vereinigt werden (Abb. 1c).

Abbildungsfehler Sphärische und chromatische → Aberration sowie → Koma, → Astigmatismus und → Bildfeldwölbung sind die Ursachen der Abweichungen von einem idealen Abbildungsverhalten optischer Systeme. Bedingt durch die Brecheigenschaften der verwendeten Glassorten, durch die Form und Oberflächenbeschaffenheit der Linsen und ihrer räumlichen Anordnung kann es zu Zonen der Unschärfe, zu Verzeichnungen, Veränderung der Proportionen sowie Farbfehlern kommen. Diese Abbildungsfehler können durch die Kombination verschiedener Linsen, die sich hinsichtlich dieser Abweichungen vom Idealzustand konträr verhalten, deren optische Wirkungen sich dagegen addieren, zu einem hohen Grade kompensiert werden.

Abbildungsmaßstab Der Abbildungsmaßstab gibt das Größenverhältnis zwischen dem Objekt und seiner Abbildung an. Er ist also der Verkleinerungs- oder Vergrößerungsfaktor bei der fotografischen Abbildung und wird als Verhältniszahl oder als Dezimalbruch angegeben (z. B. 1:4 oder 0,25). Ist der Abbildungsmaßstab 1:2, so ist das Objekt zweimal kleiner wiedergegeben, als es im Original groß ist. Entsprechend den Abbildungsgesetzen gilt:

$$\text{Abbildungsmaßstab} = \frac{\text{Bildgröße}}{\text{Gegenstandsgröße}}$$

$$= \frac{\text{Bildweite}}{\text{Gegenstandsweite}} = \frac{\text{Auszug}}{\text{Brennweite}}$$

Infolge der (geometrischen) Ähnlichkeit der beiden grauschraffierten Dreiecke in Abb. 2a ist der Abbildungsmaßstab mit dem Verhältnis der Bildweite zur Gegenstandsweite identisch. Der Vergleich der in Abb. 2b schraffierten Dreiecke zeigt wiederum, daß der Abbildungsmaßstab außerdem mit dem Verhältnis der → Brennweite zum → Auszug (Balgenauszug, evtl. Verlängerung durch → Zwischenringe) übereinstimmt. Verlängern wir beispielsweise ein 100-mm-Objektiv durch einen Zwischenring um 25 mm, so beträgt der Abbildungsmaßstab bei der Einstellung ›Unendlich‹ 1:4; läßt sich das Objektiv dann noch zusätzlich durch eine extreme Naheinstellung (maximaler Auszug) um weitere 25 mm verlängern, so erreichen wir sogar einen Abbildungsmaßstab von 1:2. Moderne → Makroobjektive ermöglichen Abbildungsmaßstäbe bis 1:1, was gleichzeitig bedeutet, daß die Bildweite und Gegenstandsweite bei maximaler Nahein-

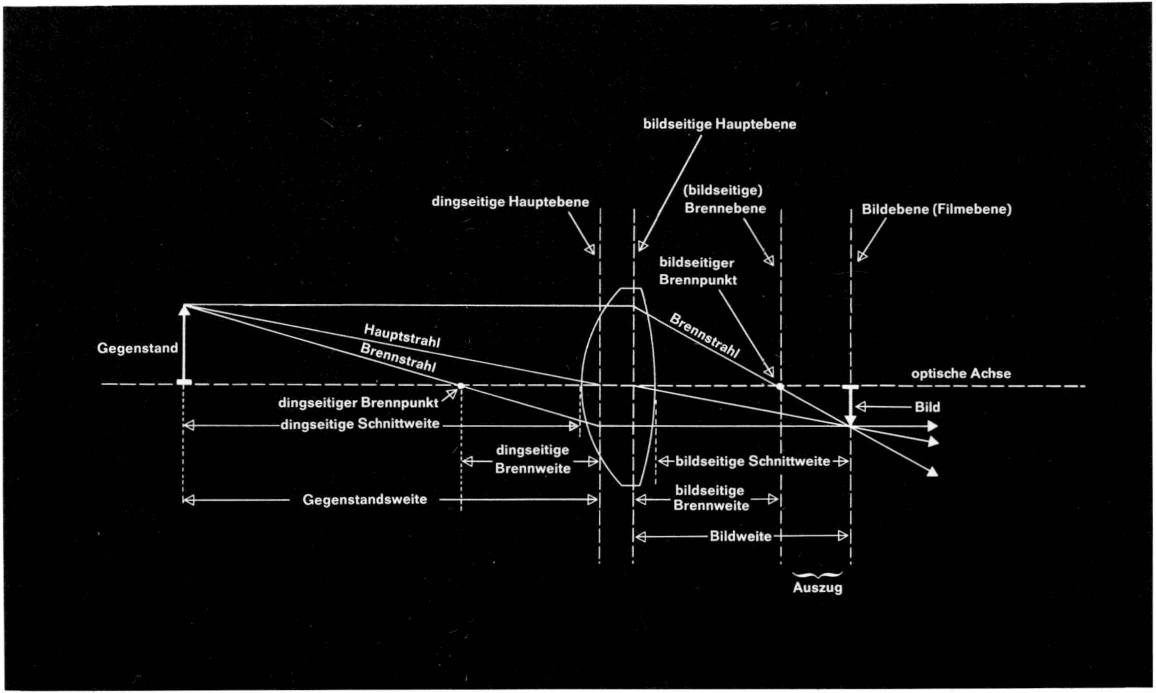
bildseitige Hauptebene
dingseitige Hauptebene
(bildseitige)
Brennebene
Bildebene (Filmebene)
bildseitiger
Brennpunkt
Hauptstrahl
Brennstrahl
Brennstrahl
Gegenstand
optische Achse
dingseitiger Brennpunkt
Bild
dingseitige Schnittweite
dingseitige
Brennweite
bildseitige Schnittweite
bildseitige
Brennweite
Gegenstandsweite
Bildweite
Auszug

1a

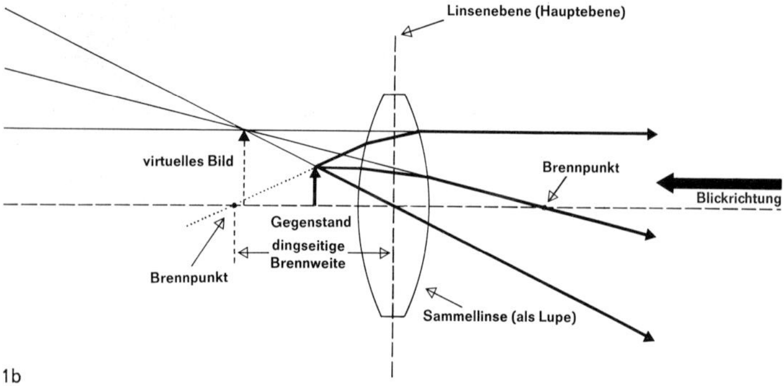

1b

1 **Abbildung.** a) Reelle Abbildung durch eine Sammellinse (Objektiv) – b) Virtuelle Abbildung durch eine Sammellinse (Lupe) – c) Virtuelle Abbildung durch eine Zerstreuungslinse

1c

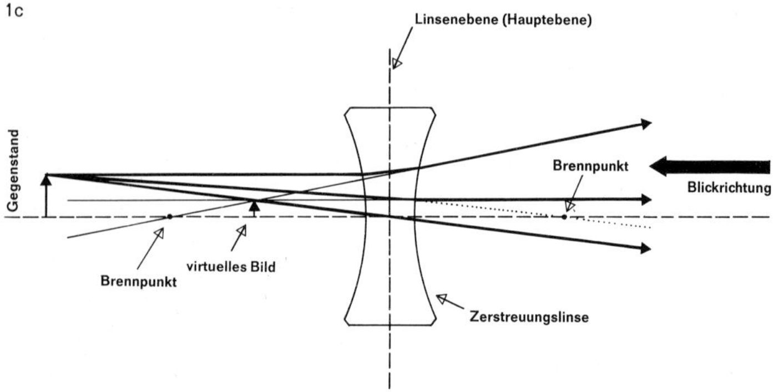

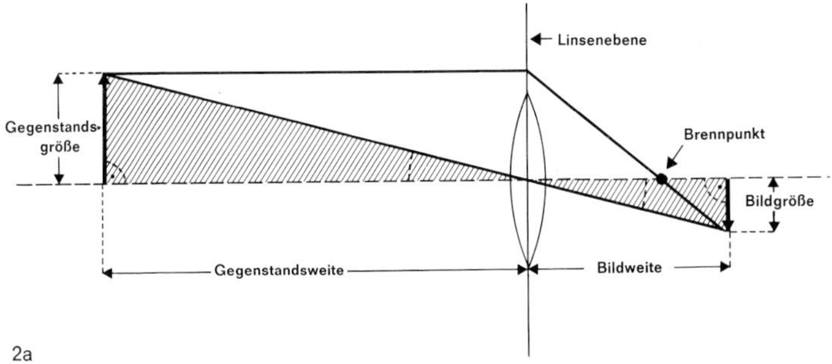

2a

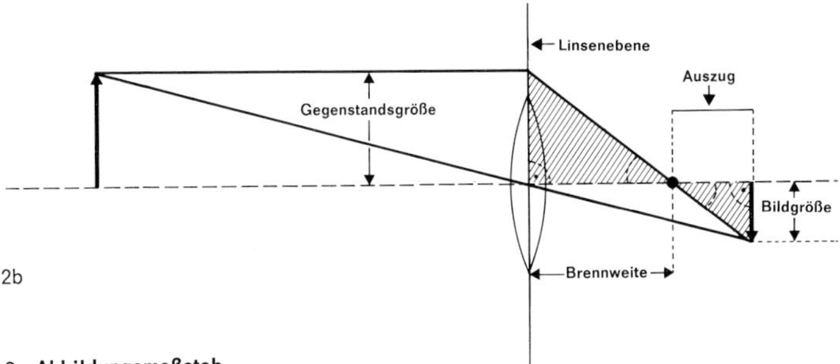

2b

2 **Abbildungsmaßstab.**

a) $$\text{Abbildungsmaßstab} = \frac{\text{Bildgröße}}{\text{Gegenstandsgröße}} = \frac{\text{Bildweite}}{\text{Gegenstandsweite}}$$

b) $$\text{Abbildungsmaßstab} = \frac{\text{Auszug}}{\text{Brennweite}}$$

stellung des Objektivs der doppelten Brennweite gleich sind.

Abblenden Durch Abblenden (→ Blende) verringert man den Durchmesser der bildwirksamen Linsenfläche (Eintrittspupille) und somit das → Öffnungsverhältnis. Mit fortschreitender Abblendung wächst die Blenden- oder Öffnungszahl (1 – 1,4 – 2 – 2,8 – 4 – 5,6 . . .) und zwar im gleichen Maße, wie der Durchmesser der Eintrittspupille durch Zuziehen der Blende um ganze Blendenstufen verkleinert wird, nämlich um immer denselben Faktor $\sqrt{2}$. Dadurch wird der wirksame Linsenquerschnitt jeweils halbiert. Weitere Auswirkungen des Abblendens sind: Vergrößerung der → Schärfentiefe durch Verkleinerung des → Zerstreuungskreisdurchmessers und Steigerung der beugungsbedingten (→ Beugung) Unschärfe. Eigentlich von selbst versteht sich (bei gleichbleibendem Licht) eine entsprechende Verlängerung der Belichtungszeit beim Abblenden.

Abdeckfarben Speziell entwickelte Retuschierfarben mit erhöhter Deckfähigkeit für das Abdecken (→ Retusche) von größerflächigen Bildpartien auf Negativen oder positiven Papierabzügen.

Aberration 1. Sphärische Aberration (Abweichung) oder Öffnungsfehler: Sphärisch (kugelsymmetrisch) geschliffene Linsen besitzen keinen einheitlichen → Brennpunkt. Dies trägt zur Verminderung der Schärfe bei. Bei unkorrigierten Linsen-Systemen vereinigen sich achsennahe Strahlen später als randnahe Strahlen (streng genommen darf nur monochromatisches Licht in Betracht gezogen werden, um die sphärische von der chromatischen Aberration eindeutig unterscheiden zu können (vgl. Abb. 3), so daß durch eine Beschränkung auf achsennah einstrahlendes Licht bei der Aufnahme (durch → Abblenden) eine Verbesserung der Schärfe erzielt werden kann. Dies trifft jedoch für korrigierte Objektive meist nicht mehr zu. Die sphärische Aberration kann durch asphärischen Schliff (→ Linsen) oder durch zusätzliche Linsen einer anderen Glassorte weitgehend nivelliert werden.

2. Chromatische Aberration: Die Ursache für diese farbabhängige Inkonstanz der → Brennweite ist in der → Dispersion (vgl. Abb. 37) des Lichtes zu suchen. Auch diese Art von → Abbildungsfehlern wird durch Zusatzlinsen ausgeglichen. Fotografien, die mit schlecht oder nicht farbkorrigierten Objektiven gemacht wurden, weisen Farbränder um jedes scharfbegrenzte Detail auf.

Abhalten Unter Abhalten (→ Abwedeln) versteht man normalerweise das partielle Fernhalten von Licht (mit der Hand oder mit speziellen Blenden und Masken) unter dem Vergrößerungsgerät während der Bildbelichtung. Bei sehr kontrastreichen Negativen ist das Positivmaterial nicht immer in der Lage, den Kontrast des Negativs zu bewältigen. Hier kann der Fotograf durch partielles Abhalten des Lichts das Ergebnis verbessern. Vor allem werden schwach gedeckte Bildpartien abgehalten, weil sie sonst auf dem Positiv zu dunkel oder ganz schwarz werden. Meist reicht das Abhalten allein nicht aus. Stärker gedeckte Stellen auf dem Negativ, welche im Positiv nicht genügend Zeichnung erhalten würden, müssen selektiv nachbelichtet werden, sofern der Rest des Bildes schon ausreichend belichtet ist.

Abschwächer Durch Überbelichtung oder Überentwicklung eines Films kann eine übermäßige Schwärzung des Bildes entstehen. Um von solcherart »mißhandelten« Filmen noch brauchbare Abzüge zu erhalten, wendet man ein Verfahren zur gleichmäßigen Verminderung des

3 **Aberration.** Sphärische Aberration einer Sammellinse

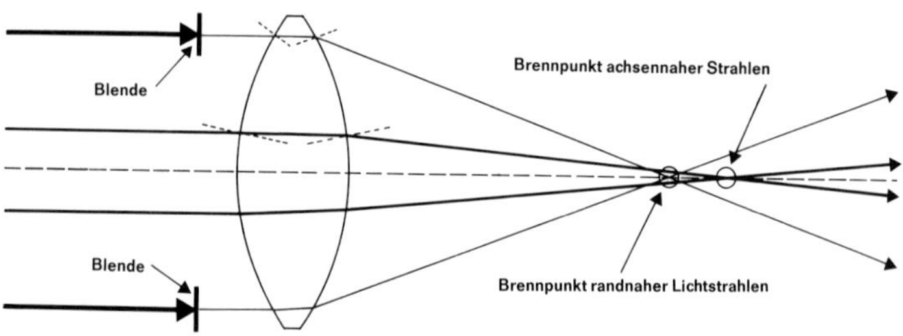

metallischen Silberanteils an: das Abschwächen. Bei Kleinbildfilmen ist das allerdings eine ausgesprochene »Notmaßnahme«, da eine starke Schwärzung auch ein starkes → Korn verursacht, welches durch eine Behandlung mit Abschwächer kaum kleiner wird. Das Prinzip des Abschwächens beruht auf einer sukzessiven Oxidation des elementaren Silbers, welches ja die Schwärzung verursacht. Gleichzeitig wird das Oxidationsprodukt (Silbersalz) ausfixiert. Als Oxidationsmittel dienen rotes Blutlaugensalz (Kaliumferricyanid), bekannt als Farmer'scher Abschwächer, Peroxodisulfat, Dichromat oder Permanganat. Fixiert wird mit Na-Thiosulfat.

Absorban Sind bei zwei aufeinanderfolgende Linsen die einander zugewandten Linsenflächen komplementär (meist bei der Kombination Linse + Korrekturlinse), so werden sie, um Reflexion und Brechung an Glas-Luft-Grenzflächen zu vermeiden, direkt aneinandergekittet. Für gewöhnlich dient Kanada-Balsam, ein glasklares, synthetisches Harz, welches dieselbe Brechzahl wie Kronglas besitzt, als Kittsubstanz. Absorban ist eine spezielle Kittschicht, die von den Leitz-Forschungslaboratorien entwickelt wurde. Ihre besondere Eigenschaft ist die Absorption von UV-Strahlen des Aufnahmelichtes. Ein besonderer, in die Kittschicht eingebrachter Farbstoff wirkt gewissermaßen als UVa-Filter und macht deshalb die Verwendung des zusätzlichen UVa-Filters überflüssig.

Absorption Absorption bedeutet Schwächung oder Auslöschung von Lichtenergie. Nach dem ersten Hauptsatz der Thermodynamik kann Energie, gleichgültig welcher Art, nicht vernichtet werden; bei der Absorption von Lichtenergie wird diese daher in chemische (bei der Belichtung und Schwärzung von Filmen) oder elektrische Energie (bei Photozellen in Belichtungsmessern älterer Bauart) oder in elektromagnetische Strahlung einer anderen Wellenlänge (z. B. Wärmestrahlung) umgewandelt.

Der Grad der Absorption wird sowohl von der Wellenlänge des einstrahlenden Lichts als auch von der chemischen Beschaffenheit der absorbierenden Substanz (d. h. ihrer möglichen Schwingungsformen) bestimmt. So absorbieren beispielsweise die → Silberhalogenide nur im kurzwelligen, d. h. blauen Bereich des sichtbaren Spektrums (→ Spektralfarben). Um zu → panchromatischen Filmen zu gelangen, müssen der fotografischen Schicht deshalb Sensibilisatoren hinzugefügt werden, die ihrerseits Licht einer größeren Wellenlänge (Gelb- und Rotlicht) in chemische transformieren und auf die Silbersalzkristalle übertragen. Auch Farbstoffe sind nichts anderes als komplizierte, organische Verbindungen, die ganz bestimmte Anteile des sichtbaren Lichtes absorbieren und durch die Reflexion des Restlichtes einen Farbeindruck auf unserer Netzhaut hervorrufen. Auch die Filtertechnik basiert auf einer gezielten, selektiven Absorption bestimmter Wellenlängen, die das Filmmaterial nicht erreichen sollen. Körper, die das Licht überhaupt nicht absorbieren, erscheinen uns weiß, solche hingegen, die alle Wellenlängen des sichtbaren Spektrums absorbieren, sind schwarz.

Abstraktion Fotografie erzeugt im Normalfall ein je nach Lichtverhältnissen mehr oder weniger kontrastreiches Halbtonbild. Sowohl die Wiedergabe von Hell und Dunkel als auch die der sichtbaren Formen sind so naturgetreu wie möglich. Durch bestimmte Aufnahme- oder Labortechniken können die natürlichen Verhältnisse abstrahiert werden. Dies geschieht mit dem Ziel einer vereinfachten Darstellung zum Zweck der Information oder einer betont grafischen, aber auch künstlerischen Darstellung (Abb. 4). Figura-

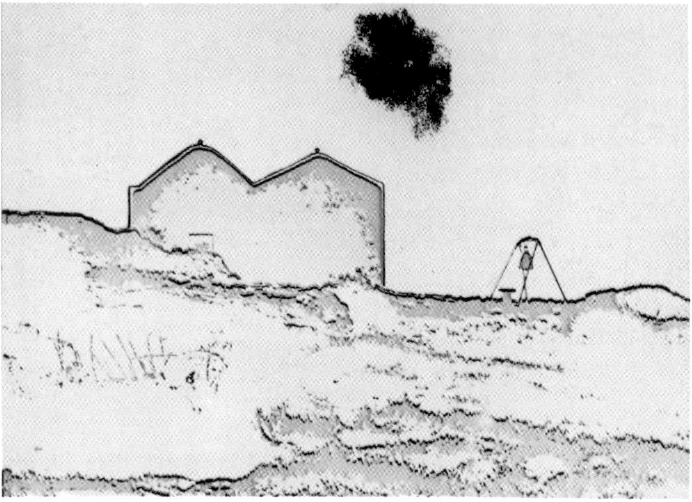

4 **Abstraktion.** Griechische Landschaft. Foto: Hans H. Siwik, Oberursel

tionen und farbliche Abstraktionen können bis zur völligen Verfremdung des Motivs führen.

Abwedeln Um beim Kopieren eines Bildes sichtbare Unterschiede (harte Grenzlinien) zwischen normalbelichteten und abgehaltenen Bildpartien zu vermeiden, wird beim → Abhalten die Maske (oder die Hand) parallel zur Bildoberfläche und in möglichst weitem Abstand zu derselben (zur Vermeidung scharfer Schattenrisse) rasch hin und her bewegt (Abb. 5).

Abzug → Kopie

Achromat Mit Achromat bezeichnet man ein farbfehlerfreies Objektiv, welches durch eine geeignete Kombination von → Sammel- und → Zerstreuungslinsen unterschiedlicher Glassorten hinsichtlich der chromatischen → Aberration korrigiert ist.

Adapter Kamerasysteme besitzen zur Befestigung der Wechselobjektive am Kameragehäuse (je nach Hersteller) entweder einen → Bajonettverschluß (Schnellverriegelung) oder ein Schraubgewinde. Sowohl Bajonettverschluß als auch Schraubgewinde gibt es in verschiedenen Durchmessern. Um → Fremdobjektive mit einer vom eigenen System verschiedenen Befestigungsart benutzen zu können, gibt es Adapter, Zwischenstücke also, die eine solche Verbindung erlauben. Außerdem gibt es Adapter, die den Einsatz eines Wechselobjektivs in → Retrostellung (Frontlinse wird zur Hinterlinse) ermöglichen.

Additive Filterung → Farbfilterung

Additives Farbverfahren → Farbmischung

Agfacontour-Film → Äquidensiten

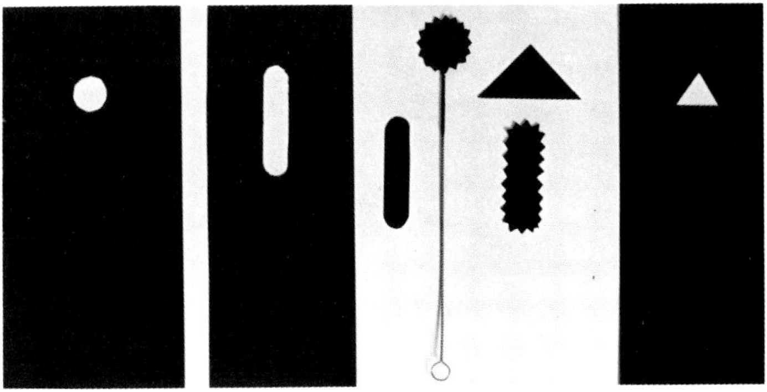

5 **Abwedeln.** Masken zum Abwedeln bzw. Nachbelichten

Aktinisches Licht Photochemisch besonders stark wirksames, d. h. kurzwelliges Licht des blauen und ultravioletten Spektralbereichs (→ Silberhalogenide).

Aluminiumfoto Fotografische Abbildungen auf speziell eloxierten, lichtempfindlichen Aluminiumplatten oder -folien, die im Kontaktkopierverfahren hergestellt werden (Abb. 6). Nach der Belichtung und Entwicklung werden diese Bilder versiegelt und sind dann wetter- und chemikalienbeständig, außerdem unempfindlich gegen Kratzer. Mit Vorteil wird das Verfahren zur Herstellung von Schildern, Meßskalen etc., die mechanisch stark beansprucht werden (Kennzeichnungsschilder an Maschinen), eingesetzt. Doch auch für rein fotografische Zwecke, z. B. zur Reproduktion alter Stiche, läßt sich das Material verwenden. Als Vorlage dienen insbesondere Strichbilder und -zeichnungen, aber auch Halbtonmotive, die sich für eine Strichwiedergabe eignen (Abb. 7).

6 **Aluminiumfoto.** Querschnitt der Metalphoto-Platte vor und nach der Verarbeitung

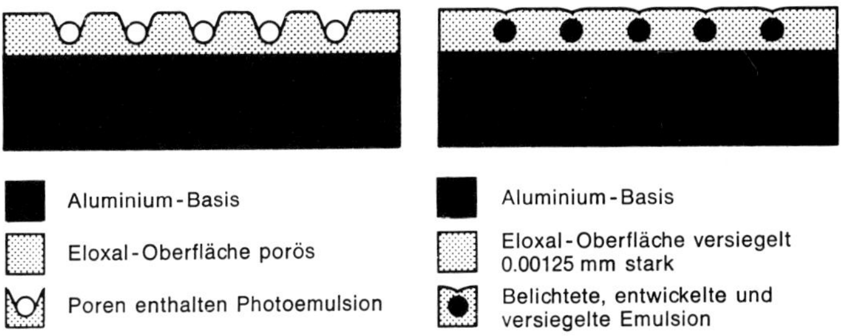

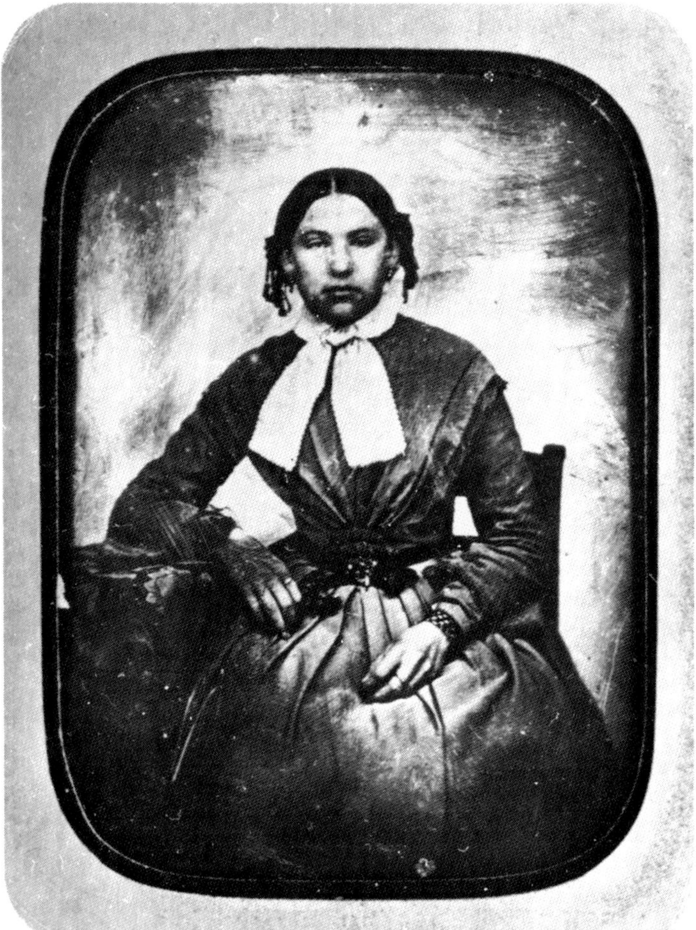

7 **Aluminiumfoto.** Daguerreotypie auf Metalphoto

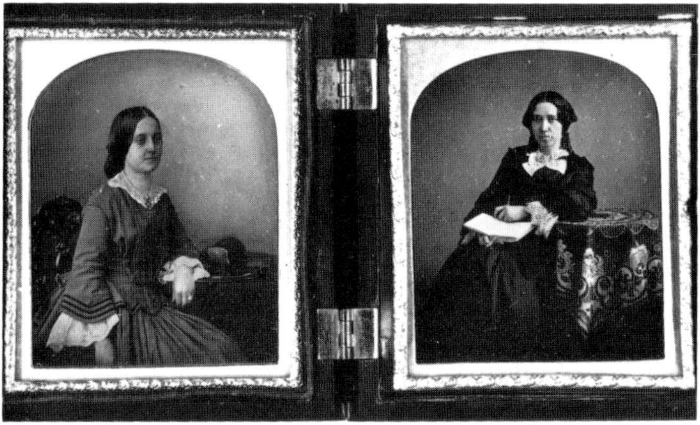

8 **Ambrotypie.** Foto: Foto-Historama, Agfa-Gevaert, Leverkusen

Ambrotypie Ambrotypien waren in der Mitte des 19. Jh. ein Ersatz für → Daguerreotypien, vor allem waren sie billiger herzustellen. Das Verfahren erzeugte auf direktem Wege Bilder mit einer gewissen »Positivwirkung« (Abb. 8). Mit Kollodium beschichtete Glasplatten, die mit Kochsalz und Silbernitrat imprägniert waren, dienten in noch feuchtem Zustand als fotografische Platten. Durch gezielte Unterbelichtung entstand ein nur zartes und deshalb noch weitgehend transparentes Negativ. Anschließend wurde die Platte mit schwarzem Papier oder Lack auf der Rückseite beschichtet. Dadurch daß die silbergeschwärzten Bereiche auffallendes Licht stärker reflektierten, erschienen sie in Relation zum tiefschwarzen Hintergrund heller, wodurch der Eindruck einer positiven Abbildung entstand.

Analyzer → Color-Analyzer

Anamorphot Optische Systeme, die alleine oder in Verbindung mit einem anderen Objektiv Abbildungen derart erzeugen, daß der Abbildungsmaßstab in der Vertikalen ein anderer ist als in der Horizontalen, werden Anamorphot-Objektive genannt. Durch die Komprimierung einer Dimension, beispielsweise der Bildbreite, ist es möglich, in der Waagerechten einen größeren Bildwinkel zu erfassen als in der Senkrechten. Eine auf diesem Wege gewonnene Abbildung kann durch ein entsprechendes Wiedergabeverfahren, d. h. mit Hilfe eines weiteren Anamorphoten, der nun entgegengesetzt wirkt, das Bild also wieder dehnt, in ein Bild mit natürlichen Proportionen zurückverwandelt werden. Weltweit bekannt wurde die Aufnahmetechnik mit Anamorphot-Objektiven durch den Breitwandfilm (CinemaScope).

Anastigmat Ein Objektiv, das unter Verwendung besonderer Glassorten bezüglich des → Astigmatismus korrigiert ist.

Ångström Veraltete Längenmaßeinheit für Wellenlängen des Lichts, die heute in → Nanometer (nm) angegeben werden: 1 Ångström (Å) = 10^{-10} Meter (m) = 0,1 Nanometer (nm) = 0,0000001 Millimeter (mm).

Antireflexbelag Durch Interferenzauslöschung (→ Interferenz) des von der Glasoberfläche einer Linse reflektierten Lichtes werden störende Reflexe beseitigt. Der Antireflexbelag unterbindet die Reflexion nur bei einem bestimmten spektralen Anteil des sichtbaren Lichts, wodurch jedem Antireflexbelag bestimmter Schichtdicke eine gewisse Farbtönung eigen ist. Dies wirkt sich auch auf die Farbgebung bei der Belichtung aus. Antireflexbeläge, die einen warmen Farbton widerspiegeln, wirken kaltzeichnend, und Antireflexbeläge, die bläulich schimmern, betonen die warmen Farben. Die Hersteller fotografischer Objektive bemühen sich, die Farbcharakteristik aller ihrer Wechselobjektive einander so anzugleichen, daß bei Farbaufnahmen mit unterschiedlichen Brennweiten keine Farbsprünge zu erkennen sind. Durch mehrfache Oberflächenvergütung (→ Mehrschichtenvergütung) kann bei bestimmten Objektiven die Abbildungsqualität noch verbessert werden.

Aplanat Als Aplanat bezeichnet man ein hinsichtlich der Linsenanordnung symmetrisch gebautes, meist vierlinsiges Objektiv, welches weitgehend von sphärischer und chromatischer → Aberration sowie von → Koma und → Verzeichnung frei ist.

Apparative Fotografie Apparative Fotografie ist eine fotografische Spielart der »Apparativen Kunst« und wichtiger Teilbereich der → Generativen Fotografie, die sich raffinierter Werkzeuge und Apparate, auch Automaten (Computer) bedient. Ihr Ziel ist die freie, ästhetische Bildgestaltung. Fotografie dient also nicht mehr der Abbildung von Gegenständen unserer natürlichen Umwelt, sondern produziert ungegenständliche Bilder, deren Inhalt sich auf ästhetisch reizvolle Formen und Farben und ihre harmonischen und/oder dissonanten Beziehungen beschränkt. Die Ergebnisse schaffen Assoziationen einer syntaktischen Ordnung unterschiedlichster geometrischer Formen bei beliebiger Farbwahl. Damit fordern sie vom kunstinteressierten Betrachter Verständnis für das Empfinden und Erkennen tieferer Zusammenhänge und Gesetzmäßigkeiten.

Äquidensiten Äquidensiten nennt man in der Fotografie die Stellen gleicher → Dichte, d. h. → Schwärzung oder → Farbdichte eines fotografischen Bildes. Die Kenntnis der Stellen gleicher Dichte, in der Praxis Dichtebereiche, ist besonders wichtig bei der Auswertung wissenschaftlicher Bilder z. B. aus den Bereichen Luftbild, Röntgen, Spannungsoptik, Elektronenmikroskopie, Thermographie (Infrarotscanner-Aufnahmen), Astronomie, Autoradiographie, Satellitenfotografie u. a. m. Eine besondere Aussagekraft haben Äquidensitenscharen, d. h. die Darstellung der Stellen gleicher Dichte von verschiedenen Dichtebereichen eines fotografischen Bildes. Wenn ein Bild einen Dichteumfang von 1,0 (z. B. niedrigste Dichte 0,2, höchste Dichte 1,2) aufweist, kann dieses in unterschiedliche Dichtebereiche bzw. Äquidensiten eingeteilt werden, z. B. in folgende Äquidensitenscharen a) 0,2 bis 0,4, b) 0,4 bis 0,6, c) 0,6 bis 0,8, d) 0,8 bis 1,0, e) 1,0 bis 1,2. Diese Äquidensiten stellen dann folgende Information dar: Stellen gleicher Materialdichte (Röntgenaufnahmen), Stellen gleicher Temperaturen (Thermographie), Stellen gleicher Radioaktivität (Autoradiographie), Stellen gleicher Lichtreflexion bzw. gleichen Wachstums oder gleicher geologischer Beschaffenheit (Luft-, Satellitenbild).

Das menschliche Auge ist bei der visuellen Auswertung praktisch nicht in der Lage, die Stellen gleicher Dichten eines fotografischen Bildes zu selektieren, d. h. es geht Information verloren. Aus diesem Grunde wurden zur Aufarbeitung fotografischer Bilder in deren Äquidensiten elektronische Geräte

a

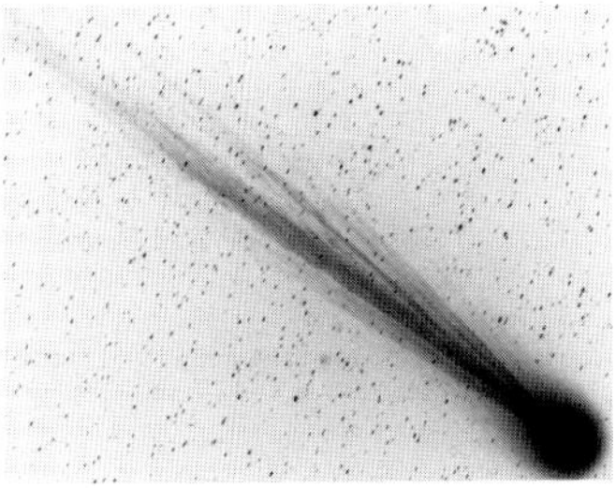

b

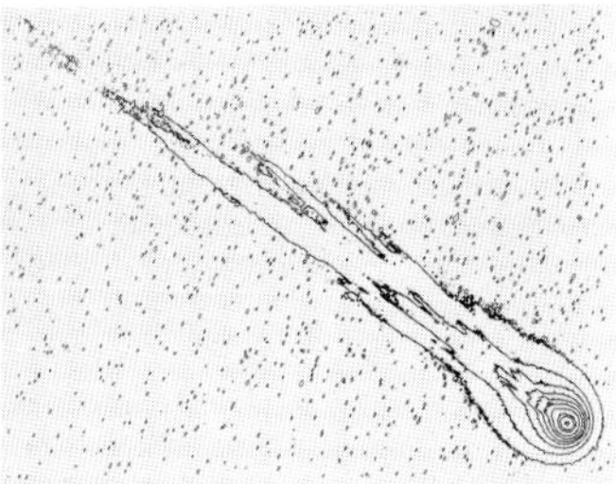

9 **Äquidensiten.** a) Normales Foto eines Kometen – b) Auflösung des Motivs in Äquidensiten 2. Ordnung. Hierdurch wird deutlich, daß der Komet nur einen Kometenkopf hat. Fotos: Agfa-Gevaert, Leverkusen

und fotografische Verfahren bzw. Materialien entwickelt. Der Agfacontour-Film z. B. ist ein fotografisches Material, welches direkt die Äquidensiten einer Originalaufnahme wiedergibt, wenn letztere auf diesen Film umkopiert wird (Abb. 9). Dabei ist die Äquidensitenbreite (Dichteumfang) durch Einlegen von Farbfiltern und die Äquidensitenlage (von welcher Dichte) durch die Belichtungszeit wählbar.

Äquidensitenscharen werden üblicherweise so dargestellt, daß die Einzeläquidensiten in unterschiedlichen Farben eingefärbt (bei fotografischen Verfahren z. B. durch chromogene → Entwicklung) paßgenau übereinander montiert werden und somit ein mehrfarbiges Äquidensitenbild ergeben, in welchem eine bestimmte Farbe eine bestimmte Äquidensite repräsentiert (vgl. Farbabb. 7–11). Abgesehen von dem Nutzen der Äquidensitendarstellung bei der Interpretation technisch-wissenschaftlicher Aufnahmen können in der experimentellen künstlerischen Fotografie reizvolle grafische Gestaltungen in nahezu beliebigen Variationen in Schwarzweiß und in Farbe geschaffen werden (Farbabb. 12).

Arbeitsblende Die Blendenöffnung, bei welcher eine Belichtung des Filmes erfolgt, wird als Arbeitsblende bezeichnet. Bei modernen → Spiegelreflexkameras wird beim Auslösen noch vor dem Öffnen des Verschlusses die zuvor voll geöffnete Irisblende (→ Blende) auf ihren »Arbeitswert« zugezogen. Sie springt nach erfolgter Belichtung wieder ganz auf (→ Springblende). Diese technische Einrichtung gestattet dem Fotografen, sein Motiv immer bei vollständig geöffneter Blende, d. h. bei optimaler Lichtstärke, durch den Kamerasucher und auf der → Mattscheibe zu betrachten. Zur Kontrolle der → Schärfentiefe verfügen die meisten Kameras über eine Blendentaste, mit der die Blende auf die vorgewählte Arbeitsblende zugezogen werden kann.

ASA → Filmempfindlichkeit

Ästhetik, fotografische → Fotoästhetik

Astigmatismus Die von einem Objektpunkt ausgehenden Lichtstrahlen werden beim schrägen Auftreffen auf eine Linsenoberfläche in meridionaler (radialer) Schnittrichtung stärker gebrochen als in sagittaler Richtung (senkrecht zur meridionalen verlaufend). Diesem Umstand ist der Astigmatismus (die »Punktlosigkeit«) des vom Objektpunkt durch die Linse entworfenen Bildes zuzuschreiben. Der Punkt wird nämlich in zwei zueinander senkrecht stehenden Linien auseinandergezogen, welche in verschiedenen Bildebenen scharf abgebildet werden. Der Astigmatismus war lange Zeit einer der am schwierigsten zu beseitigenden → Abbildungsfehler fotografischer Objektive; er konnte erst durch die Entwicklung spezieller Glassorten korrigiert werden.

Asymmetrie Das gestalterische Element der Asymmetrie spielt in der Formenlehre der Fotografie eine ganz entscheidende Rolle. Ein asymmetrischer Bildaufbau erzeugt Spannung, wirkt also stets einer formal langweiligen Gliederung des Bildinhaltes entgegen. Er wird deshalb insbesondere in der Landschaftsfotografie bevorzugt, weil die Motive dieses Bereichs von der formalen Spannung als dem entscheidenden Kompositionsmittel leben. → Symmetrie gilt dagegen eher als Element der Ruhe, der Harmonie, aber oft auch der Langeweile. Die Fälle, in denen gerade in der Landschaftsfotografie ein symmetrischer Bildaufbau vorzuziehen ist, sind selten.

Audiovision Sammelbegriff für die audiovisuellen Medien → Tonbildschau, → Multivision, Fernsehen (Video) und Film. Anwendung: Information, Dokumentation, Schulung, Werbung etc.

Aufheller Die hohe Leuchtkraft fotografischer Papiere (die »Weiße«) wird nicht selten durch das Aufbringen eines optischen Aufhellers auf dem Papierfilz erzielt. Hierbei handelt es sich um chemische Verbindungen (Ba SO_4), die den unsichtbaren UV-Anteil des Lichtes absorbieren und als sichtbares (blaues) Licht wieder abstrahlen.

Aufhellschirm Aufhellschirme, oft in der Form eines Regenschirms aus weißem Stoff oder aus Silber- bzw. Goldfolie gefertigt, werden im professionellen Blitzstudie zur indirekten Beleuchtung (→ Indirektes Blitzen) eines Motivs eingesetzt. Aufhellschirme dienen durch größeren Streuwinkel des Lichts der weicheren Ausleuchtung, zur Unterdrückung von Lampenreflexen auf dem Motiv, der gezielten Beeinflussung von Farbtönen (z. B. mit einer Goldfolie). Der Aufhellschirm kann entweder fest mit der Kamera verbunden sein oder – davon getrennt – auf ein Stativ gesetzt werden. Statt des Schirms werden zur → Aufhellung auch plane Aufhellflächen benützt.

Aufhellung Die Aufhellung tiefer Schatten dient in erster Linie der Verminderung des Kontrastumfanges eines Motivs. Sie gewährleistet somit eine gleichmäßigere Ausleuchtung der Aufnahme. Überall dort, wo eine einseitige Beleuchtung tiefe Schatten hervorruft, wie das im hellen Sonnenlicht oder bei durch ein Fenster einfallendem Tageslicht der Fall sein kann, ist eine Aufhellung empfehlenswert. Als Hilfsmittel dienen dabei einfache Reflektoren, wie weiße Kartons oder Aluminiumfolien, die einen Teil des Lichts in die Schattenzone streuen. Auch sekundäre künstliche Lichtquellen (Blitzgeräte, Studioleuchten, aber auch simple Glühbirnen) ermöglichen eine wirksame Aufhellung. Vorteilhaft für die Reise sind auf Landkartenstoff aufgezogene Metallfolien, die sich auf Postkartenformat zusammenfalten lassen.

Auflicht Als Auflicht bezeichnet man die Beleuchtung eines Objekts, die aus der Richtung des Betrachters kommt. In der → Mikrofotografie wird dem Auflicht gegenüber → Durchlicht oder → Dunkelfeldbeleuchtung dann der Vorzug gegeben, wenn es sich um weitgehend undurchsichtige Objekte handelt, deren Oberflächenstruktur wiedergegeben werden soll.

Auflösungsvermögen Als Auflösungsvermögen bezeichnet man die Fähigkeit einer optischen oder elektronisch-optischen Abbildungs- oder Wiedergabevorrichtung, zwei räumlich getrennte

Punkte oder parallele Linien gerade noch als getrennt erkennbar abzubilden oder wiederzugeben. Da das Auflösungsvermögen moderner Spitzenobjektive das fotografischer Emulsionen übertrifft, wirken sich als begrenzende Faktoren für die optimale Auflösung lediglich die Eigenschaften des Filmmaterials aus. Ein Maß für das Auflösungsvermögen fotografischer Schichten finden wir in der Anzahl der abgebildeten Linien pro Millimeter, die gerade noch getrennt

10 **Aufprojektion** bei einer Porträtdarstellung. Gesicht und Haarpartie sind von Details eines Schmetterlingsflügels, der mit dem Kleinbild-Projektor aufprojiziert ist, überlagert. Foto: Hubertus Mall

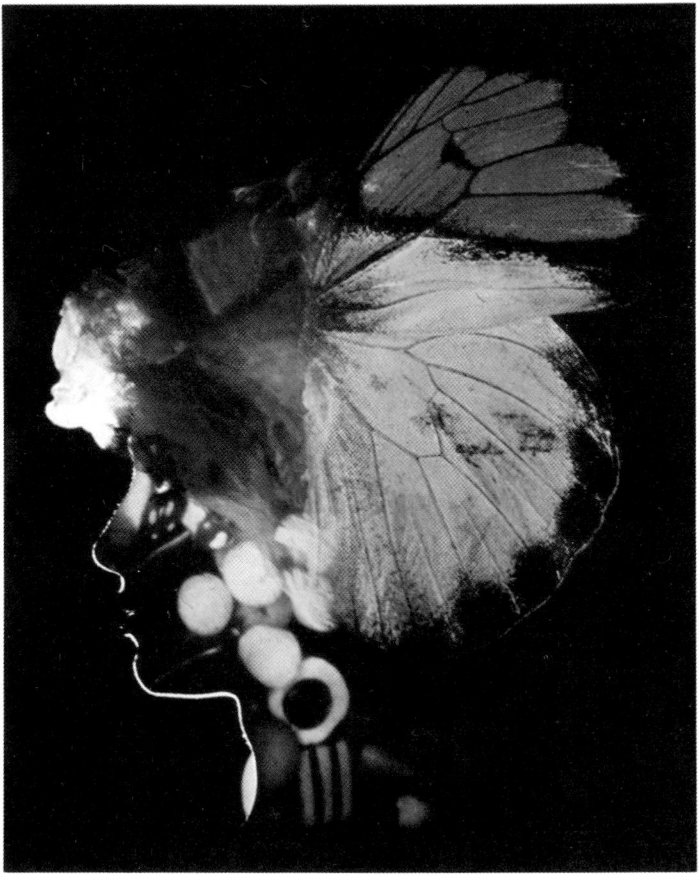

wiedergegeben werden können: je mehr Linien, desto größer das Auflösungsvermögen. Da das Auflösungsvermögen seine Grenzen in der Korngröße einer Filmemulsion hat, ist seine Abhängigkeit von der Empfindlichkeit eines Films nur logisch. Zum Beispiel haben hochempfindliche Schwarzweißfilme ein Auflösungsvermögen von ca. 80 Linien/mm, mittelempfindliche ca. 120 Linien/mm und niedrig empfindliche Filme (15 DIN) sogar bis zu 200 Linien/mm. Gute Farbumkehrfilme liegen, bedingt durch ihre zahlreichen Schichten (die zu einer höheren Gesamtschichtdicke führen) mit einem Auflösungsvermögen von ca. 125 Linien/mm (bei 19 DIN) etwas unter dem Leistungsvermögen von Schwarzweißfilmen. Da sich Überbelichtung und Überentwicklung nachteilig auf die Größe des Korns auswirken, ist im Interesse eines maximalen Auflösungsvermögens auf exakte Belichtung und Entwicklung (→ Feinkornentwickler) zu achten.

Aufnahmefilter → Filter

Aufnahmeformat Das Aufnahmeformat oder Negativformat gibt die Abmessungen eines durch das Bildfenster der Kamera begrenzten Bildes wieder, welches durch die Belichtung des Films entsteht. Mit wenigen Ausnahmen (Zweiformatkamera) sind die Kameras für ein ganz bestimmtes Aufnahmeformat (quadratisch oder rechteckig) konstruiert. Aktuelle Formate sind: Pocket-Format: 12 x 17 mm, Kleinbildformate: 24 x 24 mm und 24 x 36 mm, Mittelformate: 6 x 6 cm, 6 x 7,5 cm und 6 x 9 cm, Großbildformate: 9 x 12 cm, 13 x 18 cm und 18 x 24 cm.

Aufprojektion Experimentelle Aufnahmetechnik, die im Atelier bei Kunstlicht praktiziert wird. Auf ein Motiv, Gegenstand oder Fotomodell wird mit einem Dia-Projektor ein zusätzliches Sujet aufprojiziert (Abb. 10). Normalerweise sind außer dem Projektor keine zusätzlichen Lichtquellen notwendig. Das hängt ganz von der Beschaffenheit des jeweiligen Hauptmotivs ab. Die Belichtungsmessung erfolgt selektiv und unmittelbar an den vom Projektor angestrahlten Motivdetails. Der zur Aufprojektion benützte Dia-Projektor sollte möglichst hinter der Aufnahmekamera stehen, um den Einfall von vagabundierendem Licht zu vermeiden.

Aufrastern Aufrastern nennt man die Möglichkeit, ein fotografisches Motiv mit Hilfe von → Rasterfolien (Punkt-, Linienraster usw.) bei der Reproduktion bzw. Vergrößerung in Rasterpunkte oder -linien aufzulösen. Es wird dabei grafisch verfremdet. Die Rasterfolien werden manchmal schon bei der Aufnahme in die Kamera unmittelbar vor das Filmmaterial gelegt, meist jedoch erst bei der Vergrößerung zusammen mit dem Negativ aufbelichtet. Auch für die meisten Druckverfahren (→ Buchdruck, → Tiefdruck, → Offsetdruck) ist ein Aufrastern der Bilder erforderlich. Die Feinheit der dabei verwendeten Raster bestimmt die Qualität des Drukkes.

Aufziehen von Fotos Fotos auf Pappe oder Holz aufzuziehen ist heute relativ einfach geworden. Die Industrie bietet Klebefolien an, mit denen Fotos heiß oder kalt aufgezogen werden können. Das kalte Aufziehen erfolgt mit einer beidseitig klebenden Folie. Bei der Heißklebung wird eine Klebharzfolie durch Erhitzen in einer Klebepresse zum Schmelzen gebracht. Nach dem Erkalten ist das Foto mit der Unterlage homogen verklebt. Beim Aufziehen mit konventionellen Klebstoffen haben Kartons die Neigung, sich beim Trocknen zu wölben. Das Gegenkaschieren (Überziehen) auf der Rückseite des Kartons mit einem entsprechend kräftigen Papier wirkt dem Verziehen entgegen.

Ausbleichen Bei zahlreichen Verarbeitungsprozessen belichteter Filme wird ein Ausbleichen des bereits entwickelten Silbers im → Bleichbad notwendig. So bei der (chromogenen) Farbentwicklung, bei der → Umentwicklung, bei der Umkehrfilm-Entwicklung und schließlich noch bei unterschiedlichen Tonungsverfahren (→ Tonen) von Schwarzweißbildern. Das metallische Silber wird dabei in eines seiner Salze zurückverwandelt (Oxidation), wobei es vom jeweiligen Prozeß abhängt, ob diese Salze wasserlöslich sind und eluiert werden oder ob sie als unlösliche Salze (→ Silberhalogenide) in der Emulsion zurückbleiben.

Ausentwickeln Ein Papierabzug oder ein belichtetes Negativ ist dann zuende- oder ausentwickelt, wenn die Bildschwärzen in ihrer Intensität unverändert bleiben. (Die → Entwicklung bleibt stehen.) Es sollte in dem Augenblick die optimale Qualität der maximalen Tonwertabstufung erreicht haben. Die Dauer einer vollständigen Entwicklung ist bei gleichbleibender Temperatur und identischem Material konstant. Durch eine verlängerte Entwicklung (Überentwicklung) wird lediglich der → Grundschleier angehoben. Eine Unterbelichtung kann auf diesem Wege nur in Ausnahmefällen kompensiert werden. Umgekehrt muß bei überbelichteten Bildern die Entwicklungszeit entsprechend verkürzt werden, was allerdings zu verminderter, wenn nicht unbrauchbarer Tonwertwiedergabe des Negativs führt. (Beispielsweise geht in nichtausentwickelten Bildern die Zeichnung in den hellsten Bildstellen verloren.) Genaue Belichtungszeiten und ein hierdurch mögliches Ausentwickeln der Bilder sind also für die Qualität des Positivs entscheidend.

Ausflecken Das Ausflecken von Papiervergrößerungen ist noch immer unumgänglich: Flecken und Kratzer, die unvermeidlichen Spuren von Staub und Fusseln müssen retuschiert werden (→ Retusche). Die notwendigen Werkzeuge sind feine Marderhaarpinsel, Positivretuschierfarben in Neutralschwarz und in verschiedenen Brauntönen, eine Porzellan- oder Glasplatte zum Mischen des richtigen Farbtons sowie verschiedene Retuschierstifte und Retuschiermesser (ein weicher Bleistift und Rasierklingen tun's auch). Während das Ausflecken von Schwarzweißfotos relativ einfach ist, bedarf dies bei Farbpapierbildern längerer praktischer Erfahrung.

Ausgleichsentwickler Diese langsam arbeitenden Negativentwickler, deren Alkalität und Konzentration an Entwicklersubstanz gegenüber gewöhnlichen → Entwicklern verringert sind, führen zu einer verbesserten Schattendurchzeichnung bei gleichzeitiger Dämpfung in den Lichtern. Die Kontraste werden etwas ausgeglichen. Mit verdünnten Entwicklern kann bei einer entsprechenden Verlängerung der Entwicklungszeit ebenfalls eine ausgleichende Wirkung erzielt werden.

Ausleuchten Bei der Beleuchtung von Motiven im Atelier können Schatten entstehen, die bildwichtige Details unsichtbar machen. Um diese Dunkelzonen aufzuhellen, müssen zusätzliche Lichtquellen (Lampen, Blitzleuchten) oder Lichtreflektoren (Schirme, Reflexionswände) eingesetzt werden. Ziel einer »natürlichen« Ausleuchtung ist ein gleichmäßiges Licht, in dem auch die Schatten gut durchgezeichnet sind – eine Lichtatmosphäre, wie sie z. B. bei hellem, weich streuendem Tageslicht im Freien gegeben ist. Unter Ausleuchten kann man aber auch die auf bestimmte Effekte ausgerichtete Lichtregie verstehen (z. B. bei Werbefotos). Sie kann in Qualität und Eigenart zu einem Stilmerkmal des betreffenden Fotografen werden.

Ausschnittvergrößerung Bereits bei der Aufnahme achtet der Fotograf auf die sorgfältige Wahl des geeigneten

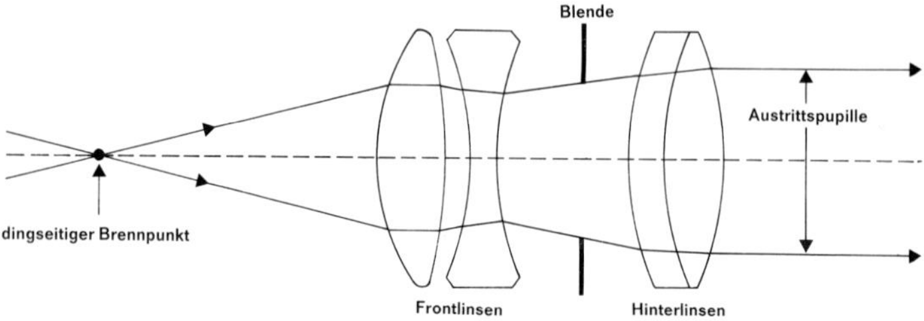

11 **Austrittspupille.** Austrittspupille, Abbild der Blendenöffnung durch die Hinterlinsen

Bildausschnittes. Insbesondere Dia-Fotografen bevorzugen die formatfüllende Darstellung ihres Motivs (endgültiger Bildausschnitt), da sich am fertigen Dia nur durch umständliches Abkleben der störenden Bildteile etwas korrigieren läßt. Ist die Aufnahmeentfernung zu einem Motiv zu groß oder die Brennweite zu kurz, so entstehen Negative, auf denen zu viel oder Unwesentliches abgebildet ist. Das kann bei der Positiv-Verarbeitung durch die Wahl einer geeigneten Ausschnittvergrößerung korrigiert werden. Die meisten Reportage-Aufnahmen gewinnen durch gekonnte Ausschnittvergrößerungen. Diese haben dort ihre Grenzen, wo die Vergrößerung die Qualität des Bildes beeinträchtigt (Unschärfe, Kornbildung).

Austrittspupille Die Abbildung der (Iris-)Blende durch die Hinterlinsen bei mehrlinsigen Objektiven wird Austrittspupille genannt (Abb. 11).

Auszug (vgl. Abb. 1a, 2b) Den Betrag, um den ein Objektiv bei der Scharfeinstellung mittels Gewindevorschub, Balgenauszug oder → Zwischenringe verlängert wird, nennt man Auszug (auch Auszugsverlängerung). Er wird in mm gemessen. Addiert man die Länge des Auszugs zu der → Brennweite des Objektivs, so erhält man die → Bildweite. In Unendlichstellung ist der Auszug des Objektivs gleich 0, und die Bildweite entspricht der Brennweite. Beim Scharfeinstellen auf näher gelegene Objekte verlängert sich die Bildweite um die Länge des Auszugs.

Autochromverfahren → Kornrasterverfahren

Autofokus So nennt man die automatische Fokussiervorrichtung bei modernen Dia-Projektoren: Durch einen Meßstrahl, der unabhängig vom Hauptlicht des Projektors schräg auf das Diapositiv geworfen und von diesem auf ein Meßsystem reflektiert wird, ist es möglich, Unschärfen, die durch unterschiedliche Lage des Dias im Projektor (Rähmchenstärke) hervorgerufen werden, durch automatisches Nachfokussieren auszugleichen (Abb. 12a). Neuerdings im Gespräch sind Autofokus-Systeme für Aufnahmekameras zur automatischen Scharfeinstellung von Objektiven. Das Prinzip dieser Systeme fußt auf einer Pupillenteilung und getrennten Vergleichsausmessung der von oberer und unterer Objektivhälfte erzeugten Bilder mittels eines Rasters (Abb. 12b).

Automatik → Belichtungsautomatik

Autotypie → Buchdruck

Autoxidation Oxidationsprozesse, die allein durch den Sauerstoff der Luft

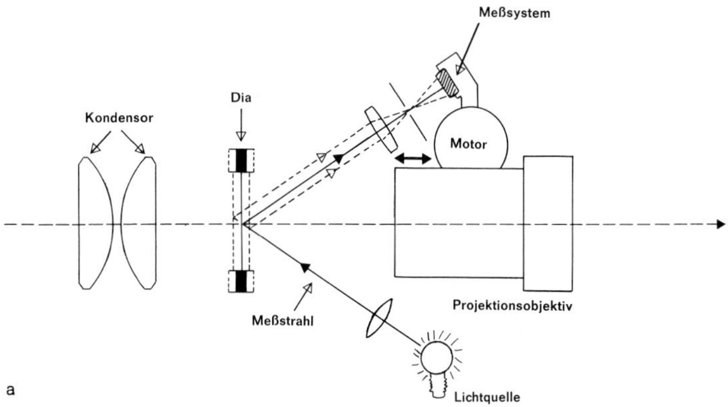

a

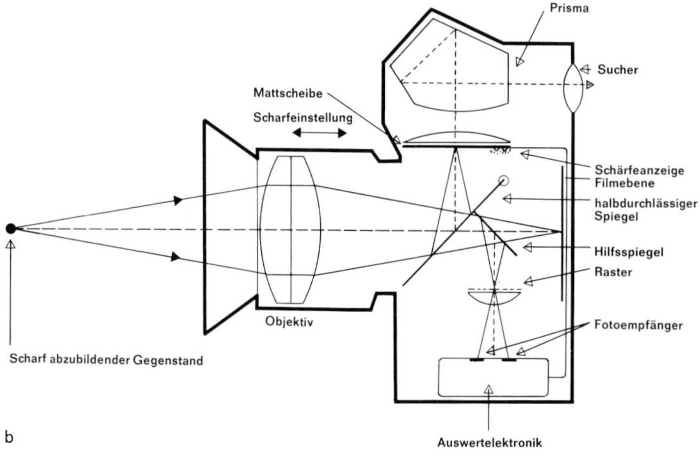

b

12 **Autofokus.** a) Automatische Scharfeinstellung bei einem Dia-Projektor – b) 1976 erstmals vorgestelltes Autofokus-System bei einer Kleinbildkamera

bewirkt werden, nennt man Autoxidationen. Da Entwicklersubstanzen aus stark reduzierenden Chemikalien bestehen, werden sie vom Luftsauerstoff sehr schnell zersetzt (oxidiert). Damit einmal angesetzter → Entwickler länger verwendungsfähig bleibt, sollte er während längerer Arbeitspausen in flexible Plastikflaschen abgefüllt werden, aus denen sich unmittelbar vor dem Verschrauben die Restluft herauspressen läßt.

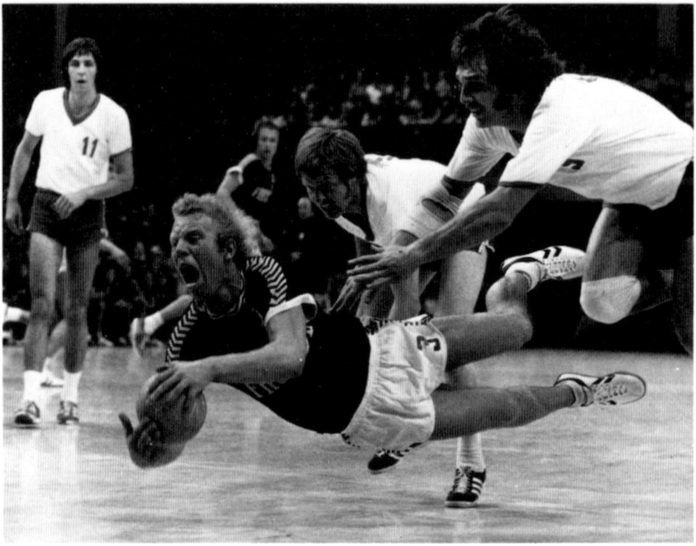

13 **Available-light.** 1. Preis – VDS Wettbewerb 1975. Foto: Erich Baumann, Ludwigsburg

Available-light (engl. = verfügbares Licht) Fotografieren im Available-light bedeutet nichts anderes, als die Beschränkung auf vorhandene, natürliche Lichtquellen bei ansonsten ungünstigen oder schlechten Lichtverhältnissen, unter gleichzeitigem Verzicht auf Blitz- und Fotolampe. Ziel: Natürlichkeit der Szene und Unbefangenheit des Geschehens sollen durch künstliches Fotolicht nicht gestört werden (Sport-, Konzert- oder Theateraufnahmen, Abb. 13). Voraussetzung für Aufnahmen im Available-light sind lichtstarke Objektive, hochempfindliche Filme und häufig der Einsatz langer Belichtungszeiten (Stativ). In Extremfällen werden unterbelichtete Fotos empfindlichkeitssteigernd entwickelt (→ Filmempfindlichkeit).

Bajonettverschluß Im Gegensatz zum Schraubgewinde, welches mehrere Umdrehungen des Wechselobjektivs bis zur sicheren Befestigung am Kameragehäuse verlangt, erfordert der Bajonettverschluß maximal eine Achtelumdrehung, bis das Objektiv in die Gehäusefassung einrastet. Das Wiederausrasten erfolgt mit Hilfe einer Entsperrungstaste. Unterschiedliche Kamera-Systeme mit verschiedenen Bajonett-Durchmessern haben zur Folge, daß Objektive, die nicht für die betreffende Kamera gebaut sind (→ Fremdobjektive), nur über einen → Adapter angesetzt werden können.

Balgennaheinstellgerät Ein gleichmäßiger und dennoch langer Objektiv-Auszug gehört mit zu den fertigungstechnischen Schwierigkeiten im Kamerabau. Um zu extremen → Abbildungsmaßstäben (bis zu Abbm. 1:1 und darüber hinaus; → Makrofotografie) zu gelangen, ist eine große → Bildweite notwendig. Diese läßt sich mit Hilfe eines Balgennaheinstellgeräts erreichen (Abb. 14). Der Balgen wird zwischen Kamera und Objektiv befestigt, das sich nun auf einer Schiene mit Hilfe eines feinverstellbaren, präzisen Vortriebs auf relativ große Bildweiten ausfahren läßt. Die Faltung des Balgens verhindert, daß bei der Belichtung seitlich streuende Lichtreflexe auf den Film gelangen.

Bauhaus Bedeutendste künstlerische Ausbildungsstätte der Weimarer Republik, von Walter Gropius (1883–1969) 1919 in Weimar gegründet, 1925 nach Dessau verlegt und 1933 aus politischen Gründen aufgelöst. Die Ziele der Bauhaus-Bewegung waren die Verbindung künstlerischer Arbeit mit praktischer, handwerklicher Ausbildung und Technik, kurz: das Zusammenwirken von Handwerk und Kunst. Die Kunst sollte primär einer sozialeren Lebensgestaltung dienen (Kunst am Bau – Architektur, Industrie). Bedeutende Künstler und Meister des Handwerks wurden als Pädagogen für die verschiedenen Bereiche berufen. Es gab Werkstätten für Architektur, Bildhauerei, Grafik, Malerei, Glasmalerei, Typographie, Fotografie, Weberei etc. Der Bauhaus-Gedanke führte zur Gründung verschiedener Werkkunstschulen überall in Deutschland, später auch in den USA. Berühmte Meister des Bauhauses waren der Architekt Mies van der Rohe (1886–1969), die Maler Kandinsky (1866–1944), Klee (1879–1940), Feininger (1871–1956), Schlemmer (1888–1943), Itten (1888–1967), der Bildhauer Marcks (geb. 1889). Die Einbeziehung der Fotografie in die Bemühungen des Bauhauses wird vor allem durch die Namen Herbert Bayer (geb. 1900), Moholy-Nagy (1895–1946) und Peterhans (1897–1960) repräsentiert. Versuche, den Bauhaus-Gedanken nach 1945 in Deutschland wiederzubeleben, scheiterten.

14 **Balgennaheinstellgerät.** Foto: Leitz Wetzlar

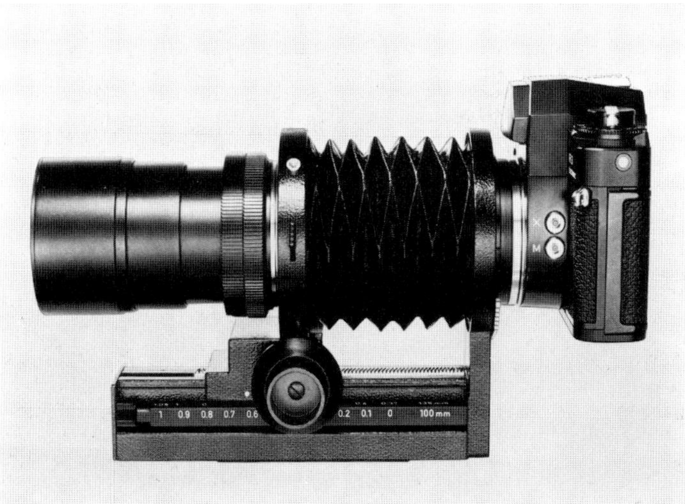

Beleuchtung Nicht nur Lichtqualität und Lichtintensität, sondern auch die Anordnung beweglicher Lichtquellen zum Motiv bzw. die Anordnung des Motivs zu festen Lichtquellen sind wichtige Kriterien für die fotografische Beleuchtungstechnik und das Gelingen einer Aufnahme. Von der Lichtqualität (spektralen Zusammensetzung des Aufnahmelichtes, → Farbtemperatur) ist beispielsweise in der Farbfotografie die Wahl des jeweiligen Filmmaterials abhängig (Tageslicht-Farbfilm, Kunstlicht-Farbfilm). Unterschieden werden vier Lichtqualitäten: Höhenlicht mit großem UV-Anteil und einer Farbtemperatur bis zu 25 000 → Kelvin (K) (hier ist ein → UVa-Filter bei normalem Tageslichtfilm unerläßlich), mittleres Tageslicht mit der Farbtemperatur um 5600 K (sie ist auch für das Licht von Elektronenblitzen charakteristisch), Kunstlicht bei niedriger Farbtemperatur (Glühlampen mit ca. 3200 K) und Infrarotlicht (Sonderfall – bedingt die Verwendung eines speziellen schwarzweißen oder farbigen Infrarotfilms). Fast immer besteht zwischen Lichtintensität und Farbtemperatur ein direkter Zusammenhang. Von den zahlreichen Beleuchtungsvarianten mit Kunstlicht seien die wichtigsten genannt: Unterschieden werden gerichtetes Licht (Scheinwerfer) von diffusem Licht (→ Diffusor), direktes Blitzlicht von indirektem Blitzlicht (→ Indirektes Blitzen). Die in der Studio-Fotografie am häufigsten praktizierten Beleuchtungsrichtungen sind Vorderlicht (vom Kamerastandpunkt her), Seitenlicht (unter 90° zur Aufnahmerichtung), → Gegenlicht, → Oberlicht (Atelier). Meist werden

15 **Beleuchtungskontrast.** Foto: Robert Kayaert, Brüssel (Belgien)

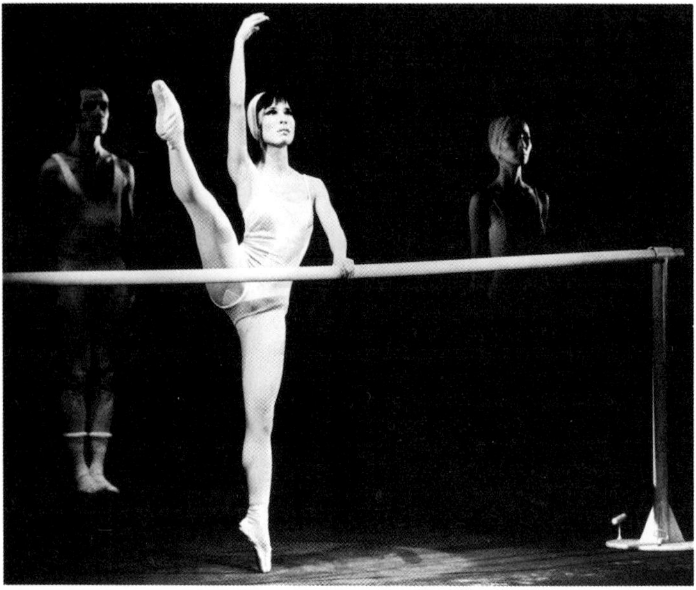

mehrere Lichtquellen eingesetzt. Die primäre Lichtquelle heißt Hauptlicht, die sekundären Lichtquellen werden als Nebenlicht (z. B. zur → Aufhellung) bezeichnet. Der gezielte Einsatz der Lichtquellen, also die Lichtregie, zählt zu den wichtigsten Aufgaben des Studio-Fotografen.

Beleuchtungskontrast Je nach Anzahl der Lichtquellen und ihren Strahlungswinkeln werden einzelne Stellen eines Motivs von unterschiedlichen Lichtmengen getroffen (Abb. 15). Mit einem Luxmeter (→ Lichtmessung) ist es möglich, die Stellen mit der maximalen bzw. minimalen Beleuchtungsstärke an einem Motiv auszumessen. Das Verhältnis der beiden extremen Größen zueinander wird Beleuchtungskontrast genannt. Da der Beleuchtungskontrast direkte Auswirkungen auf den Motivkontrast hat, müssen gewisse Grenzwerte eingehalten werden. Ist der Beleuchtungskontrast größer als 3:1, so kann dies den Belichtungsumfang des Filmmaterials bereits übersteigen, d. h. die Lichtführung muß entsprechend korrigiert werden.

Beleuchtungsstärke Während die Lichtstärke ein Maß für die objektive Helligkeit oder Strahlungsintensität einer Lichtquelle ist, bezeichnet die Beleuchtungsstärke die Lichtmenge, welche beim gemessenen Objekt noch ankommt. Sie ist die wichtigste Größe in der Beleuchtungstechnik und wird durch → Lichtmessung (Luxmeter) erfaßt. Ihre Maßeinheit ist das Lux (lx). Es gilt die Beziehung:

$$1 \text{ Lux} = 1 \frac{\text{Candela x Steradiant}}{\text{m}^2},$$

wobei Candela (cd) die Einheit der Lichtstärke und Steradiant (sr) die Einheit des auftreffenden, vom Licht erfüllten Raumwinkels ist. Zu bedenken ist, daß die Beleuchtungsstärke annähernd mit dem Quadrat der Entfernung von der Lichtquelle abnimmt.

Belichtung Sobald durch die Einwirkung von Licht irgendein Material beeinflußt oder verändert wird, spricht man von Belichtung. In der Fotografie bzw. → Sensitometrie wird die Belichtung (Maßeinheit ist die Luxsekunde [lxs]) als das Produkt aus Lichtintensität (→ Beleuchtungsstärke, gemessen in Lux = lx) und Belichtungsdauer (in Sekunden = s) angegeben. Diese Beziehung ist als Reziprozitäts- oder Bunsen-Roscoesches Gesetz bekannt. Es besagt, daß es für die Belichtung gleichgültig ist, ob mit einer vielfachen Lichtintensität bei einfacher Belichtungszeit oder mit entsprechend vielfacher Belichtungszeit bei einfacher Lichtintensität belichtet wird (Einschränkung: → Schwarzschild-Effekt). Die Lichtintensität wird durch die Wahl der Blende (→ Abblenden) und die Helligkeit des Motivs bestimmt, die Belichtungsdauer durch die Verschlußzeit der Kamera. Zwischen Belichtung und Schwärzung von fotografischem Material besteht für einen großen Bereich eine feste Beziehung (→ Gradation). Nur für Extremwerte der Belichtung verliert diese Beziehung ihre Gültigkeit. Von der korrekten Belichtung hängt die Qualität einer Fotografie ab. Anhaltspunkte für geeignete Belichtungswerte gibt im einzelnen der → Belichtungsmesser, wobei – je nach Meßverfahren – eine Korrektur der Meßwerte nach subjektiven Gesichtspunkten notwendig sein kann. Als Kriterien für eine optimale Belichtung können die Zeichnung der Schatten bei Negativfilmen, die Zeichnung in den Lichtern bei Umkehrfilmen angesehen werden.

Belichtungsautomatik Kameras mit Belichtungsautomatik arbeiten nach zwei unterschiedlichen Prinzipien der Belichtungssteuerung: Blendenautomatik und Verschlußzeitenautomatik. Bei der Blendenautomatik wird zu einer vorgewählten Belichtungszeit der vom Belichtungsmesser der Kamera für diese Zeit ermittelte Blendenwert automatisch eingestellt. Bei der Verschlußzeitenautomatik ist es umgekehrt: Zur vorgewählten Blende wählt die Automatik die vom Belichtungsmesser gemessene Verschlußzeit. In beiden Fällen arbeitet der automatische Teil (Blende oder Verschluß) meist stufenlos und berücksichtigt die am DIN/ASA-Einstellring eingestellte Lichtempfindlichkeit des eingelegten Films.

Belichtungsfehler Belichtungsfehler können in der Schwarzweißfotografie, soweit sie innerhalb des Belichtungsumfanges des Fotomaterials liegen, beim Kopieren weitgehend kompensiert werden. Durch bewußtes Unterbelichten und anschließende verlängerte Entwicklung kann die Empfindlichkeit eines Filmes sogar erhöht werden. Überbelichtete Materialien können durch Sichtentwicklung bei verkürzter Entwicklungsdauer unter Umständen »gerettet« werden (→ Ausentwickeln). Farbfilme dagegen haben einen engen Belichtungsspielraum. Sie verlangen eine äußerst präzise Belichtung.

Belichtungsmesser Belichtungsmesser sind Meßgeräte für die Intensität des Lichtes. Entweder wird dazu die Lichtenergie in Elektrizität umgewandelt (mit Hilfe von → Photoelementen) und der entstehende Strom gemessen, oder es wird die veränderliche Leitfähigkeit eines lichtempfindlichen elektrischen Widerstandes (Photowiderstand, Photodiode) gemessen. Für die fotografische Belichtungsmessung werden hauptsächlich zwei Meßverfahren eingesetzt, die → Lichtmessung (Messung des auf das Motiv auftreffenden Lichtes) und die → Objektmessung (Messung der vom Motiv reflektierten Anteile des Lichtes). Für die Justierung der Belichtungsmesser wird eine durchschnittliche Remission von 18% des auftreffenden Lichtes zugrundegelegt. Während Handbelichtungsmesser sowohl Licht- als auch Objektmessung ermöglichen, dienen die in den Kameras eingebauten Belichtungsmesser nur der Objektmessung (Abb. 16). Bei einfachen Kameras befindet sich die Meßzelle außen am Kameragehäuse und mißt stets in Richtung des Objektes. Bei Systemkameras mit Wechselobjektiven erfolgt die Belichtungsmessung meist unmittelbar durch das Objektiv (→ TTL-Messung). Diese »Objektivmessung« ist zuverlässiger als die Außenmessung, da hier nur die tatsächlich vom jeweiligen Objektiv erfaßten Motivdetails gemessen werden. Bei der TTL-Messung müssen nochmals zwei Methoden unterschieden werden: Die Integralmessung (Abb. 17b), welche das ganze Bildfeld ausmißt (manchmal mit Schwerpunktmessung in der Mitte) und die selektive Punktmessung (Abb. 17a), bei der nur im Zentrum des Bildfeldes (ca. 5–8 mm Ø im Sucher von Kleinbildkameras) gemessen wird. Während die Integralmessung bei stark kontrastreichen Motiven oder im Gegenlicht noch zu Fehlergebnissen führen kann,

16 **Belichtungsmesser.** Selektive Messung auf der Mattscheibe einer Großbildkamera. Foto: Sinar Schaffhausen, Feuerthalen (Schweiz)

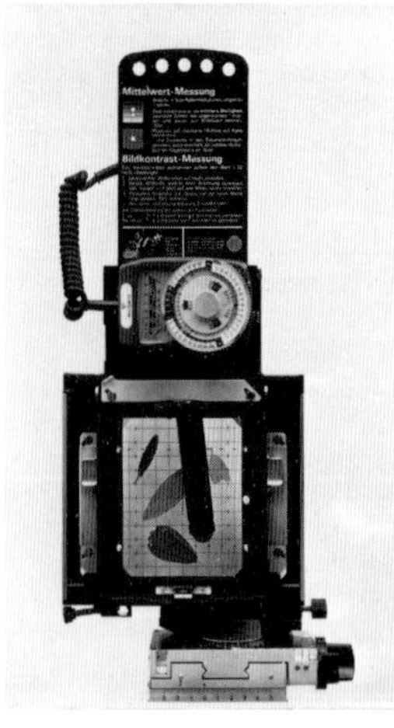

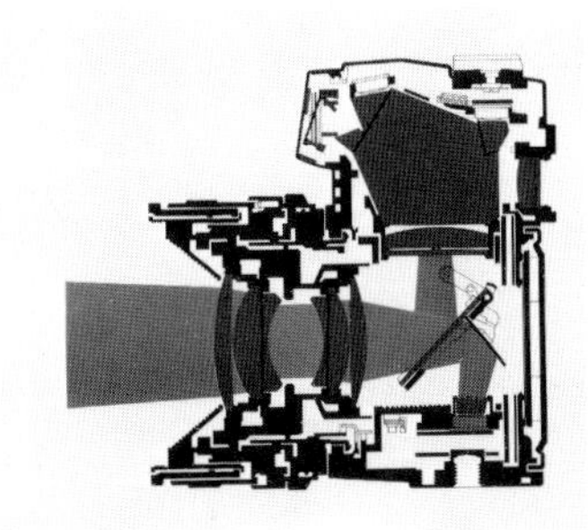

a

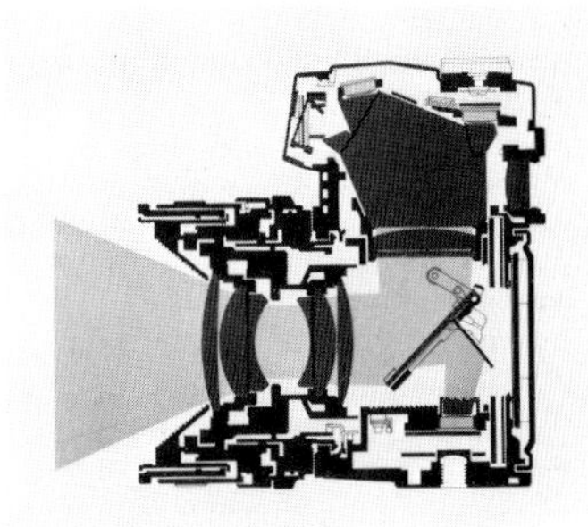

b

17 **Belichtungsmesser.** Belichtungsmessung durch das Objektiv: a) selektiv – b) additiv. Fotos: Leitz Wetzlar

liefert die Punktmessung, mit welcher speziell bildwichtige Details angemessen werden, meist zuverlässigere Belichtungswerte.

Belichtungsreihe Um sich bei extremen Lichtsituationen (Hochgebirge, Schnee, Nebel, Regen) gegen Fehlbelichtungen abzusichern, belichtet man eine Belichtungsreihe (unterschiedliche Blenden oder Belichtungszeiten). Während bei der Belichtung von Negativfilmen mehrere Belichtungen innerhalb des Belichtungsspielraums liegen und kopierfähig sind, gibt es bei Diapositiv-Filmen meist nur *eine* optimal verwertbare Aufnahme innerhalb einer Belichtungsreihe.

Belichtungsspielraum Es kann sich ergeben, daß innerhalb einer → Belichtungsreihe mehrere Aufnahmen den vollen Kontrastumfang des Bildes noch bewältigen, daß ein Bild lediglich etwas dichter (oder dünner) ist als das andere. Bilder dieser Art, die die hellsten und dunkelsten Details des Motivs noch differenziert wiedergeben (also kopierfähig sind), liegen innerhalb des Belichtungsspielraumes des betreffenden Films. Überbelichtete Bilder mit nicht durchgezeichneten Schatten oder unterbelichtete mit ausgefressenen Lichtern (bei Negativfilmen) liegen außerhalb des Belichtungsspielraumes. Bei sehr kontrastreichen Motiven ist der Belichtungsspielraum entsprechend klein. In diesem Fall gibt es oft nur eine einzige richtige Belichtung innerhalb der Belichtungsreihe. Der Belichtungsspielraum hängt vom → Belichtungsumfang des Films ab, der Belichtungsumfang wiederum von der → Gradation des Materials. Faustregel: Je steiler die Gradation (je härter ein Film), um so geringer sind Belichtungsumfang und Belichtungsspielraum, desto korrekter muß belichtet werden. Aufgrund ihrer Konstruktion und Verarbeitung ist der Belichtungsspielraum von Negativfilmen weitaus größer als der von Farbumkehrfilmen.

Belichtungsumfang Der Belichtungsumfang ist ein Maß für die maximalen Helligkeitsunterschiede von Motiven, die ein Film verhältnisgetreu wiederzugeben vermag (korrekte Belichtung vorausgesetzt). Gemeint ist das Verhältnis der minimalen Lichtintensität, die gerade zu einer vom → Grundschleier unterscheidbaren Schwärzung führt, zu der Lichtintensität, welche erforderlich ist, um die totale Schwärzung des Films hervorzurufen (etwa bei Dichte 3; → Schwärzungskurve, Abb. 147). Ist der Belichtungsumfang z. B. 1:1000, was dem Unterscheidungsvermögen des menschlichen Auges bei konstanter Pupillenweite nahekommt, so werden vom Film Kontraste verarbeitet, deren größte Helligkeit das 1000fache der geringsten Schwärzung ist. Der Belichtungsumfang hängt unmittelbar von der → Gradation des Films ab. Materialien mit einer steilen Schwärzungskurve reagieren empfindlicher auf geringe Helligkeitunterschiede, haben dafür einen geringeren Belichtungsumfang. Filme mit einer flachen Gradation sind weniger empfindlich für geringfügige Lichtunterschiede, bewältigen aber einen weitaus größeren Kontrastumfang (was vor allem bei Schwarzweiß-Negativmaterial ausgenutzt wird). Ihr Belichtungsumfang ist, im Vergleich zu Filmen mit steiler Gradation, erheblich erweitert.

Belichtungszeit Öffnungsverhältnis (Blende) und Belichtungszeit sind die zwei die Belichtung bestimmenden Parameter. Die Belichtungsdauer läßt sich bei den meisten Kameras nur stufenweise, nicht kontinuierlich verändern. Die Verschlußzeitenreihe ist analog zur Blendenreihe abgestuft, so daß die Veränderung um eine Zeitstufe eine Halbierung bzw. Verdoppelung der Belichtung bewirkt. Während bei den meisten Kameras die Verstellung auch um halbe Blendenwerte möglich ist, gibt es bei den Verschlußzeiten keine Zwischenstufen. Je nach Kamera-System verfügt man über einen mehr oder weniger großen Bereich aus der Zeitenreihe von ca. 10 s bis zu einer 1/1000 s und 1/2000 s. Die Verschlußzeiten werden auf den Kameras durch ihren Kehrwert (z. B. 500 für 1/500 s) symbolisiert. Sie werden mit Hilfe von Schlitzverschlüssen oder Zentralverschlüssen mit einer Toleranz von ± 10% eingehalten. Kameras mit zeitgesteuerter Belichtungsautomatik wählen zur vorgewählten Blende (bei vorgegebener Filmempfindlichkeit) stufenlos die korrekte Belichtungszeit.

Belichtungszeitschaltuhr → Zeitschaltuhr

Beugung Immer wenn Licht auf undurchlässige Körper trifft, kommt es an seinen (scharfen) Kanten zu Beugungserscheinungen, d. h. ein geringer Teil des am Hindernis vorbeistrahlenden Lichts wird gebeugt und fällt in den eigentlichen Schatten des jeweiligen Körpers. Dieses Phänomen ist erklärlich, wenn man die Wellennatur des Lichts in Betracht zieht. Jeder Punkt einer sich kreisförmig ausbreitenden Wellenfront kann Ursprung einer sekundären, sich selbständig und kreisförmig ausbreitenden Welle sein. Trifft eine Wellenfront auf eine undurchlässige Kante, so wird sich ein Teil des Lichts, welches das Hindernis streift, hinter diesem, entsprechend den sekundären an dieser Kante entstehenden Wellen, ausbreiten (Abb. 18). Bei optischen Systemen spielt die Beugung des Lichts an den Blenden eine wesentliche Rolle. So führen Beugungserscheinungen dazu, daß Objektpunkte als solche nicht abgebildet werden können. Das bedeutet, durch Beugung eines Teils des vom Objektpunkt ausgehenden Lichts kann kein geometrisch scharfer Bildpunkt entstehen. Es entsteht ein diffuses Beugungsscheibchen (auch Airy'sches Scheibchen genannt). Vom Durchmesser dieser Beugungsscheibchen hängt u. a. das → Auflösungsvermögen eines optischen Systems ab: Zwei Objektpunkte werden dann noch getrennt abgebildet, wenn der Abstand der Mittelpunkte der zugehörigen Beugungsscheibchen größer als der Radius der Beugungsscheibchen ist. Diese Erscheinung hängt im wesentlichen von der Blendenöffnung ab. So wächst der Durchmesser der Beugungsscheibchen proportional der Blendenzahl, oder anders ausgedrückt: Je kleiner die Blendenöffnung, desto geringer sind

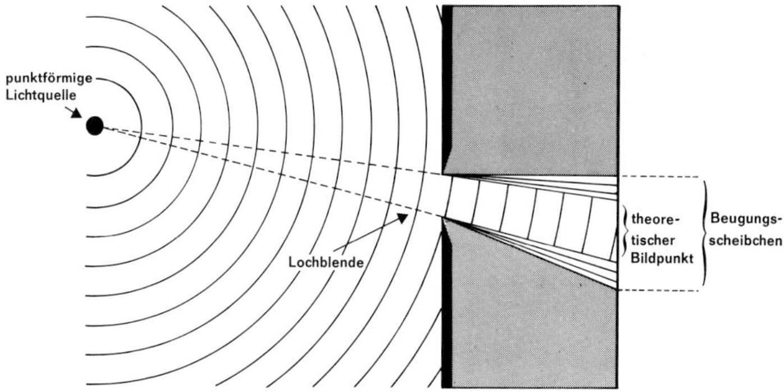

18 **Beugung.** Beugung des sich gradlinig ausbreitenden Lichts an den Rändern einer Lochblende

Auflösungsvermögen und erzielbare Schärfe eines abbildenden Systems.

Bewegungsablauf Für die fotografische Darstellung von Bewegungsabläufen gibt es unterschiedliche Methoden. Da ein einzelnes Bild lediglich eine »gefrorene« Bewegungsphase festhalten kann, bedarf es hier einer Bildreihe oder Bildserie. Mit Hilfe moderner → Motorkameras, die mit Bildfrequenzen von 2 bis 6 Bilder/s arbeiten, kann z. B. der Bewegungsablauf eines Weitspringers (Abb. 19) in mehreren Einzelbildern festgehalten werden. Eine andere Möglichkeit, die hauptsächlich zur wissenschaftlichen Analyse von Bewegungsvorgängen eingesetzt wird, ist die Stroboskoptechnik (→ Stroboskopfotografie). Ihre Basis sind schnellaufladende Blitzleuchten (Stroboskoplampen), die 4–12 Blitze in der Sekunde abstrahlen und mit deren Hilfe die entsprechende Anzahl von Bewegungsphasen auf *einem* Bild festgehalten werden können.

Bewegungsunschärfe So nennt man die Darstellung von Bewegungsvorgängen oder -abläufen durch Unschärfen, die mit relativ langen Belichtungszeiten erzeugt werden (1/4 s – 1/15 s). Im Gegensatz zum Wischeffekt (→ Verwischen) der z. B. beim → Mitziehen der Kamera in Bewegungsrichtung entsteht (vgl. Abb. 108), wird der sich bewegende Gegenstand unscharf gegen einen ruhenden, scharfen Vorder- oder Hintergrund gestellt (Farbabb. 17). Es empfiehlt sich, solche Aufnahmen vom Stativ aus zu fotografieren. Bewegungsunschärfen ganz anderer Art können auch während des Kopiervorganges nachträglich erzeugt werden, beispielsweise durch Drehen oder Verschieben des Fotopapiers während der Dauer der Belichtung.

Bezugssehweite Die subjektiv zu ermittelnde Güte einer fotografischen Abbildung hängt im wesentlichen auch vom Betrachtungsabstand ab. Um zu vergleichbaren Ergebnissen zu kommen, wurde deshalb eine Bezugssehweite festgelegt. Sie entspricht bei großen Bildformaten der Bilddiagonalen, welche somit unter dem deutlichen Sehwinkel des Auges (~ 45°) gesehen wird. Ist die Formatdiagonale 25 cm und kleiner, so ist die Bezugssehweite mit dem mittleren Leseabstand von 250 mm identisch.

Bezugswelle → Holographie

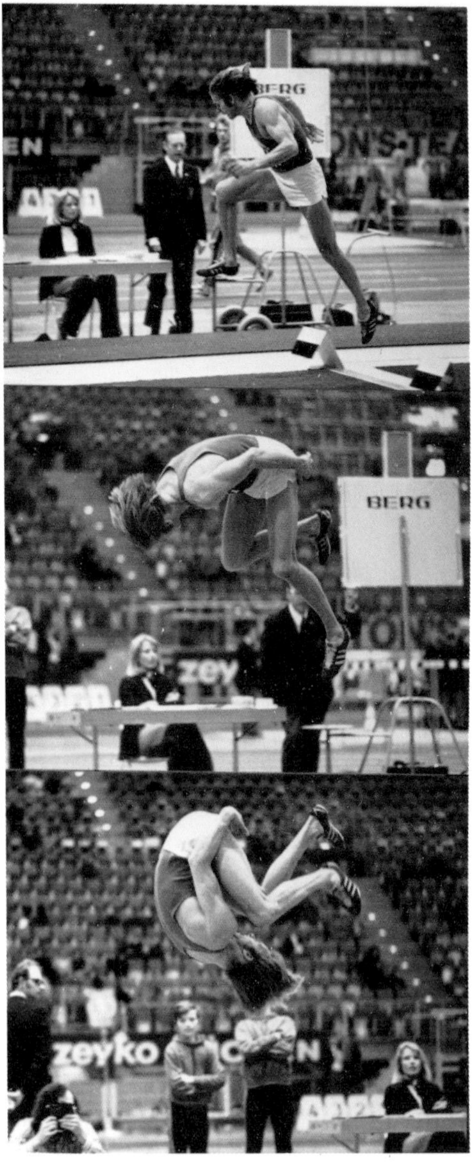

19 **Bewegungsablauf.** Weitsprung, mit der Motorkamera fotografiert (Bernhard Stierle in seiner neuen Weitsprungtechnik mit Salto, vorgeführt bei den deutschen Hallen-Meisterschaften 1974). Foto: Fred Joch, München

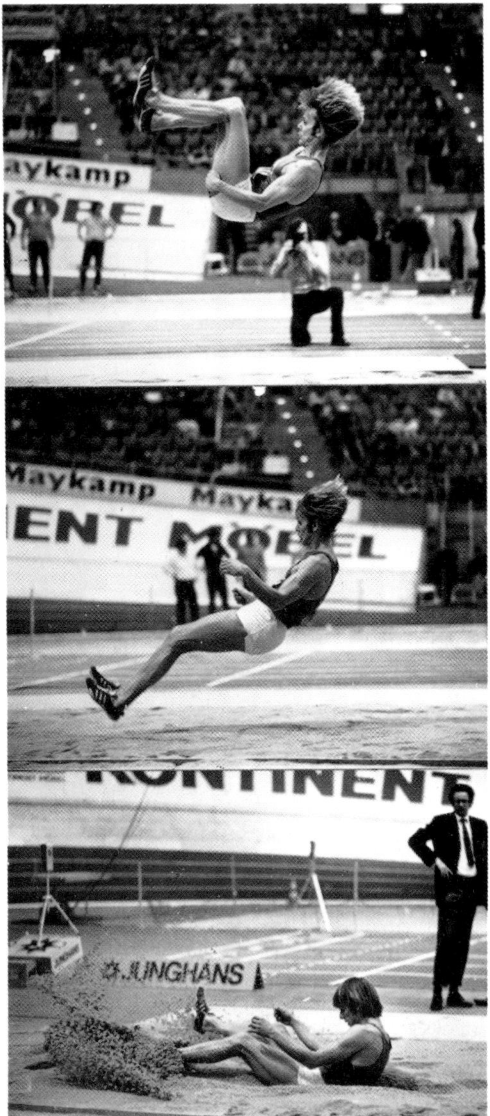
Maykamp
JUNGHANS

Bildaussage Ein umstrittener Begriff. Manche Fotografen verstehen darunter, was sie selbst mit dem Bildinhalt auszusagen vermögen (subjektive Bildaussage), andere wiederum, daß ausschließlich der dargestellte Gegenstand (oder das Ereignis) aussagefähig seien. Eine Ansicht, die die Vertreter der → Neuen Sachlichkeit in den 30er und 40er Jahren vertraten. Über die Bilder des Amerikaners Paul Strand (1890–1976), bedeutender Vertreter dieses fotografischen Stils, sagte der Kunstwissenschaftler Milton W. Brown: »Die Interpretation der Wahrheit in seinen Bildern ist immer mit höchster Treue zur Dokumentation verbunden. Nie hat er die Wirklichkeit oder den fotografischen Prozeß zu manipulieren versucht, beides hält er für geheiligt.« Die von dem Fotografen Otto Steinert (geb. 1915) unter dem Begriff → »Subjektive Fotografie« 1952 ins Leben gerufene künstlerische Bewegung vertrat einen gegenteiligen Standpunkt. Sie forderte den subjektiven Ausdruck und schloß auch manipulierte Fotografie als Möglichkeit einer individuellen Bildaussage nicht aus.

Bildausschnitt Bei der Vergrößerung von Negativen kann statt der formatfüllenden Wiedergabe des Negativs ein Bildausschnitt gewählt werden, in der Absicht, das wiederzugebende Motiv in Form, Farbe und Aussage zu verbessern. Nebensächliche oder störende Details werden dabei weggeschnitten, wichtige Details durch Konzentration des Inhalts hervorgehoben (Abb. 20). Die Wahl des richtigen Bildausschnitts ist für die endgültige Fassung einer Fotografie von entscheidender Bedeutung. Insbesondere bei Reportagefotos bleibt häufig keine Möglichkeit, den optimalen Bildausschnitt schon bei der Aufnahme zu wählen.

Beim Belichten von Farbdiapositiven sollte der Fotograf allerdings schon von vornherein den endgültigen Bildausschnitt anstreben, da in der Projektion

20 **Bildausschnitt.** Foto: Erwin Kneidinger, Stadt Haag (Österreich)

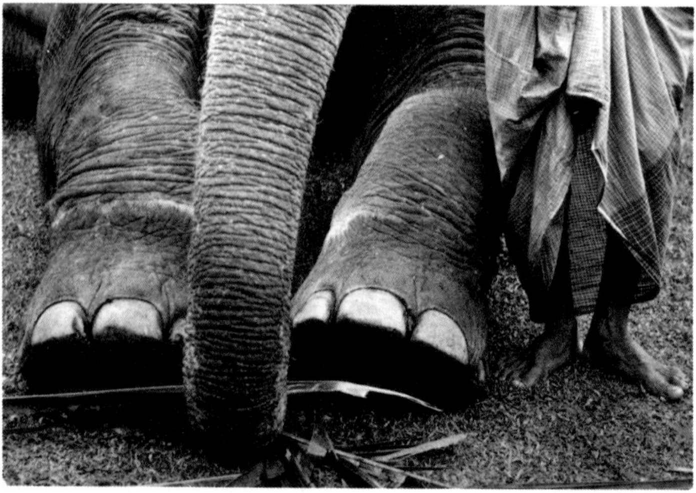

das volle Diaformat besser zur Wirkung kommt. Kleinere Fehler können durch Abkleben am Dia oder durch → Duplizieren (meist mit Qualitätsverlust verbunden) korrigiert werden.

Bildebene Es handelt sich um die geometrische Ebene (→ Abbildung, Abb. 1a), in der ein reelles, scharfes Bild des abzubildenden Gegenstandes entsteht. Durch Scharfstellen des Objektivs fällt die Bildebene mit der → Filmebene zusammen. Befindet sich der abzubildende Gegenstand in annähernd unendlicher Entfernung (Objektiveinstellung ›Unendlich‹), d. h. fallen die von ihm ausgehenden Lichtstrahlen nahezu achsenparallel zum Linsensystem ins Objektiv ein, so ist der Abstand der hinteren Hauptebene des vorgeschalteten Linsen-Systems von der Bildebene mit der bildseitigen (objektiveigenen) Brennweite identisch.

Bildfehler → Abbildungsfehler

Bildfeld Das Bildfeld ist der Teil des von einem optischen System (Objektiv) entworfenen Bildes, welcher zur Belichtung endgültig auf das Filmmaterial gelangt. In erster Linie wird das Bildfeld durch den Ausschnitt des Bildfensters bestimmt, welches sich unmittelbar vor der Filmbühne befindet und mit dem Aufnahmeformat identisch ist.

Bildfeldwölbung (Bildfeldkrümmung) Abbildungsfehler, der sich dadurch bemerkbar macht, daß die Bildschärfe in der Filmebene zum Rand hin abnimmt, d. h., das eigentlich scharfe Bild liegt auf einer zum Objektiv hin konkav gekrümmten Bildschale und nicht in einer planen Schärfenebene. Die Korrektur der Bildfeldwölbung bei der Konstruktion von Objektiven wird als Bildfeldebnung bezeichnet. Sie wird durch Kombination hochbrechender → Sammellinsen mit niedrigbrechenden → Zerstreuungslinsen erreicht.

Bildgestaltung Die Kunst, alle Details eines Motivs so im Sucher der Kamera anzuordnen, daß das fertige Bild in Inhalt und Aussage möglichst allen Anforderungen formgestalterischer und farbkompositorischer Ästhetik entspricht, basiert auf der guten Bildgestaltung durch den Fotografen. Ihr Niveau ist zunächst von seinen fotografischen Talenten abhängig, erst in zweiter Linie vom Raffinement seiner Aufnahmetechnik. In den Negativ-Positiv-Verfahren erhält das Bild häufig erst bei der Ausarbeitung des Positivs unter dem Vergrößerungsgerät seine endgültige Form. Die Ansichten darüber, was in diesem Sinne als ästhetisch und als formal vollendet betrachtet werden kann, gehen naturgemäß auseinander (→ Fotoästhetik).

Bildmontage → Fotomontage

Bildreportage Im Deutschen werden die Begriffe Bildreportage, Bildbericht, Bildserie ohne deutliche Abgrenzung gebraucht. Präziser sind die angelsächsischen Bezeichnungen: picture story, picture sequence, picture essay. Als Bildreportage bezeichnet man die aktuelle Berichterstattung mit fotografischen Bildern über Ereignisse oder über Zustände (Abb. 21, 22). Im Idealfall sind den fotografischen Aufnahmen erklärende, registrierende oder kommentierende Texte beigefügt. Eine Bildreportage fußt auf einer Abfolge von Bildern über den zu berichtenden Gegenstand. Sie werden meist aus einer Vielzahl von Aufnahmen ausgewählt und vom Bildredakteur zum Bildbericht verarbeitet. Er berücksichtigt (auch anhand der beigefügten Text-Story) Höhepunkte des Geschehens und die wichtigsten optischen Aspekte des Ereignisses und schließt im Idealfall Background-Szenen mit ein.

Die moderne Bildreportage nahm ihren Ausgang im Deutschland der Jahre 1928 bis 1932. Sie war primär durch die ausgeprägte Bildberichterstat-

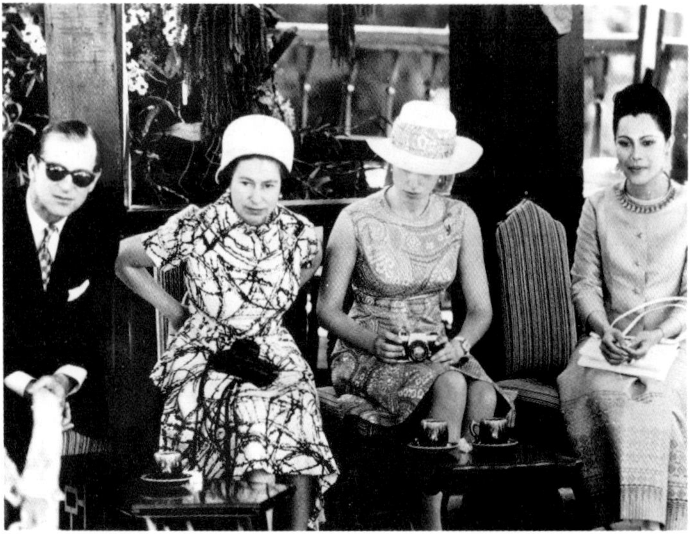

21 **Bildreportage**. Preisgekrönte Bildserie aus dem Wettbewerb der World Press Photo Holland. Fotos: Horst Ossinger, Düsseldorf

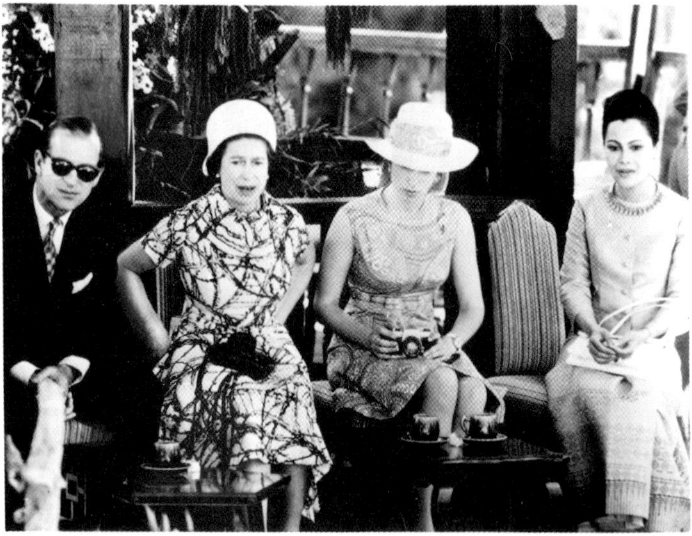

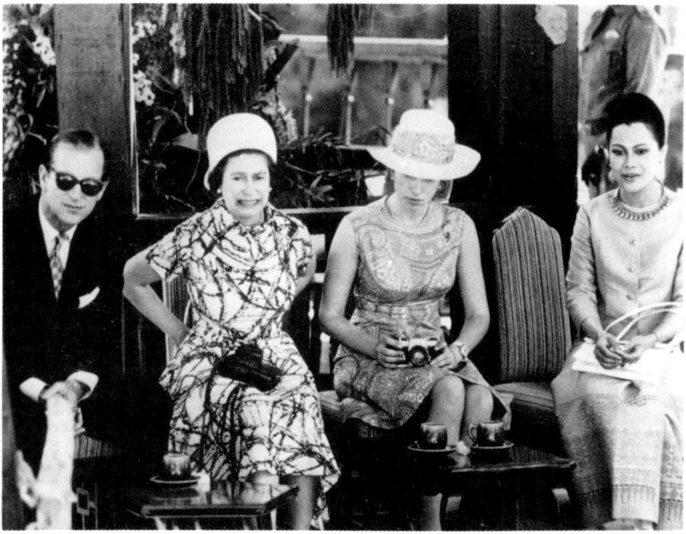

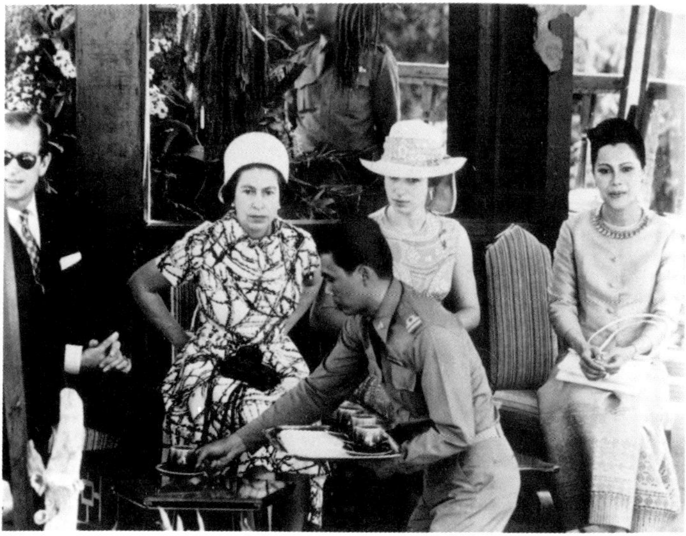

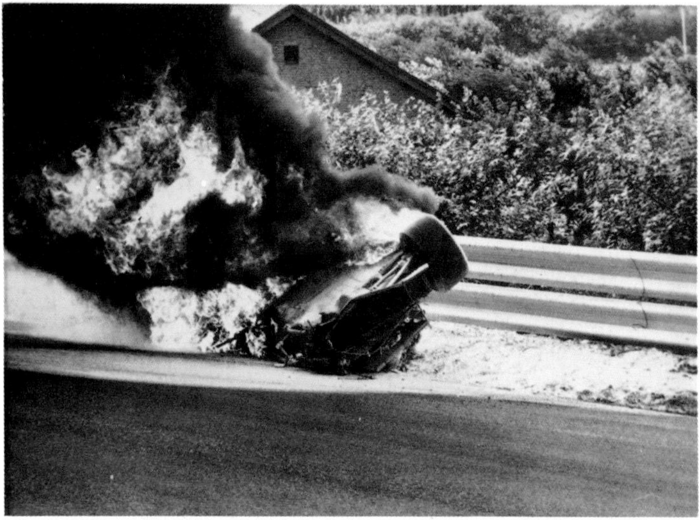

22 **Bildreportage** vom Formel I-Rennen in Zandvoort beim Großen Preis der Niederlande 1973, in dem der Engländer Roger Williams tödlich verunglückte. Sein Landsmann David Purley, der hier zur Hilfe eilt, wurde vier Jahre später beim Training für den Großen Preis von England in Silverstone selbst lebensgefährlich verletzt. Fotos: Cornelis Mooij (Niederlande) / World Press Photo

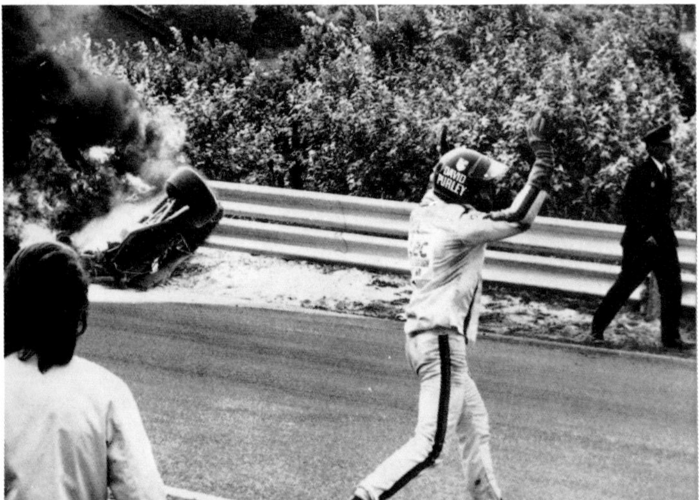

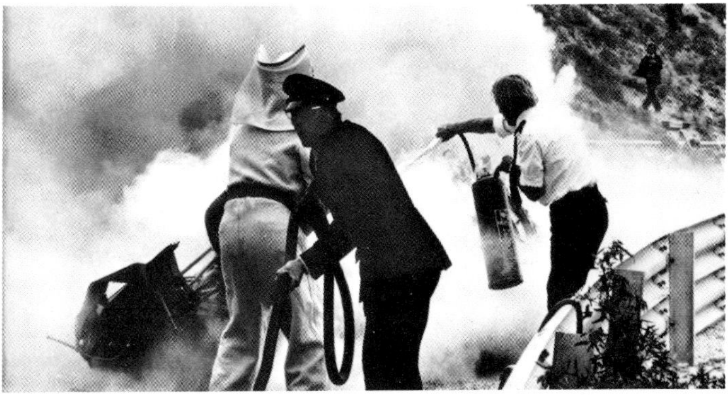

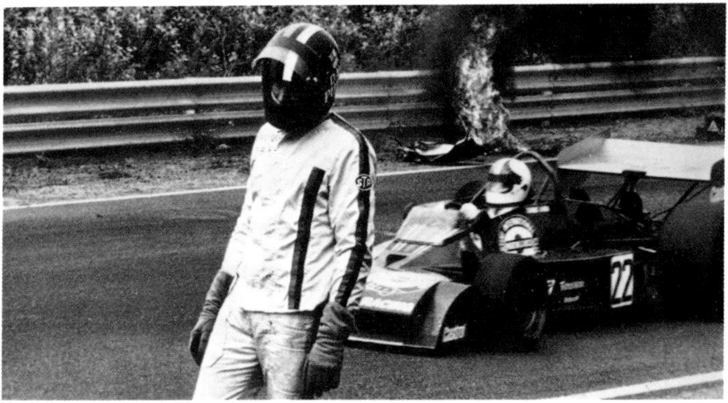
22

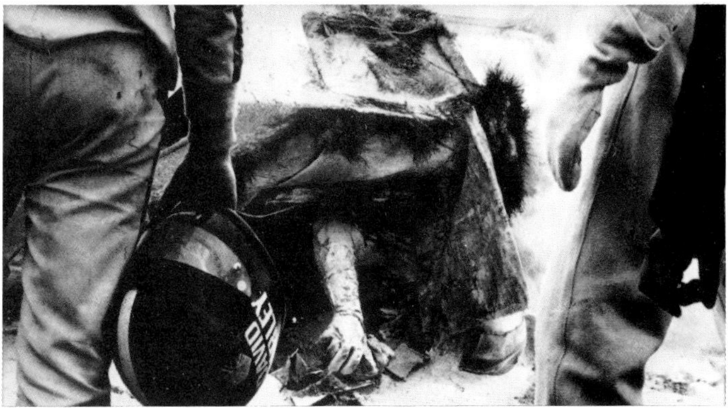

tung der »Berliner Illustrirten Zeitung« und der »Münchner Illustrierten Presse« repräsentiert. Als Väter des modernen Bildjournalismus gelten die Fotografen Erich Salomon (1886–1944), Felix H. Man (geb. 1893), Wolfgang Weber (geb. 1902), die für die Berliner oder Münchner Illustrierte arbeiteten. In neuerer Zeit setzten und setzen Zeitschriften wie »Life«, »Picture Post«, »Stern«, »Epoca«, »Paris Match« die Tradition der klassischen Bildreportage fort.

Bildschärfe Die Schärfe einer Abbildung hängt von dem Kontrastwiedergabevermögen (→ Kontrastübertragung) eines Objektivs ab. Die Konturen scharfbegrenzter Motive werden in der Abbildung dann als scharf empfunden, wenn die auftretenden Unschärfen vom Auge nicht mehr aufgelöst werden, d. h. solange die Unschärfenzonen eine Ausdehnung von rund 0,1 mm nicht überschreiten (eine Betrachtung unter der Bezugssehweite von 25 cm angenommen). Allgemeiner formuliert: Ein Objektpunkt wird stets als kleines Unschärfenscheibchen abgebildet. Dieses wird vom Auge dann noch als scharfer Bildpunkt wahrgenommen, wenn es unter einem Sehwinkel erblickt wird, der 50″ bis 90″ nicht überschreitet. Die Grenzen der Bildschärfe werden jedoch fast ausnahmslos vom → Auflösungsvermögen der Filmmaterialien gesetzt.

Bildverstärker Es besteht die Möglichkeit, ein mit Hilfe eines Objektivs aufgenommene Bild auf elektronischem Wege zu verstärken. Dies geschieht mit einem Bildverstärker, in dem mehrere Verstärkerstufen hintereinander geschaltet sind (→ Restlichtverstärker).

Bildwandler Elektronenoptisches Gerät, welches infrarotes Licht, das für das menschliche Auge unsichtbar ist, umwandelt und so verstärkt, daß es (z. B. im Sucher von → Infrarotkameras) sichtbar wird.

Bildweite Unter Bildweite versteht man den Abstand der → Bildebene von der → Linsenebene bzw. von der bildseitigen → Hauptebene, welche in mehrlinsigen Objektiven der Linsenebene entspricht. Bei der Entfernungseinstellung auf ›Unendlich‹ ist die Bildweite identisch mit der Objektivbrennweite. Bei Naheinstellungen sowie bei der Verwendung von → Zwischenringen oder → Balgennaheinstellgeräten verlängert sich die Bildweite gegenüber der Brennweite, und zwar um die Länge des verwendeten Zwischenringes bzw. des → Auszugs (→ Abbildung, Abb. 1).

Bildwinkel Das Objektiv wird mitunter als das Auge der Kamera bezeichnet und der Bildwinkel mit dem Sehwinkel des Auges verglichen. Dieses hat einen deutlichen Sehwinkel von etwa 45°. Ein → Objektiv mit diesem Bildwinkel bezeichnen wir als Normalobjektiv, weil es unsere Umgebung perspektivisch so abbildet, wie wir sie »normal« sehen. Ist der Bildwinkel deutlich größer als 45°, spricht man von einem Weitwinkelobjektiv, ist er dagegen wesentlich kleiner als 45° von einem Teleobjektiv. Der Bildwinkel ist sowohl von der Brennweite als auch vom Aufnahmeformat abhängig (Abb. 23). Da es sich um einen rotationssymmetrischen Raumwinkel handelt, muß das in der Regel rechteckige (z. B. 24 x 36 mm) oder quadratische (z. B. 6 x 6 cm) Aufnahmeformat in der Bildebene von ihm vollständig eingeschlossen werden. Zur Berechnung des Bildwinkels betrachte man das in der Abbildung schraffierte rechtwinklige Dreieck. Mit den Regeln der Trigonometrie erhalten wir den tan des halben Bildwinkels α nach folgender Gleichung:

$$\tan \alpha = \frac{\text{halbe Formatdiagonale}}{\text{Bildweite}}$$

Die Formatdiagonale d berechnet sich nach $d = \sqrt{a^2 + b^2}$, wenn a und b die Kantenlängen des Bildformats sind. Für die Berechnung der Bildweite wird die Brennweite herangezogen, da diese bei

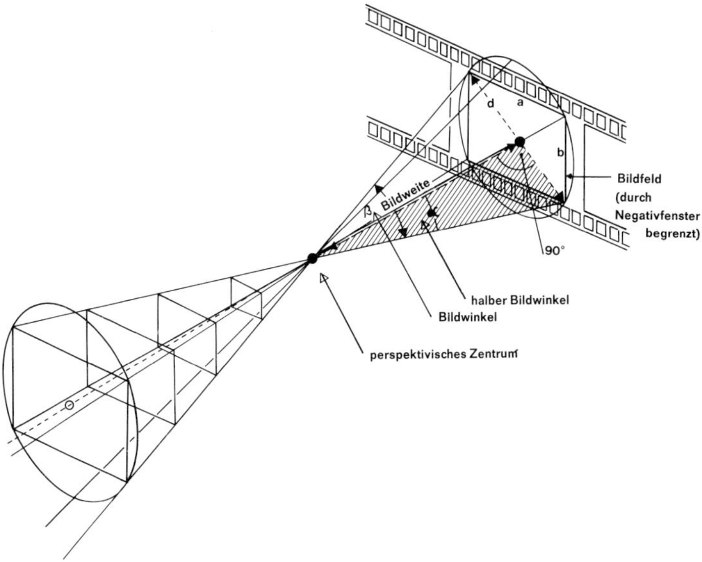

23 **Bildwinkel,** der durch Formatdiagonale und Bildweite bestimmt ist: das Bildfeld wurde in den Objektraum projiziert

der Entfernungseinstellung auf ›Unendlich‹ mit der Bildweite identisch ist. Stellt man das Objektiv auf den Nahbereich scharf ein, so verlängert sich die Bildweite um den Objektivauszug. Somit verändert sich auch der Bildwinkel, d. h. er wird entsprechend kleiner. Für eine repräsentative Anzahl von Brennweiten finden Sie die zugehörigen Bildwinkel (bezogen auf das Kleinbildformat 24 x 36 mm) in untenstehender Tabelle.

Format 24 x 36 mm						
Brennweite in mm	35	50	90	135	180	400
Bildwinkel	63,4°	46,8°	27,0°	18,2°	13,7°	6,2°

Bildzählwerk Mechanisches Zählwerk an den Kameras, das nach jeder Aufnahme anzeigt, wieviel Bilder eines Films bereits belichtet sind bzw. wieviel Bilder noch belichtet werden können. Bei vielen Kleinbildkameras springt das Zählwerk beim Öffnen der Kamera (Filmwechsel) in die Ausgangsstellung zurück.

Biostereometrie Dieser relativ neue Seitenzweig der Fotogrammetrie dient der räumlichen Vermessung von Lebewesen und deren Wiedergabe in zweidimensionalen Fotografiken (Abb. 24). Die Biostereometrie wird z. B. zur Erfassung struktureller Veränderungen am menschlichen Körper als Folge von korrigierenden oder prothetischen Operationen eingesetzt.

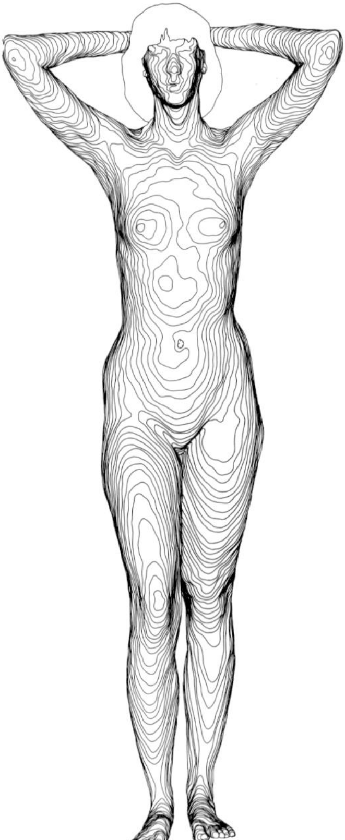

24 **Biostereometrie.** Dreidimensionale Vermessung des menschlichen Körpers mit Hilfe der Fotografie nach einem im Baylor College of Medicine Biostereometrics Laboratory (Houston/Texas) angewandten Verfahren, veröffentlicht in »Kodak Fotografie International«

Bläschenbildverfahren Bei der photochemischen Zersetzung von Diazoniumsalzen wird Stickstoff in kleinsten Mengen freigesetzt. Dieses Phänomen wird im Bläschenbildverfahren ausgenützt. An den belichteten Stellen des Films entstehen feine Stickstoff-Bläschen in einer Kunststoffemulsion (welche keine Silbersalze enthält); diese lassen sich anschließend bei der Entwicklung durch Erhitzen in größere Bläschen überführen, an denen sich das Licht bricht. So entstehen positive Aufsichtsbilder bzw. negative Durchsichtsbilder. Es gibt noch andere Verfahren, die sich unterschiedlicher Reaktionsprinzipien bedienen. Sie haben jedoch bis heute noch keine wesentliche Bedeutung in der Fotografie erlangt.

Bleichbad Bei der → Entwicklung von belichteten Filmen wird das in Form von unlöslichen Salzen vorliegende Silber reduziert, das aufgrund seiner feinen Verteilung – je nach Intensität der Belichtung – unterschiedliche Schwärzungen hervorruft. Dieser Prozeß ist umkehrbar. Das elementare Silber kann durch Bleichbäder, welche stark oxidierende Chemikalien enthalten (Kalium ferricyanid, Kaliumdichromat, Kupfersulfat in Schwefelsäure), wieder in eines seiner Salze überführt werden. Sind diese Salze löslich, diffundieren sie aus der Filmschicht heraus, wodurch bereits entwickeltes Silber entfernt werden kann, wie dies im Anschluß an die Entwicklung von Farbfilmen oder Farbpapierbildern geschieht. Entstehen jedoch unlösliche Salze, z. B. → Silberhalogenide, verbleibt das oxidierte Silber in der Emulsion und kann erneut reduziert, also entwickelt werden. Dies geschieht bei der → Umentwicklung.

Bleichfixierbad → Bleichbad und → Fixierbad lassen sich dann kombinieren, wenn als oxidierende (bleichende) Substanz das Eisensalz des Äthylendiamintetraacetats (EDTA) verwendet wird, das mit dem Fixiersalz keine störenden Reaktionen eingeht. Bleichfixierbäder werden heute für besonders »schnelle« Verarbeitungsverfahren bei der Entwicklung von Farbmaterialien angeboten.

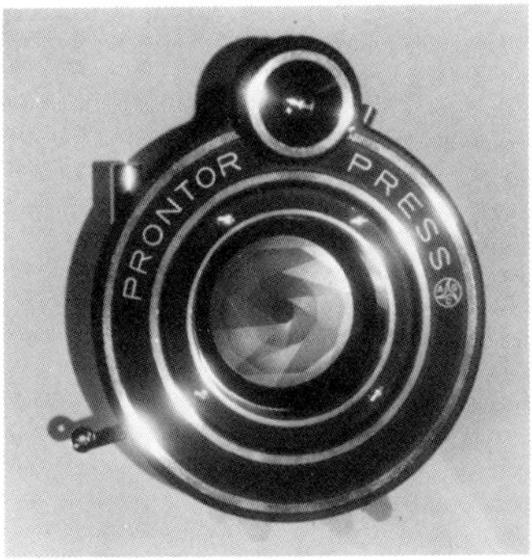

a

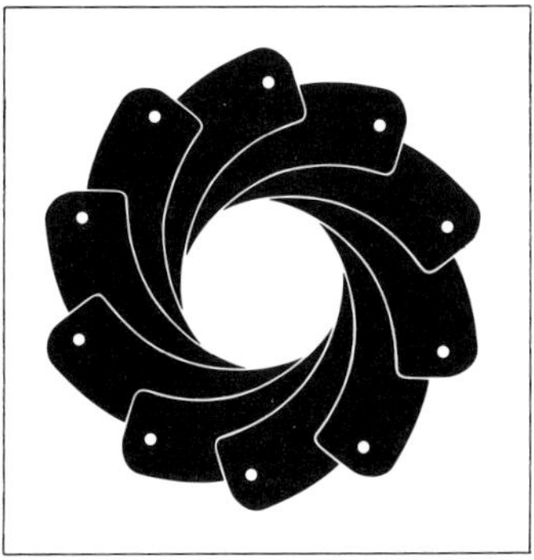

b

25 **Blende**. a) Irisblende, dargestellt in drei Bewegungsphasen, Foto: Prontor, Calmbach – b) Blendenlamellen. Sie verändern bei einer entsprechenden Einstellung am Verschluß die Lichtdurchtrittsöffnung konzentrisch von außen nach innern oder – umgekehrt – von innen nach außen

Blende Die Blende eines Objektivs, die die Menge des einfallenden Lichts, aber nicht den Bildwinkel begrenzt, wird Öffnungsblende (oder Aperturblende) genannt (→ Blendenzahl). Meist handelt es sich um eine Irisblende (Abb. 25a), die durch eine Vielzahl von Lamellen eine nahezu kreisrunde, verstellbare Öffnung bildet (Abb. 25b). Die Öffnungsblende hat die Aufgabe, durch Veränderung des bildwirksamen Linsenquerschnitts sowohl die Bildhelligkeit als auch die → Schärfentiefe zu regulieren. Sie bestimmt das Öffnungsverhältnis (zusammen mit der Brennweite) und kann u. U. den Öffnungsfehler (→ Abbildungsfehler) beeinflussen. Gleichzeitig ist die Öffnungsblende ein Faktor, der das → Auflösungsvermögen optischer Systeme beeinträchtigt. Um eine Beeinflussung des Bildwinkels zu vermeiden, wird die Öffnungsblende bei mehrlinsigen Objektiven fast immer in der bildseitigen → Hauptebene (um das perspektivische Zentrum herum) angeordnet. Alle anderen Blenden, wie Linsenfassungen oder Gegenlichtblenden, wirken größtenteils als Bildfeldblenden und können zu einem Lichtabfall an den Bildrändern führen (→ Vignettierung).

Blendenautomatik → Belichtungsautomatik

Blendenreflexe → Reflexe

Blendenzahl Als Kehrwert des → Öffnungsverhältnisses stellt die Blendenzahl (Öffnungszahl) neben der → Belichtungszeit den die Belichtung bestimmenden Faktor dar. Kleine Blendenzahlen (z. B. 2,8) stehen für eine große Blendenöffnung, große (z. B. 16) für eine kleine Blendenöffnung. Da die Lichtmenge, die durch das Objektiv hindurchgelangt, dem Quadrat des Blendendurchmessers proportional ist, bedeutet eine Vergrößerung des Blendendurchmessers und somit des Öffnungsverhältnisses um den Faktor $\sqrt{2}$ ($\sim$ 1,4) eine Verdoppelung der auf den Film gelangenden Lichtmenge. Aus diesem Grunde unterscheiden sich aufeinanderfolgende Blendenwerte um jeweils diesen Faktor $\sqrt{2}$. Wählt man bei der

Belichtung die nächst höhere Blendenzahl, so bedeutet dies eine Halbierung der zur Belichtung gelangenden Lichtmenge. Nimmt man die nächst kleinere Blendenzahl, so kommt dies einer Verdoppelung der Lichtmenge gleich. Die durch die jeweilige Blende dosierte Lichtmenge bestimmt zusammen mit der Belichtungszeit den bilderzeugenden Lichtwert.

Blitzdauer → Leuchtzeit

Blitzfolgezeit → Elektronenblitzgerät

Blitzleitzahl Die Leitzahl eines Blitzlichtgerätes gibt Auskunft über dessen Lichtleistung. Nach der zur Zeit allgemeingültigen Norm wird die Leitzahl auf eine → Filmempfindlichkeit von 21 DIN bezogen (manchmal auch zusätzlich auf 18 DIN). Sie bietet dem Fotografen die Möglichkeit, sich für eine bestimmte Blitzleuchte und Aufnahmeentfernung die richtige Blende zu errechnen. Die Formel lautet:

$$\text{Blende} = \frac{\text{Leitzahl}}{\text{Aufnahmeentfernung}}$$

Beispiel: Ist die Leitzahl für einen 21-DIN-Film mit 33 angegeben und beträgt die Aufnahmeentfernung 3 m, so muß mit Blende 11 fotografiert werden (33:3 = 11). Die Leitzahlen für Blitzleuchten und Blitzbirnen (Würfelblitze) sind für Aufnahmen in Innenräumen berechnet, so daß bei der Leitzahlangabe ein gewisses Maß an reflektierendem Licht bereits berücksichtigt ist. Deshalb muß bei Blitzaufnahmen im Freien (wo reflektierende

26 **Blitzleuchten.** Ofenrohr-Laternen dienten in den Fotoateliers vor 100 Jahren als Blitzlicht-Lieferanten: In den Laternen wurde ein Schwefel-Salpeter-Gemisch explosionsartig abgebrannt; der Qualm zog durch das Ofenrohr ins Freie. Foto: Deutsches Museum, München

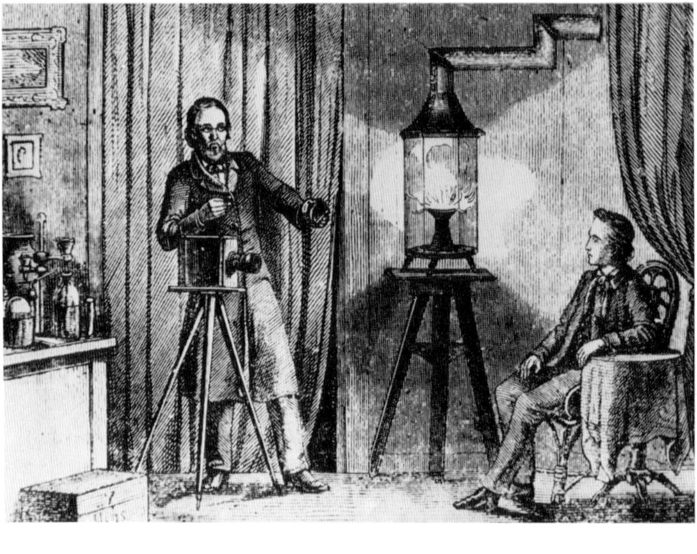

Flächen fehlen) das Objektiv der Kamera etwa um 1/3 Blende gegenüber dem errechneten Wert geöffnet werden. Moderne → Elektronenblitzgeräte besitzen meist einen Schwenkreflektor für → indirektes Blitzen. Hier muß bei der Entfernungsmessung der Blitzweg und nicht die Aufnahmeentfernung berücksichtigt werden.

Blitzleuchten An einfachen Amateurkameras (Schnappschußkameras) werden noch Blitzlampen (Blitzbirnchen, Würfelblitze) verwendet. Es handelt sich hierbei um glühlampenähnliche, kleine Glaskolben (deshalb auch Kolbenblitze genannt), die durch die Verbrennung unedler Metalle (z. B. Magnesium oder Zirkonium) in ihrem sauerstoffgefüllten Innern einen Lichtblitz erzeugen. Die Blitzbirnchen sind jedoch nach einmaligem Gebrauch zerstört. Lampenblitzgeräte werden mit der Kamera über den M-Kontakt verbunden, Elektronenblitzgeräte über den X-Kontakt.

Blitzlichtsynchronisation Um die Leuchtkraft eines Blitzes ausnützen zu können, ist es erforderlich, daß der Verschluß der Kamera während der gesamten Leuchtdauer des Blitzes voll geöffnet bleibt. Da die normalerweise eingesetzten Verschlußzeiten einer Kamera im Vergleich zur Blitzdauer relativ lang sind, ist diese Abstimmung eine Frage der Synchronisation (zeitlichen Übereinstimmung) von Blitz und Offenzeit des Kameraverschlusses. Im wesentlichen gibt es an jeder Kamera zwei verschieden synchronisierte Anschlußkontakte für die Blitzgeräte: den X-Kontakt (X steht für das Edelgas Xenon der Elektronenblitzgeräte) und den M-Kontakt (M steht für medium-time, er ist für die relativ längere Zündzeitspanne der Blitzbirnchen bestimmt). → Zentralverschlüsse lassen sich bis zu 1/500 s mit Elektronenblitzen synchronisieren. Bei → Schlitzverschlüssen dagegen wird der Verschluß nur bis zu 1/60 s oder 1/100 s ganz geöffnet. Die Verschlußzeit, bis zu der eine Kamera synchronisiert, ist vom Hersteller in der Verschlußzeitenskala besonders markiert (Blitzstellung).

Blitzröhre → Elektronenblitzgerät

Brechung → Lichtbrechung

Body Art Bildfolgen in der Art von → Fotosequenzen, in denen die Person des Künstlers im Mittelpunkt steht. Eine solche Bildserie wird in der Art eines Happenings inszeniert und fotografiert (z. T. mit → Selbstauslöser, häufiger durch eine zweite Person). Die Fotos halten die entscheidenden Phasen der »Körperdarstellung« fest. Diese ist, samt der gezielt gewählten Kulisse, jeweils darauf angelegt, fotografiert zu werden. Demgemäß beschäftigen sich mit der Body Art sowohl Aktionskünstler als auch Fotografen. Bekannt geworden sind u. a. die Arbeiten der beiden Engländer Gilbert (geb. 1943) und George (geb. 1942), der Deutschen Klaus Rinke (geb. 1939) und Jürgen Klauke (geb. 1943). Während sich bei Gilbert und George die Körpersprache mit philosophischen oder soziologisch-symbolhaften Ausdruckselementen mischt (maschinenhafte Bewegungsphasen, kommentiert von Wortsymbolen) und eine Art »abstrakter« Körperlichkeit entsteht, ist es bei den meisten Body Artisten introvertierter Narzißmus, der zum Ausdruck kommt. Klauke zeigt in seinen Bildreihen ein auswegloses Mitsichselbstbeschäftigtsein. Rinke setzt den eigenen Körper als gestalterisches Medium ein. Raum und Bewegung werden zur Identifikation in einer eher symbolhaften Selbstdarstellung (Abb. 27).

Bounce-light → Indirektes Blitzen

Brennpunkt Im Brennpunkt (→ Abbildung, Abb. 1) einer Linse oder eines Linsen-Systems kreuzen sich alle Lichtstrahlen, welche – parallel zur optischen

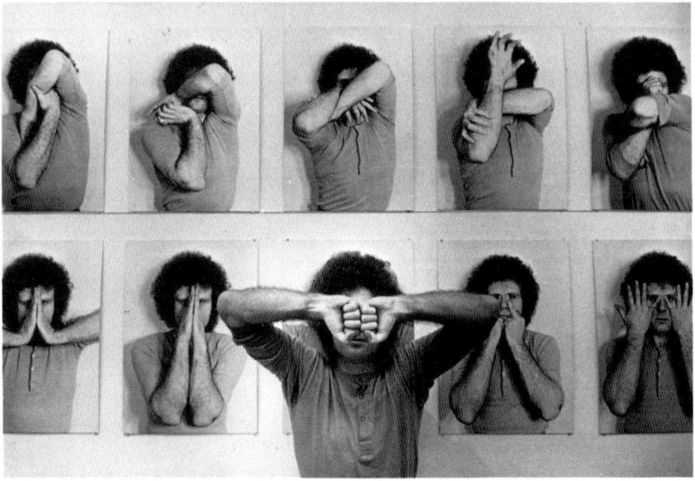

27 **Body Art.** Der Düsseldorfer Künstler Klaus Rinke vor einer von ihm geschaffenen Bildreihe. In ihr wird der eigene Körper des Künstlers, seine Mimik und Gestik, bildnerisch wirksam. Signale und Inhalte der Körpersprache werden zum Identifikationsmittel zwischen Aktion und Reflexion und damit zur künstlerischen Aussage. Die Fotografie ist Vermittlerin des Geschehens. Foto: Bernd Jansen, Düsseldorf, 1972

Achse, bzw. senkrecht zur Linsenebene (→ Hauptebene) – ins Objektiv einfallen (Brennstrahlen). Die Bezeichnung Brennpunkt rührt von der Eigenschaft einer → Sammellinse her (z. B. einer einfachen Lupe), einfallende Lichtstrahlen in einem hinter der Linse befindlichen Punkt zu vereinigen und dort befindliche leicht brennbare Materialien (Papier) durch konzentrierte Wärmeenergie des Sonnenlichtes zu entflammen. Man kann auch sagen, daß im Brennpunkt ein punktförmiges Bild der Sonne entsteht. Die geometrische Ebene, die – parallel zur Linsenebene – senkrecht zur optischen Achse durch den Brennpunkt hindurch verläuft, wird Brennebene genannt. Bei Einstellung des Objektivs auf ›Unendlich‹ ist sie mit der Bild- und Filmebene identisch. Alle Linsen-Systeme besitzen zwei Brennpunkte: einen dingseitigen und einen bildseitigen. Bei asymmetrisch gebauten Linsen-Systemen, und um solche handelt es sich bei den heutigen Objektiven, haben dingseitige und bildseitige Brennpunkte fast immer unterschiedliche → Brennweiten.

Brennweite Die Brennweite (→ Abbildung, Abb. 1) kennzeichnet den Abstand des Brennpunktes von der Linsenebene bzw. der ihm zugeordneten Hauptebene. Mit den auf Objektiven eingravierten Brennweiten sind jeweils die bildseitigen Brennweiten definiert, also der Abstand des bildseitigen Brennpunkts von der bildseitigen Hauptebene (Linsenebene). Auf unterschiedlichen Brennweiten von Objektiven beruht die Vielseitigkeit von → Systemkameras. So werden z. B. für Kleinbildkameras →

Wechselobjektive angeboten, deren unterschiedliche Brennweiten von 7,5 bis 2000 mm reichen. Als »Normalbrennweiten« bezeichnet man Brennweiten, die etwa der Diagonalen des Aufnahmeformats entsprechen (beim Kleinbild 24 x 36 mm ca. 45 mm).

Bromöldruck Der Bromöldruck (Abb. 28) gilt als eines der letzten → Edeldruckverfahren (kurz nach 1900 erfunden). Er stellt einen Höhepunkt der damals in der Kunstfotografie entwickelten Technik dar, die das Ziel der veredelten Wiedergabe von Fotografien verfolgt. Beim Bromöldruck wird das Bromsilberbild mit einer speziellen Lösung ausgebleicht, die gleichzeitig an den Stellen, wo sich das Bildsilber befindet, die Gelatine gerbt (härtet). Dann kommt das Bild in ein Wasserbad. Die Gelatineschicht saugt sich dort, wo die Schicht nicht oder nur wenig gehärtet ist, mit Wasser voll. An den Stellen, die gehärtet sind, nimmt die Schicht nur wenig Wasser auf. Anschließend wird das Bild an der Oberfläche von Wasser befreit und mit einer Fettfarbe eingestrichen. Diese haftet je nach Wassergehalt, mehr oder weniger fest auf der Schicht. Auf diese Weise entsteht – entsprechend dem ursprünglichen Silberbild – ein Halbtonbild, das nur aus der Druckfarbe selbst besteht. Die malerische Wirkung des Bromöldrucks beruht auf der Unterdrückung naturalistischer Details durch Erzielung kraftvoller Tongruppen – ein Effekt, der durch die manuelle Einfärbung verstärkt werden kann.

28 **Bromöldruck.** Fritz Witzel, München: Frühlingserwachen. Aus: Karl von Schintling, Kunst und Photographie, Tafel XXIII. Berlin 1927

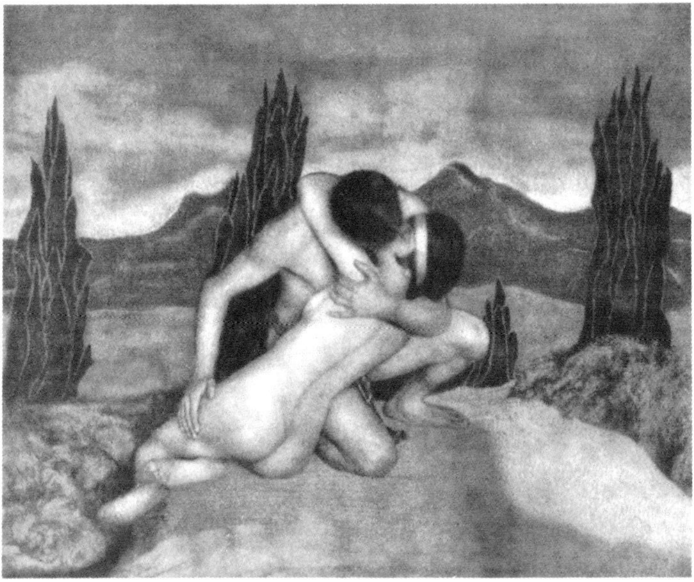

Buchdruck Der Buchdruck gilt nach wie vor als hervorragendes Hochdruckverfahren für die Wiedergabe von Fotos (Schwarzweißdruck, Vierfarbendruck). Basis der Wiedergabe ist die Autotypie, ein fotomechanisches Verfahren zur Herstellung von Halbtonbildern mittels geätzter Druckplatten. Das Foto wird fotografisch aufgerastert (Punktraster), so daß ein aus lauter Punkten bestehendes Negativ erzeugt wird. Die Größe und Dichte der dabei entstehenden Bildpunkte bestimmen die Intensität der Grau- bzw. Farbtönung. Je feiner der beim Kopieren eingesetzte Raster ist (25er, 48er, 54er oder 60er Raster [Linien/cm]), desto differenzierter wird die Modulation des Druckergebnisses. Das gerasterte Negativ wird auf die mit einer lichtempfindlichen Schicht versehene Druckplatte kopiert und geätzt. Beim Vierfarbendruck werden erst Farbauszüge hergestellt (Blaugrün [Cyan], Purpur [Magenta], Gelb [Yellow] und Schwarz), die – gleichfalls aufgerastert – auf je eine Druckplatte übertragen und geätzt werden. Durch paßgerechtes Übereinanderdrukken der vier Farbauszüge entsteht nach dem Prinzip der subtraktiven Farbmischung ein vielfarbiges Halbtonbild. Mit verzinkten oder verkupferten Autotypien können heute Auflagen von 80 000 bis 120 000 gedruckt werden.

Callier-Effekt Im gerichteten Licht von Doppelkondensoren (→ Kondensor), wie sie in Vergrößerungsgeräten Verwendung finden, erscheinen die Bildschwärzen eines Negativs intensiver, härter und kontrastreicher als bei der Durchsicht im diffusen Tageslicht oder auf dem Leuchttisch. Gleichzeitig beobachtet man ein stärkeres → Korn. Dieses Phänomen, Callier-Effekt genannt, ist darauf zurückzuführen, daß die Silberkörner der → Emulsion nicht nur Licht absorbieren, sondern auch streuen. Das bedeutet, daß das Licht nicht nur geradlinig, sondern auch auf »Umwegen« den Film durchdringt. Gerichtetes, senkrecht auf das Negativ auftreffendes Licht gelangt also mit weniger Streustrahlung durch die Schicht hindurch als bei diffuser Beleuchtung (z. B. bei Kontaktkopiergeräten). Der Callier-Effekt wird durch Verwendung von Halbkondensoren (plankonvexe Linsen) vermieden.

Camera obscura Die Camera obscura (ital. = dunkler Raum) kannte man schon im 11. Jh. Man verstand darunter ein fensterloses Zimmer, welches durch ein mehr oder minder kleines Loch der Wand Tageslicht durchließ. Das so »gebündelte« Licht erzeugte in dem dunklen Raum auf der dem Loch gegenüberliegenden Wand oder auf einem weißen Wandschirm ein seitenverkehrtes und auf dem Kopf stehendes, an den Rändern unscharfes Bild der im Freien befindlichen Landschaft. Damals beobachtete man auf diese Weise auch die Wanderung der Sonne. Später wurde die Camera obscura in eine kleinere, transportable Form gebracht, mit einer Mattscheibe und einer die Abbildungsqualität verbessernden Linse versehen. Heute wird sie nur noch als einfache Lochkamera zu Demonstrationszwecken oder zur Messung von Beugungserscheinungen an der Blendenöffnung verwendet.

Candela (cd) Photometrische Einheit der Lichtstärke. Ein schwarzer Körper, erhitzt auf die Schmelztemperatur von Platin (2042,5° K) strahlt pro cm^2 ebener Oberfläche senkrecht eine Lichtstärke von 60 cd ab (1948 international eingeführt). 1 cd = 1 NK (Neue Kerze) = 1,107 HK (Hefner Kerze) = 0,981 IK (Internationale Kerze).

Carbro-Druck Beim Carbro-Verfahren handelt es sich um ein Pigment-Druckverfahren (→ Pigmentverfahren) auf der Basis subtraktiver Farbmischung (vgl. Farbabb. 29). Zunächst werden vom Original drei (negative)

Farbauszüge entsprechend den drei Grundfarben Blau, Rot, Grün angefertigt. Diese Auszüge werden einzeln auf farbpigmenthaltige Papiere im Blaulicht (Lichtbogenlampe) umbelichtet. Der jeweilige Farbauszug wird auf das Papier kopiert, welches das Pigment der Komplementärfarbe enthält. Die Papiere zeichnen sich durch farbpigmentgesättigte Gelatine-Emulsionen aus, die durch das Imprägnieren mit einer Kaliumdichromat-Lösung lichtempfindlich gemacht werden: An den belichteten Stellen wird die Gelatine gegerbt, d. h. unlöslich gemacht. Nach dem Kopieren der drei Farbauszüge werden die belichteten Kopien nacheinander und jeweils einzeln mit einem Übertragspapier paßgerecht zusammengepreßt. Beim nachfolgenden Auseinanderlösen bleibt nur der gegerbte, pigmenthaltige Gelatineanteil auf dem Übertragsbogen haften, während die nicht belichteten und deshalb noch löslichen Partien im warmen Wasserbad abgelöst werden. Der Carbro-Druck entspricht im Prinzip dem → Dye Transfer-Process.

cd Abk. für → Candela

CdS-Photowiderstand In → Belichtungsmessern neuerer Bauart (vor allem bei in Kameras eingebauten Belichtungsmessern) finden vorzugsweise CdS-Photowiderstände Verwendung (CdS = Cadmiumsulfid). Diese Widerstände zeigen, in Abhängigkeit von der Lichtintensität, der sie ausgesetzt sind, unterschiedliche Leitfähigkeit. Je größer die Beleuchtungsstärke, desto höher ist die Leitfähigkeit (denn um so kleiner ist der Widerstand) und um so größer der Meßstrom. CdS-Photowiderstände stellen, im Gegensatz zu Photoelementen, keine autonomen Stromquellen dar. Sie sind von einer separaten Stromquelle (Batterie) abhängig. Die Größe des Photostromes stellt das Maß für die Beleuchtungsstärke (Belichtungsmessung) dar.

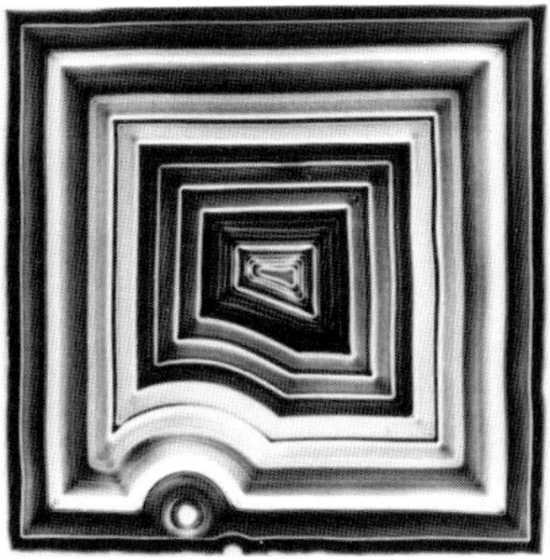

29 **Chemiegramm.** Foto: Pierre Cordier, Brüssel (Belgien)

Chemigramm 1956 entdeckte Pierre Cordier (geb. 1933) ein Verfahren zur rein photochemischen Erzeugung von ästhetisch wie farblich künstlerische Ansprüche erfüllenden Farbbildern. Cordier bezeichnet sie als aleatorisch, weil sie die Zufälligkeit als wesentliches gestalterisches Element der Entstehung bewußt mit einbeziehen (Abb. 29). Chemigramme entstehen ohne Kamera oder Vergrößerungsgerät ausschließlich durch chemische und mechanische Beeinflussung lichtempfindlicher Materialien. Somit sind die drei Elemente der Chemigrammherstellung eine lichtempfindliche Schicht, mechanische Manipulationsmittel (z. B. die Hand) und chemische Substanzen (Entwickler, Fixierbäder, Tonungsbäder, Abschwächer, Farbstoffe etc.).

Chromogene Entwicklung → Entwicklung

Chronofotografie Bezeichnung für Aufnahmetechniken, in denen einzelne, in Sekundenbruchteilen ablaufende Phasen innerhalb eines Bewegungsablaufs festgehalten werden. Die einzelnen Phasen können nur dann in hinreichend kleinen und konstanten Zeitabständen fotografisch erfaßt werden, wenn man sich entsprechender Aufnahmeverfahren, z. B. der → Stroboskopfotografie oder → Hochfrequenzfotografie, bedient.

Cinegramm Die Wiedergabe von Bewegungsabläufen unter gleichzeitiger Bewegung des Films in der Film-(Schärfen-)Ebene bei einer fotografischen Aufnahme. Am besten bekanntes Beispiel ist das Zielfoto (Abb. 30) bei sportlichen Wettkämpfen. Das bewegte Objekt wird durch einen Schlitz unmittelbar vor der Bildebene mit einer Spezialkamera fotografiert, wobei sich der Film in Bewegungsrichtung mitbewegt (durch elektrischen Antrieb). Dabei wird der Bewegungsablauf in Bewegungsrichtung gedehnt, wodurch die Abstände zwischen den Läufern beim Zieleinlauf besser unterscheidbar sind. Es gibt noch andere Cinegramm-Kameras, die eine Filmbewegung in zwei Richtungen gestatten. Der Fotograf hat hier die Möglichkeit, den Bewegungseffekt entweder in oder entgegen der Bewegungsrichtung seines Motivs aufzunehmen. Im ersten Fall gibt es, wie bei den Zielaufnahme-Kameras, eine eindimensionale Dehnung des Motivs, im anderen Fall eine Komprimierung. Als ästhetisch gestalterische Technik ist das Cinegramm in der → Generativen Fotografie von Bedeutung.

Cinematismus Technik der Malerei, insbesondere des Kubismus, Surrealismus und Futurismus, in der versucht wurde, Bewegungsvorgänge in einem Tafelbild zu simulieren. Verschiedene Phasen eines Bewegungsablaufs werden in einem Bild nebeneinander oder übereinander dargestellt. Klassisches Bei-

30 **Cinegramm.** Das Zielfoto ist wohl die populärste Gattung des Cinegramms. Die Ziel-Zeit-Kamera dehnt den horizontalen Ablauf und macht damit die Rangfolge der Zielankunft der Läuferinnen deutlich. Foto: Junghans

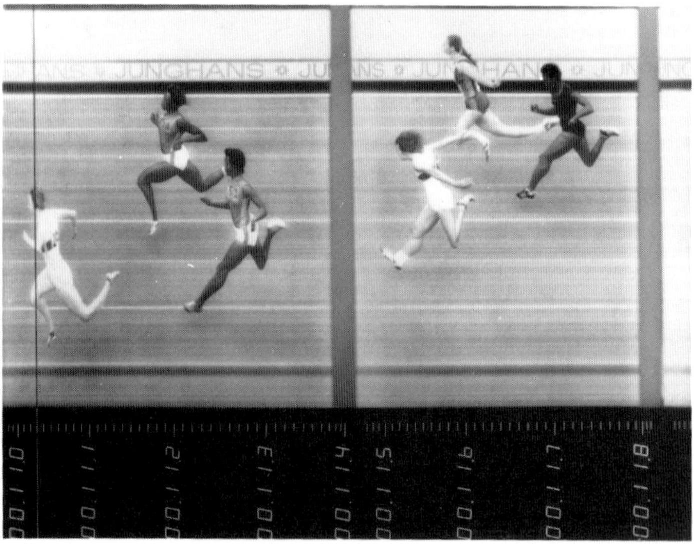

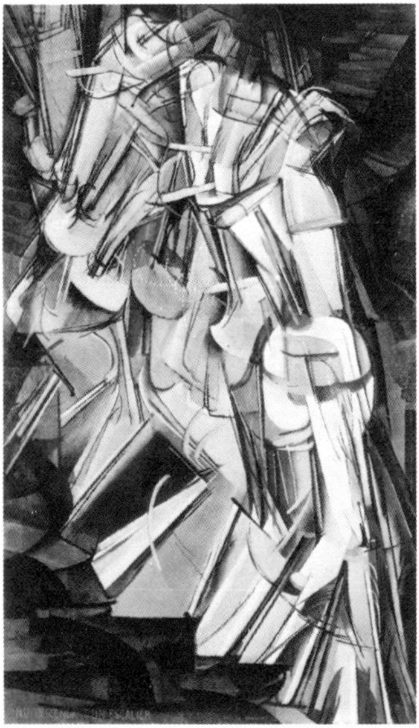

31 **Cinematismus.** Marcel Duchamp: Akt, die Treppe hinabsteigend. Nr. II, 1912. Öl auf Leinwand, 146 x 89 cm. Museum of Art, Philadelphia, Sammlung Louise und Walter Arensberg. (c) ADAGP, Paris, und COSMOPRESS, Genf

spiel: Marcel Duchamps (1887–1968) »Akt, eine Treppe hinabsteigend« (Abb. 31). Die fotografische Variante dieser Technik sind Stroboskopaufnahmen (→ Stroboskopfotografie), das Übereinanderkopieren von Bewegungsphasen unter dem Vergrößerungsgerät, bis zu einem gewissen Grad auch Bilder mit → Bewegungsunschärfen (Farbabb. 17).

Collage Stilrichtung der Malerei, deren Ursprung bei Picasso (1889–1974) und Braque (1882–1963) zu suchen ist. Erste Collagen waren die sog. »papiers collés« (geklebte Papiere), die als Reaktion auf kubistische Tendenzen betrachtet werden (um 1912). Picasso und Braque verwendeten in ihren Collagen u. a. Zeitungsausrisse, Tapetenreste, Stoffmuster etc., die sie in z. T. abstrakte Bilder klebten. In Collagen von Kurt Schwitters (1887–1948), Raoul Hausmann (1886–1971; Abb. 32) und Max Ernst (1891–1976) finden sich auch Fotos oder Ausrisse aus Fotos. Erst bei George Grosz (1893–1953), John Heartfield (1891–1968) und Hannah Höch (geb. 1889; Abb. 33) wurde um 1920 aus der Collage die reine → Fotomontage (bei Heartfield [vgl. Abb. 66] und Grosz als Mittel zur politischen Agitation unter Hinzufügung provokatorischer Texte). Sie schufen, ebenso wie zehn Jahre später Herbert Bayer (geb. 1900), in dieser Technik auf fotografischer Basis Bilder von kunstgeschichtlichem Rang.

Color-Analyzer Elektronisches Meßgerät zur Ermittlung und Steuerung von Filterwerten bei der Vergrößerung von Farbpapierbildern nach dem Negativ-Positiv-Prozeß. Der Color-Analyzer gestattet rationelleres Arbeiten und mehr Sicherheit auf dem Wege, ein richtig belichtetes und farblich neutrales Farbpapierbild herzustellen. Nach einer Eichung des Geräts auf das jeweilig verwendete Colorpapier erfolgt die Messung über → Photoelemente, die an der Objektivebene des → Vergrößerungsgerätes angebracht sind. Komfortable Color-Analyzer sind mit einer → Zeitschaltuhr gekoppelt, die die Belichtungszeit des Vergrößerers, entsprechend den gemessenen Werten, automatisch steuert. Andere Geräte messen die Filter- und Belichtungszeitwerte über einen Photowiderstand. Die Messung erfolgt meist selektiv innerhalb der Projektionsfläche des → Vergrößerungsrahmens.

Color Key-Folien Lichtempfindliche Durchsichtsfolien in unterschiedlichen Farben zur Herstellung von Farbauszügen. Beim Umkopieren von Negativ-Vorlagen auf Color Key-Folien (im

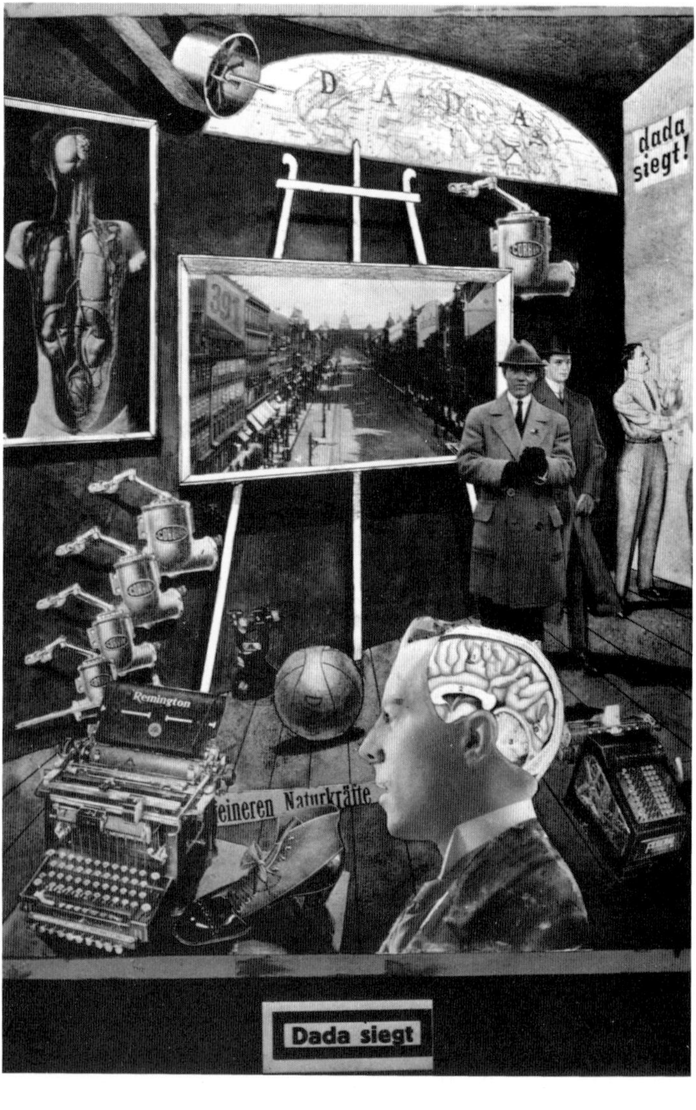

32 **Collage.** Raoul Hausmann: Dada siegt. 1920. Verschollen. Foto: Schuch, Berlin

UV-Licht) erhält man, entsprechend der Folienfarbe, einfarbige Positive oder Negative, je nachdem ob man von einem Negativ oder Positiv kopiert. Color Key-Folien eignen sich insbesondere bei der Tonwerttrennung zur farbigen Wiedergabe einzelner Dichteauszüge (Grauwerte). Nach dem Prinzip der subtraktiven → Farbmischung lassen sich auf diese Weise aus Schwarzweiß-Vorlagen mehrfarbige Fotografiken herstellen (→ Transparexfilm).

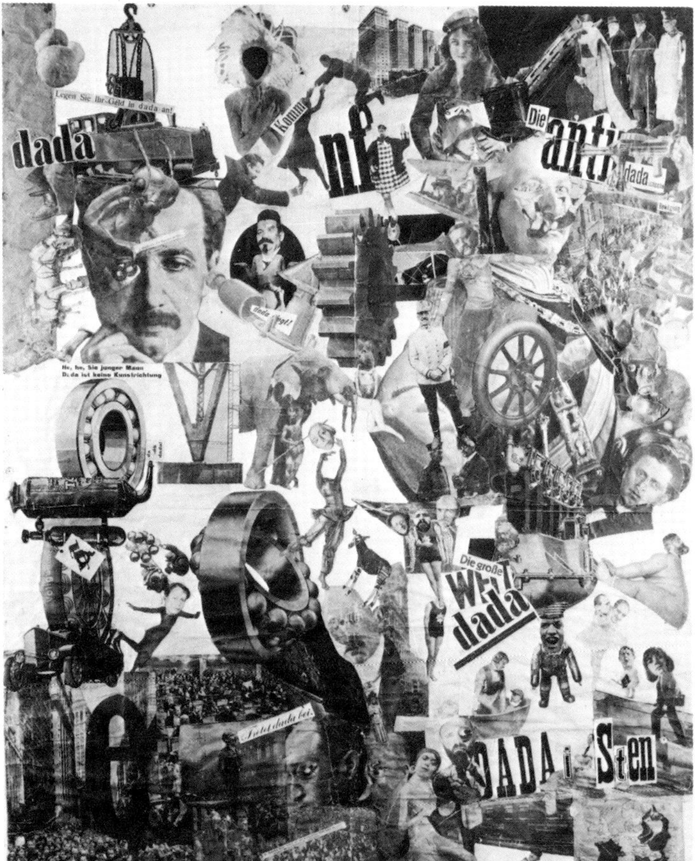

33 **Collage.** Hannah Höch: Schnitt mit dem Küchenmesser durch die erste Weimarer Bier-Bauch-Epoche Deutschlands. 1919. 114 x 90 cm. Staatliche Museen Preußischer Kulturbesitz, Nationalgalerie, Berlin

Color-print Englische Bezeichnung für eine Farbpapiervergrößerung.

Compurverschluß Er ist eine Erfindung (1912) von Friedrich Deckel (1871 bis 1948). Der Compurverschluß ist ein hochentwickelter → Zentralverschluß. Er ermöglicht Belichtungszeiten zwischen 1/500 s und 1 s und läßt sich für alle(!) Verschlußzeiten mit Blitzleuchten synchronisieren (→ Blitzlichtsynchronisation).

Computerblitz Computerblitze sind moderne → Elektronenblitzgeräte, deren → Leuchtzeit mit einem auf das Motiv gerichteten → Photoelement automatisch gesteuert werden kann (Abb. 34). Der »Computer« sucht sich aufgrund einer Remissionsmessung die für die Belichtung des Motivs und für die Empfindlichkeit des Films richtige Leuchtzeit selbst. Dabei werden je nach Aufnahmeentfernung und Filmempfindlichkeit Blitzzeiten zwischen 1/300 s und 1/50000 s erreicht.

34 **Computerblitz**. Funktionsschema. Zeichnung: Metz, Fürth

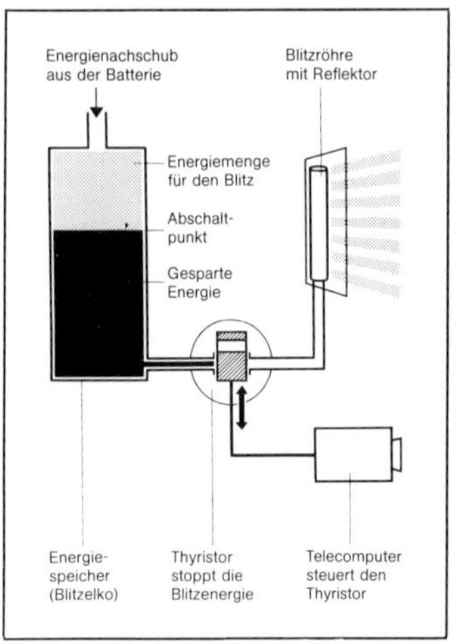

Computerkunst Sammelbegriff für Kunstwerke, deren Erzeugung oder Herstellung auf der Beteiligung von Computern beruht. Ursprünglich als technisches Hilfsmittel für die Datenverarbeitung entwickelt, wurde der Computer seit Anfang der 50er Jahre auch als künstlerisches Mittel eingesetzt. Dabei wurde der Computer nach und nach in nahezu alle Bereiche künstlerischer Gestaltung mit einbezogen, so z. B. in Musik, Grafik, Skulptur, Film. Computerkunst ist ein Teilbereich der Apparativen Kunst und bildet die logische Konsequenz einer Entwicklung, die schon früh mit Wasserspiel, Feuerwerk, Kaleidoskop und → Camera obscura begann und die heute zum Gebrauch programmgesteuerter Automaten und elektronischer Systeme führte.

Die Herstellung einer Fotografie beruht zwar auch auf einem apparativen System. Gegenüber dem aus numerischen Daten aufgebauten »synthetischen« Bild aus dem Computer erfüllt der Fotoapparat primär Abbildungsfunktion: Er produziert Ikonen, keine Symbole. Dennoch ist in den künstlerischen Arbeiten einiger junger experimentierender Fotografen der → Generativen Fotografie eine Parallelentwicklung zur Computerkunst zu erblicken. Projekte der Generativen Fotografie verwenden einerseits die bekannten fotografischen Mittel und Verfahren zur Realisierung, andererseits aber das Ideengut einer exakten Ästhetik und einer programmierten Gestaltung. In systematischen und methodisch aufeinander aufbauenden Bildreihen werden dabei einzelne Phänomene der Fotografie visuell untersucht sowie neue ästhetische Strukturen synthetisch erzeugt. Gleichzeitig werden syntaktische Phänomene der Fotografie als visuelle Untersuchung dargestellt.

Conceptual Art Ende der 60er Jahre entstand in den USA eine neue künstlerische Stilrichtung, die Conceptual Art, initiiert von einer Gruppe von Künst-

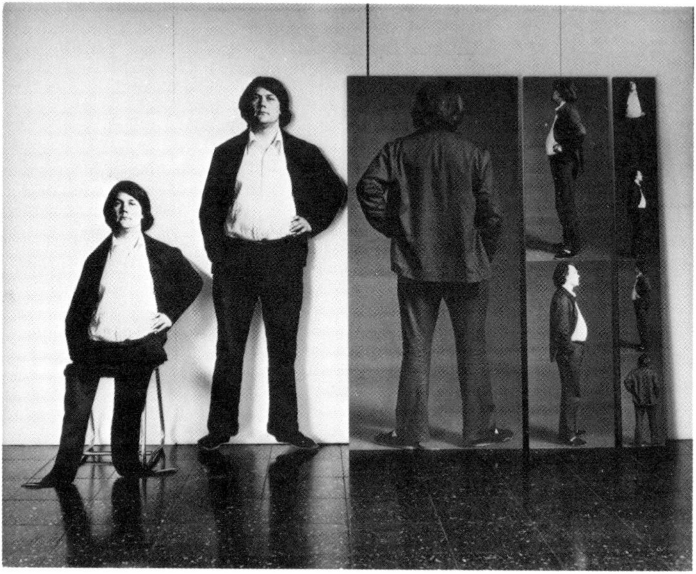

35 **Concept Art.** Foto: Floris M. Neusüss, Kassel

lern um den US-Galeristen Seth Siegelaub. Der Begriff selbst wird dem Minimal-Artisten Sol LeWitt (geb. 1928) zugeschrieben, der auch die »Paragraphen über die Conceptual Art« verfaßte und veröffentlichte (US-Zeitschrift »Artforum«, 1967). Statt der »hardware«, den sichtbaren und greifbaren Ergebnissen Bildender Kunst, wie Plastiken oder Gemälden, wird die »software«, nämlich das Konzept, die Idee bereits zum Kunstwerk erhoben: »Die Concept Art hat das Konzept vom Objekt getrennt«, so formulierte es der Holländer Jan Dibbets (geb. 1941). Ein deutscher Kritiker, Georg Jappe, bezeichnet sie als »Befreiung des verdinglichten Kunstwerks durch den schöpferischen Akt«. In dem von Klaus Honnef, Bonn, veröffentlichten »Versuch einer Concept Art-Theorie« (Köln 1971) heißt es: »Sie entpuppt sich als ein Abstraktionsvorgang, dessen Radikalität in der Kunst ohnegleichen ist. Verglichen mit den Hinweisen konzeptueller Kunst, muten die Muster der bildnerischen abstrakten Kunst, selbst wenn sie sich dem Sinnesapparat vereinzelt schwer erschließen mögen, geradezu anschaulich, ja ausgesprochen sinnlich an.« Oder: ». . . eine objektlose Kunst, die von der Voraussetzung ausgeht, daß materiell bestimmbare Gegenstände nicht länger den Intensitäts- und Wirkungsgrad künstlerischer Anstrengungen bedingen müssen.« Und umgekehrt: ». . . daß künstlerische Vorstellungen nicht länger einer konkreten Verwirklichung in objektgebundener Form bedürfen, um als künstlerische Erzeugnisse erfahrbar zu werden.« Neben anderen Medien der Kommunikation, wie Wort, Zeichnung, Film und Fernsehen, ist auch die Fotografie dokumentarisches Beweismittel für die Attraktion konzeptueller Kunst. So fotografierte der bereits zitierte Jan Dibbets in einer Düsseldorfer Galerie eine Serie von 34 Bildern, um den Zusammenhang von Raum, Zeit und Bewegung darzustellen. Sie zeigen, wie sich in der Zeit von 8 Uhr 40 morgens bis 14 Uhr 10 mittags die durch einfallendes Tageslicht erzeugten Schatten verändern. Der amerikanische Concept-Artist Joseph Kosuth (geb. 1945) fotografierte einen Stuhl, dessen Großvergrößerung (Originalgröße) er mit dem Stuhl selbst und der aus einem Lexikon entnommenen Beschreibung eines Stuhls zum »Gesamtkunstwerk« vereinte (Museum of Modern Art, New York).

Klaus Rinke (geb. 1939) setzt in seinen – meist von Monika Baumgartl fotografierten – konzeptuellen Fotosequenzen Elemente der → Body Art ein (vgl. Abb. 27). Klaus Rinke inszeniert sich selbst. Der eigene Körper, die Gestik von Armen und Händen führen zu formalen und inhaltlichen Aussagen. Zeit und Raum sind dabei durch eine Hintergrundlandschaft, den klaren Horizont, miteinbezogen. Die Aktion reflektiert nicht unmittelbar (wie ein Happening) auf die Teilnahme des Publikums, sondern allein auf die fotografisch exakte Wiedergabe des Geschehens und ihre Sinngebung in der Bildserie. Allein die Fotografien vermitteln das künstlerische Erlebnis an Dritte. Dabei wird eine deutliche und strenge Formensprache (bei Rinke: exaktes, signalhaftes Körperverhalten) zum individuellen Stilelement. In diesen, wie in anderen Beispielen der »Konzept-als-Kunst-Kunst« wird verdeutlicht, daß sich ihr in der fotografischen Realisation zahllose Variationsmöglichkeiten bieten. Sie erschöpfen sich keineswegs in Spielarten wie → Land Art, → Body Art oder → Spurensicherung.

Dachkantprisma → Pentaprisma

Dadaismus Internationale Kunstrichtung, die 1916 im »Cabaret Voltaire« in Zürich proklamiert wurde und die totale Absage an traditionelle künstlerische Bewegungen und Stilrichtungen forderte. Die ersten Dadaisten waren in die Schweiz emigrierte Künstler: Hans Arp (1887–1966), Hugo Ball (1886–1927), Richard Huelsenbeck (1892 bis 1974), Tristan Tzara (1896–1963). Der Name Dada selbst ist nach der Überlieferung eine rein zufällige Bezeichnung. Dada-Gruppen bildeten sich in Berlin, Köln, New York, Paris. Neben revolutionierenden Ausdrucksformen in Malerei und Plastik wurde die Fotografie als gestalterisches Mittel eingesetzt, meist mit gesellschaftskritischer Zielsetzung. Ihre aggressivste Form fand sie in der → Collage und → Fotomontage. Vor allem die Berliner Dada-Gruppe war es, die sie praktizierten: George Grosz (1893–1953), Raoul Hausmann (1886–1971; vgl. Abb. 32), John Heartfield (1891–1968; vgl. Abb. 66) u. a. Auch der gleichzeitig in Paris und New York aufkommende Surrealismus sah in der Fotomontage eine hervorragend geeignete gestalterische Technik (Max Ernst [1891–1976], Marcel Duchamp [1887–1968] und Man Ray [1890–1977]). Der Dadaismus bewirkte, daß von nun an in der Kunst alles möglich war, wie es Picasso (1889 bis 1974) bereits zu Beginn seiner kubistischen Periode formulierte. Marcel Duchamp definierte in ähnlicher Weise seine Ready Mades: »Es ist der Gegenstand selbst, der durch die Auswahl des Künstlers zur Würde des Kunstgegenstandes erhoben wird.« In der Neo-Dada-Bewegung der 50er Jahre erfuhr der Dadaismus eine Spätblüte und führte zu Stilrichtungen, die als Objektkunst, Environment oder Combine painting bekannt geworden sind (Robert Rauschenberg [geb. 1925], Andy Warhol [geb. 1928]).

Daguerreotypie (Abb. 7, 36) Erstes fotografisches Verfahren, nach dem fran-

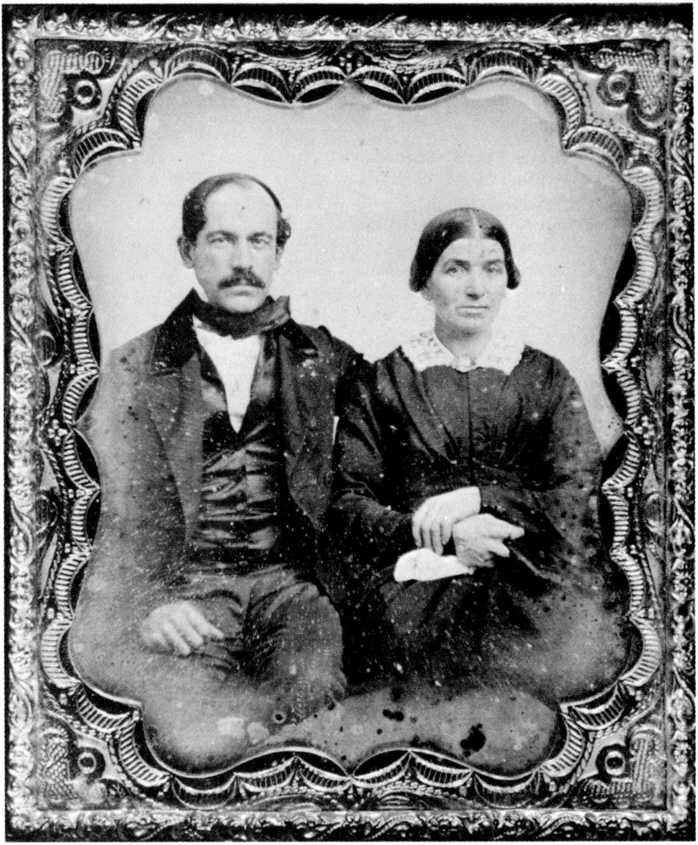

36 **Daguerreotypie.** Foto: Foto-Historama, Agfa-Gevaert, Leverkusen

zösischen Erfinder Louis Jacques Mandé Daguerre (1787–1851) benannt, in welchem die noch heute praktizierte Methode verwirklicht wurde, Silberhalogenidschichten zu belichten, zu entwickeln und zu fixieren. Allerdings: Die Technologie war eine andere, primitivere. Als Schichtträger dienten plattierte und versilberte Kupferplatten, die durch Einwirkung von Joddämpfen mit einer lichtempfindlichen Silberjodidschicht überzogen wurden. Die so präparierte Platte wurde in einer Kamera belichtet und im Quecksilberdampf entwickelt. Dabei verband sich Quecksilberdampf mit dem Silber, wodurch an den belichteten Stellen ein weißes Amalgam entstand (Silber-Quecksilber-Legierung). Die belichteten Stellen erfuhren also keine Schwärzung, wie bei heutigen Filmen, sondern eine Aufhellung. Entsprechend war das Ergebnis kein Negativ, sondern ein Positiv. In der Fixage (fixiert wurde zunächst in einer Kochsalzlösung, später mit Fixiersalz) wurde an den unbelichteten Stellen das Silberjodid aufgelöst. Zurück blieb – in entsprechend feinen Dosierungen – geschwärztes Silber. Der Helldunkelkontrast der »weichen« Daguerreotypien war sehr gering, auch konnten sie nicht kopiert werden, waren also Unikate. Überdies wurde der fotografierte Gegenstand seitenverkehrt und auf dem Kopf stehend abgebildet, da nur *eine* Umkehrung erfolgte (in der Kamera). Die Lichtempfindlichkeit der beschichteten Platten war zunächst so gering, daß bei Belichtungszeiten von 20 bis 30 min nur unbewegte Gegenstände fotografiert werden konnten.

Dekamired → Mired

Densitometer Dichtemeßgerät, mit dem man die Schwärzungsdichte von durchsichtigen, aber auch von Aufsichtsbildern messen kann. Das Arbeitsprinzip des Densitometers beruht auf der vergleichenden Intensitätsmessung eines gleichbleibenden Lichtstrahles vor und nach dem Einbringen des Prüflings in den Strahlengang. Entsprechend seiner Beschaffenheit setzt man entweder das Durchlichtverfahren ein, bei welchem die Lichtdurchlässigkeit eines transparenten Materials (Umkehr- oder Negativfilm) gemessen wird, oder die Auflichtmethode, mit der die → Dichte bzw. das Absorptionsvermögen einer lichtundurchlässigen Schicht (Grau- oder Farbskala eines Papierbildes) durch Remissionsmessung ermittelt wird. Die Dichteangabe entspricht dem Intensitätsverhältnis zwischen dem ursprünglich eingestrahlten und dem durchgelassenen (→ Durchlicht) bzw. remittierten Licht (→ Auflicht), wobei die ermittelten Zahlenwerte dekadisch logarithmiert werden. Die Bestimmung von Farbdichten erfolgt mit dem Spektralphotometer. Dies ist ein spezielles Densitometer, dessen Meßstrahl aus einfarbigem Licht einer konkreten, einstellbaren Wellenlänge besteht.

Dia-Direktverfahren Fotografisches Kopierverfahren zur Herstellung von Farbpapierbildern direkt nach dem Farbdiapositiv. Es ist für die Selbstverarbeitung auf speziell dafür entwickeltes Farbpapier von Kodak und Ciba (Ektachrome 14 RC – Cibachrome Print Type A oder P) in speziell dafür konfektionierten Entwicklerchemikalien geeignet. Es handelt sich um kunststoffbeschichtete Papiere, die am Ende des Entwicklungsvorgangs im Warmlufttrockner oder an der Luft getrocknet werden können. Der Kopierprozeß selbst ist kaum schwieriger als der einer Schwarzweiß-Vergrößerung. Voraussetzung sind gleichmäßig und richtig belichtete und entwickelte Farbdiapositive. Entwickelt wird in Schalen oder in Entwicklungstrommeln (→ Rotations-Entwicklung, Abb. 139), die entweder von Hand oder motorisch gerollt werden. Die Belichtung der Papiere (auch Korrektur der Farben) ist in jeder Heimdunkelkammer mit → Vergrößerungsgerät (plus Filterschublade) möglich. Kommerzielle Fotolabors bieten relativ preiswerte Dia-Direktkopien an (Maschinenkopien) – in Formaten von 7 x 10 cm bis 30 x 40 cm. Sie werden in Printern kopiert und automatisch verarbeitet. Da die Diapositive für das Printen gerahmt sein müssen, unterliegen die Bildränder einem geringfügigen Beschnitt, was bei der Aufnahme berücksichtigt werden sollte.

Diaporama Aus Frankreich stammende Bezeichnung für → Tonbildschauen mit gemischter und individuell gesteuerter → Überblendtechnik. Mindestausstattung für Diaporama-Projektionen sind zwei Projektoren, die entweder eine mechanische oder eine elektronische Überblendung ermöglichen (langsames oder rasches Auf-, Ab- und Überblenden der aufeinanderfolgenden Bilder durch elektronische Steuerung der Projektionslampen). Bei technisch perfekten Diaporamen können Text und Musik, Bildwechsel und Überblendgeschwindigkeit über ein elektronisches Steuergerät durch unterschiedliche, frequenzmodulierte Impulse von einem Stereo-Tonbandgerät gesteuert werden.

Diapositiv Transparentes, positives Einzelbild (Dia) eines Schwarzweiß- oder Farbumkehrfilms, das sich sowohl für die → Dia-Projektion als auch für den Druck eignet.

Dia-Projektion Diapositive werden mit einem Projektor überdimensional vergrößert auf eine Leinwand projiziert. Durch hohes Kontrastübertragungsvermögen, großen Helligkeitsumfang sowie durch ihre außergewöhnliche Brillanz erweisen sich Farbdiapositive bei der Projektion in ihrer Anschaulichkeit gewöhnlichen Farbpapierbildern überlegen. Grundvoraussetzung für die optimale Wiedergabe sind ein lichtstarker Dia-Projektor und eine geeignete Projektionswand. Moderne Projektoren sind mit leuchtstarken Halogenlampen und mit Kühlgebläsen ausgestattet. Sie können über ein Fernbedienungskabel oder vollelektronisch ferngesteuert werden (Bildwechsel, Scharfeinstellung). Interessante Formen der Dia-Projektion sind → Tonbildschau und → Multivision. Dazu werden mehrere Projektoren mit → Autofokus-Einrichtung und mit → Überblendtechnik eingesetzt. Um die Größe des Projektionsbildes und den Projektionsabstand unabhängig voneinander wählen zu können, bedarf es einer entsprechenden Anzahl von auswechselbaren Projektionsobjektiven mit geeigneten Brennweiten. Für einige Projektoren werden → Vario-Objektive angeboten.

Dia-Rahmung Teilweise werden die fertigen Diapositive von den Umkehr-Anstalten fertig gerahmt zurückgesandt. Die hierfür meist verwendeten glaslosen Papp- oder Kunststoffrähmchen haben den Vorteil, daß der Film gut belüftet wird und damit vor Pilzbefall bei Feuchtigkeit sicher ist. Diese Art der Rahmung ist zudem die einfachste und billigste. Häufig projizierte Dias oder solche, die man aus der Hand gibt (für Wettbewerb oder Druck), sollten zum Schutz gegen Schichtverletzung oder -verschmutzung hinter Glas gerahmt werden. Um die Entstehung von → Newton'schen Ringen von vornherein auszuschließen, sollten nur Rähmchen mit Metall- oder Papiermasken und Anti-Newton-Gläsern verwendet werden. Bedingung für die Rahmung hinter Glas: Der Film muß zuvor mehrere Tage einwandfrei getrocknet sein. Um Staubteilchen von der Oberfläche zu entfernen, verwendet man ein absolut sauberes Antistatiktuch oder ein weiches Ledertuch.

Dichroismus Die Eigenschaft eines doppelbrechenden (anisotropen) Kristalls, dem weißen Licht bestimmte Farbanteile in Abhängigkeit von der Schwingungsrichtung durch Absorption zu entziehen, nennt man Dichroismus. Ein Rubin beispielsweise erscheint im polarisierten Licht, je nachdem, ob das Licht parallel oder senkrecht zur optischen Achse des Kristalls schwingt, entweder gelbrot oder blaurot. Die rötliche Farbe des dichroitischen Schleiers, der durch Entwicklungsfehler hervorgerufen wird, ist auf die doppeltbrechende Eigenschaft der Silberkristalle zurückzuführen.

Dichroitische Farbfilter Hochqualifizierte Farbfilter, die im Gegensatz zu normalen Glasfiltern keine Nebenabsorptionen bewirken. Auf einen Glasträger sind im Vakuum extrem dünne Metallschichten aufgedampft, deren Dicke ein Bruchteil der zu absorbierenden Wellenlängen beträgt. Dichroitische Filter werden vor allem für die Farbvergrößerung in den Filterschubladen und in → Farbmischköpfen der → Vergrößerungsgeräte verwendet. Sie sind gegen Hitzeeinwirkung unempfindlich, farbecht und ziemlich farbkonstant.

Dichte In Optik und Fotografie wird zwischen optischer Dichte und fotografischer Dichte (Schwärzungsdichte) unterschieden. Die optische Dichte eines durchsichtigen Materials (z. B. Glas) bestimmt dessen Brechkraft. Optische Medien mit hoher Brechkraft (großem Brechungsindex) bezeichnet man als optisch dünne, die mit niedriger Brechkraft (kleinen Brechzahlen) als optisch dichte Medien. Die Dichte von Schwarzweißfilmen (ihre → Schwärzung) ist als negativer dekadischer Logarithmus ihrer Transparenz definiert. Sie ist ein Maß für die Intensität der der Entwicklung vorausgegangenen Belichtung und wird mit dem → Densitometer gemessen. Die mathematisch faßbare Beziehung zwischen Dichte (Schwärzung) und → Belichtung ist in der → Schwärzungskurve (vgl. Abb. 147) dargestellt. Die Dichte eines kontinuierlichen → Graukeils verläuft kolinear mit der subjektiven Empfindung des menschlichen Auges. Aus diesem Grund werden Dichteangaben oft den Transparenzwerten vorgezogen. Die Farbdichte von Farbfilmen muß mit einem Spektralphotometer gemessen werden.

Dichteumfang Der Dichteumfang gibt das Verhältnis zwischen größter und kleinster Schwärzungsdichte in einem fotografischen Bild wieder. Er entspricht in seiner Abbildung dem Kontrastumfang des Motivs, jedenfalls solange der Motivkontrast vom Film adäquat verarbeitet wird. Während der Motivkontrast sehr groß werden kann (bis zu $1:10^6$), ist der Dichteumfang eines Filmes (→ Schwärzungskurve, Abb. 147) durch den Grundschleier einerseits, die maximal erreichbare Schwärzung andererseits begrenzt (in der Regel bis 1:1000). Ein → Kontrastumfang kann deshalb nur von Materialien mit flacher → Gradation ($\gamma \ll 1$) verarbeitet werden. Umgekehrt kann ein geringer Kontrastumfang bei steil arbeitenden → Emulsionen in einen relativ großen Dichteumfang umgesetzt werden. Der Dichteumfang wird mit dem → Densitometer gemessen.

Diffraktion → Beugung

Diffusion Der Begriff wird vorwiegend in physikalischem Sinne gebraucht. Man versteht darunter das Bestreben nicht ortsgebundener, also freibeweglicher Teilchen (z. B. in Flüssigkeiten und Gasen), dank ihrer kinetischen Energie (Wärmebewegung) einen möglichst großen Raum einzunehmen, d. h. von einem Ort höherer Konzentration zu einem Ort niedrigerer Konzentration zu gelangen (Konzentrationsausgleich). Die Diffusionsgeschwindigkeit ist u. a. von der Teilchengröße (Molekülgröße) und Temperatur abhängig. So kann z. B. das Herausdiffundieren wasserlöslicher → Farbkuppler aus der Farbfilmemulsion während der Entwicklung nur dadurch vermieden werden, daß die relativ kleinen Moleküle an organische Verbindungen mit ausreichender Teilchengröße gekuppelt werden, welche sich ihrerseits nicht aus der Filmschicht herauslösen lassen. Auch der → Kanteneffekt ist auf Diffusion von → Entwickler einerseits und von entwicklungshemmenden Substanzen andererseits während der Filmentwicklung zurückzuführen. Im optischen Bereich wird der Begriff Diffusion meist im Zusammenhang mit der Streuung des Lichts durch → Beugung, Brechung (→ Lichtbrechung) oder Reflexion benutzt.

Diffusionslichthof Der Diffusionslichthof entsteht durch diffuse Streuung des auf die Filmschicht auftreffenden Lichts an den lichtempfindlichen Silbersalzkristallen der → Emulsionen. Hierdurch werden aber auch unmittelbar benachbarte Silberkeime in tieferliegenden Schichten belichtet und später mitentwickelt. Der Diffusionslichthof entsteht vor allem an scharfen, kontrastreichen Motivdetails (Kanten) und ist bei starker Vergrößerung gut zu erkennen. Da die Weglänge des gestreuten Lichts von der Schichtdicke der Emulsion abhängig ist, macht sich der Diffusionslichthof nur bei dickeren Filmschichten negativ bemerkbar. Der im allgemeinen unerwünschte Effekt hat durch die Entwicklung extrem dünner Emulsionen (5 μm-15 μm) heute an Bedeutung verloren.

Diffusor Diffusoren sind Vorrichtungen, die zur Streuung des Lichts und dadurch zur Reduzierung des Kontrasts beitragen. Meist handelt es sich um weiße, an der Oberfläche strukturierte Filter, die z. B. vor die Meßzellen von → Belichtungsmessern gesetzt werden. Sie vergrößern nicht nur den Meßwinkel des Belichtungsmessers (durch Streustrahlung seitlich einfallenden Lichtes), sondern gleichen auch Helligkeitsunterschiede bei der Messung (z. B. im → Gegenlicht) aus. Vor Blitzgeräten oder Studiolampen angebrachte Mattscheiben oder Gewebe, die hartes Licht in ein fotografisch besser verwertbares diffuses, weiches Licht verwandeln, werden gleichfalls als Diffusoren bezeichnet.

DIN →Filmempfindlichkeit

Dioptrie Maßeinheit, welche die Brechkraft von Linsen oder Linsen-Systemen angibt. Sie ist der reziproke Wert (Kehrwert) der in Metern gemessenen Brennweite (f), wobei das Plus (+) bzw. das Minus (—) vor der Dioptrie darauf hinweist, ob es sich um eine sammelnde (+) oder zerstreuende (—) Wirkung der Linse handelt. Zur Berechnung der Gesamtbrechkraft einer Linsenkombination werden die Dioptriezahlen aller Einzellinsen addiert. Die Gesamtbrennweite in Meter erhält man wiederum durch einfache Kehrwertbildung. Für Brillenträger werden Dioptrien-Ausgleichslinsen zum Sucherokular der Kamera angeboten, meist von 0,5 bis 3 Dioptrien plus und minus. Diese geben dem Brillenträger die Möglichkeit, ohne Brille zu fotografieren.

Dispersion Tritt ein Lichtstrahl von einem transparenten Medium in ein anderes mit unterschiedlicher optischer → Dichte ein, so wird der Lichtstrahl gebrochen (ausgenommen bei senkrechtem Auftreffen auf die Medienbegrenzung). Da der Grad der Brechung von der → Wellenlänge des Lichts abhängt (d. h. daß für jede Wellenlänge eine eigene Brechzahl für das jeweilige Glas charakteristisch ist), wird verständlich, daß weißes Licht, das sich aus den

37 **Dispersion.** Zerlegung des weißen Lichts in seine spektralen Bestandteile. Sie bedingt bzw. verursacht die chromatische Aberration

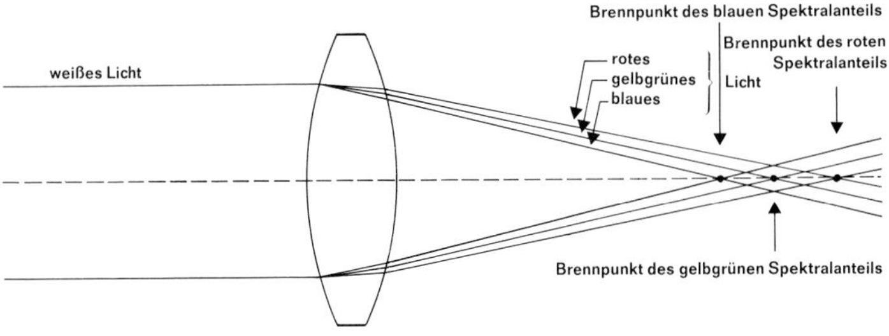

Farben des gesamten Farbspektrums zusammensetzt, bei seiner Brechung in die einzelnen Komponenten zerlegt wird. Man nennt diesen Vorgang Dispersion oder Farbzerstreuung. Bekanntlich hat rotes, also langwelliges Licht, im dichteren Medium eine höhere Fortpflanzungsgeschwindigkeit als blaues Licht. Es wird daher beim Eintritt in ein optisch dichteres Medium weniger stark gebrochen als das kurzwellige blaue Licht (Abb. 37). Dies führt u. a. zu der Erscheinung, daß eine → Linse oder ein → Objektiv für jede Wellenlänge einen anderen Brennpunkt besitzt. Bei manchen Objektiven finden wir eine zweite, rot eingravierte Entfernungsskala, welche bei der Verwendung von → Infrarotfilmen maßgebend ist, denn das Objektiv hat bei vorwiegend extrem langwelligem, also infrarotem Licht, eine größere → Brennweite. Heute gibt es hochqualifizierte Objektive, in denen diese optische Abweichung auf ein äußerstes Minimum reduziert ist, so daß bei der → Infrarotfotografie keine Korrektur mehr erforderlich ist.

Distorsion → Verzeichnung

Dokumentenfilme Spezialfilme, die hauptsächlich in der Reproduktionstechnik eingesetzt werden. Dokumentenfilme sind Filmmaterialien besonders steiler → Gradation ($\gamma \sim 2{,}0$–$2{,}5$ je nach Entwicklung) und mit einer Empfindlichkeit zwischen 7 und 15 DIN. Sie haben ein hohes → Auflösungsvermögen und extrem feines → Korn und lassen sich in ihren Tonwertabstufungen bis zur reinen Schwarzweiß-Zeichnung reduzieren. Die Filme werden in hart arbeitendem → Entwickler verarbeitet und auf Fotopapiere harter Gradation kopiert. Da diese Filme also besonders scharf zeichnen, werden sie, außer für Aufgaben der → Foto-Grafik (Abb. 61, 62; → Strukturen, Abb. 162), für die Mikroverfilmung und → Mikrofotografie verwendet.

Doppelbelichtung Bei modernen Kameras kommt es kaum noch zu einer versehentlichen Doppel- oder Mehrfachbelichtung, da sie eine Doppelbelichtungssperre haben. Fast immer sind Doppelbelichtungen bewußt herbeigeführt, um bestimmte Bildwirkungen zu erzielen oder die Information mehrerer Bilder in einer einzigen Aufnahme wiederzugeben (Farbabb. 19; → Selbstporträt, Abb. 149). Um nach der Erstbelichtung eine Zweitbelichtung zu erzielen, muß sich der Kameraverschluß spannen lassen, ohne daß der Film gleichzeitig weitertransportiert wird. Dies ist nicht bei allen Kameras möglich. Neuere Modelle sind mit einer Entsperrvorrichtung für Mehrfachbelichtungen ausgestattet. Dabei gibt es außer aufnahmetechnischen vor allem gestalterische Probleme. Sorgfältige Planung (evtl. Skizze) ist daher Voraussetzung für den Erfolg. Handelt es sich um zwei kontrastreiche Motive, die übereinanderbelichtet werden sollen, so werden die Lichter des einen Motivs immer nur dann differenziert abgebildet, wenn sie in die Schattenbereiche (dunkle Bildpartien) des anderen Motivs fallen. Soll die erste Aufnahme in einer Zweitbelichtung nur von einer grafischen Struktur oder von zarten Farbflächen überlagert werden, muß die zweite Belichtung schwächer ausfallen als die erste. Welche Aufnahme im Endeffekt mehr Gewicht erhalten soll, muß vom Fotografen bereits vor der Aufnahme entschieden werden. Insgesamt müssen Doppel- oder Mehrfachbelichtungen unterbelichtet werden, so daß die Gesamtheit aller Einzelaufnahmen eine korrekte Gesamtbelichtung des Filmmaterials ergibt. Eine besondere Art der Doppelbelichtung, in der beide Einzelbilder gewissermaßen gleichberechtigt sind, ist die → Doppelgängeraufnahme.

Doppelbelichtungssperre Sie verhindert eine versehentliche Doppelbelichtung der Aufnahme. Bei den meisten

Kameras ist das Problem so gelöst, daß das Spannen des Verschlusses und der Filmtransport mit ein und derselben Hebelbewegung erfolgen. An manchen Kameras gibt es Entsperrhebel für gezielte → Doppel- oder Mehrfachbelichtungen.

Doppelgängeraufnahme Eine Sonderform der → Doppel- oder Mehrfachbelichtung ist die Doppelgängeraufnahme (Abb. 38), auf der ein und dieselbe Person doppelt (oder dreifach) abgebildet ist. Bei aufeinanderfolgenden Einzelbelichtungen werden jeweils die Teile des Bildfeldes, die noch nicht auf den Film belichtet werden sollen, mit einer Maske vor dem Objektiv abgedeckt. Um unschöne Trennlinien zwischen den Einzelfeldern der Gesamtaufnahme zu vermeiden, muß die Maske so dicht wie möglich vor dem Objektiv angebracht werden, so daß sie keinesfalls scharf abgebildet wird. Werden Doppelgängeraufnahmen vor einem gleichmäßig dunklen Hintergrund fotografiert, so besteht die Gefahr einer Trennlinienbildung nicht.

Dosen-Entwicklung Roll- und Kleinbildfilme werden meist in lichtundurchlässigen Entwicklungsdosen aus Kunststoff oder Metall entwickelt. Sie werden im Dunkeln eingelegt und entsprechend den Angaben der Film- und Chemikalienhersteller über eine bestimmte Zeit in den auf eine bestimmte Temperatur erwärmten flüssigen Chemikalien verarbeitet. Es handelt sich meistens um Kippdosen, die in bestimmten Zeitabständen kurz auf den Kopf gekippt werden müssen, damit der → Entwickler an der ganzen Filmoberfläche unter Vermeidung von Luftbläschen gleichmäßig wirksam werden kann. Nach der anschließenden Fixage werden die Filme – gleichfalls in der Dose – ausgewässert. Entwicklungsdosen werden

38 **Doppelgängeraufnahme.** Foto: Günter Osterloh, Wetzlar

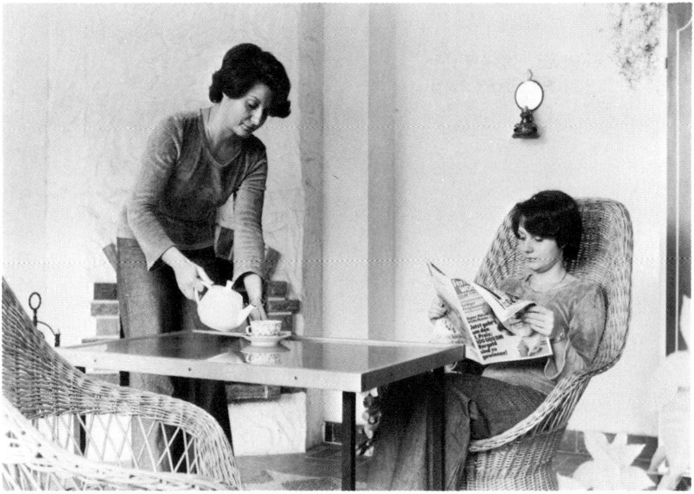

heute als ein-, zwei- und »mehrstöckige« Dosen angeboten. In den größten können bis zu sieben Kleinbildfilme in einem Entwicklungsvorgang verarbeitet werden. Die Filme werden in Spiralen aus transparentem Kunststoff eingespult, die bei der Selbstverarbeitung von Farbumkehrfilmen die Zweitbelichtung ermöglichen, ohne daß der Film ausgespult wird.

Dunkelfeldbeleuchtung Eine Dunkelfeldbeleuchtung wird hauptsächlich in der → Mikrofotografie eingesetzt. Sie bietet den Vorteil, daß das zu fotografierende Objekt vor einem dunklen Hintergrund von der Seite her so beleuchtet wird, daß nur indirektes, vom Objekt reflektiertes Licht ins Objektiv und auf den Film gelangt. Es entsteht ein Bild, das ein hell leuchtendes Motiv vor schwarzem Hintergrund zeigt. Durch geeignete Wahl der Dunkelfeldbeleuchtung können ansonsten schlecht differenzierbare Details eines Motivs deutlich sichtbar gemacht werden. Dies trifft besonders bei flachen Objekten zu, die nur geringe Niveauunterschiede an ihrer Oberfläche aufweisen. Hier können unter einem flachen Beleuchtungswinkel eventuelle Vertiefungen in den Schattenbereich getaucht werden, so daß sich Erhebungen reliefartig abzeichnen.

Dunkelkammer → Fotolabor

Dunkelkammerleuchten (Dukaleuchten) Vergrößerungs- und Kopierarbeiten auf lichtempfindlichem Fotomaterial können zum größten Teil bei durch Farbfilter gedämpftem Licht durchgeführt werden. Es werden also spezielle Dunkelkammerleuchten benötigt. Sie sind mit 15- bis 25-Watt-Lampen und gelbgrünen, grünen oder roten Filterscheiben (auch mit Glas- oder Kunstglasstürzen) ausgestattet, die für die unterschiedlichen Arbeiten ausgewechselt werden. Die Dichte der Filterscheiben und ihre Farbe sind von der spektralen Lichtempfindlichkeit des jeweils zu verarbeitenden Materials, d. h. von dessen Empfindlichkeitslücken in einem bestimmten Wellenbereich abhängig. Welche Filterdichten und -farben benötigt werden, ist in den Verarbeitungsanleitungen für lichtempfindliche Materialien angegeben. Farbfilme, auch hochempfindliche Schwarzweißfilme können jedoch nur bei völliger Dunkelheit verarbeitet werden.

Dunstfilter Weil kurzwelliges UV-Licht an den kleinen Staub- und Wasserteilchen des atmosphärischen Dunstes stärker gestreut wird als langwelliges Licht, wird die Trübung der Atmosphäre von den extrem UV-empfindlichen Emulsionen stärker wiedergegeben, als es selbst das Auge wahrnimmt. Durch UV-Sperrfilter (sog. Dunst- oder Haze-Filter) wird der kurzwellige Anteil des störenden Streulichts bei der Aufnahme absorbiert, so daß trotz des Dunstes die verhältnismäßig klare Differenzierung einer Landschaft möglich ist. → UVa-Filter sind farblos und können sowohl für Schwarzweiß- als auch für Farbaufnahmen verwendet werden. Fälschlicherweise werden auch Nebeleffektfilter (→ Weichzeichner) als Dunstfilter bezeichnet. Doch sie bewirken das Gegenteil: eine dunstartige Weichzeichnung des Motivs.

Duplexdruck Einfaches Verfahren zur Herstellung eines Zweifarbendrucks mit Hilfe der Autotypie (→ Buchdruck). Von einem Foto werden zwei Tonauszüge hergestellt, ein kräftiger, der die Zeichnung, und ein weicher, der die Halbtöne und Lichter der Vorlage wiedergibt. Von beiden werden, mit unterschiedlichen Rasterwinkeln kopiert, Autotypien hergestellt. Entscheidend für den nun folgenden Übereinanderdruck ist die Wahl der Farben. Meist wird die Zeichnungsplatte in Schwarz gedruckt und die Tonplatte mit einer »leichten«, also hellen Farbe (auch Grau). Noch preiswerter ist die »falsche« Duplex-Autotypie. Hier wird nur ein gerasterter Druckstock verwendet, um beide Farben zu drucken, wobei beim andersfarbigen Zweitdruck die Druckplatte gegenüber dem Erstdruck etwas verdreht wird, wodurch die Rasterpunkte des Erstdrucks teilweise oder ganz in den Zwischenräumen des Zweitdrucks sichtbar werden.

Duplikatfilm Für das → Duplizieren (Kopieren) von Diapositiven können spezielle Duplikatfilme verwendet werden. Das sind relativ weich arbeitende Farbumkehrmaterialien, deren durchschnittliche → Gradation ($\gamma \approx 1$) einer Kontraststeigerung durch das Kopieren entgegenwirkt. Es ist wenig bekannt, daß mit Duplikatfilmen auf einfachste Weise auch Negative vervielfacht werden können.

Duplizieren Mit dem Begriff Duplizieren ist die möglichst identische Reproduktion eines Diapositivs oder auch Negativs gemeint (Maßstab 1:1). Duplikate können auf unterschiedliche Weise kopiert werden: Zum einen im Kontaktkopierverfahren. Dazu können spezielle Kopiergeräte verwendet werden, bei denen die Möglichkeit zur Farbfilterung gegeben ist. Einfacher, farblich aber wenig steuerbar, ist die Duplikation auf fotografischem Wege. In diesem Fall wird das Diapositiv (oder Negativ) in einer eigens dafür konstruierten Kopiervorrichtung im → Durchlicht abfotografiert. Nach Möglichkeit sollte das Original auf speziellen → Duplikatfilm umbelichtet werden, da dieser, dank einer mittleren Gradation ($\gamma \sim 1$) die Kontraste nahezu identisch wiederzugeben vermag. Muß man auf normalen Farbumkehrfilm duplizieren, so kann durch kurzzeitige, diffuse → Vorbelichtung mit weißem Licht (Elektronenblitz) die Gradation des Farbumkehrfilms ($\gamma \sim 1{,}6$) der des Duplikatfilms angeglichen werden. Eine andere Möglichkeit, die evtl. störende Kontraststeigerung durch den Farbumkehrfilm im Kopiervorgang zu vermeiden, besteht darin, das Original zusammen mit einer → Silbermaske zu kopieren. Sollen vom Diapositiv jedoch stark vergrößerte transparente Reproduktionen hergestellt werden, so geschieht dies am besten auf dem Weg über → Internegativ-Film, d. h. im Negativ-Positiv-Verfahren.

Durchlicht In der Mikroskopfotografie wird vorrangig mit Durchlicht gearbeitet, da es sich dort meist um extrem dünne, durchscheinende Objekte handelt. Darüber hinaus ergibt gerichtetes Durchlicht eine bessere Kontrastauflösung als diffus an der Oberfläche gestreutes → Auflicht. Auch in der Reproduktionstechnik werden transparente Vorlagen im Durchlicht kopiert, wobei es empfehlenswert ist, die hellerleuchtete Umgebung abzumaskieren (Verringerung von Streulicht).

Durchsichtsucher Sucherkameras unterscheiden sich von → Spiegelreflexkameras unter anderem durch ihren Durchsichtsucher, der entweder als einfacher Rahmensucher (für Unterwasser- und Luftbildkameras), als zweilinsiger Durchblicksucher (bei einfachen Schnappschußkameras) oder als → Leuchtrahmensucher ausgebildet ist. Eine weitere Verbesserung des Leuchtrahmensuchers stellen → Meßsucherkameras dar, deren Sucher zusätzlich mit einem Entfernungsmeßsystem ausgestattet sind (Abb. 95).

Dutoscheibe Farblose Vorsatzscheibe für Objektive, die eine Weichzeichnung des Motivs ermöglicht. In das Glas sind konzentrische Ringe geschliffen, die durch farbabhängige → Lichtbrechung (Streuung) die Weichzeichnung bewirken. Es gibt Gläser mit unterschiedlich intensiver Wirkung (→ Weichzeichner).

Dye Transfer-Process Ein von Kodak entwickeltes Kopierverfahren, nach dem von einem Negativ oder Diapositiv beliebig viele und lichtfeste Farbbilder hergestellt werden können. Sie werden in beliebiger Größe und Zahl sowohl auf Papier als auch auf Film geprintet. Im Prinzip handelt es sich um ein Umdruckverfahren (dye transfer = Farbstoffübertragung), das in etwa den historischen, heute nicht mehr gebräuchlichen → Edeldruckverfahren entspricht (z. B. → Gummidruck, → Öldruck, → Pigmentdruck etc.). Ausgangsbild kann sowohl ein Farbdiapositiv oder Farbnegativ als auch ein normales Schwarzweißnegativ sein. Häufigste Anwendung erfolgt jedoch nach Farbdias.

Zunächst werden Farbauszüge vom Original hergestellt, die auf einen fein differenzierenden → panchromatischen Film, z. B. Kodak Separation Negativ-Film Typ 1 oder 2, jeweils über ein Rot-, Grün- und Blaufilter aufgenommen werden. Von jedem der so entstandenen Negative wird ein Matrix-Film belichtet (Kodak Matrix-Film 4150), auf dem während der Entwicklung ein Gelatinerelief entsteht, das in seiner Dicke, entsprechend der erfolgten Intensität des Lichteindrucks beim Kopieren, variiert und während der Entwicklung aushärtet. Damit sind eigentlich die drei Matrizen für den nachfolgenden Farbumdruck fertiggestellt. Sie entsprechen in ihrer Schichtstruktur jeweils einem Rot-, Grün- oder Blauauszug des Motivs und werden mit der jeweiligen Komplementärfarbe getränkt, also mit Gelb (Yellow), Purpur (Magenta) und Blaugrün (Cyan), wobei jede Matrize eine der Struktur der Gelatineschicht entsprechende Farbmenge aufnimmt. Die drei Farben werden nacheinander unter Verwendung eines Passers, der das präzise Übereinanderdrucken gewährleistet, durch Aufquetschen auf ein Blatt Dye Transfer-Papier übertragen. Dort entsteht in leuchtenden Farben und ohne jede Kornbildung ein vielfarbiges Bild, das in seiner Qualität höchsten Anforderungen farbfotografischer Kopiertechnik gerecht wird. Der Vorzug des Verfahrens liegt aber nicht nur in der Lichtbeständigkeit und Brillanz der in beliebiger Zahl von den Matrizen zu druckenden Farbpositive, sondern auch in der direkten Einflußnahme und in gestalterischen Veränderungsmöglichkeiten durch den Fotografen (z. B. in der Wahl eines Farbtons oder der Farbdichte) bei jedem der drei Umdruckvorgänge.

Eberhard-Effekt → Kanteneffekt

Edeldruckverfahren Die historischen Edeldruckverfahren (→ Bromöldruck, Abb. 28; → Öldruck, Abb. 118; → Gummidruck, Abb. 39) hatten ihre Blütezeit um die Jahrhundertwende. Sie bestimmten die Szene künstlerischer und künstelnder Fotografie. Das Prinzip der Edeldruckverfahren war die Herstellung von geeigneten Druckplatten auf fotografischem Wege. Die Platten wurden mit einer lichtempfindlichen Dichromatkolloidemulsion beschichtet und – ausgehend von einem fotografischen Negativ oder Positiv – mit einer Bogenlampe belichtet. Das Ergebnis waren dem Lichteindruck entsprechende chemische Veränderungen der Kolloidschicht, die den Druck in einer oder in mehreren Farben ermöglichten.

Effektlicht Als Effektlicht bezeichnet man künstlich erzeugte Lichtpunkte (Spots) oder Lichtzonen, mit denen Details eines Motivs hervorgehoben werden. Es kann sowohl direkt als auch indirekt »gesetzt« werden. In der Porträtfotografie werden sog. Punktleuchten verwendet (z. B. als Glanzlicht auf dem Haar). In der Sach- und Werbefotografie bieten sich Möglichkeiten, mit farbigen Scheinwerfern bestimmte Motivschwerpunkte zu betonen oder Überstrahlungseffekte zu erzeugen, um Stimmung in eine allzu nüchterne Szenerie zu bringen.

Effektnegativ Effektnegative sind gestalterische Hilfsmittel für die → experimentelle Fotografie. Sie werden im

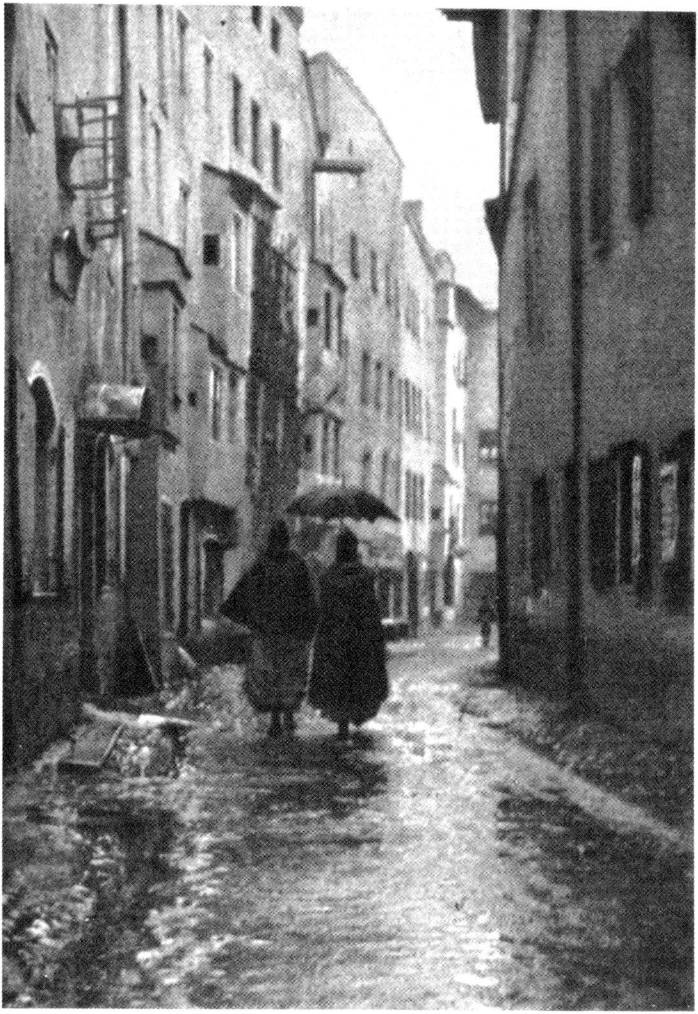

39 **Edeldruckverfahren.** Alfred Meyer, München: Regentag. Mehrschichtiger Gummidruck. Aus: Karl von Schintling, Kunst und Photographie, Tafel VII. Berlin 1927

Fotohandel angeboten, können aber auch selbst hergestellt werden. Mit ihnen lassen sich im Kopier- oder Vergrößerungsprozeß unterschiedliche Oberflächenstrukturen (z. B. ein Leinenraster oder Rauhglasstrukturen) auf das Bild mit aufbelichten, indem man sie, zusammen mit dem zu kopierenden Negativ, in die Bildbühne des Vergrößerungsgeräts legt und mitvergrößert. Eine ähnliche Wirkung entsteht durch den Einsatz größerer konfektionierter → Rasterfolien, die im Direktkontakt mit dem Vergrößerungspapier mitkopiert werden. Sie können sich dann als vorteilhaft erweisen, wenn eine starke Vergrößerung des Negativs beabsichtigt ist und das Mitvergrößern eines Effektnegativs eine zu große Rasterstruktur ergeben würde. – Die Selbstanfertigung von Effektnegativen ist relativ einfach. Besonders gut eignen sich Texturen aus dem Makrobereich: Stoff-, Holz- und Rindenmuster, Wasser-, Papier- und Kunststoffstrukturen, die auf einen hartarbeitenden → Dokumentenfilm belichtet, ausgearbeitet und – Schicht gegen Schicht (wegen der Schärfe) – mit dem Negativ kopiert werden.

Einkopieren Gestalterisches Mittel der → experimentellen Fotografie, das im Bereich der → Lichtmontage unter dem → Vergrößerungsgerät angewendet wird. In ein bereits belichtetes Bild werden mit einem zweiten Negativ zusätzliche Strukturen oder Fremdmotive (meist hell auf schwarzem Untergrund) einkopiert. Beim Einkopieren sollte u. a. darauf geachtet werden, daß Perspektive und Abbildungsmaßstab der miteinander kopierten Details einander entsprechen, es sei denn, die Divergenz von Größe oder Perspektive ist Teil einer gezielten Verfremdung. Im wesentlichen ist es Erfahrungssache, die Manipulation so auszuführen, daß auf dem fertigen Papierbild keine störenden Elemente aus dem zweiten Kopiervorgang zurückbleiben.

Einstellebene Durch das → Scharfeinstellen eines Objektivs (Fokussierung) werden alle Gegenstände, die sich in der Einstellebene befinden, scharf in der Bildebene abgebildet. Wie die Bildebene kann auch die Einstellebene (Objektebene) leicht gewölbt sein.

Einstellicht Moderne → Blitzleuchten größerer Studio-Blitzanlagen haben – neben der Blitzröhre – noch ein gesondertes Einstellicht (Pilotlicht). Es handelt sich um eine Halogenleuchte, die inmitten der ringförmigen Blitzröhre angeordnet ist und somit dieselbe Abstrahlrichtung wie der Blitz selbst aufweist. Das Einstellicht wird zum Einrichten der Beleuchtung und zur vorherigen Überprüfung der Anordnung der Blitzlampen und ihrer Wirkung auf das Motiv eingesetzt. Die mit den Einstelllichtern erzielte Lichtstimmung simuliert gewissermaßen im voraus die endgültige Lichtsituation der geblitzten Aufnahme. Die Lichtleistung des Einstellichts und die des Elektronenblitzes stehen in einem exakt definierten Verhältnis zueinander. Aufgrund der bei Einstellicht gemessenen Belichtungswerte können die für die Blitzaufnahme tatsächlich notwendigen Blendenwerte auf einer Pilotlicht-Skala abgelesen werden.

Eiweißlasurfarben Eiweißlasurfarben sind gutdeckende Retuschefarben, in denen der Farbstoff an Eiweiße gebunden ist, die für eine gute Haftung auf der Vorlage sorgen. Sie sind vor allem für die → Retusche und das → Kolorieren von Hochglanzpapieren geeignet.

Ektachrome Infrared-Film Auch unter der Bezeichnung »Falschfarbenfilm« bekannt gewordenes Filmmaterial, das ursprünglich zu militärischen und wissenschaftlichen Zwecken entwickelt wurde (Luftaufklärung, Hydrologie, Archäologie, Thermographie, Biologie etc.). Der Film wird heute vorwiegend zur Verfremdung von Motiven in der

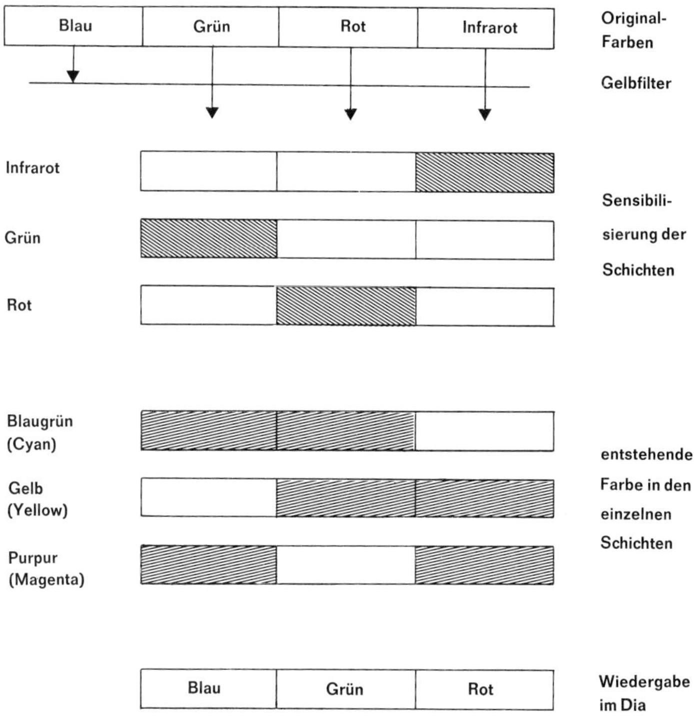

40 **Ektachrome Infrared-Film.** Wirkungsweise des Kodak Ektachrome-Infrared

gestaltenden Farbfotografie eingesetzt, vor allem in der Werbegrafik. Der hochempfindliche Farbumkehrfilm (23 DIN) wird im Kleinbildformat für 20 Aufnahmen geliefert. Im Gegensatz zu normalen Farbumkehrfilmen sind die Farbschichten statt für Blau, Grün und Rot für Grün, Rot und Infrarot sensibilisiert. Die Empfindlichkeit der Infrarotschicht liegt im Bereich von etwa 700 Nanometer (nm) bis 900 nm (mit dem Maximum zwischen 700 nm und 840 nm). Um die kurzwellige Strahlung, für die alle drei Farbschichten empfindlich sind, zu absorbieren, muß stets ein kräftiges Gelbfilter verwendet werden. Mit anderen Filtern, z. B. mit Blaufilter oder → Polarisationsfiltern können interessante Effekte erzielt werden. Abb. 40 macht die Veränderung der Farbempfindlichkeit deutlich.

Elektronenblitzgerät (Abb. 41) Elektronenblitzgeräte ermöglichen eine Vielzahl von rasch aufeinanderfolgenden Blitzaufnahmen innerhalb kurzer Zeit. In den Blitzröhren der Geräte wird beim Zünden eingeschlossenes Edelgas (Xenon) ionisiert. Die zur Zündung erforderliche Spannung liefert eine Zündspule, deren Magnetfeld beim Auslösen der Kamera zusammenbricht und in der Spule eine ausreichende Spannung induziert. Die in einem Blitzkondensator gespeicherte elektrische Energie entlädt sich dann augenblicklich (unter Lichtentwicklung) über die Blitzröhre. Die Leistung eines Elektronenblitzgerätes hängt von der Kapazität des Blitzkondensators ab. Sie wird oft in Wattsekunden (Ws) angegeben. Im allgemeinen wird die Lichtleistung nach der einer DIN-Norm entsprechenden → Blitzleitzahl beurteilt. Die spektrale Zusammensetzung des Elektronenblitzlichts entspricht der des mittleren Tageslichtes (ca. 5600 → Kelvin). Es ist deshalb für Farbaufnahmen (auch zur Schattenaufhellung bei kontrastreichen Tageslichtaufnahmen) gut geeignet.

Kleine Stab- oder Kompaktblitzgeräte enthalten in ein und demselben Gehäuse Blitzröhre, → Reflektor und Stromversorgungsteil, welches entweder mit aufladbaren Nickel-Cadmium-Akkus (NC-Akkus) oder Trockenbatterien bestückt ist. Kompaktblitzgeräte lassen sich meist auf den Zubehörschuh der Kamera aufstecken und sind dann über einen Mittenkontakt im Sucherschuh mit dem Verschluß der Kamera synchronisiert. Bei anderen Kameras werden die Blitzgeräte über ein separates Synchronkabel an einen gesonderten Blitzkontakt der Kamera (X-Kontakt) angeschlossen (→ Blitzlichtsynchronisation). Bei großen (Studio-) Geräten ist der eigentliche Blitzteil (Blitzleuchte) mit den stromversorgenden Aggregaten (Bleiakku oder Netzteil) über ein Kabel verbunden.

Komfortable Geräte besitzen eine Lampe mit verstellbarem → Leuchtwinkel und einem schwenkbaren Reflektor

41 **Elektronenblitzgerät** mit Zubehör. Foto: Metz, Fürth

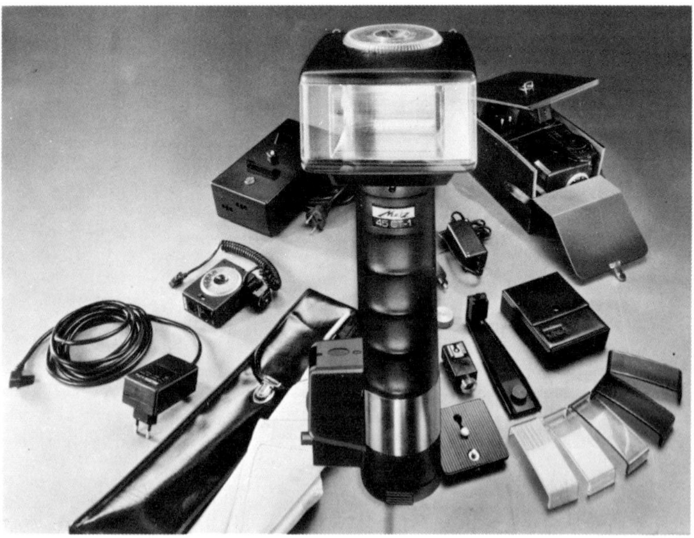

(→ Indirektes Blitzen). Bequem zu handhaben sind → Computerblitzgeräte. Sie regulieren automatisch über ein Computer-System, das von einem Meßauge gesteuert wird, die für eine einwandfreie Belichtung optimale Leuchtzeit, entsprechend der gemessenen Aufnahmeentfernung und der → Filmempfindlichkeit des jeweils verwendeten Films. Die Blitzfolgezeit, d. h. die Zeit, nach der dem vorausgegangenen Blitz ein weiterer folgen kann, hängt von der Zeitspanne ab, die der Blitzkondensator für die Wiederaufladung benötigt. Der Ladezustand der Batterie bzw. des Akkus wirkt sich demzufolge auf die Dauer der Blitzfolgezeit aus. Blitze älterer Bauart haben eine Blitzfolgezeit von etwa 10 s, moderne Computerblitze dagegen 0,5 s bis 5 s.

Elektronischer Verschluß Kameras mit Belichtungsautomatik (Verschlußzeitenautomatik) werden immer häufiger mit elektronisch gesteuerten Verschlüssen ausgestattet. Durch das Wegfallen des Hemmwerkes für längere Belichtungszeiten ist der mechanische Aufwand bei elektronischen Verschlüssen bedeutend geringer. Während der Belichtung wird der Verschluß durch den Anker eines kleinen Elektromagneten in geöffnetem Zustand fixiert und erst nach Ablauf der Belichtungszeit wieder freigegeben. Der Stromfluß im Elektromagneten wird durch eine elektronische Schaltung gesteuert. Deren wesentlichster Bestandteil ist ein Zeitenkondensator, der über schaltbare Widerstände aufgeladen oder entladen wird. Die Größe des Lade- bzw. Entladestromes hängt von dem Gesamtwiderstand (der Leitfähigkeit) der Schaltwiderstände ab, deren Anzahl und Größe durch die Wahl der Filmempfindlichkeit, der Blendenwahl und der Belichtungsverhältnisse, wie sie vom Belichtungsmesser ermittelt wurden, bestimmt wird. Während bei elektronischen → Schlitzverschlüssen die ermittelte Belichtungszeit mit dem Zeitpunkt des Auslösens festgelegt ist, kann die Verschlußzeit bei → Zentralverschlüssen auch während der Belichtung über den Photowiderstand des Belichtungsmessers noch beeinflußt werden, ein Vorteil, der sich vor allem bei veränderlichen Lichtbedingungen während einer Langzeitbelichtung von mehreren Sekunden bemerkbar macht.

Empfindlichkeit → Filmempfindlichkeit

Empfindlichkeitssteigernde Entwicklung In extremen Lichtsituationen, z. B. bei Sportveranstaltungen in Hallen oder bei Flutlicht, können die Lichtverhältnisse so sein, daß auch der höchstempfindliche Film für eine normale Belichtung nicht mehr ausreicht. Erfahrene Fotografen riskieren dann eine gezielte Unterbelichtung bei anschließender empfindlichkeitssteigernder Entwicklung des Films (vgl. Abb. 13). Beispielsweise kann ein guter Schwarzweißfilm von 27 DIN wie 33 DIN oder gar wie 36 DIN belichtet werden, wenn er anschließend entsprechend forciert entwickelt wird (längere Entwicklung bei angehobenen Entwicklertemperaturen). Meist ist das, trotz aller chemischer und entwicklungstechnischer Tricks, mit der Entstehung eines kräftigeren → Korns und mit verminderter Schärfe verbunden. Die Rezepte sind, je nach Filmtype und Art des Entwicklers, unterschiedlich. Bei Farbumkehrfilmen ist die Situation etwas schwieriger. Fachlabors bieten z. T. Spezialentwicklungen von High Speed Filmen bis zu 30 DIN an, wobei allerdings die → Grundschwärze der Farbfilme bereits merklich abzusinken beginnt und Farbverschiebungen sichtbar werden. Eine empfindlichkeitssteigernde Entwicklung von Farbnegativfilmen ist nur mit starken Qualitätseinbußen möglich.

Emulsion Die extrem dünne, lichtempfindliche Schicht, die bei der Her-

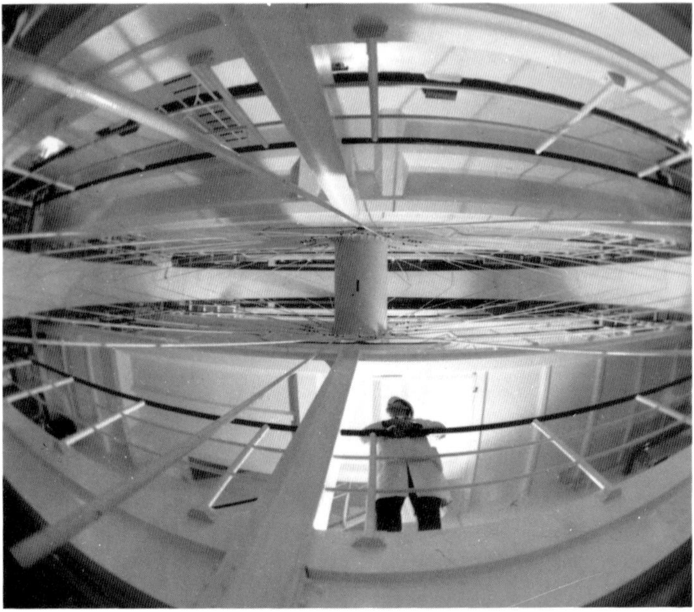

42 **Emulsion.** Blick auf eine Film-Gießmaschine. Foto: Agfa-Gevaert, Leverkusen

stellung von Filmen und Fotopapieren auf den Schichtträger aufgegossen wird, nennt man (etwas unkorrekt) Emulsion. Tatsächlich handelt es sich um eine erstarrte Suspension von Silberhalogenidkristallen in Gelatine. Spezifische Eigenschaften wie Transparenz (Durchlässigkeit für lösliche Stoffe) haben die Gelatine als kolloidales Bindemittel für die Emulsionsherstellung unersetzlich gemacht. Die Fabrikation fotografischer Schichten erfolgt nach unterschiedlichen Verfahren: Tauch-, Anspül-, Gießverfahren (vgl. Abb. 42). Außer Silbersalzen enthalten sie geeignete Stabilisatoren, Härtungsmittel, Sensibilisatoren und → Farbkuppler (Farbfilme). Die Stabilisatoren und Härtungsmittel sorgen für die chemische bzw. mechanische Haltbarkeit der Emulsion. Die Sensibilisatoren aktivieren die ursprünglich nur blauempfindlichen Silberhalogenide für den gesamten Spektralbereich. Die Farbkuppler spielen schließlich bei der chromogenen → Entwicklung der Farbfilme eine wesentliche Rolle. Die Gesamtschichtdicke einer Emulsion beträgt von 0,011 mm bei Schwarzweißfilm bis zu 0,025 mm bei modernen Farbfilmen (mit bis zu 15 Einzelschichten).

Emulsionsnummer Obwohl moderne Farbfilme in hoher Präzision gefertigt werden, schwanken die Eigenschaften des Filmmaterials geringfügig von Emulsion zu Emulsion. Die Erfahrung lehrt, daß selbst zwei unmittelbar nacheinander auf der gleichen Maschine gegossene Emulsionen nie hundertprozentig einander entsprechen. Deshalb erhält jeder Film, der aus einem bestimmten Guß konfektioniert wird, am Filmanfang die Emulsionsnummer eingestanzt; z. T. wird sie auch am Perforationsrand des Filmes nach der Entwicklung sichtbar. Fotografen, die auf eine gleichmäßige Farbwiedergabe Wert legen, achten darauf, daß sie für einen bestimmten Auftrag nur Filme ein und derselben Emulsionsnummer einsetzen. Die Eigenschaften der betr. Emulsion werden durch Probeaufnahmen ermittelt (tatsächliche Empfindlichkeit, Farbcharakteristik). Manche Fachlabors, die einen großen Durchgang an Farbfilmen haben, geben ihren Kunden auf Wunsch Filterfaktoren für die jeweilige Emulsionsnummer eines bestimmten Fabrikates an.

Entfernungsmesser Die exakte Scharfeinstellung eines Objektivs ist für die Qualität der fotografischen Aufnahme von entscheidender Bedeutung. Im Grunde genommen sind alle Scharfeinstellhilfen Entfernungsmesser, von der einfachen → Mattscheibe über → Mikroprismenraster, → Schnittbild-Indikator bis zum Mischbild- oder Schnittbildentfernungsmesser. Die beiden letztgenannten Meßsysteme findet man nur bei → Meßsucherkameras. Beim Mischbildentfernungsmesser müssen zur Scharfeinstellung zwei seitlich zueinander verschobene, aber identische Bilder, die von zwei räumlich getrennten optischen Systemen abgebildet werden, im Sucher zur Deckung gebracht werden. Beim Schnittbildentfernungsmesser sind es zwei durch eine Mittellinie getrennte, verschobene Bildhälften, die durch die Entfernungseinstellung so verändert werden, daß das »zerschnittene« Bild wieder richtig zusammengesetzt erscheint. Die Wirkungsweise beider Meßverfahren beruht auf trigonometrischen Prinzipien, d. h. der direkten Abhängigkeit des gemessenen Winkels α von der Entfernung des scharfeingestellten Objekts (Abb. 43).

Entspiegelung Die Entspiegelung optischer Linsen spielt bei der Fertigung von Objektiven (Beseitigung störender Reflexe) eine entscheidende Rolle. Sie wird durch Vergütung der Glasoberfläche (z. T. → Mehrschichtenvergütung) erreicht. In der Aufnahmetechnik ist die Entspiegelung dann von Bedeutung, wenn es z. B. gilt, Reflexionen auf Wasseroberflächen oder – in der Sachfotografie – auf glänzenden Gegenständen und an Glas zu vermeiden. Wichtiges Hilfsmittel ist in solchen Fällen das → Polarisationsfilter (vor dem Objektiv oder der Fotoleuchte). Außerdem können durch eine Veränderung der Lichtführung (bei der Arbeit im Atelier) oder durch Wechsel des Aufnahmestandortes Reflexe von vornherein reduziert werden. Um Spiegelungen auf Metalloberflächen zu dämpfen gibt es Spezialsprays, mit denen die betreffenden Stellen mattiert werden können. Bei der Rahmung von Fotografien unter Glas verhindern entsprechende Spezialgläser störende Spiegelungen.

Entwickler Die Entwicklung belichteter Silberhalogenide zu elementarem, metallischem Silber beruht auf den reduzierenden Eigenschaften der Entwicklersubstanz. Diese werden bei der Reaktion mit den Silbersalzen (Redoxreaktion) selbst oxidiert. In der Schwarzweißentwicklung sind die entstehenden Oxidationsprodukte des Entwicklers für die Bildentstehung bedeutungslos, d. h. sie reagieren mit den in der Entwicklerlösung vorhandenen Sulfitionen und werden somit aus dem Reaktionsgleichgewicht entfernt. Bei der chromogenen Entwicklung hingegen reagieren sie mit den an sich farblosen → Farbkupplern der jeweiligen Farbschichten zu entsprechenden Farbstoffen. Die gleichzeitige Entstehung eines Silberbildes ist bei der Farbentwicklung demnach lediglich eine notwendige Voraussetzung für die Entstehung eines Farbbildes. Um die bei der Entwick-

43 **Entfernungsmesser.** Prinzip der Entfernungsmessung durch Bestimmung des Winkels α im Meßdreieck (Misch- bzw. Schnittbildentfernungsmesser)
▽

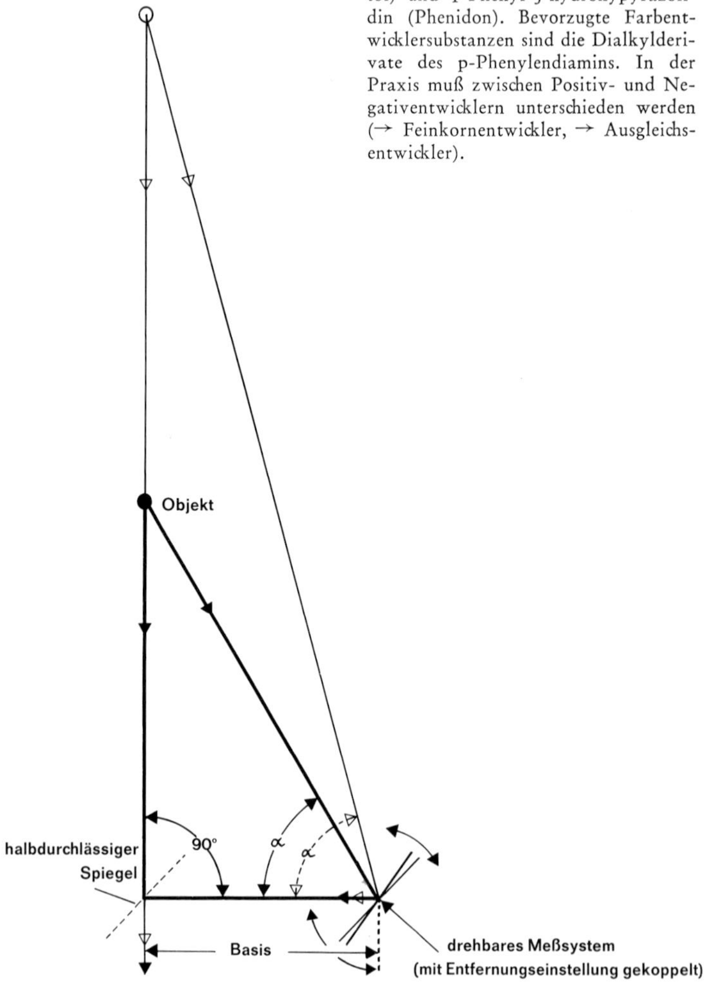

lung entstehenden Protonen abzufangen sind Entwicklerlösungen meist stark alkalisch. Die in der bildmäßigen Schwarzweißfotografie am häufigsten eingesetzten Entwicklersubstanzen sind u. a. Hydrochinon, p-Aminophenol (Rodinal), p-Methylaminophenol (Metol) und 1-Phenyl-3-hydroxypyrazolidin (Phenidon). Bevorzugte Farbentwicklersubstanzen sind die Dialkylderivate des p-Phenylendiamins. In der Praxis muß zwischen Positiv- und Negativentwicklern unterschieden werden (→ Feinkornentwickler, → Ausgleichsentwickler).

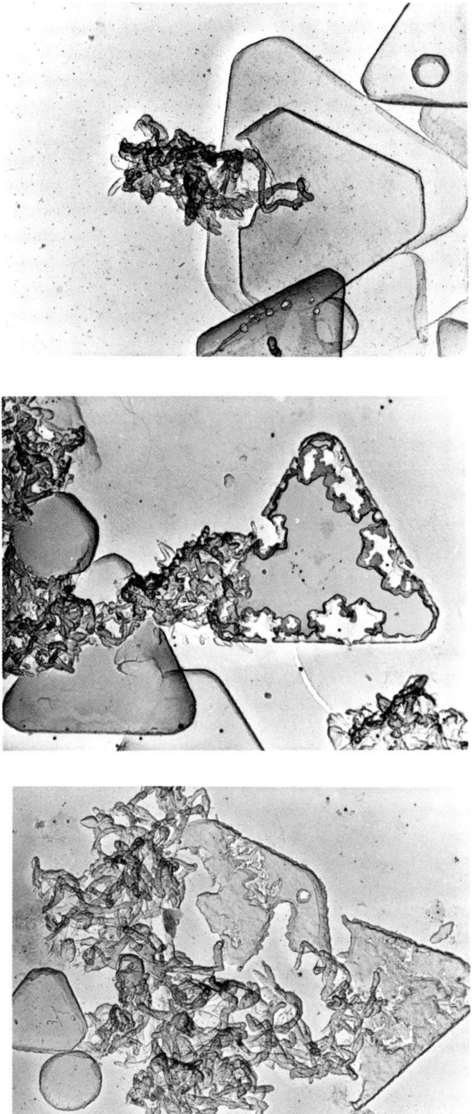

a

b

c

44 **Entwicklung.** Elektronenmikroskopische Aufnahmen der Entwicklung einer Bromsilberemulsion: a) zeigt die Anentwicklung, b) und c) verdeutlichen die fortschreitende Entwicklung des Silberhalogenids. Foto: Agfa-Gevaert, Leverkusen

Entwicklung Ganz allgemein umfaßt die Entwicklung alle Verarbeitungsprozesse, die aus einem nicht sichtbaren latenten Bild ein sichtbares Schwarzweiß- oder Farbbild entstehen lassen. Prinzip einer jeden Entwicklung ist die Reduktion belichteter Silberhalogenide durch den Entwickler zu elementarem Silber, welches durch seine feindisperse Verteilung eine Schwärzung verursacht (vgl. Abb. 44). Im Schwarzweiß-Verfahren ist die Entwicklung mit dem Fixierbad (Ausfixieren des Restsilbers) abgeschlossen. Bei der Entwicklung von Farbnegativ- oder Farbpositivmaterialien ist die Entstehung des Bildsilbers die Voraussetzung für die Entstehung eines Farbbildes. Wesentlich sind hier die Reaktionsendprodukte der reduzierenden Entwicklersubstanz, die, zusammen mit den → Farbkupplern, in den jeweiligen Farbschichten die entsprechenden Farbstoffe bilden. Man spricht hier von chromogener (farbstoffbildender) Entwicklung. Das Verfahren wurde von dem Chemiker Rudolf Fischer (1910) entdeckt. Es läßt sich prinzipiell auch auf bereits entwickelte Schwarzweißbilder anwenden, wenn man diese einfärben (tonen) möchte. Zunächst wird das Silberbild gebleicht. Bei der sich anschließenden Entwicklung im Farbentwicklerbad, dem ein Farbkuppler beigegeben ist, entsteht zugleich mit dem Silberbild der jeweilige Farbstoff. Die chromogene Entwicklung wird in jedem Fall durch das Bleichen und Ausfixieren aller Silberanteile abgeschlossen. Zurück bleibt ein reines Farbbild (chromolytische Entwicklung → Silberfarbbleichverfahren). Bei der Farbumkehrentwicklung geht der chromogenen Entwicklung eine Schwarzweiß-Negativentwicklung (ohne Farbstoffbildung) voraus. Durch intensive Zwischenbelichtung mit diffusem Licht werden die restlichen unbelichteten Silberkeime entwicklungsfähig gemacht, so daß bei der anschließenden eigentlichen Farbentwicklung das positive Farbbild entsteht. Auch hier wird das Silber anschließend ausgebleicht und ausfixiert. In speziellen Verfahren kann eine → empfindlichkeitssteigernde Entwicklung erzielt werden.

Entwicklungsdosen → Dosen-Entwicklung

Entwicklungsfehler Die zahlreichen Fehler, die während des Entwicklungsprozesses auftreten können, lassen sich allesamt auf einige wenige Ursachen zurückführen: ungleichmäßige Benetzung der gesamten Schichtoberfläche beim Einbringen in den Entwickler (Luftblasen), mangelhafte Bewegung während der Entwicklung (Schleierbildung), schlechter Zustand der Entwicklerlösung, vor allem zu geringe Alkalität, zu hohe Temperaturen und Konzentrationen; evtl. Verunreinigungen, Überalterung (→ Autoxidation); ungenügende Zwischenwässerung (→ Unterbrecherbad) und dadurch Verschleppung des Entwicklers in das → Fixier- oder → Bleichbad, insbesondere bei Farbfilmen (→ Farbschleier); aber auch das Nichteinhalten der vorgeschriebenen Entwicklungszeit (→ Grauschleier).

Entwicklungsschleier → Grundschleier

Entwicklungsspielraum Er charakterisiert in der Schwarzweißverarbeitung die Fähigkeit eines Negativ- oder Papierentwicklers, Unter- oder Überbelichtungen bei Veränderung der Standardentwicklungszeiten (Verkürzung oder Verlängerung) auszugleichen. Es handelt sich meist um eine Notmaßnahme, da optimale Ergebnisse nur durch eine möglichst präzise Belichtung und Entwicklung sowohl der Filme als auch der Papiere (→ Ausentwickeln) erreicht werden. Unterentwickelte Filme und Papiere haben eine flachere → Gradation, überentwickelte eine entsprechend steilere. Mit zunehmend verlängerten Entwicklungszeiten wächst auch das → Korn der Filme. Geringfügige Abweichungen in der Gradation von Negativen lassen sich durch Wahl einer geeigneten Papiergradation bei der Vergrößerung ausgleichen.

Entwicklungstrommeln → Rotations-Entwicklung

Entzerren Parallele Linien werden in der Fotografie nach den Gesetzen der Zentralperspektive abgebildet. Das hat zur Folge, daß durch Senken oder Anheben der Kamera bei der Aufnahme senkrechte und parallel zueinander verlaufende Konturen und Linien eines Motivs nicht parallel oder senkrecht abgebildet werden können. Es entstehen → stürzende Linien (vgl. Abb. 163). Die auf dem Negativ nach oben oder unten zusammenlaufenden Linien lassen sich beim Vergrößern wieder parallel ausrichten (entzerren). Dazu wird der Kopierrahmen unter dem → Vergrößerungsgerät auf *der* Seite angehoben (unterlegt), auf der die vertikalen Linien auseinanderlaufen. Die Scharfeinstellung erfolgt auf das obere Drittel des Bildes. Durch starkes Abblenden des Vergrößerungsobjektivs kann die Schärfentiefe über die gesamte schräg liegende Bildfläche ausgedehnt werden. Vergrößerungsgeräte mit schwenkbarer Filmbühne erleichtern diese Korrektur, da durch entgegengesetzte Neigung des Negativs optimale Schärfe über die ganze Bildoberfläche erzielt werden kann. (Die gedachten Verlängerungen von Film, Objektiv- und Papierebene sollten sich dabei in einem Punkt schneiden, vgl. Abb. 45.) Bei der Entzerrung stürzender Linien sollte man

45 **Entzerren.** a) Vergrößerungsgerät – b) Schematische Darstellung des Geräts bei Entzerrung: a) Negativebene – b) Hauptebene des Objektivs – c) Bildebene. Foto und Zeichnung: Leitz Wetzlar

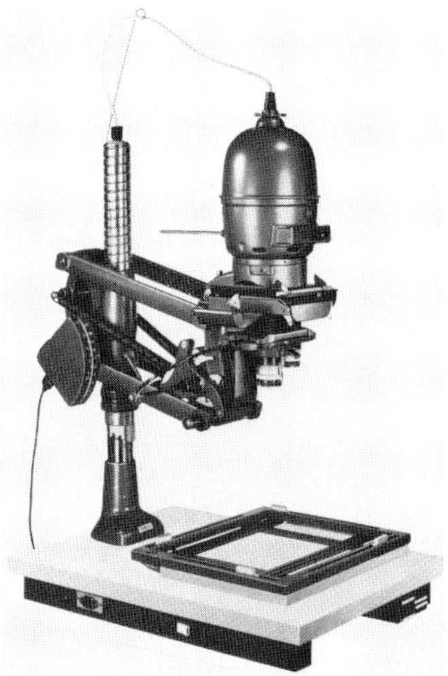

a

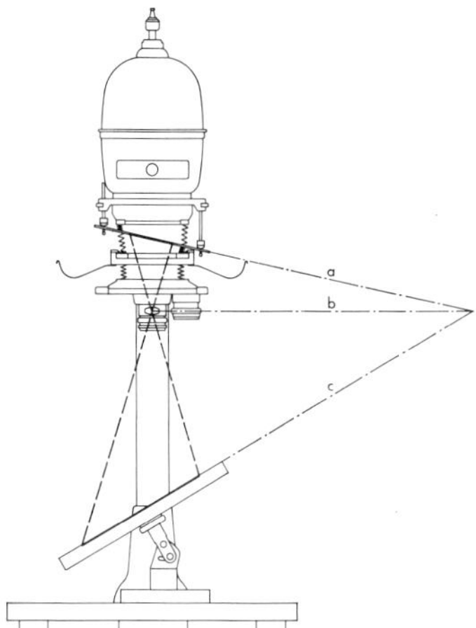

b

jedoch darauf achten, daß auch eine allzu akkurate Parallelität senkrechter Linien die natürliche Bildwirkung wieder beeinträchtigen kann.

Epidiaskop Projektionsgerät, das sich wahlweise als → Episkop, also zur Projektion von Aufsichtsbildern, oder als Dia-Projektor einsetzen läßt.

Episkop Mit dem Episkop können nichttransparente Aufsichtsbilder, Zeichnungen, Buchseiten etc. projiziert werden. Über ein Spiegelsystem und ein Objektiv wird auf der Projektionswand das Abbild der hell ausgeleuchteten Vorlage entworfen. Da nur das von der Vorlage reflektierte Licht zur Abbildung gelangt, ist diese verhältnismäßig lichtschwach. Deshalb ist das Episkop lediglich für Bilddemonstrationen in kleinen Räumen geeignet.

Ergänzungsfarben → Komplementärfarben

Experimentelle Fotografie Als »getreues Abbild der Natur« könnte die Fotografie gelten, überließe der Fotograf ihr Ergebnis alleine dem Wirken von Licht und Chemie. Doch bereits die in gestalterischer Absicht gewählte Belichtungszeit oder Blende, die Steuerung der Schärfenverhältnisse durch Verstellen des Objektivs müssen als »subjektive« Eingriffe betrachtet werden. Dennoch sind die meisten Fotografen überzeugt, in ihren Fotos die reale Abbildung des Gegenstandes zu bewirken. Neben dem Streben nach naturgetreuer Wiedergabe eines Motivs (die immer nur eine Annäherung sein kann) ist die Beschäftigung mit experimenteller Fotografie, die das Abbild bewußt verändert, eines der interessantesten Gebiete von Fotografie und Foto-Design. Vor allen fotografischen Techniken fordert sie die Kreativität und schöpferische Phantasie des Fotografen heraus. Und sie wird dort zur Kunst, wo dieser das Stadium des Experimentierens verlassen hat, wenn er sein vorbestimmtes gestalterisches Ziel in souveräner Meisterschaft erreicht. Die Vielfalt der technischen und chemischen Mittel, die er hierfür zur Verfügung hat, gestatten ein freies, kreatives Arbeiten, aus dem heute der Zufall weitgehend verbannt ist.

Die geschichtlichen Vorbilder sind → Fotogramme und → Fotomontagen, die bereits um 1850 eher spielerisch als ernsthaft angefertigt wurden. Auch die experimentellen Bewegungsstudien von Eadweard Muybridge (1830–1904), im Vorfeld der aufkommenden Kinematografie, gehören dazu. Doch während sich die »klassische« Fotografie bereits um die Jahrhundertwende im Bereich der Künste etablieren konnte, gelang dies der experimentellen Fotografie erst in den 20er Jahren. Es waren die → Schadographien und → Rayogramme, die → Collagen und → Fotomontagen der Dadaisten und Surrealisten, die ihr zum Durchbruch verhalfen, Techniken, die in manchen Stilrichtungen heutiger Fotokunst wieder zu Ehren kommen.

Nach 1945 waren es vor allem einige Vertreter der → »Subjektiven Fotografie« sowie die verbesserten technischen und chemischen Möglichkeiten der aufkommenden Farbfotografie, die dem Fotoexperiment voranhalfen. Heute ist der Bereich experimenteller Fotografie mit seinen Seitentrieben, die weit in die technisch-wissenschaftliche Fotografie hineinwuchern, so vielfältig geworden, daß hier nur die wichtigsten Verfahren erwähnt werden können.

Die Qualität moderner Schwarzweiß- und Farbfilme gestattet dem Fotografen schon in der Aufnahmetechnik, sein Motiv in bestimmter Absicht zu verändern. Es ist dies das Feld der → Doppel- und Mehrfachbelichtungen, des → Sandwich-Verfahrens, des Einsatzes von farbverändernden → Infrarotfilmen. Der Einsatz von Kontrast-, Farb- und Trickfiltern (→ Filter) aller Art ermöglicht, im Zusammenwirken mit unterschiedlichsten Objektiven und Filmen, ein freies Experimentieren mit Formen und Farben. In gleicher Weise bietet sich moderne Vergrößerungs- und Labortechnik an, Aufnahmen zu manipulieren. Hochaktuell sind → Lichtmontagen, die Umsetzung von Motiven in → Äquidensiten-Technik, der Einsatz von → Effektnegativen, das Ausnützen der vielen Tontrennungs-, Misch- und Kopiermöglichkeiten vom Negativ zum Positiv.

Ein weites Feld programmatischer Anwendung von Farbe und Form bietet die → Generative Fotografie, die von jungen Fotografen als Bewegung generativer Ästhetik 1968 ins Leben gerufen wurde. → Kristallographik, → Multipleoptik, → fotomechanische Transformation, Synthesizer-Technik (→ Video Art), →Strobochromatographie, → Luminogramm und → Figurenfotogramm, das sind nur einige wenige von vielen Möglichkeiten.

Expressionismus Expressionismus wie → Impressionismus der Malerei wurden und werden, bewußt und unbewußt, von Fotografen als gestalterisches Ausdrucks- und Stilelement adaptiert. Das Aufkommen des Expressionismus in der Malerei signalisiert die Abkehr vom Impressionismus, dessen Charakteristikum die Wiedergabe des Flüchtigen innerhalb einer realen Wirklichkeit war: der Erscheinung der Natur im farbigen Licht, im Atmosphärischen, ja Romantischen. Die sensible »anschauliche« Empfindung des Impressionismus verwandelt sich im Expressionismus zugunsten der stark subjektiven, ja ekstatischen Aussage – bis hin zum leidenschaftlichen Engagement, vor allem im sozialen Bereich (z. B. Ernst Barlach [1870–1938]). Die Bildersprache der Expressionisten wirkt holzschnittartig und signalhaft. Subjektive Farbwahl gilt, jenseits der »natürlichen« Abbildung, als Ausdrucksmittel für Ideen und innere Erregungszustände.

Expressionistische Darstellungen, die bei Malern im unmittelbaren Schaffensprozeß »prima vista« zur Entstehung des Bildes führen (dramatische Pinselführung, grob vereinfachende, großflächige und überzeichnende Darstellung der Farben und Formen), sind in der Fotografie nur auf Umwegen zu erreichen. Entsprechende Ausdrucksformen entstehen meist durch gestalterische Manipulation bei der Aufnahme und in der Dunkelkammer. Zu den verfremdenden Aufnahmetechniken zählen u. a. starke → Farbfilterungen, → Zoom- oder → Wischeffekte sowie die Kontraststeigerung. Die Fotogeschichte kennt hervorragende Beispiele von Fotografien expressionistischer Charakteristik. Hinzuweisen wäre hier auf Aufnahmen von Erwin Fieger (geb. 1928), Ernst Haas (geb. 1921), Peter Cornelius (1913–1970), Art Kane (geb. 1925), René Groebli (geb. 1927).

Fahreffekt Diesen Begriff hat die Fotografie aus dem Vokabular des Filmens übernommen. Hier wie dort ist er nicht eindeutig. Er wird beim Filmen sowohl für die begleitende Fahraufnahme (Filmkamera begleitet ein sich bewegendes Motiv) wie auch für den durch Vario-Objektive erzielten Bewegungseffekt benützt (simulierte Bewegung durch Veränderung der Brennweite während des Filmens). Während im Film die Fahrbewegung in vielen aufeinanderfolgenden Einzelbildern und meist in exakter Schärfe wiedergegeben wird, werden in der Fotografie alle Bewegungsphasen in einer einzigen Aufnahme und fast immer mit Unschärfen erfaßt. Die entsprechenden Aufnahmetechniken sind das → Mitziehen der Kamera in Bewegungsrichtung bzw. das Verändern der Brennweite (→ Zoomeffekt) während der Belichtung.

Falschfarbenfilm → Ektachrome Infrared-Film

Farbauszug Farbbilder lassen sich in drei Teilaufnahmen zerlegen, von denen eine jede ein Drittel des gesamten Farbspektrums wiedergibt. Diese drei Farbauszüge in den Farben Gelb (Yellow), Purpur (Magenta) und Blaugrün (Cyan) ergeben zusammen – nach dem Prinzip der subtraktiven → Farbmischung (vgl. Farbabb. 29) – wieder das vielfarbige positive Bild. Da sich demnach jedes Farbbild aus solchen Teilbildern zusammensetzen läßt, hat sich der Vielfarbendruck das Verfahren der Farbauszugherstellung zueigen gemacht. Zur Verbesserung der Farbsättigung und zur Intensivierung der Bildschwärzen wird beim Vierfarbendruck noch ein vierter Auszug, der Schwarzauszug, angefertigt. Die Farbauszüge werden mit einer Reproduktionskamera unter Verwendung der jeweiligen Farbauszugsfilter hergestellt. Durch passergenauen Übereinanderdruck der nach diesen Farbauszügen hergestellten Druckstöcke in den entsprechenden Farben (→ Buchdruck, → Offsetdruck) entstehen vielfarbige Drucke.

Farbauszugsfilter → Reproduktionsfilter

Farbcharakter Der Farbcharakter eines Farbfilmes kennzeichnet seine Tendenz zu einer kälteren (bläulichen) oder wärmeren (rötlichen) Farbwiedergabe, unabhängig von der → Farbtemperatur des herrschenden Aufnahmelichtes. Zum Farbcharakter des jeweiligen Films tritt noch die Farbtendenz des Objektivs, das je nach Glassorte und Verarbeitung langwelliges (warmes) oder kurzwelliges (kaltes) Licht bevorzugt absorbiert. Die Objektive werden deshalb auch als Kalt- oder Warmzeichner bezeichnet. Durch → Mehrschichtenvergütung und spezielle Kittschichten (→ Absorban) kann der Farbcharakter von Objektiven beeinflußt werden. Die Hersteller von Objektiven sind bemüht, durch geeignete Korrektur ihrer optischen Systeme allen → Wechselobjektiven ihres Kamera-Systems eine identische Farbcharakteristik zu verleihen.

Farbdichte Das Maß der Undurchsichtigkeit eines transparenten Stoffes für Licht einer bestimmten Wellenlänge wird mit der Farbdichte angegeben. Die Dichte des durchscheinenden Körpers ist demnach abhängig von der Wellenlänge (Farbe) des ihn durchstrahlenden Lichts. Absorbiert ein Stoff über das gesamte Spektrum des sichtbaren Lichts alle Wellenlängen gleichmäßig (wie das Bildsilber), so erscheint dieser Stoff dem Auge grau bis schwarz (unbunt). Werden jedoch bestimmte Bereiche des Spektrums bevorzugt absorbiert, so nimmt das Auge die Farbe wahr, die zur absorbierten komplementär ist. Die Farbdichte ist dann für den absorbierten Lichtanteil sehr hoch, für den Rest des Lichts, das beinahe ungehindert den Stoff durchstrahlt, entsprechend niedrig. Ein Gelbfilter hat für blaues (kurzwelliges) Licht eine hohe Farbdichte (Hauptfarbdichte). Es zeigt jedoch auch in den Spektralbereichen vom grünen bis zum roten Licht gewisse Teilabsorptionen. Diese werden Nebenfarbdichten genannt. In Mehrschichtenfarbfilmen können sich Nebenfarbdichten der Bildfarbstoffe auf eine natürliche Farbwiedergabe störend auswirken. Deshalb wird das Entstehen dieser Nebendichten (insbesondere der Gelbnebendichte des Purpur-Farbstoffes) bei Farbnegativfilmen durch eine entsprechende → Maskierung (orangefarbene Maske) kompensiert. Im übrigen können Farbdichten ebenso gemessen werden wie Schwärzungsdichten, mit der Einschränkung, daß Farbdichten in streng einfarbigem Licht (von Spektralphotometer, → Densitometer) gemessen werden.

Farbdominante Die Farbe, die in einem Bild nach Fläche (Ausdehnung) und Intensität dominiert, wird als Farbdominante bezeichnet (z. B. starkes Übergewicht des blauen Himmels bei einer Landschaftsaufnahme). Automatisch arbeitende Farbvergrößerungsgeräte (→ Color-Analyzer) können bei integraler Ausmessung des Bildfeldes nicht zwischen echten Farbstichen, die sich gleichmäßig über das ganze Bild hinziehen, und Farbdominanten, die nur einen Teil des Bildes ausmachen, unterscheiden. Dies führt zwangsläufig zu falschen Filterwerten und somit zur Wiedergabe von Farbstichen. Abhilfe schaffen hier nur nach subjektiven Kriterien vorgenommene Korrekturen der Filterbestimmung oder die selektive Ausmessung an einem farbneutralen Bilddetail.

Farbempfindlichkeit Eine nicht sensibilisierte fotografische Schicht ist nur für blaues und ultraviolettes Licht empfindlich. Man spricht in diesem Fall von »farbenbildenden« Filmen. Um Schwarzweißaufnahmen zu erzeugen, die jeweils dem visuellen Helligkeitseindruck der verschiedenen Farben entsprechen, müssen die Aufnahmefilme auch für die anderen, längerwelligen Bereiche des sichtbaren Spektrums lichtempfindlich gemacht, d. h. sensibilisiert werden. Man gelangt auf diesem Wege zu → orthochromatischen (Abb. 46a) bzw. → panchromatischen (Abb. 46b) Filmen. Die drei lichtempfindlichen Schichten von Mehrschichtenfarbfilmen dürfen, im Unterschied zu den Schwarzweißfilmen, jeweils nur für etwas mehr als ein Drittel des gesamten Spektrums sensibilisiert sein (→ Sensibilisierung). Ihre Farbempfindlichkeit ist in der spektralen Empfindlichkeitskurve (Abb. 46c) wiedergegeben.

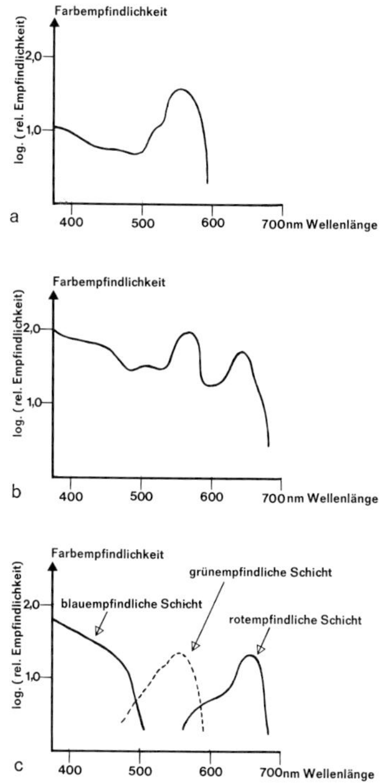

46 **Farbempfindlichkeit.** Spektrale Empfindlichkeitskurven der wichtigsten Filmtypen: a) orthochromatischer Schwarzweißfilm – b) panchromatischer Schwarzweißfilm – c) die drei Einzelschichten eines Farbfilms

Farben Die Unterscheidung in warme und kalte Farben ist vor allem im Zusammenhang mit der räumlichen Wirkung von Farbfotografien von Interesse (→ Farbperspektive). Zu den warmen Farben gehören Rot, Orange, Gelb und Gelbgrün sowie die dazwischen liegenden Farbtöne. Kalte Farben sind Violett, Blau und Blaugrün. Auch innerhalb einzelner Farbtöne gibt es diese Wirkung, z. B. ein »kälteres« und »wärmeres« Rot. Es werden nicht nur kalte und warme Farben, sondern auch reine und gebrochene Farben unterschieden. Werden die reinen, bunten Farben, wie sie im Farbspektrum enthalten sind, mit Grau gemischt, so entstehen die gebrochenen, mit zunehmendem Grauanteil immer weniger bunten Farben, als deren Extrem einfaches (farbloses) Grau anzusehen ist. Zu unterscheiden sind die Farben von Lichtquellen (→ Lichtfarbe), die Farben von nicht selbststrahlenden Materialien und Objekten der Umwelt (→ Körperfarbe) sowie die vom Menschen subjektiv empfundenen → Objektfarben.

Farbenstern Als eine Vereinfachung des Farbkreises verdeutlicht der Farbenstern (Farbabb. 27) die Beziehungen der Farben untereinander, so wie sie das menschliche Auge sieht. Die im Farbenstern einander gegenüberliegenden reinen Farben sind zueinander komplementär (→ Komplementärfarben), d. h. sie ergänzen sich bei additiver → Farbmischung gegenseitig zu Weiß. Die Farben Rot, Gelb, Grün, Blaugrün und Blau sind im Spektrum des sichtbaren Lichts enthalten, während die Farben zwischen Violett und Rot (also auch Purpur bzw. Magenta) nur in der subjektiven Farbwahrnehmung existieren und durch die Mischung von Rot- und Blauanteilen entstehen. Es gilt zu berücksichtigen, daß Begriffe wie »weiß«, »farbig«, auch »komplementär« nicht physikalisch, sondern nur physiologisch zu erklären sind. So unterscheidet das Auge auch nicht zwischen spektral reinen und gemischten Farben. Durch subtraktive Mischung der drei auf den Spitzen eines Dreiecks liegenden Farben Gelb (Yellow). Purpur (Magenta) und Blaugrün (Cyan) lassen sich alle Farben des Farbkreises herstellen. Auf genau diesem Prinzip der subtraktiven → Farbmischung (Farbabb. 29) beruhen alle heute üblichen Mehrfarben-Druckverfahren sowie die gesamte Farbfotografie. Aus den verbleibenden drei Farben Grün, Blau und Rot lassen sich, durch additive → Farbmischung (Farbabb. 28), alle Farben einschließlich Weiß erzeugen, was bedeutet, daß Weiß nicht immer nur aus dem Licht aller Wellenlängen des Spektrums besteht.

Farbentwicklung → Entwicklung

Farbfehler → Aberration

Farbfilter → Filter, → Kontrastfilter

Farbfilterung Das »additive Verfahren« ist eine von zwei der heute gebräuchlichen Filtermethoden zur Beseitigung von Farbstichen bei der Ausarbeitung farbiger Aufsichtsbilder. Dabei wird das Farbpapier mit drei aufeinander folgenden Teilbelichtungen durch ein Rot-, Grün- und Blaufilter belichtet. Die additive Methode hat den entscheidenden Nachteil, daß eine partielle Bildbeeinflussung durch → Abhalten oder Nachbelichten praktisch nicht möglich ist. Da bei diesem Verfahren Farbe und Dichte durch die Länge der drei Belichtungen gesteuert werden, müßte z. B. das Abhalten während der drei unterschiedlich langen Belichtungen in der gleichen Relation vorgenommen werden, um Farbverschiebungen zu vermeiden. In der Praxis ist dies nicht mit ausreichender Genauigkeit möglich.

Im Vergleich hierzu sind die Steuerungsmöglichkeiten der Farben bei der Filterung nach dem »subtraktiven Verfahren« vielfältiger. Gefiltert wird mit den subtraktiven Farben Gelb (Yellow), Purpur (Magenta) und Blaugrün (Cyan) bei einer einzigen Belichtung. Für jede der drei Farben wird eine ganze Serie von Kopierfiltern unterschiedlicher Farbdichte benötigt, durch deren Kombination sich jede beliebige Filterdichte zwischen 05 und 100 (99) erreichen läßt (die Zahlen stehen für 1/100 Dichteeinheiten und werden in der Praxis und in der Fachliteratur in der Reihenfolge der Farben Gelb, Purpur und Blaugrün angegeben, z. B. 20 10 00). Die für die Farbkorrektur notwendigen Filter werden in die Filterschublade des → Vergrößerungsgeräts eingelegt. Moderne Farbvergrößerungsgeräte sind jedoch mit einem → Farbmischkopf ausgestattet, der durch drei kontinuierlich dichter werdende Filterscheiben oder auch → dichroitische Filter eine stufenlose Steuerung der gewünschten Kopierfilterdichten ermöglicht. Zur Ermittlung der benötigten Filterdichten wird zuerst eine ungefilterte, exakt belichtete Nullkopie angefertigt. Zeigt diese einen Farbstich, so wird dieser in einer zweiten Kopie durch einen Filter der gleichen Farbe und geeigneter Dichte oder durch eine entsprechende Filterkombination ausgeglichen. Dabei muß die zuvor ermittelte Belichtungszeit um den jeweiligen → Filterfaktor, der sich anhand von Tabellen (sie werden beim Kauf eines Filtersatzes oder Farbmischkopfes mitgeliefert) leicht bestimmen läßt, verlängert werden.

Farbfotografie Der Wunsch, farbig zu fotografieren, ist so alt wie die Fotografie selbst. Schon einer ihrer Erfinder, Joseph Nicéphore Niépce (1765–1833), bedauerte es, keine Farbbilder herstellen zu können. Einige Daguerreotypisten versuchten dann auch, das Problem durch Bemalen der »Silberbilder« zu lösen; eine Technik, die später, als das Fotopapier endlich erfunden war, noch viele Maler ernährte. Bereits vor der Jahrhundertwende gelang es, farbfotografische Bilder herzustellen und zu drucken. Grundlage des damaligen Verfahrens waren Dreifarbenkameras, mit denen man unmittelbar nacheinander jeweils hinter einem Rot-, Grün- und Blaufilter »Schwarzweißauszüge« belichtete und diese dann mit entsprechenden Farbfiltern übereinander projizierte, bzw. im Druck in den jeweiligen Farben übereinanderdruckte. Aber erst mit der Erfindung der Gebrüder Lumière (Auguste [1862–1954], Louis [1864–1948]) begann die Farbfotografie interessant zu werden, denn ihre 1903 herausgebrachten Autochromeplatten wurden bereits industriell gefertigt (→ Kornrasterverfahren). Das Ergebnis der Autochrome-Aufnahme war ein nach additivem Verfahren entstehendes, aus unzähligen kleinen Farbpunkten zusammengesetztes Diapositiv. Für die Belichtung benötigte man allerdings das 50fache an Licht wie für die damaligen Schwarzweißfotos. Weitere Stationen waren das Dufay-Verfahren (1908), Uvatypie (1916), Duxochromie (1929), Autotype-Carbro-Verfahren (1930). Doch erst mit der Erfindung der dünnen Mehrschichten-Farbumkehrfilme, die fast gleichzeitig durch Agfa und Kodak im Jahre 1936 erfolgte, wurde die weltweite Verbreitung der Farbfotografie eingeleitet. Heute fotografieren 85% aller Kamerabesitzer mit Farbfilmen. Die Erfindung des farbigen Sofortbildes (1962 von Edwin H. Land herausgebracht; → Sofortbildverfahren), das sich in wenigen Sekunden selbst zum fertigen Bild entwickelt, und das 1976 eingeführte Kodak Instant Print-Verfahren (Farbabb. 25) sind die vorläufig letzten Entwicklungsstufen fotografischer Farbwiedergabe.

Farbkontraste (vgl. Farbabb. 18) Um Verständnis für die Entstehung der Farbkontraste zu gewinnen, ist ein kurzer Hinweis auf die Physiologie des Farbensehens unumgänglich. Das »Sehen« einer Farbe beruht darauf, daß in den entsprechend farbempfindlichen Sinneszellen des Auges ein Sehpigment (Rhodopsin) durch die Lichteinwirkung gebleicht wird. Die Regeneration des Sehpigments geschieht in einer physiologisch-chemischen Reaktion, die eine gewisse Zeit dauert, während der die jeweilige Sinneszelle »blind« ist, also keine neuen Reize aufnehmen kann. Bei längerer Betrachtung einer stark gesättigten Farbe wird die entsprechende Partie der Netzhaut für diese Farbe unempfindlich. Weißes Licht, das kurz darauf in eben diesen Bereich fällt, kann nur diejenigen Sehzäpfchen reizen, die noch lichtempfindlich sind: Hierdurch entsteht der Eindruck der komplementären Farbe. Dieses Phänomen, Simultankontrast genannt, verursacht in der unmittelbaren Umgebung stark dominierender Farbflächen eine Verschiebung des Farbeindrucks in Richtung der komplementären Farbe. So werden unbunte (graue) Bildpartien in der direkten Nachbarschaft einer kräftigen Farbfläche dem Auge in einem komplementären, stark gebrochenen Farbton erscheinen. Sind zwei nebeneinanderliegende Farbflächen ohnehin zueinander komplementär, so verstärken sie sich gegenseitig durch die Wirkung des Simultankontrastes zum sog. Komplementärkontrast. Entsprechend wird die Wirkung kalter Farben durch die Gegenüberstellung mit warmen Farbtönen intensiver (Kaltwarm-Kontrast). Ob in einem Bild die kalte oder warme Farbstimmung überwiegt, hängt davon ab, in welchem quantitativen Verhältnis (Mengenkontrast) die einzelnen Farben zueinander stehen. Demgemäß unterscheidet man warme von kalten Farbklängen. Die Auswirkung einer Farbe auf das Farbgleichgewicht wird außerdem durch ihre Helligkeit (Leuchtkraft) bestimmt (Helldunkel-Kontrast). Neben den gegenfarbigen Kontrasten sei die erstaunliche Wirkung im Farbkreis unmittelbar benachbarter Farbtöne nicht vergessen. Typisch hierfür ist z. B. die konkurrierende (»beißende«) Wirkung von Rot und Purpur.

Farbkorrektur Gezielte Einflußnahme des Fotografen zur Veränderung von Farbtönen bei der Aufnahme mit Farbfilmen oder ihrer Vergrößerung auf Farbpapier. Bei der fotografischen Aufnahme auf → Farbumkehrfilme erfolgt sie durch feinste → Konversionsfilter, beim Vergrößern von Farbnegativen durch die Kopierfilter des Farbvergrößerungsgerätes (→ Farbfilterung). Farbkorrekturen beim Vergrößern haben primär das Ziel, die Neutralstellung farbiger Bilder zu bewirken (→ Farbstich). Um die für ein bestimmtes Motiv typische, jedoch nicht neutrale Farbstimmung einer Aufnahme bei der Reproduktion eines Bildes zu erhalten, kann die Farbkorrektur von einer Neutralstellung auch abweichen.

Farbkuppler Bei jedem Entwicklungsprozeß, egal ob Schwarzweiß- oder Farbentwicklung, wird das in seinen Salzen vorliegende Silber durch den → Entwickler an den belichteten Stellen reduziert (entwickelt), wobei der Entwickler dadurch seinerseits oxidiert wird (Redoxreaktion). Bei der Schwarzweißentwicklung hat dieses Oxidationsprodukt des Entwicklers keine weitere Bedeutung, abgesehen von seiner entwicklungshemmenden Wirkung. Bei der Farbentwicklung hingegen reagiert die oxidierte Entwicklersubstanz sofort und am Ort ihrer Entstehung (an den Stellen, wo der Film belichtet ist und nun ein Schwarzweißbild entwickelt wird) mit dem in der → Emulsion befindlichen Farbkuppler. Bei dieser Reaktion zwischen dem oxidierten Entwickler und dem Farbkuppler entstehen Farbstoffe, deren Farbe von der jeweiligen chemischen Beschaffenheit des Farbkupplers abhängt. Sowohl Entwickler als auch Farbkuppler sind an sich farblose Substanzen. Farbe entsteht also erst durch Reaktion beider Komponenten. So ergibt z. B. der Farbentwickler (ein Dialkyl-p-phenylendiamin) bei der oxidativen Kupplung mit Acetessigester einen gelben Farbstoff. Acetessigester kann daher als Gelbkuppler bezeichnet werden. Pyrazolon-Derivate ergeben als Farbkuppler einen purpurnen Farbstoff, Phenole einen blauen, Naphtole einen blaugrünen usw. Im Anschluß an die Farbentwicklung kommt der Film (oder das Papier) ins → Bleichbad, in welchem das schwarze Silberbild aus der Emulsion herausgelöst wird. Zurück bleiben die Farbstoffe, die das Farbbild erzeugen.

Farblabor → Fotolabor

Farbmaske Bei einem Vergleich der Wirklichkeit mit den Ergebnissen fast aller Verfahren der Farbfotografie wird man feststellen, daß in der Regel alle gelben Farben zu hell, die blauen zu dunkel und die grünen Farben leicht blaustichig wiedergegeben werden. Diese farblichen Abweichungen sind fast ausschließlich auf Mängel (Nebenabsorptionen) der Schichtfarbstoffe zurückzu-

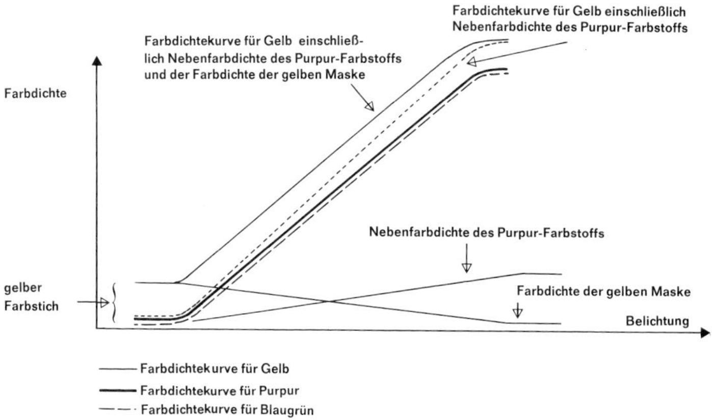

47 **Farbmaske.** Wirkung einer Gelbmaske auf die Nebenfarbdichte des Purpur-Farbstoffs in einem maskierten Farbnegativfilm, dargestellt anhand von Farbdichtekurven

führen. Es sind dies aber keine gewöhnlichen → Farbstiche, die sich in einem Kopierprozeß mit Filterung beseitigen ließen, sondern belichtungsabhängige Deviationen (Abweichungen) der Farbdichtekurven von ihrem idealen Verlauf (durch Überlagerung der Nebenfarbdichtekurven). Als Farbmasken bezeichnet man nun einfarbige, transparente, vom zu korrigierenden Original gezogene Kopien, die mit der Vorlage zur Deckung gebracht werden. Sie kompensieren durch ein genau umgekehrtes Abhängigkeitsverhältnis ihrer Farbdichte von der Belichtungsintensität die Nebenfarbdichten derart, daß hieraus ein über den gesamten Belichtungsumfang konstanter Farbstich resultiert (Farbabb. 24b). Dieser kann bei der Reproduktion leicht ausgeglichen werden. So wird beispielsweise die Nebenfarbdichte des Purpur-Farbstoffes (unechtes Gelb) durch eine entsprechende Gelbmaske aufgehoben. Dem Farbnegativ (um ein solches handelt es sich in der Regel), genauer gesagt der Purpurschicht des Negativs, wird dabei eine positive gelbe Maske zugeordnet (Abb. 47). Auf entsprechende Weise läßt sich auch die Nebenfarbdichte des blaugrünen Farbstoffes ausgleichen. In den heutigen Farbnegativfilmen sind fast immer die notwendigen Farbmasken bereits in der Emulsion enthalten. Sie entstehen simultan zur chromogenen → Entwicklung, entsprechend den unterschiedlichen Intensitäten des Belichtungseindrucks. Während bei manchen Filmen (Agfacolor) das Maskenbild durch einfache Farbentwicklung aus in der Schicht enthaltenen → Farbkupplern aufgebaut wird, gibt es andere Verfahren (Kodacolor), bei denen die fertigen Maskenfarbstoffe bereits in der Schicht enthalten sind und in Abhängigkeit von der Belichtung gleichzeitig zur Entstehung der eigentlichen Schichtfarbstoffe entfärbt, d. h. umgekuppelt werden.

Farbmischkopf Kopfteil für das → Vergrößerungsgerät zum Kopieren von Farbbildern nach dem subtraktiven Farbverfahren. Der Farbmischkopf (Abb. 48) besteht im wesentlichen aus

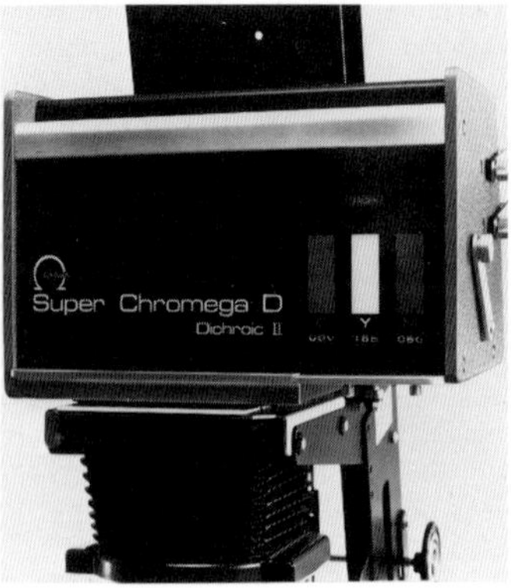

48 **Farbmischkopf.** Foto: Omega-WF

einer Filtervorrichtung mit drei in ihrer Dichte von 0 bis 200 kontinuierlich verstellbaren Kopierfiltern der Farben Gelb (Yellow), Purpur (Magenta) und Blaugrün (Cyan). Er besitzt stets eine eigene Lichtquelle (Halogenlampe) und wird in der Regel einfach auf die Filmbühne des Vergrößerungsgerätes aufgesetzt. Es gibt Farbmischköpfe, die mit einem → Color-Analyzer gekoppelt werden können, welcher die durch die jeweilige → Farbfilterung notwendige Verlängerung der Belichtungszeit automatisch ermittelt und evtl. sogar direkt auf eine → Zeitschaltuhr überträgt.

Farbmischung (additiv und subtraktiv) Das Farbensehen des menschlichen Auges beruht auf seiner Fähigkeit, drei Farben zu unterscheiden, für die die Rezeptoren der Netzhaut maximal empfindlich sind, nämlich Rot, Grün und Blau. Alle anderen Farben des sichtbaren Spektrums kommen durch die Überlagerung mehr oder weniger simultaner Reize an verschieden farbempfindlichen Rezeptoren zustande. So entsteht der Eindruck »Gelb« durch eine näherungsweise gleich intensive Reizung von Rot- und Grün-Rezeptoren, »Blaugrün« durch die Reizung der Blau- und Grün-Rezeptoren und schließlich »Purpur« durch die gleichzeitige Reizung von Rot- und Blau-Rezeptoren. Genau dies ist das Prinzip der additiven Farbmischung. Wirken alle drei Farbqualitäten Blau, Grün und Rot gleichzeitig auf das Auge ein, so sieht es »Weiß«. Projiziert man beispielsweise mit drei Projektoren drei Lichtkegel in gerade diesen Farben auf eine total reflektierende (weiße) Wand (Farbabb. 28), so entstehen an den Stellen, wo sich die Kegel durchdringen, die additiv gesehenen Farben und in der Mitte, wo in Wirklichkeit nur blaues und rotes und grünes Licht existiert, sehen wir »Weiß«. Ebenso werden kleinste, dicht nebeneinanderliegende Farbpunkte dieser drei Farben vom Auge dann als »Grau« (Unbunt) empfunden, wenn sie in etwa gleichen Mengen vorliegen. Auf diesem Prinzip der additiven Farbmischung beruht u. a. das historische → Kornrasterverfahren, auch die Mehrfarbendruck-Verfahren. – Die subtraktive Farbmischung spielt jedoch in Druck und Fotografie die größere Rolle. Durch die Eigenschaft der Farbstoffe, Licht bestimmter Wellenlängen zu absorbieren, die Reststrahlung zu reflektieren, kann durch das Mischen von den in verschiedenen Bereichen absorbierenden Farbstoffen der Anteil des reflektierten Lichtes immer mehr reduziert werden, bis zuletzt, bei vollständiger Absorption »Schwarz« auftritt (Farbabb. 29). Einer der Begründer der modernen Farblehre, Josef Itten (1888–1967), hat herausgefunden, daß durch geeignetes Mischen der drei Grundfarben Gelb, Blaugrün und Purpur sämtliche anderen Farben des Farbkreises herzustellen sind, wohingegen die drei Grundfarben selbst nicht aus den anderen ermischbar sind. Das Prinzip der subtraktiven Farbmischung wird deutlich, wenn man bedenkt, daß diese drei Grundfarben in der Näherung jeweils ein Drittel des sichtbaren Spektrums absorbieren (auslöschen), und zwar in ihrer jeweiligen → Komplementärfarbe. Gerade für die komplementären Farben ist das Auge empfindlich. Dies soll ein Beispiel verdeutlichen: Gelbe Farbe absorbiert den blauen Anteil des Lichts, so daß die Blau-Rezeptoren im Auge nicht angesprochen werden. Aus der sich überlagernden (additiven!) simultanen Reizung der Grün- und Rot-Rezeptoren durch das von dem Farbstoff reflektierte Restlicht, entsteht ein gelber Farbeindruck. Ähnliches läßt sich mit den anderen Farben nachvollziehen. Die Grundfarben der additiven und subtraktiven Farbmischung bilden den → Farbenstern (Farbabb. 27).

Farbnegativfilm Filmmaterial mittlerer und hoher Lichtempfindlichkeit (bis 27 DIN), nach dessen Belichtung und Entwicklung ein farbiges, komplementärfarbenes Negativ entsteht. Dieses kann auf Farbpapier oder Farbpositivfilm zu einem positiven Farbbild kopiert werden. Die Entstehung und Entwicklung eines Farbnegativs und seine Umkehrung zum positiven Farbbild ist anhand des Agfacolor-Verfahrens in Farbabb. 30 dargestellt. Grundsätzlich wird bei allen modernen Farbverfahren nach dem Prinzip subtraktiver Farbmischung (sowohl beim Farbnegativ- als auch beim Farbumkehrfilm und Farbpapier) gearbeitet. – Im Farbnegativfilm sind drei lichtempfindliche fotografische Schichten übereinandergelagert, deren → Silberhalogenide so sensibilisiert sind, daß sie jeweils für ein Drittel des Farbspektrums empfindlich sind (Abb. 46). Da nach dem subtraktiven Farbverfahren gearbeitet wird, sind die drei Farbschichten in den jeweiligen → Komplementärfarben sensibilisiert. Die oben im Film liegende Gelbschicht ist für Blau empfindlich, die in der Mitte liegende Purpurschicht ist für Grün empfindlich und die untere Blaugrünschicht ist für Rot empfindlich. Ein roter Ball wird z. B. in der unteren Blaugrünschicht und ein blaues Kleid in der blauempfindlichen Gelbschicht abgebildet. Im Unterschied zu Schwarzweißfilmen sind den Silberschichten im Farbfilm → Farbkuppler beigemischt, farblose organische Substanzen, die, wenn sie mit den Oxidationsprodukten des Farbentwicklers reagieren, Farbstoffe bilden. In den drei Schichten, die also Kuppler für gelben, purpurnen oder blaugrünen Farbstoff enthalten, bildet sich an den Stellen der jeweilige Farbstoff, an denen der Farbentwickler belichtete Silberhalogenide zu metallischem Silber reduziert. Während das metallische Silber und die restlichen Silberhalogenide im → Bleichfixierbad aus den Schichten herausgelöst werden, bleiben die entsprechenden Farbstoffe zurück. Aus den in den drei Schichten verbleibenden Farbstoffbildern setzt sich das vielfarbige negative Bild aus gegenüber den Farben des Motivs komplementären Farben zusammen. Denn: In der oberen blauempfindlichen Schicht bildete sich ein gelbes Farbstoffbild, in der mittleren grünempfindlichen Schicht ein purpurnes und in der unteren rotempfindlichen Schicht ein blaugrünes Farbstoffbild. Im anschließenden Farbpositivprozeß (Kopieren auf Farbpapier oder Farbpositivfilm) entsteht aus dem Farbnegativ auf genau die gleiche Weise ein positives, den Originalfarben des Motivs entsprechendes Bild.

Farbpapiere Grundlegend zu unterscheiden sind Farbpapiere, die nach dem Negativ-Positiv-Verfahren und solche, die im Dia-Direktverfahren verarbeitet werden. Bei ersteren ist das Ausgangsbild ein (in der Regel) maskiertes Farbnegativ (vgl. Farbabb. 24b), bei letzteren ein Farbdiapositiv. Farbpapiere für das Negativ-Positiv-Verfahren zeigen im wesentlichen einen ähnlichen Schichtaufbau wie Farbpositiv-Filme, wenn man von der fehlenden Lichthofschutzschicht absieht (→ PE/RC-Papiere, Abb. 123). Zur Verbesserung der farblichen Brillanz befindet sich unter den Farbschichten noch eine stark reflektierende Barytschicht (→ Aufheller). Da das Licht bei der Aufsichtsbetrachtung von Farbpapierbildern die Emulsion zweimal durchdringt, wird es von den Farbstoffen doppelt gefiltert, einmal, wenn es durch die Schichten zum weißen Papieruntergrund dringt, und zum zweitenmal, wenn es von diesem reflektiert wird. Aus diesem Grund enthalten die einzelnen Schichten der Farbpapiere weniger Farbpigmente als die durchsichtigen Farbfilme, wodurch auch die Entwicklungszeiten gegenüber diesen deutlich verkürzt sind. Auf der anderen Seite ist der von Farbpapieren wiedergegebene Helligkeitsumfang durch die diffuse Remission des Lichts von der Papieroberfläche weitaus geringer (ca. 1:30) als bei transparenten Farbmaterialien (z. B. Farbdiapositiven), die in mehr oder weniger gerichtetem Durchlicht betrachtet werden (Helligkeitsumfang bis zu 1:1000). Hierin liegt einer der Gründe, weshalb Diapositive gegenüber Farbpapierbildern als Vorlage für den Druck bevorzugt werden. Farbpapiere gibt es meist nur in ein oder zwei → Gradationen, da man stets von einigermaßen korrekt belichteten Aufnahmen ausgehen muß. Sie unterscheiden sich lediglich in ihren Oberflächen, die hochglänzend, halbmatt oder mit einer Seidenrasterstruktur versehen sind. Für das Dia-Direktverfahren gibt es zwei Arten von Fotopapieren. Sie werden entweder nach dem konventionellen Farbumkehrverfahren oder nach dem modernen → Silberfarbbleichverfahren verarbeitet. Nahezu alle Farbpapiere werden heute in Form kunststoffbeschichteter Papiere angeboten. Die Papierformate entsprechen denen der schwarzweißen → Fotopapiere.

Farbperspektive Der räumliche Eindruck einer zweidimensionalen Fotografie kann, außer durch Betonung der Perspektive, durch geeignete Farbregie beträchtlich verstärkt werden. Man spricht in diesem Zusammenhang von farbplastischer Wirkung der Objektfarben. Es ist eine Eigenheit der Natur, daß die Farb- und Tonwerte dem Hintergrund zu blasser, gebrochener und kälter erscheinen, während sich die warmen, plakativen Farbtöne in den Vordergrund zu drängen scheinen. Aus diesem Grund werden Gelb, Orange und Rot als Vordergrundfarben, Grün, Blau und Violett als Hintergrundfarben bezeichnet. Doch die Beziehungen der Farben zueinander werden noch durch weitaus kompliziertere Parameter bestimmt, vor allem durch den Helldunkelkontrast, den Mengenkontrast und den Simultankontrast (→ Farbkontraste). Beispielsweise erscheint entgegen der oben genannten Regel Violett auf weißem Grund als Vordergrundfarbe, während Gelb gegenüber Weiß eher zurückweicht. Eine besonders starke räumliche Wirkung wird durch den Farbkontrast zweier zueinander komplementärer Objektfarben suggeriert. So zeigt sich Gelb auf Blau deutlicher als Vordergrundfarbe, als Rot auf Blau. Hierbei spielt das subjektive Farbempfinden und die relative Größe der Farbflächen (Mengenkontrast) eine entscheidende Rolle. Es ist jedoch wenig ratsam, aus den genannten Phänomenen starre Regeln für die Bildgestaltung abzuleiten.

Farbreflexe Durch Reflexion des Aufnahmelichts an großen, intensiv farbigen Flächen kann die Farbwiedergabe eines Motivs in seiner Abbildung maßgeblich beeinflußt werden. Solche Farbreflexe gehen vor allem vom Laub grüner Bäume, grünen Wiesen, farbigen Hauswänden etc. aus. Einer der stärksten Farbreflektoren ist der klarblaue Himmel, dessen hohe → Farbtemperatur mitunter zu blauen Schatten führt. Während das Auge derartige Farbreflexe nur selten wahrnimmt, werden sie vom »objektiven« Farbfilm deutlich wiedergegeben. Dies wird dann besonders offensichtlich, wenn die reflektierende Farbfläche selbst nicht mit im Bild erscheint, so daß dem Betrachter die unmittelbare Ursache verborgen bleibt. In der gestaltenden Farbfotografie werden Farbreflexe mitunter bewußt provoziert (z. B. durch farbige Reflexionsschirme).

Farbsättigung Die Abstufungen eines Farbtons unterscheiden sich nur in ihrer Buntheit oder Farbsättigung. Die beiden extremen Pole der Farbsättigung werden von Grau (Unbunt), entsprechend der Sättigung 0, und der reinen Farbe (maximale Sättigung) gebildet. UVa-Filter bewirken z. B. durch die Absorption des UV-Anteils am unbunten Streulicht eine intensivere Farbsättigung der Aufnahme.

Farbschleier Während → Farbstiche in der Hauptsache das Ergebnis einer unsachgemäßen → Farbfilterung sind, entstehen Farbschleier durch mangelhaftes Zwischenwässern (→ Unterbrecherbad) der Farbmaterialien im Anschluß an die → Entwicklung. Gelangen Reste des Farbentwicklers mit in das → Bleichbad, so werden sie dort oxidiert. Die Oxidationsprodukte reagieren, wie bei der vorangegangenen chromogenen Entwicklung, mit den → Farbkupplern in der → Emulsion. Die Folge ist ein Farbschleier, der sich gleichmäßig über die gesamte Bildoberfläche hinzieht oder in Form farbiger Schlieren das Bild bedeckt.

Farbstich Farbliche Abweichungen eines Bildes von einer subjektiv als farbrichtig (natürlich) empfundenen Wiedergabe werden als Farbstiche bezeichnet. Zu diesen »subjektiven«, daher auch individuell verschieden stark empfundenen Farbstichen (→ Objektfarbe) gehören u. a. Farbabweichungen, die von den Beleuchtungsverhältnissen, von der → Farbtemperatur des Aufnahmelichtes und → Farbreflexion abhängig sind. Sie lassen sich, soweit dies wünschenswert ist, durch geeignete → Konversionsfilter schon bei der Aufnahme vermeiden. Ob allerdings im Abendrot aufgenommene Motive als rotstichig empfunden werden oder nicht, bleibt dem Geschmack des Fotografen überlassen. Tatsächliche Abweichungen von der farbgerechten Wiedergabe, die »echten« Farbstiche also, können vielerlei Ursachen haben. Falsche Belichtung oder Verarbeitung (veränderte Entwicklungsbedingungen) sowie der → Schwarzschild-Effekt rufen z. T. starke Farbstiche hervor, die über den gesamten Dichteumfang des Aufnahmematerials weitgehend konstant sind. Sie lassen sich deshalb (vorrangig bei Farbnegativfilmen) durch eine geeignete → Farbfilterung im Vergrößerungsprozeß beseitigen. Da die Beurteilung eines maskierten Farbnegativs (Farbabb. 24b) selbst dem Fachmann Schwierigkeiten bereitet, werden Farbstiche meist erst in einer → Nullkopie (ohne korrigierende Farbfilterung) entdeckt. Sie auszufiltern ist Erfahrungssache. Ein durch Überlagerung (Überalterung) hervorgerufenes → Kippen der Farben führt in den Lichtern und Schatten der Aufnahmen zu komplementärfarbigen Stichen, die sich durch keine noch so geschickte Filtertechnik kompensieren lassen. Interessant ist, daß Farbstiche, dank des schlechten Farbgedächtnisses des Menschen, vor allem dann wahrgenommen werden, wenn sie unmittelbar einem komplementären Farbstich gegenübergestellt sind.

Farbstimmung Ziel der → Farbfilterung bei der Herstellung von Farbpapierbildern ist zunächst die Neutralstellung der Farben, die dadurch charakterisiert ist, daß Grautöne in ihrer Wiedergabe keinerlei Farbtendenz zeigen. Oft wird hierdurch die Farbstimmung eines Bildes zerstört, denn diese ist nur in wenigen Fällen wirklich neutral. Die Schwankungen des Tageslichts allein, das in Extremfällen (z. B. im Hochgebirge) bei strahlend blauem Himmel bis zu 25000 → Kelvin (K) und mehr erreicht, andererseits sich bei Sonnenuntergängen mit ca. 2800 K dem Kunstlicht nähert, beeinflussen insbesondere Landschaftsmotive sehr stark. Daß hierbei farbliche Verschiebungen auftreten können und Grautöne davon beeinflußt werden, ist verständlich. Da die Farblabors eine individuelle, der jeweiligen Farbstimmung entsprechende Farbfilterung nicht vornehmen können, sondern die Neutralstellung meist einem Automaten überlassen, können die Reproduktionen vom tatsächlichen Augeneindruck um einiges abweichen. Nur wenn der Fotograf die Filterung eines Farbbildes selbst übernimmt, besteht die Chance, die subjektiv empfundene Farbstimmung zu reproduzieren. Bei Sachaufnahmen ist natürlich eine möglichst farbneutrale, materialgerechte Wiedergabe aus sachlichen Erwägungen erforderlich.

Farbtemperatur Dieser Begriff kennzeichnet den Zusammenhang der Temperatur einer Lichtquelle (z. B. einer Glühlampenwendel) mit der Farbqualität des von ihr ausgestrahlten Lichts. In der Physik wird die Farbqualität einer Lichtquelle durch die Farbtemperatur eines ideal schwarzen Körpers (Strahlers) bei eben dieser Temperatur definiert. Sie wird nicht in Celsius-Graden, sondern in → Kelvin (K) gemessen. Für die Herstellung und Verarbeitung von Farbfilmen ist es von Bedeutung, die Emulsionen, entsprechend der Farbtemperatur der für die fotografische Aufnahme eingesetzten Lichtquellen, zu sensibilisieren bzw. bei der Aufnahme die geeigneten Korrekturfilter zu verwenden. So kann die Farbtemperatur des (blauen) Himmelslichtes im Sommer zwischen Tiefst- und Höchststand der Sonne von etwa 3800 K bis zu 25000 K schwanken. Hieraus resultiert, daß der Blauanteil im weißen Licht der Mittagssonne um ein Vielfaches größer ist als im Abendrot. Da Schwankungen im Bereich hoher Farbtemperaturen von Film und Auge bei weitem nicht so stark differenziert werden wie im unteren Bereich, wurde eine reziproke (umgekehrt proportionale) Skala eingeführt mit den sog. → Mired-Werten (Mired steht für Micro reciprocal degree). Eine vom Auge als gleichmäßig wahrgenommene Veränderung der Lichtqualität drückt sich in einer analogen (linearen) Änderung der Mired-Werte aus. Die Beziehung zwischen Mired und der Farbtemperatur in Kelvin wird durch folgende Gleichung hergestellt: x Mired (M oder μrd)

$$\triangleq \frac{1\,000\,000}{x} \text{ Kelvin (K)}$$

(vgl. Tabelle, Abb. 49). Um die unterschiedlichen Farbtemperaturen von Kunst- und Tageslicht zu berücksichtigen, benützt man, je nach Lichtverhältnissen, Kunst- oder Tageslichtfarbfilme. Kunstlichtfilme sind auf eine Farbtemperatur von ca. 3200 K eingestellt, Tageslichtfilme auf ca. 5600 K. Mit Hilfe von → Konversionsfiltern können Tageslichtfilme dem Kunstlicht und Kunstlichtfilme dem Tageslicht angepaßt werden. Die Korrekturwerte der Konversionsfilter sind ebenfalls in Mired angegeben. Ein rotes Konversionsfilter (für Kunstlichtfilm bei Tageslicht) verringert die Farbtemperatur des Tageslichts um den auf dem Filter angegebenen Mired-Wert, ein blaues Konversionsfilter (für Tageslichtfilm bei Kunstlicht) erhöht die Farbtemperatur des Kunstlichtes um den entsprechenden Wert. Die jeweilige Farbtemperatur bestimmter Lichtquellen läßt sich mit Farbtemperaturmeßgeräten innerhalb gewisser Grenzen ermitteln.

Farbton Alle gebrochenen, nicht reinen Farben, die neben einer reinen Farbe einen unterschiedlich großen Grauanteil enthalten, gehören demselben Farbton an. Anders gesagt: Die Farben ein und desselben Farbtons unterscheiden sich lediglich in ihrem Grauanteil.

Farbtontrennung → Tontrennung

Farbtonung → Tonen

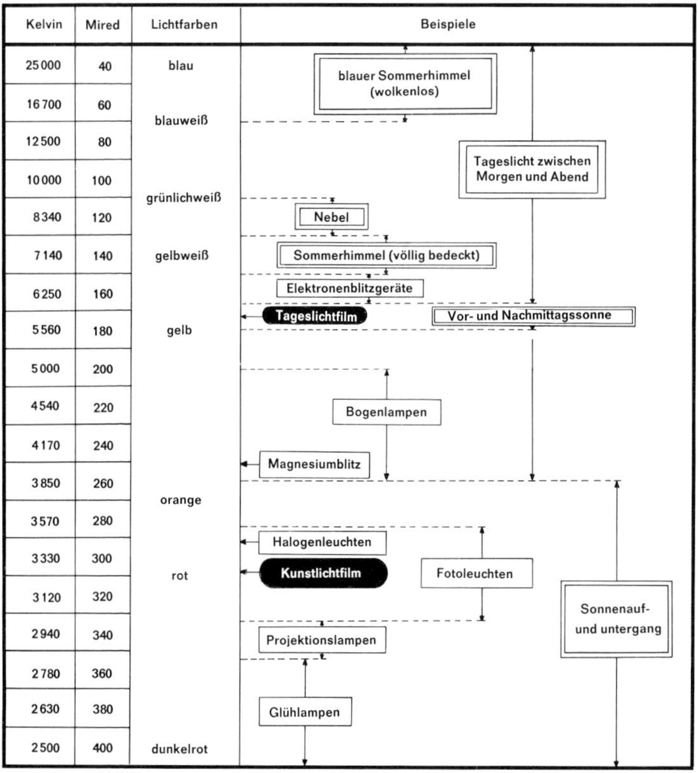

49 **Farbtemperatur.** Farbtemperatur und Lichtfarbe unterschiedlichster Lichtquellen

Farbtreue Im Sinne des Wortes versteht man unter Farbtreue eine möglichst dem Augeneindruck entsprechende Wiedergabe der Motivfarben im Bild. Sie wird von modernen Farbfilmen annähernd erreicht. Doch muß die Beurteilung einer farbtreuen Wiedergabe ebenso subjektiv bewertet werden, wie die Beurteilung von → Farbstichen. Während in der freien gestalterischen Fotografie subjektiv empfundene Farbeindrücke auch im Bild akzeptiert werden, gilt es in der Sachfotografie, eine möglichst objektive Wiedergabe aller Farben zu erreichen, vor allem, wenn es um die Wiedergabe von Stoffen, Hölzern, Gläsern, Porzellanen, Tapeten etc. geht.

Farbumkehrfilm Farbumkehrfilme (Diapositiv-Filme) sind Aufnahmematerialien, die ohne Umweg über das Negativ zu einem positiven farbigen Bild führen. Die der Belichtung folgende Umkehrentwicklung (Fachlabor, Selbstverarbeitung) führt unmittelbar zu einem positiven Durchsichtsbild, das für die Dia-Projektion geeignet ist. Farbige Diapositive gelten gleichzeitig als hervorragende Druckvorlagen für den Mehrfarbendruck. Der Schichtaufbau der Farbumkehrfilme ist im Prinzip ähnlich wie bei → Farbnegativfilmen, die Verarbeitung jedoch unterschiedlich (Farbabb. 31). Bei der Erstentwicklung eines Farbumkehrfilmes wird noch kein Farbstoff gebildet; es entsteht lediglich ein negatives Silberbild. Anschließend erfolgt eine diffuse → Zwischenbelichtung, durch die alle noch nicht entwickelten Silberkeime entwicklungsfähig werden. Im Farbentwickler entsteht dann, in Ergänzung zum bereits vorhandenen Negativbild, das Positiv. Die bei diesem Prozeß sich bildenden Reaktionsprodukte des Farbentwicklers reagieren am Ort ihrer Entstehung mit den → Farbkupplern der jeweiligen Schicht zum Farbstoff. Das metallische Silberbild, welches nun das Farbbild noch überlagert, wird in einem → Bleichbad herausgelöst. Ein positives, farbenrichtiges Bild bleibt zurück. Farbumkehrfilme haben entsprechend ihrer steilen → Gradation (→ Gammawert ca. 1,6) ein gutes Kontrastwiedergabevermögen, dem sie ihre Brillanz verdanken. Sie müssen, wegen ihres geringen → Belichtungsspielraums, exakt belichtet werden.

Farbverfahren, additiv und subtraktiv → Farbmischung

Farbvergrößerung → Vergrößerung, → Farbfilterung

Farbverlaufsfilter (Abb. 50) → Trickfilter für die Farbfotografie. Es zeigt über einen Teil oder über die gesamte Filteroberfläche hinweg einen kontinuierlich zunehmenden Farbdichteverlauf, wodurch sich das Bildfeld bei der Aufnahme in zwei unterschiedlich farbbetonte Bereiche mit fließenden Übergängen teilen läßt. Es ist der Absicht des Fotografen überlassen, in welcher

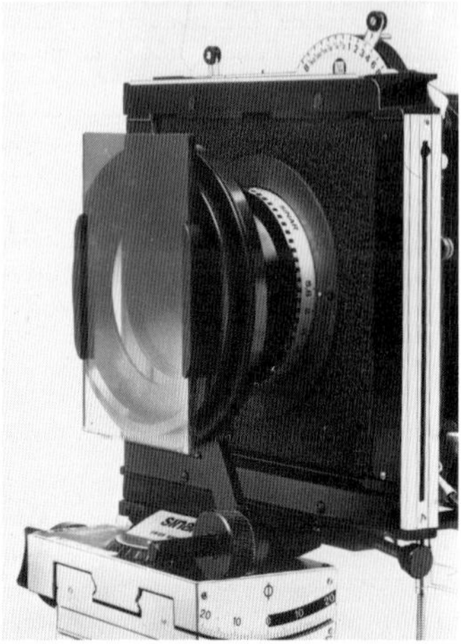

50 **Farbverlaufsfilter.** Foto: Sinar Schaffhausen, Feuerthalen (Schweiz)

Stellung er das (Dreh-)Filter verwendet, oder ob er mehrere Verlaufsfilter miteinander kombiniert. Extrem in den Vordergrund, d. h. in den absoluten Unschärfenbereich des Objektivs genommene farbige Motivdetails (z. B. Blüten eines Zweiges) können, da sie sich in transparente Farbflächen auflösen, ähnlich wie ein Farbverlaufsfilter wirken und in gleicher Weise für die Farbgestaltung eingesetzt werden.

Farbzerstreuung → Dispersion

Farmer'scher Abschwächer → Abschwächer

Faseroptik → Glasfaseroptik

Feinkornentwickler Feinkornentwickler zeichnen sich durch die Fähigkeit aus, belichtete Negativfilme zu einem möglichst feinen → Korn zu entwickeln, um maximale Bildschärfe und damit eine optimale Vergrößerungsfähigkeit zu erzielen. Insbesondere bei hochempfindlichen Filmen, die von vornherein eine gröbere Kornstruktur besitzen, werden Ultra-Feinkornentwickler, die sog. »echten« Feinkornentwickler eingesetzt. Die Basis dieser → Entwickler ist eine halbphysikalische, kornreduzierende Entwicklung, bei der nichtbelichtete Silbersalzkristalle aufgelöst werden und in einer einzigen Reaktion reduziert und am latenten Bild angelagert werden.

Feinkörnigkeit → Korn

Fernauslösung Um eine Kamera auch aus größeren Entfernungen auslösen zu können, werden pneumatische (mit Druckluft arbeitende), elektrische oder gar funkferngesteuerte Fernauslöser verwendet. Die Kombination der Fernauslösung mit einer → Motorkamera, bei der Filmtransport und das Spannen des Verschlusses nach erfolgter Belichtung selbsttätig erfolgen, ermöglichen dem Fotografen, ganze Bildserien aus größerer Distanz zu fotografieren (Tierfotografie, Sportfotografie, Reportage).

Fernobjektive Fernobjektive (→ Spiegelobjektiv) haben im Verhältnis zur Diagonalen des Aufnahmeformats sehr große Brennweiten (ca. 300–1000 mm bei Kleinbildkameras). Sie erfassen dementsprechend einen nur äußerst kleinen Bildwinkel (8,5°–2°). Fernobjektive haben eine beachtliche, ungefähr der Brennweite entsprechende Tubuslänge (daher auch meist keine → Springblende) und ihr optischer Teil besteht aus zwei oder drei Linsen. Darin unterscheiden sie sich grundlegend von den »echten« → Teleobjektiven. Die Lichtstärke der Objektive liegt zwischen 1:5,6 und 1:8. Sie lassen sich für die Entfernungseinstellung teleskopartig verstellen. Die wichtigsten Anwendungsbereiche sind Sport- und Tierfotografie. Mit → Zwischenringen lassen sich manche Fernobjektive auch für den Nahbereich einsetzen.

Fernsehbildaufnahme Für privaten Gebrauch ist es laut Urheberrecht gestattet, Bilder vom Fernsehschirm abzufotografieren (Abb. 51). Am besten eignen sich hierfür → Meßsucher- oder → Spiegelreflexkameras, weil sie eine scharfe Aufnahme des Fernsehbildes ermöglichen. Das Objektiv der auf ein Stativ gestellten Kamera sollte, um Verzeichnungen zu vermeiden, senkrecht auf die Mitte des Bildschirms gerichtet sein. Es muß zumindest so weit abgeblendet werden, daß die Schärfentiefe ausreicht, um noch die Bildränder des gewölbten Bildschirms scharf abzubilden. Die Bildfrequenz der Fernsehgeräte beträgt 25 Bilder/s, d. h. daß der Elektronenstrahl der Fernsehröhre etwa 1/25 s benötigt, um ein vollständiges Bild aufzuzeichnen. Entsprechend dürfen die Belichtungszeiten nie kürzer als 1/25 s sein. Um zu der idealen Belichtungszeit von 1/15 s zu gelangen, sind bei einer → Filmempfindlichkeit von 18 bis 23 DIN (Schwarzweiß- oder Farbfilm) Blendenwerte zwischen 5,6 und 16 üblich. Längere Belichtungszeiten sind nur zu empfehlen, wenn es sich um relativ unbewegte Fernsehbilder handelt. Da die → Farbtemperatur von Fernsehgeräten annähernd Tageslichtcharakter hat (zwischen 6600 und 7200 → Kelvin), Tageslichtfarbfilme aber auf ca. 5600 Kelvin abgestimmt sind, sollten leicht rötliche → Konversionsfilter benützt werden. Bei Farbnegativfilmen läßt sich der leichte Blaustich im Kopiervorgang ausfiltern.

Ferrotypie 1856 patentiertes Verfahren zur Herstellung von Fotografien mit »Positiveindruck«. Das negative Bild, meist in Schnellentwicklung (z. B. auf Jahrmärkten) entstanden, erscheint, da schwarz hinterlegt, als Positiv. Es unterscheidet sich von der damals praktizierten → Ambrotypie im wesentlichen nur dadurch, daß die lichtempfindliche Schicht nicht auf eine Glasplatte, sondern auf ein schwarz lackiertes Eisenblech (daher »Ferrotypie«)

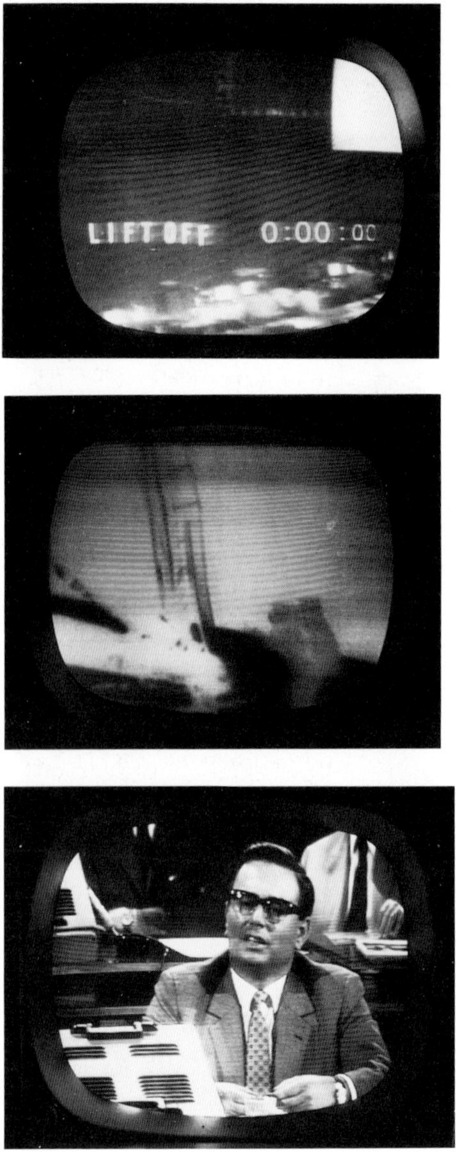

a

b

c

51 **Fernsehbildaufnahme.** a) und b) Mondlandung der Amerikaner 1969 – c) Kontrollzentrum der NASA. Fotos: Hugo Schöttle, Würzbach

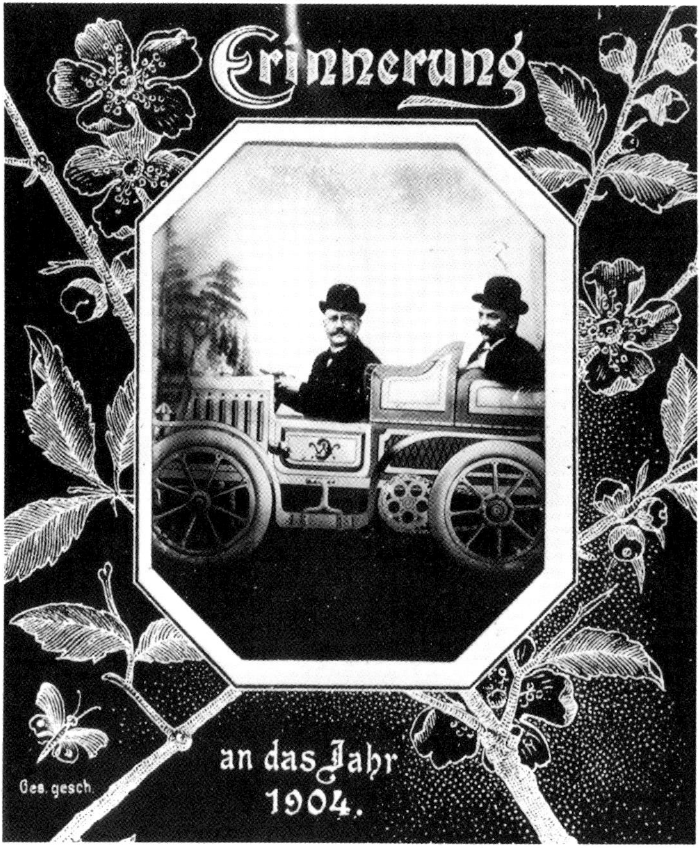

52 **Ferrotypie.** Foto: Foto-Historama, Agfa-Gevaert, Leverkusen

aufgetragen wurde (Abb. 52). Ferrotypien wurden noch zu Beginn unseres Jahrhunderts hergestellt, trotz der Erfindung des → Rollfilms.

Fettscheibe Für die partielle → Weichzeichnung von Aufnahmen können sog. Fettscheiben vor das Objektiv gesetzt werden. Es handelt sich um einfache Klarsichtscheiben, die partiell mit Vaseline eingefettet werden.

Figurenfotogramm In der Art eines → Fotogramms werden Menschen in Originalgröße auf lichtempfindliche Papiere oder Stoffe aufbelichtet. Der Fotograf Floris M. Neusüss (geb. 1937) hat diese Technik zu einer Kunstform entwickelt, die große Beachtung findet. In seinen Bildern sind oft mehrere Personen z. T. in voller Aktion dargestellt (Abb. 53). Der Herstellungsprozeß (das Aufbelichten und Entwickeln der Bilder) erfolgt mitunter in aller Öffentlichkeit, in der Art eines Happenings. Der Mensch wird in typischen Posen oder Bewegungsphasen (z. B. während des Tanzens) festgehalten. Wie Figuren im Schattentheater agieren die Menschen unmittelbar vor einer während der »Belichtung« (Fotoleuchte) angestrahlten (lichtempfindlich gemachten) Papier- oder Stoffwand. Durch die Bewegungen entstehen unterschiedliche Abstrahierungen und z. T. Tonungen mit feinen Übergängen. Weitere Möglichkeiten der gestalterischen Veränderung bieten Mehrfachbelichtung (→ Doppelbelichtung), Umkehrung, Überlagerung und Wischeffekt (→ Verwischen). Auch das Hinzufügen von Gegenständen trägt zur Formbereicherung bei. Schließlich zeigt sich in der Ausarbeitung selbst eine ganze Skala von Gestaltungsmöglichkeiten. Durch Sprayentwicklung, Fixierentwicklung, durch Tonen oder Abschwächen (Bleichen) werden effektvolle Strukturen erzielt.

Film Die Erfindung einer Emulsion auf Bromsilber-Gelatine-Basis um 1871 (durch den englischen Arzt R. L. Maddox), welche die Kollodiumplatte ablöste, die in »nassem Zustand« belichtet werden mußte (→ Kollodium-Verfahren), brachte zwei Vorteile: Sie behielt auch im Trockenzustand ihre Empfindlichkeit, und sie war elastisch. Letzteres war Voraussetzung für die Erfindung des → Rollfilms. Nach langen Versuchen gelang es dem Amerikaner George Eastman (1854–1932) eine Maschine zu konstruieren, mit der die »biegsame Emulsion« zunächst auf Papier aufgetragen werden konnte. Die lichtempfindliche Schicht wurde nach der Belichtung und Entwicklung wieder vom Papier abgezogen, und übrig blieb der transparente, kopierfähige Film. 1888 brachte George Eastman diesen Film samt einer speziell dafür geeigneten Kamera (erste Kodak-Rollfilmkamera, Abb. 54a) auf den Markt und leitete damit eine neue Epoche der Fotografie ein. Prinzipiell hat sich bis heute an

53 **Figurenfotogramm.** Foto: Floris M. Neusüss, Kassel, 1977

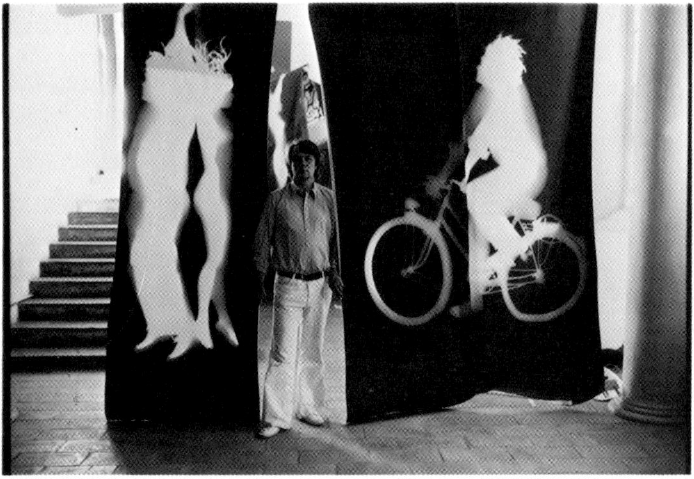

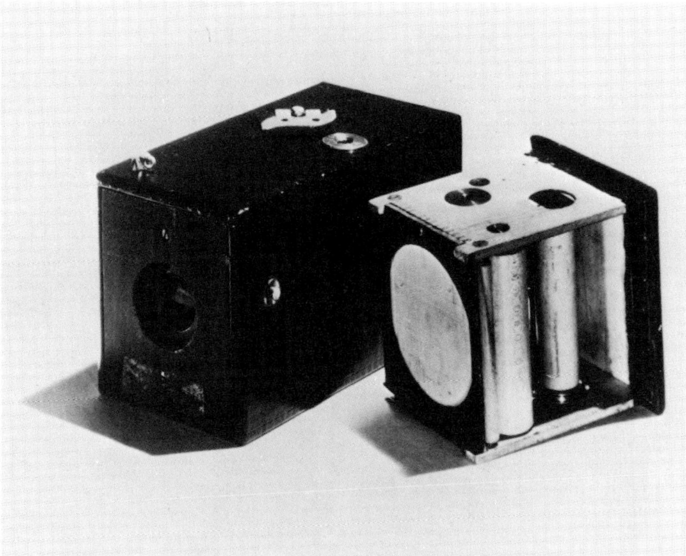

a

54 **Film.** a) Die erste Rollfilmkamera von George Eastman 1888 – b) (S. 104) Foto, aufgenommen mit der Rollfilmkamera. Fotos: Kodak

diesem Rollfilm nichts geändert, wenn man davon absieht, daß das Trägerpapier bereits 1889 durch Nitro-Zellulose und 1930 durch Zellulose-Azetat-Träger ersetzt und die Emulsionen immer dünner und leistungsfähiger wurden. Während die damalige Schicht ca. 0,3 mm dick war, beträgt die Schichtdicke einer modernen Farbemulsion, die aus bis zu 15 Einzelschichten besteht, lediglich ca. 0,025 mm.

Filmebene Ein fotografischer Film wird durch die Filmandruckplatte und die Filmauflage der Kamera in der Filmebene fixiert. Durch Scharfstellen des Objektivs fallen Bild- und Filmebene zusammen, wodurch das Motiv in der Filmebene scharf abgebildet wird.

Filmempfindlichkeit Um meßbare Kriterien für den Vergleich mehr oder minder starker Beeinflussung einer lichtempfindlichen Schicht durch das Licht zu bekommen, hat man den Begriff der Filmempfindlichkeit exakt definiert: Sie gibt an, welche Belichtung (in s) notwendig ist, um den zu beurteilenden Film unter genormten Bedingungen (bei anschließender konstanter Entwicklung) bis zur Dichte 0,1 über dem → Grundschleier zu schwärzen. Die Angabe der Filmempfindlichkeit wird meistens in DIN (Deutsches Institut für Normung e. V.) oder ASA (American Standard Association) gemacht, seltener in GOST (UdSSR). Während ASA und GOST in arithmetischen Skalen angegeben sind, ist die DIN-Skala logarithmisch unterteilt. Die Beziehungen zwischen DIN, ASA und GOST werden durch die auf der nächsten Seite folgende Vergleichstabelle verdeutlicht:

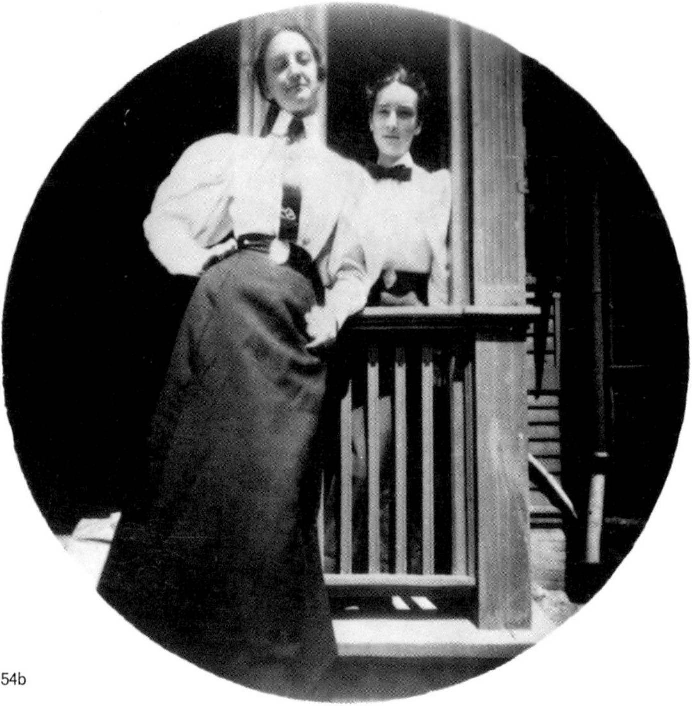

54b

DIN	ASA	GOST
30	800	720
27	400	360
24	200	180
21	100	90
18	50	45
15	25	22
12	12	11

Da die Filmempfindlichkeit von der Art und Weise des Entwickelns abhängig ist, kann durch erhöhte Temperaturen, verlängerte Entwicklungszeiten und durch die Anwendung spezieller → Feinkornentwickler die angegebene Empfindlichkeit gesteigert werden (→ empfindlichkeitssteigernde Entwicklung).

Filmgradation → Gradation

Filmkassette Lichtdichte Magazine, in denen die lichtempfindlichen → Roll- oder → Planfilme bzw. Fotoplatten für die Aufnahme mit der entsprechenden Kamera bereitgestellt werden. Die Filmkassetten von → Großbildkameras können einen, aber auch mehrere Planfilme aufnehmen (Filmpack). Filmkassetten und Kompaktkassetten für Kleinbildkameras sind Einwegbehältnisse und Bestandteil der Konfektionierung durch den Filmhersteller. Um dem Fotografen die Verwendung preiswerter Meterware zu ermöglichen, gibt es Filmwechselkassetten, die mit jeweils ca. 1,5 m Film beschickt werden können. Für Spezialkameras (Registrierkameras) sind Wechselkassetten verfügbar, die bis 10 m Kleinbildfilm für 250 Bilder aufnehmen können.

Filmlagerung Lichtempfindliche Filme sollten möglichst gleichmäßig kühl und trocken gelagert werden (bei + 2° bis + 10° C im Kühlschrank). Das auf der Filmpackung aufgedruckte Verfallsdatum gibt an, bis zu welchem Zeitpunkt der Hersteller die Garantie für die Verwendbarkeit des Materials, sachgemäße Aufbewahrung vorausgesetzt, übernimmt. Bei vorschriftsmäßiger Lagerung kann diese Frist erheblich überschritten werden.

Filter Filter haben die Aufgabe, gewisse Strahlungsanteile des sichtbaren Lichts und der angrenzenden Spektralbereiche dem Aufnahme- bzw. Kopierlicht durch → Absorption zu entziehen und somit deren Auswirkung auf die lichtempfindlichen Emulsionen während der Belichtung zu verhindern. In der Schwarzweißfotografie sind vor allem Farbfilter maßgeblich daran beteiligt, → Farbkontraste in visuell äquivalente Graukontraste umzusetzen (→ Kontrastfilter). In der Farbfotografie dienen sie der Korrektur von Farbtemperaturschwankungen in der Beleuchtung (→ Konversionsfilter). Für Schwarzweiß- und Farbaufnahmen gleichermaßen bedeutend sind die → UVa-Filter (auch Dunst-, Haze- oder Skylightfilter genannt) und → Polarisationsfilter. Die ersteren vermeiden die übermäßige Belichtung der Filme als Folge einer erhöhten Ultraviolett-Einstrahlung, letztere dienen der Beseitigung von Reflexen auf spiegelnden Flächen und damit einer kontrastreicheren Wiedergabe. Für Aufnahmen auf Infrarot-Materialien werden → Infrarotfilter benötigt, um die Einwirkung sichtbaren Lichtes auf die fotografische Schicht zu verhindern. Schließlich steht für die → experimentelle Fotografie eine Vielzahl von → Trickfiltern zur Verfügung. Im Bereich der Reproduktion von Aufnahmen werden → Kopierfilter für die → Farbfilterung bei Vergrößerungen und → Reproduktionsfilter für die Herstellung von Farbauszügen (u. a. für den Druck) eingesetzt. Bei sämtlichen Aufnahme- und Reproduktionstechniken müssen entsprechende Filterfaktoren bei der Ermittlung der korrekten Belichtungswerte berücksichtigt werden.

Filterfaktoren Verlängerungsfaktoren mit denen die ohne Filter gemessenen Belichtungszeiten bei Einsatz des Filters vervielfacht werden müssen, z. B. 2x, 3x, 3,5x etc. Filter absorbieren einen Teil des durch das Objektiv in die Kamera einfallenden Lichts, bedingen also eine Verlängerung der → Belichtungszeit bzw. das Öffnen der Blende. Im Studio kann der filterbedingte Lichtverlust evtl. durch Verstärkung der Beleuchtung ausgeglichen werden. Da die Filterwirkung eines farbigen Filters u. a. von der spektralen Empfindlichkeit des Aufnahmematerials abhängig ist, sind die jeweils vom Hersteller angegebenen Filterfaktoren nicht für alle Filme in gleichem Maße verbindlich. Beispielsweise kann → orthochromatisches (nur wenig rotempfindliches) Material beim Einsatz eines Polarisationsfilters im Vergleich zu → panchromatischem Material eine vielfache Belichtungsintensität erforderlich machen. Zur Sicherheit sollten die wirklichen Filterfaktoren für den jeweiligen Film durch Testaufnahmen ermittelt werden. Unterschiedliche Werte ergeben sich jeweils auch beim Einsatz von Tages- oder Kunstlichtfilmen. Bei Belichtungsmessung durch das Objektiv werden die Filterfaktoren der vorgesetzten Filter automatisch berücksichtigt.

Filterfolien Es handelt sich um ca. 0,1 mm dünne Gelatinefolien. Sie sind in vielen Farbnuancen erhältlich und können nicht nur als Vorsatzfilter für Aufnahme- und Kopierzwecke eingesetzt werden, sondern auch innerhalb eines Linsen-Systems (Objektiv) oder dahinter, ohne daß sie den Strahlengang nennenswert verändern (im Gegensatz zu Massivglasfiltern). Diese Möglichkeit ist besonders für Objektive mit extrem großen Frontlinsendurchmessern sowie für → Spiegelobjektive von Vorteil. Zur Befestigung der auf die jeweils benötigte Größe zugeschnittenen Filterfolie dienen spezielle Folienhalter oder geeignete → Kompendien, wie sie an der Großbildkamera verwendet werden. Weniger bekannt ist, daß Filterfolien sich auch dazu eignen, Farbstiche von Diapositiven auszugleichen, indem diese mit einem geeigneten, auf das Maß des Dias zugeschnittenen Folienstück zusammen eingerahmt werden. In der praktischen Anwendung sind Folien empfindlich gegen Hitze, Luftfeuchtigkeit und vor allem gegen Fingerabdrücke.

Filterhalter Um Filter für die Aufnahme an den unterschiedlichsten Objektiven eines Kamera-Systems verwenden zu können, bei denen Gewindedurchmesser von Filter und Filterfassung differieren, wurden sog. Universal-Filterhalter entwickelt, die vorne auf das Objektiv aufgesetzt werden. Allerdings darf der Filterdurchmesser selbst nie kleiner sein als der des Objektivs, da sonst die Gefahr der → Vignettierung besteht. Für Großbildkameras ist die Anschaffung eines entsprechenden → Kompendiums mit Halterung für Filterfolien empfehlenswert.

Fish Eye-Objektiv Spezialobjektiv mit extrem großem Bildwinkel, Brennweiten ab 7,5 mm (bei Kleinbildkameras) und mit gegenüber der Brennweite verlängerter Schnittweite. Es bewirkt in seiner extremen Ausführung ein kreisrundes Bild (Abb. 55). Fish Eyes sind Effektobjektive, bei denen die Hersteller meist auf Korrektur der Verzeichnung verzichtet haben. Alle geraden Linien im Bild, die außerhalb der Bildmitte liegen, werden gekrümmt, und zwar um so stärker, je mehr sie sich zum Bildrand hin verlagern. Bemerkenswert ist, daß gute Objektive dieser Art das Bild nahezu gleichmäßig ausleuchten, d. h. zum Bildrand hin kaum einen Lichtabfall aufweisen, wie das bei einfachen → Weitwinkelobjektiven häufig der Fall ist. Heute werden Fish Eye-Objektive gebaut, die das Negativformat wieder voll erfassen und nichts anderes sind als Weitwinkelobjektive mit Fish Eye-Charakteristik (Kleinbildkamera: 15-mm-Brennweite, 180° Bildwinkel, 6 x 6-cm-Kameras: 30-mm-Brennweite, 180° Bildwinkel). Neben den teuren Spezialobjektiven gibt es für Kleinbildkameras preiswerte Fish Eye-Vorsätze, die sich an normalen Objektiven verwenden lassen, deren Bildwinkel sich, je nach Brennweite, entsprechend verändern. Beispielsweise ergibt sich bei einer 35-mm-Brennweite mit Fish Eye-Vorsatz ein Bildwinkel von 94°, bei einer 135-mm-Brennweite von ca. 40°.

Fixierbad Im Fixierbad wird das entwickelte Schwarzweiß- oder Farbbild durch Herauslösen der noch in der Film- oder Bildschicht enthaltenen, nicht entwickelten → Silberhalogenide lichtunempfindlich gemacht. Die nahezu unlöslichen Silbersalze werden durch gelöstes Natrium- oder Ammoniumthiosulfat (Fixiersalz) in einen wasserlöslichen Komplex überführt. Manchen Fixierbädern werden noch härtende Substanzen hinzugefügt, um die Emulsion für mechanische Belastungen widerstandsfähiger zu machen. Fixierbäder sind im allgemeinen dann verbraucht (»erschöpft«), wenn sich elementares

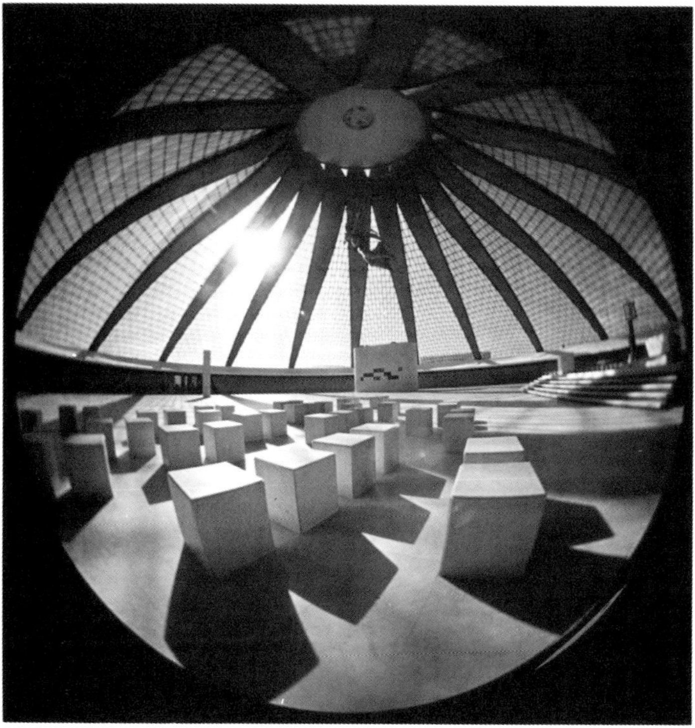

55 **Fish Eye-Objektiv.** Architektur in Mexiko-City. Foto: Josef Kaufmann, Rodenkirchen

(schwarzes) Silber abzuscheiden beginnt. Die sorgfältige Fixage und die Intensität der anschließenden Wässerung bestimmen weitgehend die Lichtbeständigkeit des fertigen Bildes.

Fixiersalz Als Fixiersalz findet fast ausschließlich Natriumthiosulfat ($Na_2 S_2O_3$) Verwendung, welches mit den unlöslichen → Silberhalogeniden, die sich nach der Entwicklung noch in der fotografischen Schicht befinden, zu löslichen Komplexen reagiert und als solche dann herausgelöst werden.

Flächenleuchte Zur allgemeinen Aufhellung werden im Fotoatelier Flächenleuchten verwendet, die durch ihre langgestreckten, wannenartig oder annähernd parabolisch geformten Reflektoren das Licht auf breiter Basis abstrahlen (Breitstrahler). Mit ihnen läßt sich das Motiv weiträumig und gleichmäßig ausleuchten. Flächenleuchten können mit mehreren Glühlampen oder Halogenlampen ausgestattet sein. Sie werden von Fall zu Fall mit einem → Diffusor (z. B. Milchglasscheibe) versehen, der das Licht in noch größerem Winkel zu streuen vermag.

floating-element Die → Objektive von Kleinbildkameras erreichen ihre maximale Abbildungsqualität bei der Einstellung auf ›Unendlich‹, d. h. daß diese im Nahbereich entsprechend abfällt. Besonders spürbar ist dies bei vielgliedrigen, lichtstarken → Weitwinkelobjektiven. Um dem entgegenzuwirken, sind einige Objektivhersteller dazu übergegangen, sog. floating-elements einzubauen: Bestimmte Glieder des Objektivs werden beweglich angeordnet und zwar in der Weise, daß sie mit dem Entfernungseinstellring gekoppelt sind und sich im Bereich kurzer Aufnahmeabstände so verstellen, daß eine Korrektur des Strahlenganges zugunsten einer optimalen Abbildungsleistung erfolgt. Die mechanischen Elemente zur Verstellung von in der Mitte des Objektivs liegenden Linsengliedern oder -gruppen werden auch zur Konstruktion von → Vario-Objektiven benötigt.

Fluoreszenz-Fotografie Die Eigenschaft einiger chemischer Verbindungen, unsichtbares ultraviolettes Licht zu absorbieren und in Form von längerwelligem, sichtbarem Licht wieder zu emittieren, wird in der Fluoreszenz-Fotografie ausgenützt. Meist handelt es sich darum, die Spuren mikroskopisch oder submikroskopisch kleiner Teilchen, die von sich aus fluoreszieren oder fluoreszierend gemacht wurden, zu verfolgen und mit der Kamera aufzuzeichnen. Ein bekanntes Beispiel aus der Medizin ist die Fluoreszenz-Mikrofotografie von Antikörpern. Auch in der Mineralogie und Biochemie sowie in verwandten wissenschaftlichen Bereichen wird Fluoreszenz-Fotografie eingesetzt. Da Fluoreszenz durch UV-Licht hervorgerufen wird, für das fotografische Materialien extrem lichtempfindlich sind, müssen zur Aufnahme stets UVa-Filter verwendet werden, damit nur das sichtbare Fluoreszenzlicht wirksam wird. Ebenso wie in der → Ultraviolett-Fotografie werden zur Beleuchtung in der Hauptsache Quecksilberdampflampen (Strahlungsmaximum bei 365 nm) eingesetzt. Belichtet wird auf normale Schwarzweiß- oder Farbfilme. Da die Fluoreszenzstrahlung oft nur sehr schwach ist, muß bei den notwendigerweise langen Belichtungszeiten meist mit dem → Schwarzschild-Effekt gerechnet werden.

Fokussierung → Scharfeinstellung

Formalismus In der Fotografie (wie in der bildenden Kunst) wird die Überbetonung formaler Elemente eines Bildes bei gleichzeitiger Vernachlässigung des Bildinhalts bzw. der Bildaussage als Formalismus bezeichnet. Er hat in der gestaltenden Fotografie insofern Bedeutung, als hier mitunter schon in der experimentellen Veränderung formaler Details, gleich welcher Art, eine Aufwertung des Bildes gesehen wird. Oft ist das Gegenteil der Fall.

Foto . . . → Photo . . .

Fotoästhetik Fotoästhetik ist die Theorie über die ästhetischen Wirkungen des fotografischen Bildes. Sie ist ein junges Wissenschaftsgebiet der Ästhetik, die wiederum eine der traditionellen Disziplinen der Philosophie darstellt. Im Bereich der Fotoästhetik werden ästhetische Fragen behandelt, die sich im Zusammenhang mit der Fotografie als visuellem Kommunikationsmittel stellen, wie die seiner Eigenart gegenüber anderen Bildmedien, seiner Produktion, seiner Wahrnehmung durch den Betrachter, seiner spezifischen Wirkungskomponenten, seiner Verwendungszusammenhänge sowie die Fragen nach seiner Bedeutung für den einzelnen Menschen und die menschliche Gesellschaft.

Im traditionellen Sinne gilt die Ästhetik als die Lehre vom »Schönen« in Natur und Kunst. Ihre Thematik geht aber heute weit über diese Bestimmung hinaus. Zwar bilden die Kunst und ihre verschiedenen Disziplinen, die darstellenden Künste also, den Hauptgegenstand der Ästhetik (Kunstästhetik, Kunstphilosophie); ihre Fragestellungen beschränken sich indes nicht allein darauf. So werden auch Gegenstände des täglichen Gebrauchs (Warenästhetik, Produktionsästhetik), der Architektur oder der Umweltgestaltung in den Problemkreis mit eingeschlossen.

Als geisteswissenschaftliche Disziplin hat die Ästhetik eine lange Geschichte, die sich bereits von frühen Aussagen antiker Philosophen aus verfolgen läßt. Schon von daher versteht es sich, daß es nicht nur *ein* in sich geschlossenes ästhetisches Gedankenbild geben kann, sondern daß bis heute mehrere ästhetische Anschauungen und Ideologien nebeneinander bestehen, die sich gegenseitig ebenso anregen wie auch ausschließen. Das gilt auch für die verschiedenen *foto*ästhetischen Theorien.

Die esoterische Haltung der klassischen Kunstwissenschaften gegenüber dem ästhetischen Gegenstand bildete seit der Erfindung der Fotografie ein Hemmnis für die natürliche Einbeziehung des neuen Mediums in den Kreis der bildenden Künste. Es erschien undenkbar, daß das metaphysische »Sein« in einem Bildwerk seinen »Sitz« haben könne, das unter wesentlicher Beteiligung von Apparaten und Verfahren der angewandten Naturwissenschaften, durch Optik, Chemie und Mechanik hervorgebracht worden war. Ästhetiker dieser Schule lehnten daher den Kunstcharakter der Fotografie radikal ab: »Die Kamera kann nichts Metaphysisches photographieren, sie kann nur auf die Platte oder den Film bekommen, was konkret da ist.« – »Kunst ist (demgegenüber) das Sinnlichwerden des Geistes.« – »Jedes Kunstwerk bringt ein neues Sein in die Welt.« – »Der Photograph bringt kein neues Sein in die Welt, er macht das vorhandene Sein nur sichtbar. Der Künstler erschafft die Wirklichkeit, der Photograph sieht sie.« – Daraus folgt: »Photographie kann niemals Kunst sein« (K. Pawek, Totale Photographie, Olten und Freiburg i. Br. 1960, S. 87, 89).

Vergleicht man diese Einstellung mit der unabweisbaren Tatsache, daß die Fotografie von Anfang an tatsächliche Kunst*funktion* erfüllte, so mag sich die ästhetische Fragestellung heute eher darauf zuspitzen, aus welchen Gründen ein solch hinderliches Gedankenbild sich bis in unsere Tage hinein hat überhaupt halten können; denn die Fotografie übernahm von Anfang an die Aufgabe, in neue Sicht- und Vorstellungsbereiche einzuführen, zur ästhetischen Erbauung beizutragen, Probleme des Einzelnen und der Gesellschaft zur Darstellung gelangen zu lassen und damit Wirklichkeitsbewältigung zu ermöglichen.

Foto-Design Als Foto-Design bezeichnet man die Aufbereitung von Informationen mit fotografischen Mitteln für Zwecke der Beobachtung, des Lernens und der Verständigung. Die Arbeit des Foto-Designers ist, neben seinen handwerklich-technischen Leistungen, notwendig und wesentlich bestimmt durch dessen geistig-schöpferische Fähigkeiten bei Konzeption, Entwurf und Gestaltung des fotografischen Bildes. Produkte des Foto-Designers werden vornehmlich in der Werbung, im pädagogischen, technischen und wissenschaftlichen Bereich angewendet. Aufgabe des Foto-Designers ist es, mit seinen Mitteln die Aufmerksamkeit des Bildbetrachters zu wecken und zu binden sowie eine Gedächtniswirkung zu erzielen. Ebenso bildet die visuelle Verdeutlichung technischer, wissenschaftlicher und sozialer Zusammenhänge ein wichtiges Aufgabengebiet des Foto-Designers (Abb. 56–59).

fotoform Eine Freundesgruppe junger Fotografen (Ludwig Windstosser [geb. 1921], Peter Keetmann [geb. 1916], Toni Schneiders [geb. 1920], Wolfgang Reisewitz [geb. 1917], Siegfried Lauterwasser [geb. 1913] u. a.), die sich 1949 unter der Führung von

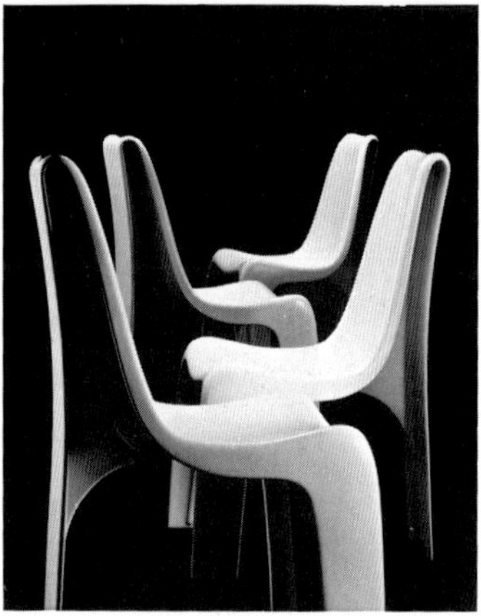

56

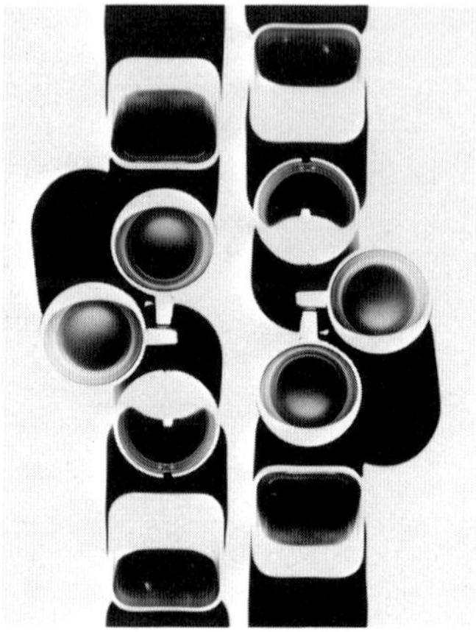

57

56–59 **Foto-Design.** Fotos: Hansi Müller-Schorp, Leinfelden-Echterdingen

58

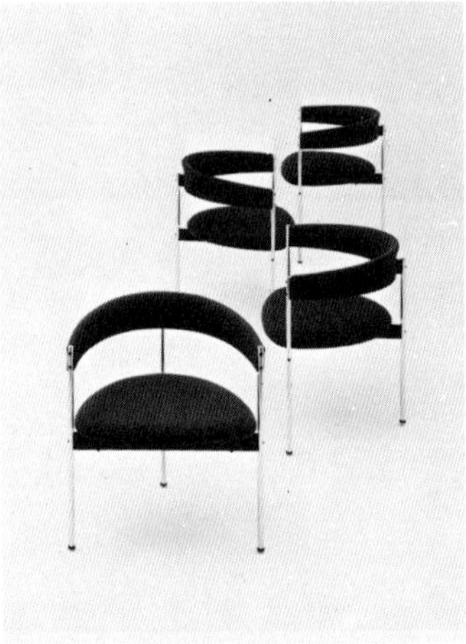

59

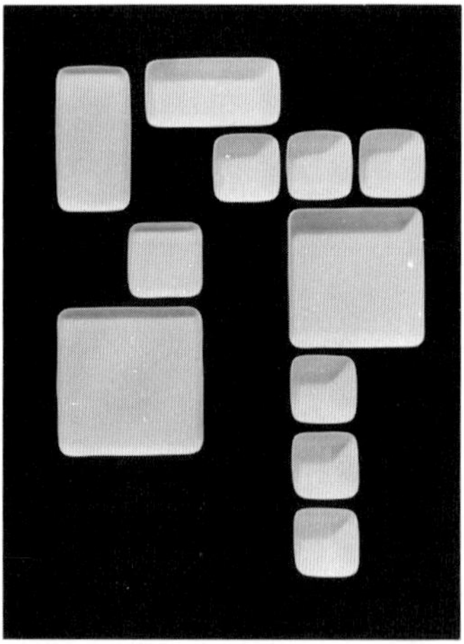

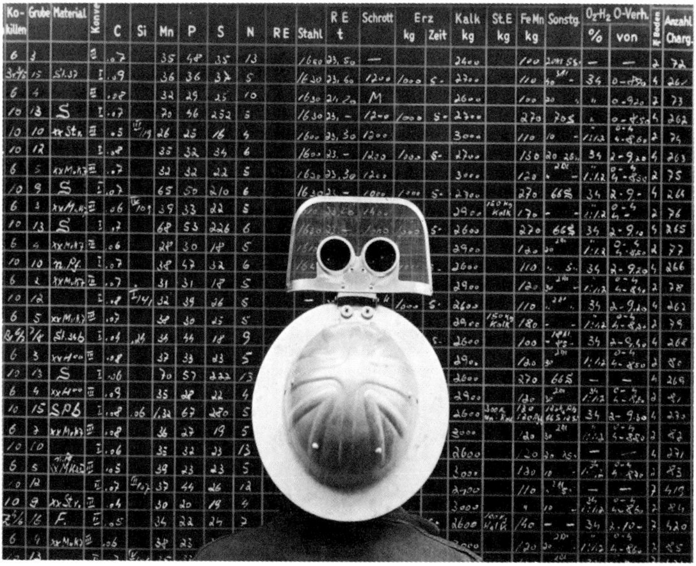

60 **fotoform.** Stahlarbeiter. Foto: Ludwig Windstosser, Stuttgart

Otto Steinert (geb. 1915) zusammenfanden. Später stieß Heinz Hajek-Halke (geb. 1898) als einziger Senior hinzu. Eine erste Ausstellung fand 1949 in Neustadt a. d. Weinstraße statt, die nächste auf der ersten photokina (1950). Es ging dabei nicht um die Ausbildung eines gemeinsamen fotografischen Stils, sondern um jene gegenseitige Anregung und Hilfe, wie sie sich aus der Begegnung verschiedenartiger fotografischer Auffassungen, Aufgabenstellungen und Temperamente ergibt, wenn die Beteiligten begabt, aufgeschlossen und einander verbunden sind. Die Gruppe hat sich 1957 aufgelöst.

Foto-Grafik Sowohl die praktische Anwendung der Fotografie in der Grafik selbst als auch die Gesamtheit aller kopiertechnischen Veränderungen von Halbtonaufnahmen werden als Foto-Grafik bezeichnet. In beiden Fällen geht es darum, den grafischen Aspekt der Fotografie in den Vordergrund zu stellen (Abb. 61, 62). Genau genommen müßte bereits eine Schwarzweiß-Aufnahme eines farbigen Motivs der Foto-Grafik zugerechnet werden, da die Reduktion farbiger Bildelemente in schwarzweiße Strukturen und Flächen eine Abstrahierung im Sinne der Foto-Grafik darstellt. Das konkrete Ziel der Foto-Grafik besteht jedoch in einer weiterführenden Abstraktion, deren Ausgangspunkt im wesentlichen sowohl schwarzweiße als auch farbige Halbtonbilder sind, um schließlich zu optisch markanten, mitunter symbolhaften Grafiken zu gelangen, die – als Ergebnisse freier Gestaltung – von künstlerischer Aussagekraft sein können, aber auch für die Zwecke der Werbegrafik in Anzeigen, auf Plakaten etc. verwertet werden. Über die Grenzen der eigentlichen Grafik (griech.

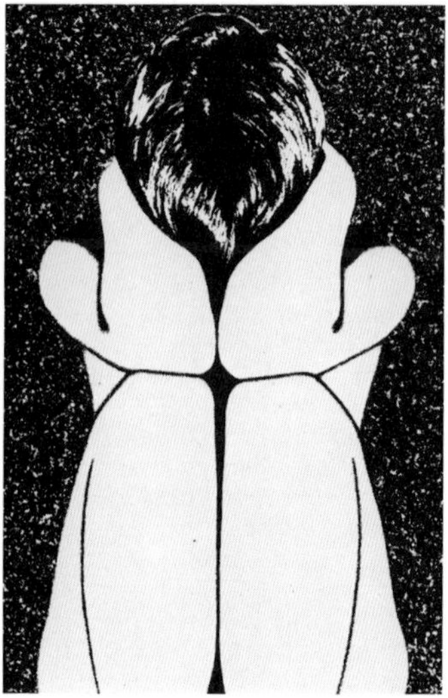

◁ 61 **Foto-Grafik.** Foto: Vitaly Butyrin (Sowjetunion)

62 **Foto-Grafik.** Foto: Lajos Lengyel, Budapest (Ungarn)

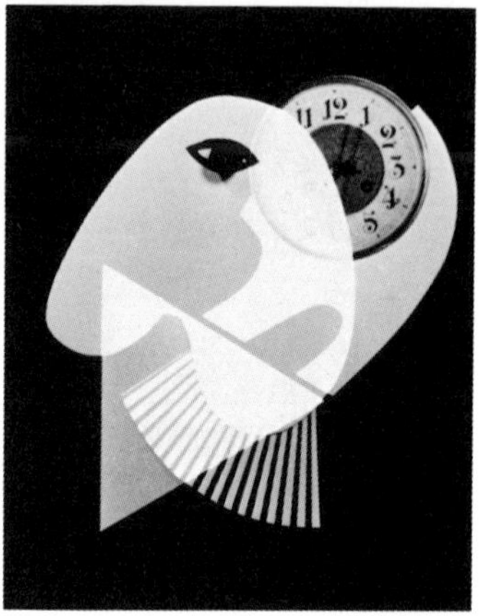

graphein = schreiben) hinaus, deren Elemente die Antipoden Schwarz und Weiß sind, werden zunehmend *farbige* »Grafiken« produziert. Sie als Foto-Grafik zu bezeichnen, ist im Sinne der Verdeutlichung einer Bildinformation durch die Beschränkung auf die einfachsten Mittel der Darstellung (das sind Linien), zumindest strittig. Die wichtigsten Techniken in der praktischen Foto-Grafik sind → Tontrennung, → Solarisation, → Negativ-Positiv-Montage, → Sandwich-Montage und Rasteraufnahmen (→ Rasterfolie), die allesamt durch (ein- oder mehrfaches) Umkopieren auf Kopierfilme zur Foto-Grafik werden.

Fotografischer Realismus Nach → Pop Art und → Conceptual Art entstand um 1968 in der Malerei der USA der Fotografische Realismus. Er hat inzwischen weltweite Verbreitung gefunden. Typisch für die neue Stilrichtung sind gemalte oder gespritzte hyperrealistische Bilder. Gearbeitet wird nach projizierten Dias oder nach Farbpapierbildern, die z. T. extrem vergrößert und dann übermalt werden, wobei die Wiedergabe typisch fotografischer Elemente eine besondere Rolle spielt. Der künstlerische Prozeß beginnt mit der Auswahl des Motivs nach Farbe, Form und Inhalt, auch mit der Wahl eines »bestimmten« Bildausschnittes. Die Aufnahme wird meist von den Malern selbst hergestellt. In der Beschränkung auf das fotografische Abbild, den betonten Verzicht auf die Wiedergabe subjektiver Ansichten und Empfindungen sehen die Fotorealisten das wesentliche künstlerische Element. Fotografie ist in ihren Bildern nicht nur Ausgangssituation, sondern der Inhalt selbst. Obwohl die meisten Vertreter dieser künstlerischen Bewegung sich den typisch fotografischen Gegebenheiten wie Schärfen- und Unschärfenbereich, Lichtführung oder Reflexion im allgemeinen unterordnen, versuchen sie durch

Überbetonung der Realität, z. B. durch die überproportionale Vergrößerung eines Porträts (Chuck Close [geb. 1940]), zu einer besonderen Art subjektiver Aussage zu gelangen. Bekannte Fotorealisten sind u. a. Don Eddy (geb. 1944), Richard Estes (geb. 1936), Ralph Goings (geb. 1928), Howard Kanovitz (geb. 1929), Franz Gertsch (geb. 1930).

Fotogramm Durch Anordnung und Aufbelichten von Gegenständen auf lichtempfindliches Material entstehen auf direktem Weg und ohne Kamera silhouettenhafte Darstellungen, in denen diese Gegenstände weiß auf geschwärztem Untergrund erscheinen (Abb. 63). Die Methode ist so alt wie die Fotografie selbst; darauf weisen Bilder hin, die vor 1840 entstanden. Doch das Fotogramm wurde seit den Gründerjahren der Lichtbildkunst immer wieder neu entdeckt. So von William Henry Fox Talbot (1800–1877), der nicht nur Erfinder des Fotopapiers ist (1841; → Kalotypie, Talbotypie), sondern sich auch für den Entdecker der »Lichtselbstdrucke« hielt, der »photographic drawings«, wie er sie nannte. Pflanzen, Blumen, Schmetterlinge waren die Motive, die er »weiß auf schwarz« (schattenrißähnlich) auf Fotopapier belichtete. Er hielt sehr viel von diesen Bildern. Doch auch damals schon gab es Fotografen, welche diese »Kindereien« als unfotografisch ablehnten. Erst dem Maler Christian Schad (geb. 1894) widerfuhr die Ehre, daß seine Fotogramme, die er 1918 anfertigte, als Kunstprodukte anerkannt wurden (→ Schadographie). Vier Jahre nach Schad (1922) vermeinte Man Ray (1890–1976) in der → Rayographie das Fotogramm neu entdeckt zu haben. Er war es, der in unzähligen Experimenten versuchte, die gestalterische Vielfalt dieser Technik voll auszuschöpfen. Man Ray, Maler und Fotograf, beeinflußte

63 **Fotogramm.** Omaggio a Man Ray. Rayogramm. Foto: Nino Migliori, 1950

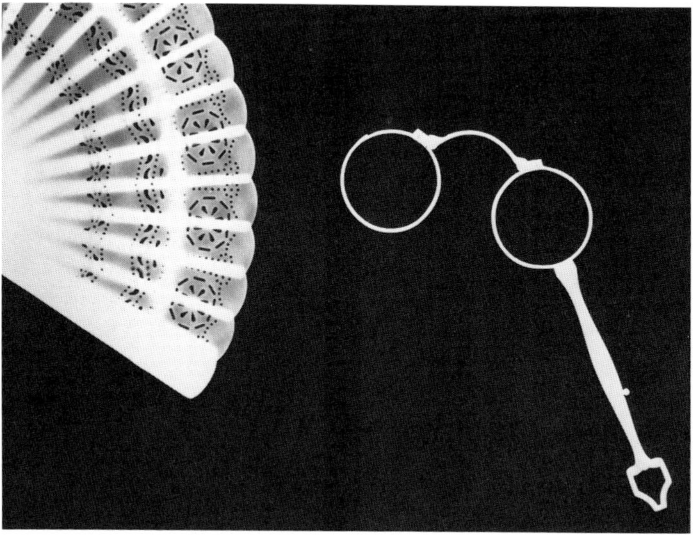

mit seinen Arbeiten nicht nur den Surrealismus, sondern auch einige Vertreter des Dadaismus und Futurismus. Am → Bauhaus war es vor allem Laszlo Moholy-Nagy (1895–1946), der für das Fotogramm eintrat, weil er in dieser Technik »die endliche Umwertung der Fotografie in eine produktive Richtung« sah (im Gegensatz zu einer Fotografie als reine Reproduktionskunst naturalistischer Gegenständlichkeit). Nach 1945 ließen einige Vertreter der → Subjektiven Fotografie die Idee und Technik des Fotogramms wieder aufleben. Heute wird es mit Erfolg in unterschiedlichen Stilrichtungen modernen → Foto-Designs eingesetzt (natürlich auch in Farbe).

Fotogrammetrie Verfahrenstechnik, die zur Gewinnung von Meßbildern für die Herstellung von Landkarten eingesetzt wird. Sie hat heute auch für zahlreiche andere wissenschaftliche Bereiche an Bedeutung gewonnen, so z. B. für die Architektur und Archäologie. Durch mindestens zwei fotografische Aufnahmen unter verschiedenen Bildwinkeln (Perspektiven) lassen sich dreidimensionale Objekte (Gebäude, Statuen etc.) auf stereoskopischem Weg in zweidimensionale Darstellungen umsetzen. Die dritte Dimension (Tiefe) wird dabei nach dem Prinzip der topografischen Landkarte in »Höhenlinien« wiedergegeben (→ Biostereometrie).

Fotojournalismus → Bildreportage

Foto-Kunst Der Begriff Foto-Kunst ist heute gewiß anders zu definieren als um die Jahrhundertwende, da sich die Fotografie erstmals vom Geruch, eine »Hilfskunst der Malerei« zu sein, zu befreien versuchte. Es war dies die Zeit der Pictorialisten, der »Kunstphotographen«. Auch wenn die meisten der in raffinierten → Edeldruckverfahren geschaffenen Bildnisse sich im Fahrwasser romantisierender Malerei bewegten, so entstanden doch eine ganze Reihe von Fotografien, die aus heutiger Sicht als gültige Kunstwerke betrachtet werden. Daran ist nicht der Kunsthandel allein schuld, der diese alten Fotografien, neben Werken der Malerei und Grafik, heute als Foto-Kunst und zu horrenden Preisen verkauft, auch nicht die Museen und Galerien, die wie selbstverständlich heutige und historische Fotografie in den organisierten Kunstbetrieb aufgenommen haben. Die Fotografie selbst ist es, die sich ihrer medienspezifischen Eigenschaften besonnen hat und damit als bildende Kunst Anerkennung findet. Freilich wäre diese ohne die tiefgreifenden Veränderungen, denen der klassische Kunstbegriff derzeit ausgesetzt ist, nicht möglich gewesen. Foto-Kunst heute zeigt sich als kleiner Teilbereich eines mächtigen, facettenreichen Mediums, das Fotografie heißt. So vielseitig das Medium in seinen fototechnischen und chemischen Möglichkeiten und ihrer praktischen Anwendung ist, so heterogen stellt sich dar, was in künstlerischer Absicht geschaffen wird. Wie in anderen Bezirken bildender Kunst geht es in der Fotografie darum, sowohl das optisch Sichtbare wie das unter der Oberfläche Wirksame in innovativer Absicht im Bild wiederzugeben. Einziges Gebot, dem die Fotografen dabei folgen, ist, dies ausschließlich mit fotografischen Mitteln zu erreichen. Daß neben dem klassischen Kamerabild alle Methoden → experimenteller Fotografie heute als typisch fotografisch gelten, daran zweifelt kaum jemand mehr. Das schließt die vielfältigen Möglichkeiten einer völlig freien Gestaltung von Form und Farbe ein, die sich in der → Generativen Fotografie das weite Feld gegenstandsloser Darstellung erschlossen hat. Schwierig bleibt nach wie vor, aus dem breiten Angebot der als Kunst apostrophierten Fotografien das Gültige, daß die Zeit Überdauernde auszuwählen.

Fotolabor (Dunkelkammer) Verdunkelter Laborraum für fotografische Arbeiten, insbesondere für Filmentwicklung, Bildvergrößerungen bzw. Kopierprozesse. Die Verarbeitung lichtempfindlicher Materialien macht absolute Dunkelheit (Farbverarbeitung und Entwicklung höchstempfindlicher Schwarzweißfilme) oder doch zumindest schwaches, inaktinisches Dunkelkammerlicht (→ Dunkelkammerleuchten) notwendig. Fotolabors sind in einen Naß- und Trockenarbeitsplatz aufgeteilt. Ersterer besteht aus ein oder zwei Wasserbecken mit Kalt- und Warmwasseranschluß, außerdem einer Arbeitsfläche, die für drei bis fünf Entwicklerschalen Platz bietet. Am Trockenplatz befinden sich die Ablage für Fotopapiere und das → Vergrößerungs- bzw. Kopiergerät, die wichtigsten Bestandteile eines jeden Fotolabors. Mit dazu gehören → Vergrößerungs- bzw. → Kopierrahmen sowie eine → Zeitschaltuhr (zur Steuerung der Belichtungszeiten). Für die Verarbeitung des belichteten Materials werden diverse Entwicklungsschalen und -trommeln benötigt (→ Dosen-, → Tank- und → Rotations-Entwicklung) sowie einige Thermometer oder Thermostate zur Kontrolle der Bädertemperaturen. Dem Ansetzen und Mischen von Chemikalien dienen eine größere Anzahl von Meßgefäßen. Die Aufbewahrung wiederverwendbarer Lösungen (→ Entwickler, → Bleichbad, → Fixierbad) erfolgt in lichtundurchlässigen, flexiblen Plastikflaschen. Dem Fotolabor angegliedert ist ein Raum, in dem die weitere Verarbeitung (→ Trocknung, → Retusche etc.) der Bilder erfolgt.

Fotoleinen Statt auf Fotopapier lassen sich Negative auch auf Fotoleinen kopieren. Es wird meistens mit hart gezeichneten, betont grafischen Motiven belichtet. Das Material ist als Meterware handelsüblich und dient künstlerischen aber auch dekorativen Zwecken (z. B. als Fototapete, Bespannung von Lampenschirmen oder Türen). In der bildmäßigen Fotografie wird Fotoleinen wegen seiner Gewebestruktur gerne für Porträtaufnahmen verwendet. Es läßt sich in der Dunkelkammer wie normales Fotopapier verarbeiten und kann gewaschen und gebügelt werden.

Fotoleuchten Kunstlichtquellen, die für die fotografische Aufnahmetechnik konstruiert sind. Hierzu zählen auch → Blitzleuchten, die sich hinsichtlich der Lichtintensität und Farbtemperatur von normalen Fotoleuchten unterscheiden (Tageslichtcharakter der → Elektronenblitzgeräte). Fotoleuchten sind Temperaturstrahler, deren Farbtemperatur zwischen ca. 2800 Kelvin (K) und 3400 K schwankt. Entsprechend müssen in der Farbfotografie für Aufnahmen in diesem Licht spezielle Kunstlicht-Farbfilme (sensibilisiert auf ca. 3200 K) verwendet werden. Man unterscheidet Breitstrahler und Punktstrahler, ferner Lampen, deren Licht gerichtet oder gestreut werden kann. Für gezieltes Effektlicht werden sog. Stufenlinsenscheinwerfer und Punktlichter (Spotlights) mit verstellbarem Lichtkegeldurchmesser eingesetzt. In heutigen Fotoateliers wird die Hauptbeleuchtung meist von Halogenleuchten übernommen, die bei geringer Voltzahl eine hohe Lichtleistung erbringen (auch Halogen-Handleuchten). Eigenschaften und Qualität von Fotoleuchten werden vor allem durch deren → Reflektoren bestimmt.

Fotomechanische Transformationen Begriff, den der Fotograf Hein Gravenhorst (geb. 1937) für die Kennzeichnung seiner Arbeiten eingeführt hat. Sie entstehen unter dem Aspekt der Programmierung ästhetischer Strukturen. Ein Elementarzeichen wird auf der Grundlage eines numerischen Programms schrittweise in ästhetische Zustände höherer Komplexität überführt. Es entstehen Bildreihen, die den gestalterischen Prozeß nachvollziehbar darstellen. Gravenhorst verwendete für seine Arbeiten einen zimmergroßen

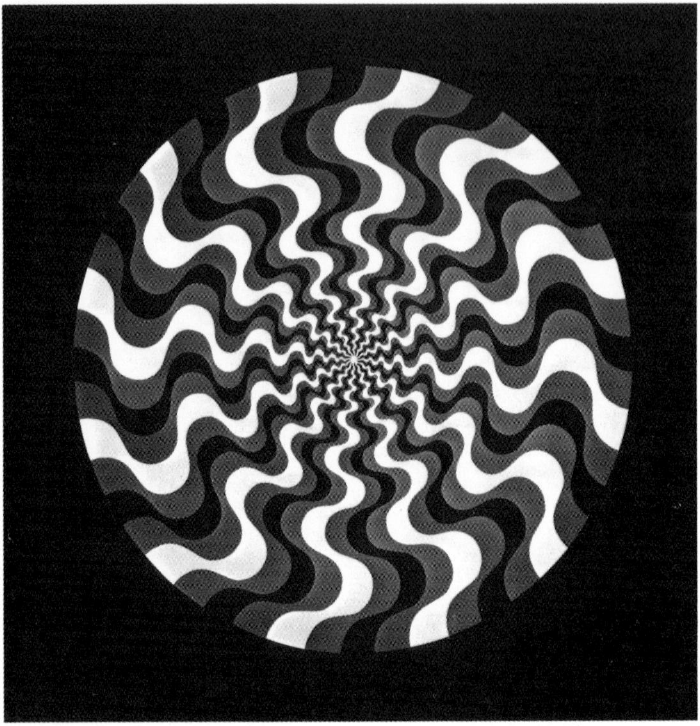

64 **Fotomechanische Transformationen.** Foto: Hein Gravenhorst, Kiel, 1966

Tricktisch in Verbindung mit einer Aufnahmekamera, der es ermöglicht, die Bild- und Projektionsebene systematisch und schrittweise nach einem zuvor festgelegten numerischen Programm zu verändern, also Verschiebungen, Rotationen, Größenverstellungen usw. gezielt vorzunehmen (vgl. Abb. 64).

Fotomontage Diese experimentelle Technik im Bereich frei gestaltender Fotografie hatte und hat starke Auswirkungen auf Malerei und Grafik. Grundsätzlich unterschieden werden zwei Techniken: 1. Positivmontage: Aus vorhandenen oder speziell für diesen Zweck geschaffenen Fotos werden Motivdetails ausgeschnitten und auf einer Unterlage zu einem neuen Bild zusammenmontiert (→ Klebemontage). Das fertige Bild wird nochmals reproduziert (vgl. Abb. 65), wobei z. T. noch Veränderungen vorgenommen werden (z. B. Maskierung, Filtertechnik). – 2. Montage in der Dunkelkammer (→ Lichtmontage): Hier werden in ausschließlich kopiertechnischen oder chemischen Prozessen (Vielfachbelichtungen, Einkopieren, Maskierungen, partielles Abschwächen und Verstärken etc.) verschiedene Motive oder Motivdetails in Umfang und Struktur verändert und zusammen- oder übereinanderkopiert. Die Beschäftigung mit dieser Methode setzt souveräne handwerkliche Beherrschung aller experimentellen Dunkelkammertechniken voraus: → Farbfilterung, → Maskierung, → Tontrennung, → Solarisation, → Umkopieren etc. Als bekannte Meister dieser Technik seien Christian Schad (geb. 1894) und Man Ray (1890–1976) genannt.

65 **Fotomontage.** Foto: Heribert Burkert, Kassel

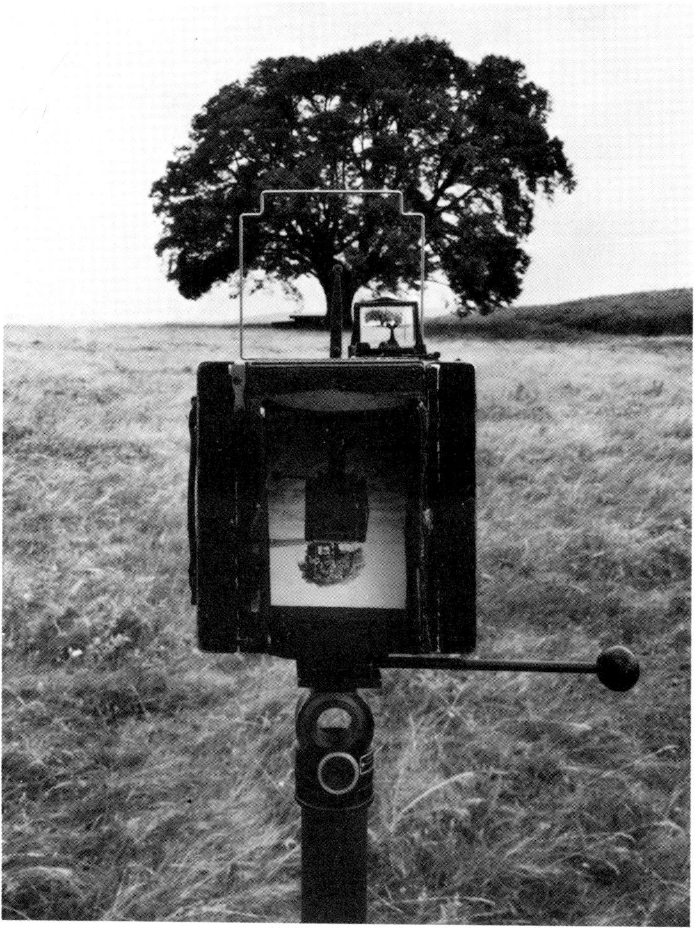

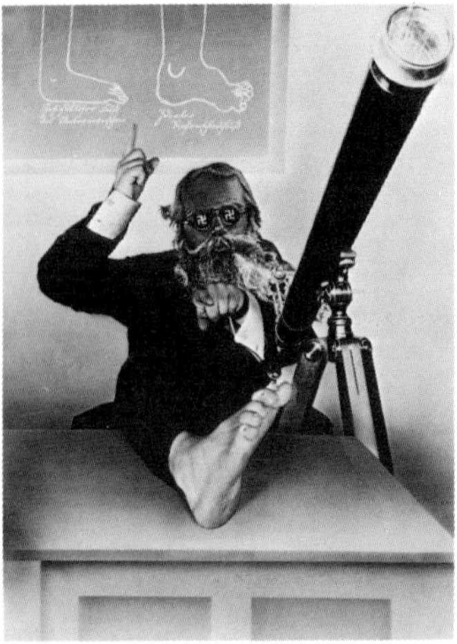

66 **Fotomontage.** John Heartfield, Neuer Lehrstuhl an den deutschen Universitäten: Völkische Tiefenschau. 1933. Foto: Deutsche Akademie der Künste, Berlin

Die Fotomontage hat, soweit sie künstlerische Ziele verfolgt, ihren Ursprung in der → Collage-Technik des Kubismus (in den »papiers collés« von Picasso [1889–1974] und Bracque [1882–1963]). Sie profilierte sich im Dadaismus zu einer eigenständigen Stilrichtung. Diese erlebte ihre ersten Höhepunkte Anfang der 20er Jahre in den Collagen und Fotomontagen von Raoul Hausmann (1886–1971; vgl. Abb. 32), George Grosz (1893–1953), John Heartfield (1891–1961; vgl. Abb. 66), Hannah Höch (geb. 1889; vgl. Abb. 33); El Lissitzky (1890–1941) u. a. Die Fotomontage beeinflußte stark den Futurismus und → Surrealismus, ebenso wie die Meister des →Bauhauses. Vor allem Laszlo Moholy-Nagy (1895 bis 1946) und Herbert Bayer (geb. 1900) gelten als Meister der Fotomontage. Sie verwendeten die Technik sowohl in freier Foto-Grafik als auch bei der Gestaltung von Anzeigen, Plakaten und Buchtiteln. Sie fügten der Fotomontage durch eine an der Werbefotografie orientierte Technik völlig neue Aspekte hinzu. Deutlich erkennbar sind die Einflüsse der Fotomontage auf die moderne Grafik und Malerei (Max Ernst [1891–1976], Oskar Schlemmer [1888–1943], Willi Baumeister [1889 bis 1955] u. a.). In den 50er, 60er und 70er Jahren waren und sind es vor allem die Vertreter der Pop Art des Neuen Realismus, die die Fotomontage wiederbelebt haben. Les Krims (geb. 1943) und Klaus Staeck (geb. 1938) gelten als zeitgenössische Vertreter einer provozierenden Bildaussage mit Hilfe der Fotomontage.

Fotopapier Fotopapiere sind im Prinzip ähnlich aufgebaut wie die ihnen entsprechenden Filmmaterialien. Der bei konventionellen Papieren nur mit einer Barytschicht überzogene Papierfilz, der die lichtempfindlichen Schichten trägt, ist bei den modernen → PE- und RC-Papieren (vgl. Abb. 123) beidseitig mit Kunststoff (Polyäthylen) beschichtet. Für die Schwarzweiß-Vergrößerung gibt es Papiere unterschiedlicher → Gradationen von extrahart über normal bis extraweich, um Differenzen zwischen verschieden belichteten und entwickelten Negativen ausgleichen zu können. → Farbpapiere werden dagegen meist in nur einer Gradation angeboten, da im Hinblick auf eine einwandfreie Farbwiedergabe nur exakt belichtete und entwickelte Filme kopierfähig sind. Die Verarbeitung von Fotopapieren unterscheidet sich unwesentlich von den jeweiligen Filmverarbeitungsprozessen und erfolgt am besten nach genauen Angaben des Herstellers. Normale Fotopapiere werden in der Trockenpresse oder -trommel getrocknet, Kunststoff-Papiere hingegen vorwiegend an der Luft (→ Lufttrocknung, → Warmlufttrocknung, → Infrarottrocknung). Die Oberflächen sind, je nach Papiersorte, matt bis hochglänzend oder haben eine Seidenrasterstruktur. Fotopapiere kommen als Formatware und in Form von Rollen (für Kopieranstalten) in den Handel. Die gängigen Formate sind 7,4 x 10,5 cm, 8,9 x 12,7 cm, 8,9 x 14 cm, 10,5 x 14,8 cm, 12,7 x 17,8 cm, 17,8 x 24 cm, 20,3 x 25,4 cm, 30,5 x 40,6 cm und 50,8 x 61 cm.

Fotorealismus → Fotografischer Realismus

Fotosequenz Stilrichtung der Foto-Kunst. Es handelt sich darum, durch das Mittel der Reihung fotografischer Bilder bestimmte Ideen, Vorgänge oder Zustände – z. T. surrealistischer Art – optisch zum Ausdruck zu bringen. Die Sequenz, von verwirrender Vielfalt in Erscheinungsform wie Zielsetzung, besteht aus mehreren Einzelbildern (mindestens drei), die vom Betrachter sowohl in der festgelegten Reihenfolge als auch insgesamt gesehen werden müssen (Abb. 67). Im Unterschied zur klassischen → Bildreportage betont die Sequenz nicht unbedingt einen chronologischen Ablauf. Es können sowohl gleichzeitige als auch zeitlich und räumlich weit auseinanderliegende Ereignisse oder auch lediglich formale optische Eindrücke zur Bildreihe gefügt werden. Die gewählten Themen werden in der Art von Stories (Story Art), Sketches oder in Form obskurer Moritaten von den Fotografen erfunden, selbst arrangiert und inszeniert, ehe sie fotografiert werden. Zur Ausformung von surrealistischen Szenen, Traumdeutungen oder von Symbolhandlungen werden experimentelle Techniken eingesetzt: Stroboskop- und Wischeffekte, Mehrfachbelichtungen, Bildmontagen etc. Im Sinne der → Conceptual Art sind Idee und Arrangement des Fotografen bereits Teil der Kunstaussage. Fototechnische Eingriffe und die Art der Entstehung eines Bildes können am fertigen Produkt abgelesen werden; z. B., daß bei Aufnahme der Einzelbilder einer Sequenz die Kamera immer am gleichen Aufnahmeort verbleibt. Sie ist starr auf die bewegten Ereignisse oder Veränderungen eines Zustandes gerichtet und wird ausgelöst, wenn typische, für die Bildreihung wichtige Phasen des Geschehens erreicht sind. In anderen Sequenzen wechselt der Kamerastandpunkt. Somit verändert sich die Perspektive der Aufnahme, während die Motive selbst unbeweglich sind. Aus unterschiedlichen Blickwinkeln fotografiert, bringt ein und dasselbe Motiv Unterschiedliches zum Ausdruck. Bei dem Amerikaner Duane Michals (geb. 1932), dem zusammen mit Dennis Oppenheim (geb. 1938) die Erfindung der modernen Fotosequenz zugeschrieben wird, sind Kamera und Motive meist in Bewegung. Geschehnisse werden sichtbar, die dem Betrachter vertraut sind, und andere, die ihm rätselhaft erscheinen. »Märchen des Alltags« sind Michals Schöpfungen genannt worden. Im Widerstreit zwischen Banalem und Idolhaftem, zwischen Ästhetik und vulgärem Kitsch bilden sich provokative Spannungen. Unmittelbaren Einfluß auf die »Sequenzler« übten die Pop-Artisten der 50er Jahre aus. Doch während die Bildreihen von Andy Warhol (geb. 1928) oder Richard Hamilton (geb. 1922) von Bildwiederholungen leben, baut die aktuelle Fotosequenz auf das Spannungsfeld motivlicher Vielfalt. Varianten der Sequenztechnik zeigen sich bei der fotografischen → Land Art, → Body Art und → Spurensicherung.

Fotoskulptur (Fotoplastik, Fotorelief) Fotoskulpturen sind plastische oder reliefartige Objekte, deren wesentliche Gestaltungselemente Fotografien sind. Hauptkennzeichen der Fotoskulptur ist die Dreidimensionalität des Gegenstandes. Sie bietet die Möglichkeit, ihn von verschiedenen Standpunkten aus zu betrachten oder ihn greifbar zu machen. So eignen sich Fotoskulpturen für die Werbung, z. B. für die Gestaltung von Aufstellern, Packungen oder großformatigen Wandbildern. Eine künstlerische Variante stellen die Fotoskulpturen des Düsseldorfer Fotografen Klaus

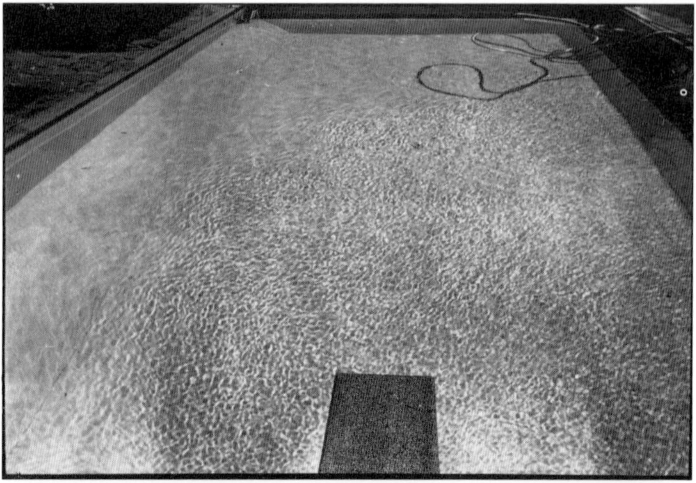

1

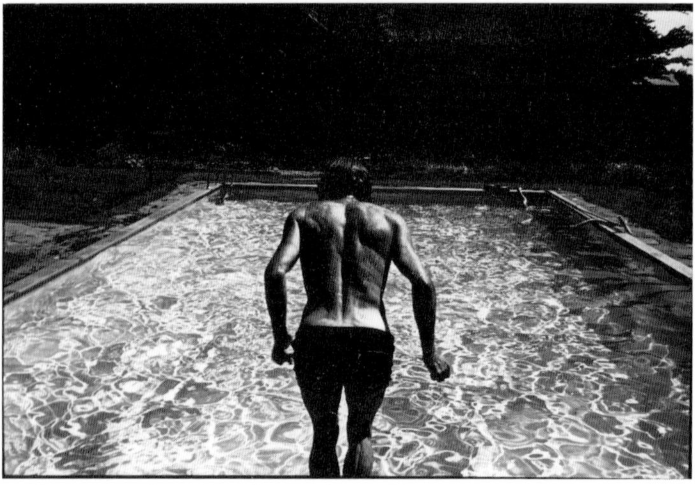

2

67 **Fotosequenz.** Fotos: Timm Rautert, Essen, 1973

Kammerichs (geb. 1933) dar (Abb. 68). Seine plastischen Objekte werden mit Hilfe des fotografischen Tontrennungsverfahrens (→ Isohelie) hergestellt. Ein Halbtonfoto wird zunächst in Helligkeitsstufen zerlegt, d. h. die fließenden Grauverläufe werden an bestimmten Helligkeitsstufen in einzelne unterschiedliche Grautöne umgesetzt. Es entstehen also Grauauszüge, die zu einer Isohelie zusammengefügt werden können. Kammerichs überträgt sie auf

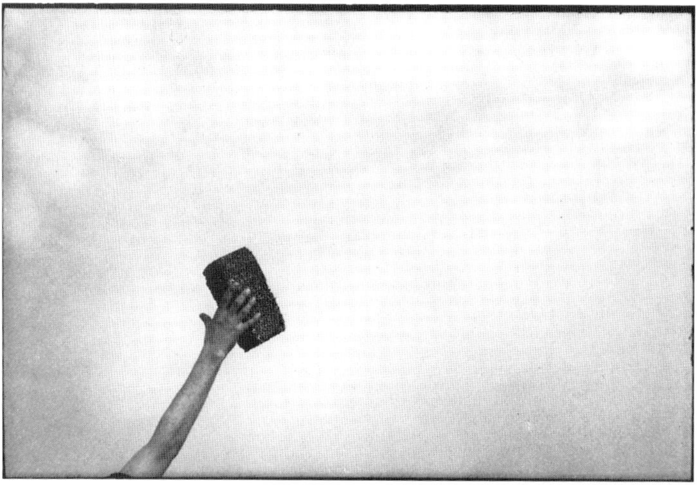
3

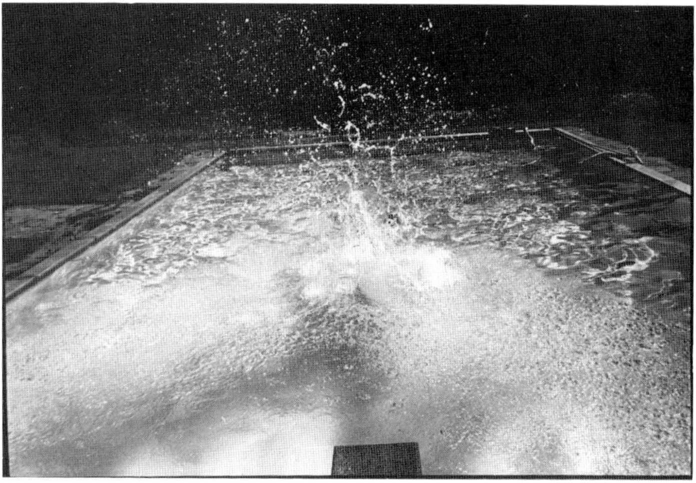
4

plastisches Material, z. B. Holz- oder Kunststoffplatten. Diese werden anschließend zu einem plastischen Objekt zusammengesetzt. Von weitem betrachtet hat die Plastik das Aussehen eines naturalistischen Fotos, bei kürzeren Betrachtungsabständen jedoch »blüht« es in seinen plastischen Elementen zum abstrakten Gebilde auf.

Fremdobjektiv Bei Objektiven eines fremden Kamera-Systems (-Herstellers),

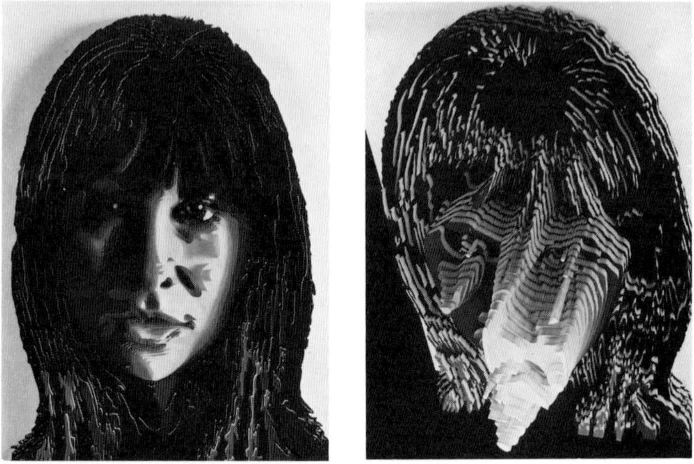

a b

68 **Fotoskulptur.** Klaus Kammerichs: Fotoskulptur Astrud Gilberto. 1970. 107 x 81 x 41 cm. a) Vorderansicht, als Isohelie ausgeführt – b) Seitenansicht, umgesetzt zur Fotoskulptur

die an der eigenen Kamera verwendet werden sollen, muß berücksichtigt werden, daß sich die Objektive nicht uneingeschränkt austauschen lassen, da Schnittweite und Auflagemaß (Abstand zwischen Auflagefläche des Objektivs und Filmauflage bzw. Filmebene) differieren können. In manchen Fällen kann das Problem durch passende → Adapter gelöst werden, in anderen überhaupt nicht.

Fresnellinse Das Sucherbild von → Spiegelreflexkameras, die mit einfachen → Mattscheiben ausgestattet sind, ist durch Streulichtverluste relativ schwach, vor allem an den Bildrändern. Deshalb besitzen manche Kameras anstelle einer Mattscheibe eine flache Stufenlinse (Fresnellinse), die gleich einer Feldlinse das ganze vom Objektiv kommende Licht sammelt und über das Sucherokular dem Auge zuführt. Der Helligkeitsgewinn wird jedoch mit dem Verlust der Möglichkeit einer exakten → Scharfeinstellung erkauft. Aus diesem Grund sind bei der Verwendung von Fresnellinsen zusätzliche Scharfeinstellhilfen (→ Schnittbild-Indikator, Mischbildmessung, → Mikroprismenraster) erforderlich.

Gammawert In der → Sensitometrie ist das Gamma (γ) die Meßzahl für die → Gradation. Der Gammawert kennzeichnet die Steigung (tangens des Steigungswinkels) des geradlinigen, bildmäßig verwertbaren Abschnitts der → Schwärzungskurve. Bei einem $\gamma < 1$ (flache Gradation) wird ein großer Kontrastumfang des Motivs in einem verhältnismäßig kleineren Tonwertumfang des Fotomaterials wiedergegeben (γ von Negativfilm 0,6–0,7). Beträgt das $\gamma > 1$ (steile Gradation), so werden schon geringe Helligkeitsunterschiede im Motiv auf dem Film (Papier) verstärkt (kontrastreicher) abgebildet. Besitzt ein Film die Gradation $\gamma = 1{,}0$, so heißt das, daß die Helligkeitsdifferenzen im Motiv vom Film verhältnisgerecht (naturgetreu) wiedergegeben werden (z. B. mit Farbumkehrfilmen). Die Abhängigkeit des Gammawertes von der Entwicklungszeit eines bestimmten Entwicklers wird in der sog. Gamma-Zeit-Kurve dargestellt. Aus ihr läßt sich ablesen, in welcher Entwicklungszeit welches Gamma zu erreichen ist. Die gewünschte Gradation kann damit gezielt angesteuert werden.

Gegenfarbe → Komplementärfarbe

Gegenlichtaufnahme Aufnahmen, die mehr oder minder in Richtung relativ heller Lichtquellen gemacht werden, zeichnen sich durch einen großen Helldunkelkontrast von Licht und Schatten aus, was zu einer ausgesprochen plastischen Darstellung eines Motivs führt, in das auch die in den Vordergrund projizierten Schatten mit einbezogen werden können (Abb. 69). Allerdings bewirkt das ins Objektiv fallende Gegenlicht einen großen Streulichtanteil, der sich auf die Zeichnung und Farbwiedergabe des Motivs kontrastmindernd auswirkt, vor allem in den lichtarmen Zonen. Um diesen Streulichtanteil so klein wie möglich zu halten, werden → Gegenlichtblenden vor das Objektiv gesetzt, die zumindest seitlich einfallendes Licht weitgehend abhalten. Fotografien, die im vollen Gegenlicht entstehen, zeigen sehr oft → Überstrahlungen, die ihr höchstes Ausmaß dann erreichen, wenn die Lichtquelle unmittelbar durch das im Vordergrund befindliche Motiv verdeckt wird. Sie »entflammen« die diffus gewordenen Konturen des Motivs in gleißendem Licht. Die durch Mehrfachreflexion an den Linsenoberflächen des Objektivs entstehenden → Nebenbilder (→ Reflexe, Abb. 133) von mit ins Licht genommenen Lichtquellen können sowohl störend wie gestalterisch reizvoll sein. Um zu verhindern, daß sich Motive im Vordergrund nur als Schattenrisse vor einem hellen Hintergrund

69 **Gegenlichtaufnahme.** Foto: Dölf Reist, Interlaken

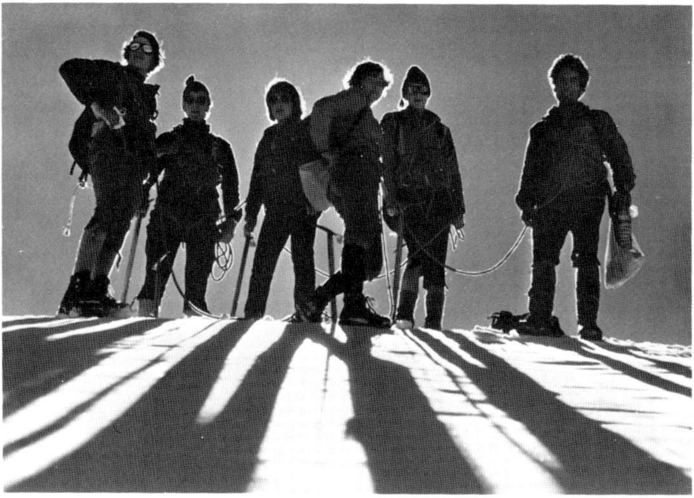

abzeichnen, d. h. um auch in den Schatten noch eine auch farblich befriedigende Zeichnung zu erhalten, müssen eben diese Schattenpartien mit dem Belichtungsmesser selektiv angemessen werden. Bei integraler Objektmessung (Belichtungsmessung über das gesamte Bildfeld) muß bewußt um ein bis zwei Blendenstufen überbelichtet werden. Optimale Belichtungswerte erhält man durch eine → Lichtmessung.

Gegenlichtblende Um → Streulicht sowie das Einstrahlen von außerhalb des Bildwinkels liegenden Lichtquellen abzuschirmen, wird eine Gegenlichtblende vor das Objektiv der Kamera gesetzt. Entsprechend Brennweite und Durchmesser des jeweiligen Objektivs hat auch sie unterschiedliche Durchmesser. Zu enge Blenden wirken als Bildfeldebenen und führen zu einer künstlichen → Vignettierung. Für → Großbildkameras steht meist ein → Kompendium zur Verfügung, das nicht nur als Gegenlichtblende, sondern gleichzeitig auch als → Filterhalter dient.

Gegenstandsweite Der Abstand des Motivs (scharf abzubildenden Gegenstandes) von der vorderen (dingseitigen) Hauptebene des Objektivs heißt Gegenstandsweite. Für die Berechnung des → Abbildungsmaßstabes kann bei relativ großen Aufnahmeentfernungen (über 1 m) der Aufnahmeabstand der Gegenstandsweite näherungsweise gleichgesetzt werden (→ Abbildung, Abb. 1a).

Gelatine Als Hauptbestandteil der fotografischen → Emulsion ist Gelatine noch immer durch kein synthetisches Produkt ersetzbar. Sie ist ein kettenförmiges → Kolloid und wird durch partiellen Abbau von tierischem Kollagen, einem Strukturprotein der Haut und Knorpelsubstanz, gewonnen. Die Emulsionen bestehen aus einer Gelatinelösung, die unterhalb einer bestimmten Temperatur (etwa 30° C) zu einer Gallerte erstarrt. Sie dient nicht nur als Bindemittel und Schutzkolloid für die → Silbersalzkristalle, sondern trägt durch gewisse Hemm- und Reifestoffe zum Gelingen oder Nichtgelingen einer fotografischen Emulsion wesentlich bei.

Gelbfilterschicht In mehrschichtigen Farbfilmen und Farbpapieren ist zwischen der für blaues Licht sensibilisierten Oberschicht und den beiden darunterliegenden Farbschichten (grün- und rotempfindlich) eine Gelbfilterschicht eingebettet, die durch Absorption des blauen Lichtanteils eine Belichtung der darunterliegenden, von Natur aus ebenso blauempfindlichen Schichten (→ Silberhalogenide) verhindert. Bei manchen Farbpapieren ist die obere Schicht direkt gelb eingefärbt, wodurch eine zusätzliche Gelbfilterschicht überflüssig wird. Bei der Entwicklung lösen sich die Gelbfilterschichten restlos auf.

Generative Fotografie Nach der Definition von Gottfried Jäger (geb. 1937), einem der ersten Vertreter der Generativen Fotografie, handelt es sich um die »bewußte und methodische Erzeugung

70 **Generative Fotografie.** Projektion eines zweidimensionalen Kreisrasters auf einen dreidimensionalen Kegel und die hierbei möglichen Varianten. Foto: Albert Zipfel

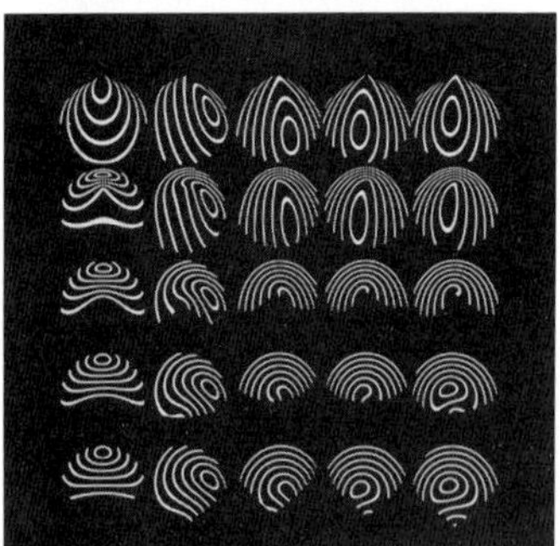

a 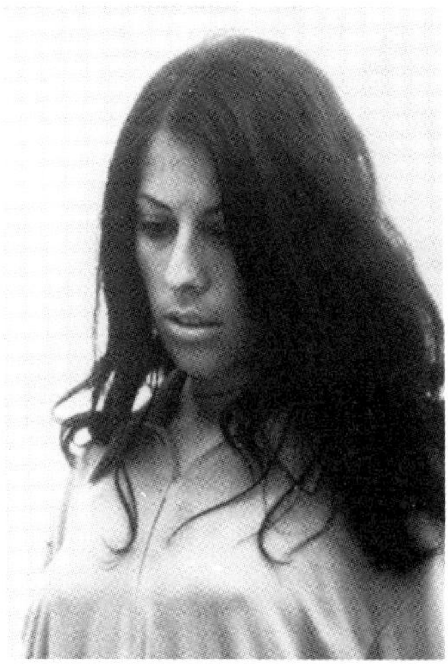 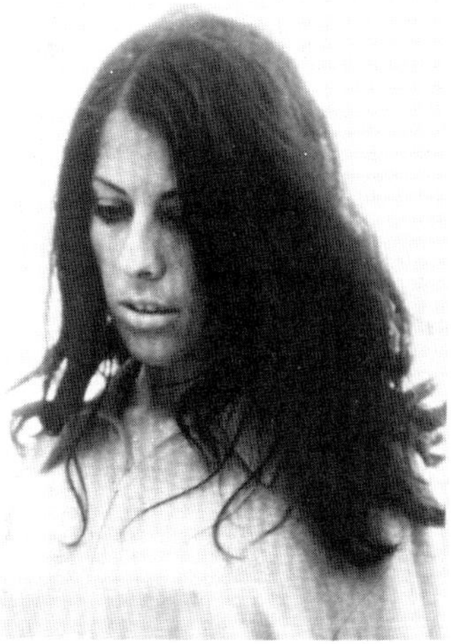 b

71 **Glasfaseroptik.** a) Porträt – b) Transformation durch eine Glasplatte mit feiner Auflösung – c) Ausschnitt (feine Auflösung) – d) Transformation durch eine Glasplatte mit grober Auflösung. Fotos: Manfred P. Kage, Weißenstein

c 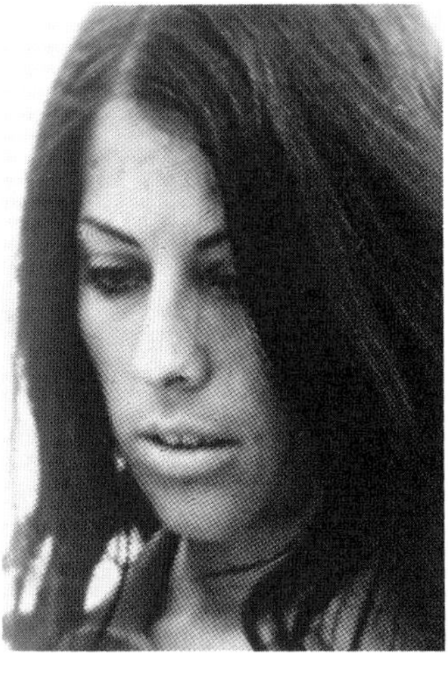 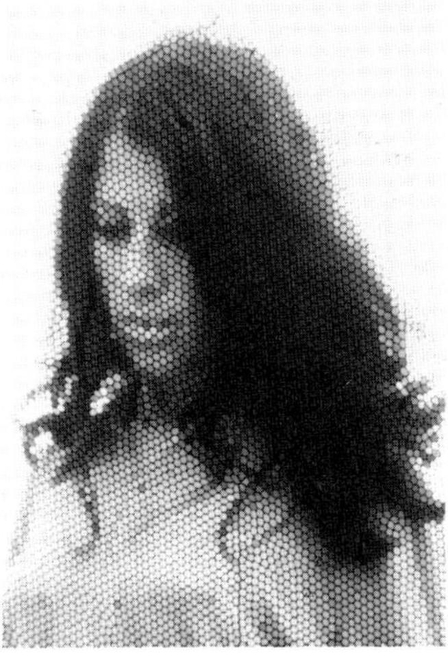 d visueller ästhetischer Strukturen mit fotografischen Mitteln und Verfahren und dem Ziel der Erzeugung optimierter Strukturen für die Wahrnehmung sowie visuelle Untersuchungen mittelspezifischer Phänomene«. Der Begriff »Generative Fotografie« wurde erstmals als Titel einer Ausstellung der Fotografen Kilian Breier (geb. 1931), Pierre Cordier (geb. 1933), Hein Gravenhorst (geb. 1937), Gottfried Jäger verwendet. Er fußt auf einer Theorie von Max Bense, der »Generativen Ästhetik«, die sich mit der Erzeugung ästhetischer Zustände befaßt, also nicht mit deren Wirkungen. Die Theorie bildet die Grundlage vor allem für das Erzeugen ästhetischer Strukturen mittels datenverarbeitender Systeme (→ Computerkunst). Die generative Ästhetik ist eine »Erzeugungsästhetik«. Sie ermöglicht die methodische Erzeugung ästhetischer Zustände, indem sie diese in unendlich viele unterscheidbare Einzelschritte zerlegt (Abb. 70).

Gesichtsfeldwinkel → Bildwinkel

Glanzwinkel Matte, nicht spiegelnde Oberflächen zeigen unter einem bestimmten (meist flachen) Winkel eine erhöhte Reflexion des Lichts, sie »glänzen«. Für die Aufnahmetechnik ist dies insofern von Bedeutung, als der Reflexionsgrad eines Motivs vom Aufnahmewinkel abhängig ist und dies beim Arrangement der Ausleuchtung bedacht werden muß.

Glasfaseroptik Eine Glasfaseroptik besteht aus tausenden, extrem feinen und optisch einwandfreien Glasfasern (Ø ca. 0,001 mm), die in einen Mantel (dünnste Metall- oder Kunststoffschläuche) eingeschlossen und an ihren geschliffenen Enden gefaßt (miteinander verklebt) sind. Lichtstrahlen, die durch die polierten Eintrittsflächen fallen, werden im Faserinnern durch Totalreflexion weitergeleitet, d. h., sie folgen jeder Krümmung der Faser, bis sie diese am anderen Ende wieder verlassen. Glasfaseroptiken erschließen fotografische Aufnahmebereiche, die mit gewöhnlichen Objektiven nie zugänglich gemacht werden könnten (z. B. Laproskopie in der Medizin). Das → Auflösungsvermögen derartiger Faseroptiken ist verständlicherweise von der Anzahl der Lichtfasern pro Flächeneinheit abhängig, denn jede Einzelfaser kann nur einen (hellen oder dunklen) Bildpunkt übertragen. Glasfaseroptiken mit dem obengenannten Durchmesser der Einzelfaser lösen bis zu 10 000 Bildpunkte pro mm^2 auf. (Dies entspricht in etwa dem Auflösungsvermögen der heutigen Filmmaterialien.) Im Bereich des → Foto-Design werden Glasfaseroptiken dazu benützt, geeignete Motive in mosaikartige (pointillistische) Bilder zu verwandeln (Abb. 71).

Glas-Luft-Flächen Die Reflexion des Lichts an der Medienbegrenzung zwischen optischen Linsen und der umgebenden Luft (Glas-Luft-Flächen) kann die Qualität der Abbildung fotografischer Objektive beeinträchtigen, insbesondere gilt dies für viellinsige Objektive (Mehrfachreflexion innerhalb des optischen Systems). Es entsteht vermehrt → Streulicht, welches das Bild überlagert und somit den Bildkontrast vermindert. Durch Vergütung (→ Mehrschichtenvergütung) dieser an Luft grenzenden Glasoberflächen können Reflexionen weitgehend unterdrückt werden (→ Antireflexbelag).

Goldener Schnitt Ideales räumliches Teilungsverhältnis (vgl. Abb. 72), das auch in der elementaren fotografischen Formenlehre benützt wird: Die Aufteilung einer Linie (oder Fläche) nach dem Goldenen Schnitt soll so vorgenommen werden, daß der kleinere Abschnitt (die kürzere Seite) sich zum größeren (zur längeren Seite) so verhält, wie der letztere zur Gesamtlänge beider Abschnitte (zur Summe der beiden Seiten). Dies trifft in etwa für die Verhältnisse 3:5, 5:8 und 8:13 zu.

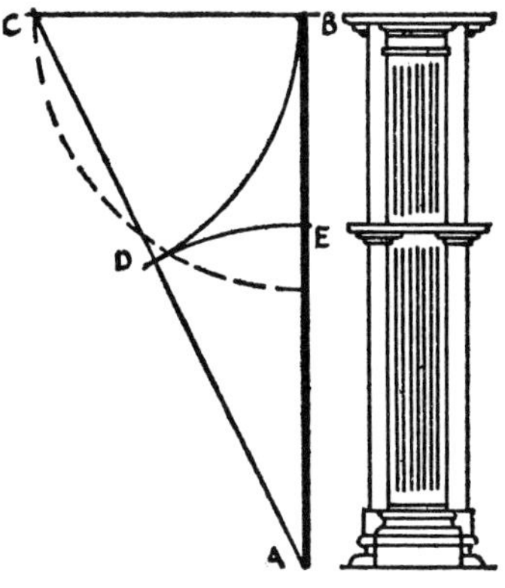

72 **Goldener Schnitt.**
AE : EB = AB : AE.
Konstruktion BC = ½ AB = CD,
AE = AD

Goldtonung → Tonung

GOST → Filmempfindlichkeit

Gouache-Effekt → Isohelie

Gradation Dieser Terminus für die Tonwertabstufung steht stellvertretend für die Steilheit (Steigung) des mehr oder weniger gradlinigen Teils der → Schwärzungskurve (vgl. Abb. 147) und damit für das Kontrastwiedergabevermögen einer Filmemulsion. Die Gradation ist das Maß für die Zunahme der → Dichte (Schwärzung) bei ansteigender Belichtung. Sie wird als → Gammawert (γ) wiedergegeben: Ein kleines Gamma (< 1) steht für eine »flache« Gradation, ein großes Gamma entsprechend für »steile« Gradation. Bei flacher Gradation spricht man auch von einer »weichen« → Emulsion, da die Tonwertabstufungen im Bild gegenüber der zur Aufnahme gelangten Wirklichkeit feiner differenziert erscheinen. Analog spricht man bei einer steilen Gradation von einer »harten« Emulsion, die die wirklichen Kontraste eines Aufnahmemotivs im Bild überhöht (verstärkt) wiedergibt. Diese Charakterisierung tritt insbesondere bei Fotopapieren in den Bezeichnungen extra hart, hart, normal, spezial, weich und extra weich zutage; diese Bezeichnungen kennzeichnen in dieser Reihenfolge Papiere unterschiedlicher Gradation mit abnehmender Steilheit (kleiner werdendem Gamma). Da normale Negativfilme meistens eine flache Gradation besitzen (zur Erweiterung des → Belichtungsumfanges), muß z. B. eine Verflachung der Kontraste durch die Wahl eines steileren (härteren) Papiers bei der Papiervergrößerung ausgeglichen werden. (Das Produkt der Gammawerte von Negativfilm und Fotopapier ergibt die Gradation bzw. das Gamma des endgültigen Bildes.) Aus diesem Grunde haben die »Normal«-Papiere bereits einen Gammawert, der größer ist als 1.

Graufilter Durch neutrale Graufilter erfolgt keine qualitative (farbliche), sondern eine rein quantitative Beeinflussung des Lichts. Sie lassen sich demgemäß für Schwarzweißaufnahmen ebenso einsetzen wie für Farbaufnahmen. Graufilter werden bei der Verwendung höherempfindlicher Filme zur Reduzierung des auf den Film einwirkenden Lichts eingesetzt, wenn dafür andere Mittel wie Abblendung oder Verkürzung der Belichtungszeit nicht geeignet erscheinen. Dies ist beispielsweise der Fall, wenn der Fotograf aus gestalterischen Gründen (Reduzierung des Schärfentiefenbereichs) mit offener Blende arbeiten möchte, dies aber wegen des hellen Lichtes und trotz kürzester Belichtungszeit nicht möglich ist. Das Graufilter reduziert dann das durch das Objektiv dringende Licht auf die Hälfte, ein Viertel, seltener ein Achtel (→ Filterfaktoren 2x, 4x, 8x). Graufilter werden auch an Objektiven ohne Irisblende (z. B. an älteren Fernobjektiven oder an Spiegelobjektiven) eingesetzt.

Graukarte Hilfsmittel zur Ermittlung präziser Belichtungswerte mit dem Belichtungsmesser, insbesondere im Bereich der Farbfotografie. Die Graukarte besteht aus einem ca. 24 x 30 cm großen Karton, dessen graue Oberfläche eine Remission von 18% des auftreffenden Lichtes bewirkt. Dies entspricht dem durchschnittlichen Remissionswert des auf Motive unterschiedlicher Art auftreffenden Lichts, auf den die heutigen Belichtungsmesser geeicht sind. Graukarten werden immer dann eingesetzt, wenn in extremen Licht- und Farbsituationen (z. B. in kontrastreichem Gegenlicht) das gezielte Anmessen eines neutralen Grauwertes mit dem Belichtungsmesser unmittelbar am Motiv nicht möglich ist. Sie werden außerdem bei Aufnahmen auf Farbnegativfilm am Rande mit in das Motiv aufgenommen, um dem Fotografen bei der Bildausarbeitung die neutrale Farbabstimmung bei der Filterung zu erleichtern.

Graukeil Für die → Sensitometrie werden sog. Stufengraukeile oder stufenlose Verlaufsgraukeile angewendet (Abb. 73). Graukeile stehen als transparente Filme und als Aufsichtsvorlagen zur Verfügung. Die ersteren werden beim Kopieren von Negativen, die anderen bei der Reproduktion von Aufsichtsbildern mitkopiert. Sie sind außerdem ein für die praktische Laborarbeit notwendiges Hilfsmittel. Z. B. können sie für die Kontrolle und Beurteilung der Grauskala eines Schwarzweißbildes oder zur Neutralstellung eines Farbbildes mitkopiert werden. Stufengraukeile lassen sich leicht durch treppenartiges Übereinanderlegen einzelner Abschnitte eines gleichmäßig diffus belichteten Filmstreifens selbst anfertigen. Sie dienen auch zur Qualitätskontrolle von Farbfilm- und Papiermaterial.

Graumaske → Silbermaske

Grauschleier Für die Entstehung eines Grauschleiers bei der Entwicklung von belichteten Schwarzweißpapieren können verschiedene Ursachen verantwortlich gemacht werden. Beispielsweise führen zu lange Entwicklungszeiten dazu, daß auch unbelichtete Silbersalze reduziert (entwickelt) werden. Ebenso können unsachgemäße Lagerung der

73 **Graukeil.** a) Stufenlos verlaufender Graukeil – b) Stufengraukeil

a

b

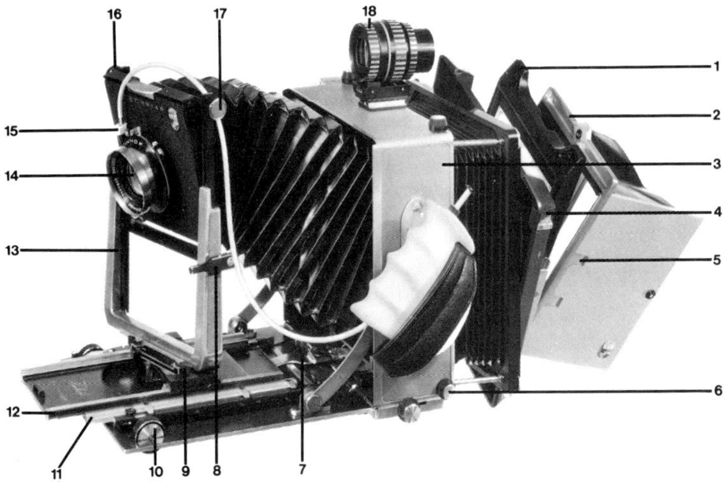

74 **Großbildkamera.** 1 Mattscheibe, federnd – 2 Lichtschacht – 3 Kameragegehäuse – 4 Drehrahmen mit Wasserwaage – 5 Auslösehandgriff – 6 Arretierung für Rückteilschwenkung – 7 Steuerungskurve für Entfernungsmesser – 8 Hebel für Höhenverstellung – 9 Arretierung für Standartenschwenkung – 10 Laufbodentriebknopf – 11 Unterschlitten des Laufbodens – 12 Oberschlitten des Laufbodens – 13 Standartenbügel – 14 Objektiv samt Objektivplatte (auswechselbar) – 15 Drahtauslöser – 16 und 17 Feststellknopf für Standartenneigung – 18 Universalsucher. Foto: Linhof München

Fotopapiere (Wärme!) oder eine falsche Dunkelkammerbeleuchtung sowie Streulicht eine störende Grauschleierbildung hervorrufen.

Großbildkamera Professioneller Kameratyp mit den Aufnahmeformaten 9 x 12 cm bis 18 x 24 cm, der mit Planfilmen oder Fotoplatten beschickt wird (Abb. 74, 75). Typisches Kennzeichen der modernen Großbildkamera ist eine maximale Verschwenkbarkeit von Objektivplatte und Mattscheibenrückteil. Diese beiden Teile lassen sich meist sowohl kippen als auch vertikal und horizontal verstellen (Abb. 75b, c). Zweck dieser Beweglichkeit ist das optimale Ver- und Entzerren eines Motivs in gestalterischer Absicht (z. B. Entzerren → stürzender Linien in der Architektur-Fotografie). Front- und Rückteil stehen über einen Balg miteinander in Verbindung und sind auf einem (meist teilbaren) Grundrohr befestigt, das die Funktion einer optischen Bank erfüllt. Auf ihr lassen sich die beiden Kamerateile horizontal verschieben und arretieren. Die mit → Wechselobjektiven ausgestatteten Kameras werden vor allem im Atelier (Werbe-, Sach- und Modeaufnahmen), aber auch im Freien für die Industrie- und Landschaftsfotografie eingesetzt.

Grundschleier Bei der → Entwicklung belichteter Filme wirkt der → Entwickler nicht nur auf die latenten Silberkeime ein, sondern auch geringfügig auf die unbelichteten → Silberhalogenide der →Emulsion. Überschrei-

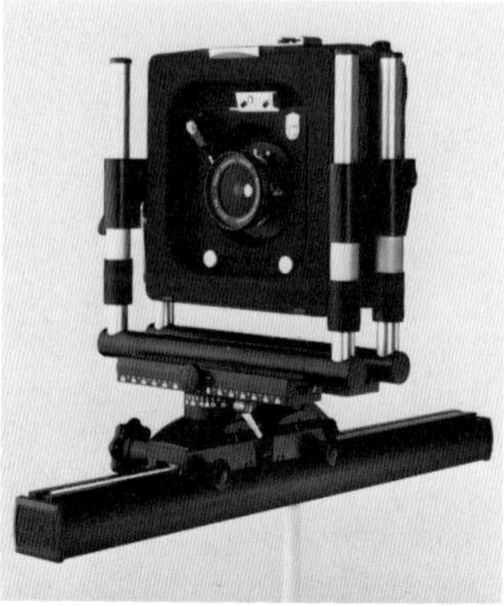

a

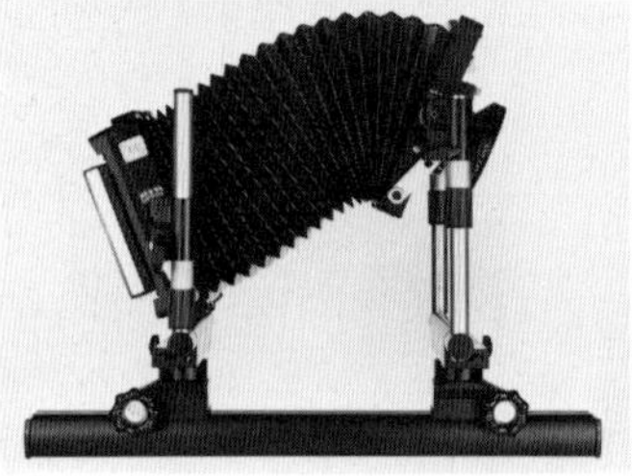

b

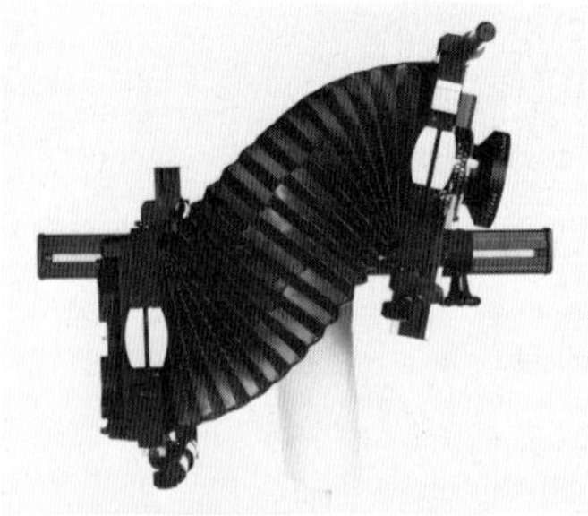

c

75 **Großbildkamera.** Kardan-Super-Color a) mit extremem Weitwinkel (47 mm) auf versenkter Objektivplattenaufnahme mit Universalbalgen – b) mit Hochverstellung und Scheimpflug-Einstellung – c) mit extremer Seitenverstellung und leichter Scheimpflug-Einstellung. Fotos: Linhof München

tet die dabei auftretende → Schwärzung den sog. Schwellenwert, so wird ein Grundschleier sichtbar (→ Schwärzungskurve, Abb. 147). Er wirkt sich auf Vergrößerungs- und Kopierprozesse kaum nachteilig aus. Allerdings: Durch unsachgemäße Entwicklung, aber auch bei der Verarbeitung überalterter Filme kann der Grundschleier zu einem störenden → Grauschleier werden.

Grundschwärze Die → Schwärzung (→ Dichte) unbelichteter Bildpartien bei entwickelten Farbumkehrfilmen wird Grundschwärze genannt (deutlich sichtbar am Perforationsrand). Exakt belichtete und entwickelte Umkehrfilme haben tiefe Grundschwärzen. Zu helle oder gar farbstichige Grundschwärzen deuten auf → Überlagerung (Überalterung), diffuse Vorbelichtung oder aber auf falsche Entwicklung hin. Eine empfindlichkeitssteigernde Farbumkehrentwicklung führt aufgrund einer verlängerten Entwicklungszeit zu einer Verarmung an → Silberhalogeniden in den unbelichteten Zonen, so daß in der Farbentwicklung die erreichbare Grundschwärze unter zulässige Grenzen absinkt.

Grundzahl Die fertigungsbedingten Unterschiede in den → Emulsionen von Farbpapieren veranlassen die Hersteller, Farbabweichungen einer jeden Emulsion von der Norm in einer Grundzahl auf der Verpackung anzugeben. Die Grundzahlen ermöglichen das rechnerische »Umsteigen« von einer Emulsion zur anderen; d. h., die zur Neutralstellung eines Bildes erforderliche neue Kopierfilterung kann im voraus ermittelt werden. Voraussetzung: Beide Emulsionen wurden einwandfrei gelagert.

Gummidruck Wie andere historische → Edeldruckverfahren basiert der Gummidruck auf einem fotografischen Kopierprozeß, bei dem (im Licht einer Bogenlampe) ein transparentes Negativ

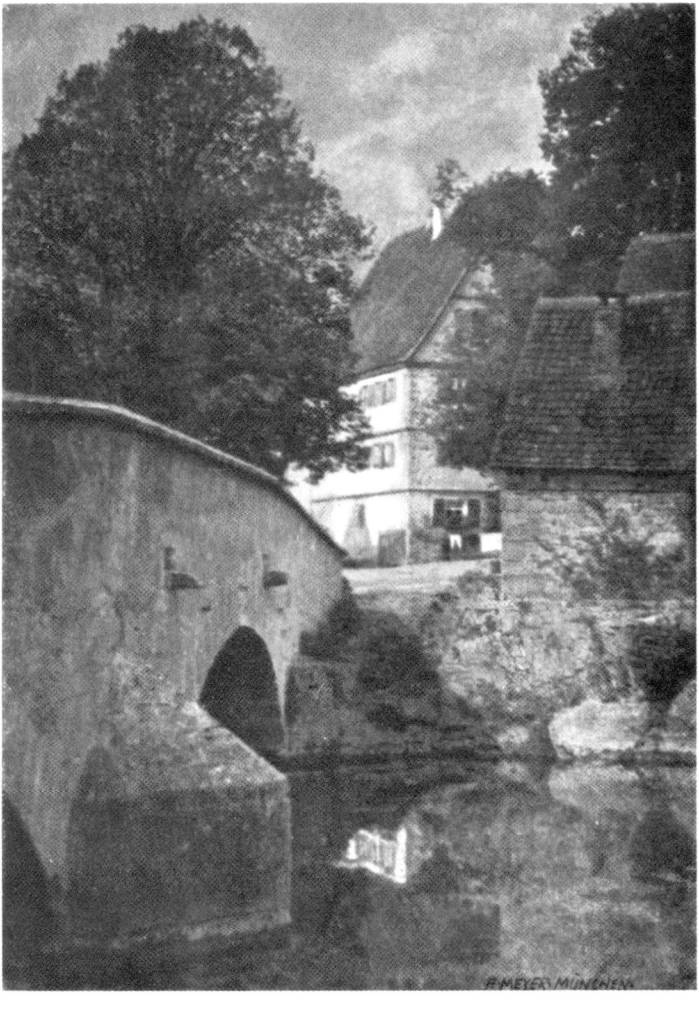

76 **Gummidruck.** Albert Meyer, München: Im Taubertal. Mehrschichtiger Gummidruck. Aus: Karl von Schintling, Kunst und Photographie, Tafel X. Berlin 1927

auf einen mit Bichromatsalzen lichtempfindlich gemachten Druckbogen aufbelichtet wurde. Die lichtempfindliche Schicht selbst bestand zum größten Teil aus Gummiarabicum (wasserlösliches, amorphes Polysaccharid, das aus gewissen Akazienarten gewonnen wird), einem kolloidalen Bindemittel, nach dem das Druckverfahren benannt wurde. Die durch die Belichtung teilweise gegerbte (gehärtete) Schicht wurde in einem kräftigen Wasserstrahl entwickelt, der die nicht belichteten und somit auch nicht gehärteten Bildpartien abschwemmte. Das relativ einfache Verfahren ermöglichte einen mehrschichtigen Druck (Abb. 76) in der Weise, daß ein und derselbe Druckbogen nach erfolgter Belichtung und »Entwicklung« erneut beschichtet, belichtet und entwickelt wurde. Im Extremfall wurden auf diese Weise bis zu acht Schichten übereinanderkopiert. Durch unterschiedliche Belichtungszeiten entstand in jedem der Kopiervorgänge in entsprechender Farbe ein anderer Auszug aus der gesamten Tonwertskala (Tontrennung), die sich insgesamt gegenseitig zum vollständigen Bild samt Mitteltönen ergänzten. Der Gummidruck bot damit eine bis dahin nicht gekannte Möglichkeit subjektiver Beeinflussung des Bildergebnisses. Dieser Vorzug machte den Gummidruck zum beliebtesten und am häufigsten praktizierten Edeldruckverfahren.

Gummilinse Umgangssprachliche Bezeichnung für →Vario-Objektiv. Typisiert ist damit die optische »Elastizität« der verstellbaren → Brennweite.

Halbtonbild Als Halbtonbild bezeichnet man in der Fotografie ein Negativ oder Positiv, in dem zwischen den Polen Schwarz und Weiß möglichst viele und feinabgestufte Grautöne (Halbtöne) wiedergegeben sind. Entsprechend werden Filme, die geeignet sind, feinste Abstufungen wiederzugeben, als Halbtonfilme bezeichnet. Sie führen, wenn sie belichtet und entwickelt sind, zu einem Halbtonnegativ. Auch Farbnegativ- und Farbumkehrfilme sind Halbtonfilme. Halbtonvorlagen können auf dem Wege der Autotypie oder Lithographie für den → Buch- bzw. → Offsetdruck vorbereitet werden.

Halogenlampe Glühlampe von großer Lebensdauer und hoher Leuchtkraft. Im Vergleich zu normalen Glühlampen ist sie von kleiner Bauweise und aus hochschmelzendem reinem Quarz hergestellt. Sie enthält, außer einem Wolframfaden, eine Edelgasfüllung, der eine präzis bemessene Menge eines Halogens beigemischt ist, das die frühzeitige Selbstzerstörung der über 3000° C heißen Wolframglühwendel verhindert. Halogenlampen werden wegen ihrer hohen Lichtleistung bevorzugt in Fotoleuchten und Dia-Projektoren verwendet. Entsprechend ihrer Farbtemperatur (ca. 3200 Kelvin [K]) sollte man bei Halogenlicht mit Kunstlichtfilmen fotografieren. Beim Einsatz von Tageslichtfilmen (ca. 5600 K) muß vor das Objektiv oder die Lampe ein entsprechendes → Konversionsfilter gesetzt werden.

Härtebad Zur Stabilisierung der Oberfläche für die Trommeltrocknung werden Fotopapiere in einem Härtebad behandelt. Es schützt die empfindliche Gelatineschicht gegen mechanische Einflüsse, gegen schädigende Bakterien und extreme Wärme. Für Härtebäder bietet der Fachhandel spezielle Chemikalien an (Alaunlösungen), die meist dem → Fixierbad beigemischt werden.

Hauptebene Zur geometrischen (zeichnerischen) Konstruktion von Strahlengängen in Objektiven oder anderen mehrlinsigen Systemen sowie zur Berechnung von Brenn-, Bild- und Gegenstandsweite muß die Linsenebene als Ort der Brechung durch zwei Hauptebenen (vordere und hintere bzw. ding-

und bildseitige) ersetzt werden. Bildseitige Brennstrahlen werden an der bildseitigen Hauptebene, dingseitige Brennstrahlen an der dingseitigen Hauptebene gebrochen.

Hauptlicht Als Hauptlicht bezeichnet man in einer Beleuchtungsanordnung mehrerer Fotoleuchten im Atelier die beherrschende Lichtquelle, bei Aufnahmen im Freien das Tages- oder Sonnenlicht. Dem Hauptlicht können eine oder mehrere Nebenlichtquellen zugeordnet werden, deren Aufgabe es ist, die vom Hauptlicht bestimmte Modulation von Licht und Schatten am Motiv noch zu verstärken oder aber auszugleichen (→ Aufhellung), evtl. auch als zusätzliches → Effektlicht zu dienen.

Hauptstrahl Alle Lichtstrahlen, die durch das perspektivische Zentrum eines optischen Systems gehen, erfahren, abgesehen von einer minimalen Parallelverschiebung, keine Richtungsänderung. Diese Hauptstrahlen werden in der geometrischen Optik vereinfachend als Geraden betrachtet, die Objektpunkte und zugehörige Bildpunkte miteinander verbinden.

Haze-Filter → Dunstfilter

Heliogravure Historisches → Edeldruckverfahren (Tiefdruck), das um 1900 Anwendung fand und u. a. durch Zeitschriften wie »Camera Work« von Alfred Stieglitz (1864–1946), auch durch Kunstbildbände der »Pictorialisten« (Kunstfotografen um 1900) weltweite Verbreitung fand. Ein vom Diapositiv auf eine Chromat-Gelatineschicht kopiertes Bild wurde auf eine mit Asphaltkorn versehene Kupferplatte übertragen und mit einer Eisenchloridlösung in das Kupfer geätzt. Entsprechend der Gerbung (Härtung) der Gelatineschicht im Kopiervorgang entstanden durch die Eisenchloridlösung mehr oder weniger starke Vertiefungen in der Kupferplatte. Durch unterschiedlich intensives Ätzen konnte der spätere (prospektive) Bildeindruck subjektiv beeinflußt werden. Heliogravuren gestatteten den Druck großer Auflagen und sind von so hervorragender Qualität, daß sie heute teilweise wie fotografische Originale gehandelt werden.

Helldunkelkontraste → Farbkontraste

Helligkeitsumfang Als Helligkeitsumfang bezeichnet man das Verhältnis zwischen dunkelster und hellster Stelle eines Motivs (→ Kontrastumfang) oder einer fotografischen Abbildung (→ Dichteumfang). Während der Mensch noch Helldunkelkontraste im Verhältnis von 1:1000 (bei konstanter Pupillenweite) bzw. 1:300 000 (bei Helldunkel-Adaption) unterscheiden kann, gibt das fotografische Papierbild lediglich Kontraste im Verhältnis von 1:30 wieder. Das ist wenig, wenn man berücksichtigt, daß ein Negativ oder Diapositiv immerhin einen Helligkeitsumfang von etwa 1:1000 haben kann. Hieraus erklärt sich die Tatsache, daß ein auf die Leinwand projiziertes Diapositiv wesentlich differenzierter erscheint als ein Aufsichtsbild.

High Key-Effekt Bei Schwarzweißbildern, in denen die hellen Grautöne und Lichter stark dominieren und sich nur dünne Schattenzonen abzeichnen (wenn überhaupt), spricht man vom High Key-Effekt (engl. high key = Hochton). Um zu typischen High Key-Aufnahmen zu gelangen, muß ein an sich schon helles Motiv (z. B. das Porträt eines blonden Mädchens) vor einem ebenfalls hellen Hintergrund nahezu schattenlos ausgeleuchtet sein. Dies läßt sich im Atelier durch diffuse Beleuchtung und Schattenaufhellung mit Reflexionsflächen oder zusätzlichen Nebenlichtquellen ohne Schwierigkeiten realisieren. Eine reichliche Belichtung führt zu dichten Negativen, die auf normales oder weiches Fotopapier vergrößert werden. Die vorwiegend hellen,

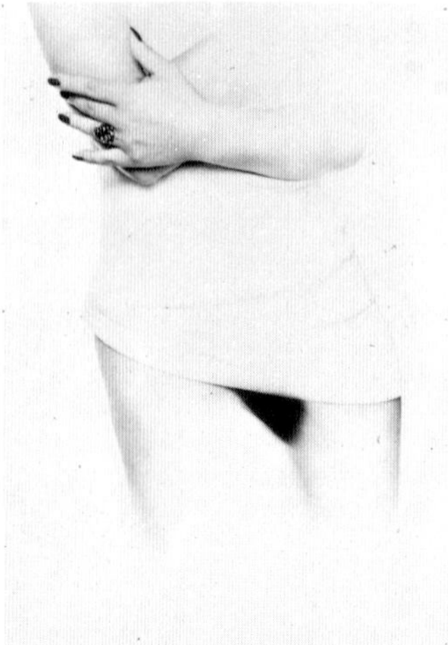

77 **High Key-Effekt.** Foto: Miroslav Stibor (Tschechoslowakei)

lichten Bildtöne erzeugen eine heitere, freundliche Stimmung. Der Verzicht auf Bildschwärzen läßt derartige High Key-Bilder ungewöhnlich flächig erscheinen, gleich einem flüchtig gemalten Aquarell (Abb. 77). (Gegensatz: → Low Key-Effekt).

High Speed-Film (= hochempfindlicher Film) Der Zusatz »High Speed« wurde ursprünglich von Kodak für deren höchstempfindliche Farbfilme gewählt, ist inzwischen jedoch als Bezeichnung für die verschiedensten hochlichtempfindlichen Aufnahmematerialien (23 bis 27 DIN) allgemein üblich geworden.

Hintergrundprojektion Raffinierte Aufnahmetechnik im Fotoatelier, die es dem Fotografen gestattet, ein Motiv vor einem beliebig gewählten Hintergrund zu fotografieren. Dieser wird mit Hilfe eines Projektors über einen halbdurchlässigen → Spiegel auf eine hochreflektierende Bildwand projiziert (Abb. 78). Indem man durch diesen Spiegel hindurch fotografiert, fallen Projektions- und Aufnahmeachse zusammen. Nur so kann es vermieden werden, daß die Schatten, welche das unmittelbar vor der Bildwand befindliche Motiv auf den »Hintergrund« wirft, nicht mit ins Bildfeld gelangen. Das Motiv selbst wirkt als Maske auf dieser Bildwand. Zwar wird ein Teil des Projektionslichtes auch vom Motiv selbst reflektiert, was aber durch die seitliche Ausleuchtung des Motivs leicht überdeckt werden kann, zumal die gerichtete Reflexionsintensität der Bildwand im Hintergrund die des Motivs um mehr als das hundertfache übertrifft.

Hochfrequenzfotografie Extrem kurzzeitige Bewegungsvorgänge, die das menschliche Auge nicht mehr erfaßt, können mit der Hochfrequenzfotografie (Hochfrequenzkinematografie) sichtbar gemacht und analysiert werden. Zur Aufnahme dienen komplizierte Spezialkameras, die von einigen hundert bis zu 20 Millionen Bilder in der Sekunde aufnehmen können. Die hierbei entstehenden extrem kurzen Belichtungszeiten bedingen Blitzleuchten mit entsprechend kurzer Leuchtzeit und Blitzfolgezeit, deren Blitzfrequenz mit der Aufnahmefrequenz der Kameras synchronisiert wird. In der Wiedergabe entstehen extreme Zeitlupeneffekte. Hochfrequenzfotografie findet in der Grundlagen- und Verfahrensforschung Anwendung. Mit ihr können beispielsweise das Materialverhalten an Bauteilen von in mehrfacher Schallgeschwindigkeit fliegenden Flugkörpern oder Detonationsvorgänge in allen Einzelheiten aufgezeichnet werden.

Hochgeschwindigkeitsfotografie → Hochfrequenzfotografie

Holographie (griech. holos = ganz) Das Wesensmerkmal der Holographie,

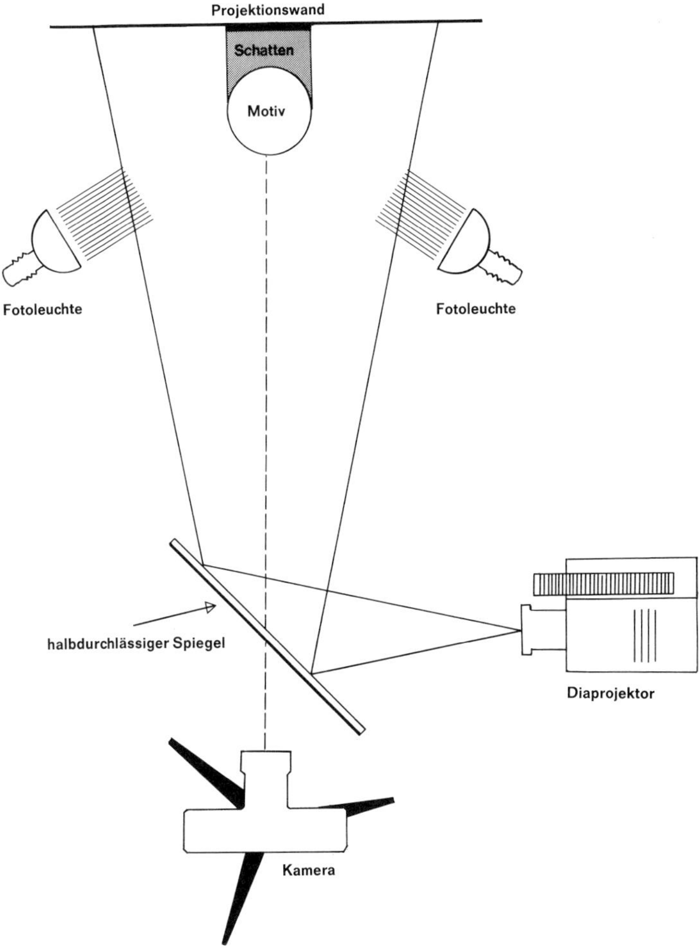

78 **Hintergrundprojektion** (Frontprojektion), unter Verwendung eines halbdurchlässigen Spiegels

dem sie ihren Namen verdankt, ist die Möglichkeit von Aufnahme und Wiedergabe eines dreidimensionalen, körperlichen Bildes. Sie unterscheidet sich jedoch gravierend von der normalen Fotografie: Die Aufnahme eines Objektes erfolgt bei streng monochromatischem, kohärentem (phasengleich schwingendem) Laserlicht ohne Objektiv und Kamera auf eine fotografische Platte. Sie zeigt nach der Belichtung und Entwicklung keine Abbildung des Objektes,

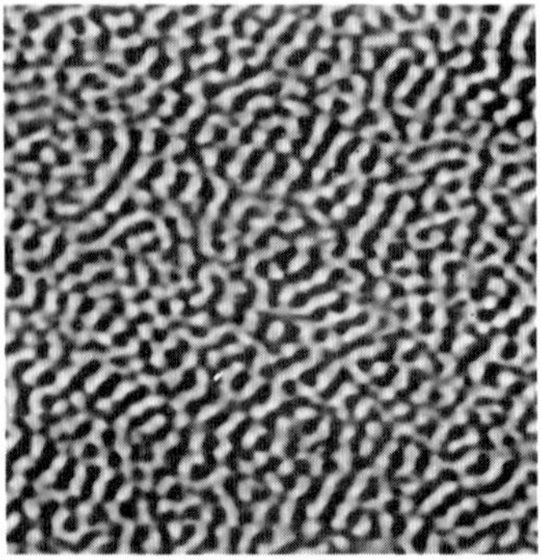

79 **Holographie**. Fotomikrografische Vergrößerung eines Hologramms (30fache Vergrößerung), Foto: Agfa-Gevaert, Leverkusen

sondern lediglich ein wirres, vom Auge nicht auflösbares Wellenmuster im Mikrometerbereich, welches durch die Interferenz von Bezugswelle (Licht, das direkt vom Laser kommt) und Objektwelle (vom Motiv reflektiertes Licht) auf dem Film entstanden ist (Abb. 79). Die Wiedergabe des räumlichen Bildes erfolgt im umgekehrten Sinne: Das Hologramm wird wiederum mit Laserlicht durchstrahlt, wobei die Lichtstrahlen, entsprechend dem Interferenzmuster auf dem Film, gebeugt werden. Schaut der Betrachter (unter beliebigem Blickwinkel) durch das Hologramm hindurch, so ergeben die vom Auge aufgefangenen gebeugten Lichtstrahlen ein virtuelles, dreidimensionales Bild, das hinter dem Hologramm zu liegen scheint. Da bei der holographischen Aufnahme eines Gegenstandes die von einem Objektpunkt kommenden Lichtstrahlen sich nach allen Seiten gleichmäßig ausbreiten, da sie außerdem durch kein optisches System gebündelt werden und somit auf die gesamte fotografische Schicht gelangen, enthält jeder noch so kleine Teil des Hologramms die »Bildinformation« aller Objektpunkte. Dieses Phänomen bewirkt, daß aus jedem Teilstück des Hologramms das ganze räumliche Bild rekonstruiert werden kann. Die Holographie kann für Wissenschaft und Technik nicht hoch genug eingeschätzt werden (u. a. für die Datenverarbeitung). Der große technische Aufwand macht die uneingeschränkte Anwendung in der allgemeinen Fotografie jedoch nur in Ausnahmefällen möglich.

Hypersensibilisierung → Vorbelichtung

Impressionismus Inspiriert vom Impressionismus der Malerei entwickelte sich gegen Ende des 19. Jh. der fotografische Impressionismus. Die Fotografen empfanden es als durchaus legitim, die Wiedergabe einer Landschaft oder eines Stillebens im Rahmen ihrer damals beschränkten aufnahme- und verarbeitungstechnischen Möglichkeiten mit impressionistischen Elementen anzureichern. Wie den Malern ging es ihnen darum, ihre subjektive Empfindung z. B. bei der Betrachtung einer Landschaft, die Einmaligkeit des flüchtigen optischen Eindrucks, die Wirkung des Gegenstandes im Licht, eben das Atmosphärische darzustellen. Es waren dies Gestaltungselemente, die der »angeborenen« Eigenschaft der Fotografie, sachlich abzubilden, widersprachen. Da den Fotografen Farbe, wichtigstes Element impressionistischer Malerei, zunächst nicht zur Verfügung stand, mußten ihre Impressionen auf andere Weise zum Ausdruck kommen: z. B. durch Strukturierung der Bildoberfläche, durch Tonen und Erzeugung bestimmter Lichteffekte. Auch erzielte man durch Abschwächen einzelner Details oder durch Eliminieren der Schatten jenen weichen, flirrenden Lichteindruck, der für impressionistische Darstellungen typisch ist. Bereits 1853 bezeichnete der Fotograf William J. Newton (gest. 1869) in der ersten Sitzung der Fotografischen Gesellschaft London die »geschnittene Schärfe und letzte Präzision« einer Aufnahme als unkünstlerisch. Er empfahl fotografische Motive etwas außerhalb der Schärfenebene aufzunehmen.

Das Aufkommen der → Edeldruckverfahren bot den Fotografen die Möglichkeit weitgehend subjektiver Eingriffe. Vor allem war es der um die Jahrhundertwende in Mode gekommene → Gummidruck, der den Einsatz von Rötel, Kohle, Kreide und Stift gestattete. Nun war es möglich, feine, auch farblich abgestufte Tonungen zu erzielen. So zeigen die im Gummidruck reproduzierten Ballettszenen von Robert Demachy (1859–1936) verblüffende Ähnlichkeit mit denen des Malers Edgar Degas (1834–1917), und einige Landschaften von Heinrich Kühn (1866 bis 1944) oder Gertrude Käsebier (1852 bis 1934) unterscheiden sich in ihrer Stimmung nur wenig von den Bildern Renoirs (1841–1919).

Mit der Erfindung des Autochromeverfahrens (→ Kornrasterverfahren, später Linsenraster- und Linienrasterverfahren) boten sich erstmals Möglichkeiten, farbige, dem spätimpressionistischen Pointillismus (Paul Signac [1863 bis 1935] und Georges Seurat [1859 bis 1891] ähnliche Auflösungen der Farbflächen in eine Kornstruktur zu erreichen. Diese Technik wird auch heute wieder praktiziert. Mehr denn je spielen impressionistische Darstellungsweisen in der modernen Lichtbildkunst eine Rolle (vgl. Farbabb. 14). Die raffinierten Farbverarbeitungsverfahren der Fotografie mit ihren experimentellen Seitenrichtungen wie Tontrennung, Rastertechnik, Unschärfeneffekten aller Art, mit dem Einsatz von Tricklinsen, Farbfiltern und Weichzeichnern etc. gestatten den sehr freien Umgang mit der Farbe. Unter den zeitgenössischen Arbeiten finden sich viele Beispiele für Motive, die zu Recht impressionistisch genannt werden können. Erwähnt seien nur einige Fotografen: Peter Cornelius (1913–1970), Erwin Fieger (geb. 1928), Ernst Haas (geb. 1921), André Martin (geb. 1928), Walter Boje (geb. 1905), Horst H. Baumann (geb. 1919).

Indirektes Blitzen (Bounce-light) Moderne Blitzgeräte sind mit → Reflektoren ausgestattet, die das Licht bündeln und in eine bestimmte Richtung abstrahlen. Dies führt bei direktem Blitzen, d. h. wenn der Blitzreflektor unmittelbar auf das Motiv gerichtet wird, zu einem hellen, oft überstrahlten Vordergrund und zu störenden Schatten im Hintergrund. Diese Lichtsituation wird vom menschlichen Auge als unnatürlich empfunden. Charakteristisch an diesen Blitzaufnahmen ist die rapide, im Quadrat der Entfernung abnehmende Helligkeit. Z. B. werden bei Gruppenbildern die Gesichter der vorderen Personen überstrahlt, die im Hintergrund versinken im Dunkel. Durch indirektes Blitzen kann in dem Fall eine gleichmäßige Ausleuchtung erreicht werden (vgl. Abb. 80). Der Blitzreflektor wird dabei gegen eine große, helle Reflexionsfläche gerichtet (z. B. gegen die weiße Decke oder Wand eines Zimmers), von wo das Licht, breit und weich gestreut, auf die Szene zurückstrahlt. Als Reflektor kann aber auch ein in entsprechender Entfernung aufgestellter weißer Karton dienen. Die Abnahme der Helligkeit in der Raumtiefe ist nun weniger kraß, da die Weglänge, die der Lichtblitz zurücklegen muß, in Relation zur unveränderten Aufnahmeentfernung, wesentlich verlängert wird. Durch die Streuung des Lichts werden jedoch längere Blitzzeiten erforderlich. Bei Computergeräten muß in dem Fall auf den Einsatz der Automatik meist verzichtet werden, es sei denn, das Meßauge des Blitzgerätes läßt sich – unabhängig von der Blitzrichtung – direkt auf das Motiv ausrichten. Komfortable → Elektronenblitzgeräte sind für indirektes Blitzen mit einem schwenkbaren Reflektor ausgestattet, der auch bei direkt an der Kamera befestigter Blitzleuchte die An-

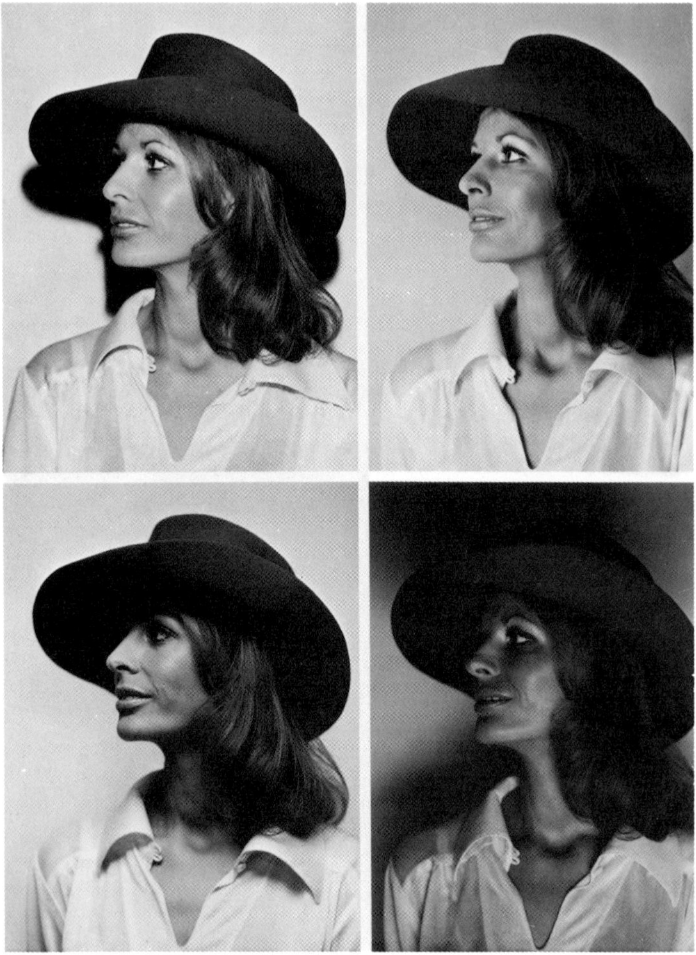

a b c d

80 **Indirektes Blitzen.** a) Frontal geblitzt ergibt unschöne Schlagschatten – b) Blitz nach links gegen Reflexionsfläche gerichtet (indirekt) – c) Blitz nach oben gerichtet (indirekt) – d) Blitz nach rechts gerichtet (indirekt). Fotos: Metz, Fürth

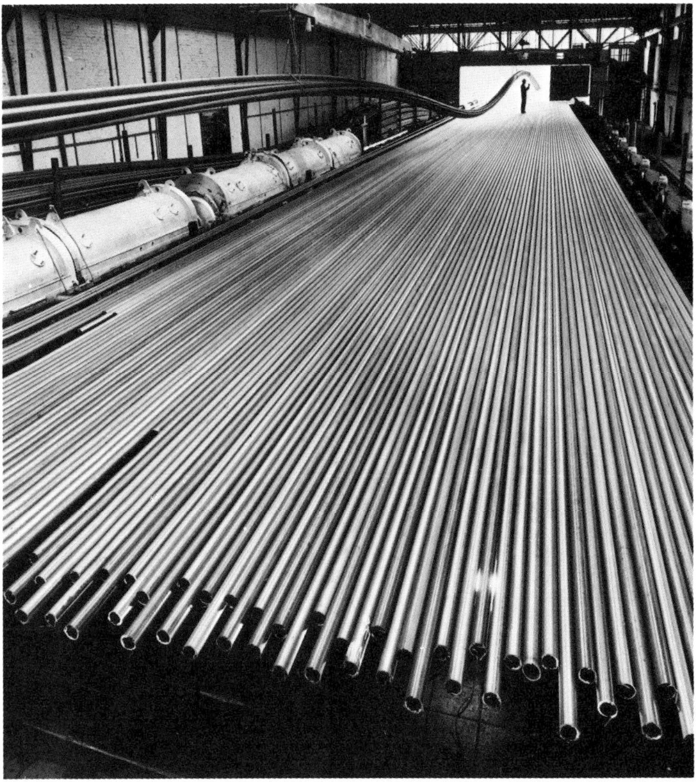

81 **Industriefotografie.** Foto: Ludwig Windstosser, Stuttgart

wendung der Bounce-light-Technik gestattet.

Incident-light-Messung → Lichtmessung

Industriefotografie Einer der wichtigsten Bereiche der Sachfotografie. Fotografiert werden Erzeugnisse und Produktionsvorgänge in Fabrikhallen, in Fertigungsstätten und Gebäuden (Abb. 81). Ziel ist meist eine sachliche Darstellung, bei der es weniger auf optische Effekte denn auf Materialtreue, Atmosphäre und Information ankommt. Der Verwendungszweck von Industriefotos ist vielfältig. Er reicht von der Illustration industrieller Entwicklungen, Vorgänge und Produkte für Jahresberichte, von Veröffentlichungen in Wirtschaftsberichten, Fachzeitschriften oder Fachbüchern bis hin zur Dokumentation und zur Illustration von Gebrauchsanleitungen.

Infrarotfilm Bei dem für wissenschaftliche Zwecke konzipierten Infrarotfilm (kurz: IR-Film) handelt es sich um einen Schwarzweißfilm (vgl. aber auch → Ektachrome Infrared-Film), der für den Bereich des roten und infraroten Lichtes sensibilisiert ist. Die heute auch für die gestaltende Fotografie verwendeten IR-Filme (Kleinbild- und Rollfilme) sind für Licht der Wellenlänge von ca. 700 Nanometer (nm) bis ca. 900 nm maximal empfindlich. Spezielle IR-Filme, die jedoch nur in Technik und Wissenschaft von Bedeutung sind, erfassen noch Wellenlängenbereiche bis ca. 1350 nm. Die Empfindlichkeit von IR-Filmen kann vom Hersteller nur in Annäherungswerten angegeben werden, da diese stark von der Wellenlänge der jeweils herrschenden IR-Strahlung abhängig ist. Weil das Material auch im Bereich des blauen und ultravioletten Lichtes lichtempfindlich ist, müssen zur Aufnahme stets gelbe, rote bzw. spezielle Infrarot- oder Schwarzfilter verwendet werden. Die Wärmeempfindlichkeit von IR-Filmen setzt ihrer Haltbarkeit auch bei kühler Lagerung enge Grenzen (auf wenige Monate).

Infrarotfilter (kurz: IR-Filter) Meist sind dies dunkelrot bis schwarz gefärbte Aufnahmefilter, die den größten Teil des sichtbaren Lichts absorbieren und nur für den Rot- und Infrarotbereich durchlässig sind. Solche Filter haben einen dementsprechend hohen → Filterfaktor (20–120fach). Strenge IR-Filter (Absorption bis 850 Nanometer [nm]) werden als Schwarzfilter bezeichnet. Der Einsatz von IR-Filtern ist nur in Verbindung mit Infrarotfilmen sinnvoll, da gewöhnliche Aufnahmematerialien für den IR-Bereich absolut unempfindlich sind (→ Farbempfindlichkeit, Abb. 46). Im Rahmen normaler Schwarzweißfotografie beschränkt sich die Anwendung von IR-Filtern in der Hauptsache auf Landschaftsaufnahmen und dort auf Fälle, in denen es gilt, atmosphärischen Dunst oder leichten Nebel zu durchdringen. Häufiger werden sie in verschiedenen Bereichen der Wissenschaften (Geologie, Meteorologie, Biologie, Medizin etc.) eingesetzt. In der experimentellen Fotografie werden IR-Filter vor allem bei Manipulationen mit dem → Ektachrome Infrared-Film (Falschfarbenfilm) verwendet.

Infrarotfotografie Die IR-Fotografie hat primär die Aufgabe, dem menschlichen Auge unsichtbares Infrarotlicht (Wärmestrahlung) auf einem Film sichtbar zu machen. Der große Bereich der IR-Strahlung (Wellenlängen von ca. 780 Nanometer [nm] bis 1 mm!) wird jedoch von der IR-Fotografie nur zu einem Bruchteil erfaßt (bis etwa 900 nm, evtl. sogar bis 1350 nm). Die Aufnahmen werden auf speziell für dieses Licht sensibilisiertes fotografisches Material gemacht, wobei das sichtbare Licht durch Infrarotfilter absorbiert wird und deshalb nicht zur Belichtung gelangt. Infrarotfilme sind als Schwarzweiß-Material wie auch für Farbe erhältlich (→ Ektachrome Infrared-Filme). Da die Objektive vieler Kameras nur für den Bereich des sichtbaren Lichtes farbkorrigiert sind, ergeben sich u. U. gewisse Fokusdifferenzen, d. h. Abweichungen in der → Scharfeinstellung, die bei einigen Objektiven durch Einstellung auf den IR-Index (meist rot in die Entfernungsskala eingraviert) entsprechend korrigiert werden können. IR-Fotografie wird mit Erfolg dort eingesetzt, wo es gilt, unbemerkt bei absoluter Dunkelheit zu fotografieren (z. B. in der Kriminalistik und bei der Zollfahndung). Dabei werden unsichtbare Infrarotleuchten eingesetzt (→ Infrarotkamera). Die bildmäßige Fotografie verwendet IR-Materialien vorwiegend für Landschaftsaufnahmen (Abb. 82). Sie sind nützlich, wenn es gilt, Dunst oder atmosphärische Trübungen zu durchdringen. Werden IR-Aufnahmen auf Schwarzweiß-Infrarotfilm bei vollem

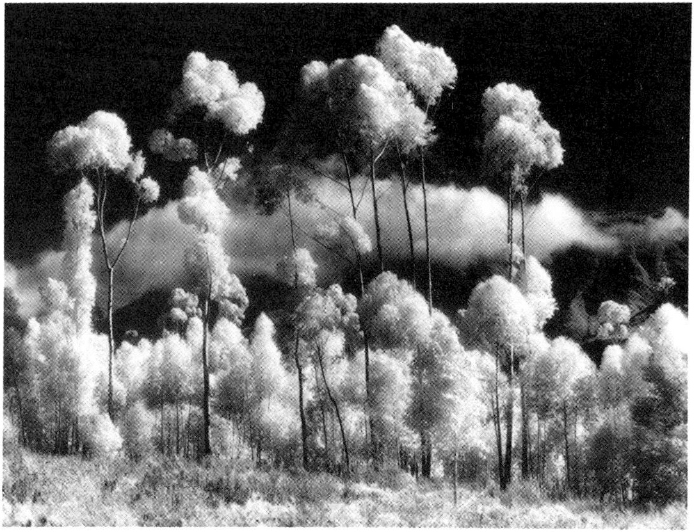

82 **Infrarotfotografie.** Swellemdam, Süd-Afrika. Foto: Paul Ribanyi, Tiburon/Kalifornien (USA), 1973

Tageslicht gemacht, so entsteht durch die Ausfilterung (Rotfilter!) des blauen Himmelslichtes eine »Pseudonachtaufnahme« (→ Mondscheineffekt, Abb. 109). In der experimentellen Fotografie erfreut sich der »Falschfarbenfilm« (Ektachrome Infrared) ob seiner ungewöhnlichen farbgestalterischen Möglichkeiten großer Beliebtheit.

Infrarotkamera Hier handelt es sich um eine speziell für Nachtaufnahmen ausgerüstete Kleinbildkamera, die mit einem oder zwei mit Schwarzfiltern versehenen Scheinwerfern bestückt ist. Diese strahlen unsichtbares Infrarotlicht ab. Das von ihnen erfaßte Motiv (Entfernung bis zu ca. 100 m) wird im Sucher der Kamera über einen elektronischen Bildwandler für den Fotografen sichtbar gemacht. Die Belichtung erfolgt auf → Infrarotfilm.

Infrarotleuchte Infrarotleuchten sind mit Infrarot- bzw. Schwarzfiltern versehene Spezialleuchten, die nur im langwelligen Bereich des infraroten Lichtes strahlen. Sie werden sowohl für die sog. »aktiven« → Nachtsichtgeräte als auch für Aufnahmen auf → Infrarotfilm (→ Infrarotfotografie) benötigt, insofern es sich nicht um selbststrahlende Körper handelt. Normale Fotoleuchten können, ebenso wie → Elektronenblitzgeräte, durch vorgesetzte → Infrarotfilter in entsprechende Infrarotlichtquellen umgewandelt werden. Eine besonders hohe Lichtausbeute im unsichtbaren Bereich ergeben schwarzeingefärbte Infrarot-Blitzbirnen.

Infrarottrocknung Zum Trocknen der kunststoffbeschichteten Fotopapiere werden Geräte angeboten, die mit Infrarotstrahlung (Wärmestrahlung) arbeiten. Darunter gibt es Konstruktionen, die zusätzlich über ein Gebläse verfügen und damit erstaunlich kurze Trockenzeiten erreichen (unter 1 min). Die Belastung der Gelatineemulsion von Fotopapieren ist bei dieser Art Trocknung, im Vergleich zur konventionellen Trommeltrocknung, auf ein Minimum reduziert.

Instant Print → Sofortbildverfahren

Integralmessung → Belichtungsmessung

Interferenz Gesamtheit aller Überlagerungserscheinungen, die beim Zusammentreffen von Lichtwellen mit fester Phasenbeziehung an bestimmten Raumpunkten entstehen. Beim Aufeinandertreffen von je zwei Wellenbergen oder -tälern sich konzentrisch ausbreitender Lichtwellen addiert sich deren Wirkung, während die Vereinigung eines Wellenberges mit einem Wellental zur Auslöschung führt (die Wirkungen heben sich gegenseitig auf). Erscheinungen wie → Beugung und → Lichtbrechung sind ausschließlich auf die Interferenz von Elementarwellen zurückzuführen. Die räumlich feststehende und daher direkt beobachtbare Interferenz kohärenten, d. h. gleichschwingenden Lichtes macht sich u. a. die → Holographie zunutze. Alltägliche Interferenzerscheinungen sind die durch unsachgemäßes Rahmen von Diapositiven entstehenden → Newton'schen Ringe.

Internegativ Die Herstellung von Farbvergrößerungen oder Duplikaten nach Farbdiapositiven kann über Internegative (Zwischennegative) erfolgen, die vom Original auf einen maskierten Internegativfilm kopiert werden (vgl. Abb. 83). Dieses Verfahren erfordert zwei Kopiervorgänge: vom Positiv (Original) zum Internegativ und von diesem zum farbigen Abzug. Bei sorgfältiger → Farbfilterung ist das Ergeb-

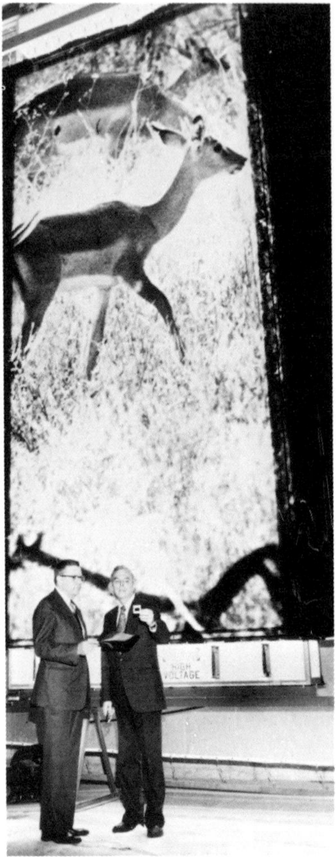

83 **Internegativ.** Teilstück des größten Farbdiapositivs der Welt (18,3 x 5,5 m). Der Herr rechts im Bild betrachtet das von Ernst Haas fotografierte Original-Kleinbilddia (24x36 mm), der linke Herr hält das Internegativ in Händen, nach dem das Riesendia hergestellt wurde. Foto: Kodak/Ernst Haas, New York (USA)

nis so hervorragend (vor allem bei Großvergrößerungen), daß der umständlichere Weg über das Internegativ dem schnelleren Farbumkehrverfahren (→ Dia-Direktverfahren) meist vorgezogen wird. Kodak Internegativfilm wird auch für Farbreproduktionen verwendet. Vorteil: bessere Anpassungsmöglichkeit an den Kontrast der Vorlage als beim normalen Farbnegativfilm.

IR-Film → Infrarotfilm

IR-Filter → Infrarotfilter

Irisblende → Blende

Isohelie Werden Schwarzweiß-Aufnahmen in Tonwertauszüge zerlegt, die jeweils vorwiegend die Lichter, Mitteltöne und Schatten wiedergeben, und anschließend deckungsgleich übereinandermontiert, so entstehen Bilder, die sich im wesentlichen aus den drei Tonwerten Schwarz, Grau und Weiß zusammensetzen. Man spricht dann von Isohelien bzw. einem Gouache-Effekt. Ausgangsbild für eine derartige Umsetzung ist meist ein großformatiges Negativ oder Positiv (evtl. kopiert vom Kleinbildnegativ), das zu Beginn der Arbeit mit Passerkreuzen versehen wird, die später die paßgerechte Montage der einzelnen Tonwertauszüge erleichtern. Letztere werden im Kontaktverfahren nach dem Prinzip der → Tontrennung, d. h. mit unterschiedlich langen Belichtungszeiten auf steil arbeitende Positivfilme kopiert. Durch weiteres Umkopieren verlieren die Tonwertauszüge alle Halbtöne. Die letzten Kopien, die in verdünntem Entwickler bis zur gewünschten Dichte (Graustufe) entwickelt werden und ein negatives Bild zeigen, werden konturendeckend aufeinandermontiert und auf ein weiches Fotopapier umbelichtet. Entscheidend für die resultierende Bildwirkung ist vor allem die Wiedergabe der hellen Lichter und der tiefen Schatten. Sie bewirken die ausgesprochen plastische und plakative Wirkung der Isohelie.

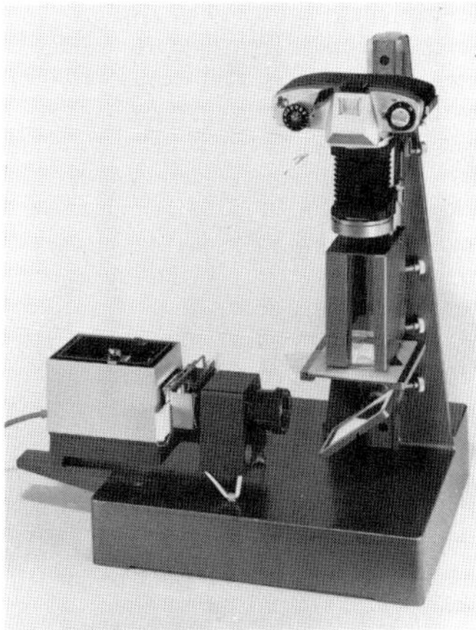

84 **Kaleidoskop-Fotografie.** Repro-Kaleidoskop. Foto: Manfred P. Kage, Weißenstein

K Abk. für → Kelvin

Kaleidoskop-Fotografie Die Lösung zur mechanischen Herstellung von Wiederholungsformen – radial oder parallel – bietet das auf die moderne Fototechnik applizierte Repro-Kaleidoskop (Abb. 84). Mit Hilfe zweier oder mehrerer Spiegel, die bei der radialen Reproduktion haarfein aneinanderstoßen, läßt sich eine transparente oder auch undurchsichtige Vorlage parzellieren und in jedem gewünschten Ausschnitt zur Symmetrie bringen (vgl. Farbabb. 3). Daneben ist es möglich, fotografische Objekte, wie z. B. ein Haus, direkt in die Kaleidoskop-Symmetrie zu versetzen: Es bedarf dazu nur einer → Spiegelreflexkamera, eines besonderen Reproduktions-Objektivs, zweier sorgfältig bedampfter und justierter Spiegel und eines Normalobjektivs 1:2 f = 50 mm. Spiegel und

Objektive können – wie ein Telekonverter (→ Konverter) – anstelle des ursprünglichen Objektivs gesetzt werden. Um die in der Natur einer Spiegelreflexion liegenden Fehlerquellen zu beseitigen, müssen die Geräte mechanisch so beschaffen sein, daß eine Feinjustierung der Spiegel bis auf 1/10 mm möglich ist. Die bei der Reflexion auftretenden Verluste müssen durch Verwendung von hochwertigen, oberflächenbedampften und plangeschliffenen Spiegeln aus Repro-Kameras oder Foto-Mikroskopen und einer die Abdunkelung gegenkompensierenden Zonenplatte eliminiert werden; die Spiegeloberfläche darf, außer dem Bedampfungsmaterial, keine zusätzliche Oberflächen-Vergütung besitzen, um eine Farbverfälschung auszuschließen. Mit dem radialen Spiegelsystem sind alle optisch sinnvollen Winkeleinstellungen (z. B. 90°, 60°, 45°) möglich; mit dem parallelen System – kombiniert mit Supplementärspiegel – beinahe jede schräge Winkelung oder Binnenspiegelung.

Kalotypie Auch unter der Bezeichnung Talbotypie (Abb. 85) (nach dem englischen Erfinder William Henry Fox Talbot [1800–1877]) seit 1839 bekanntes Verfahren zur Herstellung von Papiernegativen auf fotografischem Wege. Es ermöglichte die Verwendung von mit Silberjodid und Silbernitrat imprägniertem Papier, statt der bis zu diesem Zeitpunkt verwendeten → Daguerreotypie. Nach einer Belichtung, deren Werte etwa bei 5 min Belichtungszeit und Blende 8 (im vollen Sonnenlicht) lagen, wurde das Papier in Gallussäure entwickelt, anschließend fixiert.

Kaltwarmkontrast → Farbkontrast

Kamera → Camera obscura, → Großbildkamera, → Kleinbildkamera, → Meßsucherkamera, → Motorkamera, → Multiplekamera, → Panoramakamera, → Spiegelreflexkamera, → Stereofotografie, → Systemkamera, → Tandemkamera.

Kanteneffekt Bei der Entwicklung belichteter Filme oder Fotopapiere können an Begrenzungslinien, an denen stark und schwach belichtete Bildpartien aneinanderstoßen, Kanteneffekte (der sog. Eberhard-Effekt) auftreten. An Stellen, an denen stark belichtet ist, wird durch die Entwicklung des Bildsilbers mehr Entwicklersubstanz verbraucht als an den benachbarten, nur gering belichteten Stellen. Von dort diffundiert unverbrauchter Entwickler nach und führt zu einer Verstärkung der bereits erfolgten Schwärzung. Umgekehrt gelangen aus dem Bereich starker Schwärzung die entwicklungshemmenden Endprodukte in die unmittelbar daneben liegenden, nur schwach belichteten Bildteile, deren ohnehin geringe Entwicklung dadurch zusätzlich gehemmt wird. Durch intensivierte Schwärzung einerseits und die Hemmung der Entwicklung andererseits entsteht der Eindruck einer schärferen Kontur. Der Kanteneffekt steigert also den Schärfeneindruck des Bildes, kann aber auch zu unerwünschten hellen Säumen um stark geschwärzte Bildteile in ansonst grauer Umgebung führen. Da der Effekt auf Diffusionsvorgängen beruht, kann er durch sporadische Bewegung des Entwicklerbades vermieden werden.

Kaschieren → Aufziehen von Fotos

Kelvin Die Kelvin-Skala ist eine Temperaturskala, die mit der Celsius-

85 **Kalotypie** (Talbotypie). Foto aus der Frühzeit der Lichtbildnerei, aufgenommen von William Henry Fox Talbot, dem Erfinder des Negativ-Positiv-Verfahrens. Aus der Ausstellung »Sonnenbilder« im British Council, Köln. Science Museum, London ▷

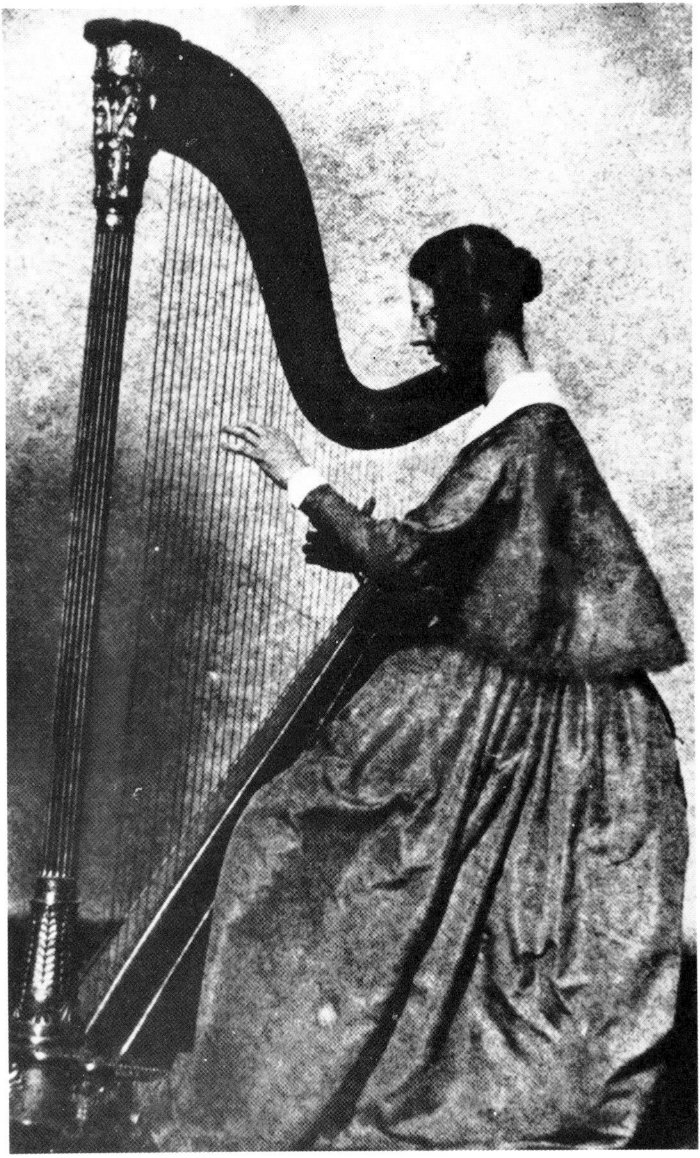

Skala vergleichbar ist. Während jedoch in der Celsius-Skala der Erstarrungspunkt des Wassers als Nullpunkt gewählt wurde, liegt dieser in der Kelvin-Skala beim absoluten Nullpunkt (— 273° C). Demzufolge lassen sich Celsiusgrade (° C) in Kelvin (K) durch folgende, einfache Beziehung umrechnen: Kelvin (K) = Celsius-Grade (° C) + 273. In der Physik wird die Temperatur meist, die → Farbtemperatur immer in K angegeben.

Kippdose → Dosen-Entwicklung

Kippende Farben Die Farbdichtekurven von Farbfilmemulsionen müssen über den gesamten Belichtungsumfang des Materials nahezu deckungsgleich verlaufen, um von den Lichtern bis in die Schatten eine farbrichtige Wiedergabe zu ermöglichen (Abb. 86a). Zeigt sich der Verlauf einer der drei Farbdichtekurven derart verändert, daß es zu einer Überschneidung kommt (Abb. 86b), so spricht man von kippenden Farben. Dieses Phänomen wirkt sich in Form von zueinander komplementären Farbstichen in den Lichtern und Schattenpartien des Bildes aus. Kippende Farben lassen sich deshalb durch Farbfilterung nicht korrigieren. Die Ursache für diese farblichen Abweichungen sind in der Regel in unsachgemäßer Behandlung des Films oder in einer → Überlagerung (Überalterung) des Farbmaterials zu suchen.

86 **Kippende Farben.** a) Farbdichtekurven eines normalen Negativfilms – b) Farbdichtekurven mit kippendem Farbgang

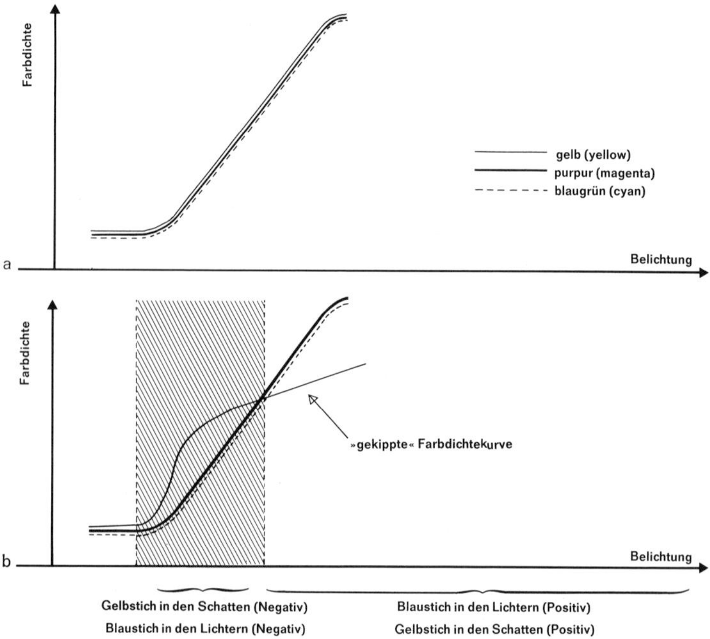

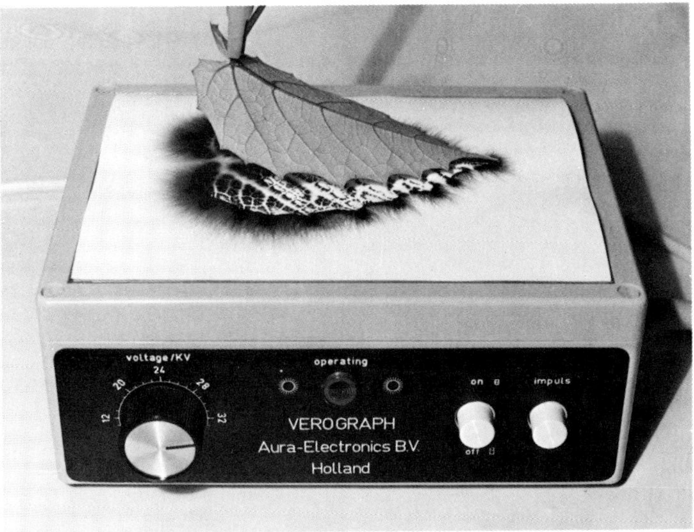

87 **Kirlian-Fotografie.** Verograph, Spezialgerät zur Erzeugung des Kirlian-Effekts. Foto: Manfred P. Kage, Weißenstein

Kirlian-Fotografie Die auf den russischen Forscher Demyon Kirlian (geb. 1938) zurückgehende »Elektrografie« besteht im Prinzip auf einer Modifikation der von dem Physiker Lichtenberg 1774 entdeckten und nach ihm benannten elektrischen »Gleitentladungen«. Das Prinzip besteht bei Lichtenberg aus einer Direktladung einer hohen Gleichspannung mittels einer Spitz- oder Kugel-Elektrode auf einen fotografischen Film, wobei sich durch die büschelförmige Entladung »elektrische Dentriten-Strukturen« abbilden. Im Unterschied hierzu wird bei der Kirlian-Fotografie ein hochfrequentes Wechselspannungsfeld (100 Kiloherz, 12 bis 32 Kilovolt) mittels eines Tesla-Transformators erzeugt. In dem preiswerten Gerät »Verograph« (Abb. 87) wurde, auch für den Fotoamateur, eine Möglichkeit geschaffen, Kirlian-Aufnahmen selbst herzustellen: Bei einfachen Schwarzweißbildern wird auf die Glasplatte, unter der sich die gut isolierte Elektrode befindet, ein Blatt 13 x 18 cm-Fotopapier gelegt (dünn, Gradation spezial) und darauf z. B. die Hand mit gespreizten Fingern leicht angedrückt oder ein Blatt bzw. eine Blüte befestigt. Dann wird mit der anderen Hand am Tastknopf oder über eine gut isolierte Schaltuhr 1–5 s bei eingestellten 32 000 Volt »belichtet«, d. h. das Gerät eingeschaltet. Im Licht der gelbgrünen oder roten Dunkelkammerlampe sieht man um die Außenzone der Finger herum eine Entladung von kleinen, 5 bis 10 mm langen blauen »Blitzen« ausstrahlen. Dann wird das Fotopapier entwickelt. Je nach Leitfähigkeitsbedingungen (Schweiß, Salzgehalt, Feuchtigkeit) der Hautoberfläche entstehen verschieden geformte »Corona«-Entladungen, die von psychischen Zuständen abhängen können. Bei Farbaufnahmen (Farbabb. 6) wird vorwiegend Color-Planfilm verwendet.

Klebefolien → Aufziehen von Fotos

Klebemontage Verschiedene fotografische Motive werden aus fertigen oder speziell für die → Fotomontage fotografierten Bildern ausgeschnitten und zu einem ganz neuen Motiv zusammenmontiert. Um beim Übereinanderkleben der einzelnen Bildteile ein zu starkes Auftragen der Schnittstellen zu vermeiden, bevorzugt man möglichst dünnes Fotopapier. Steht dieses nicht zur Verfügung, so kann man die Schnittkanten auf der Bildrückseite entsprechend dünn schaben. Normalerweise müssen Klebemontagen nach ihrer Fertigstellung nochmals fotografisch reproduziert werden. Zuvor sollten störende Klebe- oder Schnittstellen durch eine sorgfältige Positiv-Retusche beseitigt werden. Damit für die Reproduktion eine möglichst ebene Vorlage entsteht, muß die geklebte Montage zuvor gut eingepreßt werden.

Kleinbildkamera Das Aufnahmeformat von Kleinbildkameras beträgt 24 x 36 mm. Dieses im Sprachgebrauch typische »Kleinbildformat« ist noch heute das Standardformat des Kinofilms (35-mm-Film). Er wurde bereits als Aufnahmematerial für die allererste Kleinbildkamera, die von Oskar Barnack (1879–1936) erfundene Ur-Leica (Abb. 88), verwendet (1914). Heute ist das Kleinbildformat das am weitesten verbreitete fotografische → Aufnahmeformat.

Klemmstativ Universell verwendbares Kleinstativ mit arretierbarem Kugelgelenkkopf. Mit einer langen Klemmschraube läßt es sich an Tischkanten o. ä. befestigen. Drei Stellbeine, die sich zusammenklappen oder in den Stativkörper versenken lassen, ermöglichen den Einsatz als Tischstativ sowie das Abstützen der Kamera an Hauswänden, Mauern etc. Manche Konstruktionen verfügen über eine massive Holzschraube, die es gestattet, Stativ samt Kamera in Balken, Brettern oder Bäumen zu verankern (→ Stative).

Kodachrome Farbumkehrverfahren Kodachrome-Filme enthalten im Unter-

88 **Kleinbildkamera.** Die erste Kleinbildkamera, die Ur-Leica, von Oskar Barnack. Foto: Leitz Wetzlar

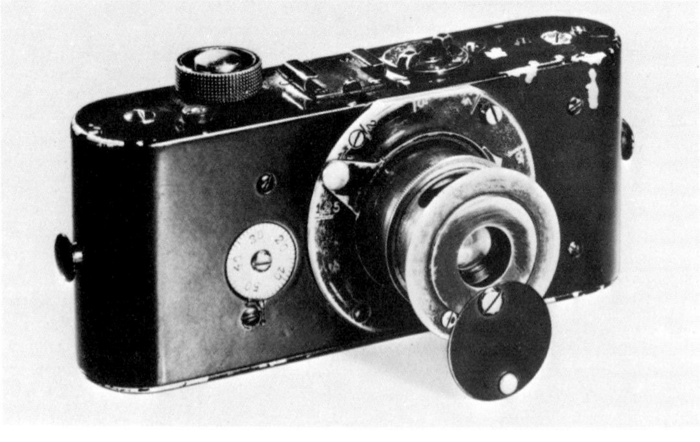

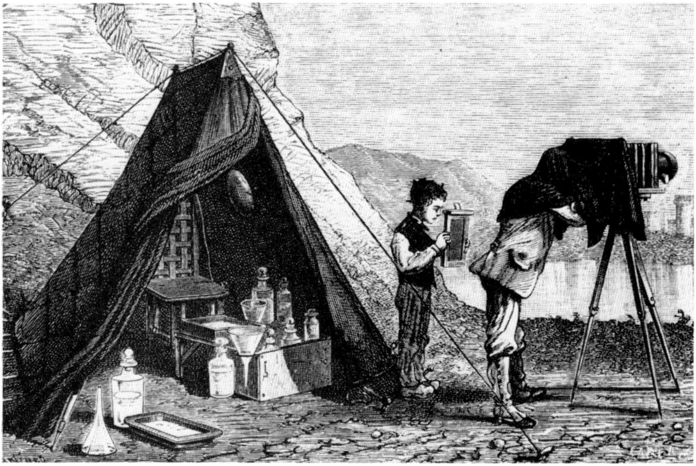

89 **Kollodium-Verfahren.** Landschaftsfotograf zur Zeit der Anwendung des Nassen Kollodium-Verfahrens (etwa 1860). Foto: Foto-Historama, Agfa-Gevaert, Sammlungen Stenger und Wendel, Leverkusen

schied zu anderen → Farbumkehrfilmen in den drei unterschiedlich farbsensibilisierten Einzelschichten keine → Farbkuppler. Diese werden nach der Entwicklung des negativen Silberbildes (Erstentwicklung) während der Zweitentwicklung dem Farbentwicklerbad zugesetzt. Dazu müssen sowohl Zwischenbelichtung wie Farbentwicklung in drei Einzelprozessen erfolgen: 1. Belichtung der untersten, rotempfindlichen Schicht mit diffusem Rotlicht, anschließend chromogene → Entwicklung unter Zusatz des Farbkupplers für Blaugrün; 2. Belichtung der oberen, blausensibilisierten Schicht mit blauem Licht (die darunterliegende Gelbfilterschicht schützt dabei die noch unbelichtete Mittelschicht), Entwicklung mit Gelb-Komponente; 3. Belichtung der mittleren grünempfindlichen Schicht mit weißem Licht (kann durch schleiernde Mittel im Entwicklerbad ersetzt werden), Entwicklung mit Purpur-Komponente. Nacheinander entsteht in jeder der drei Schichten zusammen mit dem Bildsilber das jeweils einfarbige Bild. Nach der Behandlung im → Bleichfixierbad ergeben alle drei Schichten zusammen, analog dem Prinzip der subtraktiven → Farbmischung, das vielfarbige Diapositiv.

Koinzidenz-Entfernungsmesser Gleichbedeutend mit Mischbild-Entfernungsmesser (→ Entfernungsmesser)

Kolloide Kolloide sind hochpolymere Makromoleküle oder Molekülaggregate in der Größenordnung zwischen 1 Nanometer (nm) und 100 nm. Für die Fotografie von wesentlicher Bedeutung sind die »löslichen« Kolloide, deren wichtigster Vertreter die Gelatine ist. Je nach Temperatur und Konzentration der in Lösung befindlichen Kolloide bilden diese eine hochviskose Flüssigkeit (Sol) oder eine erstarrte elastische Masse (Gel). Letztere ist die Basis aller fotografischen → Emulsionen.

Kollodium-Verfahren 1846 entdeckte der Chemiker Louis Ménard, daß eine Lösung von Nitrozellulose (Schießbaumwolle) in einem Alkohol-Äther-Gemisch eine viskose Flüssigkeit ergab, die beim Trocknen zu einer farblosen und durchsichtigen Substanz erstarrte. Dieses »Kollodium« wurde zunächst von den Ärzten als idealer Wundverschluß verwendet und erst 1850 von Robert Bingham, bezw. 1851 von F. S. Archer in seiner Bedeutung als fotografische Schicht erkannt. Das Beschichten der fotografischen Platten war allerdings beschwerlich; hinzu kam, daß die in Silbernitratlösung lichtempfindlich gemachten Kollodium-Platten noch in feuchtem Zustand belichtet und unmittelbar darauf entwikkelt werden mußten. Nachdem durch die Entdeckung einer geeigneten Entwicklersubstanz (Pyrogallol) die effektive Lichtempfindlichkeit der Kollodium-Platten um ein Vielfaches gesteigert und die notwendigen Belichtungszeiten auf zwei bis drei Sekunden verkürzt werden konnten, überflügelte die »Naßplatte« alle anderen Verfahren und fand weite Verbreitung (Abb. 89, 90). Sie beherrschte über 30 Jahre, bis zur Erfindung der Trockenplatte durch R. L. Maddox (1871; Bromsilber-Gelatine-Emulsion), die fotografische Szene.

Kolorieren Das Kolorieren (Ausmalen) von Schwarzweißfotos ist im Bereich der gestaltenden Fotografie, dem Zug der Nostalgie folgend, wieder aktuell geworden. Heute wie vor hundert Jahren wird mit transparenten Eiweißlasurfarben koloriert, teilweise auch mit Acrylfarben. Die mit dem Pinsel aufgetragenen oder mit der Spritzpistole aufgespritzten Farben werden von der Oberfläche (Gelatine) aufgesaugt. Im allgemeinen wird man Fotos, die koloriert werden sollen, möglichst helltonig kopieren, es sei denn, die

90 **Kollodium-Verfahren.** Ausrüstung für das Nasse Kollodium-Verfahren. Foto: Foto-Historama, Agfa-Gevaert, Leverkusen

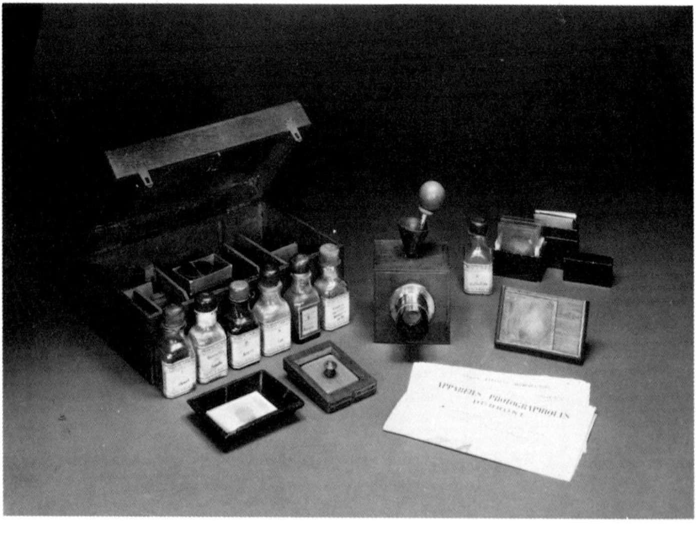

Mischung einer intensiven fotografischen Schwarzweißzeichnung mit transparenten Farben ist Teil der gestalterischen Absicht. Wegen ihrer Robustheit eignen sich kunststoffbeschichtete Fotopapiere besonders gut zum Kolorieren.

Koma Dieser → Abbildungsfehler optischer Systeme ist der sphärischen → Aberration verwandt: Schräg durch das Objektiv einfallende Lichtstrahlen, die von einem Objektpunkt ausgehen, können nicht in einem Bildpunkt vereinigt werden, da Lichtstrahlen am Rand des Objektivs stärker gebrochen werden als solche, die das Linsensystem in der Nähe der optischen Achse durchdringen. Weil die Lichtstrahlen außerdem in zwei zueinander senkrechten Ebenen ungleich gebrochen werden (unterschiedliche Auftreffwinkel auf der Linsenoberfläche), entsteht kein rundes Unschärfenscheibchen (→ Auflösungsvermögen) als Abbild des Objektpunktes, sondern ein tropfenförmiger oder kometenschweifähnlicher Fleck, daher der Name »Koma« (bzw. »Asymmetriefehler«). Das Koma spielt bei modernen, gut auskorrigierten Objektiven keine nennenswerte Rolle mehr.

Kompendium Die aus einem Faltenbalg bestehende Gegenlichtblende wird vor allem an Großbildkameras eingesetzt. Sie dient u. a. als Befestigungselement für verschiebbare Bildfeldebenen (z. B. für Überblendungen) sowie als Halterung für Masken, Fettscheiben und Filter unterschiedlichster Art.

Komplementärfarben Zwei Farben, die sich gegenseitig durch additive Mischung zu Weiß ergänzen, werden Komplementärfarben (Ergänzungsfarben) genannt. Dabei ist es gleichgültig, ob es sich um reine oder bereits gemischte Farben handelt. Ein farbiger Gegenstand absorbiert den Teil des weißen Lichtes, der zu seiner Eigenfarbe (→ Körperfarbe) komplementär ist. Auch Farbfilter absorbieren die Komplementärfarbe zu dem farbigen Licht, für das sie transparent sind. Farben, die zueinander komplementär sind, sind im Farbenstern (Farbabb. 27) einander gegenübergestellt.

Komplementärkontrast → Farbkontrast

Kondensor Kondensoren sind Linsen oder Linsen-Systeme im Beleuchtungsstrahlengang von Projektoren, Vergrößerungsgeräten und Mikroskopen. Die sog. Halbkondensoren bestehen aus einer, Doppelkondensoren aus zwei plankonvexen → Linsen, deren Wölbungen einander zugekehrt sind. Kondensoren haben die Aufgabe, das Licht zu bündeln, somit die Lichtausbeute zu erhöhen und für eine gleichmäßige Ausleuchtung des Bildfeldes zu sorgen. Doppelkondensoren bewirken darüber hinaus eine streng parallele Ausrichtung des Lichts, was für die Dia-Projektion im Sinne einer hohen Kontrastwiedergabe von Vorteil, für den Vergrößerungsprozeß aber nur bedingt wünschenswert ist, da im gerichteten Licht die Kornstruktur des zu vergrößernden Bildes besonders stark hervortritt (→ Callier-Effekt).

Kontaktkopie Das Umkopieren transparenter fotografischer Vorlagen (Roll- oder Planfilme) auf Kopiermaterialien im Maßstab 1:1 erfolgt meist im Kontaktverfahren, d. h., daß die Vorlage in direktem Kontakt mit Kopierfilm oder Fotopapier aufbelichtet wird. Zu diesem Zweck gibt es spezielle Kopierrahmen, die das Herstellen von Kontaktkopien unter dem Vergrößerungsgerät ermöglichen, sowie spezielle Kontaktkopiergeräte mit separaten Lichtquellen, deren Helligkeit und Farbtemperatur steuerbar ist.

Kontern Bei der Gestaltung des Layouts eines Buches oder einer Zeitschrift kann es sich als notwendig erweisen, eine Fotografie zu kontern, d. h. seitenverkehrt zu reproduzieren. Ausgeschlossen ist das Kontern eines Bildes vor allem dann, wenn dadurch eine im Bild enthaltene Information offenkundig verfälscht oder eine im Bild enthaltene Schrift unleserlich wird. Ebenso unzulässig ist es, Porträtaufnahmen zu kontern, da die beiden Hälften des menschlichen Gesichts stets ungleich sind, das Kontern demnach die Gesichtszüge verfälschen und ein Gesicht seiner Charakteristik berauben würde. Manche Fotografen vertreten grundsätzlich die Meinung, daß ein Foto durch Kontern in seiner Wirkung verändert wird. Sie lehnen deshalb das Kontern ihrer Bilder ab.

Kontrastfilter In der Schwarzweißfotografie werden Farbkontraste – selbst zwischen komplementären Farben – zum Teil nivelliert, d. h. daß unterschiedlichste Farbtöne in nahezu identischen Grautönen wiedergegeben werden. Kontrastfilter in den Farben Gelb, Gelbgrün, Orange und Rot bieten die Möglichkeit, bestimmte Farbanteile des Lichts selektiv zu absorbieren (zu dämpfen) und somit zur Kontraststeigerung zwischen unterschiedlichen Farbtönen gleicher Farbsättigung beizutragen. Das am häufigsten benutzte Kontrastfilter ist das Gelbfilter, das den Blauanteil (Komplementärfarbe des Filters!) des Aufnahmelichts dämpft. Es wird insbesondere in der Landschaftsfotografie eingesetzt und führt dort zu einer Intensivierung des Kontrasts zwischen dem Himmelsblau und den weißen Wolken. Diese lassen sich bei ungefilterten Schwarzweißaufnahmen, infolge der hohen Blauempfindlichkeit des Filmmaterials, oft nur schlecht unterscheiden. Aufnahmen, die mit Orange- oder sogar mit Rotfilter bei wolkenlosem, blauem Himmel gemacht werden, lassen den Himmel im Bild so dunkel erscheinen, als handele es sich um eine nächtliche, nur vom Mond beschienene Landschaft (→ Mondscheineffekt, Abb. 109).

Kontrastminderung → Aufhellung

Kontrastübertragung Die Fähigkeit eines Objektivs oder Filmmaterials, Helldunkelkontraste entsprechend ihrer räumlichen Verteilung abzubilden, wird als Kontrastübertragung (bzw. Modulationsübertragung) bezeichnet und stellt ein objektiv meßbares Kriterium für die Qualität eines optischen Systems und einer Filmemulsion dar. Die Kontrastübertragung bringt → Bildschärfe (Kontrastwiedergabe) und → Auflösungsvermögen zueinander in Beziehung. Scharf begrenzte Motivdetails verlieren bei ihrer Abbildung durch ein Objektiv an Konturenschärfe, d. h. der Übergang von Schwarz nach Weiß erfolgt nicht unvermittelt, wie in der Vorlage, sondern allmählich und unter Ausbildung der Grauwertskala. Bei Objektiven ist dies auf die Beugung des Lichts an den Rändern der Blende und auf Mängel im Korrektionszustand zurückzuführen, bei fotografischen Schichten auf den Einfluß von in der → Emulsion entstehendem → Streulicht. Je kleiner die wiedergegebenen Details sind, um so schlechter wird die Schärfe ihrer Abbildung ausfallen. An der Grenze zum Auflösungsvermögen eines Objektivs bzw. Films verschwimmen die Kontraste zwischen Hell und Dunkel kleinster Details mehr und mehr miteinander zu einem einheitlichen Grau. Um die Kontrastübertragung zu ermitteln, wird der Dichteverlauf in einem Liniengitter (d. h. die Anzahl der Linien pro mm nimmt stetig zu) ausgemessen und mit dem Dichteverlauf der Abbildung verglichen: Das Verhältnis von Bildkontrast zu Objektkontrast in Abhängigkeit von der Linienfrequenz ergibt die Kontrastübertragungsfunktion bzw. Modulationsübertragungsfunktion.

Kontrastumfang Der Kontrastumfang (Objektumfang, Motivkontrast) definiert das Verhältnis zwischen der hellsten und dunkelsten Stelle eines Motivs. Er ist vom Reflexionsgrad des Motivs und von den Lichtverhältnissen abhängig und kann mit Hilfe eines → Belichtungsmessers bestimmt werden. Wird z. B. für die hellste Stelle bei einer festen Belichtungszeit Blende 22 gemessen, für die dunkelste Blende 5,6, so entspricht der Helligkeitsunterschied vier Blendenstufen (oder entsprechend Zeitstufen), d. h. das hellste Motivdetail ist 2^4 mal heller als das dunkelste. In diesem Fall beträgt der Kontrastumfang $1:2^4 = 1:16$. Er ist in unserem Beispiel relativ gering, kann jedoch Werte bis $1:10^6$ (= 1:1 000 000) erreichen.

Konturenbildung Von Konturenbildung auf fotografischem Wege wird im Zusammenhang mit → Pseudosolarisation und → Äquidensiten-Technik gesprochen. In beiden Fällen geht es darum, die Tonwerte eines Halbtonbildes in Linien umzusetzen, eine Technik, die im Bereich des → Foto-Design sowohl in der Schwarzweiß- wie in der Farbfotografie eingesetzt wird.

Konturenschärfe Die Konturenschärfe eines Filmmaterials, definiert durch die sog. K-Zahl, ist neben dem → Auflösungsvermögen und der → Kontrastübertragung ein Maß für die Wiedergabe-Qualität in der Abbildung kleinster Details. Sie zeigt den Einfluß der Lichthöfe auf die fotografische Emulsion und drückt sich in der Steilheit des Helligkeitsübergangs an einer scharfen Helldunkel-Kontur aus. Die K-Zahl wird bestimmt, indem man einen schmalen Spalt auf die Emulsion aufbelichtet und die Abbildung des Spaltes nach der Entwicklung des Films vermißt. Je mehr die Konturen des Spalts verwischt sind, desto größer ist die K-Zahl und desto geringer folglich die Schärfeleistung des Materials. Konkret gibt die K-Zahl die Breite der »unscharfen« Randzone von der eigentlichen Spaltkante bis zu jenen Grauwerten an, bei denen die wirksame Belichtung auf ein Zehntel des Maximums abgefallen ist. Die K-Werte von hochempfindlichen Filmen liegen bei 50 μm, die von feinkörnigen Dokumentenfilmen bei etwa 20 μm.

Konversionsfilter Die auch als Farbtemperatur-Korrekturfilter bezeichneten Konversionsfilter dienen der Angleichung der → Farbtemperatur des Aufnahmelichts an die spektrale Empfindlichkeit von Filmen. So können Tageslichtfilme auch im Kunstlicht belichtet werden, wenn man den im Kunstlicht relativ geringen Blauanteil durch ein leicht bläuliches Filter verstärkt. Umgekehrt kann man mit Kunstlichtfilmen unter Verwendung eines rötlichen Konversionsfilters auch bei Tageslicht fotografieren. Die Filter werden außerdem in unterschiedlichen Dichten für die Korrektur spezieller Lichtstimmungen (Frühlicht, Abendstimmung etc.) angeboten. Doch auch hier ist zu beachten, daß die Filterung verlängerte Belichtungszeiten notwendig macht.

Konverter Linsen-Systeme mit zerstreuender Wirkung, die, zwischen Kamera und Objektiv eingesetzt, nach dem Prinzip der »echten« Teleobjektive die Brennweite des Objektivs verlängern (zweifach oder dreifach). Sie erschließen, als Pendant zu den Nahlinsen, den Fernbereich für normalbrennweitige Objektive, wenngleich mit den Einschränkungen verringerter Lichtstärke und Abbildungsqualität. Konverter können nur an einäugigen → Spiegelreflexkameras verwendet werden.

Kopie Als Kopie bezeichnet man einen fotografischen Abzug von einem Negativ oder Positiv (Negativ-Positiv-Kopie, Dia-Direktkopie). Die Kopie gilt im fotografischen Bereich als »Original«. Stellt der Fotograf selbst mehrere Abzüge her, so müssen sie alle als Originale betrachtet werden. Diese Tatsache schafft im Kunsthandel gewisse Probleme, da man hier unter dem Begriff

Original sowohl ein Einzelstück als auch eine begrenzte Zahl einer Bildserie (Radierung, Lithographie, Siebdruck) versteht. Verschiedene Fotografen sind dazu übergegangen, nur eine beschränkte Anzahl von Kopien (z. B. 50 oder 100 Stück) herzustellen, um den Wert ihrer Fotografien zu erhöhen. Der Kunsthandel nennt sie prints (engl. = Abzug, Druck). Besonders kostbare Fotografien aus der Frühzeit der Fotografie werden als → Vintage prints bezeichnet.

Kopierfilm Im Gegensatz zu fotografischen Aufnahmematerialien werden Kopierfilme ausschließlich zur Reproduktion in der Dunkelkammer eingesetzt. Es handelt sich um verschiedene Arten von Planfilmen für die Negativ- oder Positivkopie wie um spezielle Arten von Planfilmen, Duplikat- und Internegativfilmen. Unter den Planfilmen sind vor allem jene Materialien zu erwähnen, die dank ihrer meist steilen → Gradation (→ Lithfilm) vorwiegend für grafische Reproduktionen von Strichvorlagen, in der experimentellen Kopiertechnik auch von Halbtonvorlagen verwendet werden. Das Umkopieren auf Kopierfilm erfolgt, mit Ausnahmen, im Kontaktverfahren (→ Kontaktkopie).

Kopierfilter → Farbfilterung

Kopierrahmen Kopierrahmen dienen der Herstellung von Kontaktkopien und Vergrößerungen im Licht des → Vergrößerungsgerätes. Durch eine bewegliche Glasplatte werden die transparente Vorlage und der Kopierfilm Schicht auf Schicht im Rahmen zusammengepreßt. Um von ein und demselben Ausgangsbild mehrere deckungsgleiche Dichte- oder Farbauszüge anfertigen zu können, sind die Kopierrahmen mit einer Passerleiste versehen, in die die zuvor gelochten Filme exakt eingelegt werden können. Später lassen sich die fertigen Kopien (Auszüge) anhand einer weiteren Passervorrichtung ohne Schwierigkeiten konturendeckend übereinandermontieren. Manche Kopierrahmen besitzen außerdem einen in die abdeckende Glasplatte integrierten → Graukeil, der eine nicht zu unterschätzende Hilfe bei der Ermittlung der korrekten Belichtungswerte ist (→ Äquidensiten). Eine Spezialform des Kopierrahmens ist das → Streifenkopiergerät zum Umbelichten von Negativfilmen auf Kontaktstreifen. In professionellen Labors gibt es spezielle Kontakt-Kopiergeräte mit geräteeigener Lichtquelle, eingebauter Belichtungszeitschaltuhr, einer Passervorrichtung und zwar ausschließlich für das Kontaktieren von Negativen oder Positiven bis zum Format 18 x 24 cm.

Korn Die Feinheit der körnigen Grundstruktur einer jeden fotografischen Schicht hängt von der durchschnittlichen Größe der Silberhalogenidkristalle ab. Korngröße und Lichtempfindlichkeit eines Films stehen in engem Zusammenhang: Je größer der Kristalldurchmesser der unbelichteten Silberhalogenide ist, desto größer deren Aussicht, von einer ausreichenden Lichtmenge getroffen und dadurch entwicklungsfähig zu werden. Der mittlere Kristalldurchmesser in niedrigempfindlichen (feinkörnigen) Schichten liegt bei ca. 0,2 μm, der einer hochempfindlichen (grobkörnigen) Emulsion bei ca. 2,0 bis 4,0 μm (Abb. 91). Bei der Entwicklung belichteter Filme, d. h. bei der partiellen Umwandlung der Silbersalze in das elementare Metall, kommt es zu Veränderungen in der Kristallstruktur, zu Kristallwachstum und zu Koagulaten (Zusammenballungen mehrerer Kristalle), wodurch die in der Vergrößerung sichtbare Kornstruktur eines entwickelten Bildes maßgeblich beeinflußt wird. Da in der Emulsion mehrere Kornlagen übereinandergeschichtet sind (bis zu 20), können voneinander unabhängige Silberkörner optisch zu einem noch größeren Komplex verschmelzen, was bei der Betrachtung (bzw. Vergrößerung) in

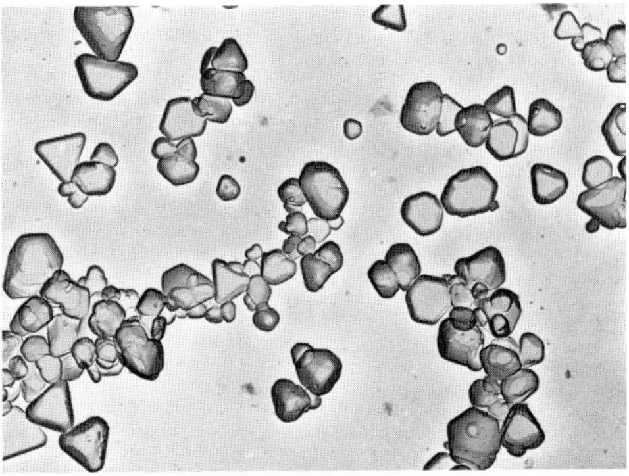

a

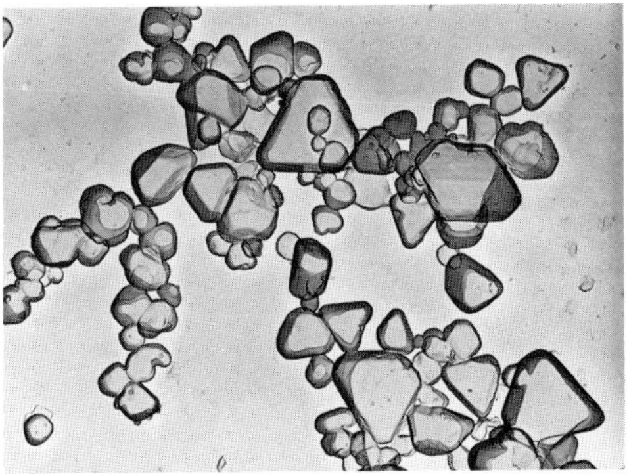

b

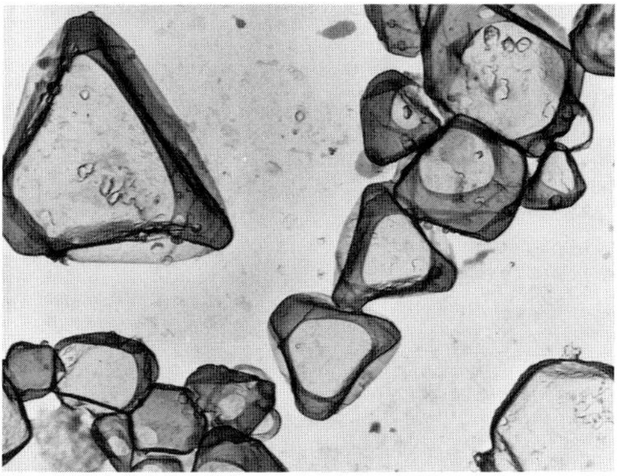

c

91 **Korn.** Elektronenmikroskopische Aufnahmen von a) niedrig empfindlichem – b) mittelempfindlichem – c) hochempfindlichem Silberhalogenid. Fotos: Agfa-Gevaert, Leverkusen

gerichtetem Licht deutlich in Erscheinung tritt. Beim Umkopieren und Vergrößern eines Negativs werden im Positiv feinste dunkle Strukturen sichtbar, die den hellen Zwischenräumen im Negativ entsprechen. Dieses »Positivkorn« ist keineswegs mit dem tatsächlichen Korn des Negativs identisch. Die sichtbare Auswirkung des Korns, d. h. die Zerrissenheit des im Grunde homogenen Bildes wird durch den Begriff der → Körnigkeit umschrieben.

Korndämpfung Bei Vergrößerung grobkörniger Negative läßt sich die Kornstruktur in der Vergrößerung innerhalb gewisser Grenzen dämpfen. Das beginnt bereits mit der Wahl des geeigneten Fotopapiers. Harte und hochglänzende Abzüge lassen das Korn deutlicher erkennen als matte Kopien auf weichem, womöglich strukturiertem Papier (z. B. Seidenrasteroberfläche). Auch die Kondensor-Anordnung im → Vergrößerungsgerät hat wesentlichen Einfluß auf die Kornwiedergabe: Das gerichtete Licht von Geräten mit Doppelkondensoren bildet das Korn schärfer und kontrastreicher ab, als dies mit dem diffusen Licht geschieht (→ Callier-Effekt). Für eine gezielte Korndämpfung bei der Vergrößerung eignen sich → Weichzeichner-Vorsätze und → Fettscheiben. In jedem Falle muß bedacht werden, daß jedwede Korndämpfung gleichzeitig die Bildschärfe vermindert.

Körnigkeit Durch zufällige Kornanhäufungen bzw. auftretende Lücken in einer ansonsten homogenen Kornstruktur fotografischer Materialien entstehen unregelmäßige Texturen, deren Ausmaß ein Vielfaches des mittleren Korndurchmessers einer Emulsion erreichen kann. Diese Struktur wird meist schon bei relativ geringen Vergrößerungen als störende Unruhe im Bild bemerkbar. Die »Körnigkeit« kann heute auf elektronischem Wege mit Hilfe eines haarfeinen Meßstrahls, der den Film abtastet, ermittelt werden. Als Maß dient die durchschnittliche Schwankung des gemessenen Photostroms. In der gestaltenden Schwarzweißfotografie gilt eine »prickelnde« Körnigkeit als Ideal eines gelungenen Abzuges.

Kornrasterverfahren Dieses Verfahren ermöglichte erstmals, ein Farbbild zu erzeugen, das mit einer einzigen fotografischen Platte aufgenommen und auch wiedergegeben werden konnte. Es basiert auf der Erfindung (1907) der Autochromeplatte der Gebrüder Lumière (Auguste Lumière [1862–1954], Louis Lumière [1864–1948]) und entwickelte sich zum historisch bedeutsamsten additiven Farbverfahren der Frühzeit. Auf eine Glasplatte wurden feinste Stärkemehlkörner aufgebracht, die zu gleichen Teilen rot, grün und blau eingefärbt waren. Die restlichen winzigen Zwischenräume wurden mit Ruß ausgefüllt. Über diese Körnerschicht wurde eine feine, lichtempfindliche, panchromatische Emulsion gegossen, die bei der Aufnahme durch die Rückseite des Glasträgers und durch die Körnerschicht hindurch belichtet werden mußte. Dabei wirkten die farbigen Stärkekörner als kleinste Rot-, Grün- und Blaufilter. Traf beispielsweise ein roter Lichtstrahl eine bestimmte Stelle der Platte, so wurde ausschließlich der hinter den roten Filterchen liegende Teil der lichtempfindlichen Schicht belichtet. Ebenso verhielt es sich mit den anderen Farben. Nach dem Prinzip der Umkehrentwicklung wurden alle belichteten Partien herausgelöst (durchsichtig), während die unbelichtet gebliebenen Anteile der Filmschicht durch Zweitbelichtung und anschließende Entwicklung geschwärzt, also lichtundurchlässig gemacht wurden. Bei der späteren Projektion des Bildes konnte das Licht in dem oben erwähnten »roten Fleck« nur an den Stellen passieren, wo die Filmschicht nicht geschwärzt, also durchsichtig geblieben war: Eben dort, wo die kleinen roten Filterchen nur den roten Anteil aus dem weißen Projektionslicht passieren ließen. Die in der Wiedergabe gezeigten Farbbilder setzten sich demgemäß aus feinsten Farbpunkten zusammen, die in extremer Vergrößerung pointillistisch wirkten. Fotografen wie Alfred Stieglitz (1864–1946) und Edward Steichen (1879–1973) zeigten in ihren Ausstellungen als besondere Attraktion nach Autochromeplatten kopierte Farbfotografien. Die Schwäche des Verfahrens lag in der geringen Empfindlichkeit der Platten und in der zufälligen Verteilung der gefärbten Stärkekörnchen auf der Platte. Die Inkonstanz in der Farbrasterung wurde später in verbesserten Verfahren anderer Erfinder mit regelmäßigen Farbrastern beseitigt (Linienraster- und Linsenrasterverfahren).

Körperfarbe Die sichtbaren Farben nicht selbst leuchtender Körper nennt man Körperfarben. Unterschiedliche molekulare Strukturen der Materie sind die Ursache, daß verschiedene Gegenstände das gleiche spektralfarbene Licht in unterschiedlichen Farbtönen als »Körperfarbe« zurückstrahlen. Im Unterschied zu den → Lichtfarben, die durch Emission von Licht unterschiedlicher spektraler Zusammensetzung erzeugt werden, entstehen Körperfarben durch Remission oder Absorption des Lichts auf der Oberfläche der Materie, also auf »farbigen« Körpern und Gegenständen. Da es Licht unterschiedlicher Farbqualität gibt (man denke an wechselnde → Farbtemperaturen von Tages- oder Kunstlicht), sind auch die Körperfarben entsprechend veränderlich. Die Hersteller von Farbfilmen bemühen sich, Emulsionen zu entwickeln, welche die Körperfarbe bei einer dem mittleren Tageslicht entsprechenden Farbtemperatur von ca. 5600 → Kelvin (K) möglichst neutral (naturgetreu) wiedergeben. Kunstlichtfilme berücksichtigen eine neutrale Farbwiedergabe im Bereich des Glühlampenlichtes von ca. 3200 K. Verwendet man Tageslichtfilm bei künstlicher Beleuchtung, so werden die Körperfarben in Richtung Orange verfälscht. Umgekehrt »verblauen« Körperfarben beim Fotografieren mit Kunstlichtfilm im Tageslicht.

Kostinsky-Effekt Werden belichtete Fotomaterialien entwickelt, ohne dabei bewegt zu werden, so können dicht beieinanderliegende Bereiche starker Belichtung, die nur durch eine schmale, schwach belichtete Zone getrennt sind, gegenüber den realen Dimensionen im Motiv vergrößert erscheinen. Dieses Phänomen wird Kostinsky-Effekt genannt. Er ist auf die Verarmung an Entwicklersubstanz und die gleichzeitig auftretenden hohen Konzentrationen von entwicklungshemmenden Stoffen in der schmalen, hellen Zone zwischen den beiden Schwärzungsbereichen während des Entwicklungsvorganges zurückzuführen. Da der Kostinsky-Effekt auf Diffusionsvorgängen beruht, kann er durch ausreichende Bewegung des Entwicklers während der Verarbeitung vermieden werden.

Kristalleinwand → Projektionswände

Kristallographik Begriff, den der Fotograf Manfred P. Kage (geb. 1935) zur Kennzeichnung seiner künstlerischen Arbeiten kristalliner Substanzen eingeführt hat. Dabei wird eine sog. Kristalloptik, ein optisches Verfahren der Kristallographie eingesetzt (Abb. 92). Darstellungsmittel ist hierbei polarisiertes Licht, das durch entsprechende → Polarisationsfilter und Kompensatoren gelenkt wird. Durch Interferenzerscheinungen des polarisierten Lichts beim Durchgang durch einen Kristall und den optischen Kompensator treten steuerbare Farben hervor, die sowohl eine Analyse der kristallinen Substanz, als auch freie Bildgestaltungen möglich machen (Abb. 93). Aufgrund der geringen Größe der Objekte werden kristalloptische Verfahren hier in Verbindung mit einem Mikroskop angewendet. Anstelle dessen können aber auch bereits

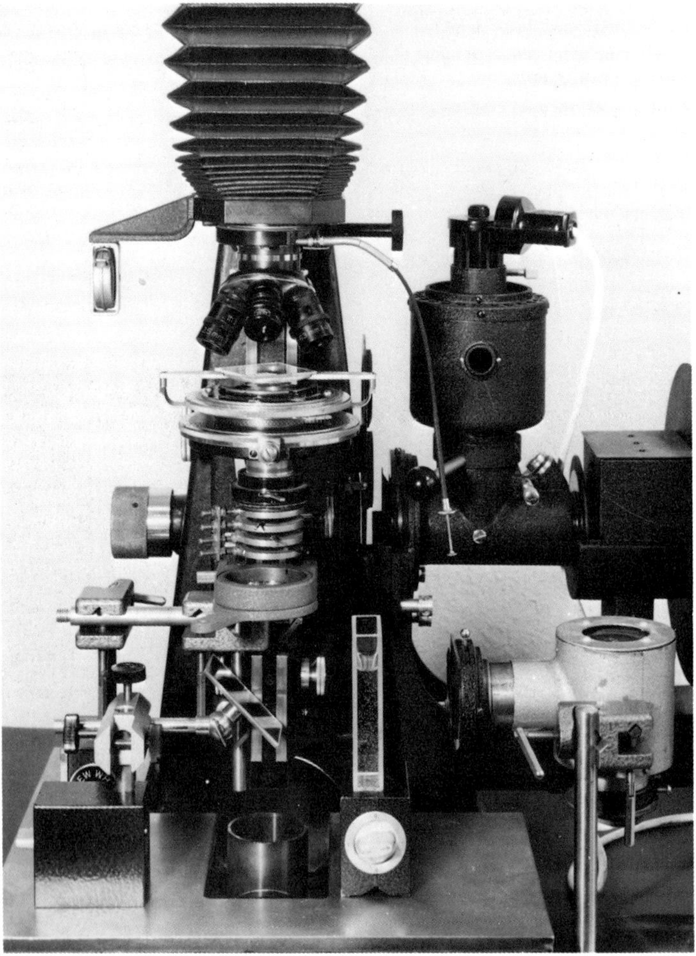

92 **Kristallographik.** Von Manfred P. Kage entwickelter Polychromator (Stand 1960) am Kamera-Mikroskop Panphot mit Lupenobjektiven. Foto: Manfred P. Kage, Weißenstein

mit Lupenobjektiven, das sind Optiken, die für den Nahbereich besonders gut korrigiert sind, beste Ergebnisse erzielt werden. Ein noch einfacheres Verfahren zur farbigen Darstellung bestimmter Kristallstrukturen besteht darin, Kristallbildungen auf einer Glasplatte festzuhalten und diese zwischen zwei gegeneinander drehbaren Polarisationsfiltern mit Hilfe eines konventionellen Vergrößerungsgerätes direkt auf Farbfotomaterial zu belichten.

Kugelgestaltsfehler → Aberration, sphärische

Kunstlicht Ganz allgemein versteht man darunter das Licht künstlicher Lichtquellen (Glühlampenlicht), deren → Farbtemperaturen unter der des mittleren Tageslichts liegen. Für Farbaufnahmen bei Kunstlicht gibt es spezielle → Kunstlicht-Farbfilme.

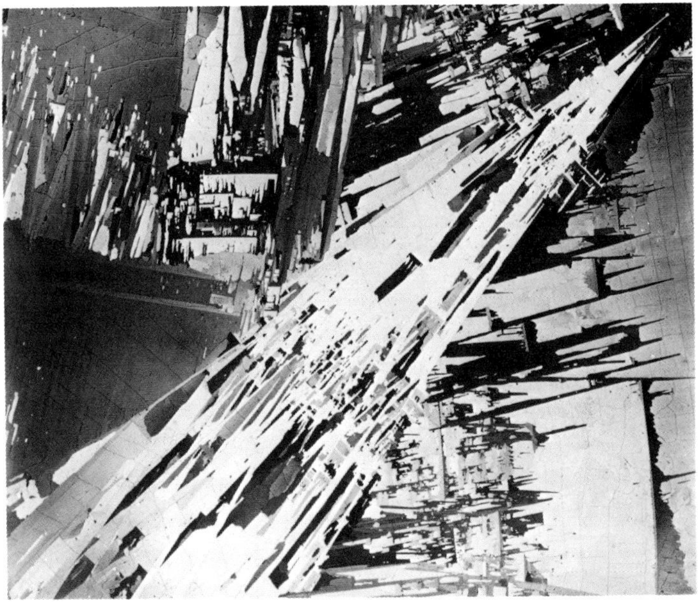

93 **Kristallographik.** Foto: Manfred P. Kage, Weißenstein

Kunstlicht-Farbfilm Während das menschliche Auge sich den gegebenen Lichtstimmungen innerhalb gewisser Grenzen anzupassen vermag, werden die → Körperfarben fotografischer Motive von Farbfilmen genauso wiedergegeben, wie sie, in Abhängigkeit von der Farbtemperatur des Aufnahmelichts, in Wirklichkeit sind. Kunstlichtfilme werden deshalb von vornherein für eine niedrige Farbtemperatur sensibilisiert (ca. 3200 → Kelvin [K]), wie sie vielen künstlichen Lichtquellen (Glühlampen, Fotoleuchten) zueigen ist. Das bedeutet, daß diese speziellen Farbfilme für den erhöhten Rotanteil des Kunstlichts unempfindlicher sind, dafür aber den verringerten Blauanteil um so mehr betonen, so daß eine einigermaßen natürlich wirkende Farbwiedergabe gewährleistet ist. Für Nachtaufnahmen in der kunstlichtbeleuchteten Stadt werden dennoch oft Tageslichtfilme bevorzugt, weil sie die Lichtstimmung in freundlicheren, wärmeren Farbtönen reproduzieren. Mit → Konversionsfiltern lassen sich Kunstlichtfilme auch bei Tageslicht verwenden (und umgekehrt).

Kurzzeiteffekt → Schwarzschild-Effekt

Lamellenschlitzverschluß Neuartiger, von Copal/Leitz Wetzlar entwickelter Lamellenverschluß (kein → Zentralverschluß) mit der Charakteristik eines → Schlitzverschlusses, der unmittelbar vor der Filmebene angebracht ist (Abb 94). Fünf rechteckige Metallamellen, die das Bildfeld bedecken, werden beim Öffnen des Verschlusses in einer kurvenförmigen Parallelbewegung so zur Seite und übereinandergeschoben, daß sie das Bildfeld vollständig freigeben. Von der gegenüberliegenden Seite folgt nach Ablauf der Belichtungszeit in genau umgekehrter Weise der ebenfalls aus fünf Lamellen bestehende zweite »Vorhang«. Bei Belichtungszeiten, die kürzer als 1/90 s sind, bilden die bildfeldbegrenzenden inneren Lamellen beider Vorhänge einen Schlitz, der in einer gleichförmigen Bewegung über das gesamte Bildfeld hinwegstreicht. Die wirksam werdende Belichtungszeit wird dabei von der Schlitzbreite bestimmt. Der Verschlußablauf erfolgt vertikal (von oben nach unten).

94 **Lamellenschlitzverschluß.** Zeichnung: Leitz Wetzlar

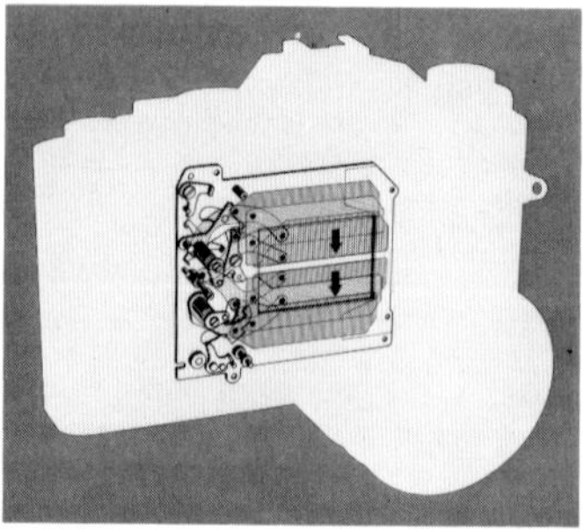

Lamellenverschluß → Zentralverschluß

Lampenhaus In Dia-Projektoren und Vergrößerungsgeräten sind Lichtquelle, Wärmeschutzfilter und Kondensor in einem Lampenhaus untergebracht. Um die darin entstehende Wärme abzuführen, ist das Lampenhaus mit gewinkelten Luftschächten und Belüftungsschlitzen versehen, die kein Licht nach außen dringen lassen. Bei Projektoren wird die Kühlbelüftung noch durch einen Ventilator verstärkt.

Land Art Eine der jüngsten Stilrichtungen der Ideenkunst (→ Conceptual Art). Sie gilt als Protest gegen den Utilitarismus, gegen die Ansicht, »daß gut und schön sei, was nützlich ist«. So ähnlich formulierte es Michael Heizer (geb. 1944), der mit Walter de Maria (geb. 1935) als einer der Protagonisten der Land Art gilt. Sie beschäftigt sich mit landschaftlichen Formveränderungen. Eingriffe in den natürlichen, gewachsenen aber auch in den besiedelten und bebauten Landschaftsraum – von den Künstlern selbst inszeniert und auf Foto, Film und Video registriert – werden zum Kunstwerk erhoben. Einerseits geht es diesen Künstlern um die Dokumentation der Vergänglichkeit des menschlichen Anwesendseins, andererseits um Protest gegen die Künstlichkeit synthetischer Großstadtwelten. Die Leere eines Wüstenstriches, die Weite einer Dünenlandschaft oder die Dramatik einer abgelegenen, verkarsteten Gebirgslandschaft werden zum Ort der Handlung. Spektakuläre Eingriffe in diese Landschaft, das Ausheben von Gräben, die aus der Ferne Hyroglyphen gleichen, das »Verpacken« eines ganzen Gebirgstales sind Inhalte solcher Aktionskunst.

Rein fotografische Varianten der Land Art haben in den letzten Jahren zu ungewöhnlichen Dokumentationen und Interpretationen geführt. So schuf der Holländer Ger Dekkers (geb. 1929)

»25 Planned Landscapes«, Bildserien von Landschaften, die jeweils in einer Reihe von 7 nebeneinandergestellten Farbdias auf eine Super-Breitwand projiziert werden. Dekkers möchte dokumentieren, daß die eigene Empfindung für die Landschaft künstlerisch vorgeprägt ist. Das formal verbindende Element seiner Einzelbilder ist die streng eingehaltene Horizontlinie der Landschaftsausschnitte, die in Art einer Panoramaaufnahme ein Gesamtbild ergeben oder auch nur unterschiedliche perspektivische Ansichten von ein und derselben Landschaft in unterschiedlichen Ausschnitten zeigen. Der Fotograf bevorzugt Motive, die »planvolle Eingriffe des Menschen« in die Landschaft erkennen lassen (Gräben, Kanäle, Aufschüttungen). Harald Mante (geb. 1936) geht es in seinen landschaftlichen Bildreihungen um die Dokumentation von Zeit und Raum beim Durchschreiten einer Landschaft. Sie wird in genau fixierten Schrittabständen fotografiert. Dabei verändern sich Perspektiven und Abbildungsmaßstäbe nur minimal. Die dabei entstehenden Einzelbilder werden nebeneinander und übereinander in chronologischer Folge aufgereiht. Daraus entstehen Gesamtbilder von präziser geometrischer Ordnung, die sehr ästhetisch wirken. Andere Ziele verfolgt Dennis Oppenheim (geb. 1938). Er fotografierte Fotosequenzen von Stadtlandschaften, in die Menschen oder Autos dramaturgisch miteinbezogen sind. Er verläßt die kommentierende oder beschreibende Ebene, die das Charakteristikum der meisten Bildereignisse der Land Art sind, zugunsten einer Handlung, die in der Stadtlandschaft spielt und sich selbst interpretiert. Die Qualität der Fotografie ist bei manchen Land-Artisten von sekundärer Bedeutung.

Laserlicht Monochromatisches (streng einfarbiges), kohärentes (phasengleich und in einer Ebene schwingendes) Licht, das in Festkörper- oder Gaslasern erzeugt wird. Die statischen Interferenzerscheinungen des Laserlichts sind Grundlage der → Holographie. Im Bereich → Generativer Fotografie ist es Gestaltungsmittel apparativer Kunst.

Latensifikation Die Verstärkung des latenten Bildeindrucks auf der belichteten Emulsion vor der Entwicklung des Bildes nennt man Latensifikation. Sie wird bei Unterbelichtungen praktiziert und erfolgt durch diffuses Nachbelichten des bereits belichteten Bildes, was praktisch einer Anhebung der Lichtempfindlichkeit des betr. Filmmaterials gleichkommt. Die Latensifikation ist wirksamer als die gleichfalls praktizierte → Vorbelichtung vor der eigentlichen Belichtung des Bildes, da sie nicht nur den → Grundschleier der Emulsion anhebt, wie diese, sondern auch Silberkeime entwicklungsfähig macht, die sonst unter dem Schwellenwert ihrer Entwickelbarkeit geblieben wären. Die Kombination von Latensifikation und Vorbelichtung kann zwar zusätzlich die Empfindlichkeit erhöhen, bewirkt jedoch eine kaum noch tolerierbare Anhebung des Grundschleiers.

Latentes Bild Bei der Belichtung fotografischer Schichten entstehen durch die Einwirkung des Lichts Silberkeime, aus denen sich in ihrer Gesamtheit das unsichtbare, latente Bild zusammensetzt. Die Silberkeime selbst sind Silberhalogenidkristalle, an deren Oberfläche durch die Energie der Photonen (des Lichts) Elektronen derart verschoben wurden, daß aus den Silber- und Halogenid-Ionen die neutralen Elemente Silber und Brom entstehen konnten. Während das Brom von der Gelatine aufgenommen wird, bleibt das metallische (reduzierte) Silber zurück und macht die Kristalle zu entwicklungsfähigen Keimen. Diese Veränderung in der Emulsion entspricht bereits (durch mehr oder minder starke Lichteinwirkung) bis ins kleinste Detail dem späteren, in der Entwicklung sichtbar werdenden Silberbild. Die fertige Abbildung ist in der belichteten Emulsion demnach bereits vor der Entwicklung in allen Einzelheiten latent vorhanden.

Layout Fachbegriff aus dem Englischen. Unter Layout versteht man die »Auslegung«, den fertigen und verbindlichen Entwurf einer Anordnungs-Skizze von Text und Bild für den Druck. Auch der einfache Entwurf des Zeitschriftenumbruchs wird bereits als Layout bezeichnet. Besondere Anforderungen in bezug auf Typographie, Grafik und Bildplazierung werden an die Layouter von Illustrierten gestellt, weil der Stil von Zeitschriften permanentem Wandel unterworfen ist. Als Kunst besonderer Art gilt das Layout von Bildbänden. Die Ausschließlichkeit der Bildpräsentation erfordert Gespür für Gegenüberstellungen von Bildern und für thematische Abläufe in Bildern. Nicht nur Zeitschriften und Buchverlage, sondern auch Werbeagenturen beschäftigen Layouter. Diese sind meist gelernte Typografen, Grafiker oder Fotografen, die für die Gestaltung von Anzeigen, Plakaten, Prospekten und Katalogen verantwortlich sind.

Leitzahl → Blitzleitzahl

Leuchtrahmensucher Optischer Durchsichtsucher an Kameras. Er zeigt mit dem eingespiegelten Leuchtrahmen die eigentliche Bildfeldbegrenzung an (Abb. 95). Dies gilt auch für Sucherkameras mit auswechselbaren Objektiven unterschiedlicher Brennweite. Bei diesen Kameras ist der Sucher mit dem Entfernungseinstellring des jeweiligen Objektivs so gekoppelt, daß er die → Sucherparallaxe bei Aufnahmen im Nahbereich automatisch ausgleicht.

Leuchttisch Leuchttische, Arbeitstische mit von unten durchleuchteter Milchglas- oder Mattglasscheibe, dienen der Betrachtung von transparenten Filmen (vor allem von Diapositiven), aber auch als Arbeitsfläche beim Übereinandermontieren von Negativen oder Positiven (Sandwich-Montage). Notwendig sind sie außerdem für die Negativ- und Positiv-Retusche sowie für die Herstellung von Layouts. Zur Druckabnahme werden spezielle Leuchtplatten angeboten, deren Licht Tageslichtcharakter hat. Sie dienen dem Vergleich von Druckvorlage und Druckergebnis bei der Korrektur bzw. der Abnahme von Farbandrucken.

Leuchtwinkel Der Winkel, unter dem der → Reflektor einer Blitzlampe das Licht abstrahlt, wird Leuchtwinkel genannt. Normalerweise ist er bei tragbaren → Elektronenblitzgeräten auf den Bildwinkel von Normalobjektiven (zwischen 45° und 55°) abgestimmt. An manchen Blitzreflektoren kann der Abstrahlwinkel verstellt werden (Weitwinkeleinstellung von ca. 70° bis ca. 120°). Neuerdings gibt es Blitzleuchten mit Tele-Charakteristik. Bei diesen Geräten wird das Blitzlicht über entsprechende optische Vorsatzlinsen (vor der Blitzleuchte) oder mit einem geschliffenen Hohlspiegel gebündelt, wodurch, beim Einsatz entsprechender Teleobjektive, Blitzreichweiten bis 50 m Entfernung erzielt werden (entsprechend einem Leuchtwinkel von ca. 20°).

Leuchtzeit Die Angabe der Leuchtzeit einer Blitzröhre (→ Elektronenblitzgerät) oder einer Blitzbirne (Blitzwürfel oder Kolbenblitz) in Sekundenbruchteilen definiert die Zeit des Aufleuchtens. Während ein Elektronenblitz faktisch verzögerungslos zündet und nach Ablauf der Leuchtzeit ebenso rasch wieder verlöscht, ist für Blitzbirnen eine relativ lange Zünd- und Leuchtzeit (10 bis 20 ms) charakteristisch. Sie bedingt, daß Birnenblitze nur für Verschlußzeiten von 1/60 s und länger synchronisiert werden können. Elektronenblitze sind dagegen bei → Zentralverschlüssen bis zur 1/500 s synchronisiert, d. h., daß bei kurzen Belichtungszeiten noch die volle Leuchtkraft des Blitzlichtes wirk-

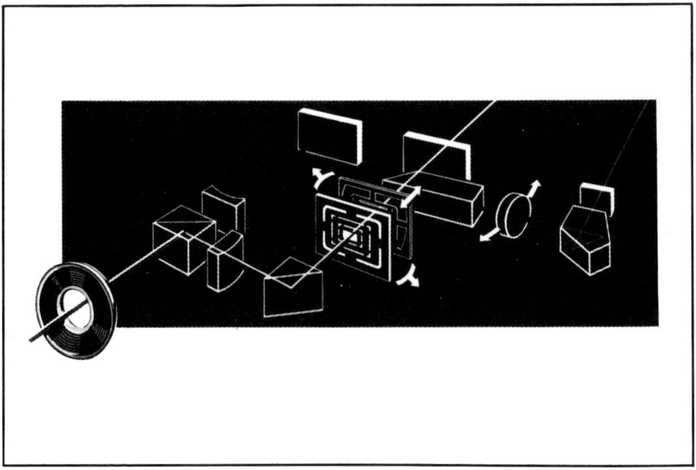

95 **Leuchtrahmensucher.** Schematische Darstellung der Optik des Leuchtrahmensuchers an einer Meßsucherkamera. Zeichnung: Leitz Wetzlar

sam wird. Das ist z. B. bei Aufhellblitzen (Schattenaufhellung bei Sonne) wichtig, weil hier bei 1/60 s und gleichzeitigem Blitzen Doppelkonturen entstehen könnten. → Schlitzverschlüsse lassen sich aufgrund ihrer Ablaufcharakteristik lediglich bis zu Verschlußzeiten von ca. 1/100 s synchronisieren.

Moderne → Computerblitzgeräte machen das Rechnen mit der → Blitzleitzahl überflüssig. Hier variiert die Leuchtzeit des Blitzes, je nach der Aufnahmeentfernung des Motivs, zwischen ca. 1/500 s und ca. 1/50 000 s und übernimmt damit die Funktion einer Blitz- bzw. Belichtungsautomatik. Die für die Belichtung richtige Leuchtzeit wird von einer Thyristorschaltung geregelt, die ihrerseits von der Meßzelle des Computers gesteuert wird, welche die Aufnahmeentfernung durch Remissionsmessung feststellt und in den Computer einspeist. Der Computer berücksichtigt außerdem die jeweilige Lichtempfindlichkeit (DIN/ASA) unterschiedlicher Filme.

Licht Das vom menschlichen Auge als Helligkeit wahrnehmbare Licht stellt nur einen winzigen Bruchteil des gesamten Spektrums der elektromagnetischen Strahlung dar. Im weiteren Sinne werden auch die sich unmittelbar an das sichtbare Spektrum anschließenden Wellenlängenbereiche Ultraviolett und Infrarot als Licht bezeichnet. Licht entsteht durch interatomare bzw. intermolekulare energetische Zustandsänderungen. Der Übergang von einem angeregten, energiereichen Niveau der Teilchen in ein entsprechend niedrigeres, energiearmes Niveau vollzieht sich unter Abgabe einzelner Lichtquanten (Photonen), deren Energie $E = h\nu$ der Frequenz ν direkt proportional ist (h = Plancksches Wirkungsquantum). Entsteht Licht durch Zufuhr von Wärme (Glühlampe), spricht man von Temperaturstrahlern (→ Farbtemperatur); ansonsten von → Luminiszenz (Leuchtstoffröhren). Licht breitet sich in Form elektromagnetischer Wellen mit Lichtgeschwindigkeit (300 000 km/s im luftleeren Raum) geradlinig aus. Das Spektrum des sichtbaren Lichts (Farbabb. 26; → Spektralfarben, Abb. 152) setzt sich aus den Wellenlängen von 380 → Nanometer (nm) (Violett) bis 780 nm (Dunkelrot) zusammen (1 000 000 nm = 1 mm). Setzt es sich außerdem aus allen Spektralfarben und zu energiegleichen Teilen zusammen, bezeichnet man es als »weißes« Licht, ebenso wie jenes, das sich aus der Mischung zweier Komplementärfarben ergibt. Trifft das Licht auf Hindernisse, so wird bei nicht durchscheinenden Körpern ein Teil absorbiert, der Rest wird reflektiert. Bei durchscheinenden Körpern wird je ein Teil des Lichts reflektiert, absorbiert oder gebrochen (→ Lichtbrechung). Die → Beugung des Lichts beruht auf der → Interferenz der Lichtwellen. Licht, das vorzugsweise in einer Ebene schwingt, wird als polarisiertes Licht bezeichnet (→ Polarisationsfilter).

Lichtabfall → Vignettierung

Lichtbrechung Licht breitet sich gradlinig und mit konstanter Geschwindigkeit aus, solange es sich in einem homogenen (gleichgearteten) Medium fortbewegt. Trifft es auf ein anders geartetes Medium, so wird dort ein Teil des Lichtes reflektiert, der Rest dringt unter Veränderung der Ausbreitungsrichtung (bei schrägem, nicht lotrechtem Auftreffen) und Fortpflanzungsgeschwindigkeit in das neue Medium ein. Die Änderung der Ausbreitungsrichtung nennt man Brechung. Für die Fotografie von Bedeutung ist die Brechung des Lichts an den Grenzflächen zwischen der optischen Linse und der umgebenden Luft (Glas-Luft-Flächen). Das Licht wird aus dem optisch dünneren Medium Luft mit annähernder Lichtgeschwindigkeit (300 000 km/s im Vakuum) kommend, beim Eintreten in das optisch dichtere Medium Glas zum Einfallslot hin gebrochen, seine Ausbreitungsgeschwindigkeit verringert. Umgekehrt wird es beim Verlassen des Glases vom Lot weg gebrochen und erreicht wieder seine ursprüngliche, für Luft charakteristische Ausbreitungsgeschwindigkeit (Abb. 96). Der Grad der Brechung hängt von der Brechkraft des Glases ab. Es gibt hochbrechende (Flint-) und niedrigbrechende (Kron-) Gläser. Das Maß für die Brechkraft einer Glassorte finden wir in der Brechzahl (Brechungsindex), welche das Verhältnis der Ausbreitungsgeschwindigkeit des Lichts im Glas zur Lichtgeschwindigkeit im Vakuum angibt. Hohe Brechzahlen stehen für große Brechkraft (~ 1,9 für Flintglas), niedrige für kleine Brechkraft (~ 1,4 für Kronglas). Für den Eintritt von Licht in ein Glas gilt folgende Gesetzmäßigkeit, aus der sich auch die Einfalls- und Brechungswinkel an Glas-Luft-Flächen bestimmen lassen:

$$\frac{C\ o}{C\ m} = \frac{\sin \alpha}{\sin \beta} = n \text{ (Glas)},$$

wobei C o die Lichtgeschwindigkeit in der Luft (~ Vakuum), C m die Ausbreitungsgeschwindigkeit im Medium (Glas), sin α Einfallswinkel (zum Lot), sin β Brechungswinkel (zum Lot) und n die Brechzahl vertritt.

Lichtdruck Im Gegensatz zu den meisten anderen → Edeldruckverfahren ist der Lichtdruck ein »echtes« Umdruckverfahren, in dem Auflagen bis zu ca. 2000 Stück gedruckt werden können. Er ist für die Herstellung kleinerer Bildserien geeignet. Der Druckstock besteht aus einer Glasplatte, die mit einer lichtempfindlichen Bichromatgelatineschicht versehen ist. Zur Herstellung der Druckform wird die transparente, negative Vorlage im Licht einer Bogenlampe (»Lichtdruck«) auf die Bichromatschicht umkopiert. Entsprechend dem Belichtungseindruck wird die Gelatine durch die im Licht reduzierten Chromsalze gegerbt, d. h. gehärtet. Anschließend wird die Druckform bei 40° bis 50° C behandelt, wodurch die Gelatine runzelt: Das entstehende Run-

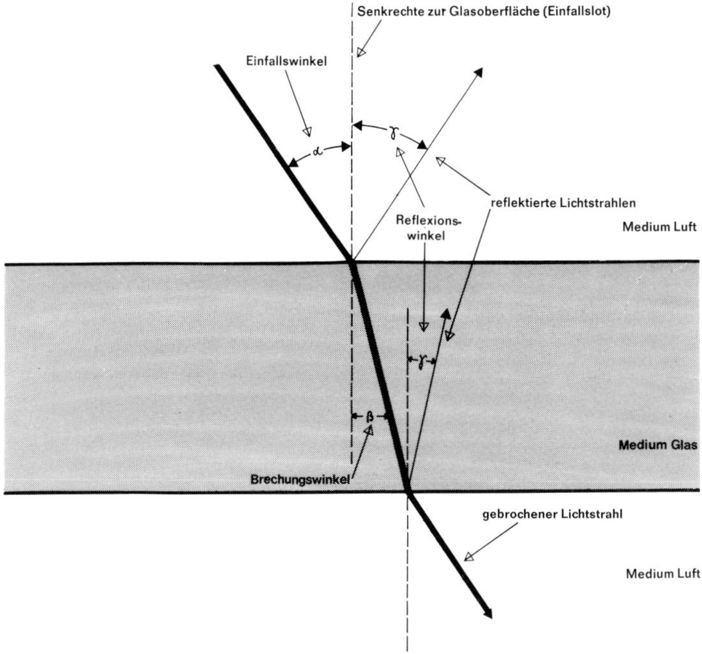

96 **Lichtbrechung.** Lichtbrechung und Reflexion an einer planparallelen Glasplatte

zelkorn dient später als Druckraster. In seiner Feinheit entspricht es etwa einem 50er Raster. In der folgenden Wässerung entsteht ein Quellrelief, welches die eigentliche (Flach-)Druckform darstellt (an intensiv belichteten Stellen ist die Gelatine derart gehärtet, daß sie kaum Wasser aufnimmt, während unbelichtete Partien im Wasser stark quellen). Beim Einfärben der Druckform werden die hydrophoben (fetten) Farbstoffe nur von weitgehend wasserfreien Flächen aufgenommen. Beim Mehrfarbendruck müssen, entsprechend der Anzahl benötigter Farbauszüge, mehrere Druckformen angefertigt werden, mit denen das Farbbild gedruckt wird. Obwohl der Lichtdruck relativ umständlich ist, wird er noch heute mit Vorliebe dort eingesetzt, wo es darum geht, allerfeinste Details in weicher Zeichnung und feinster Abstufung wiederzugeben (vgl. Farbabb. 1).

Lichtempfindlichkeit → Filmempfindlichkeit

Lichter Lichter sind die hellsten (weißen) Stellen in einem positiven Bild. Ihnen entsprechen im Negativ die tiefsten Schwärzen.

Lichtfarbe Die vom Auge subjektiv wahrgenommene Farbe eines selbstleuchtenden Körpers (einer Lichtquelle) wird als dessen Lichtfarbe bezeichnet. Sie resultiert aus dem Überwiegen bestimmter Strahlungsanteile im Gesamtspektrum des emittierten Lichtes. Die Lichtfarbe hängt direkt von der → Farbtemperatur der jeweiligen Lichtquelle ab: Je heller eine Lichtquelle strahlt, desto höher ist ihre Farbtemperatur, um so größer ist der Blauanteil in der Gesamtstrahlung. Beim Übergang eines Temperaturstrahlers von geringer zu hoher Strahlungsintensität wechselt die Lichtfarbe von Rot über Gelb, Gelbweiß, Grünweiß bis zu Blauweiß.

Lichtgrafik Im Bereich der → experimentellen und → Generativen Fotografie werden solche fotografischen Bilder als Lichtgrafiken bezeichnet, in denen das Licht selbst in seinen verschiedensten Spielarten und Ausformungen zum Bildinhalt gemacht ist (→ Luminogramm). Zu diesem Spezialgebiet gehören unterschiedliche Techniken, wie die → Sonnenmalerei, die → Lichtpendelgraphik, das → Rhythmogramm und gewisse → mechano-optische Transformationen, die der Untersuchung von Beziehungen zwischen Licht, Farbe und geometrischer Form dienen. Dabei entstehen Kompositionen, die nicht nur sachlicher Information dienen, sondern auch von hohem ästhetischem Wert sein können.

Lichthof In manchen fotografischen Abbildungen entstehen um die Lichter helle Säume, die mitunter die begrenzenden Konturen überstrahlen. Diese Lichthöfe entstehen durch Streuung, Brechung und Beugung des Lichtes an den Silbersalzkristallen der Emulsion (→ Diffusionslichthof und durch Reflexionen am Schichtträger (→ Reflexionslichthof), wodurch benachbarte Silberkeime mitbelichtet und entwicklungsfähig werden.

Lichthofschutz Unter Lichthofschutz werden alle Maßnahmen zusammengefaßt, die der Entstehung von → Lichthöfen entgegenwirken sollen. Zur Vermeidung des → Reflexionslichthofes ist auf der Rückseite des Schichtträgers von Filmemulsionen eine Pigmentschicht aufgebracht, die den Anteil des Lichts, der die Emulsion durchdringt, vollständig absorbiert. Diese Lichthofschutzschicht wird bei der Entwicklung entfärbt und dadurch transparent. Die bei Kleinbildfilmen nach der Entwicklung zurückbleibende Graufärbung ist auf Schutzpigmente im Schichtträger selbst zurückzuführen. Bei manchen Filmen befindet sich die Lichthofschutzschicht auch zwischen Emulsion und Trägermaterial. Der → Diffusionslichthof ist dagegen nicht ganz zu beseitigen. Die Reduzierung der Schichtdicke der Emulsion ist der beste Weg zur Verringerung der diffusen Streustrahlung.

Lichtmessung Zuverlässige Methode der → Belichtungsmessung, bei welcher – im Gegensatz zur → Objektmessung – das auf das Motiv auftreffende Licht (vom Motiv aus in Richtung Kamera) gemessen wird. Die Incident-light-Messung, wie sie die Fotografen auch nennen, eignet sich auch für die sog. Ersatzmessung (wenn man ans Motiv nicht heran kann oder wenn es zu weit entfernt ist), d. h. daß dort gemessen wird, wo ähnliche Lichtverhältnisse herrschen wie am Motiv. Für die Lichtmessung wird vor die Meßzelle des Belichtungsmessers eine spezielle, nur diesem Zweck dienende Streuscheibe (→ Diffusor) gesetzt. Sie erweitert nicht nur den Meßwinkel des Belichtungsmessers (durch Lichtstreuung), sondern absorbiert auch so viel Licht, daß der gemessene Wert in etwa dem Remissionswert des auf das Motiv auftreffenden Lichtes entspricht. Nach der DIN-Norm dürfen die Meßwerte um ± 1/2 Blendenwert vom tatsächlichen Lichtwert oder Remissionswert (der nur mit einem → Luxmeter exakt gemessen werden kann) abweichen, d. h. daß zwei verschiedene Belichtungsmesser in ihren Meßergebnissen um einen ganzen Blendenwert differieren können. Deshalb ist es empfehlenswert, den jeweiligen Belichtungsmesser durch Probemessungen (und -belichtungen) zu testen, um seine »Meßtendenzen« kennenzulernen.

Lichtmontage Eine der ältesten experimentellen Kopiertechniken aus dem Bereich der → Fotomontage. Auf ein und dasselbe Fotopapier werden Details von zwei oder mehreren Negativen unter dem Vergrößerungsgerät nacheinander oder simultan übereinanderkopiert. Bei Montagen auf hellem Untergrund (bei dichten Negativen mit heller Zeichnung) werden die Einzelbilder nicht gleichzeitig, sondern nacheinander umkopiert (additive Wirkung der Lichter in den Negativen). Lichtmontagen auf dunklem Untergrund (vorwiegend transparente Negative mit dunkler Zeichnung) können dagegen im Sandwich-Verfahren Schicht gegen Schicht umkopiert werden (subtraktive Wirkung der Negativ-Bildschwärze).

Lichtpendel In den Bereich des → Luminogramms gehören Lichtpendelgrafiken (weiße Linienmuster auf schwarzem Grund), die von einer frei schwingenden Lichtquelle (z. B. dem leuchtenden Birnchen einer Taschenlampe) erzeugt werden. Die Lichtquelle wird über einer Kamera, deren Verschluß während des Bewegungsablaufs geöffnet ist, in schwingende, auch unsymmetrisch rotierende Bewegung versetzt. Durch spätere Umkehrung (auch Vergrößerung) der auf dem Negativ erzeugten Lichtspuren entstehen abstrakte Bilder mit rhythmisch reizvollen Linienmustern auf schwarzem Grund. Mit z. T. selbst hergestellten Apparaturen erarbeiteten sich einige Fotografen eine äußerst variable Aufnahmetechnik (→ Rhythmogramm), wobei z. T. statt einer mehrere Lichtquellen verwendet werden oder gar die Kamera selbst bewegt wird.

Lichtreflexion → Reflexion

Lichtschutzlack Insbesondere Farbfotografien, die dem Tageslicht ausgesetzt sind, werden unter dem Einfluß von UV-Strahlen gebleicht und farbstichig. Deshalb wurden Lichtschutzlacke entwickelt, deren Wirkung darin besteht, daß sie das farbzersetzende UV-Licht absorbieren bzw. reflektieren. Lichtschutzlacke werden entweder mit dem Pinsel aufgetragen oder aufgesprüht (Spraydosen). Die getrocknete Lackschicht ist, je nach Lacksorte, matt oder hochglänzend.

Lichtstärke Die Lichtstärke von Lichtquellen (gemessen in → Candela [Cd]) ist ein Maß ihrer Leuchtkraft. In der Fotografie wird jedoch unter Lichtstärke meist die Lichtstärke eines Objektivs, also sein maximales → Öffnungsverhältnis verstanden. Die Abhängigkeit der Lichtstärke eines Objektivs von seiner Brennweite wird verständlich, wenn man sich klar macht, daß bei → Teleobjektiven mit einem kleinen Bildwinkel (lange Brennweite) nur das Licht, welches von einem relativ kleinen Objektfeld ausgeht, zur Abbildung auf den Film gelangt, während bei → Weitwinkelobjektiven (großer Bildwinkel bei kurzer Brennweite) die Helligkeit eines großen Objektfeldes auf genau dasselbe Aufnahmeformat belichtet wird. Außerdem bestimmt die Öffnung der Blende, neben der Dauer der Belichtungszeit, die Menge des Lichts (maximales Öffnungsverhältnis), die den Film erreicht. Aus diesen Gründen wird die Lichtstärke als das Verhältnis des Öffnungsdurchmessers der ganz geöffneten Blende (genauer: der Eintrittspupille) zur Brennweite definiert.

Lichtstarke Objektive haben ein maximales Öffnungsverhältnis von 1:1 bis 1:2,8. Derart extreme Lichtstärken haben allerdings nur dann einen Sinn, wenn sich die → Abbildungsfehler bei voller Blendenöffnung in tolerierbaren Grenzen halten, zumal auch die → Schärfentiefe, entsprechend der großen Blendenöffnung, nur sehr gering ist.

Beispielsweise beträgt sie bei einem 50-mm-Objektiv der Lichtstärke 1:1,4 an einer Kleinbildkamera bei offener Blende und der Aufnahmeentfernung von 1 m lediglich 2 mm!

Lichtwert Der Licht- oder Belichtungswert ist eine Zahlengröße, welche die durch Belichtungszeit und Blendenzahl dosierte Lichtmenge, mit der ein Film belichtet wird, kennzeichnet, ungeachtet, ob die Belichtung bei einer großen Blendenöffnung und kurzen Belichtungszeit oder bei entsprechend kleiner Blende und langer Belichtungszeit erfolgt. Die Beziehung zwischen Lichtwert, Blende und Belichtungszeit wird durch die Gleichung

$$\text{Lichtwert} = \frac{\text{Blendenzahl}^2}{\text{Belichtungszeit}}$$

wiedergegeben. Lichtwerte sind teilweise noch in Belichtungstabellen angegeben oder auf den Skalen mancher Belichtungsmesser abzulesen. Sie gestatten zwar auf einfache Weise einen Vergleich unterschiedlicher Lichtsituationen (auch die Messung des Kontrastumfangs eines Motivs), werden jedoch in der modernen Aufnahmetechnik wegen des zeitraubenden Umrechnens in Zeit- und Blendenwerte nur noch selten angewendet.

Lichtzelt Das Lichtzelt, ein Spitzzelt oder Kugelzelt aus weißem, dünnem, lichtdurchlässigem Stoff, wird meist für dokumentarische Nahaufnahmen verwendet. Es dient einer möglichst schatten- und reflexfreien Ausleuchtung und wird für die Aufnahme über das Motiv gesetzt. Das Zelt muß von außen gleichmäßig beleuchtet werden und hat eine kleine Öffnung, durch die sich das Objektiv der Kamera für die Aufnahme hindurchführen läßt.

Lichtzerstreuung Direkt abgestrahltes Licht wie das der Sonne am wolkenlosen Himmel, aber auch das von Scheinwerfern führt zu harten Kontrasten, tiefen Schlagschatten und starken Reflexen. Um eine gleichmäßigere, weiche Ausleuchtung eines Motivs zu erzielen, muß dieses Licht zerstreut werden. Diesem Zweck dienen im Atelier spezielle → Reflexionsflächen zur Schattenaufhellung (→ indirektes Blitzen) sowie → Diffusoren, die stark gebündeltes Lampenlicht zerstreuen. In der freien Landschaft ist man auf entsprechende Aufnahmefilter und natürliche Reflektoren angewiesen: Sand, helle Felsen und vor allem der bedeckte Himmel.

Linearperspektive → Zentralperspektive

Linienraster Verzugsfreie, klarsichtige Rasterfolien, die dem Aufrastern eines Halbtonbildes dienen (vorwiegend für grafische Zwecke). Diese Folien sind in Strukturvarianten erhältlich (Parallel-, Kreuz-, Wellenlinienraster etc.). Sie werden während des Vergrößerungsprozesses in direktem Kontakt mit dem Fotopapier aufbelichtet.

Linsen Linsen sind lichtdurchlässige Körper, die der optischen Abbildung eines Gegenstandes dienen. Sie werden aus speziellen Glassorten angefertigt, und ihre Oberflächen besitzen einen meist sphärischen Schliff. Sphärisch geschliffene Linsen haben eine gleichmäßige Oberflächenkrümmung mit einem konstanten Krümmungsmittelpunkt und -radius. Die Ausnahme bilden asphärische Linsen. Diese besitzen an der Peripherie einen anderen Krümmungsradius als in der Linsenmitte, d. h., daß sich zwischen Mitte und Rand der Krümmungsradius kontinuierlich verändert. (Er kann sogar negativ werden, was einer Wölbungsumkehr gleichkommt.) Asphärische Linsen müssen meist, bei permanenter Kontrolle auf dem Meßstand, von Hand geschliffen werden. Sie sind deshalb besonders teuer. Je nach Wölbung der Oberflächen bezeichnet man Linsen als

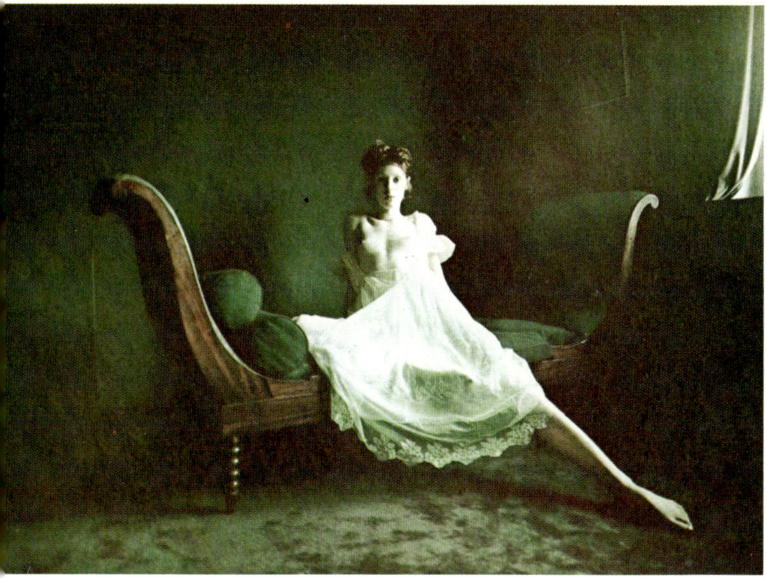

1 **Lichtdruck.** Kleine Mme Recamier. Foto: Karin Székessy, Hamburg

2 Paul Wunderlich, Kleine Mme Recamier. 1974. Leinwand, 84 x 115 cm.
Foto: Karin Székessy, Hamburg

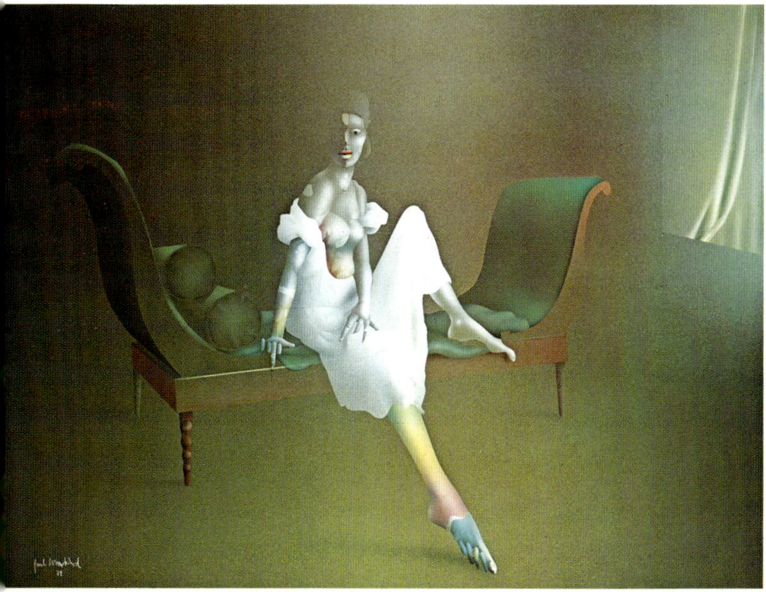

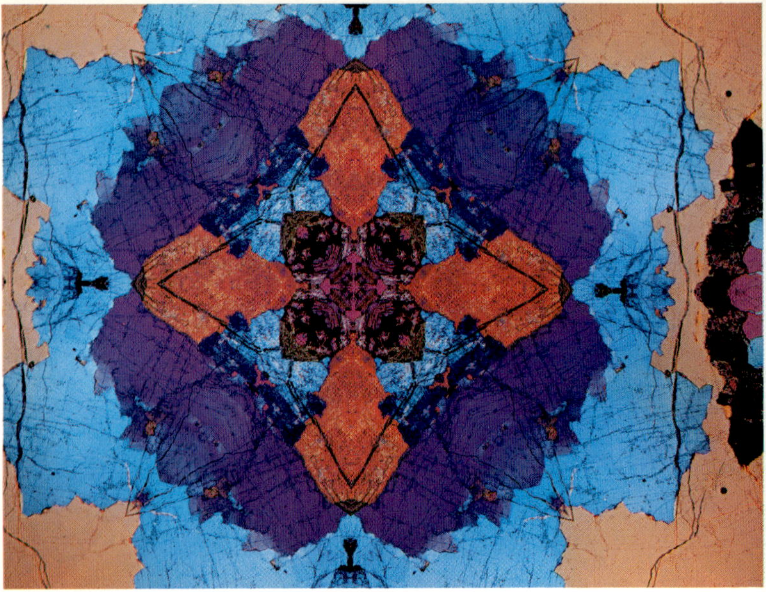

3 **Kaleidoskop-Fotografie**. Foto: Manfred P. Kage, Weißenstein

4 **Video Art.** Video-Synthesizeraufnahme. Foto: Manfred P. Kage, Weißenstein

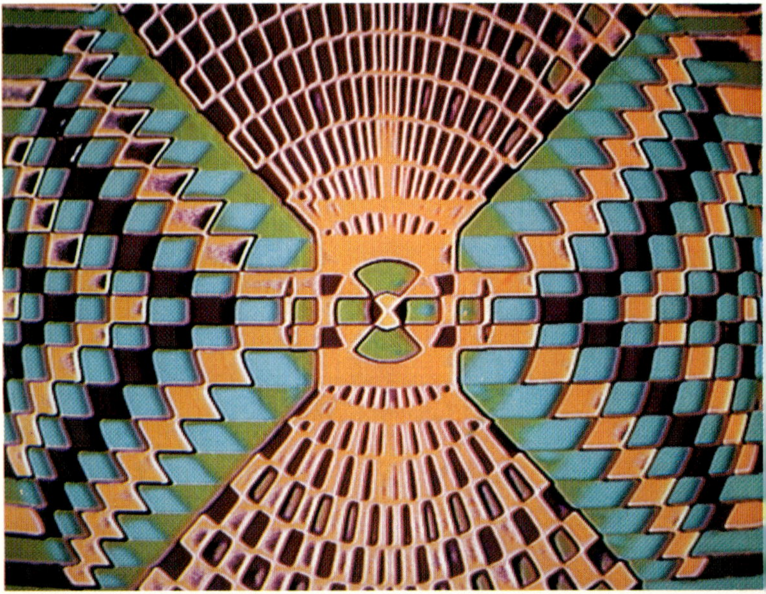

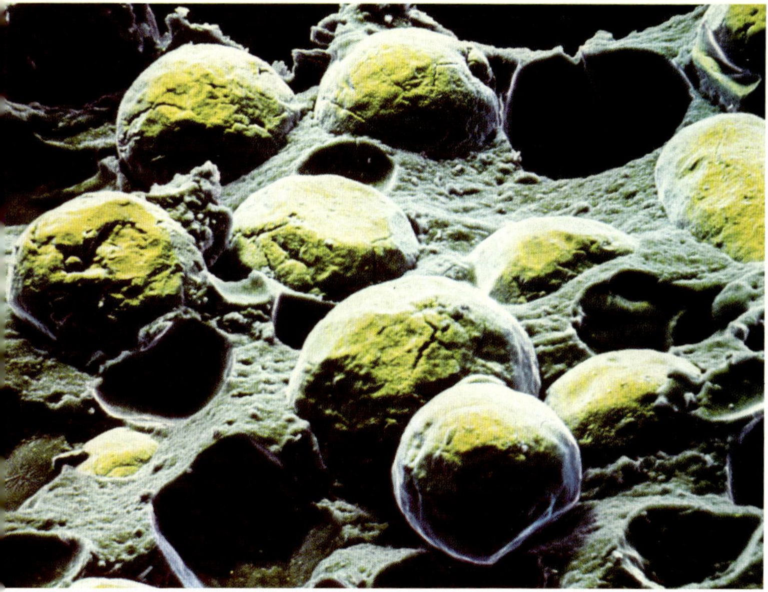

5 **REM Color-Verfahren.** Foto: Manfred P. Kage, Weißenstein

6 **Kirlian-Fotografie.** Foto: Manfred P. Kage, Weißenstein

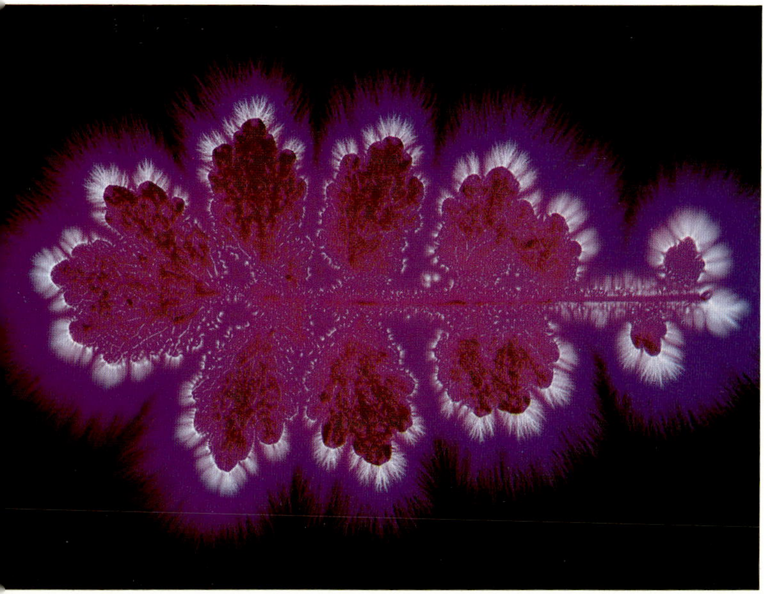

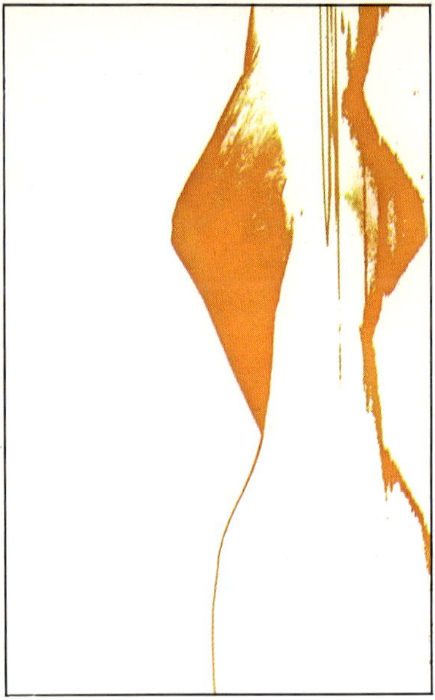

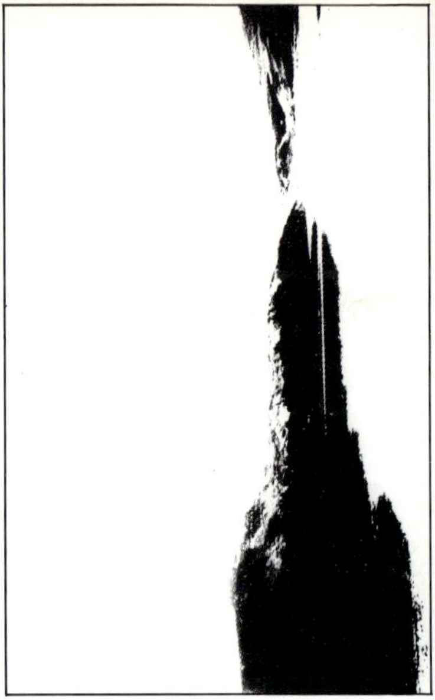

7-10 **Äquidensiten.** Einzeläquidensiten vor der Montage (Farbabb. 11: nach der Montage). Fotos: Hugo Schöttle, Würzbach

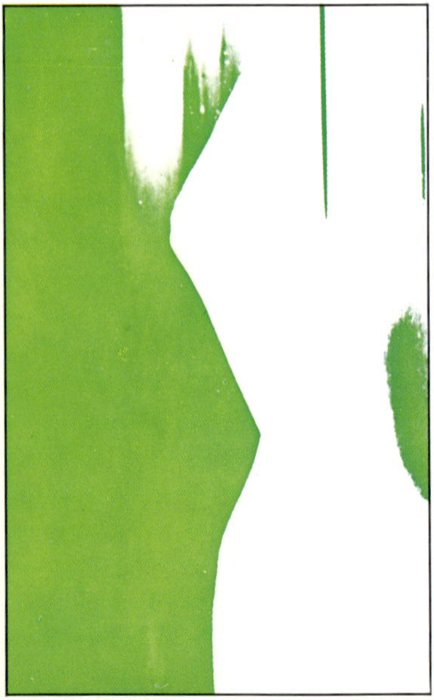

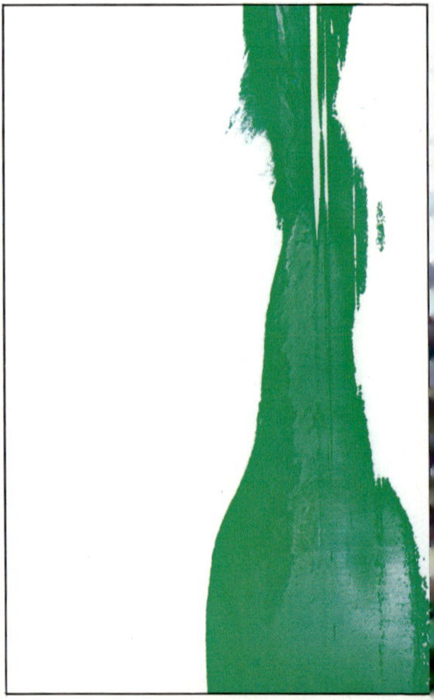

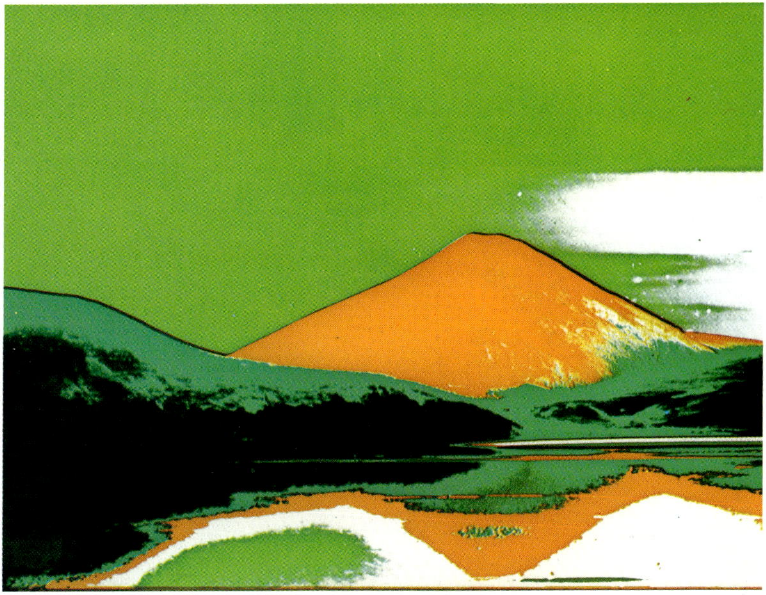

11 **Äquidensiten.** Vierfarbiges Äquidensitenbild (vgl. Farbabb. 7–10). Foto: Hugo Schöttle, Würzbach

12 **Äquidensiten.** Fünffarbiges Äquidensitenbild. Foto: Hugo Schöttle, Würzbach

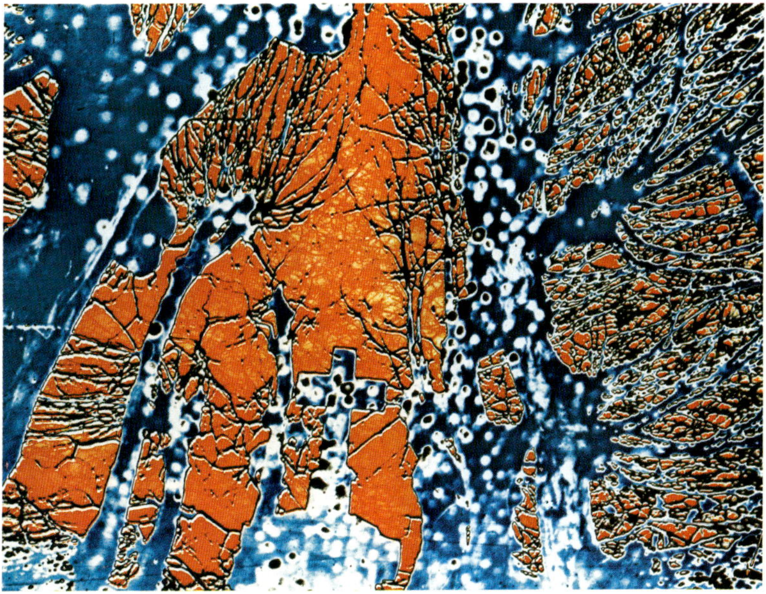

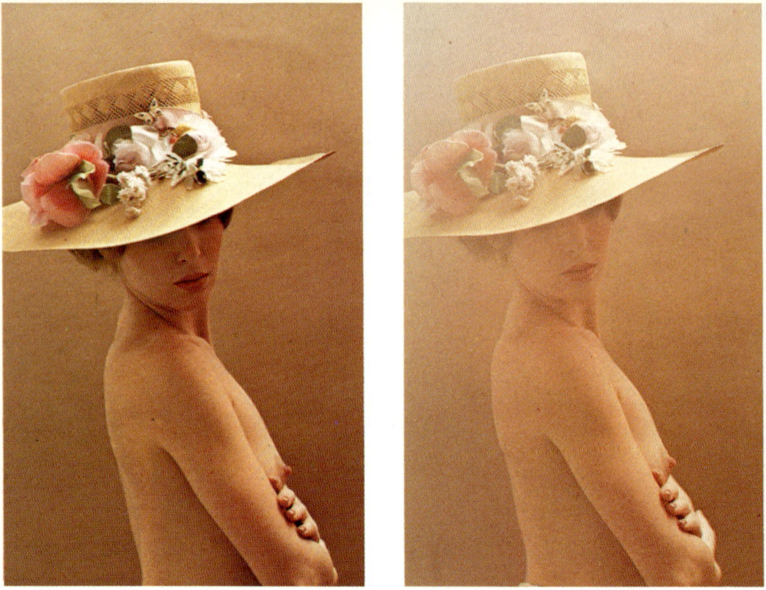

13 a) und b) **Weichzeichner.** Foto: Erich Klemm, Düsseldorf

15 **Spiegelung.**
Foto: F. J. Müller, Le Chesney ▷

14 Sandwich-**Montage**.
Foto: Johannes Pötzsch, Stuttgart

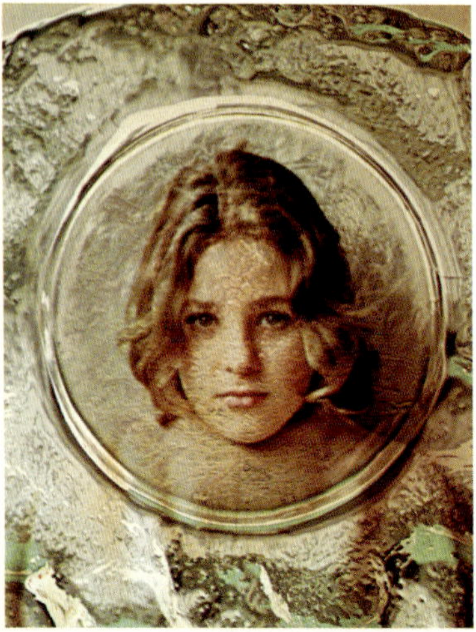

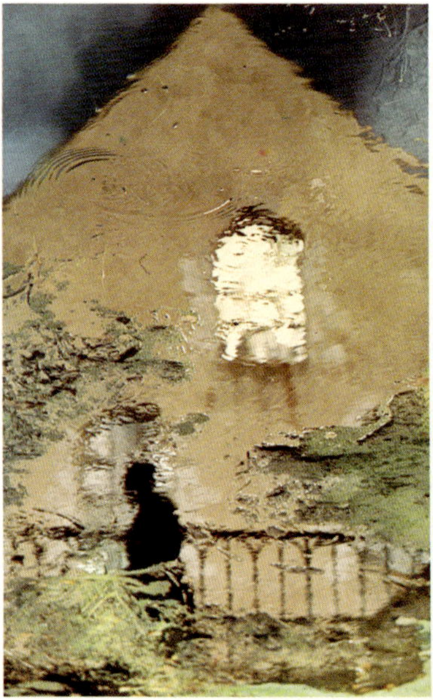

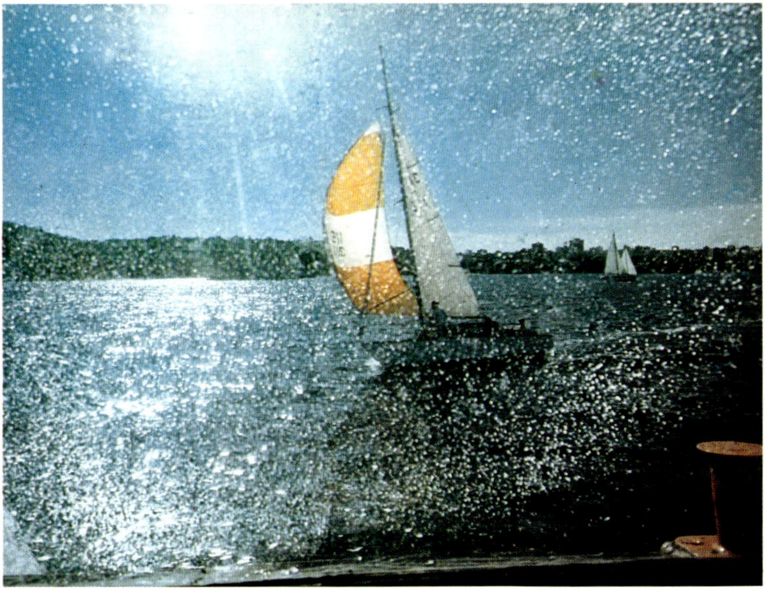

16 **Gegenlichtaufnahme**. Foto: Per Wyholt, Lulea (Schweden)

17 **Bewegungsunschärfe.** Foto: Günter Feit, Augsburg

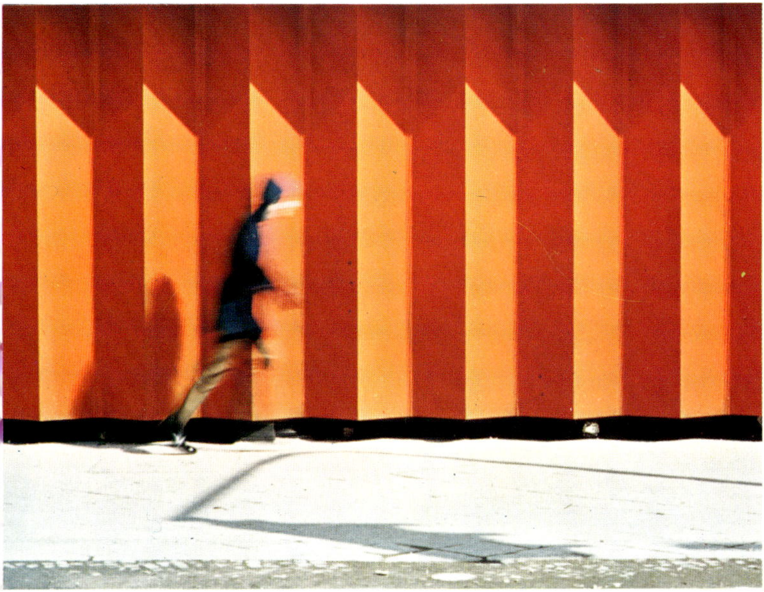

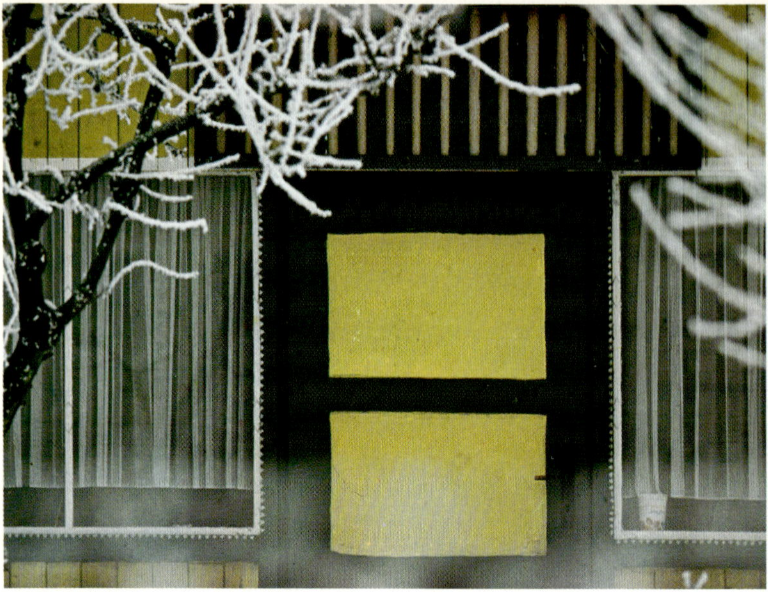

18 **Farbkontraste.** Foto: Heribert Dünzl, Straubing

20 **Spektralfarben**. Foto: Sussi Baden, Kopenhagen (Dänemark) ▷

19 **Impressionismus. Doppelbelichtung.** Foto: Hugo Schöttle, Würzbach

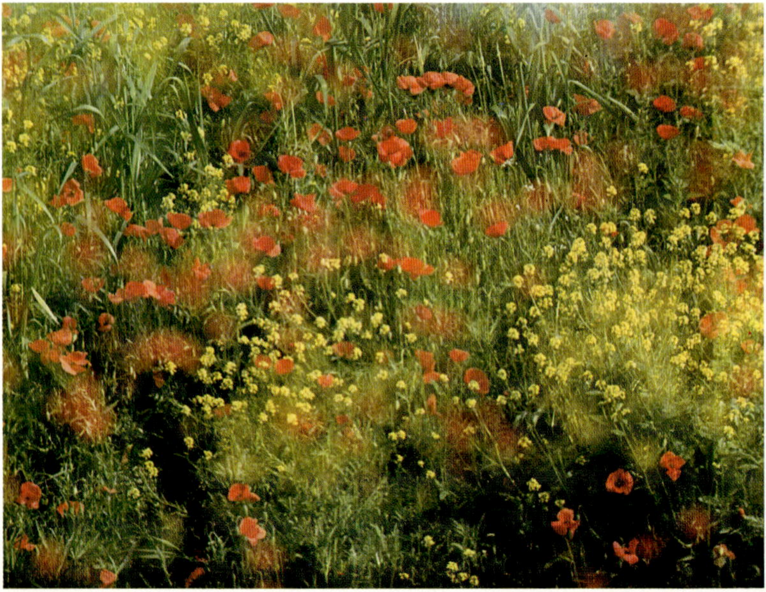

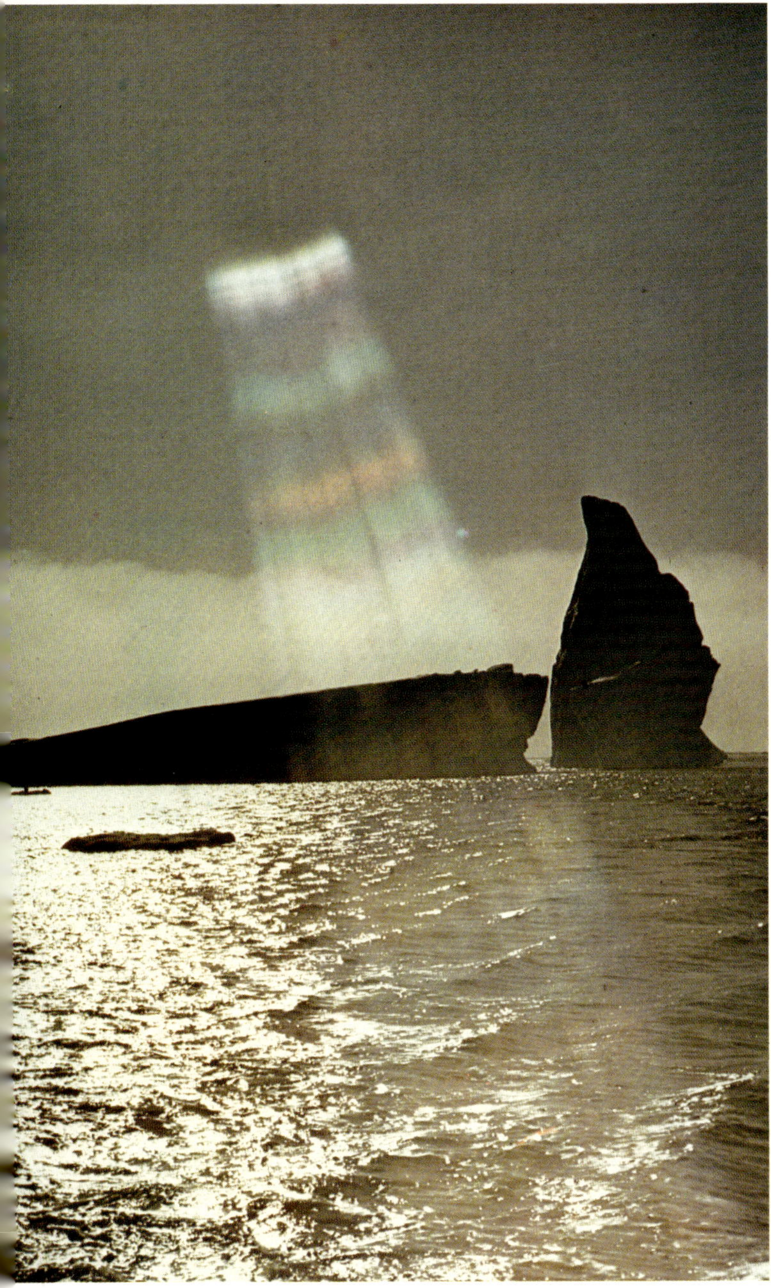

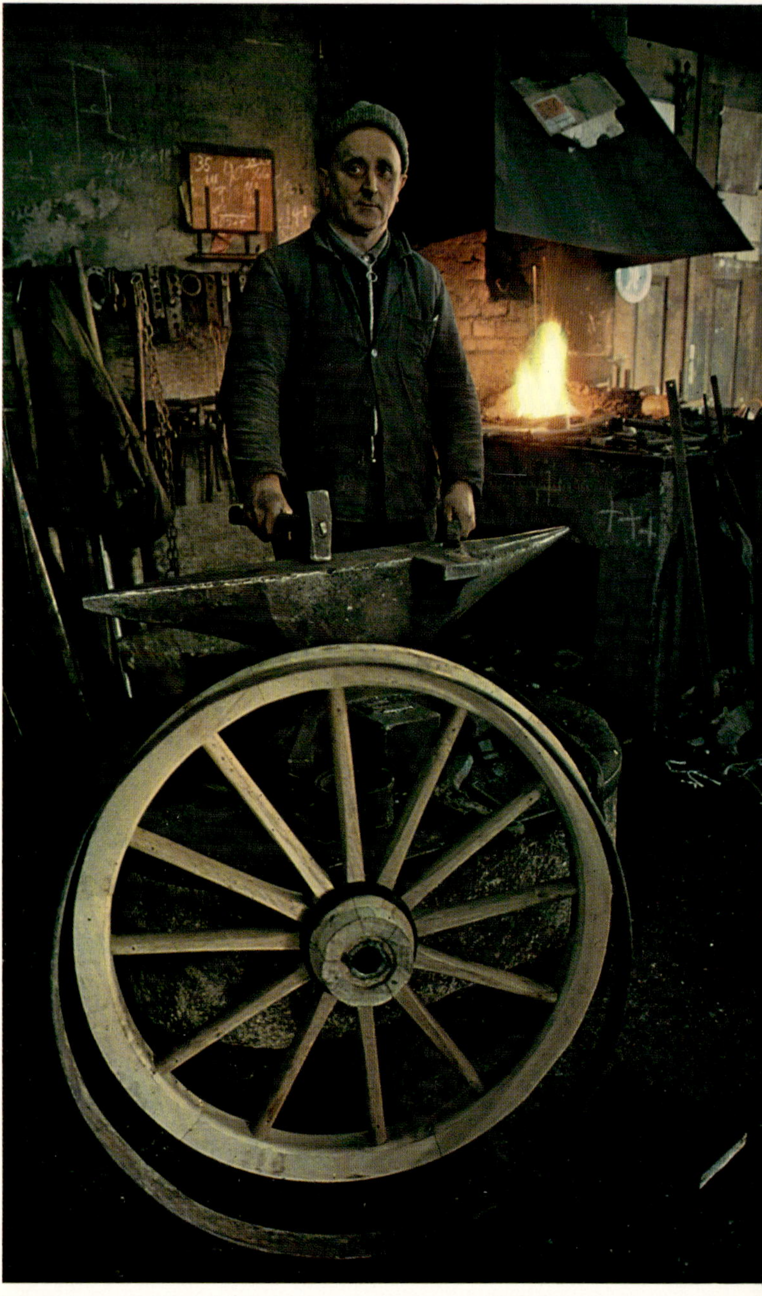

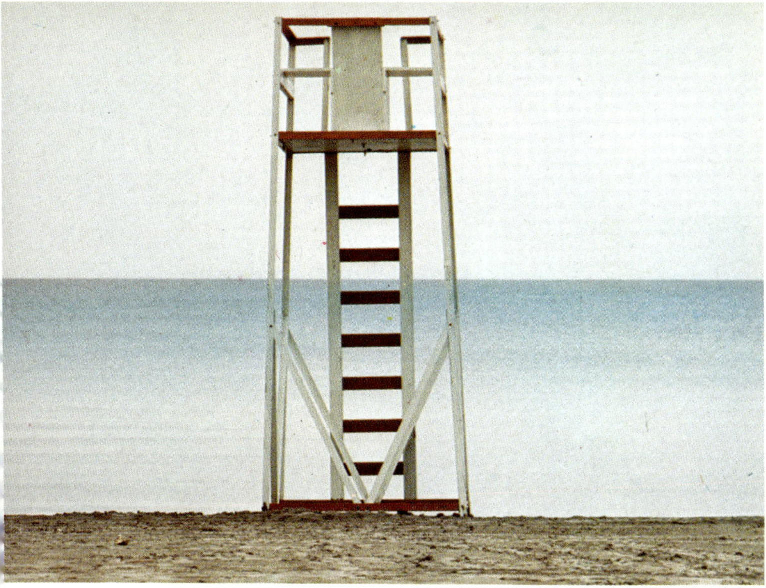

22 **Fotografischer Realismus**. Foto: Erich Klemm, Düsseldorf

◁ 21 **Porträt.** Foto: Bruno Mooser, Straubing

23 **Mehrfachprisma** (zweifach). Foto: Josef von Mentlen, Ostermundingen (Schweiz)

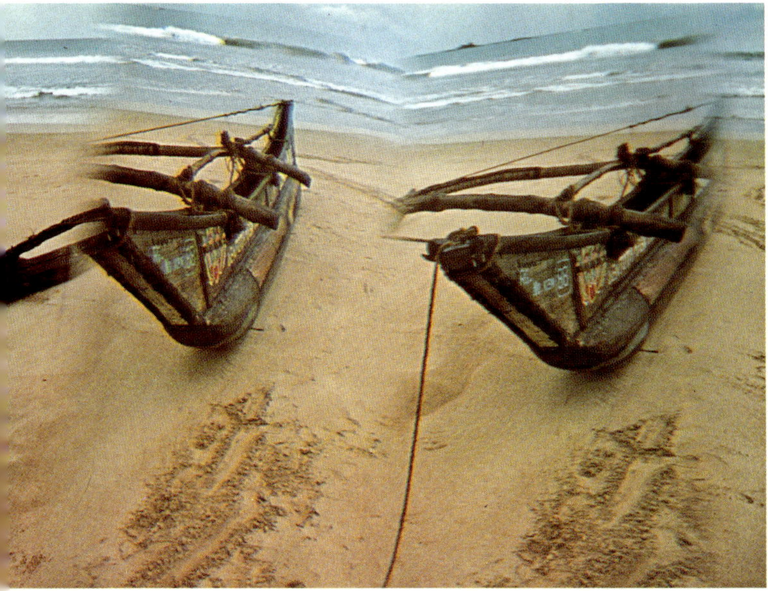

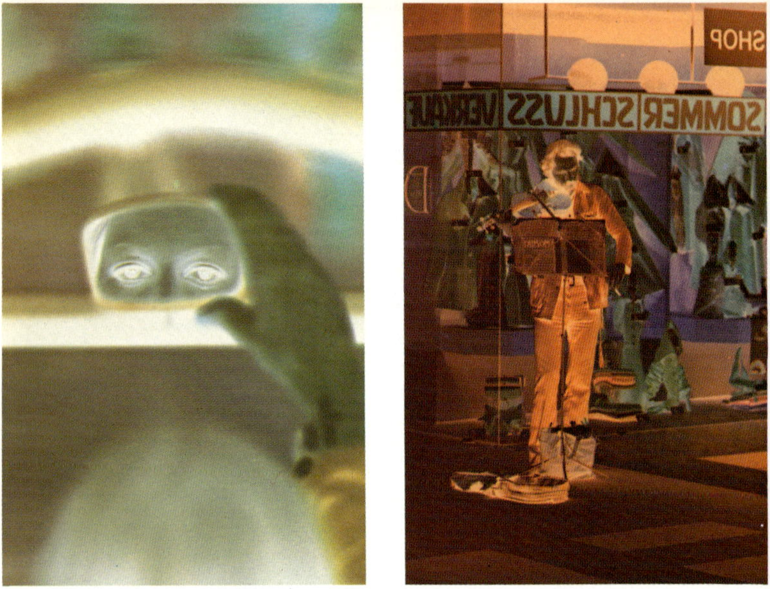

24 **Farbnegativfilm.** a) unmaskiert – b) maskiert

25 **Sofortbildverfahren** (Kodak Instant Print). Schematischer Querschnitt durch eine Bildeinheit des Instant Print Films nach der Entwicklung

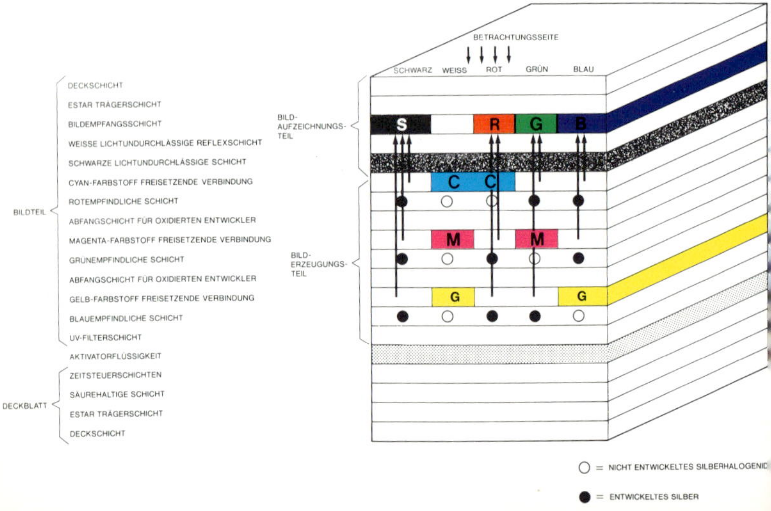

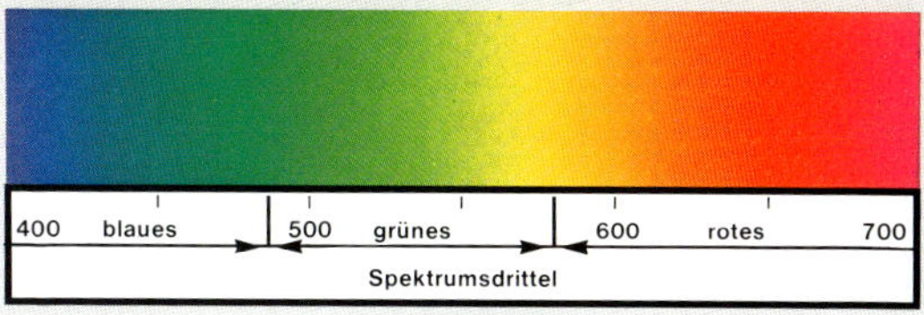

26 Farbspektrum des sichtbaren Lichts

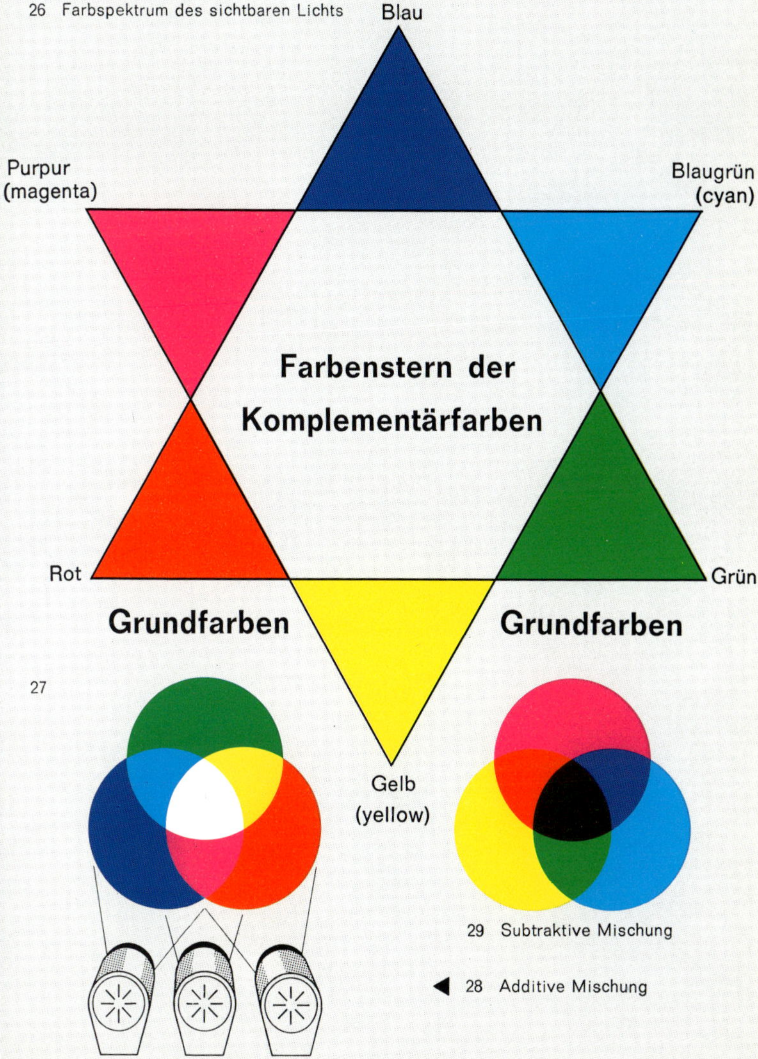

27

29 Subtraktive Mischung

◀ 28 Additive Mischung

Schematische Darstellung des Agfacolor Negativ-Positiv-Prozesses

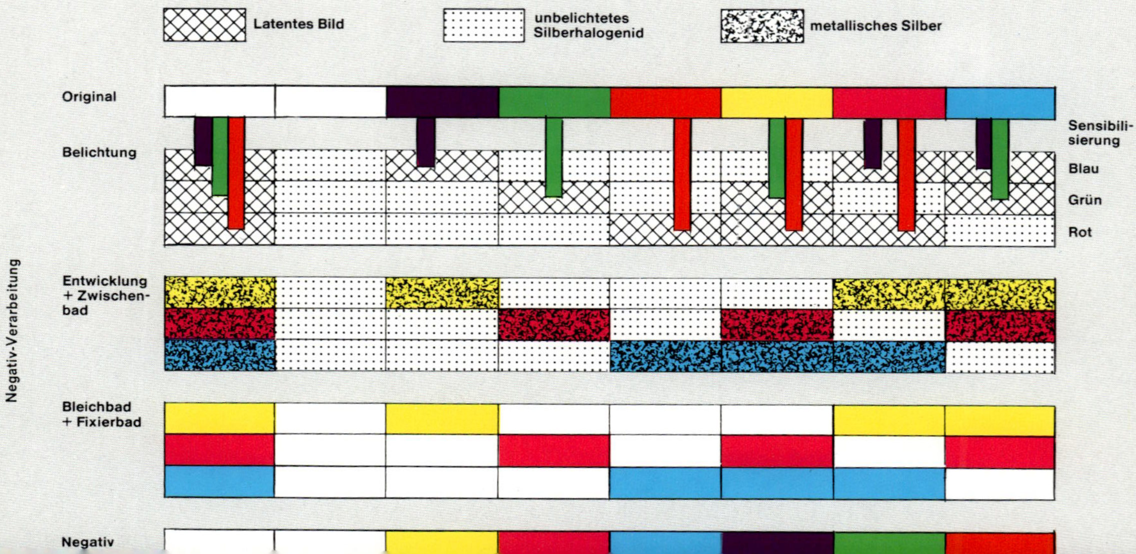

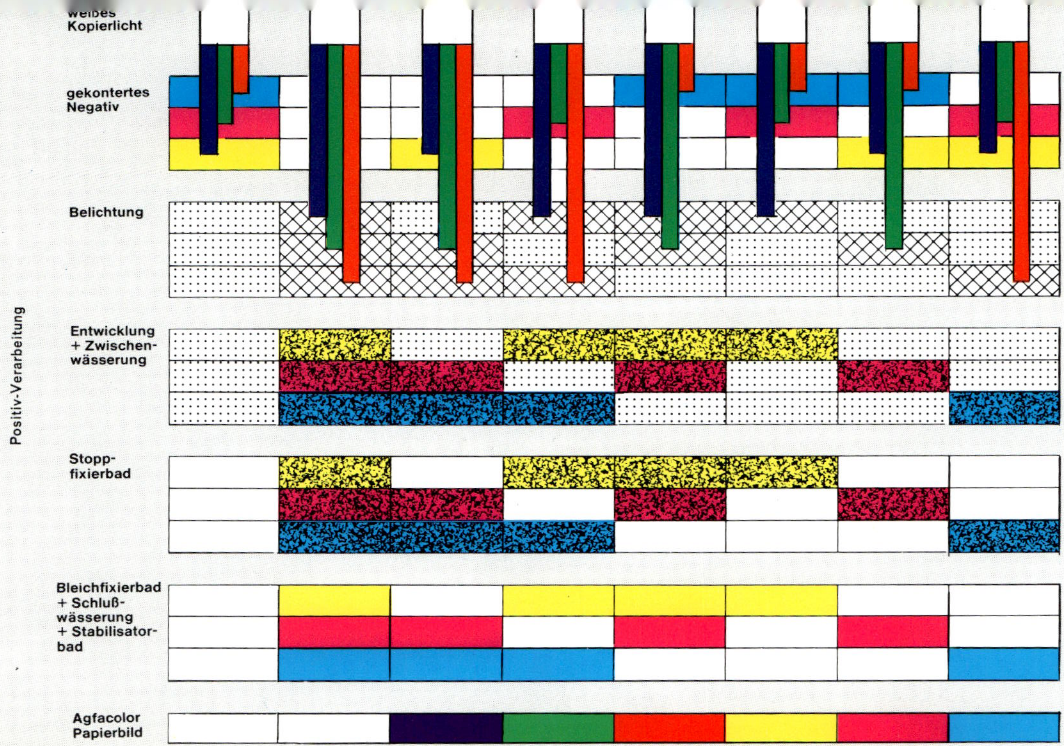
weißes Kopierlicht
gekontertes Negativ
Belichtung
Sensibilisierung
Blau
Grün
Rot
Positiv-Verarbeitung
Entwicklung + Zwischenwässerung
Stoppfixierbad
Bleichfixierbad + Schlußwässerung + Stabilisatorbad
Agfacolor Papierbild

Prinzip der Farbumkehrentwicklung (Dia-Film) am Beispiel des Agfacolor-Umkehrprozesses

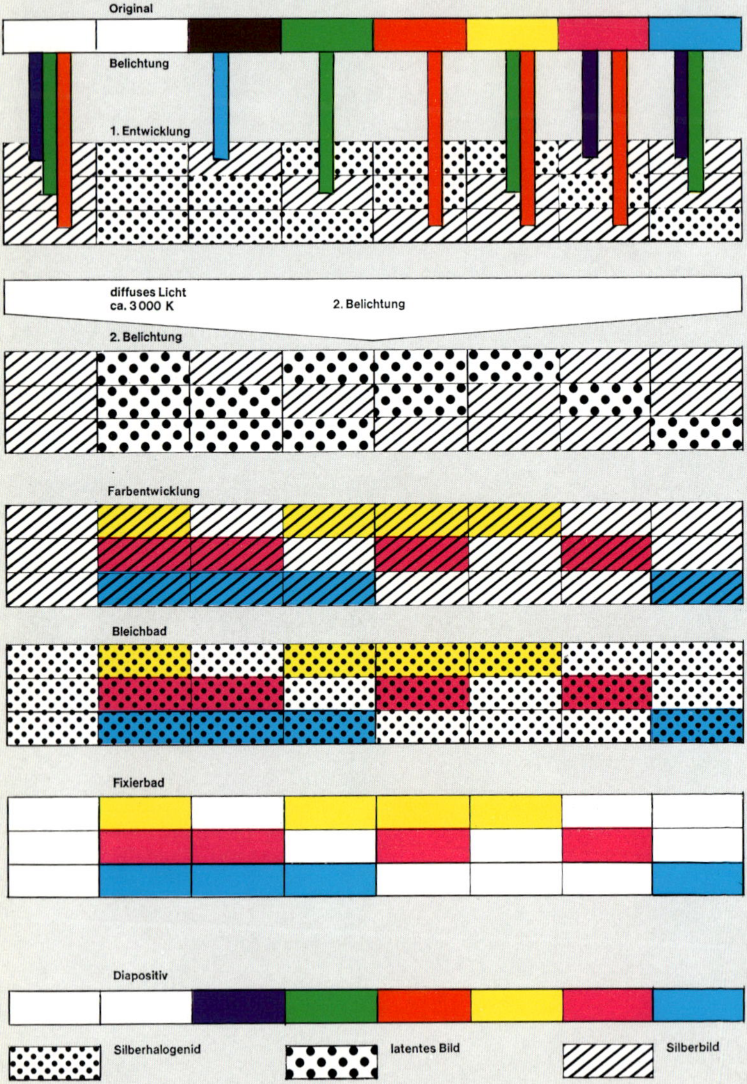

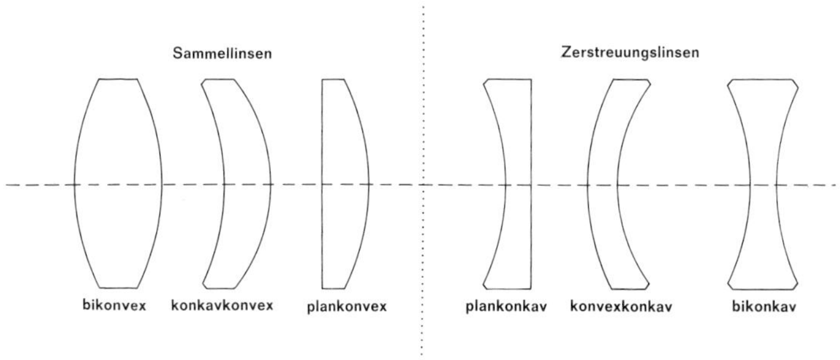

97 **Linsen.** Grundformen optischer Linsen

bikonvex, bikonkav, konvexkonkav, plankonvex und plankonkav (Abb. 97). Sie haben die Eigenschaft, durch → Brechung des Lichts die Divergenz (das Auseinanderstreben) von einem Objektpunkt ausgehender Lichtstrahlen zu vergrößern (→ Zerstreuungslinse) oder zu verringern (→ Sammellinse). Durch geeignete Kombination von mehreren Sammel- und Zerstreuungslinsen entstehen Linsen-Systeme (Objektive) mit insgesamt sammelnder Eigenschaft und dem Ziel einer qualitativ hochwertigen, von Abbildungsfehlern freien optischen Abbildung eines Motivs. In der Brennweite einer Linse haben wir einen Maßstab für den Grad der Brechung. Die Brennweite wiederum hängt vom Krümmungsradius der Linse und der Brechkraft (optischen Dichte) des Glases ab.

Linsenfehler → Abbildungsfehler

Linsen-System → Objektive

Lithfilm Lithographische Kopierfilme werden einerseits für die Reproduktion von Strichvorlagen (Zeichnungen, Schrift etc.) verwendet, andererseits lassen sich mit ihnen fotografische Halbtonvorlagen in abstrahierte Schwarzweiß-Grafiken umsetzen. Die extrem steile → Gradation ($\gamma \gg 2$) ist geeignet, den geringen Kontrastumfang der Vorlage in einen großen Dichteumfang umzusetzen. Lithfilme haben deshalb keinen Belichtungsspielraum, müssen also, der angegebenen Lichtempfindlichkeit entsprechend, präzise belichtet werden.

Live-Porträt Im Unterschied zum gestellten Porträt, das im Atelier mit großem technischen Aufwand inszeniert und fotografiert wird, hat das Live-Porträt eher Schnappschußcharakter. Es wirkt natürlich und lebendig. Typisch für solche Aufnahmen ist, daß der Porträtierte nicht oder nur zufällig in die Kamera schaut, daß er womöglich bei einer Tätigkeit überrascht wird, die seine ungeteilte Aufmerksamkeit in Anspruch nimmt.

Live-Reportage (→ Bildreportage) Ein Bildbericht, der über aktuelle Geschehnisse informiert, wird als Live-Reportage bezeichnet (Bildjournalismus). Im Unterschied zur Dokumentar-Reportage, in der über bestimmte Zustände oder Verhältnisse berichtet wird, spiegelt die Live-Reportage ausschließlich ein einmaliges, nicht wiederholbares und zeitlich begrenztes Geschehen, auf das der Fotograf selbst keinen Einfluß hat und dessen entscheidende Höhepunkte (die für die Reportage wichtig sind) sich nicht vorhersehen lassen (vgl. Abb. 21, 22). Rasche Auffassungsgabe und eine souveräne, reaktionsschnelle Aufnahmetechnik sind deshalb unabdingbare Voraussetzungen für den Beruf des Bildjournalisten.

Lochblende Feste, unverstellbare Blende der Lochkamera (→ Camera obscura). In der optischen Meßtechnik wird der Querschnitt von Meßstrahlen durch Lochblenden begrenzt.

Lochkamera → Camera obscura

Low Key-Effekt Schwarzweißfotografien, die sich durch eine vorwiegend dunkle Grautonskala mit tiefen Schwärzen und nur wenigen Lichtern auszeichnen, werden als Low Key-Aufnahmen bezeichnet (engl. low key = Tiefton).

98 **Low Key-Effekt.** Foto: Walter Boje, Leichlingen

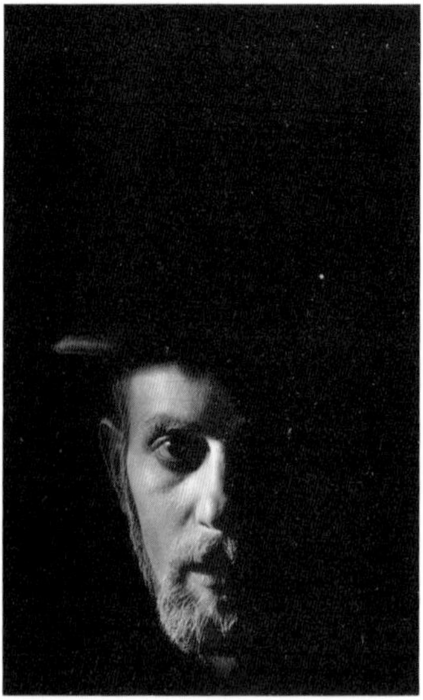

Es handelt sich meist um stark plastisch erscheinende Motive. Besonders wirkungsvoll erscheint der Low Key-Effekt im Gegenlicht, das tiefe Schatten wirft. Weil in solchen Bildern die Schattenzonen dominieren, müssen diese gut durchgezeichnet sein (ausreichende Belichtung!). Normalerweise werden Low Key-Bilder auf hartes oder extrahartes Papier kopiert, um möglichst tiefe Bildschwärzen zu erzielen (Abb. 98). (Gegensatz: → High Key-Effekt)

Luftperspektive Um dreidimensionale Räumlichkeit im zweidimensionalen Bild zu simulieren, gibt es verschiedene Wege. Einer davon ist die Darstellung räumlicher Tiefe durch eine allmähliche Aufhellung der Tonwerte und Verflachung der Kontraste dem Hintergrund zu, die sog. Luftperspektive. Sie ist in der freien Landschaft naturgegeben, vor allem im morgendlichen oder abendlichen Dunst. Auch der Schärfen-Unschärfen-Kontrast trägt wesentlich zu dieser Raumillusion bei. So wirken Motive, die mit geöffneter Blende aufgenommen werden, bei denen dieser Kontrast also besonders wirksam ist, stets plastischer als Abbildungen, die von vorne bis hinten scharf gezeichnet sind. Die Einbeziehung eines kontrastreichen Vordergrundes, z. B. einer Silhouette, kann die Tiefe einer sich im Dunst verlierenden Landschaft noch zusätzlich betonen. Der klassische Aufbau eines Landschaftsbildes in Vorder-, Mittel- und Hintergrund bezieht die Luftperspektive ganz bewußt mit ein (Abb. 99).

Lufttrocknung Die Lufttrocknung von Fotopapieren ist neuerdings durch die Einführung von kunststoffbeschichteten Schwarzweiß- und Farbpapieren wieder hoch aktuell geworden. Diese Papiere lassen sich in sauberer Luft und an der normalen »Wäscheleine« schnell trocknen. Je nach Typ des Papiers entsteht dabei eine hochglänzende, halbmatte, matte oder strukturierte Ober-

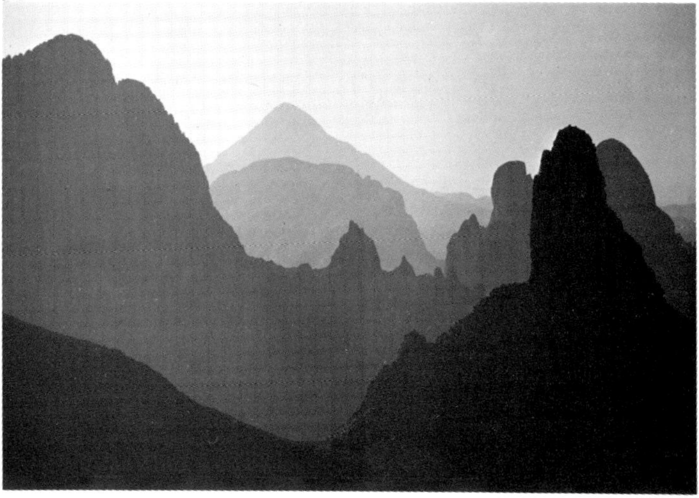

99 **Luftperspektive.** Foto: Helmut Hermann, Markgröningen/Leitz Wetzlar

fläche. Die Trocknungszeit beträgt bei guter Belüftung etwa 20 min. Herkömmliche Hochglanz-Fotopapiere dagegen, die an der Luft getrocknet werden, verziehen sich leicht und bekommen keinen Hochglanz.

Lumineszenz (Kaltes Leuchten) Lichtstrahlung, die nicht auf der hohen Temperatur der Strahlungsquelle beruht, sondern auf eine Erregerstrahlung (z. B. Ultraviolett- oder Röntgenstrahlung) oder auf einen chemischen bzw. kernphysikalischen Primärprozeß zurückzuführen ist. Die für die Fotografie wichtigste Strahlungsart aus dem Bereich der Photolumineszenz ist die → Ultraviolett-Fluoreszenz.

Luminogramm Das Charakteristische an dieser Technik aus dem Gebiet der → experimentellen Fotografie ist die Aufzeichnung von Lichtspuren (Luminogramme), die von Lichtquellen auf lichtempfindliche Materialien unterschiedlichster Art erzeugt werden. Luminogramme können durch entsprechend angeordnete bewegliche Lichtquellen (→ Lichtpendel) direkt auf das Fotopapier oder auf den in der Kamera befindlichen Film belichtet werden. Eigenwillige Luminogramme schuf Kilian Breier (geb. 1931), der Fotopapiere mit einer Streichholzflamme belichtete (Abb. 100).

Lupenaufnahme (Abb. 101) Vergrößernde Aufnahmen mit speziellen Objektiven in den Bereichen → Makrofotografie und → Mikrofotografie (Abbildungsmaßstäbe von 1:1 bis etwa 50:1 – Vergrößerung 1x bis 50x).

Luxmeter Beleuchtungsmesser, mit dem die Beleuchtungsstärke (Maßeinheit ist das Lux [lx]) gemessen wird. Es wird in professionellen Fotostudios zur → Lichtmessung verwendet.

lx Abk. für Lux (→ Luxmeter)

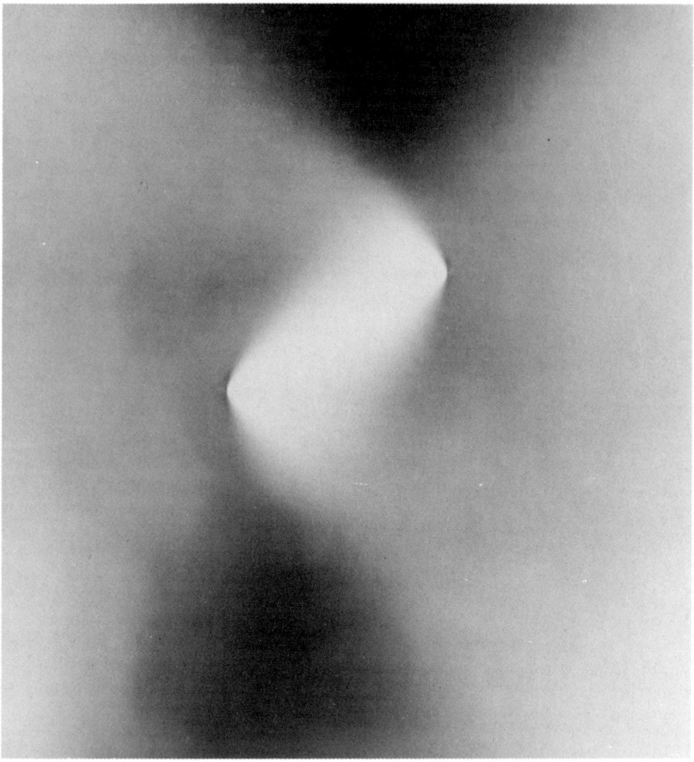

100 **Luminogramm.** »Knicke.« Foto: Kilian Breier, Hamburg, 1960–1965

M (μrd) Abk. für → Mired

Makrofotografie Nach DIN-Norm sind lediglich Fernaufnahmen (Abbildungsmaßstab [Abb. M.] 1:∞), Nahaufnahmen (Abb. M. 1:10 bis 10:1) und Mikroskopaufnahmen (Abb. M. 10:1 bis ∞) definiert. Der Begriff Makrofotografie ist nicht normiert und wird von den Fotografen unterschiedlich interpretiert. Z. B. gibt es eine Definition, nach der der Makrobereich dort beginnt, wo der Abb.M. größer wird als 1:1. Durchgesetzt hat sich auch der Sammelbegriff »Nah- und Makroaufnahmen« für den Bereich zwischen den Abb.M. von ca. 1:10 über 1:1 bis 10:1. Dabei muß berücksichtigt werden, daß sich der Abb.M. auf das Verhältnis von Gegenstandsgröße zur Abbildungsgröße auf dem Negativ (oder Diapositiv) bezieht, welches ja hinterher beim Kopieren (oder Projizieren) meist noch um ein Vielfaches vergrößert wird.

Um einen Gegenstand im Maßstab 1:1 (in natürlicher Größe) abzubilden, bedarf es jeweils einer Gegenstandsweite und einer Bildweite (Auszugsverlängerung), die doppelt so groß sind wie die Brennweite des verwendeten Objektivs. Für eine Brennweite von 50 mm werden also jeweils eine Gegenstandsweite und ein Auszug von 100 mm benötigt. Das Motiv einerseits und die Filmebene andererseits sind damit gleich weit von der vorderen bzw. von

101 **Lupenaufnahme.** Fraßgänge von Holzbocklarven. Abbildungsmaßstab: 15:1. Foto: Agfa-Gevaert, Leverkusen

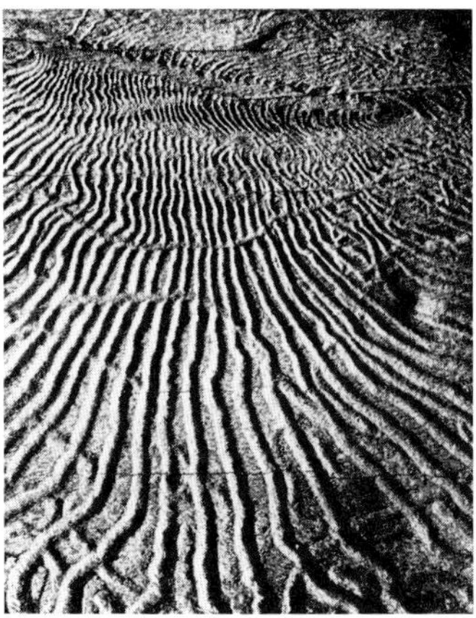

der hinteren Hauptebene des Objektivs entfernt. Will man mit der 50-mm-Brennweite den Abb.M. 2:1 erzielen, so muß der Auszug des Objektivs um die Hälfte verlängert (auf 150 mm) und die Gegenstandsweite um die Hälfte verkleinert werden (auf 75 mm; vgl. auch → Abbildungsmaßstab). Die Makrofotografie ist der Einsatzbereich spezieller Nahlinsen, → Zwischenringe und nicht zuletzt des → Balgennaheinstellgeräts. Neuerdings gewann sie durch z. T. hervorragend auskorrigierte → Makroobjektive für → Spiegelreflexkameras, die die Aufnahmetechnik wesentlich erleichtern, an Popularität. Mit ihnen werden ohne Umstände Abb.M. bis 1:1 erreicht. Die in diesem Bereich extrem geringen Schärfentiefen machen für die Aufnahme ein starkes Abblenden des Objektivs erforderlich. Das führt in der Praxis u. a. zu langen Belichtungszeiten, auch dazu, daß z. B. Blumenaufnahmen, um möglichst großer Schärfentiefe willen, bei kleiner Blendenöffnung mit Blitzlicht fotografiert werden. Einige Hersteller bieten spezielle → Elektronenblitzgeräte an, die aufgrund ihrer Miniaturbauweise für Makroaufnahmen besonders geeignet sind.

Makroobjektiv (Abb. 102a) Spezialobjektiv normaler bis längerer Brennweite für den Nahbereich, das den Einsatz von Nahlinsen überflüssig macht und hinsichtlich der Bildfehler für annähernd gleiche Bild- und Gegenstandsweiten korrigiert ist. Die einfache Bedienungsweise der Makroobjektive, insbesondere an einäugigen → Spiegelreflexkameras, hat den Bereich der Nahaufnahme ausgesprochen beliebt gemacht (Motive: Pflanzen, Blüten, Kleintiere). Charakteristisch ist eine nahezu symmetrische Linsenanordnung (Abb. 102b). Aufgrund der benötigten großen Bildweite, die durch einen entsprechenden Auszug erreicht wird, sind diese Objektive mit einem außerordentlich langen Schneckengang zur Entfernungseinstellung ausgestattet. Das maximal erreichbare Abbildungsverhältnis von 1:1 macht meistens die Verwendung eines → Zwischenringes erforderlich. Manche Makroobjektive lassen sich nur zusammen mit dem → Balgennaheinstellgerät benützen. Die z. T. hohe Lichtstärke (1:2,8) läßt sich jedoch im extremen Nahbereich nur dort ausnützen, wo keine Schärfentiefe benötigt wird. Einige Makroobjektive besitzen zur Entfernungseinstellung eine Mittelgliedverstellung (über sog. → floating-ele-

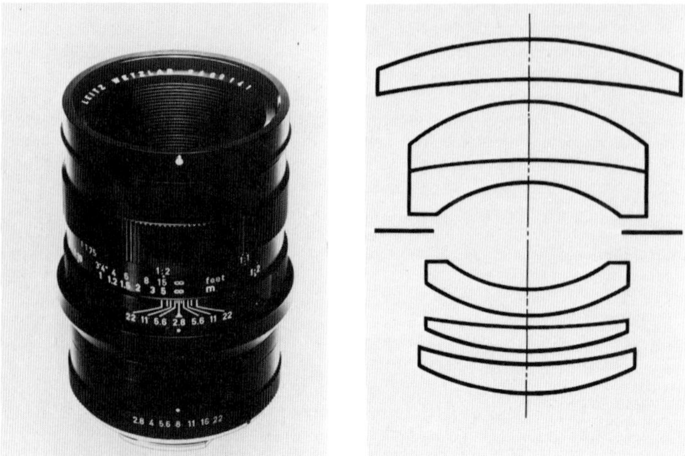

102 **Makroobjektiv.** a) Macro-Elmarit-R 1:2,8/60 mm – b) Linsenanordnung des Macro-Elmarit-R 1:2,8/60 mm. Foto und Zeichnung: Leitz Wetzlar

ments). Die Objektive dieses Prinzips sind meist auch für den gesamten Aufnahmebereich bis zur Entfernungseinstellung ›Unendlich‹ (∞) geeignet.

Maskenfilm Im Sinne des Wortes sind alle maskierten Farbnegativfilme als Maskenfilme anzusehen, da die zur Kompensierung der Nebenfarbdichten der Schichtfarbstoffe notwendigen → Farbmasken in Form spezieller Maskenschichten in die Emulsion integriert sind. Sie werden simultan mit dem eigentlichen Farbbild gemäß dem Belichtungseindruck entwickelt. Für die Herstellung von Farbauszügen für den Vielfarbendruck kann es notwendig werden, für jeden einzelnen Farbauszug eine eigene Farbmaske anzufertigen, um Nebenabsorptionen der später im Druck verwendeten Farbstoffe von vornherein auszugleichen. Hierfür gibt es spezielle Maskenfilme, die im Kontakt mit der Druckvorlage belichtet und nach ihrer Entwicklung für den jeweiligen Kopierprozeß deckungsgleich mit dem Original montiert werden.

Maskierung Die Fehlabsorptionen der Schichtfarbstoffe von Farbfilmen verursachen farbliche Verfälschungen, die durch eine geeignete Maskierung des Farbbildes behoben werden können. Das Prinzip der Maskierung beruht auf farbigen Korrekturbildern, die eine genau umgekehrte Abhängigkeit von der Belichtungsintensität zeigen wie die zu korrigierenden Nebenfarbdichten. Diese sog. → Farbmasken entstehen bei der Filmentwicklung in speziellen Maskenschichten, die in der Emulsion des Farbfilms enthalten sind. So werden die Fehlabsorptionen des Purpur-Farbstoffs im grünen und roten Spektralbereich durch eine Gelbmaske, die Nebenabsorptionen der Blaugrünkomponente durch eine Rotmaske ausgeglichen. Diese beiden Masken rufen die charakteristische Orange-Färbung entwickelter Farbnegativfilme hervor (Farbabb. 24b). In der labortechnischen Praxis werden sog. → Silbermasken (Graumasken) angewendet. Mit ihnen kann die Gradation eines Negativs erhöht oder abgeflacht werden, wobei die steilere Gradation eines Negativs gleichzeitig eine höhere Brillanz (Sättigung) der Farben bewirkt. Mit Silbermasken lassen sich außerdem überstrahlte Lichter eines positiven Bildes etwas »drücken«.

Matrix-Film → Dye Transfer-Process

Mattlack Lichtschutzlack für Farbpapierbilder, der nach dem Auftrocknen eine matte Oberfläche zurückläßt. Er dient als Schutz gegen die UV-Strahlung des Tageslichts und zur Entspiegelung der Bildoberfläche (für Ausstellungsbilder wichtig). Nur noch selten wird ein gleichfalls als Mattlack bezeichneter Harzlack verwendet, mit dem die Rückseite von Filmen für die Graphitretusche haftfähig gemacht wird.

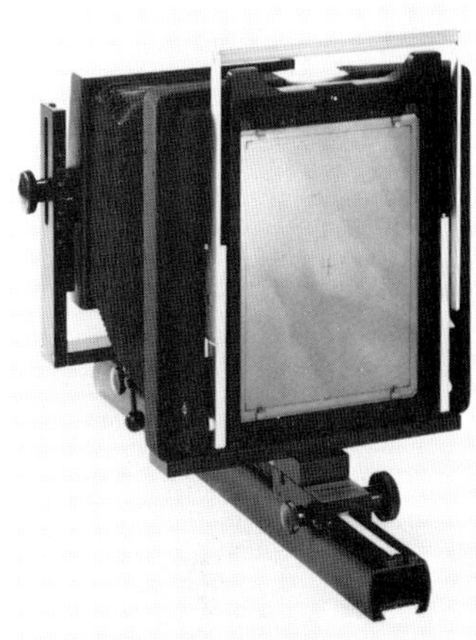

103 **Mattscheibe.** Kardan Standard 13 x 18 cm. Blick auf die Mattscheibe einer Großbildkamera. Foto: Linhof München

Mattscheibe Sie ist das älteste Hilfsmittel zur → Scharfeinstellung bei fotografischen Kameras. Der historischen Entwicklung entsprechend, ist die Herkunft der Mattscheibe eindeutig in der Großbildtechnik zu suchen. Die Mattscheibe wird dort anstelle des Filmes in der Bildebene angebracht (Abb. 103) und zeigt ein kopfstehendes und seitenverkehrtes Bild (bei Studio-Kameras nach wie vor üblich). Für die Belichtung wird die Mattscheibe durch die lichtempfindliche Platte (heute meist durch einen Planfilm) ersetzt. In modernen → Spiegelreflexkameras des Mittel- und Kleinbildformats befindet sich die festeingebaute Mattscheibe nicht mehr in der Filmebene selbst, sondern in einer dazu rechtwinklig angeordneten Bildebene, auf die das vom Objektiv entworfene Bild durch einen um 45° geneigten Spiegel umgelenkt wird. Die rauhe Oberflächenstrukturierung der Mattscheibe macht es dem Fotografen erst möglich, die exakte Lage der Bildebene zu lokalisieren. Treten an die Stelle der Mattscheibe andere Sucherscheiben, so besitzen diese zum Zwecke der Orientierung meist einen Mattscheibenring oder ein Fadenkreuz. In manchen Kameras ist die Mattscheibe als → Fresnellinse ausgebildet oder mit zusätzlichen Scharfeinstellhilfen wie → Mikroprismenraster oder → Schnittbild-Indikator ausgestattet.

Mechano-optische Untersuchungen Begriff, der von dem Fotografen Karl Martin Holzhäuser (geb. 1944) zur Kennzeichnung seiner Arbeiten verwendet wird. Es handelt sich dabei um visuelle Untersuchungen mit mechanischen und optischen Mitteln, bei denen angestrebt wird, bestimmte medienspezifische Erscheinungen ohne objekthafte Bindung darzustellen (Abb. 104). Die bei einem normalen fotografischen Aufnahmeprozeß vorkommenden, jedoch nicht systematisch zu verfolgenden Phänomene werden hier als Laborversuch nachvollzogen und dadurch besser erkennbar. Gegenstand dieser Untersu-

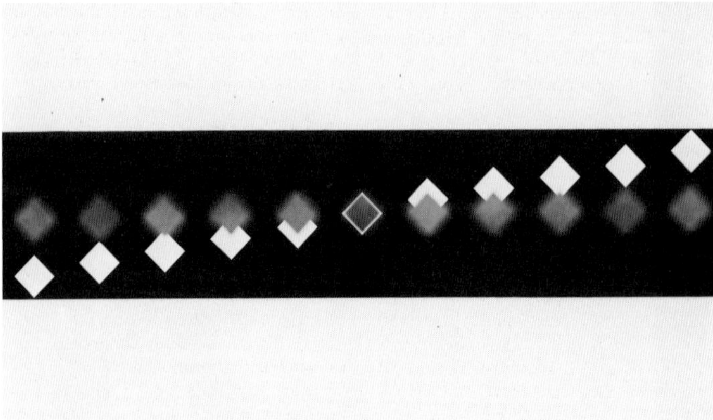

104 **Mechano-optische Untersuchungen.** Ihre Ziele sind Aufbau und Komposition von ästhetischen Strukturen bei der Darstellung von Erscheinungen in fotooptischen Prozessen. Foto: Karl M. Holzhäuser, Bielefeld

chungen sind z. B. Auswirkungen des Abblendens, der Begegnung und Überlagerung lokaler Flächenhelligkeiten und Flächenfarben, der Begrenzungen und Verläufe durch unscharfe Abbildung usw. Nach vorherbestimmten Programmen werden kontrollierte Veränderungen eines oder mehrerer Parameter vorgenommen und die Schritte einzeln fotografisch festgehalten. Es ergeben sich visuell einfach erfaßbare und zudem ästhetisch reizvolle Bildreihen zwischen den definierten Endpunkten eines Versuchs.

Mehrfachbelichtung → Doppelbelichtung

Mehrfachprisma Partiell geschliffene Vorsatzlinse, die zu einer mehrfachen (zwei- bis sechsfachen Wiedergabe eines Motivs in einer einzigen Aufnahme führt, wobei sich die Randzonen der einzelnen Teilbildfelder partiell überlagern (Farbabb, 23, Abb. 105). Mehrfachprismen sind brennweitenabhängig und lassen sich deshalb nicht an jedem beliebigen Objektiv verwenden. Unterschieden werden Vorsätze mit parallelem, fünfeckigem sowie asymmetrischem Schliff der Prismen. Da sie in drehbaren Fassungen gelagert sind, läßt sich die Lage des mehrfach aufgespaltenen

105 **Mehrfachprisma.** Mehrfachprismen unterschiedlichster Anordnung bieten die Möglichkeit einer symmetrischen oder asymmetrischen Vervielfachung des Motivs. Hier ein Motiv, das mit einem Fünffachprisma in paralleler Anordnung aufgenommen ist (vgl. auch Farbabb. 23). Foto: Günter Osterloh, Wetzlar

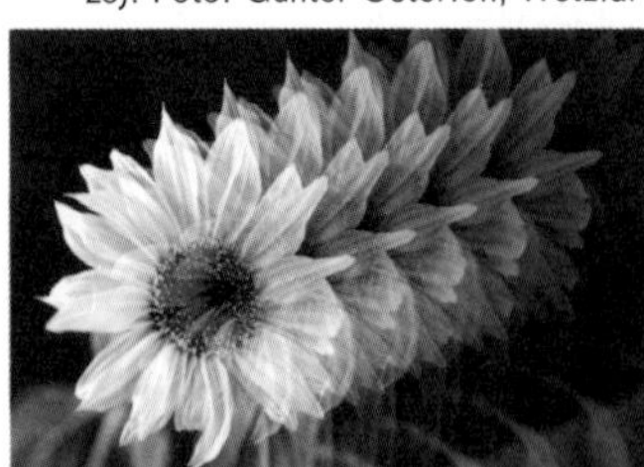

Motivs im Aufnahmefeld beliebig plazieren. Wie die meisten → Tricklinsen werden auch Mehrfachprismen primär in der → experimentellen Fotografie eingesetzt.

Mehrfarbenfilter → Trickfilter für die → experimentelle Farbfotografie, die in zwei oder bis zu fünf verschiedenen Farben getönt sind. Sie besitzen meist drehbare Fassungen, so daß die jeweiligen Farbfelder, entsprechend derFarbcharakteristik des Motivs, im Bildraum, wenn möglich, sinnvoll plaziert werden können. Die Wirkung dieser Filter läßt sich allerdings nur im Sucher einäugiger → Spiegelreflexkameras genau kontrollieren. Da sich für Mehrfarbenfilter keine einheitlichen → Filterfaktoren angeben lassen, können sie ohnehin nur an Kameras mit → TTL-Messung (Belichtungsmessung durchs Objektiv) relativ problemlos eingesetzt werden.

Mehrschichtenvergütung (Multicoating) Mehrschichtige Oberflächenvergütung optischer Linsen (→ Antireflexbelag) zur Verminderung von Lichtreflexionen an Glas-Luft-Flächen (→ Entspiegelung). Hierdurch wird nicht nur die effektive Lichtstärke eines Objektivs, sondern auch seine Kontrastübertragung verbessert. Gleichzeitig bieten die aus Leichtmetallfluoriden bestehenden und nur Bruchteile von Mikrometern dicken Beläge einen gewissen mechanischen Schutz der Linsenoberfläche.

106 **Meßsucherkamera.** Das Funktionsschema zeigt: 1 Objektiv – 2 Filmkassette – 3 Filmaufwickelspule – 4 Filmführung und Filmauflage – 5 Rollo des Schlitzverschlusses – 6 Objektivwechseltaste – 7 Selbstauslöser. Foto: Leitz Wetzlar

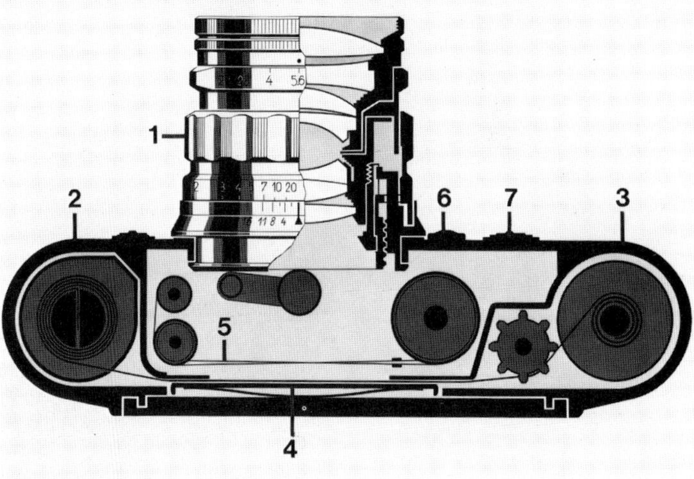

Meßsucherkamera Kameras, bei denen der Misch- oder Schnittbildentfernungsmesser in den Sucher eingespiegelt ist, werden Meßsucherkameras genannt (Abb. 106). An den meisten Kameras dieser Art werden Meßfeld und → Leuchtrahmen zur Bildfeldbegrenzung durch ein zusätzliches optisches System in den Sucher eingespiegelt. Sowohl Meßfeld als auch die gesamte Sucheroptik sind mechanisch mit dem Schneckentrieb des Objektivs gekoppelt, so daß zugleich mit der Scharfeinstellung die → Sucherparallaxe korrigiert wird.

Meßwinkel Raumwinkel, der von → Belichtungsmessern bei der Messung berücksichtigt wird. Er sollte nicht wesentlich kleiner oder größer sein als der → Bildwinkel des Objektivs. Die meisten Handbelichtungsmesser haben einen Meßwinkel von 40° bis 50°, der in etwa dem Bildwinkel eines Normalobjektivs entspricht. Hochleistungs-Belichtungsmesser verfügen über Möglichkeiten zur Veränderung des Meßwinkels (u. a. durch → Diffusoren). In diesem Fall kann, beim Einsatz von → Wechselobjektiven, der Meßwinkel dem Bildwinkel des jeweiligen Objektivs zumindest angenähert werden. Für die selektive Belichtungsmessung (Punktmessung) gibt es spezielle Geräte mit sehr engem Meßwinkel (bis ca. 2°). Bei integraler Belichtungsmessung durchs Objektiv (→ TTL-Messung) sind Bild- und Meßwinkel stets identisch, bei selektiver TTL-Messung beträgt der Meßwinkel ca. ein Sechstel des vom Objektiv erfaßten Bildwinkels.

Mikrofotografie Der Bereich der Mikrofotografie schließt sich nahtlos an den der → Makrofotografie bzw. der → Lupenaufnahme an. Er umfaßt Abbildungsmaßstäbe von ca. 10:1 bis etwa 1000:1 (d. h. bis zur Auflösungsgrenze des verwendeten Mikroskops). Während die Mikrofotografie ehedem ausschließlich den Belangen wissenschaftlicher Mikroskopie diente, wird sie heute zunehmend in einer auch ästhetisch orientierten Fotografie voll ausgeschöpft (Abb. 107). Erst durch das Interesse einiger weniger Fotografen wurde der Sektor der Mikrofotografie, die sich zunächst größtenteils mit einer qualitativ anspruchslosen Schwarzweißfotografie begnügte, zu einem hochinteressanten Zweig gestaltender Farbfotografie, wenn dazu auch nach wie vor dieselben Hochpräzisions-Mikroskope benötigt werden. Während der Wissenschaftler stets nur daran interessiert war, die für ihn wichtige Information im Bild rein sachlich festzuhalten, haben sie die Mikrowelt nach ästhetischen »Bildern« durchforscht. Selbst die Elektronenmikroskopie, die aufgrund der Farblosigkeit von Elektronenstrahlen primär nur einfarbige Leuchtschirmbilder liefert, wurde mittlerweile der Farbfotografie erschlossen. Besonders zu erwähnen sind in diesem Zusammenhang die Arbeiten Manfred P. Kages (geb. 1935) auf dem Gebiet der → Kristallographik und des → REM Color-Verfahrens (Farbabb. 5).

Mikrometer (μm) Längeneinheit: 1 Mikrometer (μm) = 10^{-6} Meter (m) = 0,001 Millimeter (mm).

Mikroprismenraster Um die Scharfeinstellung auf den Sucherscheiben von → Spiegelreflexkameras zu erleichtern bzw. bei ungenügenden Lichtverhältnissen überhaupt zu ermöglichen, sind die → Mattscheiben häufig mit einem ringförmigen Mikroprismenraster (Ø ca. 7 mm) versehen. Anstelle der Mattscheibenkörnung bedecken mikroskopisch kleine Vierkantprismen (Kantenlänge ca. 0,08 mm) die Oberfläche und zerlegen das Sucherbild bei unscharfer Einstellung des Objektivs in tausende kleinster Einzelbilder, was der Fotograf als Flimmern der Mikroprismen wahrnimmt. Bei korrekter Scharfeinstellung verschwindet dieses Flimmern schlagartig: Das Bild »springt« in die Schärfe.

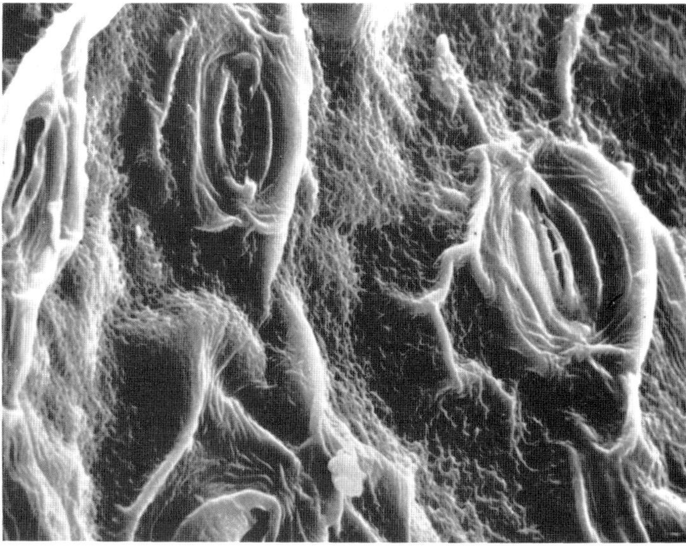

107 **Mikrofotografie.** Unterseite vom Deckblatt eines Zigarillos mit Spaltöffnungen. Rasterelektronenmikroskopische Aufnahme. Abbildungsmaßstab: 2200:1. Foto: Agfa-Gevaert, Leverkusen

Mired (M oder μrd) Mired ist die Abkürzung von *Mi*cro *re*ciprocal *d*egree und stellt ein Kurzzeichen für den 10^6-fachen Kehrwert der → Farbtemperatur dar, gemessen in Kelvin (K). Umrechnen lassen sich Mired-Werte in K nach folgender Gleichung:

$$x \text{ Mired} \mathrel{\hat{=}} \frac{1000000}{x} \text{ K.}$$

Die Bezeichnung Dekamired (dM) steht für 10 Mired.

Mischbildentfernungsmesser → Entfernungsmesser

Mischlicht Mischlicht entsteht dort, wo Lichtquellen stark unterschiedlicher → Farbtemperatur zur Beleuchtung beitragen, z. B. wenn in einem Raum Tageslicht (durchs Fenster) und Kunstlicht (Glühlampenlicht) zusammentreffen. Für die Schwarzweißfotografie ist das ohne Bedeutung, denn hier ist allein der Helldunkelkontrast des Motivs entscheidend. Im Bereich der Farbe kann Mischlicht jedoch zu unschönen Farbstichen führen. Je nachdem, ob im Mischlicht das Kunstlicht oder das Tageslicht überwiegt, wird der Fotograf einen Kunst- oder Tageslichtfilm einsetzen. Da die Farbtemperatur von → Elektronenblitzgeräten der des mittleren Tageslichts entspricht, können Aufnahmen unter Verwendung eines Elektronenblitzgerätes in mit Kunstlicht erleuchteten Räumen zum Problem werden. Leuchtet der Elektronenblitz das Motiv nur unvollständig aus, so wird in den nur von der Raumbeleuchtung erhellten Bildpartien bei der Belichtung auf Tageslichtfilm ein Rotstich sichtbar. Noch unnatürlicher wirken die mit Hilfe eines

Elektronenblitzgerätes auf Kunstlichtfilm gemachten Aufnahmen. Sie verblauen stark. Allgemein gilt die Regel, daß die Farbtemperatur zusätzlicher (Hilfs-)Lichtquellen der Farbtemperatur der bereits vorhandenen Lichtquelle(n) angeglichen werden sollte. Deshalb werden für einige Elektronenblitzgeräte→ Konversionsfilter angeboten, welche die Farbtemperatur der Blitzröhre der des Glühlampenlichtes und damit auch der eines Kunstlichtfilms anpassen.

Mittelformat Alle → Aufnahmeformate, die zwischen dem Kleinbildformat (24 x 36 mm) und dem Großbildformat (9 x 12 cm und größer) liegen, sind sog. Mittelformate. Dazu gehören Kameras für 6 x 6 cm, 6 x 7 cm und 6 x 9 cm. Sie sind vorwiegend für den Einsatz von → Rollfilmen konzipiert. Es gibt jedoch einige Mittelformatkameras (6 x 9 cm), die außerdem die Verwendung von Planfilmen in entsprechenden Filmkassetten gestatten.

Mitziehen Bei der Aufnahme von sich rasch bewegenden Motiven kann die Kamera während der Belichtung in Bewegungsrichtung mitgezogen werden. Auf diese Weise wird vor allem, speziell bei der Wahl längerer Belichtungszeiten, das Motiv scharf vor einem durch die Bewegung der Kamera unscharf abgebildeten Hintergrund festgehalten (Abb. 108). Die in Bewegungsrichtung mehr oder weniger stark strukturierten Unschärfen simulieren Tempo in dem normalerweise statischen Bild. Diesen Effekt machen sich vor allem Sportfotografen zunutze, um z. B. bei Auto- oder Pferderennen rasante Aufnahmen zu schießen. Die Schwierigkeit beim Mitziehen der Kamera liegt darin, die Kamerabewegung der Eigenbewegung des Motivs so anzupassen, daß sich dessen Lage im Bildfeld nicht oder nur wenig verändert, wobei es gleichzeitig gilt, die Schärfe entsprechend der Veränderung der Entfernung

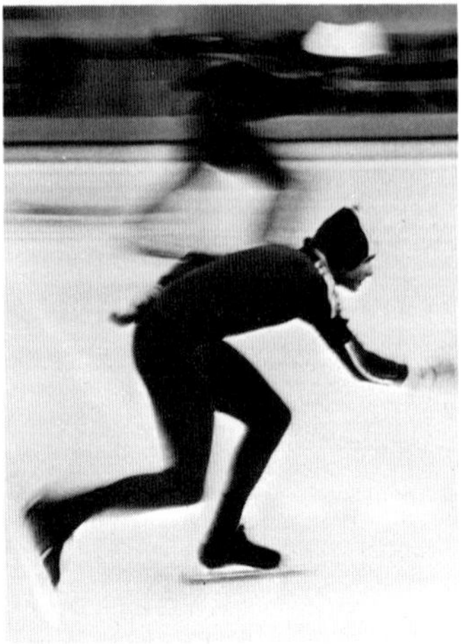

108 **Mitziehen.** Foto: Gerd Stephan, München

kontinuierlich nachzustellen. Durch den Einsatz längerer Brennweiten werden die Bewegungsunschärfen von Vorder- und Hintergrund durch den hinzutretenden Schärfen-Unschärfen-Kontrast noch verstärkt.

Mixed Media-Technik Begriff für die sog. Aktionskunst, die ihren Ursprung in den Anfängen des Dadaismus (1916) hat. Sie basiert auf dem Zusammenwirken verschiedenartiger Medien wie Malerei, Grafik, Film, Fotografie, Tanz und Musik. Protagonisten der Mixed Media-Technik vertreten die Ansicht, daß erst aus dem Zusammenwirken unterschiedlicher Medien ein universelles Kunsterlebnis entstehen kann, das den vielfältigen, auf den Menschen wirkenden geistigen, seelischen Einflüssen und Zuständen sowie den hieraus resultierenden »inneren« Erlebnissen (auch den unvorbereiteten oder improvisierten) gerecht werden kann. Die Mixed Media-Technik von heute wird vorwiegend von elektronischen und optischen Verfahren bestimmt, einem Gemisch aus

Bildaufzeichnung, Bildumwandlung, Bildwiedergabe, untermalt von gesprochenem Wort, von Geräuschen und Musik. Film, Video, Fotografie, Musik, Sprache, Lautmalerei, das sind die Elemente neuer Mixed Media-Techniken. In diesen Bereich gehören beispielsweise die Audiovisions- und Multivisionstechniken von Manfred P. Kage (geb. 1935), der bereits 1964 sein Audioskop präsentierte, ein Gerät, das Musik in farbiger, elektroakustisch erzeugter Projektion sichtbar macht. Im Audioskop wird Flüssigkeit auf einer Kunststoffmembran durch modifizierte Lautsprechersysteme in Vibration versetzt und mit einer Xenon-Lampe, unter Verwendung einer veränderlichen Farbschlierenoptik, auf die Bildwand projiziert. Entsprechend den Schwingungen der Membran verändern sich die Strukturen und Farben, wodurch ästhetisch reizvolle, den Klängen und Melodien der Musik entsprechend sich ausbreitende oder im Rhythmus zuckende Farbmuster und Strukturen auf dem runden Projektionsfeld sichtbar werden. In Kages Multi Media-Konzerten, einer von ihm erfundenen Variante der Mixed Media-Technik, werden Multivisionsschauen mit kinetischen Ereignissen wie Kristalloptik, Computerfilm und Laserstrahl gemischt, mitunter von eigens hierfür komponierten Synthesizer-Klängen untermalt. Ähnlich wirken die Video- und Synthesizer-Kompositionen des Amerikaners Ron Hays (geb. 1944), in denen bewegte abstrakte Farb- und Klangfiguren balletthaft mit klassischer Musik kombiniert sind. Sie wurden mit großem Erfolg auf der documenta '77 in Kassel präsentiert.

M-Kontakt → Blitzlichtsynchronisation

Modulationsübertragung → Kontrastübertragung

Moiré Durch Überlagerung von verschiedenen, gegeneinander verdrehten oder verschobenen Rasterstrukturen (Rasterfolien oder Druckraster) entsteht ein Moiré (unruhiges, aber periodisch wiederkehrendes Muster). Im fotografischen Bereich werden Moirés für Aufgaben der → Foto-Grafik, auch für → Fotomontagen und → Collagen verwendet. Bei letzteren entstehen sie häufig durch erneutes Aufrastern eines gedruckten, also bereits gerasterten Bildes. Extrem vergrößerte Moirés, die deutlich die gerasterte Grundstruktur erkennen lassen, wurden u. a. in der Pop Art eingesetzt. Am Vorhandensein eines Moirés schließlich erkennt der Fachmann, ob ein Bild vom ungerasterten Original oder von einem bereits gedruckten (und somit auch gerasterten) Bild reproduziert wurde.

Mondscheineffekt (Nachteffekt) Schwarzweißaufnahmen, die bei wolkenlosem (!) blauem Tageshimmel unter Verwendung eines Rotfilters auf einen panchromatischen Film (bzw. mit einem Infrarotfilter auf einen Infrarotfilm) gemacht werden, zeigen einen nachtschwarzen Himmel über einer schwach beleuchteten Landschaft (vor allem bei Unterbelichtung). Dieser »Mondscheineffekt« ist darauf zurückzuführen, daß das blaue Licht des Himmels vom Aufnahmefilter fast vollständig absorbiert (ausgelöscht) wird, während die von der Landschaft reflektierten langwelligen (roten, infraroten) Spektralanteile des Sonnenlichts vom Filter nicht zurückgehalten werden und so zur Belichtung auf den Film gelangen. Werden solche Bilder hart kopiert, so kann u. U. der Eindruck einer Nachtaufnahme entstehen (Abb. 109).

Monochromatisches Licht Einfarbiges Licht einer bestimmten Wellenlänge bzw. eines konkreten, engen Wellenlängenbereichs. Monochromatisches Licht kann auf unterschiedliche Weise aus dem durch → Dispersion oder → Beugung erzeugten Farbspektrum des weißen Lichtes ausgesondert werden. In

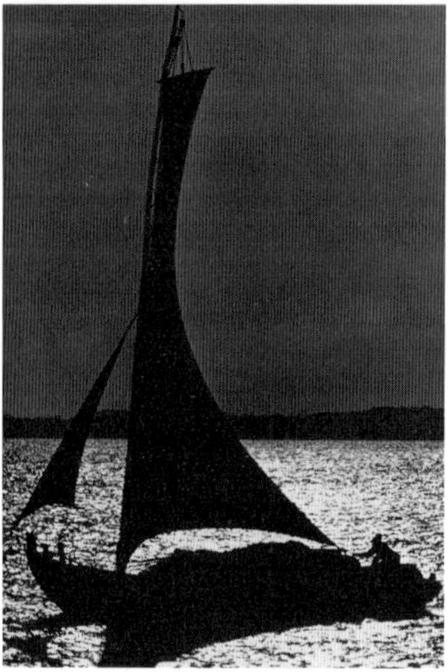

109 **Mondscheineffekt.** Sao Salvador, Brasilien. Foto: Paul Ribanyi, Tiburon/Kalifornien (USA), 1949

Spektralphotometern, die u. a. zur Messung der → Farbdichte benutzt werden, wird es mit Absorptionsfiltern der restlichen Farbanteile abgetrennt. Für die → Holographie wird nicht nur streng monochromatisches, sondern auch kohärentes, also phasengleiches Licht benötigt. Diese Bedingungen erfüllt das → Laserlicht, das in der → experimentellen Fotografie mitunter als frappierendes Effektlicht eingesetzt wird.

Monochromie (Einfarbigkeit) In einem einzigen Farbton gehaltene Bilder werden als monochrom (Ton in Ton) bezeichnet. Aus an sich farblosen Motiven werden, wenn sie unter bestimmten Lichtverhältnissen (z. B. Abend- oder Morgenrot) aufgenommen sind, monochrome Darstellungen. Sie können mitunter von hohem ästhetischem Wert sein. Ähnliche Stimmungen lassen sich durch Manipulation mit Farbfiltern während des Aufnahme- oder Kopiervorgangs erreichen. Ebenso sind nach bestimmten Tonungsverfahren (→ Tonen) behandelte Schwarzweißfotografien monochrom. Zu einiger Bedeutung auf dem Sektor monochromer Fotografie gelangten die z. T. mit strengen Farbfiltern aufgenommenen Landschaften des englischen Fotografen Pete Turner (geb. 1934) oder die blauen »Monochromien« des Schweizers Christian Vogt (geb. 1946).

Monoprint Bezeichnung für ein fotografisches Unikat im Bereich frei gestaltender Fotografie. Geprägt wurde der Begriff für Farbbilder, die mit Hilfe des Polychromators (→ Kristallographik, Abb. 92), eines von Manfred P. Kage (geb. 1935) entwickelten Spezialprojektors für farblose und transparente mikroskopische Präparate, erzeugt werden. Das Bild des in polarisiertem Licht auf eine weiße Fläche projizierten Motivs verwandelt sich durch Drehen an einem Polarisator stufenlos in seinen durch das polarisierte Licht erzeugten Farbmustern. Jede der entstehenden Varianten kann unmittelbar auf ein die Projektionsfläche ersetzendes Farbpapier belichtet und zum Farbbild entwickelt werden. Die farbliche Wiedergabe des Motivs läßt sich, wenn der Polarisator erst einmal weitergedreht ist, nicht mehr völlig identisch wiederholen (deshalb »Monoprint«). Die hervorragende Schärfe der Strukturen und die Brillanz der Farben beruhen auf dem sehr direkten Weg einer unmittelbaren Bildentstehung (allein mit dem Projektionsobjektiv).

Montage → Fotomontage

Motivkontrast → Kontrastumfang

Motorkamera Für den Einsatz im professionellen Bereich der → Bildreportage, insbesondere der Sportfotografie (Abb. 19), können z. B. Kleinbildkameras mit einem kleinen, batteriegespeisten Motorteil versehen werden, der das Spannen und Auslösen des Verschlusses sowie das Weitertransportieren des Films übernimmt (Abb. 110). Auf diese Weise

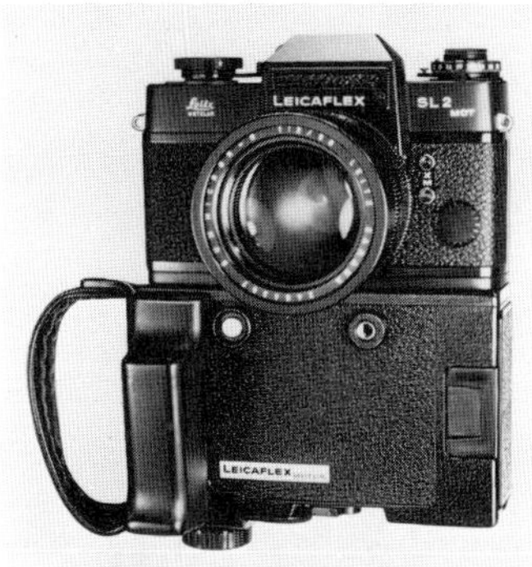

110 **Motorkamera.** Bildfrequenz: 4 Bilder/s. Foto: Leitz Wetzlar

können vier bis sechs Bilder pro Sekunde fotografiert werden. Alle Motorkameras ermöglichen sowohl Einzelbildauslösung als auch die »automatische« Serienbelichtung. Um die Aufnahmefrequenz noch zu erhöhen, wurde eine sog. → Tandem-Vorrichtung entwickelt (Abb. 169). Sie besteht aus zwei miteinander gekoppelten, motorisch betriebenen Kameras, die abwechselnd ausgelöst werden.

Multicoating → Mehrschichtenvergütung

Multifokallinse Eine → Vorsatzlinse, die mitunter auch als Teilbild- oder Bifokallinse bezeichnet wird. Ein Teil (etwa 1/4) der Linse ist als Nahlinse ausgebildet und ermöglicht es, kleine Dinge, die sich im unscharfen Nahbereich befinden, in die Schärfe des Gesamtbildes miteinzubeziehen.

Multiplekamera Unter Multiplekamera (auch Mehrfachkamera) versteht man ein Kamera-System, das aus mehreren kombinierten Einzelkameras besteht, die funktionell aufeinander bezogen sind. Mit Hilfe dieses raffinierten Kamera-Systems ist es möglich, kontinuierlich verlaufende Bewegungsvorgänge in einzelne Phasenbilder zu zerlegen. Hierdurch wird eine genaue Analyse eines auch schnell verlaufenden Bewegungsvorganges ermöglicht. Die Kameraverschlüsse der neben- oder übereinanderstehenden Kameras können dabei nach vorherbestimmbaren und dem Bewegungsvorgang angemessenen Zeitintervallen nacheinander ausgelöst werden.

Die erste Anwendung eines Multiplekamera-Systems in größerem Umfang erfolgte durch Eadweard Muybridge (1830–1904) um 1870. Muybridge verwendete die Multiplekamera zu einer bisher nicht übertroffenen wissenschaftlich-fotografischen Darstellung von Bewegungen von Tieren und Menschen. Er legte seine Arbeit in einem umfassenden Werk unter dem Titel »Animals in Motion« 1907 vor. Geschichtlich betrachtet bildet die Multiplekamera eine Vorstufe zur Kinematographie, bei der ein kontinuierlicher Bewegungsablauf in Einzelbilder zerlegt und aufgenommen und später in schneller Folge wiedergegeben wird. Der Vorteil der Multiplekamera gegenüber dem Filmbild liegt darin, die gleichzeitige und vergleichende Betrachtung eines Bewegungsablaufs in seinen einzelnen Phasen zu ermöglichen. Damit ist die Verwendung von Multiplekameras für wissenschaftliche oder ästhetische Zwecke auch heute noch von Bedeutung.

Multipleoptik Bei der Multipleoptik (auch Mehrfachoptik) handelt es sich um eine Kombination mehrerer gleicher Objektive, die in der Objektivebene montiert und funktionell aufeinander bezogen sind (Abb. 111). Zahl und An-

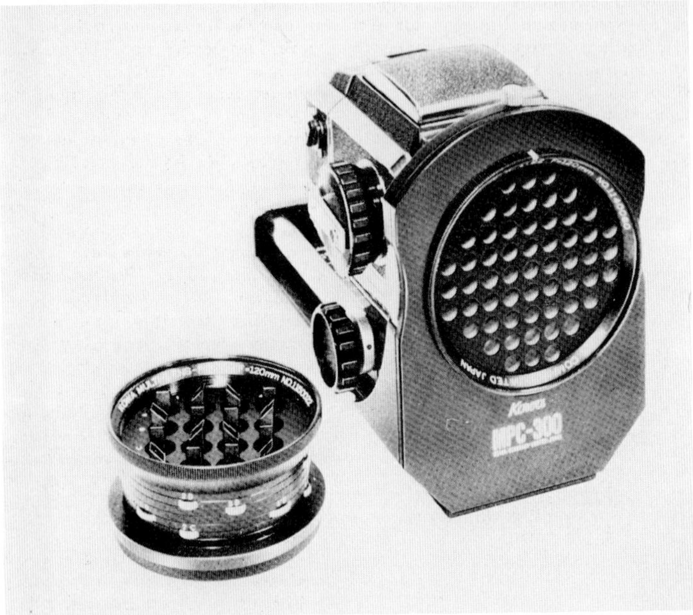

111 **Multipleoptik.** Die MPC-300 der japanischen Firma KOWA mit zwei austauschbaren Mehrfachobjektiven für den Entwurf von Mustern. In die Kamera eingesetzt: das Objektivaggregat »S«, das über 57 nach einem festen Gitter angeordnete Objektive verfügt. Links neben der Kamera: Objektivaggregat »P«, 16 Objektive mit vorgesetzten, einzeln drehbaren Prismen zur willkürlichen Verlagerung jeder einzelnen der 16 Abbildungen. Foto: KOWA-WF

ordnung der Objektive unterliegen der jeweiligen Aufgabe des Multipleobjektivs. So sind Multipleobjektive bekannt, die nach einer linearen Reihe oder nach bestimmten geometrischen Anordnungen aufgebaut sind und deren Verschlüsse sowohl einzeln nacheinander als auch gleichzeitig ausgelöst werden können. Neben dieser Verwendung wird das Multipleobjektiv aber auch für gestalterische Zwecke im Bereich des Flächen-Designs (Entwurf von Textilien und Tapeten) eingesetzt. Dabei werden weitaus mehr Einzelobjektive verwendet (bis zu etwa 60 Stück). Die Abbildungen der Einzelobjektive liegen dabei nicht ausschließlich nebeneinander, sondern sie überlagern sich teilweise oder durchdringen sich, so daß dadurch neuartige Musterfigurationen entstehen. Das Multipleobjektiv wurde 1854 durch den Franzosen André Adolphe Eugène Disdéris (1819–1890) erstmals für die kommerzielle Porträtfotografie benützt. Mit Kameras, die bis zu 12 Einzelobjektive enthielten, war eine rationellere Herstellung von Porträtaufnahmen möglich.

Im Bereich aktueller künstlerischer Anwendung der Multipleoptik sind die Arbeiten des Fotografen und Pädagogen Gottfried Jäger (geb. 1937) bekannt geworden. Bei ihm wird das rein apparative System zum Bildgenerator für eine Wiedergabe visueller Innovationen. Die Multipleoptik dient dazu, durch Einbeziehung geeigneter Objekte, z. B. einer bestimmten Anzahl und Anordnung von Lichtpunkten (Lämpchen), sowie durch Einschaltung von Farbfiltern zu bestimmten ästhetischen Dar-

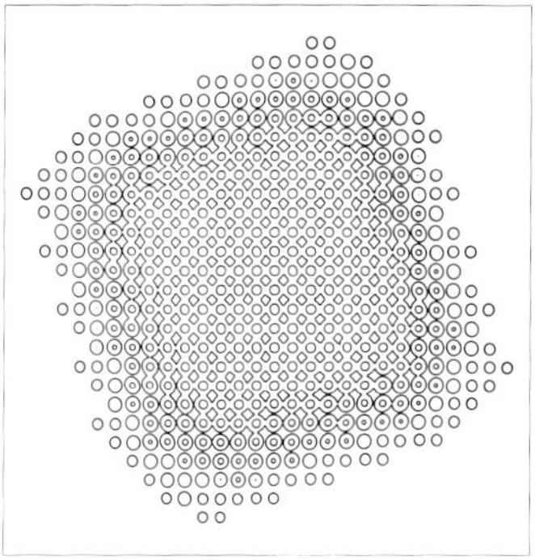

112 **Multipleoptik.** Lochblendenstruktur, erzeugt mit einem Lochblenden-Multipleobjektiv. Foto: Gottfried Jäger, Borgholzhausen, 1973

stellungen in Form und Farbe zu gelangen (Abb. 112). Sein Ziel ist es, innerhalb eines weitgehend perfektionierten Mediums unbekannte Dimensionen aufzuspüren und im Bild wiederzugeben.

Multivision Die gleichzeitige, automatische Projektion (häufig → Rückprojektion) mehrerer Diapositive mit mehreren Projektoren auf mehrere nebeneinander und/oder übereinander angeordnete Bildflächen wird Multivision genannt. Man könnte sie als eine überdimensionierte → Tonbildschau bezeichnen, da sie meist mit Sprache, Musik und Geräuschen untermalt ist. Ihr Anwendungsbereich sind Messen, Ausstellungen und Veranstaltungen, die im weitesten Sinne der Information, Repräsentation oder Werbung dienen. Multivisionsschauen können nicht nur in verdunkelten Räumen, sondern auch in mäßig hellen Räumen vorgeführt werden. Die einzelnen Projektionsfelder (es können 3, 6, 9 und mehr sein) sind meist gleich groß und werden in Ausnahmefällen durch »Fenster« unterschiedlicher Größe unterbrochen, auf denen Filme gezeigt werden. Die Mischung von Stehbild und Filmszene ist einer der vielen Projektionseffekte, welche eine Multivisionsschau beleben. Moderne elektronisch oder teilelektronisch gesteuerte Misch- und Überblendungsgeräte ermöglichen eine dramaturgischen Gesetzen gehorchende Inszenierung von Bild und Ton.

Nachbareffekte Nachbareffekte sind Wechselwirkungen in der fotografischen Abbildung zwischen benachbarten Partien stark unterschiedlicher Belichtung. Sie entstehen während der Entwicklung durch Diffusionsvorgänge bei mangelhafter Bewegung im Entwickler. Nachbareffekte sind z. B. der → Kanteneffekt und der → Kostinsky-Effekt.

Nachbelichten Nachbelichtet werden beim Kopieren von Fotos unter dem Vergrößerungsgerät jene Motivdetails, die während der Aufnahme im Verhältnis zu den übrigen Bildteilen überstrahlt, also auf dem Negativ zu stark geschwärzt sind. Insbesondere kommt dies bei sehr kontrastreichen Motiven vor, die in starkem Seitenlicht oder Gegenlicht fotografiert wurden. Stark verschattete Zonen müssen, während die übrigen Bildteile mit einer speziellen, dem Motiv entsprechend zugeschnittenen Maske (oder mit der Hand) abgehalten (→ Abhalten) werden, durch zusätzliche Belichtung (Nachbelichten) im Positiv verstärkt werden. Als → Latensifikation bezeichnet man eine allgemeine diffuse Nachbelichtung von Filmen oder Fotopapieren mit dem Ziel, eine Empfindlichkeitssteigerung zu bewirken. Auch beim Kopieren von Farbbildern im → Dia-Direktverfahren (einem Farbumkehr-Verfahren) müssen die unterbelichteten Details des Motivs einer partiellen Nachbelichtung (→ Farbumkehrfilm) unterzogen werden.

Nachtaufnahme In erster Linie sind Nachtaufnahmen von den gegebenen Lichtverhältnissen abhängig, d. h. von der Beschaffenheit und Anzahl der Lichtquellen. So bezieht sich das Wort »Nachtaufnahme« weniger auf die Dunkelheit an sich als auf die Verarbeitung mehr oder weniger extremer Helldunkelkontraste in der nächtlichen Szene. Unterschiedliche Schwierigkeiten entstehen einerseits beim Fotografieren einer in Mondlicht getauchten Landschaft, andererseits bei der Aufnahme von lichtdurchfluteten Großstadtszenerien (Abb. 113). Da der Fotograf die vorhandene Lichtsituation so gut wie nicht beeinflussen kann, ist es für ihn von entscheidender Bedeutung, einen geeigneten Aufnahmestandort zu wählen, der das bildmäßig günstigste Ergebnis verspricht. Sollen Lichtquellen selbst mit ins Bild einbezogen werden, so ist dies nur dann möglich, wenn sie weit genug von der Kamera entfernt sind und das Motiv, auf das es ankommt, nicht überstrahlen. Dabei ist von vornherein gewiß, daß in den Lichtern selbst (z. B. Straßenlampe) jegliche Zeichnung verloren geht zugunsten differenzierter Schattenpartien, die für die Bildgestaltung wesentlicher sind. Von der → Lichtstärke des verwendeten Objektivs und der → Filmempfindlichkeit hängt es ab, mit welchen Belichtungszeiten man unter den gegebenen Umständen operieren kann. Die gemessenen Verschlußzeiten können u. U. zwischen 1/125 s und mehreren Minuten schwanken. Bei Verschlußzeiten ab 1/15 s sollte die Kamera entweder durch ein → Stativ oder eine entsprechende solide Unterlage abgestützt sein. Für die Ermittlung der richtigen Belichtungswerte gibt es kein allgemeingültiges Rezept. Die meisten Belichtungsmesser versagen ohnehin den Dienst, es sei denn, daß bestimmte bildwichtige Details selektiv angemessen werden können. Ein weiteres Problem ist die → Scharfeinstellung des Objektivs auf das bildwichtige Objekt. Oft ist das Sucherbild nicht hell genug, um eine einwandfreie Beurteilung der Schärfe zu gewährleisten. In diesem Fall kommt man um eine Vergleichsmessung, vielleicht sogar um eine nur geschätzte Entfernungseinstellung nicht herum. Eine Taschenlampe hilft dabei zumindest, die Einstellwerte zu überprüfen. Bei Langzeitaufnahmen werden alle hellen bewegten Motivdetails unscharf oder verwischt abgebildet. Die bekannten Leuchtspuren von Autoscheinwerfern und -rücklichtern, die sich gleich Schlangenlinien durch die Straßen winden, sind nicht immer von ästhetischem Reiz. Sie können vermieden werden, wenn man den geöffneten Verschluß der Kamera immer dann mit der Hand, oder besser mit einem schwarzen Karton abdeckt, sobald sich ein Fahrzeug ins Bildfeld drängt. Die hierdurch verkürzte Belichtungszeit muß ausreichend verlängert (ausgeglichen) werden. Bei Farbaufnahmen sollte nicht übersehen werden, daß Langzeitbelichtungen zu Farbstichen führen können, die bei kürzeren Belichtungszeiten nicht ins Gewicht fallen (→ Schwarzschild-Effekt). Andererseits sollte man den vergleichbar großen Helligkeitsumfang, der von hochempfindlichen Farbumkehrfilmen (die ja heute bis 30 DIN empfindlichkeitssteigernd entwickelt werden können) bewältigt wird, auch ausnutzen. Auch die neuen Farbnegativfilme von 27 DIN schaffen Möglichkeiten, selbst bei spärlichem Licht noch Farbaufnahmen zu machen.

Nachteffekt → Mondscheineffekt

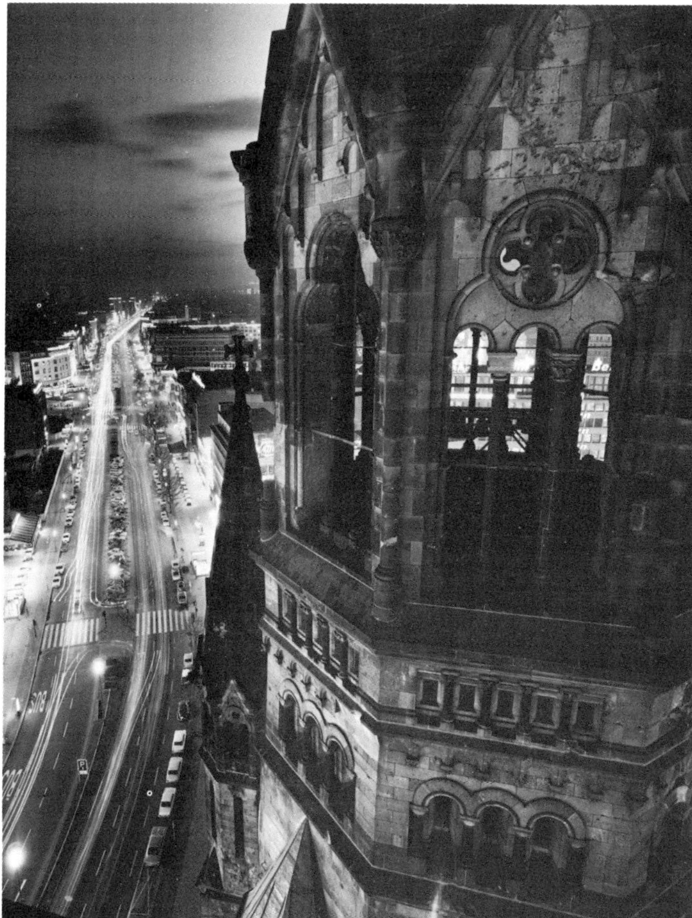

113 **Nachtaufnahme.** Foto: Ludwig Windstosser, Stuttgart

Nachtsichtgerät Zu unterscheiden sind die »aktiven« von den »passiven« Nachtsichtgeräten. Die ersteren benötigen eine Infrarotlichtquelle und beruhen auf dem Prinzip des infrarotlichtempfindlichen Bildwandlers. Diese Geräte können bei absoluter Dunkelheit eingesetzt werden. Die letzteren sind sog. → Restlichtverstärker (vgl. Abb. 135, 136), arbeiten also mit bereits vorhandenem, wenn auch spärlichem Licht. Diese Restlichtverstärker werden nicht nur bei der

Zollfahndung und in der Kriminalistik eingesetzt, sondern auch für bestimmte Aufgaben in der bildmäßigen Fotografie.

Nahaufnahme → Makrofotografie

Naheinstellgerät → Balgennaheinstellgerät

Nahlinsen Um ein Objektiv für den Nahaufnahmebereich zu erschließen, bedarf es eines extrem langen → Auszugs, der sich aus technischen Gründen nur bei wenigen Spezialobjektiven (Makroobjektiven) realisieren läßt. Um auch mit Normalobjektiven im Bereich der Nahaufnahme fotografieren zu können, gibt es Vorsatzlinsen, die geeignet sind, die Brennweite zu verkürzen und somit den Umfang der erreichbaren Abbildungsmaßstäbe auf den Makrobereich auszudehnen. Diese Nahlinsen beeinträchtigen jedoch die Abbildungsqualität (den Korrektionszustand), es sei denn, daß sie für das jeweilige Objektiv, an dem sie verwendet werden, auskorrigiert sind. Werden Nahlinsen an → Meßsucherkameras verwendet, muß man die → Sucherparallaxe berücksichtigen. Die Gesamtbrennweite von Objektiv plus Nahlinse kann durch einfaches Addieren der → Dioptrien ermittelt werden.

Nanometer (nm) Längeneinheit: 1 Nanometer (nm) = 10^{-9} Meter (m) = 0,000001 Millimeter (mm).

Naturalismus Die sichtbare Umwelt naturalistisch, also naturgetreu bzw. realistisch abzubilden, ist eine medienspezifische Eigenschaft der Fotografie. Als sie 1826 erfunden wurde, hat man dies als ihren großen Vorzug erkannt und in vielen Schriften dargelegt. Fotografie stellte im Bereich der präzisen Wiedergabe der äußeren Erscheinung der Dinge alles in den Schatten, was bis dahin mit den Mitteln bildender Kunst möglich war. Doch dieser Vorzug wurde den Fotografen in dem Augenblick zum Verhängnis, als sie versuchten, gemalte Bilder durch Fotos zu ersetzen. Denn was die Kunstwissenschaft bei Malern als selbstverständliche Aufgabe sah, Natur und Realität in eine die Wirklichkeit verändernde, formal variierte, in eine »geistige Wirklichkeit« zu transponieren, das verwehrte man den Fotografen. Aus der Diskrepanz künstlerischer Bewertung der Malerei einerseits und der Fotografie andererseits entspann sich die aus heutiger Sicht überflüssige Auseinandersetzung um die Bewertung der Fotografie als Kunst. Sie hat gegenwärtig, da sich Maler im → Fotografischen Realismus und in anderen Stilrichtungen der bildenden Kunst zur Interpretation der spezifisch fotografischen Wirklichkeit im Sinne eines ungeschminkten Realismus bekennen, die Phase der Aussöhnung zwischen beiden Auffassungen eingeleitet. Deshalb scheint der fotografische Realismus, der ja im Grunde zu keiner Zeit als künstlerische Stilrichtung definiert wurde, sondern lediglich das Streben nach einer wie immer gearteten Wirklichkeitsfindung zum Ausdruck brachte, im Bereich der bildenden Künste die längst fällige Anerkennung und Einordnung gefunden zu haben.

Nebeleffektfilter → Weichzeichner

Nebenbilder Reflexe, die an den Linsenoberflächen innerhalb des Objektivs entstehen und auf dem Film scharf abgebildet werden, nennt man Nebenbilder. Hierzu gehören auch die bekannten vieleckigen Blendenbilder (→ Reflexe, Abb. 133), die im starken Gegenlicht oder bei ins Bildfeld miteinbezogenen Lichtquellen auftreten können. Selbst eine hervorragende Oberflächenvergütung (→ Antireflexbelag) hochwertiger Objektive kann die Entstehung von Nebenbildern nicht absolut unterbinden. Manche Fotografen beziehen diese »Blendenreflexe« bewußt in ihre Bildgestaltung mit ein.

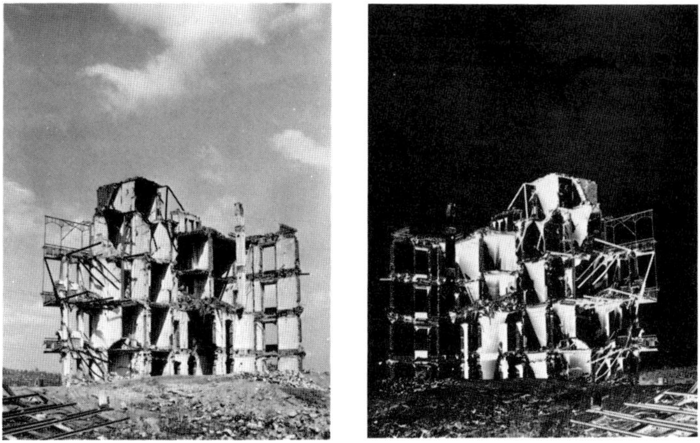

a b

114 **Negativdruck.** Vergleichsbeispiel: a) positives Bild – b) negatives Bild. Foto: Willi Moegle, Leinfelden-Echterdingen

Negativdruck Wird ein Schriftbild oder eine Strichzeichnung im Negativdruck wiedergegeben, so bedeutet dies, daß nur das Umfeld um die hellbleibende Schrift oder Zeichnung gedruckt wird, z. B. weiße Schrift auf schwarzem Grund. Nach demselben Prinzip lassen sich im Bereich der → experimentellen Fotografie auch negative Abbildungen vom Positiv kopieren (Abb. 114). Für die Farbfotografie bedeutet ein solcher Negativdruck nicht nur eine Tonwertumkehrung, sondern gleichzeitig die Wiedergabe des Motivs in komplementären Farben. Allerdings muß beim Kopieren von farbigen Diapositiven auf gewöhnliches Farbfotopapier beachtet werden, daß dieses normalerweise für die Verarbeitung von maskierten Farbnegativfilmen verwendet wird und deshalb eine Blaufilterschicht zur Kompensation der orangefarbenen Farbmaske enthält. Die Farbverfälschungen, die sich hieraus ergeben, können jedoch anhand einer ungefilterten → Nullkopie beurteilt und bei der Bestimmung der Filterung berücksichtigt werden. Der Negativdruck von Schwarzweiß-Vorlagen kann bei geeigneten Motiven eine Art Nachtwirkung erzeugen (insbesondere bei Landschafts- und Städteaufnahmen). Damit können beispielsweise surrealistische Traumvorstellungen suggeriert werden.

Negativfilm Mit Ausnahme des → Internegativ-Films dienen alle Negativfilme als Aufnahmematerial. Im Gegensatz zu → Umkehrfilmen zeigen sie ein negatives Abbild des Motivs, d. h. sämtliche Tonwerte sind umgekehrt. Bei → Farbnegativfilmen werden auch die Farben komplementär wiedergegeben. Diese Filme sind zum Ausgleich der Nebenfarbdichten meist mit einer Farbmaske versehen. Schwarzweiß-Negativfilme werden in niedrigen (9–16 DIN), mittleren (17–22 DIN) und hohen (23–33 DIN) Filmempfindlichkeiten hergestellt. Die von Farbnegativfilmen liegen zwischen 17 und 27 DIN. Je nach Empfindlichkeit sind die Emulsionen unterschiedlich dick. Etwas pauschal gesagt nehmen mit der Empfindlichkeit die Schichtdicke und Korngröße gleichermaßen zu, wodurch das → Auflösungsvermögen des Films beeinflußt wird. Doch bieten die Filmhersteller heute so feinkörnige Materialien hoher Empfindlichkeit an, daß auch diese nahezu universell eingesetzt werden können. Selbst Kleinbildnegative (24 x 36 mm) von 27-DIN-Filmen lassen sich ohne erhebliche qualitative Abstriche bis zu einem Bildformat von 50 x 60 cm und größer kopieren.

Negativ-Positiv-Montage Experimentelle Technik der Foto-Grafik, in der Negativ und Positiv zusammen kopiert (→ Reliefbild) oder in der Art eines → Sandwich für Druck oder Projektion übereinander montiert werden. Besonders reizvoll ist die Kombination eines Farbdiapositivs mit einem Schwarzweißnegativ desselben Motivs. Das Negativ wird im Kontaktverfahren unmittelbar vom Diapositiv kopiert und dann – Schicht auf Schicht – deckungsgleich oder seitlich etwas verschoben montiert und gerahmt. In den meisten Fällen reicht ein relativ dünn kopiertes Schwarzweißnegativ aus, denn es sollte die Tonwertskala des Diapositivs nicht überdecken, sondern lediglich strukturell anreichern.

Negativ-Retusche → Retusche

Netzmittel Netzmittel setzen die Oberflächenspannung des Wassers drastisch herab, was sich der Fotolaborant zunutze macht. Filme und Fotopapiere werden, im Anschluß an die Schlußwässerung, für kurze Zeit in ein Netzmittelbad gebracht, welches während der Trocknung das Entstehen von Trockenflecken infolge Tropfenbildung verhindert.

Neue Sachlichkeit Schon ehe Gustav Hartlaub, Direktor der Mannheimer Kunsthalle, den Begriff Neue Sachlichkeit prägte (1924), hatte sich in der Malerei eine Gruppe formiert, die sie in ihren Werken verwirklichte. Sie verstanden sich als Protagonisten einer Gegenbewegung zu den Kubisten, Abstrakten und Expressionisten. Als Vertreter der Neuen Sachlichkeit gelten jene Maler, die auf der Wiederentdeckung und starken Betonung des Gegenständlichen bestehen, wie Alexander Kanoldt (1881–1939) oder Georg Schrimpf (1889 bis 1938). Zugerechnet werden auch Otto Dix (1891–1969), Anton Räderscheidt (1892–1970), George Grosz (1893 bis 1952). Der Realismus, den sie in ihren Werken vertreten, zeichnet sich durch analytische Interpretation einer vielschichtigen Umwelt aus, vor allem aber durch kritisches Engagement, das in satirischer Überzeichnung die gesellschaftlichen Zustände anprangerte.

In der Fotografie zeigte sich Neue Sachlichkeit in den Arbeiten bekannter Fotografen, die in den 20er Jahren gegen den Romantizismus der Kunstfotografie und gegen die experimentelle Fotografie, wie sie am Bauhaus unter Laszlo Moholy-Nagy (1895–1946) und Herbert Bayer (geb. 1900) praktiziert wurde, opponierten. Sie muß außerdem als Reaktion auf verschiedene experimentelle Stilrichtungen gesehen werden, die im Gefolge des Dadaismus, Surrealismus entstanden, sowie als Opposition zu den Arbeiten der Foto- und Lichtmonteure John Heartfield (1891–1968) und Man Ray (1890–1977). Zum Pionier der Neuen Sachlichkeit entwickelte sich Albert Renger-Patzsch (1897–1966), der mit seinem Bildband »Die Welt ist schön« gleichzeitig das »Musterbuch einer neuen fotografischen Ästhetik« schuf. »Überlaßt die Kunst den Künstlern«, so formulierte er seine Absage an alle fotografische Künstelei, an fotografisches Romantisieren, Manipulieren, an überzogenen Subjektivismus. Doch während die Bilder eines Otto Dix zur anklagenden, zur karikierenden Gesellschaftskritik wurden, beriefen sich die Fotografen der Neuen Sachlichkeit auf die Aussage des »meisterlichen Abbildes der Natur«. Als wichtige Vertreter müssen der Amerikaner Paul Strand (geb. 1890), der unabhängig von Renger-Patzsch eigene Wege versachlichter Fotografie fand, und vor allem Karl Blossfeldt (1865–1932) angesehen werden. Letzterer nannte seine Bilder »Urformen der Kunst« (1920) und wies damit auf den künstlerischen Anspruch seiner Fotografien hin. Eine Sonderstellung nimmt August Sander (1874 bis 1964) ein, dessen umfangreiches Porträtschaffen gleichfalls der Neuen Sachlichkeit zugerechnet wird. Sein Buch »Antlitz der Zeit« (1929), eine »Sammlung ebenso präziser wie unprätentiöser Photographien«, wie Thomas Mann diese Porträts nannte, gilt als Werk von fotogeschichtlichem Rang.

Neutralfilterung Die Hauptschwierigkeit beim Kopieren von Farbbildern nach Farbnegativen ist das Ausfiltern von Farbabweichungen oder unerwünschten Farbdichten. Das Ziel ist meistens die Neutralfilterung des Motivs, d. h. daß die Farben des Bildes den natürlichen Farben des Motivs entsprechen; auch unbunte (graue) Bildstellen sowie »weiße« Lichter dürfen keinen Farbstich erkennen lassen. Um eine Neutralstellung zuverlässig beurteilen zu können, belichten manche Fotografen einen → Graukeil (oder eine Graukarte) mit auf den Film, an dem in der späteren Kopie der jeweilige Farbstich als Abweichung vom Grau sichtbar wird. Von gestalterisch interessierten Fotografen wird die Neutralfilterung zugunsten gezielter Stimmungseffekte häufig vernachlässigt. Doch auch hier erweist es sich als sinnvoll, von einer Neutralfilterung auszugehen. Wie schwierig es ist, Farbabweichungen unter Kontrolle zu bekommen, läßt sich aus der Vielzahl unterschiedlicher Ursachen ablesen, die sich in ihrer Summation auf die Farbzusammensetzung auswirken können: Alter und Farbtoleranz von Film- und Papieremulsionen, spektrale Zusammensetzung des Aufnahmelichts (Farbtemperatur), evtl. Tönung der in Kamera und Vergrößerungsgerät eingesetzten Objektive sowie Temperatur und Intensität der Entwicklung.

Newton'sche Ringe Die Newton'schen Ringe sind spektralfarbene → Interferenz-Erscheinungen, die durch die Überlagerung von Lichtschwingungen unterschiedlicher Phasen entstehen (bei Ölflecken auf Wasser, Seifenblasen etc.). Sie sind kreisförmig oder oval und treten auch überall dort auf, wo zwei transparente, dicht zusammenliegende Flächen einen keilförmigen Luftspalt in der Dimension von Lichtwellenlängen einschließen. Dies kann bei glasgerahmten Diapositiven zwischen Filmrückseite und Glas und in der Negativbühne von → Vergrößerungsgeräten zwischen dem Negativ und der das Negativ anpressenden Glasfläche der Fall sein, sobald sich der Film an die Glasoberfläche anlegt. Um die Bildung von Newtonschen Ringen bei unter Glas gerahmten Diapositiven auszuschließen, sollten nur Diarähmchen mit Metall- oder Papiermasken und speziellen Anti-Newton-Gläsern verwendet werden. Die Maske garantiert einen Mindestabstand zwischen Film- und Glasoberfläche. Die an der Oberfläche aufgerauhten Spezialgläser verhindern jegliche Interferenz. Anti-Newton-Gläser werden auch als Andruckplatten in den Filmbühnen von Vergrößerungsgeräten eingesetzt.

nm Abk. für → Nanometer

Normalobjektiv Objektive, deren → Bildwinkel in etwa dem deutlichen Sehwinkel des menschlichen Auges (ca. 45°) entsprechen, werden als Normal- oder Standardobjektive bezeichnet (→ Objektive, Abb. 117a). Ein weiterer Grund: Auch die räumliche Perspektive einer Aufnahme mit Normalobjektiv wird bei angemessenem Betrachtungsabstand als natürlich empfunden. Seine Brennweite ist annähernd so groß wie die

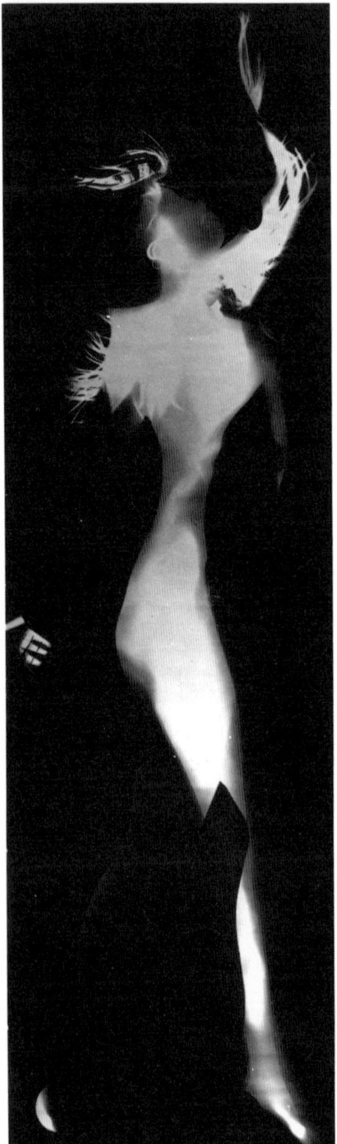

Diagonale des → Aufnahmeformats. Z. B. haben Normalobjektive von → Kleinbildkameras (Format 24 x 36 mm) Brennweiten von 45–60 mm. Einfache, dreiteilige Normalobjektive erreichen Lichtstärken bis zu 1:4. Besonders lichtstarke Konstruktionen (1:2,8 bis 1:1) erfordern einen erheblichen optischen Aufwand zur Korrektur der → Abbildungsfehler, im Extremfall bis zu acht Linsen. Normalobjektive sind für größere Aufnahmeentfernungen korrigiert und haben deshalb meist einen asymmetrischen Aufbau. Fast alle in einfachere Kameras fest eingebauten Objektive sind »Normalbrennweiten«.

Nudogramm Aktfotos, die in der Art eines → Fotogramms im Abbildungsmaßstab 1:1 entstehen (Abb. 115, 116). Das Modell posiert vor oder hinter einer bespannten Wand, auch liegend auf ausgelegtem Fotopapier entsprechender Größe. Dort, wo das Modell das Papier bedeckt, bleibt nach der Belichtung, Entwicklung und Fixierung ein weißes Abbild auf geschwärztem Grund zurück. Unterschiedliche Beleuchtungs- und Kopiertechniken auf verschiedene lichtempfindliche (oder lichtempfindlich gemachte) Materialien, die Anwendung von Solarisation, Mehrfachbelichtung, Umkehr- oder Sandwich-Verfahren, unterschiedliche Effekte durch partielles Entwickeln und Fixieren mit Pinsel, Schwamm oder Tuch bewirken eine Vielzahl von gestalterischen Varianten. (→ Figurenfotogramm)

Nullkopie Als Nullkopie wird die zuerst hergestellte, ungefilterte Probebelichtung eines Farbnegativs auf Farbpapier bezeichnet. Sie ist die Grundlage zur Ermittlung der richtigen Kopierfilter für die → Neutralfilterung einer Farbvergrößerung unter Berücksichtigung der hierfür zu verlängernden Belichtungszeiten.

115 **Nudogramm.** Foto: Floris M. Neusüss, Kassel, 1961

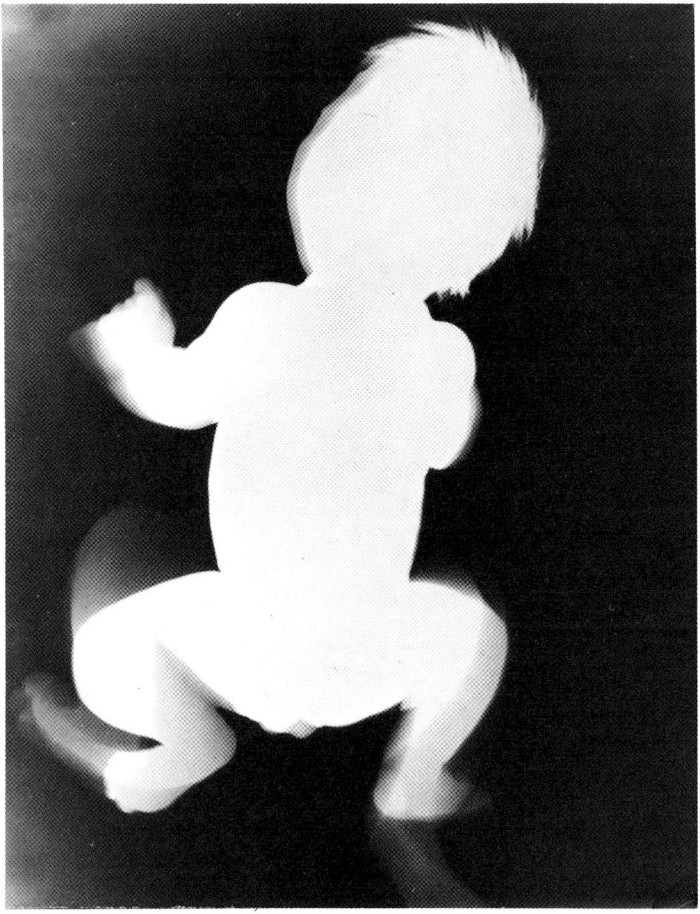

116 **Nudogramm.** Foto: Anton Stankowski, Stuttgart, 1950–1954

Oberflächenentwickler → Ausgleichsentwickler

Oberlicht Licht (Kunst- oder Tageslicht), das ein Motiv von oben beleuchtet, wird als Oberlicht bezeichnet. Es dient der Anhebung der Allgemeinhelligkeit, seltener als Effektlicht. Im Bereich der Sachaufnahme im Atelier führt betontes Oberlicht zu kontrastreicher Licht-Schattenzeichnung und damit zu einer plastischen Wiedergabe. Bei Porträtaufnahmen wird es dagegen eher als sparsames Effektlicht benützt und stets einer anderen Hauptlichtquelle untergeordnet.

Objektfarben Die subjektiven Farbeindrücke, die man von einem Gegenstand erhält, werden als Objektfarben zum Farbvergleich zwischen empfundener Realität und deren mehr oder weniger identischen Abbildung herangezogen. Auch wenn die Farbtüchtigkeit des Auges unterschiedlich ausgeprägt ist, so werden sich dennoch keine nennenswerten Unterschiede bei einer individuellen Klassifizierung der Bildfarben in »natürlich« oder »artifiziell« ergeben, da der Vergleich mit den Objektfarben stets auf subjektiv erfahrenen Eindrücken beruht. Hierin und in der weitgehenden Unabhängigkeit von der → Farbtemperatur vorherrschender Beleuchtungsverhältnisse unterscheiden sich die Objektfarben auch von den objektiv meßbaren farbtemperaturabhängigen → Körperfarben.

Objektivauszug → Auszug

Objektive Einfache Kameras sind mit festen, nicht wechselbaren Objektiven ausgestattet, mit sog. Standard- oder Normalobjektiven, in die meist ein Zentralverschluß integriert ist. → Systemkameras dagegen lassen sich mit → Wechselobjektiven kombinieren, die aufgrund ihrer spezifischen Konstruktionsmerkmale für unterschiedliche Arbeitsgebiete innerhalb der Fotografie geeignet sind. Je nach → Bildwinkel und → Brennweite unterscheidet man → Weitwinkel- (Abb. 117b), → Normal- (Abb. 117a), → Tele- (Abb. 117c) und → Fernobjektive, wobei die Anzahl der Linsen mit wachsender Brennweite in der Regel abnimmt. So besteht (hier auf das Kleinbildformat 24 x 36 mm bezogen) ein → Fish Eye-Objektiv (Bildwinkel 180°, Brennweite 7,5 mm – 15 mm) aus 9 bis 11 Linsen, während ein Fernobjektiv (Bildwinkel $\leqq 6°$, Brennweite $\geqq$ 400 mm) oft nur zwei Linsen hat. Der Grund für die relativ hohe Linsenzahl bei Weitwinkelobjektiven liegt darin, daß die Beseitigung der → Abbildungsfehler bei Objektiven mit großem Bildwinkel durch den hohen Anteil unter einem großen Winkel schräg einfallender Lichtstrahlen weitaus komplizierter ist als bei langbrennweitigen Objektiven. Diese lassen aufgrund ihres kleinen Bildwinkels nur achsennahe Lichtstrahlen zur Belichtung auf den Film gelangen. Die meisten Markenobjektive sind heute hinsichtlich ihrer Abbildungsfehler durch geeignete Kombinationen von → Sammel- und → Zerstreuungslinsen aus speziell entwickelten Glassorten gut auskorrigiert. Die abbildenden Linsen sind oft mit ihren jeweiligen Korrekturlinsen direkt verkittet und durch → Antireflexbeläge auf ihren Oberflächen entspiegelt. Die Forderung nach hoher Lichtstärke bei

117 **Objektive.** a) 50 mm-Normalobjektiv – b) 19 mm-Weitwinkelobjektiv – c) 180 mm-Teleobjektiv. Fotos: Leitz Wetzlar

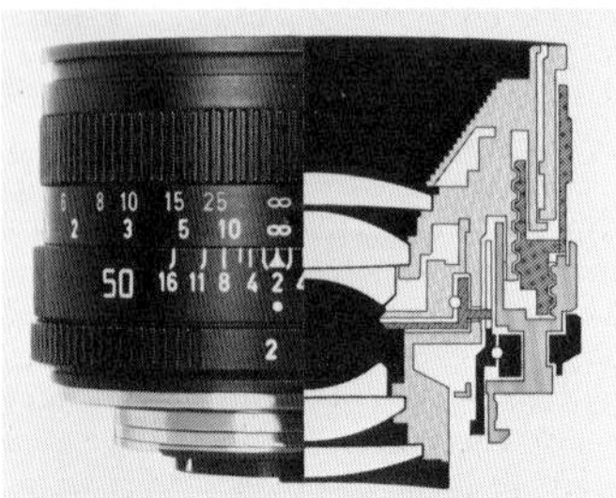

a

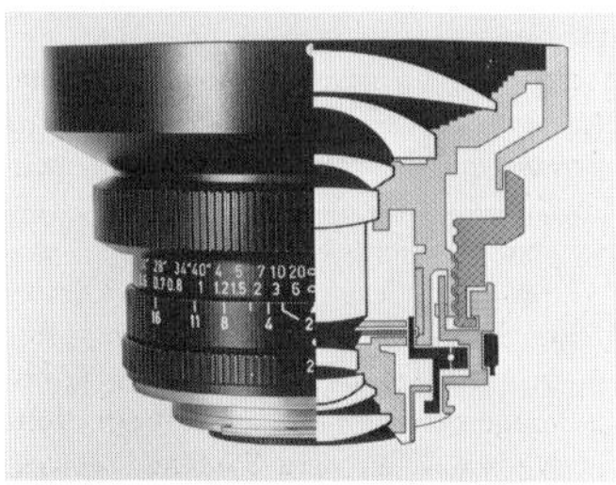

b

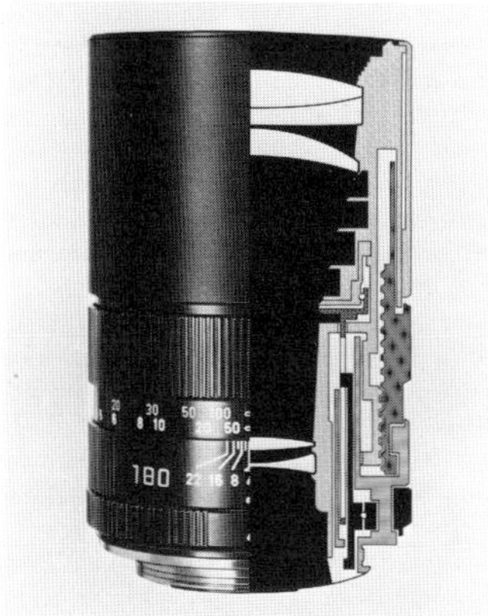

c

»Normalbrennweiten« (1:2, 1:1,4 und 1:1) erschwert aufgrund des großen Öffnungsverhältnisses die Korrektur der Bildfehler, zu deren Beseitigung bis zu achtlinsige Systeme nötig sind. Eine noch höhere Linsenzahl (bei Kleinbildkameras 10–15) erreichen gute Vario-Objektive (Abb. 175), deren Brennweite innerhalb eines größeren Bereichs (z. B. 80 mm–200 mm) verstellbar ist. Bei fast allen Objektiven dient ein → Schneckengang im Objektivtubus der Entfernungseinstellung (Fokussierung).

Die bisher genannten Objektive zeigen in der Regel einen asymmetrischen Aufbau, da sie für relativ große Aufnahmeentfernungen und kleine Bildweiten korrigiert sind. Für den Nahbereich konzipierte → Makroobjektive (Aufnahmen bis zum Abbildungsmaßstab 1:1; vgl. Abb. 102) bedingen eine eher symmetrische Linsenanordnung. Diese Spezialobjektive müssen einen extrem langen Schneckengang haben, um die erforderliche Auszugsverlängerung zu erzielen. Manche Makroobjektive besitzen diese Fokussiervorrichtung nicht. Sie können nur zusammen mit einem → Balgennaheinstellgerät (Abb. 14) eingesetzt werden. Alle Wechselobjektive eines Kamera-Systems werden entweder über eine Schnellverriegelung (→ Bajonettverschluß) oder ein Schraubgewinde in das Kameragehäuse eingesetzt. Für den Fall, daß → Fremdobjektive mit einer vom eigenen System abweichenden Arretierung verwendet werden sollen, gibt es mitunter entsprechende → Adapter. Objektive von guten → Spiegelreflexkameras besitzen → Springblenden (mit Ausnahme der Fernobjektive), Objektive von → Meßsucherkameras dagegen, bis auf einige Ausnahmen, eine nur manuell zu bedienende → Irisblende.

Objektivkopf Vorderteil eines Objektivs, welches das gesamte optische System enthält. Es kann bei manchen Objektiven von dem dahinterliegenden Objektivtubus abgeschraubt und am → Balgennaheinstellgerät verwendet werden. Bei einigen → Fernobjektiven lassen sich auf *einen* Tubus verschiedene Objektivköpfe mit unterschiedlichen Brennweiten setzen.

Objektmessung Im Unterschied zur → Lichtmessung, bei der das auf das Motiv auftreffende Licht gemessen wird (in Richtung Kamera also), zeigt die Objektmessung das vom Motiv remittierte Licht an. Der → Belichtungsmesser, der aus Richtung Kamera auf das Motiv gerichtet wird, mißt, wenn sein Meßwinkel dem Bildwinkel des Objektivs entspricht, einen Mittelwert, der sich aus der Summe aller hellen und dunklen Stellen des anvisierten Motivs ergibt. Das kann jedoch bei sehr kontrastreichen Motiven zu Fehlbelichtungen führen, wenn z. B. 4/5 des Motivs aus einer hellen Wand (gelbe Wand in der Sonne) und nur 1/5 aus einem verschatteten Motiv (z. B. einem Auto) gebildet werden. Statt einer Integralmessung (→ Belichtungsmessung) des gesamten Motivs muß dann eine Selektivmessung erfolgen, in der nur das bildwichtige Detail (das Auto) angemessen wird. Das Beispiel zeigt, daß die Integralmessung nur in jenen Motivsituationen zu einwandfreien Ergebnissen führt, in denen die Motivkontraste gleichmäßig auf der Bildebene verteilt sind oder das Motiv von weichem, fast schattenlosem Licht (z. B. bei bedecktem, aber hellem Himmel) beleuchtet ist. Bei kontrastreichen Motiven mit ungleicher Verteilung von Hell und Dunkel, insbesondere bei extremen Gegenlichtmotiven, müssen die unterschiedlichen Helligkeiten getrennt, also »selektiv« angemessen werden. Aus den verschiedenen Meßwerten resultiert ein Vermittlungswert, der vorzugsweise die Lichtsituation der bildwichtigsten Details berücksichtigt. Bei einigen modernen Kleinbildkameras, bei denen der Belichtungsmesser durchs Objektiv mißt (→ TTL-Messung), sind beide Meßmethoden vorgesehen (umschaltbar). Auch unter den Handbelichtungsmessern gibt es Geräte, die einen verstellbaren Meßwinkel haben und sich (bei der Arbeit mit Wechselobjektiven) dem Bildwinkel des jeweils verwendeten Objektivs anpassen lassen.

Objektumfang → Kontrastumfang

Objektweite → Gegenstandsweite

Objet trouvé (franz. = gefundenes Objekt) Als objet trouvé bezeichnete der Maler Kurt Schwitters (1887–1949) die Gegenstände seiner Collagen. Er benützte die »gefundenen Objekte« – Abfallprodukte wie Konservendosen, alte Schnüre, Stoffetzen, Streichholzschachteln, Metallabfälle und Drahtstücke –, um daraus Collagen und Plastiken herzustellen. Anders als den von ihm geschätzten Dadaisten (die ihn selbst als zu intellektuell ablehnten) ging es Schwitters in seinen Werken nicht um aggressive Gesellschaftskritik, sondern um die eher poetische Seite »seiner« Abfallwelt. Mit den Objets trouvés nahm er voraus, was nach dem Zweiten Weltkrieg im Neuen Realismus der 50er Jahre, in der Pop Art und in den Arbeiten der Fotorealisten und Objektkünstler von heute gestalterisch nachwirkt. Auch zeitgenössische Fotografen nehmen sich der Ideenwelt Schwitters' wieder an, indem sie die Banalität und Kuriosität ihrer »Fotofundsachen«, die z. T. obskuren Abfallprodukte der modernen Wegwerfgesellschaft, zum bevorzugten Gegenstand ihrer Motivwelt machen.

Offenblitz-Aufnahme Eine Methode, nach der größere Räume mit mehreren Einzelblitzen für eine einzige Aufnahme ausgeleuchtet werden können; allerdings nur dann, wenn sich in ihnen nichts bewegt. Der Fotograf beleuchtet mit mehreren einander in kurzen Abständen folgenden Blitzen bei geöffnetem Kameraverschluß und einer durch Tests ermittelten Blende und Gesamtbelichtungszeit den Raum in der Weise, daß alle vom Objektiv (meist Weitwinkelobjektiv) erfaßten Raumteile gleich hell wiedergegeben werden. Wegen der unterschiedlichsten Verhältnisse bei solchen fotografischen Aufgaben sind Probeaufnahmen unerläßlich. Mit der Offenblitz-Technik können selbst Fabrikhallen und große Theaterräume einwandfrei aufgenommen werden.

Öffnungsfehler → Aberration, sphärische

Öffnungsverhältnis Bei → Objektiven wird das Verhältnis aus Öffnungsdurchmesser (Eintrittspupille) und → Brennweite (Bildweite für Naheinstellung) als Öffnungsverhältnis (relative Öffnung) bezeichnet. Das Öffnungsverhältnis (auch Lichtstärke genannt) wird für die größtmögliche Blendenöffnung eines Objektivs, zusammen mit dem Maß der Brennweite, auf dessen Fassung eingraviert (z. B. 1:2,8/f = 35 mm). Beim → Abblenden verkleinert sich das Öffnungsverhältnis entsprechend; die zugehörige → Blendenzahl (Öffnungszahl) wird dann als Kehrwert des Öffnungsverhältnisses angegeben. Letzteres ist dem Quadrat des tatsächlichen Lichtdurchlasses proportional und ist deshalb mitbestimmend für die Belichtung. Der Lichtverlust durch Reflexion und Absorption innerhalb des Objektivs wird bei der Angabe des effektiven (wirksamen) Öffnungsverhältnisses berücksichtigt.

Öffnungszahl → Blendenzahl

Offsetdruck Das heute häufig für die Wiedergabe von Schwarzweiß- und Farbfotos angewandte Druckverfahren eignet sich vorwiegend für den Druck größerer Auflagen. Es steht an Qualität dem → Buchdruck-Verfahren in nichts mehr nach und wird vor allem für die Herstellung von Bildbänden, Plakaten und Prospekten eingesetzt. Es handelt sich um ein sog. Umdruckverfahren. Die Halbtonvorlage wird fotografisch aufgerastert und über einen Positivfilm auf den Druckzylinder übertragen (geätzt), wobei (wie beim → Tiefdruck) die geätzten Vertiefungen, die dem positiven Bild entsprechen, die Druckfarbe aufnehmen. Von dort wird dann die Farbe auf ein weiches Gummituch übertragen und auf Papier umgedruckt. Die Ergebnisse des Offsetdrucks unterscheiden sich von denen des Buchdrucks durch weichere Tonwertabstufung. Mit verkupferten Offset-Galvanos können heute über 500 000, mit verchromten Galvanos bis zu 1 000 000 Drucke hergestellt werden.

Okular Linse (oder Linsen-System), mit der das vom Objektiv erzeugte Bild im Sucher der Kamera betrachtet wird. Bei → Spiegelreflexkameras mit → Wechselobjektiven entspricht dieses dem tatsächlich vom Objektiv erfaßten Bild. Bei Kameras mit Durchsichtsucher ist das von einem → Leuchtrahmen begrenzte Bildfeld maßgebend. Die Okulare von Kamerasuchern können für den Brillenträger mit Korrektionslinsen bestückt werden, die eine Beurteilung des Motivs und das Einstellen der Bildschärfe ohne Brille ermöglichen. Sie werden in Stärken bis ± 3 Dioptrien (gestaffelt nach halben Dioptrien) angeboten.

Öldruck (Abb. 118) Dieses historische → Edeldruckverfahren ist mit dem → Bromöldruck verwandt. Der wesentliche Unterschied liegt darin, daß beim Öldruck nicht das positive Bromsilberbild selbst zur Druckform wird. Sie entsteht vielmehr durch das Umkopieren eines Negativs auf eine Bichromatkolloidemulsion. Dabei wird die Emulsion, entsprechend der Lichteinwirkung, durch die entstehenden Chrom(III)salze gegerbt (gehärtet). In der anschließenden Behandlung mit Wasser wird die Kolloidschicht, wie beim Bromöldruck, zum druckfähigen Quellrelief entwickelt.

Optische Achse Die Gerade, welche sich durch die Zentren (die Mittelpunkte) aller Linsen und Blenden und durch das perspektivische, für eine Abbildung maßgebliche Zentrum eines optischen Systems legen läßt, ist die optische Achse. Lichtstrahlen, die parallel zur optischen Achse in das Objektiv einfallen, werden achsenparallel genannt. Der Terminus »achsennah« ist analog abzuleiten.

Optische Bank Die optische Bank ist eine Prüfanordnung, auf der optische Versuche und Messungen vorgenommen werden. Meist handelt es sich um eine gewichtige, massive Schiene mit dreieckigem Querschnitt, auf der sog. Reiter beweglich angeordnet sind. Auf diesen Reitern können die einzelnen Elemente einer zu vermessenden Optik befestigt und beliebig gegeneinander verschoben werden. An der Schiene ist eine Millimetereinteilung angebracht (entsprechend einer DIN-Norm), mit der die jeweiligen Abstände der Anordnungen gemessen werden. Im Bereich der Objektiv-Prüfung und -Justierung findet eine Abwandlung der optischen Bank, der sog. Kollimator, Verwendung. Er

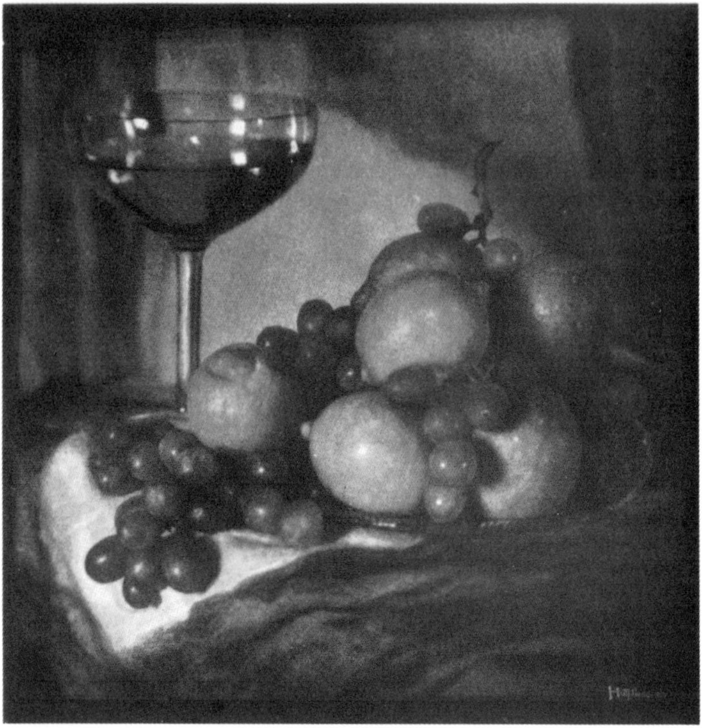

118 **Öldruck**. Georg Hutfließ, München: Stilleben. Aus: Karl von Schintling, Kunst und Photographie, Tafel II. Berlin 1927

ermöglicht – über die Projektion einer in der Brennebene angebrachten Meßmarke in den Unendlich-Bereich – die Justierung von Objektiven. Als optische Bank kann auch das »Grundrohr« von → Großbildkameras bezeichnet werden, auf der sowohl die Objektivstandarte als auch die Rückteilstandarte der Kamera mit einem Zahntrieb bzw. in einer Nut horizontal verstellt und arretiert werden können.

Orthochromatischer Film Orthochromatische Materialien sind durch ihre Farbempfindlichkeit im Spektralbereich von ca. 200 bis 600 Nanometer (nm) (Ultraviolett bis Gelb) charakterisiert (→ Farbempfindlichkeit, Abb. 46a). Sie differenzieren demnach den über 600 nm liegenden Rotbereich nicht mehr. Das Auflösungsvermögen der niedrigempfindlichen Orthofilme kann sehr groß sein. Es erreicht u. U. bei einem wie 15 DIN zu belichtenden Film bis zu 350 Linien/mm. Die Anwendung orthochromatischer Filme liegt vorwiegend im Bereich der → Foto-Grafik.

Out-of-Focus Bezeichnung für eine Aufnahmetechnik, in der ein Motiv absichtlich außerhalb des exakten Schärfenbereichs des Objektivs aufgenommen wird. Die hierbei entstehenden mehr oder weniger starken Unschärfen werden subjektiv gestalterischen Zielen dienstbar gemacht.

Panchromatischer Film Schwarzweißfilme, die für den spektralen Bereich von ca. 420 Nanometer (nm) bis 680 nm für die Farben Blau, Grün, Gelb und Rot sensibilisiert sind (→ Farbempfindlichkeit, Abb. 46b). Panchromatische Filme haben also die Eigenschaft, alle Farbtöne in entsprechende Grauwerte umzusetzen. Wegen ihrer verminderten Rotempfindlichkeit sind sie der Helligkeitsempfindung des menschlichen Auges am besten angepaßt. Durch die gegenüber orthochromatischen Filmen erweiterte allgemeine Farbempfindlichkeit ist auch die Lichtempfindlichkeit des panchromatischen Materials wesentlich höher.

Panoramaaufnahme Um Landschaften in größerer Ausdehnung darstellen zu können, als dies selbst mit extremen → Weitwinkelobjektiven möglich ist, kann man mit → Anamorphot-Objektiven, mit speziellen → Panoramakameras oder mit zwei oder drei nebeneinandermontierten Kameras arbeiten. Auf letztere Weise entstehen Panoramaaufnahmen, die – beim Einsatz von 50-mm-Objektiven an Kleinbildkameras – einen Bildwinkel bis maximal 140° erfassen. Die drei Kameras werden nebeneinander so auf eine Halterung montiert, daß die im Sucher sichtbaren Bildausschnitte nahtlos aneinander anschließen, ohne sich zu überschneiden (Abb. 119). Projiziert man die auf solche Weise entstandenen Bilder später in gleicher Anordnung mit einer entsprechenden Zahl von Projektoren auf eine leichtgekrümmte Projektionswand, so erhält man eine äußerst räumlich wirkende Panoramaprojektion, wie sie im Bereich der → Multivision häufig praktiziert wird. Panoramaaufnahmen lassen sich auch auf Fotopapier bzw. auf Farbumkehrfilm (große Leuchtplakate) kopieren oder in Zeitschriften und Büchern drucken. In diesen Fällen müssen die Nahtstellen, soweit sie sichtbar werden, durch Retusche geschickt entfernt werden.

Panoramaaufnahmen sind auch mit einer einzigen, normalen Kamera möglich. Diese wird waagrecht auf einem Stativ mit Panoramaschwenkkopf (Abb. 120) montiert und bei den anschließenden Aufnahmen, Bildfeld um Bildfeld, seitwärts geschwenkt. Auf diese Weise können sogar Rundum-Panoramen von 360° entstehen. Eine besondere Aufnahmetechnik für Rundum-Panoramen praktiziert der Schweizer Fotograf Emil Schulthess (geb. 1913). Mit einer Spezialkamera, die entweder am Hubschrauber hängt oder auf einem von ihm konstruierten Teleskop-Spezialstativ befestigt ist, gelingt es ihm, nahtlose Rundum-Panoramen (360°) herzustellen (Spezialität: Städteansichten, Gebirgslandschaften).

Panoramakamera Das CinemaScope-Verfahren, das um 1950 aufkam, die extreme Breitwandprojektion in den Kinos, hat den Gedanken des Panoramabildes wieder populär gemacht. Das führte zu Versuchen, auch in der Fotografie das Panoramabild auf breiter Basis wieder einzuführen. Es kam gerade in den letzten Jahren wieder zur Konstruktion verschiedener Panoramakameras, die – unter Verwendung des 35-mm-Kleinbildfilmes – das Fotografieren von Panoramen bis zu einem Bildwinkel von ca. 140° ermöglichten. Gleichzeitig entstanden auch die ersten → Anamorphot-Objektive, die noch heute für Spezialaufgaben verwendet werden. Als eine der interessantesten Konstruktionen im Kleinbildformat gilt die russische Panoramakamera FT 2, die mit einem schwenk-

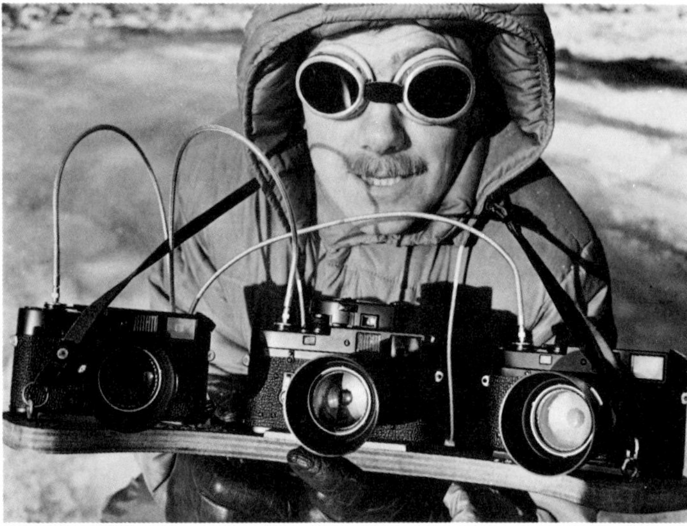

119 **Panoramaaufnahme.** Drei Kleinbildkameras werden so auf eine Halterung montiert, daß die in den Suchern sichtbaren Bildausschnitte nahtlos aneinander anschließen, ohne sich zu überschneiden. Foto: Leitz Wetzlar

120 **Panoramaaufnahme.** Stativkopf, der zuverlässig Panoramaaufnahmen mit sechs verschiedenen Brennweiten einer Kleinbildkamera ermöglicht. Die benutzte Brennweite wird jeweils auf dem Drehring eingestellt. Die Kamera muß dann von Aufnahme zu Aufnahme geschwenkt werden, bis sie jeweils in der richtigen Aufnahmeposition einrastet. Foto: Minolta-WF

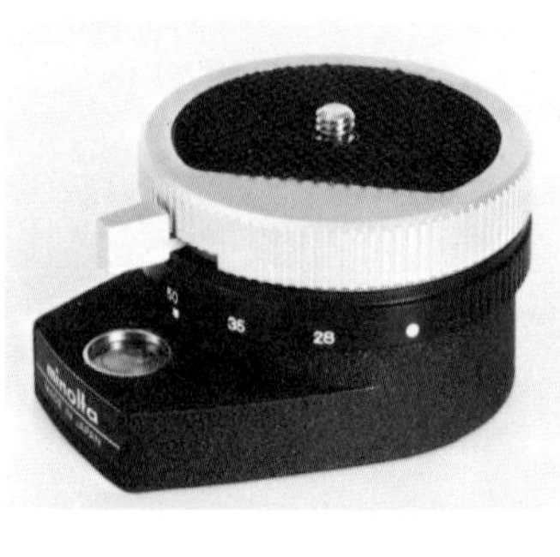

baren Objektiv (50-mm-Brennweite) ausgestattet ist. (Sie funktioniert ähnlich wie eine bereits 1840 von Friedrich von Martens, einem Pariser Kupferstecher, konstruierte Panoramakamera mit schwenkbarem Objektiv, die einen Bildwinkel von 150° hatte!) Die Belichtung eines in der Filmebene halbkreisförmig angeordneten Filmstücks von 24 x 118 mm (dreifaches, querliegendes Kleinbildformat!) erfolgt während der Schwenkbewegung des Objektivs, wobei die Dauer der Belichtungszeit durch die Geschwindigkeit dieser Bewegung bestimmt wird. Die Idee des Panoramabildes führte zur Konstruktion einiger extremer Weitwinkelkameras, von denen eine japanische Kleinbildkamera mit einem Bildwinkel von 135° und die Zeiss-Hologon-Weitwinkelkamera mit einem Bildwinkel von 110° eine gewisse Be-

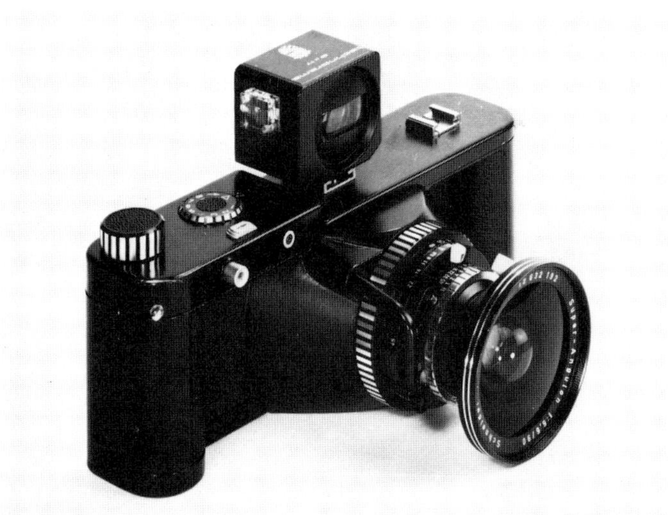

121 **Panoramakamera.** Aufnahmeformat 6 x 17 cm. Foto: Linhof München

deutung erlangten. Die jüngste Attraktion auf diesem Gebiet ist die Linhof-Technorama. Sie gestattet die Aufnahme eines 17 x 6 cm großen verzeichnungsfreien Panorama-Bildes auf normalen Rollfilm (Abb. 121).

Papiere → Fotopapiere

Parallaxe → Sucherparallaxe

Passerkreuz Eine kreuzförmige Markierung, wie man sie von den Druckstöcken bei mehrfarbigen Druckgängen kennt. Sie wird in der Fotografie z. B. für das Übereinanderkopieren mehrerer Tonwert- oder Farbauszüge verwendet, um eine einwandfreie Deckung (»Passer«) mehrerer übereinandergelegter Filme zu erzielen. Die Passerkreuze, mindestens zwei für den jeweiligen Kopiervorgang, werden außerhalb des eigentlichen Bildraumes auf das Negativ oder Positiv, aus dem die Tonwertauszüge gemacht werden, aufgeklebt oder (ersatzweise) in die Filmschicht mit einer Nadel eingraviert. Sie werden bei allen Kopiervorgängen bis zum Abschluß der Montage mitkopiert.

Pendelfotogramm → Lichtpendel

Pentaprisma Das Dachkantprisma oder einfach Pentaprisma ist ein im Hauptabschnitt fünfeckiger Glaskörper, dessen Lichtein- und -austrittsfläche senkrecht aufeinander stehen und dessen obere Reflexionsfläche dachartig gewinkelt ist. Das Pentaprisma bewirkt, in den Lichtweg eines Reflexkamerasuchers einbezogen, daß durch die verspiegelten Reflexionsflächen des Prismas ein vom Kameraobjektiv auf der Mattscheibe entworfenes seitenverkehrtes

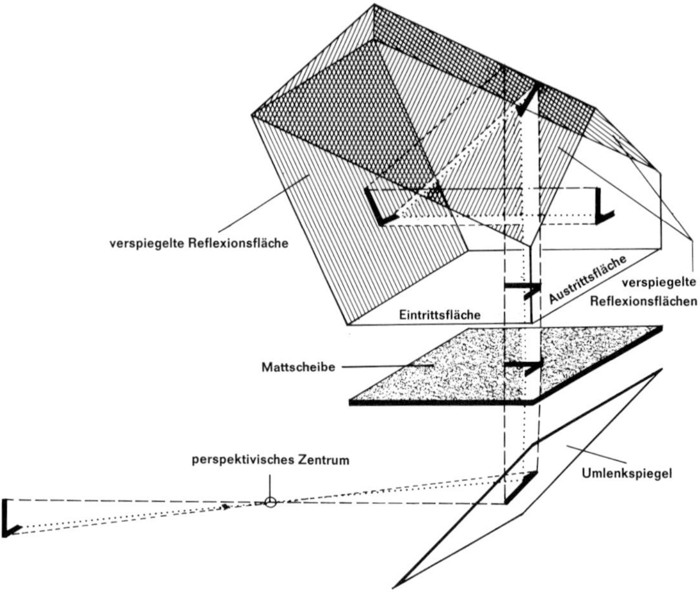

122 **Pentaprisma.** Strahlengang im Pentaprisma einer Kleinbildkamera

und auf dem Kopf stehendes Bild wieder aufrecht und seitenrichtig im Sucherokular erscheint (Abb. 122).

PE-Papiere (mit Polyäthylen beschichtet) oder **RC-Papiere** (resin coated) Neue, kunststoffbeschichtete Fotopapiere (Abb. 123). Gegenüber den früheren, kunststofflosen Papieren, haben diese den Vorteil schnellerer Verarbeitung (bei höheren Temperaturen) und größerer mechanischer Robustheit. Die Versiegelung mit Kunststoff bewirkt, daß nur wenig Chemikalien und Wasser während des Verarbeitungsprozesses in die Papierunterlage eindringen. Daher werden bei diesen Papieren nur noch etwa 20% der Flüssigkeitsaufnahme von früheren Papieren gemessen. Das bewirkt kürzere Auswässerungs- und Trockenzeiten. Die Verarbeitungszeit herkömmlicher Papiere beträgt 15 min, die der Kunststoffpapiere nur noch 9 min, bei Schnellprozessen sogar nur 4–5 min. Die neuen Fotopapiere werden, wie die alten, in unterschiedlichen Härtegraden und Oberflächen angeboten. Um Hochglanz oder eine matte Oberfläche zu erzielen, braucht jedoch nicht mehr unterschiedlich getrocknet zu werden. Die vom Hersteller »programmierte« (kalandrierte) Oberfläche: Hochglanz, Halbmatt, Matt oder Seidenraster, tritt während der Trocknung automatisch zutage, gleichgültig ob sie in einem der modernen → Warmluft- oder → Infrarottrockner oder auf der »Wäscheleine« erfolgt. Trockenzeiten: ca. 40 s (Infrarottrockner) bis 20 min (an der Luft).

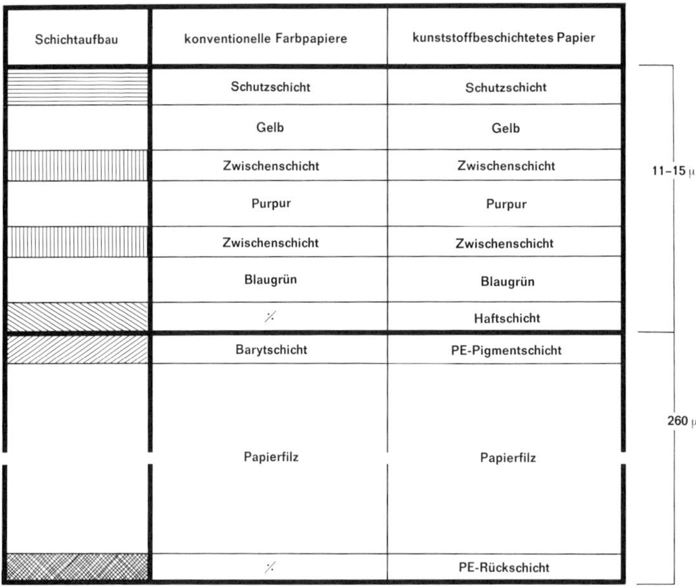

123 **PE/RC-Papiere.** Schematische Darstellung von konventionellem (links) und von kunststoffbeschichtetem (rechts) Farbpapier

Perspektive Die Darstellung der dreidimensionalen Wirklichkeit in einem zweidimensionalen Bild verlangt die Auseinandersetzung mit der Perspektive. Zeichnet man auf Papier nach, was das Auge in Wirklichkeit sieht, z. B. die Fluchtlinien von Häusern oder einer Straße, so entsteht eine perspektivische Darstellung und damit die Vortäuschung von Räumlichkeit. Man kann sagen, daß diese Kunst der Vortäuschung der dritten Dimension eine der wichtigsten Voraussetzungen ist für gute Fotografie. Simulierte Räumlichkeit, fotografische Perspektive also, resultiert aus der Verjüngung der in die räumliche Tiefe führenden Fluchtlinien und aus der kontinuierlich sich verkleinernden Darstellung der Dinge vom Vordergrund zum Hintergrund. Das Maß der Verkleinerung erfolgt proportional zur Entfernung. Ein 10 m von der Kamera entfernter Gegenstand ist immer doppelt so groß abgebildet wie ein gleichgroßer 20 m entfernter. Um ein Motiv, entsprechend unserem Augeneindruck, in natürlicher Perspektive fotografisch darzustellen, bedarf es eines Objektivs, dessen Brennweite und Bildwinkel dem deutlichen Sehwinkel des menschlichen Auges (um 45°) möglichst entsprechen. Diese Eigenschaften hat die sog. Normalbrennweite, das ist, auf das Kleinbildformat 24 x 36 mm bezogen, ein Objektiv mit der Brennweite zwischen ca. 40 mm (57°) und 60 mm (39°). Die Ähnlichkeit der optischen Wirkung mit dem, was das menschliche Auge sieht, ist der Grund, weshalb »Normalbrennweiten« die am weitesten verbreiteten Objektive sind. In der gestaltenden Fotografie allerdings gelten Normalobjektive als »langweilig«. → Weitwinkel- und → Teleobjektive werden bevorzugt. Doch die Länge der Brennweite hat, bei Aufnahmen von ein und demselben Aufnahmestandort aus, keinen Einfluß auf die Perspektive. Egal ob ein Motiv mit dem Tele- oder dem Weitwinkelobjektiv fotografiert ist, die Perspektive bleibt stets die gleiche. Was sich ändert ist der → Bildwinkel (im Vergleich zum → Sehwinkel des Auges), die Ausdehnung dessen, was abgebildet wird, also die Abbildungsgröße.

Phantom-Bild → Doppel- bzw. Mehrfachbelichtung, die das Äußere und Innere eines Gegenstandes in ein und demselben Bild wiedergibt. Die vorwiegend in der Sachfotografie und im Bereich des → Foto-Design praktizierte Aufnahmetechnik dient dem Informationsgewinn, indem sie zwei Motive (und das, was sie aussagen) nicht nur vereint, sondern auch in eine räumliche Beziehung zueinander bringt. Am bekanntesten sind wohl Phantom-Aufnahmen von Autos, die sowohl die äußere Form der Karosserie als auch den Aufbau des Chassis, den Motor und die Innenausstattung erkennen lassen (Abb. 124). Wenn eine Mehrfachbelichtung aus technischen Gründen nicht möglich oder nicht geeignet erscheint, können Phantom-Bilder auch aus zwei Einzelbildern zusammengesetzt werden, die unter derselben Perspektive aufgenommen und auf den gleichen Maßstab vergrößert wurden. Sie lassen sich in der Art einer → Sandwich- oder → Lichtmontage übereinanderkopieren.

Photo . . . → Foto . . .

Photoelement Trifft Licht auf ein Photoelement (Selenphotoelement, Selenzelle oder photoelektrisches Element), so wird die Strahlungsenergie in elektrische Energie transformiert.

124 **Phantom-Bild.** Foto: Bayer, Leverkusen

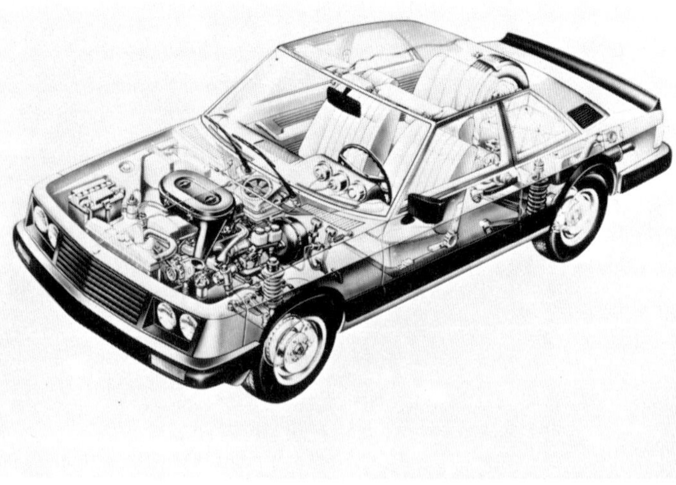

Anders ausgedrückt: Werden beim Auftreffen von Photonen auf ein Photoelement Elektronen freigesetzt, so erzeugen sie in einem geschlossenen Stromkreis meßbaren Strom. Dieser Strom wird in → Belichtungsmessern dieses Prinzips von einem hochempfindlichen Meßinstrument (Ampèremeter) gemessen und angezeigt. Er dient als Maßstab für die das Photoelement beeinflussende Beleuchtungsstärke (Helligkeit).

Photographismus Eine von J. A. Schmoll gen. Eisenwerth (geb. 1915) anstelle des Begriffs »Fotografischer Realismus« vorgeschlagene Bezeichnung für Kunstwerke der Malerei, Grafik und Plastik, die in irgendeiner Weise von der Fotografie abhängig sind (zur Unterscheidung von der durch Fotografie wiedergegebenen Realität).

photokina Die größte und bedeutendste Ausstellung ihrer Art in der Welt. Veranstaltet von der Messe- und Ausstellungs-GmbH Köln. 1950 als nationale Messe gestartet, wurde die photokina ab 1951 bereits den Herstellern fotografischer Produkte aller Länder zugänglich gemacht. Ihre Dauer beträgt jeweils neun Tage. Die photokina besteht aus einem internationalen Messeteil und einem internationalen Kulturteil (Bilder-, Dokumentar- und Demonstrationsschauen). Die Fotoausstellungen, konzipiert und präsentiert von L. Fritz Gruber (geb. 1908), sind internationale Höhepunkte gestaltender Fotografie. Sie finden seit 1974 in der Kunsthalle der Stadt Köln statt und stellen die Bedeutung des Kulturfaktors Fotografie der breiten Weltöffentlichkeit vor Augen. Weitere wichtige Fachereignisse der photokina sind eine Anzahl informativer internationaler Kongresse und Tagungen.

Gruber konzipierte und realisierte mehr als 270 Bilderschauen, ist Autor zahlreicher Bildbände und Fernseh-Sendungen, Sammler stilbildender Fotografie und langjähriger Vorsitzender und Vize-Präsident der Deutschen Gesellschaft für Photographie (DGPh). 1974 wurde er für seine Verdienste um die Förderung der kulturellen Belange der Fotografie zum Professor ernannt.

Pigmentverfahren Wie bei anderen historischen → Edeldruckverfahren wurde auch bei den Pigmentdrucken ein Negativ auf eine pigmenthaltige Bichromatkolloidschicht (meist Bichromatgelatine) im Licht einer Bogenlampe umkopiert, wobei das Kolloid an den belichteten Stellen gegerbt (gehärtet) wurde. Die nicht gehärteten Stellen löste man anschließend in einem warmen Wasserbad von der Unterlage ab. Zurück blieb ein positives Bild, dessen charakteristische Farbe durch das jeweils verwendete Pigment bestimmt wurde. Ein häufig praktiziertes Pigmentverfahren war der Kohledruck, der als »Pigmentfarbstoff« feinsten Ruß verwendete. Er wurde mit Vorliebe zur Reproduktion von Grafiken und Zeichnungen eingesetzt.

Pilotlicht → Einstellicht

Planfilm Lichtempfindliche Filme mit einem Mindestformat von 6 x 9 cm, die anstelle der früher üblichen fotografischen Glasplatten in den unterschiedlichsten Formaten zu Aufnahme- und Kopierzwecken eingesetzt werden. Der aus Azetylzellulose oder aus Polyester bestehende Schichtträger ist ca. 0,25 mm stark und somit dicker als die Basis von Roll- oder Kleinbildfilmen (ca. 0,1 mm). Planfilme werden einzeln oder als Filmpacks in Kassetten eingelegt und in → Großbildkameras belichtet. Außer Aufnahmefilmen werden auch grafische Filme sowie Duplikat- oder Positivfilme als Planfilme konfektioniert.

Planlage Die Planlage lichtempfindlichen Materials ist ein sowohl für die fotografische Aufnahme wie Wiedergabetechnik entscheidendes Kriterium. In der Kamera wird z. B. die Planlage des Films durch hochpräzisen Schliff der Filmauflage sowie durch Präzisionsverarbeitung der Filmandruckplatte gewährleistet. Im Vergrößerungsgerät ist es einmal die Planlage des Negativs im Negativträger (Filmbühne) und zum anderen die Planlage des Fotopapiers im Vergrößerungsrahmen, welche für gestochene Schärfe bis in die Ecken des kopierten Bildes Voraussetzung sind. Bei großformatigen Reproduktionskameras wird die Planlage des Films z. T. durch eine pneumatisch arbeitende Ansaugvorrichtung gewährleistet.

Platindruck Historisches Druckverfahren zur Herstellung einzelner Drucke nach fotografischen Vorlagen, bei dem der Druckbogen (für das Positiv) durch Imprägnieren mit einer Eisensalzlösung lichtempfindlich gemacht wurde. Das Negativ des zu druckenden Bildes mußte auf das solchermaßen vorbehandelte Papier bei Tageslicht umbelichtet werden. Durch die Einwirkung des Lichts wurden die Eisensalze zum elementaren Metall reduziert. Entwickelt wurden die belichteten Papiere in einer Platinsalzlösung, wobei sich an den belichteten Stellen, an welchen sich Eisen gebildet hatte, reines Platin niederschlug. Platindrucke zeichneten sich durch »edle« Bildtöne aus. Ihre Herstellung jedoch war mit hohen Kosten (Platin!) verbunden.

Pointillismus Fotografische Stilrichtung, die – in Anlehnung an den Pointillismus der Malerei (Georges Seurat [1859–1891], Paul Signac [1863–1935]) – durch extreme Vergrößerung von Farbfotografien (ab 25fach!) eine äußerst malerische Oberflächenstruktur dadurch erzielt, daß die normalerweise unsichtbaren Farbpigmente zu gut sichtbaren und deutlich unterscheidbaren Farbpunkten werden. Hierdurch verlieren die Bilder an Schärfe, gewinnen aber an Stimmung und Farbigkeit.

Polaroid-Bild (Polacolor) → Sofortbildverfahren

Polarisationsfilter Von spiegelnden Oberflächen (Glas, Wasser) unter flachem Winkel (ca. 35°) reflektiertes Licht ist zu einem Großteil linear polarisiert, d. h. die Lichtwellen schwingen vorwiegend in einer Ebene (Schwingungsebene). Das Pol(arisations)filter wiederum läßt nur den Anteil des Lichts passieren, der senkrecht zu seiner Polarisationsebene schwingt. In dieser Ebene schwingendes Licht wird vollkommen absorbiert (Abb. 125). Polfilter, in entsprechender Stellung vor das Objektiv der Kamera gesetzt, sind aus diesem Grunde geeignet, Reflexe und Spiegelungen am Motiv auszulöschen oder zumindest zu reduzieren (Abb. 126). Diese Eigenschaft verdanken die Filter ihrem strukturellen Aufbau: Sie bestehen in der Regel aus hochmolekularen, transparenten Kunststoffen, deren Makromoleküle mechanisch gereckt wurden. Die Filter sind farbneutral. Allerdings: Durch die Absorption des auf dem Motiv reflektierenden polarisierten Lichts werden die Farben intensiver (vor allem bei seitlich einfallender Sonnenstrahlung), ein Vorgang, der auch farbgestalterisch genutzt werden kann (zur Intensivierung bestimmter Farben). Da Polfilter aber nur für *die* Schwingungskomponente der gesamten Lichtstrahlung durchlässig sind, die senkrecht auf der Polarisationsebene steht, gelangt wesentlich weniger Licht durch das Filter. Deshalb werden längere Verschlußzeiten bzw. größere Blendenöffnungen notwendig (Verlängerungsfaktor 2- bis 3fach). Die Polfilter sind in ihren Fassungen drehbar, wodurch sich die Intensität der Reflexauslöschung steuern läßt. Die Wirkung kann am besten im Sucher von einäugigen → Spiegelreflexkameras beurteilt werden. Da die

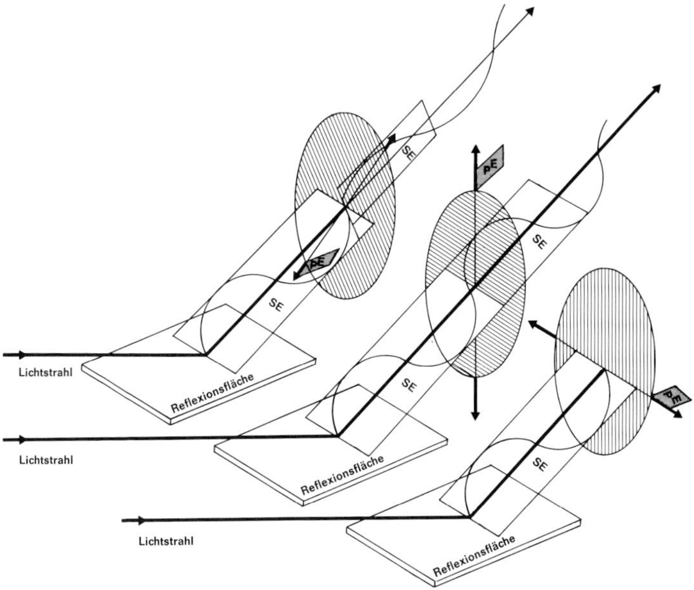

125 **Polarisationsfilter.** Durchlässigkeit eines Polarisationsfilters in Abhängigkeit von der Filterstellung (Polarisationsebene). PE = Polarisationsebene des Filters – SE = Schwingungsebene des Lichts

Belichtungswerte ebenfalls von der Filterstellung abhängig sind, werden Polfilter am besten an Kameras mit Belichtungsmessung durchs Objektiv (→ TTL-Messung) verwendet. Bei Kameras, deren Meßzellen ihr Licht über Spiegel oder Strahlenteiler erhalten, müssen jedoch, um zu korrekten Belichtungswerten zu gelangen, →Zirkular-Polarisationsfilter benutzt werden.

Polychromator → Kristallographik

Pop Art Kunstrichtung der 60er Jahre, die gleichzeitig in USA und England entstand. Ihre Protagonisten: Roy Lichtenstein (geb. 1923), Andy Warhol (geb. 1928), James Rosenquist (geb. 1933), Tom Wesselman (geb. 1931) u. a. in den USA; Allen Jones (geb. 1937), Richard Hamilton (geb. 1922), Jim Dine (geb. 1935) u. a. in England. Der Pop Art liegt die neodadaistische Einstellung zugrunde, daß Kunst in erster Linie den jeweiligen Zeitgeist zum Ausdruck bringen müsse. So wählten die Künstler für ihre bunte Bildersprache banale Motive der modernen Konsumgesellschaft: Konservendosen, Coca-Cola-Flaschen, Autoreifen, von Wänden gerissene Plakate, Comic-Figuren, Schrottplätze. Die Transformation der Motive ins Riesenhafte (metergroße Maggi-Flaschen oder Gesichter) verstärkten die schöpferische Distanz, mit der diese Dinge, herausgelöst aus der Kommunikations- und Reklamewelt des Alltags, ins Bild ge-

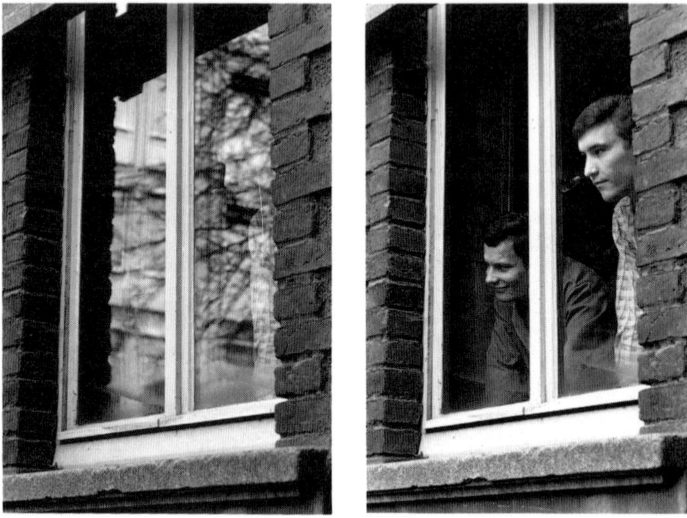

126 **Polarisationsfilter.** Entspiegelung einer Fensterscheibe: Das auf der Fensterscheibe reflektierende Licht (a) wird durch Einsatz eines Polarisationsfilters absorbiert (b). Fotos: Günter Osterloh, Wetzlar

setzt wurden. Der Einsatz von Fotografien in der Pop Art war Selbstverständlichkeit. Sie dienten nicht nur als Vorbild für die Komposition oder als Arbeitsmaterial für den Produktionsprozeß, sondern ebenso als eigenwertiges, gestalterisches Element. Pop Art, das waren auch Reihungen von Fotos, Bildmontagen von aufregenden Vorfällen (Studentenunruhen, Verkehrsunfälle, Mondlandungen), aber auch Bilder von banalen Erscheinungen, z. B. übergroße Fotos von Superstars. Fernsehbilder wurden abfotografiert und in popfarbige, metergroße Siebdrucke verwandelt, und was die Welt als Nachricht schockte, war kurze Zeit später ins Kunstwerk gesetzt. Unschwer läßt sich die auch aus diesem Quell gespeiste Entwicklung der fotografierten Bildgeschichten ablesen, wie sie Ralph Gibson (geb. 1941), Les Krims (geb. 1943) und Duane Michals (geb. 1932) in ihren → Fotosequenzen erzählten. Als Erzeugnisse der Story Art und → Conceptual Art haben sie sich den Kunstmarkt erobert.

Popfilter Dies sind Farbfilter in verschiedenen, kräftigen (z. T. »giftigen«) Farben, wie sie für die → Pop Art typisch sind (Orange, Gelb, Grün, Violett etc.). Sie werden sowohl als ganzflächig eingefärbte Filter wie auch als → Verlaufsfilter oder als Kombinationsfilter (mit zwei, drei, ja bis zu sechs mehr oder weniger zueinander kontrastierenden Farbbereichen) angeboten. Popfilter sind geeignet für die experimentelle Farbaufnahmetechnik. Sie werden häufig in Kombination mit → Tricklinsen (z. B. → Mehrfachprismen) verwendet. Ihr Einsatz erfordert eine angemessene Verlängerung der Belichtungszeiten oder entsprechendes Aufblenden (bis zu zwei Stufen).

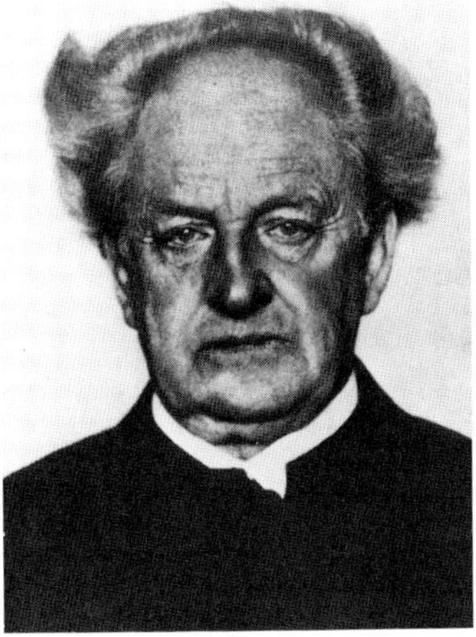

127 **Porträt.** Gerhart Hauptmann. Foto: Hugo Erfurth/Foto-Historama, Agfa-Gevaert, Leverkusen

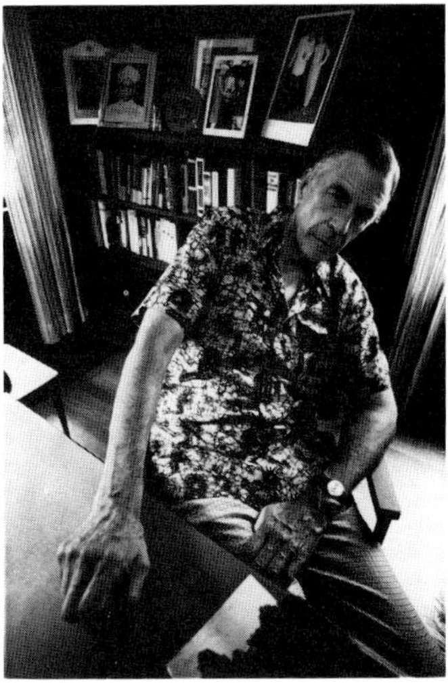

128 **Porträt.** John Kenneth Galbraith. Foto: Ara Güler, Istanbul (Türkei)

Porträt Man unterscheidet gestellte und ungestellte Porträts (→Live-Porträts). Letztere haben Schnappschußcharakter, d. h. daß der Porträtierte zufällig, vielleicht sogar ohne sein Wissen fotografiert wird. Das »klassische Porträt« ist das bewußt gestaltete Porträt. Es wird in der Totalen (von Kopf bis Fuß), als Brustbild (meist einschließlich der Hände; Abb. 128) oder als Kopfbild fotografiert (Abb. 127). Man unterscheidet außerdem (je nach Haltung des Kopfes) die Frontalansicht, das Halbprofil oder Ganzprofil. Varianten sind das Doppelporträt (vgl. auch → Simultanporträt, Abb. 150) oder das Gruppen- und Familienbild (Abb. 129). Ziel einer guten Porträtfotografie ist es, nicht nur ein kaltes Konterfei zu schaffen, sondern ein Bild, das einiges vom Typ und vom Wesen des Menschen verrät (Farbabb. 21).

Positivfilm Positivfilme sind Planfilme mit steiler → Gradation ($\gamma \approx 2$), die nur als Kopierfilme Verwendung finden. Beim Kopieren von Negativen auf Positivfilm wird die relativ flache Gradation des Negativmaterials ($\gamma \approx 0{,}6$–$0{,}7$) durch das steilarbeitende Positivmaterial ausgeglichen, so daß kontrastreiche, brillante Bilder entstehen, deren maximaler Helligkeitsumfang den von vergleichbaren Fotopapieren bei weitem übertrifft. In der Hauptsache werden die Positivfilme zur Herstellung transparenter Bilder (z. B. Großdias für Werbe- oder Ausstellungszwecke) eingesetzt, aber auch bei der Herstellung von → Tontrennungen und von → Äquidensiten.

Positiv-Montage → Fotomontage

Positiv-Retusche → Retusche

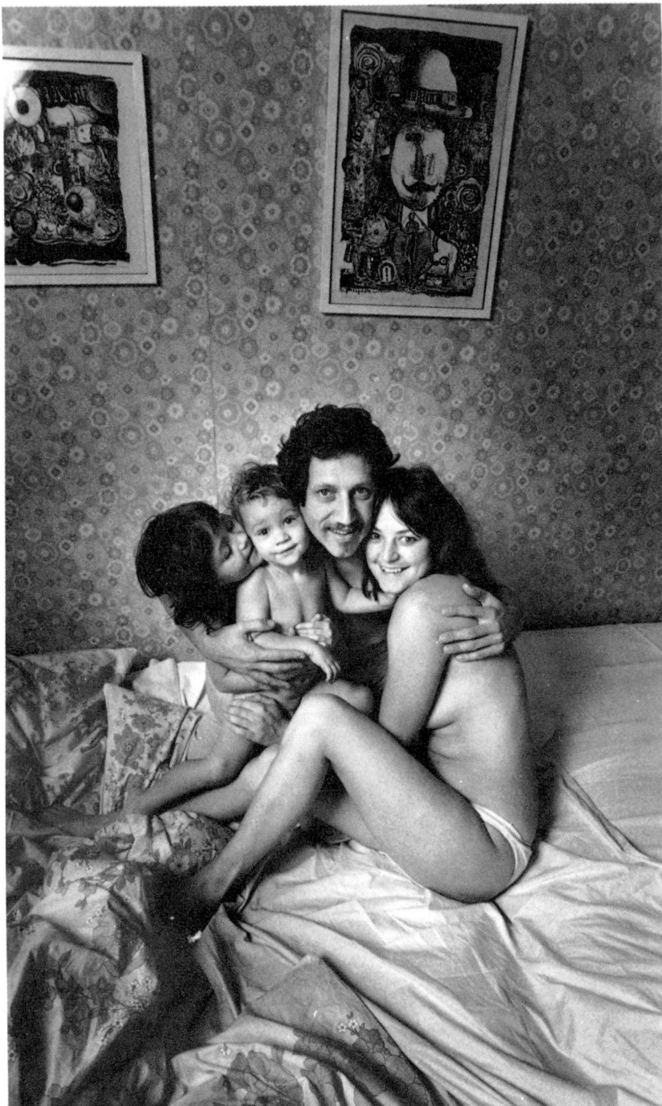

129 **Porträt.** Familie. Foto: Joachim Giesel, Hannover, 1972

Print Englische Bezeichnung für Fotoabzüge oder Fotodrucke.

Printer Automatisches Kopiergerät, mit dem in Bildkopieranstalten sowohl vom farbigen Negativ als auch vom Farbdia Papierkopien hergestellt werden (2000–6000 Stück pro Stunde). Das entstehende Bild kann bei Farbnegativen auf einem Bildschirm kontrolliert werden. Es gibt Automaten, die Papierformate bis 60 x 70 cm verarbeiten. Farbprinter verfügen über einen → Color-Analyzer, der → Farbstiche normalerweise automatisch ausfiltert. In Sonderfällen ist jedoch eine gezielte manuell einstellbare Filterkorrektur möglich.

Prismensucher → Spiegelreflexkameras sind meist mit einem Prismensucher ausgestattet, durch den man in Aufnahmerichtung ein aufrechtes und seitenrichtiges Bild des Motivs erblickt. Dies ist auf die Anordnung eines → Pentaprismas zurückzuführen, welches im Strahlengang des Suchers liegt. Prismensucher erleichtern, im Vergleich mit einfachen Mattscheiben-Anordnungen, die am Boden eines Lichtschachtes ein seitenverkehrtes Bild zeigen, die genaue Orientierung und Ausrichtung der Kamera entsprechend den tatsächlichen Verhältnissen des Motivs (keine Verwechslung von rechts und links).

Prismenvorsatz → Mehrfachprisma

Projektion → Dia-Projektion

Projektionswände Projektionswände sind weiße, stark reflektierende Bildwände, die speziell für die → Dia-Projektion verwendet werden. Gute Wände reflektieren ca. 85% des auftreffenden Lichts. Wenn auch die meisten Projektionswände gleich weiß erscheinen, so ergeben sich bei näherer Betrachtung bedeutsame qualitative Unterschiede. Von der ausgeprägten Oberflächenstruktur hängt es z. B. ab, ob sich die Projektionswand für große oder kleine Betrachtungsabstände eignet oder unter welchem Winkel die derart projizierten Bilder noch hell genug erscheinen. So eignen sich für größere Betrachtungsabstände und entsprechend kleine Betrachtungswinkel sog. Perl- und Kristalleinwände (enger Reflexionswinkel), für kurze Projektionsweiten und einen großen Betrachtungswinkel (weit seitlich sitzende Zuschauer) sog. Weitwinkelwände. Letztere bewirken durch ihre kassettenartige Oberflächenstruktur eine starke Streuung des auftreffenden Projektionslichts. Sie erzeugen damit allerdings ein etwas weniger helles Bild. Hervorragend und nahezu universell einsetzbar sind sog. Silberwände, die meist eine Riffelstruktur aufweisen. Für spezielle Zwecke, wie z.B. die → Hintergrund-Projektion, werden extrem reflektierende Hochintensitäts-Bildwände benötigt, die das senkrecht auftreffende Licht stark gerichtet, d. h. nahezu ohne Streuverluste, zurückwerfen. Die Güte einer Projektionswand ist ebenso entscheidend für die Qualität der Wiedergabe des projizierten Bildes, wie ein gutes und lichtstarkes Projektionsobjektiv (vgl. auch → Rückprojektion).

Prozeßfotografie Die praktische Anwendung der Fotografie als »Produktionsmittel« in der industriellen Fertigung ist heute zu einem wichtigen Zweig fotografischer Technologie geworden. Unter der Bezeichnung Prozeßfotografie hat sich diese zu einem Spezialgebiet entwickelt, das aus dem mechanischen und elektronischen Fertigungsprozeß nicht mehr wegzudenken ist. Neben dem bereits konventionellen Bereich der fotografischen Reproduktion zum Zwecke der Konstruktion und Planung, hat sie sich u. a. als zuverlässige Methode der Registrierung und Vermessung bei bestimmten Aufgaben wie Strömungsmessung, Materialprüfung, Belastungstests etc. erwiesen. Geradezu unerläßliche und technologische Voraussetzung ist die Prozeßfotografie für die Herstellung von Leiterplatten und gedruckten Schaltungen geworden. Revolutionierende Techniken, wie die Entwicklung von Mikroschaltungen (Mikroprozessoren), wären ohne raffinierteste fotografische Verfahren nicht realisierbar. Ähnliches gilt für produktions- und funktionstechnische Untersuchungen, die mit den Techniken der → Hochfrequenzfotografie, → Röntgenfotografie, → Mikrofotografie, → Fluoreszenzfotografie, → Infrarotfotografie, → Äquidensiten-Technik, → Stroboskopfotografie, → Holographie usw. durchgeführt werden.

Pseudosolarisation (Sabatier-Effekt) Wird ein belichtetes Positiv oder Negativ während der Entwicklung einer diffusen Zweitbelichtung ausgesetzt, so tritt eine partielle Bildumkehrung ein, die dadurch hervorgerufen wird, daß das an der Oberfläche bereits anentwickelte Bild auf die darunterliegenden lichtempfindlichen Schichten belichtet wird. In der fortschreitenden Entwicklung entstehen in ein und derselben Emulsion ein Negativ und ein Positiv, die sich gegenseitig zu einer Art → Äquidensite überlagern. An Bildstellen großer Helligkeitskontraste kommt es in übereinanderliegenden Körnerschichten zum → Kostinsky-Effekt, der die Zonen maximaler Schwärzung im »Negativ« von den Zonen maximaler Schwärzung in dem darunter oder darüberliegenden »Positiv« zurückweichen läßt, wodurch feine, im Vergleich zur Umgebung helle Konturen auf einem dunklen Grund entstehen. Durch Umkopieren auf extrahartes Papier oder auf → Lithfilm wird die kontrastarme Grau-in-Schwarz-Grafik in eine entsprechende Schwarzweiß-Grafik umgesetzt (Abb. 130). In der labortechnischen Praxis darf die Erstbelichtung (unter dem Vergrößerungsgerät oder beim Kopiervorgang) gerade so schwach sein, daß die tieferliegenden Körnerschichten der Emulsion nur minimal oder überhaupt nicht belichtet werden, trotzdem aber bei der Anentwicklung an der Schichtoberfläche ein ausreichend deckendes Primärbild entstehen kann. Die Pseudosolarisation kann selbst bei konstanten Verarbeitungsbedingungen nie identisch reproduziert werden. Vielleicht ist sie gerade dieses Überraschungseffektes wegen in der → experimentellen Fotografie besonders geschätzt.

Punktlicht Im Lampenpark des Fotoateliers spielt Punktlicht (»Spotlight«) die Rolle eines äußerst beweglichen Effektlichtes. Durch einen paraboloiden → Reflektor und die Wirkung sammelnder Linsen strahlt das Punktlicht ein extrem gebündeltes, gerichtetes und »hartes« Licht ab. Die bewegliche Vorderlinse der Leuchte gestattet dem Fotografen, den Durchmesser des erzeugten Lichtkegels in Grenzen zu variieren.

Punktlinse Farblose → Tricklinse, die, abgesehen von einem zentralen Klarglasfleck, zum Rande hin zunehmend mattiert (aufgerauht) ist. Bei Aufnahmen mit dieser → Vorsatzlinse werden nur in der Mitte des Bildfeldes befindliche Motivdetails klar und deutlich abgebildet, während Einzelheiten in der Peripherie weichgezeichnet, d. h. diffus erscheinen. Ein in den Randbereichen partiell (mit Vaseline) eingefettetes Klarglasfilter (→ Fettscheibe) kann denselben Zweck erfüllen.

Punktmessung → Belichtungsmesser, → Meßwinkel

Quarzlampe → Halogenlampe

Quecksilberdampflampe Gasentladungslampen, deren Licht einen hohen UV-Strahlungsanteil enthält. Sie werden in erster Linie in der UV- (→

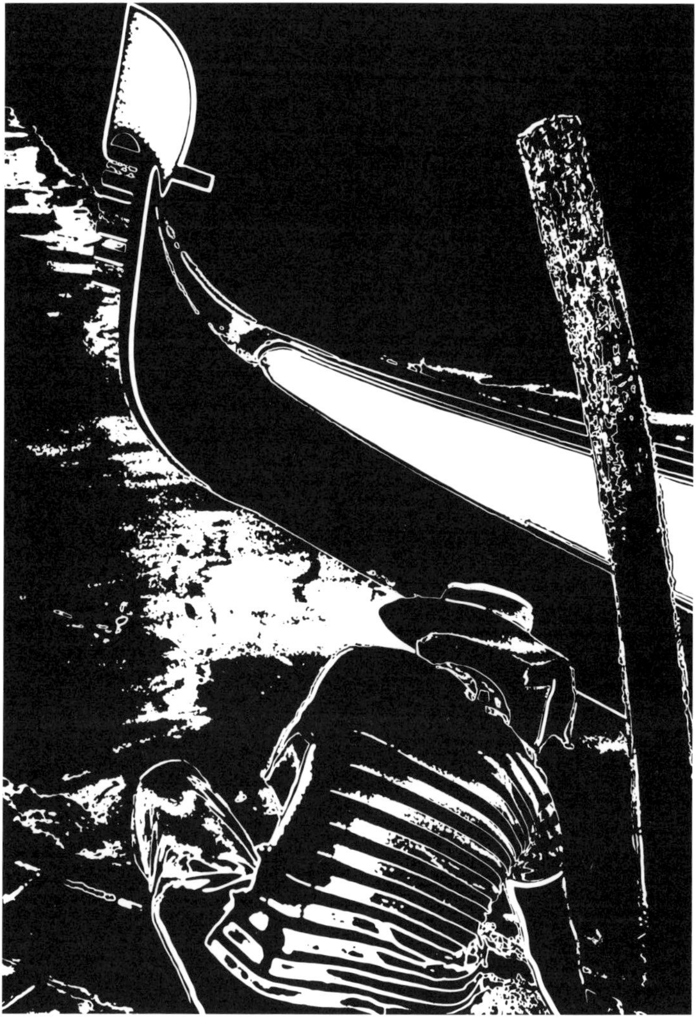

130 **Pseudosolarisation.** Foto: Willy Hengl, Stadt Haag (Österreich)

Ultraviolett-)Fotografie eingesetzt. Auch die meisten Leuchtstoffröhren des täglichen Gebrauchs (Neonlicht) sind Quecksilberdampflampen. Sie sind sowohl für die Schwarzweißfotografie als auch für die Farbfotografie wenig geeignet. Das kalte Licht, dem ja der Rotanteil fehlt und das überdies im Rhythmus der Netzfrequenz flimmert (und deshalb den Einsatz längerer Belichtungszeiten – 1/15 s und länger – ratsam erscheinen läßt), führt bei Farbaufnahmen (nächtliche Straßenszenen) zu einem Grünstich. Dieser kann durch den Einsatz von Tageslicht-Farbumkehrfilm gemindert werden. Charakteristisch für Aufnahmen von Menschen, die bei Neonlicht fotografiert werden, sind grünstichige Gesichter.

Quellrelief Die mit Bichromat sensibilisierte Gelatine-Emulsion einer Druckplatte, wie man sie für die historischen Fettfarbendrucke (→ Bromöldruck, → Öldruck) benötigt, wird während des Aufkopierens der Vorlage durch die Einwirkung des Lichts gegerbt, d. h. die Gelatine wird in Abhängigkeit von der Belichtungsintensität gehärtet. Bei der nachfolgenden Wässerung quillt die Gelatine an den unbelichteten und somit ungehärteten Stellen auf, während die gegerbte Gelatine nur wenig Wasser aufnimmt. Es entsteht ein Quellrelief, welches entsprechend seinem Wassergehalt die den Druck bewirkenden Fettfarben annimmt oder abweist.

Rasteräquidensiten → Äquidensiten (Dichteauszüge), in denen Stellen gleicher Dichte durch identische Rastersymbole charakterisiert sind (Abb. 131). Sie werden in einer einzigen Belichtung vom Original unter Verwendung einer speziellen → Rasterfolie im Kontaktverfahren auf Agfacontour Professional-Film kopiert. Dabei liegen die Schichtseiten der Rasterfolie und des Äquidensitenfilms einander zugewandt. Bedingt durch den Aufbau des Rasters entstehen in Abhängigkeit von der jeweiligen Belichtungsintensität (und in Abhängigkeit von der Dichte der Vorlage) kreisförmige, quadratische oder kombinierte Rastersymbole, die innerhalb eines begrenzten Dichteumfangs eine ganz bestimmte Schwärzungsdichte der Vorlage repräsentieren. Der Hauptanwendungsbereich der Rasteräquidensiten liegt in der technisch-wissenschaftlichen Fotografie (Röntgenologie, Thermographie, Medizin etc.). Auch in → Foto-Design und → Foto-Grafik findet die Verarbeitung von Rasteräquidensiten (Umsetzung von Halbtönen und ihre effektvolle Strukturierung) sinnvolle Anwendung.

131 **Rasteräquidensiten.** Prüfung des Reflexionsgrades eines Auto-Scheinwerfers. Symbole gleicher Gestalt deuten auf gleiche Helligkeit hin. Foto: Erwin Ranz/Agfa-Gevaert, Leverkusen

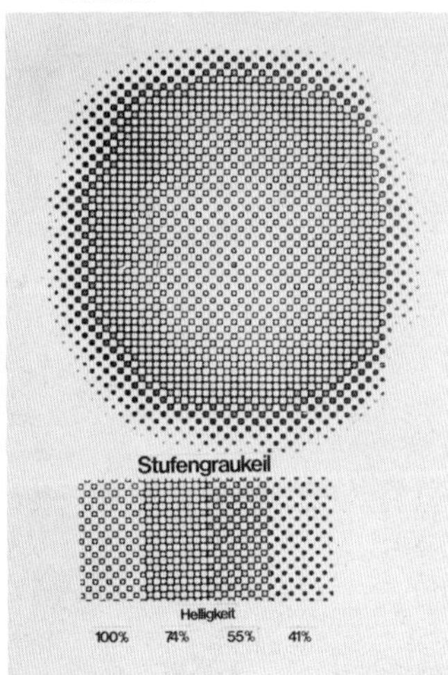

Rasterfolie Transparente Folien mit Strukturrastern, mit deren Hilfe Halbtonbilder aufgerastert werden können (zu grafischen Zwecken oder auch für den Druck; vgl. Abb 132). Handelsüblich sind Linien-, Kreuz-, Punkt-, Korn- oder Geweberaster, die in direktem Kontakt mit dem Fotopapier oder mit dem Negativ bei der Bildvergrößerung mit aufbelichtet werden. In letzterem Fall wird die Rasterstruktur mitvergrößert (→ Effektnegativ). Als → Runzelkorn-Rasterfolie kann ein unbelichteter, unter Ausbildung eines Runzelkorns entwickelter Schwarzweiß-Negativfilm dienen.

Rayogramm Von Man Ray (1890 bis 1976) praktizierte kameralose Fotografie auf der Basis des → Fotogramms (vgl. Abb. 63), für dessen Erfinder er sich hielt. Doch es gab längst Vorbilder: Hippolyte Bayard (1801–1887), William Fox Talbot (1800–1877), aber vor allem Christian Schad (geb. 1894; → Schadographie), dessen erste Fotogramme 1918 entstanden. Man Rays Fotogramme stammen von 1922 und später. Das Verfahren selbst ist relativ einfach: Gegenstände wie Schlüssel, Büroklammern, Zirkel etc. werden direkt auf Fotopapier gelegt und unter dem Vergrößerungsgerät aufbelichtet. Sie bilden sich, nach Entwicklung und Fixage, schattenrißähnlich ab, teilweise auch in sich überlagernden Halbtönen. Durch Mischung mehrerer unterschiedlicher Formen entstehen grafisch reizvolle Muster. Eine moderne Variante dieser Technik sind die → Figurenfotogramme von Floris M. Neusüss (geb. 1937; vgl. Abb. 53). Man Rays Arbeiten hatten starken Einfluß auf die Fotomontagen von George Grosz (1893–1953) und John Heartfield (1891–1968; vgl. Abb. 66). Auch El Lissitzky (1890–1946), Laszlo Moholy-Nagy (1895–1946) und Raoul Hausmann (1886–1971; vgl. Abb. 32) u. v. a. bedienten sich der Möglichkeiten des Fotogramms.

132 **Rasterfolie.** Rastereffekt in einer Foto-Grafik. Foto: Hans H. Siwik, Oberursel

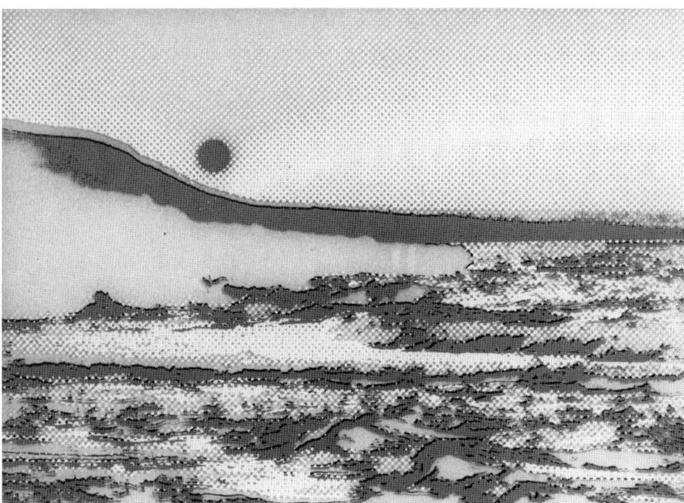

RC-Papiere → PE-Papiere

Realismus Es bedürfte einer philosophischen Abhandlung, um zu klären, was Realismus in der Bildsprache der Fotografen bedeutet. Vordergründig sollte man meinen, daß die reale Wirklichkeitsdarstellung die spezifische Ureigenschaft der Fotografie ist. Realismus in der Bildaussage erscheint – und das nicht nur in der Fotografie – so vielschichtig wie umstritten. Primär geht es um die Darstellung des Wirklichen, aber nicht immer um »nackte« Wirklichkeit. Dies resultiert allein schon aus dem Unterschied von Kunstrichtungen, die in ihrer Bezeichnung den Begriff Realismus enthalten: → Surrealismus, Neuer Realismus, Magischer Realismus, Sozialer bzw. Kapitalistischer Realismus, → Fotografischer Realismus, Hyperrealismus. Auch die → Neue Sachlichkeit pflegte den »gegenstandsgerechten Realismus«. Einmal schließt Realismus Verfremdungstechniken, die Wiedergabe von Illusionsvorstellungen aus, ein andermal bezieht er die Darstellung von »realen« Traumvorstellungen und die Phantasie als Realität mit ein. Deutlich sichtbar wird diese Diskrepanz in dem, was sich als Realismus der »Neuen Sachlichkeit« in den Bildern eines Otto Dix (1891–1969) oder George Grosz (1893–1953) einerseits zeigte und in den Fotografien eines Albert Renger-Patzsch (1897–1966) oder Karl Blossfeldt (1865 bis 1932) andererseits. Im ersten Fall bezieht er sich auf die sozialkritische Analyse gesellschaftlicher Zustände in teils karikaturhafter Überzeichnung der Wirklichkeit, im zweiten Fall erstrebt er die getreue Darstellung der Natur, die jegliche subjektive »Ansicht« der Fotografen ausschließt. Noch deutlicher wird der Dissens der Anschauungen in dem, was heute als → Fotografischer Realismus präsentiert wird. Die hyperrealistische Darstellung eines 3 Meter hohen Porträts bewirkt in der Überdimensionierung eine Überzeichnung der Wirklichkeit, die sich bereits weit entfernt hat von einer dem Menschen sichtbaren Realität. Aus all den Widersprüchlichkeiten läßt sich folgern, daß Realismus im Abbild, wie immer er sich optisch darbietet, vor allem darin liegt, daß eine reale Erscheinung der Ausgangspunkt ist – und zwar für verschiedenerlei Wegrichtungen. Erwähnt sei noch eine gelegentlich vertretene Auffassung von der Abgrenzung des Realismus in der Fotografie gegen den Naturalismus. Danach habe der Realismus sozialkritische Bezüge, der Naturalismus hingegen nicht.

Redundanz Aus dem Lateinischen übernommener Begriff (redundantia = Weitschweifigkeit) der Informationstheorie, der auch im Bereich der → Fotoästhetik benützt wird. Die Redundanz ist ein Maß für den Informationsgehalt eines Bildes in Relation zur Gesamtheit aller Bildsymbole. Eine hohe Komplexität in der Anordnung des Strukturvorrats und der gestalterischen Details steht für einen großen Informationsgehalt (geringe Redundanz). Ist das Bild mehr oder weniger geordnet, enthält es insbesondere viele Wiederholungen, die keine zusätzlichen Informationen in sich bergen, so ist die Redundanz groß. Für die Beurteilung der Entropie (Unordnung) ist die Redundanz ein geeigneter Parameter. Über den ästhetischen Wert eines Kunstwerkes sagt sie dagegen nur bedingt etwas aus.

Reflektor Reflektoren sind Vorrichtungen, die geeignet sind, das von einer Lichtquelle sich allseitig ausbreitende Licht in eine bevorzugte Richtung zu lenken. Sie sind meistens als Paraboloid ausgebildet, in dessen Brennpunkt sich die Glühlampe befindet. Diese Anordnung findet sich hauptsächlich in Scheinwerfern, wobei die Reflektoren mit einer spiegelnden, glattpolierten Oberfläche versehen sind. Die Reflektoren von Foto- und Blitzleuchten sind dagegen weniger stark gewölbt und besitzen eine rauh strukturierte Oberfläche, wodurch ein gleichmäßigeres, diffuseres Licht unter einem größeren Leuchtwinkel abgestrahlt wird.

Reflexe Moderne Filmmaterialien, die eine weiche → Gradation haben und gleichzeitig einen großen Kontrastumfang bewältigen, erlauben es dem Fotografen, Reflexe, die auf Wasserflächen, Glasfronten oder Plastikfolien entstehen, u. U. als gestalterisches Element bewußt in die Bildkomposition mit einzubeziehen. So kommt das Licht selbst, als eine zusätzliche Dimension, mit ins Bild, sei es als atmosphärisches oder als formgestalterisches Element. Oft ergeben sich dann Blendenreflexe, die durch Spiegelung des Blendenbildes an den Linsenoberflächen innerhalb des Objektivs entstehen. In manchen Fällen werden diese meist störenden → Nebenbilder provoziert und als kompositorisches Mittel bewußt eingesetzt (Abb. 133). Die genaue Kontrolle des Motivs im Sucher der → Spiegelreflexkamera ermöglicht dem Fotografen, durch Veränderung des Aufnahmestandpunktes, auch durch die Wahl einer anderen Blende, den Spiegeleffekt gezielt zu beeinflussen. Aber nicht immer sind Reflexe erwünscht, vor allem nicht in der Sachfotografie. Dann sucht und findet der Fotograf Mittel und Wege, sie teilweise oder ganz zu eliminieren (Änderung der Beleuchtungsanordnung, → Entspiegelung, Einsatz des → Polarisationsfilters etc.).

Reflexionsflächen In der Hauptsache weiße (aber auch einfarbige), stark reflektierende Wände, Stellwände oder Reflexionsschirme, die in der Studio-Fotografie für die → Aufhellung von Motiven eingesetzt werden.

Reflexionsgrad (Remissionsgrad) Das Reflexionsvermögen (Remissionsvermögen) eines Gegenstandes oder Motivs bestimmt maßgeblich (neben der Beleuchtungsstärke) die Helligkeit bzw. den Helligkeitsumfang eines Motivs. Der Reflexionsgrad ist eine Verhältniszahl, die angibt, welcher Bruchteil des auf das Motiv auftreffenden Lichts reflektiert wird. So hat z. B. eine Schneeoberfläche, die 60–100% des Lichts reflektiert, einen Reflexionsgrad von 0,6 bis 1,0.

Reflexionslichthof Licht, welches bei der Belichtung eines Films durch die ganze Emulsion hindurchdringt, kann an der Trägerschicht teilweise oder total reflektiert werden, was in der unmittelbaren Umgebung heller Bildpunkte zu Lichthofbildung führt (vgl. auch → Lichthofschutz).

Reflexionsschirm → Reflexionsflächen

Reflexionswinkel Wird ein Lichtstrahl von einer glatten, ebenen Oberfläche zurückgeworfen, so liegen einfallender und reflektierender Lichtstrahl sowie das zur Oberfläche senkrechte Einfallslot in einer Ebene (Einfallswinkel = Reflexionswinkel). Der Winkel zwischen Einfallslot und reflektiertem Strahl heißt Reflexionswinkel (→ Lichtbrechung, Abb. 96).

Reihentechnik Ein Begriff, der bei der Herstellung von → Fotosequenzen benützt wird. Gemeint ist damit die horizontal wie vertikal mögliche Aneinanderreihung einer beliebigen Zahl identischer Abbildungen (Multipliziereffekt) oder aber eine Reihung von Motiven, deren exakte Aufeinanderfolge erst die geometrische Ordnung der Gesamtkomposition ergibt.

Reliefbild Stellt man von einem Negativ eine positive Kontaktkopie her (oder umgekehrt) und montiert beide deckungsgleich übereinander (→ Negativ-Positiv-Montage), so sollte man annehmen, daß sich die Wirkung von Licht und Schatten gegenseitig aufheben, d. h. daß hieraus eine gleichmäßig graue Fläche resultiert. Tatsächlich aber

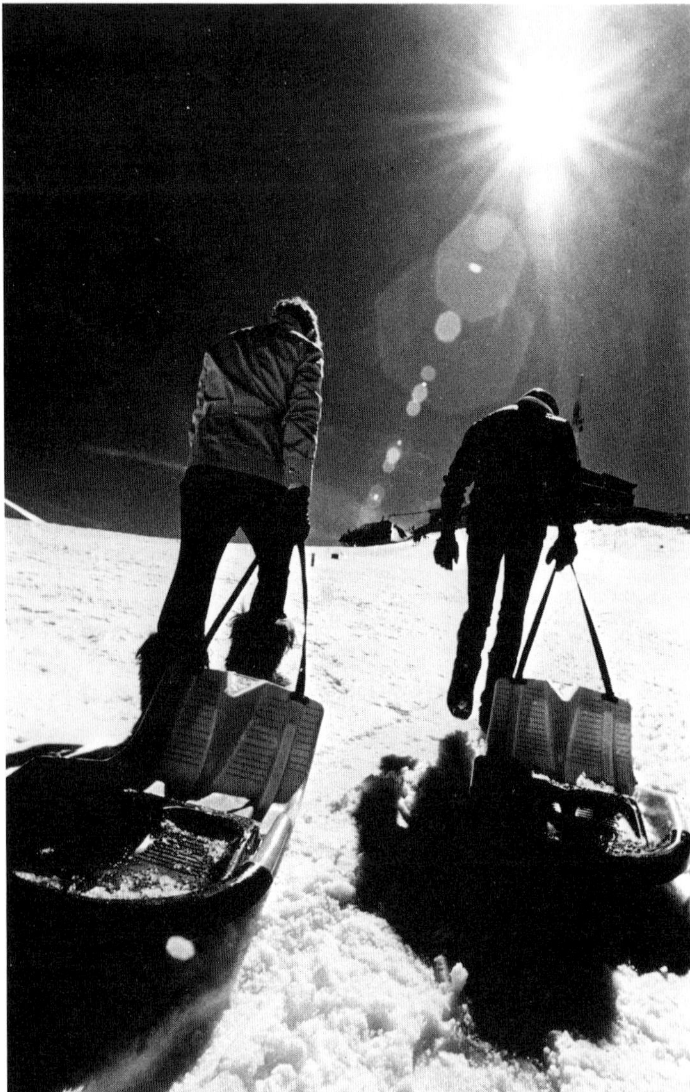

133 **Reflexe.** »Blendenreflexe« dienen, richtig eingesetzt, als gestalterisches Element.
Foto: Erich Klemm, Düsseldorf

stimmen in der Praxis weder die Konturen von Negativ und Positiv exakt überein (→ Nachbareffekte, → Lichthof etc.), noch verlaufen die → Schwärzungskurven von Original und Kopie genau konträr, so daß ein Reliefbild entsteht, das je nach der Konturenverschiebung und den Dichteunterschieden einen negativen oder positiven erhabenen Eindruck erweckt. Da die Kombination von Negativ und Positiv stets nur wenige Kontraste aufweist, müssen derartige Reliefbilder ein- oder mehrmals auf hart arbeitende Materialien umkopiert werden. Sowohl Negativ wie Positiv sollten nicht zu dicht sein, damit beim Umbelichten keine übermäßig langen Belichtungszeiten erforderlich sind. Reliefbilder werden vorwiegend in der → Foto-Grafik bzw. der künstlerisch gestaltenden Fotografie hergestellt.

REM Color-Verfahren (REM = Rasterelektronenmikroskop) Erzeugung von Farbbildern mit dem Rasterelektronenmikroskop, das normalerweise Schwarzweißaufnahmen liefert. In Analogie zur Multispektral-Fotografie lassen sich mit Hilfe eines elektronischen Zusatzgerätes Farbbilder herstellen (Farbabb. 5). Die Signalinformation des REM wird mittels eines Gammadiskriminators z. B. in drei Stufen getrennt. Optisch entspricht das den dunklen, mittleren und hellen Grautönen eines Halbtonbildes. Dieses zeilenförmig auf dem Monitor erzeugte Bild wird normalerweise mit einem Schwarzweißfilm abfotografiert. Werden alle drei Helligkeitsbereiche hintereinander auf ein und denselben Film belichtet, entsteht der normale Bildeindruck mit Erhaltung der vollen Halbtonmodulation. Um ein Farbbild zu erzeugen, filtert man die elektronischen Halbtonauszüge. Die dunkelgrauen Töne werden z. B. durch ein Blaufilter, die mittleren durch ein Rotfilter und die hellen durch ein Gelbfilter auf Farbfilm belichtet. Hierdurch entstehen außerordentlich plastisch wirkende Farbbilder, die durch weiche Kantenverläufe der Farbbereiche einen harmonischen Bildeindruck bewirken. Zu wissenschaftlichen Bildaussagen können derartige REM-Coloraufnahmen durch standardisierte Farbzuordnungen, z. B. beim sog. Spannungskontrast, herangezogen werden. Beim Spannungskontrast werden bei einem integrierten Schaltkreis durch verschieden hohe Gleichspannungen äquivalente Grautöne erzeugt, die sich mit Hilfe des REM Color-Verfahrens in entsprechende Farbtöne umsetzen lassen und für analytische Zwecke eindeutige Bildaussagen ermöglichen.

Remission Eine nicht gerichtete, diffuse Reflexion von Licht an rauh bzw. unregelmäßig strukturierten Oberflächen nennt man Remission.

Reproduktion Unter Reproduktion versteht der Fotograf die möglichst originalgetreue Wiedergabe fertiger Bildvorlagen: einer Zeichnung, eines Gemäldes, eines seltenen Farbdruckes oder eines Fotos, von dem kein Negativ zur Verfügung steht. Mit den modernen → Makroobjektiven, Nahvorsätzen (→ Nahlinsen) und → Balgennaheinstellgeräten gibt es kaum optische Probleme, um selbst kleinste Strukturen bis zum Abbildungsmaßstab 1:1 und darüber hinaus wiederzugeben. Das Hauptproblem ist die Beleuchtungsfrage. Bei Farbaufnahmen kommen als entscheidende Kriterien die Wahl des richtigen Farbfilms, Fragen farblicher Feinabstimmung mit Hilfe von → Konversionsfiltern (Angleichung der → Farbtemperaturen von Film und Licht), aber auch das Problem der gleichmäßigen Ausleuchtung und der reflexionsfreien Wiedergabe des Originals hinzu. Letztere ist besonders bei der Reproduktion firnisglänzender Oberflächen von Gemälden bzw. von hinter Glas gerahmten Motiven eine nicht geringe Schwierigkeit (geglaste Bilder sollte man ausrahmen!). Reproduziert wird das jeweilige Objekt möglichst formatfüllend, vom Stativ aus und mit Drahtauslöser (bei längeren Belichtungszeiten). Ist genügend Licht vorhanden, wird die bezüglich der Abbildungsschärfe günstigste Blende des Objektivs eingesetzt.

Bleistift- oder Tuschezeichnungen fotografiert man mit einem Reprofilm steiler → Gradation. Bei tonlich feindifferenzierten Halbtonvorlagen (von hellem Grau bis zu tiefem Schwarz) werden Schwarzweißfilme flacher Gradation eingesetzt. Tageslicht schafft im allgemeinen bessere Voraussetzungen für eine farblich identische Wiedergabe als Kunstlicht. Es ist in der Farbfotografie, wenn es um wirklich originalgetreue Wiedergabe geht, durch nichts zu ersetzen. Da bei der Reproduktion farbiger Vorlagen meist mit → Farbumkehrfilmen gearbeitet wird, hängt der Erfolg aller Bemühungen von der anschließenden gleichmäßigen Entwicklung ab. Hier zeigen sich von Emulsion zu Emulsion und bei zeitlich versetzten Entwicklungsgängen keine geringen Probleme. Deshalb wählen manche Fotografen gerade bei der Reproduktion wertvoller Kunstwerke das Negativ-Positiv-Verfahren. Einwandfrei belichtete Farbnegative bieten, gekonnte Filterung im Negativ-Positiv-Prozeß vorausgesetzt, beste Gewähr für eine optimale Farbannäherung an das Original. Als weiteres Positivum kommt, wenn es sich um Motive für den Druck von Farbbildbänden handelt, die einfachere, gleichmäßigere Farbabstimmungsmöglichkeit aller im Buch enthaltenen Farbbilder hinzu.

Reproduktionsfilter Die Zerlegung eines Farbbildes in die drei subtraktiven Farben Gelb, Purpur und Blaugrün, wie sie zur Herstellung von → Farbauszügen (vor allem für den Farbendruck) vorgenommen wird, erfolgt in getrennten Kopiervorgängen mit dem jeweiligen Reproduktionsfilter (Farbauszugsfilter). Da Farbauszüge in der Regel nach dem Negativ-Positiv-Verfahren entstehen, wird jeweils ein Filter in der zur jeweiligen Auszugsfarbe komplementären Farbe benötigt. So ergeben das Blaufilter einen Gelbauszug, das Grünfilter einen Purpurauszug und das Rotfilter einen Blaugrünauszug.

Reproduktionsgerät Vorrichtung, die eine exakte Reproduktion von planen Vorlagen (Fotos, Zeichnungen, Buchseiten etc.) oder kleinen dreidimensionalen Gegenständen ermöglicht. Auf einer massiven Grundplatte ist eine stabile Stativsäule angebracht, an der die Kamera, in der Vertikalen verstellbar, befestigt ist. Hinzu kommt eine meist vierteilige Lampenanordnung, die rechts und links von der Grundplatte angebracht ist und das gesamte Aufnahmefeld gleichmäßig ausleuchtet (Abb. 134). Zur Reproduktion können sowohl eine normale → Spiegelreflexkamera mit → Balgennaheinstellgerät als auch spezielle Reprokameras eingesetzt werden. Alle Teile des Reproduktionsgerätes sind so angeordnet, daß eine rasche, zeitsparende Arbeitsweise möglich ist. Je nach Aufnahmeabstand wird ein unterschiedlich großes Aufnahmefeld erfaßt, das im Idealfall für eine maßstabgetreue Abbildung bis zum Maßstab 1:1 eingesetzt werden kann. Zur Reproduktion von Negativen oder Diapositiven wird ein Leuchtkasten mit einer Opalglasscheibe eingesetzt, auf dem die Diapositive oder Negative durch eine Glasplatte niedergehalten sind. Für die Reproduktion müssen die Vorlagen abmaskiert werden (mit schwarzem Karton oder lichtdichtem schwarzem Tuch). Auf dem Leuchtkasten können aber auch kleine Gegenstände auf hellem Hintergrund (z. B. Münzen) fotografiert werden, wobei die Reprolampen so nahe ans Motiv herangebracht werden müssen, daß das Auflicht gegenüber dem des Lichtkastens überwiegt.

Restlichtverstärker Es handelt sich um einen Bildverstärker, der – im Zusammenwirken mit lichtstarken Objek-

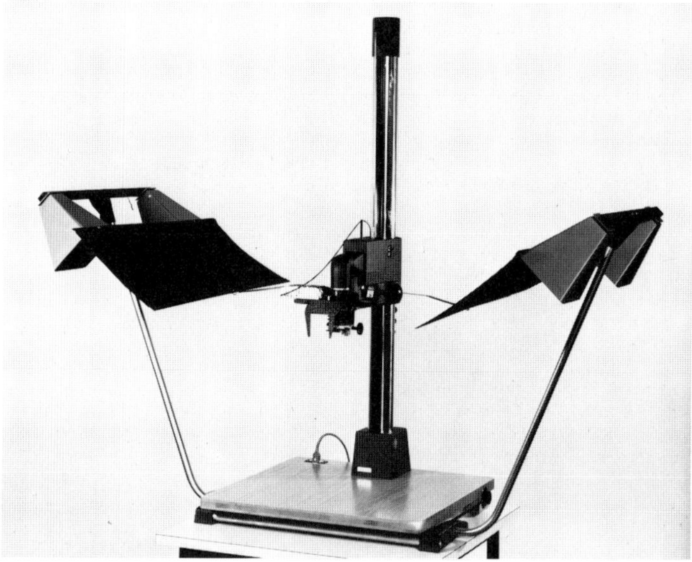

134 **Reproduktionsgerät.** Foto: Leitz Wetzlar

tiven – Nachtaufnahmen unter den ungünstigsten Lichtverhältnissen ermöglicht (Abb. 136). So genügt z. B. schwaches Mondlicht, um Aufnahmen zu machen, in denen noch alle Einzelheiten zu erkennen sind, fast so, als seien sie bei Tag fotografiert. Das vom Aufnahmeobjektiv entworfene Bild wird von der Lichtverstärkerröhre aufgefangen, verstärkt und mit einer Zwischenoptik (einem zweiten Objektiv) abfotografiert. Die Verstärkerröhre hat zwei oder drei Verstärkerstufen, die untereinander über → Glasfaseroptiken verbunden sind. Die Einzelstufe besteht aus einer Photokathode, die beim Auftreffen von Licht (Photonen) Elektronen emittiert, die von einer Anode beschleunigt und auf einem Leuchtschirm aufgefangen werden. Auf diesem Wege ist eine 10000- bis 30000fache Lichtverstärkung möglich (Abb. 135). Die Stromversorgung der Restlichtverstärker übernehmen normale Trockenbatterien.

Retrofokus → Weitwinkelobjektiv

Retrostellung Um Objektive mit asymmetrischer Linsenanordnung, die am → Balgennaheinstellgerät für Makroaufnahmen verwendet werden, auch für vergrößernde → Lupenaufnahmen (größer als 1:1) einsetzen zu können, werden sie in Retrostellung, d. h. um 180° gedreht, vor das Balgennaheinstellgerät gesetzt. Hierfür gibt es spezielle → Adapter, die eine Verbindung zwischen Filtergewinde und Balgengerät ermöglichen. Der Sinn dieser »verkehrten« Linsen-Anordnung liegt darin, daß Objektive normalerweise für relativ große Aufnahmeentfernungen und kleine Bildweiten korrigiert sind. Herrschen entgegengesetzte Verhältnisse (kurze Bildweiten, kleine Aufnahmeabstände), so kann das Objektiv gedreht werden.

Retusche So perfekt die Verarbeitungstechnik fotografischer Bilder ge-

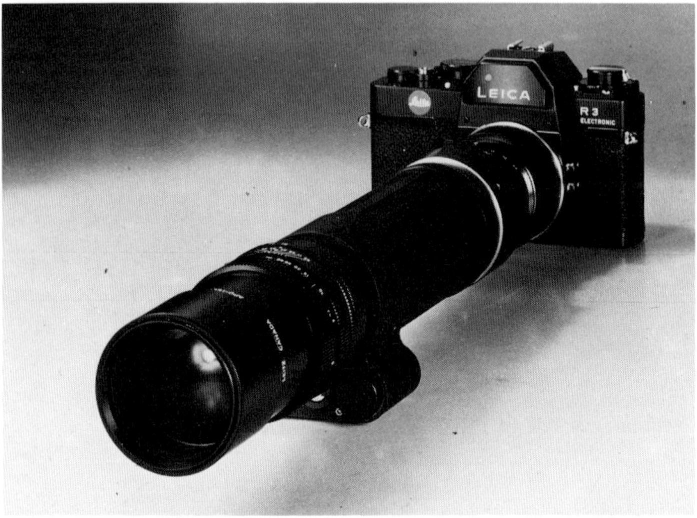

a

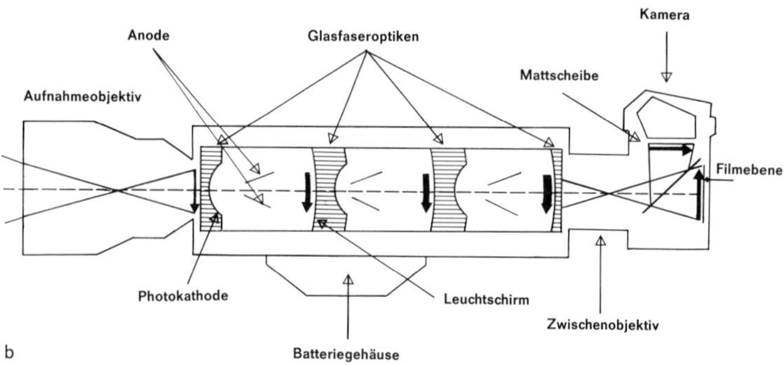

b

135 **Restlichtverstärker.** a) Restlichtverstärker an einer Kleinbildkamera – b) Schematische Darstellung des Restlichtverstärkers. Foto: Leitz Wetzlar

worden ist, die Retusche bleibt den Fotografen nicht erspart. Es ist hier nicht die Rede vom → Ausflecken, auch nicht von Fettspuren oder Fingerabdrücken, die bereits vor Beginn der Retuschierarbeiten mit Leichtbenzin entfernt werden sollten. In der Sachfotografie wie in der frei gestaltenden Fotografie ergibt sich immer wieder die Notwendigkeit einer auch gestalterisch wirksamen Korrektur am Motiv durch Retusche. Unterschieden werden Negativ- und Positiv-Retusche.

Die Negativ-Retusche wird hauptsächlich in der Sach-, Industrie- und Porträtfotografie, vor allem bei Nega-

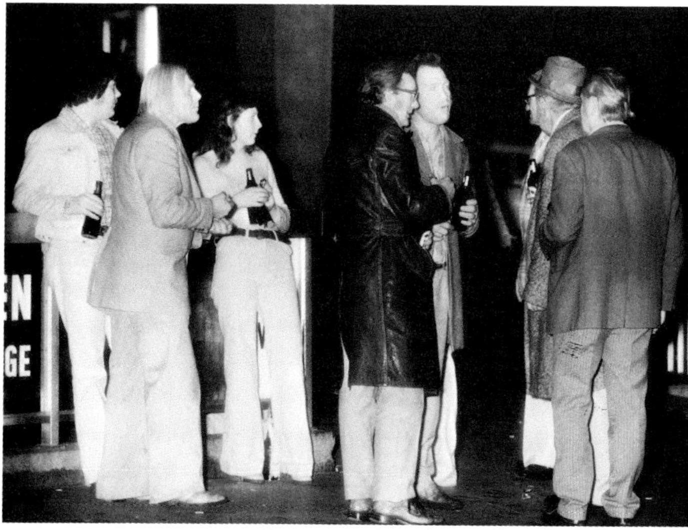

136 **Restlichtverstärker.** Diese Szene wurde bei nahezu völliger Dunkelheit aufgenommen. Foto: Günther Osterloh, Wetzlar

tivformaten ab 6 x 6 cm und größer praktiziert. Sie erfolgt auf der Schichtseite und am einfachsten mit einem flach über das Negativ geführten weichen Bleistift ohne jede Druckanwendung! Zur Anhebung der Dichte an bestimmten Stellen des Negativs kann man Lasurfarben einsetzen, die allerdings nur in starker Verdünnung auf dem nassen (!) Negativ mit Pinsel oder Wattebausch aufgetragen werden dürfen. Soll an bestimmten Stellen eine vollständige Deckung erzielt werden (z. B. Hintergrund-Retusche bei der Freistellung eines Motivs), so ist dies nur durch mehrmaliges, dünnes Auftragen von Abdeckfarbe erreichbar.

Zur Aufhellung bestimmter Bildpartien kann man Abschwächerlösung verwenden, die mit dem Pinsel aufgetragen wird. Dabei muß berücksichtigt werden, daß sich die Abschwächung während der anschließenden Auswässerung noch etwas fortsetzt.

Die Positiv-Retusche von Papierbildern, die über ein einfaches Ausflecken hinausgeht, hinterläßt häufig deutlich sichtbare Spuren, die erst in einem weiteren Kopiervorgang, manchmal auch erst beim Druck eliminiert werden können. Die größten Schwierigkeiten in der Positiv-Retusche liegen in der Mischung der Farben und ihrem fein dosierten Auftrag, selbst bei der Schwarzweiß-Retusche. Nahezu strukturlos und fast unsichtbar ist eine Spritz-Retusche, deren Anwendung jedoch eine gewisse Spezialisierung voraussetzt. Zum Retuschieren von hochglänzenden Oberflächen werden, nachdem man sie mit einer Gummiarabicum-Lösung angefeuchtet hat, → Eiweißlasurfarben verwendet (vgl. auch → Kolorieren).

Rhythmogramm Eine von Heinrich Heidersberger (geb. 1906) in der Art von → Lichtpendel-Grafiken praktizierte Technik, für die der Fotograf

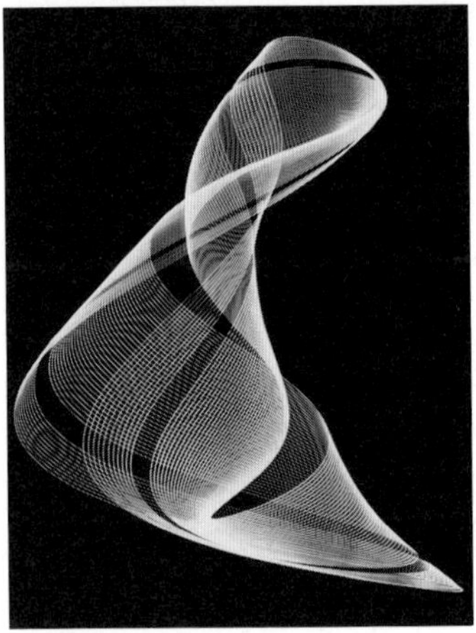

137 **Rhythmogramm.** Foto: Heinrich Heidersberger, Wolfsburg

eine spezielle Rhythmogramm-Maschine konstruierte. Mit ihr schuf er dreidimensional wirkende Lichtpendelfiguren von äußerster Raffinesse (Abb. 137).

Ringblitzleuchte → Elektronenblitzgerät mit ringförmiger Gasentladungsröhre und ebenfalls ringförmigem → Reflektor, das vor allem im Makrobereich eingesetzt wird. Das Objektiv der Kamera kann durch die zentrale Öffnung in der Ringblitzleuchte hindurchgeführt werden, wodurch Beleuchtungs- und Aufnahmeachse zusammenfallen. Hierdurch entstehen auch bei kleinsten Aufnahmeentfernungen schattenfrei ausgeleuchtete Aufnahmen.

Rollfilm Als der Amerikaner Hannibal Goodwin (1822–1900) 1887 den ersten Rollfilm patentieren ließ, ahnte er nicht, daß er damit die für die weltweite Verbreitung der Fotografie entscheidende Erfindung gemacht hatte. Sie war Voraussetzung für die Konstruktion der ersten Box-Kamera. George Eastman (1854–1932) war es, der die erste Filmgießmaschine bauen ließ, die den Rollfilm sogleich zur Massenware machte. Und natürlich lieferte er dazu die nötige Kamera. Diese Kodak Nr. 1, sie erschien im Juni 1888; (→ Film, Abb. 54a), enthielt einen Rollfilm für 100 Aufnahmen. Zur Entwicklung mußten Film samt Kamera in die Fabrik geschickt werden. Das Bild, das der auf Papier beschichtete Rollfilm lieferte, war rund und hatte einen Durchmesser von 65 mm (→ Film, Abb. 54b). Seit damals wurde der Rollfilm vielfach verbessert. Statt auf Papier wurde er bald auf Zelluloid gegossen. Heute bestehen die Schichtträger aus Polyester. Mit dem ständigen Wechsel der Kamerakonstruktionen veränderte sich auch jeweils das Filmformat. Zur Unterscheidung von Klein- und Kleinstbildfilmen werden nur noch die 60 mm breiten Aufnahmefilme für Mittelformatkameras als Rollfilme bezeichnet.

Röntgenfotografie Röntgenstrahlen gehören in den Bereich extrem kurzwelliger elektromagnetischer Strahlung (Wellenlängen 0,001 bis ca. 30 nm). Ihre Wirkung auf fotografische Emulsionen wurde 1895 von Wilhelm Conrad Röntgen (1845–1923) entdeckt. Die vergleichsweise hohe Energie der Röntgenstrahlen hinterläßt auf gewöhnlichen Filmen keinen adäquaten Belichtungseindruck, d. h. diese werden einfach durchstrahlt, ohne daß nennenswerte Strahlungsanteile absorbiert werden. Um dennoch mit geringen Strahlungsintensitäten arbeiten zu können, wurden spezielle Röntgenfilme entwickelt, die mit besonders dicken Emulsionen beidseitig beschichtet sind. Zusätzlich können Röntgenfilme zwischen mit Kalziumwolframat beschichtete Verstärkerfolien gelegt werden, welche durch Absorption der Röntgenstrahlen zu einer sekundären Fluoreszenz-Strahlung angeregt werden, die ihrerseits zur Belichtung beiträgt. In Medizin und Technik (Materialprüfung) wird die Eigenschaft von Röntgenstrahlen aus-

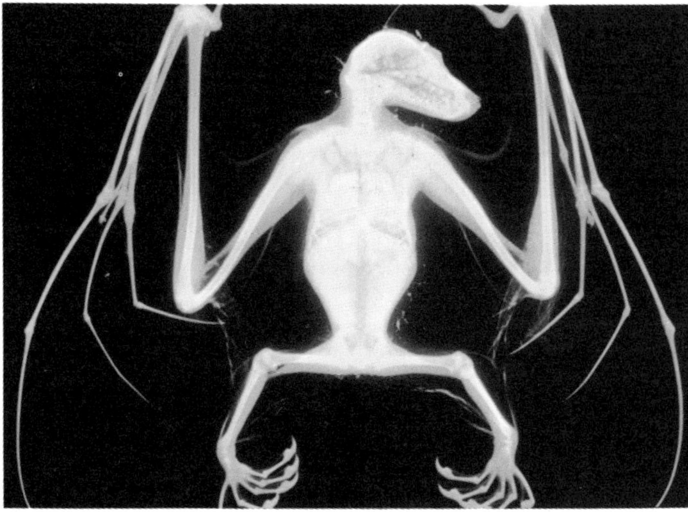

138 **Röntgen-Fotogramm** einer Fledermaus. Foto: Agfa-Gevaert, Leverkusen

genützt, feste Stoffe und Körper zu durchdringen, wobei die Strahlung, je nach dem Atomgewicht (Ordnungszahl [OZ]) der betreffenden Materie, mehr oder weniger absorbiert wird. So bewirkt beispielsweise das Element Kalzium (Ordnungszahl 20), welches ein wesentlicher Bestandteil der Knochensubstanz ist, eine relativ größere Absorption als Muskelgewebe, welches vorwiegend aus Elementen niedriger Ordnungszahlen besteht (Kohlenstoff OZ 6, Stickstoff OZ 7 und Sauerstoff OZ 8). Dieses Gebiet der Analyse animalischer Skelette stellt zugleich den wichtigsten Sektor der Röntgenfotografie dar. Röntgenbilder selbst entstehen in der Art eines → Fotogramms ohne Kamera und Objektiv, quasi als »Schattenbilder« röntgenbestrahlter Körper. Die Röntgenfotografie, die sich die direkte Wirkung von Röntgenstrahlen auf lichtempfindliche Emulsionen zunutze macht, ist von der Röntgenschirmbild-Fotografie zu unterscheiden, die sich eines elektronischen Röntgen-Bildwandlers bedient, dessen Leuchtschirmbild einfach abfotografiert wird.

Röntgen-Fotogramm Im Bereich der → Foto-Grafik und des → Foto-Design werden Röntgenaufnahmen, die meist für spezielle Aufgaben angefertigt werden, gestalterisch ausgewertet (Abb. 138). Ausgangspunkt ist die normale Röntgenaufnahme eines Gegenstandes, einer Pflanze oder eines Tieres. Die einfachste Methode fotografischer Veränderung ist eine Umsetzung des amorphen Halbtonbildes in eine harte Strichzeichnung. Doch sie allein wird nur in wenigen Fällen optisch attraktiv sein. Häufiger praktiziert wird eine kopiertechnische Selektion der Halbtöne auf dem Wege der → Tontrennung, vor allem die Umsetzung in → Äquidensiten. Mit Hilfe der chromogenen → Entwicklung können diese Teilbilder in Farbe angelegt und wieder übereinanderkopiert oder als → Sandwich montiert werden. Auf solche Weise erfährt das Röntgen-Fotogramm nicht nur eine ästhetische Aufwertung, sondern womöglich einen Informationsgewinn, der durch Betonung bildwichtiger Details mit Hilfe unterschiedlicher Farben erzielt wird.

Rotations-Entwicklung Zum Entwickeln von Filmen und Fotopapieren unterschiedlicher Formate (bei Papier von 13 x 18 cm bis 50 x 60 cm) können auch Rotations-Entwicklungsgeräte verwendet werden, bei denen das Entwicklungsgut entweder in einem Rohr oder außen auf einer Trommel oder auch auf einem Rotor angebracht wird (Abb. 139b). Am gebräuchlichsten sind Entwicklungsrohre, in die – je nach Format – ein oder mehrere Blatt Fotopapier mit der Schichtseite nach innen und leicht gerollt eingelegt werden (Abb. 139a). Das Einfüllen des temperierten Entwicklers und die gesamte Verarbeitung kann nun, da das Rohr lichtdicht verschlossen ist, bei Tageslicht erfolgen. Die einfachste Form der Rotations-Entwicklung ist die manuelle Bewegung des Entwicklungsrohres, das auf dem Labortisch möglichst gleichmäßig hin und hergerollt wird. Es gibt allerdings auch Anlagen, bei denen das Rohr über einen elektrischen Friktionsantrieb mit Umpolschaltwerk motorisch bewegt wird, wodurch ein gleichmäßiger Bewegungsrhythmus erreicht wird. Die Rotations-Entwicklung ist, im Vergleich zur konservativen Schalenentwicklung, besonders rationell, denn der Chemikalienverbrauch ist – bedingt durch das Konstruktionsprinzip – verhältnismäßig gering. So werden z. B. für eine 50 x 60-cm-Vergrößerung lediglich ca. 450 ccm Entwicklerflüssigkeit benötigt. Im Zusammenwirken mit neuen Schnellprozessen trägt die Trommelentwicklung wesentlich zur Verkürzung der Verarbeitungszeiten bei. In modernen Rotations-Entwicklungsmaschinen erfolgt die Temperaturkonstanthaltung in einem ge-

a

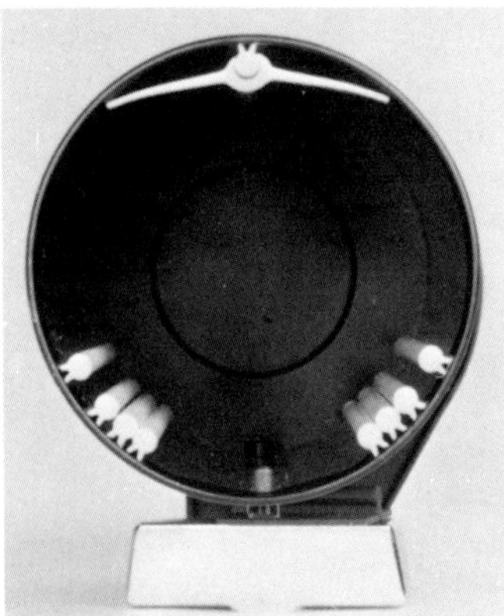

139 **Rotations-Entwicklung.** a) Blick in eine Entwicklungstrommel. Foto: Teufel, Stuttgart – b) Rotations-Entwicklungsgerät. Foto: JOBO-WF

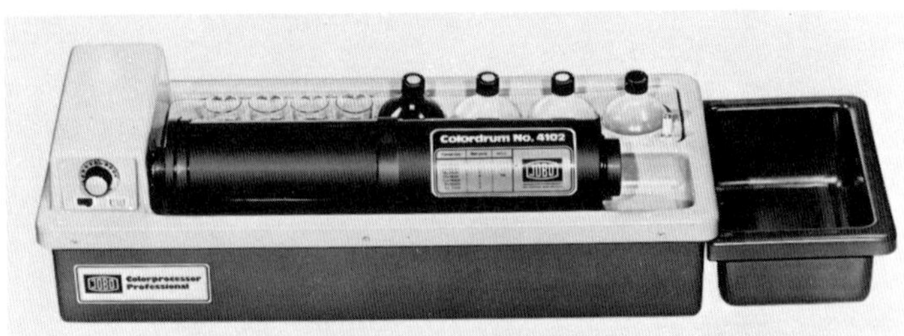

b

schlossenen Behälter durch eine Umluftheizung – neuerdings bei relativ hohen Verarbeitungstemperaturen auch mit Hilfe eines Wassermantelbades.

Rückprojektion → Dia-Projektion, die von hinten durch eine transparente Projektionsfläche erfolgt. Betrachter und Projektor befinden sich auf entgegengesetzten Seiten der Projektionsfläche. Diese Technik wird meist bei besonderen räumlichen Verhältnissen angewendet oder im Fotoatelier zum Zweck der → Hintergrundprojektion (vgl. Abb. 78). In all diesen Fällen sind stark durchscheinende Bildwände erforderlich, die in ihrer Wirkung einer »brillanten« Mattscheibe gleichkommen. Während die Rückpro, wie sie im Fachjargon heißt, bei → Tonbildschau und → Multivision nach wie vor mit Erfolg praktiziert wird, mußte sie im Bereich der Hintergrundprojektion mehr und mehr den wesentlich lichtstärkeren Frontprojektionseinrichtungen weichen.

Runzelkorn Eine etwas irreführende Bezeichnung für eine »Retikulation« (Netzbildung), d. h. eine Veränderung (Schrumpfprozeß) der fotografischen Gelatineschicht zu einer sich über das ganze Negativ ausbreitenden netzartigen und erhabenen Struktur. Es ist nicht das → Korn, das »runzelt«, sondern die Emulsion, die durch ein zu warmes Entwicklerbad oder eine zu warme Wässerung (meist durch ein Warm-Kalt-Wechselbad) hervorgerufen wird. Manchmal runzelt die Schicht bei zu schnellem, d. h. zu warmem Trocknen eines Films. Der dabei entstehende Effekt gilt unter Fotografen nicht nur als Panne. Er wird manchmal absichtlich herbeigeführt und für die Gestaltung eines Bildes genützt. Das Runzelkorn wird in dem Fall allerdings besser auf einem separaten, unbelichtet entwickelten Negativfilm herbeigeführt, in der Art eines → Sandwich (Schicht gegen Schicht) über das Original montiert und dann erst aufbelichtet. Auf diese Weise wird das Originalnegativ nicht zerstört.

Sabatier-Effekt → Pseudosolarisation

Sachaufnahme Die Sachaufnahme, d. h. die Fotografie von Gegenständen in den Bereichen der Dokumentation, Werbung und Industrieaufnahme (Abb. 140, 141) wird auch heute noch zu einem wesentlichen Teil von der Großbildtechnik bestritten. Der Grund dafür liegt in der Notwendigkeit einer perspektivisch einwandfreien Wiedergabe der Gegenstände. Diese kann mit den Verstellmöglichkeiten moderner → Großbildkameras souverän gemeistert werden. Zweifellos werden Werbeaufnahmen in der Absicht gestaltet, bestimmte Eigenschaften oder Vorzüge des Gegenstandes, auch seine formale Schönheit, vordergründig zu betonen,

140 **Sachaufnahme.** Preisgekrönt im Wettbewerb »Silber im Foto« 1977. Foto: Hansi Müller-Schorp, Leinfelden-Echterdingen

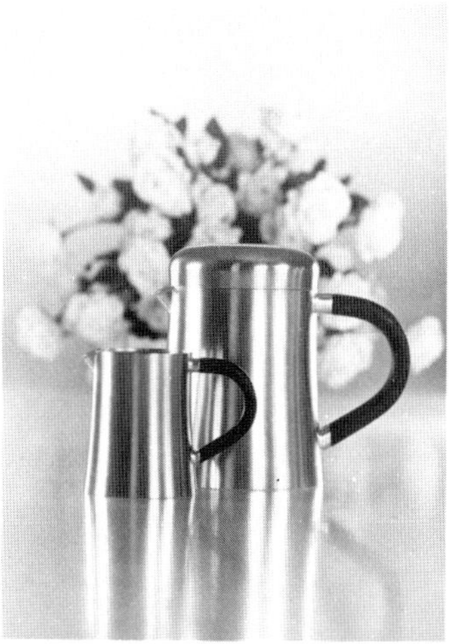

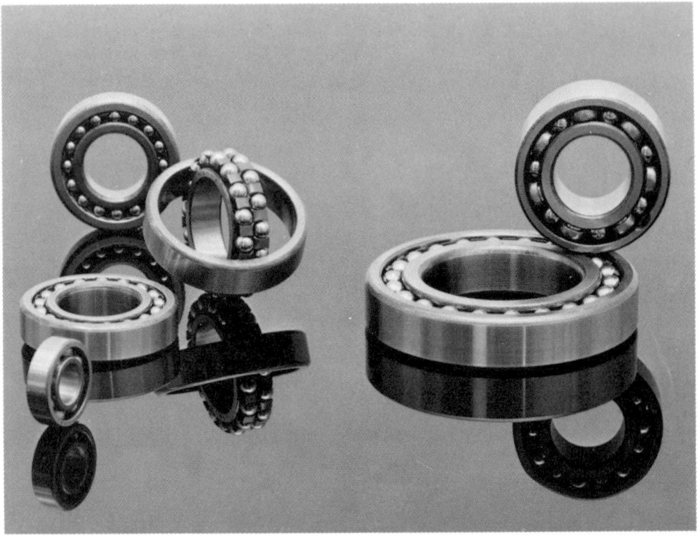

141 **Sachaufnahme.** Foto: Hansi Müller-Schorp, Leinfelden-Echterdingen

andere Gesichtspunkte womöglich zu vernachlässigen. Dieser Absicht dienen das Arrangement des Motivs, die Gestaltung des Vorder- und Hintergrundes und die gezielte Wahl der Farben. Andere Prioritäten müssen dagegen bei der dokumentarischen Aufnahme gesetzt werden, beispielsweise wenn es um die Wiedergabe von archäologischen Funden geht. In dem Fall steht die reine Sachinformation, die möglichst ausführliche und detailreiche Wiedergabe des Objektes, z. B. der Form und Materialstruktur, im Vordergrund.

Sammellinse Bikonvexe oder konavkonvexe → Linsen (Abb. 97), deren Dicke in der Linsenmitte stets größer ist als an der Peripherie, sind geeignet, von einem Objektpunkt ausgehende (divergierende) Lichtstrahlen zu sammeln und in einem Bildpunkt zu vereinigen. Aus Unendlich kommende achsenparallele Strahlen konvergieren im Brennpunkt (einfaches Beispiel: Lupe). Umgekehrt werden die Strahlen, die von einer im Brennpunkt befindlichen punktförmigen Lichtquelle ausgehen, parallel ausgerichtet (Prinzip der → Kondensoren). In Objektiven sind mehrere Sammel- und → Zerstreuungslinsen zu einem Linsen-System vereinigt, das in seiner Gesamtwirkung jedoch wiederum sammelnde Eigenschaften hat.

Sandwich-Montage Meist sind es Farbdiapositive, die auf einem Leuchttisch Schicht gegen Schicht (wegen der Schärfe!) in einem Dia-Rähmchen zum »Sandwich« montiert werden. Erwartet der Fotograf mehr als Zufallsergebnisse, so wählt er nur Motive, die speziell für die Sandwich-Montage (evtl. nach Skizze) fotografiert sind, deren Farbe, Struktur und Inhalt sich sinnvoll ergänzen (Farbabb. 14). Nichts darf dem Zufall überlassen bleiben. Gestalterisch gelten nahezu die gleichen Gesetze wie für die → Doppelbelichtung. Der Unterschied liegt in der Aufnahmetechnik. Während für eine Doppelbelichtung beide Aufnahmen unterbelichtet werden, weil die Summe beider Belichtungen auf ein und denselben Filmabschnitt gelangt, müssen Sandwich-Aufnahmen, wenn es Diapositive sind, leicht überbelichtet werden (auf Erhaltung feiner Töne und Lichter achten). Durch die Überbelichtung entstehen Dias von geringerer Dichte, die erst durch die Montage eine projektionsfähige Normaldichte erreichen. Ein Trend zur Unterbelichtung bei der Berechnung des Gesamtergebnisses für beide Aufnahmen ist vorteilhafter als eine Belichtung mit umgekehrter Tendenz. In der Anwendung der Farbe gilt es, sparsam zu sein. Notfalls läßt sich ein Farbton durch Hinzufügen einer zarten Filterfolie (in der Montage) verstärken oder verändern. Besonders effektvoll können fotografische Sandwiches sein, in denen ein Farbdiapositiv mit einem Schwarzweißnegativ kombiniert wird. Dieses wird meist zur Betonung linearer Formen benützt, wofür sich ein durch Umkopieren erzieltes Strichbild gut eignet.

Satellitenblitz Die Ausrüstung im modernen Blitzlichtstudio besteht fast immer aus einer ganzen Anzahl von Blitzleuchten, die gleichzeitig ausgelöst werden können und müssen. Das ist sowohl durch eine Verbindung der Leuchten untereinander und mit der Kamera durch Synchronkabel möglich, oder auch durch den Einsatz von Satellitenblitzen, welche »drahtlos« durch das Licht des Hauptblitzes ausgelöst werden. Satellitenblitze sind mit Selenzellen verbunden, die das vom zuerst gezündeten Blitz kommende Licht unmittelbar in Zündstrom für die angeschlossenen Blitzgeräte umwandeln und diese dadurch auslösen.

Schadographie Es waren die Züricher Dadaisten, welche die von dem süddeutschen Maler Christian Schad (geb. 1894) ausgeführten Experimente kameraloser Fotografie als »Schadographien« bezeichneten. Im Grunde waren es → Fotogramme, die Schad bereits 1918 anfertigte, indem er Gegenstände, auch Papierschablonen, auf lichtempfindlichen Fotopapieren kompositorisch anordnete und aufbelichtete. Dabei entstanden schattenrißartige Gebilde, hell auf dunklem Grund. Wenige Jahre später, 1922, schuf Man Ray (1890–1977) die ersten → Rayogramme, ohne von den Arbeiten Schads zu wissen. Während jedoch Schad in erster Linie zweidimensionale Elemente wie Häkelmuster, flache Gegenstände und Zeitungsausrisse etc. verwendete, waren es beim Rayogramm vorzugsweise dreidimensionale Objekte: Gläser, Kugeln, Ringe, Hände etc.

Schalen-Entwicklung Konventionelles Verfahren der Papierentwicklung, das vor allem in der Schwarzweiß-Verarbeitung praktiziert wird, da es hier die Entwicklung nach Sicht ermöglicht. (In der Farbpapierverarbeitung wird neuerdings die → Rotations-Entwicklung bevorzugt.) Die flachen Schalen werden in genormten Größen gefertigt, die denen der Fotopapiere entsprechen. Sie bestehen aus säurefestem Kunststoff oder aus Edelstahl. Die erforderlichen Bädertemperaturen können entweder durch entsprechende Raumtemperatur oder durch Verwendung spezieller Temperiergeräte mit Thermostaten konstant gehalten werden.

Scharfeinstellung (Fokussierung) Zur Scharfeinstellung des Kameraobjektivs auf ein bestimmtes Motiv bedient man sich der unterschiedlichsten Scharfeinstellhilfen. Bei der einfachen Sucherkamera ist es die Entfernungsskala, die auf die geschätzte (oder gemessene) Entfernung von der Kamera zum Motiv eingestellt wird, bei der → Meßsucherkamera ein optischer → Entfernungsmesser und bei der → Spiegelreflex- und → Großbildkamera die → Mattscheibe. Bei Spiegelreflexkameras kann diese zusätzlich mit einem → Schnittbild-Indikator oder einem → Mikroprismenraster kombiniert sein. Zur Präzisierung der Scharfeinstellung von Vergrößerungsgeräten und Projektoren auf die jeweilige Projektionsfläche gibt es spezielle → Test-Negative bzw. -Diapositive. Für die Scharfeinstellung des Vergrößerungsobjektivs auf das Korn (zuverlässigste Methode) eines Bildes werden Einstellupen angeboten.

Schärfentiefe Als Schärfentiefe (weniger exakt Tiefenschärfe) bezeichnet man jenen Bereich der Schärfenausdehnung vor und hinter der Einstellebene des Objektivs, der noch ausreichend scharf abgebildet wird. Der Objektpunkt, auf den man das Objektiv fokussiert, wird, entsprechend dem → Auflösungsvermögen von Objektiv und Film, maximal scharf abgebildet; der Objektpunkt liegt dann in der Schärfenebene. Punkte vor und hinter dieser Schärfenebene werden mehr und mehr als Scheibchen abgebildet. Sie erscheinen (selbst nach der Vergrößerung) dem menschlichen Auge noch so lange als Punkt, bis sie eine bestimmte Größenordnung überschreiten, jene Größe, die man als eben noch zulässigen → Zerstreuungskreis-Durchmesser bezeichnet. Dieser wird dadurch bestimmt, daß das menschliche Auge Details, die es unter einem kleineren Sehwinkel als 50 bis 90 Bogensekunden erblickt, nicht mehr unterscheiden (auflösen) kann. Als noch scharf wird ein Zerstreuungskreis-Durchmesser von 0,03 mm für das Kleinbildformat und 0,05 mm für 6 x 6 cm angesehen. Mit der Verringerung des Blendendurchmessers des Objektivs verkleinert sich gleichzeitig der Zerstreuungskreis-Durchmesser. Dadurch werden Punkte außerhalb der Schärfenebene als zunehmend kleinere Zerstreuungsscheibchen abgebildet, d. h. sie erreichen irgendwann das Stadium, in dem sie als Punkt gelten können, sie werden »scharf« abgebildet. Dies erklärt, weshalb die Schärfentiefe beim → Abblenden zunimmt (Abb. 142). Außerdem ist die Schärfentiefe von Brennweite und Aufnahmeentfernung abhängig. So ist z. B. die relative Schärfentiefe bei langen Brennweiten und kleinen Aufnahmeentfernungen geringer als bei kurzen Brennweiten und großer Aufnahmeentfernung. An den meisten Objektiven lassen sich die von Blende und Aufnahmeentfernung abhängigen Schärfentiefenbereiche an einem Schärfentiefenring ablesen.

Schattenaufhellung → Aufhellung

Schattenzeichnung Bei kontrastreichen Beleuchtungssituationen mit tiefen Schlagschatten besteht sowohl bei Schwarzweiß- wie bei Farbaufnahmen die Gefahr, daß entweder nur die Lichter oder nur die Schatten differenziert, d. h. durchgezeichnet wiedergegeben werden: Der Belichtungsumfang des Films ist nicht groß genug, derart starke Motivkontraste zu verarbeiten. Um den Film nicht überzubelichten, wird in solchen Situationen oft auf die Schattenzeichnung ganz verzichtet. Im Fotoatelier treten derartige Beleuchtungskontraste nur selten auf. Die Schatten werden dort meist durch geeignete → Reflexionsflächen oder Zusatzlichtquellen aufgehellt (→ Aufhellung). Bei Aufnahmen im Freien nützt ein Aufhellblitz. Besonders wichtig ist die Schattenzeichnung bei → Gegenlichtaufnahmen. Man ist hier eher geneigt, eine partielle Überbelichtung oder Überstrahlung in Kauf zu nehmen. Jedoch selbst bei optimalen Belichtungen auf die Schatten kann deren Zeichnung durch eine falsche Entwicklung der Filme verloren gehen: Unterentwicklung von Negativfilmen bzw. Überentwicklung von Fotopapieren führen u. U. zu mangelhaft durchgezeichneten

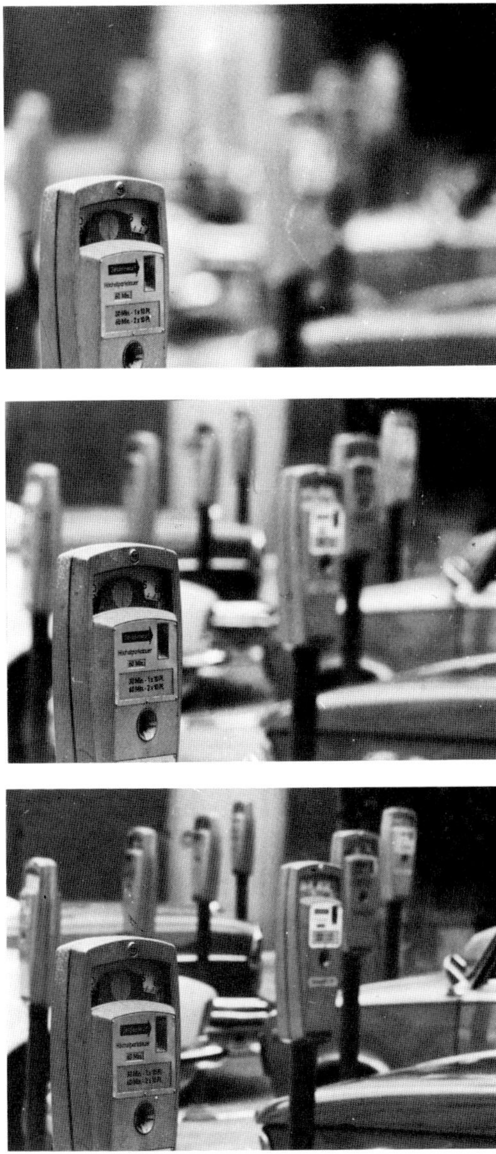

a

b

c

142 **Schärfentiefe.** Vergleich: Einwirkung der Blende auf die Schärfentiefe. Drei Aufnahmen, vom gleichen Standort aus mit dem 180-mm-Objektiv an der Kleinbildkamera aufgenommen: a) Blende 2,8 – b) Blende 8 – c) Blende 16. Fotos: Hugo Schöttle, Würzbach

Schatten. Spezielle → Ausgleichs- oder → Zweistufenentwickler sind geeignet, die Schattenzeichnung bei kontrastreichen Negativen zu verbessern.

Schicht → Emulsion

Schichtträger Die sehr dünnen und empfindlichen fotografischen → Emulsionen werden auf eine Trägerschicht aufgegossen, welche dem Filmmaterial hohe mechanische Festigkeit verleiht. Sie besteht vorwiegend aus Azetylzellulose oder Polyester und ist bei Roll- und Kleinbildfilmen ca. 0,1 mm, bei Planfilmen ca. 0,25 mm stark. Für Spezialzwecke in wissenschaftlichen Bereichen werden wegen ihrer Maßhaltigkeit z. T. noch 1,0 mm bis 2,5 mm dicke Glasträger verwendet. Der Schichtträger von Fotopapieren besteht aus einem relativ dicken Papierfilz, der bei den → PE- bzw. RC-Papieren beidseitig mit Kunststoff beschichtet ist.

Schleierbildung → Grauschleier, → Farbschleier

Schlitzverschluß In das Kameragehäuse integrierter Verschluß, der unmittelbar vor der Filmebene angeordnet ist. Er besteht im wesentlichen aus zwei Rollos (Vorhänge aus elastischen Stoffen oder durch Gelenke miteinander verbundenen Metallstreifen), die in einem bestimmten, wählbaren Abstand zueinander über das gesamte Bildfeld laufen. Hierdurch wird der Film von dem vorüberlaufenden Schlitz sozusagen streifenweise belichtet und nicht auf einmal, wie beim → Zentralverschluß. Die effektive Belichtungszeit, während der das durch das Objektiv fallende Licht auf ein und dieselbe Stelle des Films einwirken kann, wird dabei durch die Schlitzbreite bestimmt. Da es sich um keine gleichförmige, sondern um eine sich beschleunigende Bewegung handelt, muß die Breite des Schlitzes während der Belichtung entsprechend kontinuierlich verändert werden, um eine gleichmäßige Belichtung des gesamten Bildfeldes zu erzielen. Mit dem Schlitzverschluß sind Belichtungszeiten bis zu 1/2000 s möglich. Bei relativ langen Verschlußzeiten (1/125 s bis 1/60 s und länger) wird das Bildfeld kurzzeitig vom ersten Rollo vollständig freigegeben, bevor der Ablauf des zweiten Rollos beginnt und das Bildfeld wieder abgedeckt wird. Nur während dieser »Volloffenzeit« können die extrem kurzen Lichtblitze einer Blitzleuchte auf der ganzen Bildfläche gleichermaßen wirksam werden. Schlitzverschlüsse dieser Art lassen sich also nur für entsprechend lange Belichtungszeiten (bis 1/125 s) mit Blitzlichtgeräten synchronisieren. In diesem Punkt sind Zentralverschlüsse den Schlitzverschlüssen überlegen (Blitzlichtsynchronisation bis zu 1/500 s).

Schnappschußeinstellung Zur Erhöhung der Aufnahmebereitschaft bei aktuellen Ereignissen (Reportagen; vgl. Abb. 143) bedienen sich Fotografen der Schnappschußeinstellung, d. h. Blende und Verschlußzeit (mitunter auch die Entfernungseinstellung) werden so vorprogrammiert, daß sie in bestimmten Augenblicken sofort eingesetzt werden können. Besonders geeignet für die Schnappschußeinstellung sind Objektive kürzerer Brennweite. Sie erfassen ein größeres Aufnahmefeld, bieten einen größeren Schärfentiefenbereich, und die Gefahr des Verwakkelns ist geringer. Beispiel für eine mögliche Schnappschußeinstellung: 35-mm-Objektiv an der Kleinbildkamera (Bildwinkel 63,4°), Blende 11, Entfernungseinstellung auf ›Unendlich‹ (Schärfentiefe von 2 m bis ›Unendlich‹), Belichtungszeit 1/125 s und kürzer, je nach Lichtsituation.

Schneckengang Gewinde im Objektivtubus, das bei der Entfernungseinstellung (Fokussierung) die Verände-

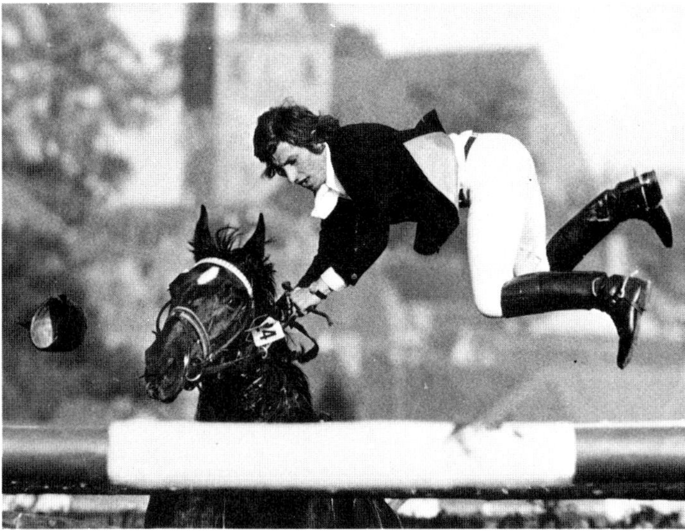

143 **Schnappschußeinstellung.** Preisgekrönte Sportaufnahme bei World Press Photo 1974. Foto: Erich Baumann, Ludwigsburg

rungen des → Auszugs und somit der Bildweite bewirkt. Seine Stabilität ist ein wesentliches Kriterium für die fertigungstechnische Qualität von Objektiven.

Schnellverarbeitungsprozeß Die Forderung nach immer rationellerer Verarbeitung fotografischer Materialien und das Erscheinen von kunststoffbeschichteten Fotopapieren haben zur Entwicklung von Schnellverarbeitungsprozessen geführt, die sich sowohl im professionellen Labor als auch im Heimlabor des Amateurs einsetzen lassen. Praktisch bieten alle Hersteller fotografischer Chemikalien Geräte und Materialien für Schnellverarbeitungsprozesse an, die es ermöglichen, Fotopapiere in Zeiträumen zwischen 1,5 und 4 min zu entwickeln, zu stoppen, zu fixieren, zu wässern und zu trocknen (vgl. Abb. 144). Die entsprechenden Chemikalien sind ebenso für normale Schalenentwicklung wie für den Einsatz in speziellen Durchlauf-Entwicklungsgeräten verwendbar. Auch bei der Schalenverarbeitung dauern die einzelnen Verarbeitungsstufen nur Sekunden: Entwickeln ca. 30 s, Stoppen ca. 5 s, Fixieren ca. 1 min, Wässern

144 **Schnellverarbeitungsprozeß.** Schnellverarbeitungsgerät für Fotopapiere mit gekuppeltem Infrarottrockner. Foto: Agfa-Gevaert, Leverkusen

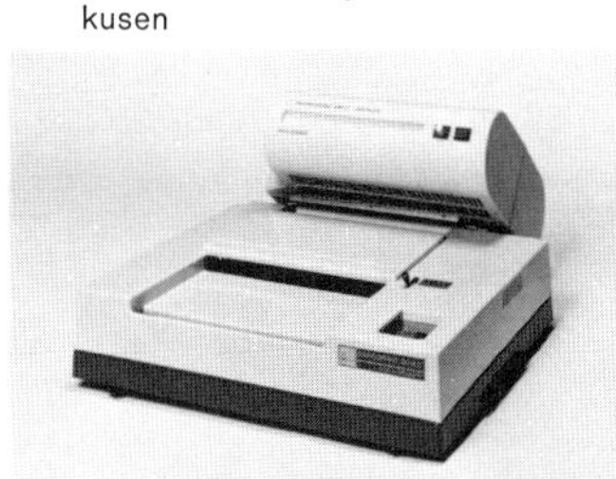

ca. 2 min. Das Trocknen dauert mit entsprechenden → Warmluft- oder → Infrarottrocknern zwischen 30 s und 3 min. Bei den sog. Durchlauf-Entwicklungsgeräten kann ein Bild durch die Intensivierung der einzelnen Verarbeitungsstufen in ca. 100 s. (einschließlich Trocknen) fertiggestellt sein. Neuerdings werden auch für die Farbverarbeitung entsprechende Schnellverarbeitungsprozesse und -geräte eingesetzt.

Schnittbild-Entfernungsmesser → Entfernungsmesser

Schnittbild-Indikator Im Unterschied zum Schnittbild-Entfernungsmesser, der aus zwei getrennten optischen Systemen aufgebaut ist, handelt es sich beim Schnittbild-Indikator um sog. Meßkeile, die in einem bestimmten Winkel zueinander schräg in die Bildfeldlinse (Mattscheibe) des Spiegelreflexsuchers eingebettet sind (Abb. 145, 146). Durch diese Meßkeile wird der periphere Anteil der von einem Objektpunkt kommenden Randstrahlen derart abgelenkt, daß sie sich nicht in einem, sondern in zwei getrennten Bildpunkten auf gegenüberliegenden Seiten vereinigen, solange das Objektiv nicht richtig fokussiert ist. Der Schnittbild-Indikator ist für einäugige → Spiegelreflexkameras in Ergänzung zu Mattscheibe und → Mikroprismenraster eine wertvolle Scharfeinstellhilfe. Allerdings sind die Meßkeile auf die Randstrahlen des Objektivs angewiesen, was bedeutet, daß sie nur bei voll geöffneter Blende zur exakten Entfernungsmessung herangezogen werden können.

Schnittweite Der Abstand vom äußeren Flächenscheitel der Front- bzw. Hinterlinse eines Linsen-Systems (Objektivs) zum Gegenstand bzw. zur Bildebene wird durch die objektseitige (bzw. bildseitige) Schnittweite wiedergegeben (→ Abbildung, Abb. 1). Unter der Schnittweite von Objektiven ist stets die bildseitige Schnittweite zu verstehen.

Schulterstativ Schulterstütze für Kameras, die für die Sport- und Tierfotografie eingesetzt werden. Die Ka-

145 **Schnittbild-Indikator.** Wirkungsweise eines Schnittbild-Indikators (Meßkeile)

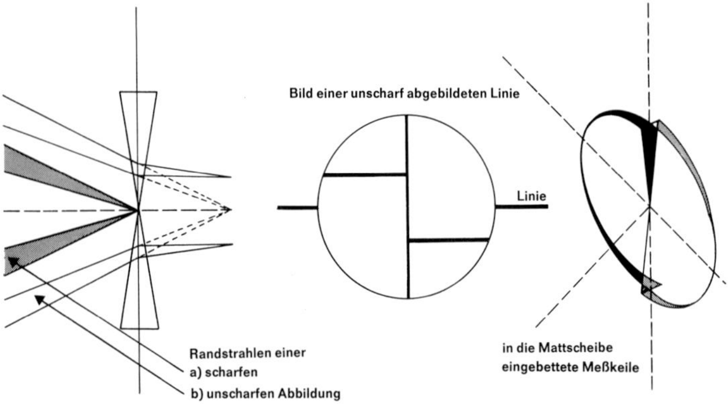

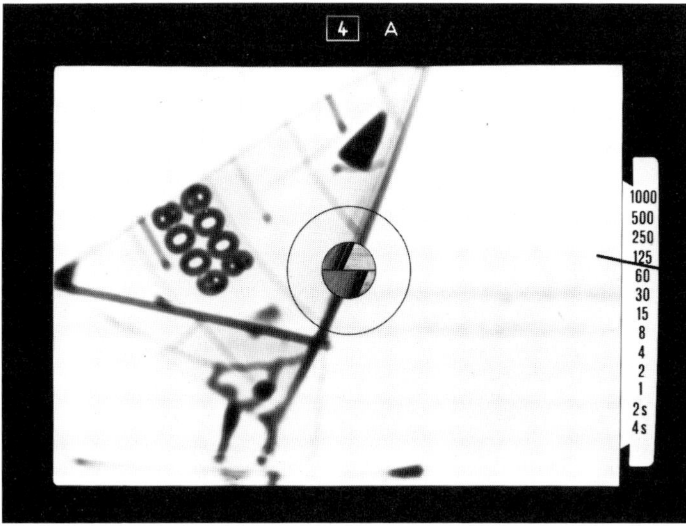

a

146 **Schnittbild-Indikator.** Durch Verstellen des Entfernungseinstellrings werden die seitlich versetzten Schnittlinien (a – Bildmitte) miteinander in Einklang gebracht (b). Der Schärfengewinn ist auch auf dem Mattscheibenbild sichtbar. Fotos: Leitz Wetzlar

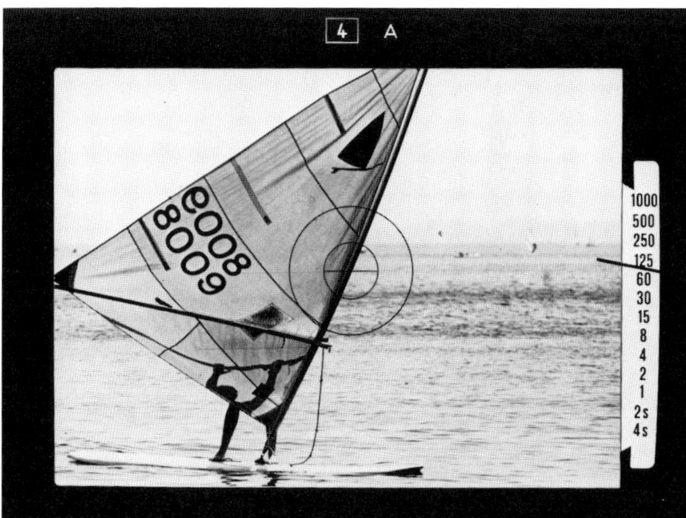

b

mera wird gegen die rechte oder linke (Linkshänder) Schulter abgestützt. Das Schulterstativ ermöglicht, selbst beim Einsatz längster Brennweiten, eine relativ ruhige Kameraführung. Es ermöglicht außerdem eine bessere Kamerahaltung bei Langzeitbelichtungen.

Schwarzfilter → Infrarotfilter

Schwärzung Eine Schwärzung tritt bei der Entwicklung eines latenten Bildes durch Reduktion der → Silberhalogenide zu metallischem Silber an den belichteten Stellen des Negativs auf. Die amorphe Feinverteilung des elementaren Silbers bewirkt eine gleichmäßige Schwärzung. Da Bildsilber im gesamten Spektralbereich des sichtbaren Lichtes nahezu gleichmäßig Strahlung aller Wellenlängen absorbiert, wirkt es für unser menschliches Auge, je nach Dichte, grau (farbneutral) bis schwarz. Deshalb kann bei Schwarzweißfilmen die Schwärzung (der Schwärzungsgrad) der Dichte gleichgesetzt werden.

Schwärzungskurve Die → Schwärzung einer lichtempfindlichen Schicht hängt unmittelbar von der → Filmempfindlichkeit, der Intensität der Belichtung und von der Art der Entwicklung ab. Bei konstanter Filmempfindlichkeit und gleichbleibenden Entwicklungsbedingungen kann die Abhängigkeit der Schwärzung von der Belichtung in einer Schwärzungskurve dargestellt werden. Dazu wird der Logarithmus der Belichtung auf der Abszisse (Belichtungsachse), die Schwärzung (→ Dichte) auf der Ordinate abgetragen (Abb. 147). Die Schwärzungskurve beginnt nicht bei der Dichte null, sondern mit einem waagerechten Abschnitt (Schwellenwert), der für den → Grundschleier charakteristisch ist. Im geraden, ansteigenden Teil der Kurve ist der bildmäßig verwertbare Belichtungsumfang dargestellt. Die Schwärzung erreicht dort, wo sich die Kurve wieder neigt (Schulter), ihren Sättigungswert. Jenseits dieses Sättigungswertes, der von der Gesamtmenge des in der Emulsion enthaltenen Silbers abhängt, kann die Dichte bei weiter zunehmender Belichtung wieder abnehmen, ein Effekt, der in der → Solarisation wirksam wird. Die Steigung des geradlinigen Abschnitts der Schwärzungskurve kennzeichnet die Steilheit (→ Gradation) eines Films oder Fotopapiers.

Schwarzschild-Effekt Sowohl bei Langzeitbelichtungen niedriger Lichtintensität als auch bei extrem kurzzeitigen Belichtungen hoher Intensität können Abweichungen vom Reziprozitätsgesetz (→ Belichtung) auftreten. Diese werden nach ihrem Entdecker, dem Astronomen K. Schwarzschild (1873 bis 1916), benannt. Der Schwarzschild-Effekt zeichnet sich durch eine im Vergleich zur erfolgten Belichtung (Produkt aus Lichtmenge und Zeit) zu geringe Schwärzung der fotografischen Emulsion aus. Dies ist darauf zurückzuführen, daß innerhalb äußerst kurzer Belichtungszeiten (Ultrakurzzeiteffekt) sowie bei geringen Lichtintensitäten nur wenige Silberkeime schnell genug zu entwicklungsfähigen, stabilen Belichtungskomplexen anwachsen, während die kleineren sog. Subkeime in kürzester Zeit wieder zerfallen. Da bei Farbfilmen die einzelnen Farbschichten unterschiedliches Schwarzschild-Verhalten aufweisen, kann es bei extrem langen wie kurzen Belichtungszeiten (Elektronenblitzaufnahme etwa ab 1/1000 s!) zu einer Störung des Farbgleichgewichts, d. h. zu einem → Farbstich kommen, der sich jedoch im Kopierprozeß ohne weiteres ausfiltern läßt.

Schwarzweißfotografie Manche der Erfinder der Fotografie bedauerten es, daß es ihnen nicht gelang, farbige Aufnahmen herzustellen. Lange Zeit wurde dieses Handikap als Mangel der Fotografie betrachtet. Heute, da die überwiegende Zahl der Kamerabesitzer in Farbe fotografiert und das farbige Sofortbild die Massen begeistert, beschränkt

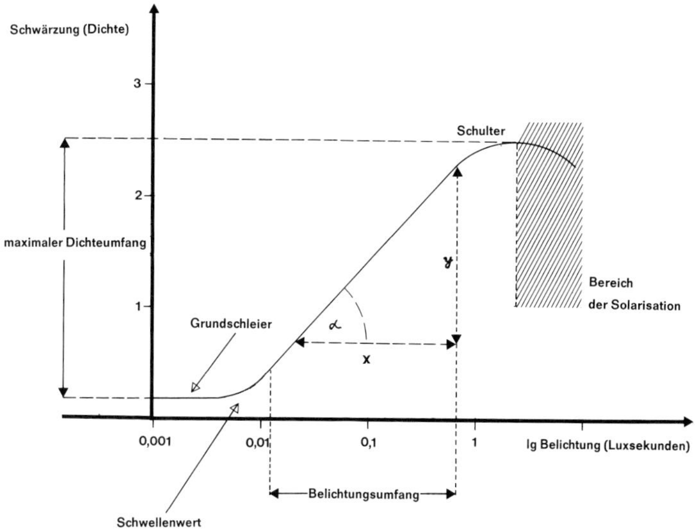

147 **Schwärzungskurve.** Schwärzungskurve, Belichtungsumfang und Dichteumfang

sich die Schwarzweißfotografie im Bereich gestaltender Lichtbildnerei auf den Status eines »Edeldruckverfahrens«. Als solches erfährt es allerdings eine begeisternde Renaissance. Kein Wunder, denn zu keiner Zeit hat es so hervorragende Schwarzweißfilme und -papiere gegeben, für viele Grund genug, dem schwarzweißen Abbild treu zu bleiben, es einmal mehr zur Kunstfotografie zu entwickeln. Zweifelsfrei wird die schwarzweiße Fotografie ihre Sonderstellung auch künftig behalten. Doch gibt es andere Gebiete praktischer Anwendung, in denen das Schwarzweißbild seine Überlegenheit behielt. Es sind dies die Bereiche der Dokumentation und Information. Nach wie vor läßt die »farbige« Tageszeitung auf sich warten, nach wie vor spielt Schwarzweißfotografie in Technik, Wissenschaft und Forschung eine überragende Rolle: in der Mikroskopie, Röntgenologie, Thermographie, Meteorologie, in vielen industriellen Kopier- und Fertigungstechniken. Ihr Vorteil liegt in der raschen, zuverlässigen Verarbeitung, in der extrem hohen Präzision der Wiedergabe und Kopierfähigkeit, nicht zuletzt in ihrer Wirtschaftlichkeit.

Schwarzweißlabor → Fotolabor

Schwefeltonung → Tonen

Sehwinkel (vgl. Abb. 148) Man betrachtet einen Gegenstand unter eben dem Sehwinkel, den *die* Sehstrahlen (die ins Auge fallenden Lichtstrahlen) einschließen, die von den äußersten Begrenzungspunkten des Objektes ausgehen. Der größte deutliche Sehwinkel, unter dem das menschliche Auge gerade noch in der Lage ist, einen Gegenstand in seiner vollen Ausdehnung scharf zu erfassen, beträgt etwa 45°. Ihm ent-

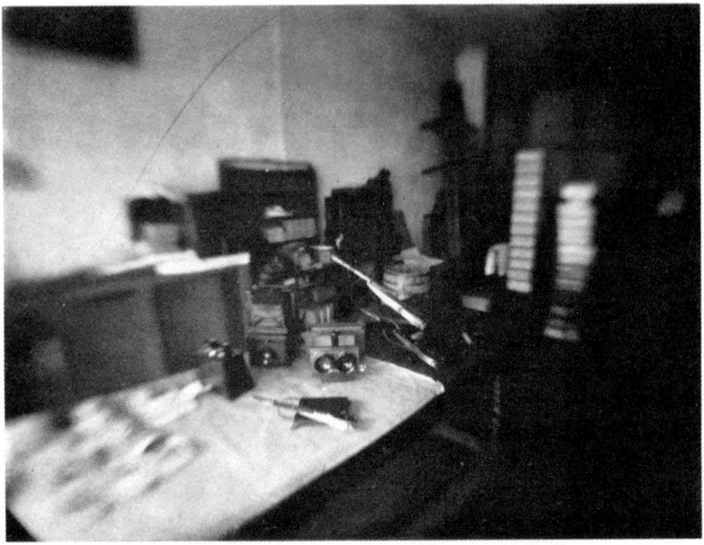

148 **Sehwinkel.** Veranschaulichung der Schärfen- und Unschärfenzonen des Netzhautbildes bei ruhig auf die Mitte des Raumes eingestelltem Auge. Aus: Karl von Schintling, Kunst und Photographie. Berlin 1927

spricht in etwa der Bildwinkel von → Normalobjektiven.

Seidenraster Gewebeartig geprägte Oberfläche von Fotopapieren mit feinem, mattglänzendem Charakter. Seidenrasterpapiere werden vorwiegend dann eingesetzt, wenn eine grobe Kornstruktur zurückgedrängt werden soll (→ Korndämpfung auf Kosten der Schärfe). Als Druckvorlage sind sie, wegen der allgemein beeinträchtigten Bildschärfe, professionell nur bedingt zu gebrauchen.

Selbstauslöser Die meisten Kameras besitzen ein mechanisches Vorlaufwerk, welches nach Ablauf einer bestimmten Zeit (ca. 10 s) selbsttätig den Verschluß der Kamera auslöst. Der Selbstauslöser ermöglicht Selbstporträts oder Gruppenaufnahmen, bei denen der Fotograf mit ins Bildfeld gelangen möchte. Bei Langzeitbelichtungen (1/15 s und länger) kann durch indirektes Auslösen über das Vorlaufwerk (anstelle des Drahtauslösers) ein Verwackeln durch die Auslösebewegung des Fingers vermieden werden.

Selbstporträt Um sich selbst zu porträtieren, stehen dem Fotografen im wesentlichen zwei Hilfsmittel zur Verfügung: zum einen der → Selbstauslöser der Kamera, zum anderen ein gewöhnlicher Spiegel. In der Regel wird von letzterem Gebrauch gemacht, denn beim gespiegelten Selbstporträt hat der Fotograf die Möglichkeit, sich selbst, d. h. Haltung und Gesichtszüge während der Aufnahme zu kontrollieren. Es braucht nicht unbedingt ein Nachteil zu sein, daß bei Spiegelaufnahmen die Kamera mit aufs Bild gelangt. Fotografen, die sich selbst als

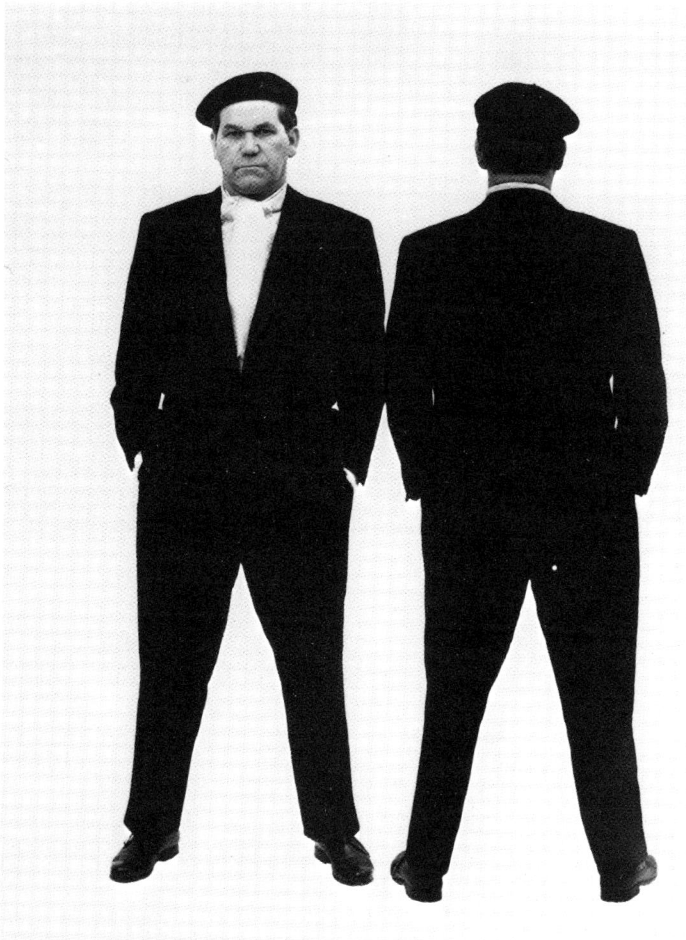

149 **Selbstporträt.** Doppelbelichtung. Foto: Willi Moegle, Leinfelden-Echterdingen

solche charakterisieren möchten, kann dies nur gelegen sein. Ob man das spiegelbildliche, also seitenverkehrte Abbild seiner selbst beim Kopieren nochmals kontert, bleibt jedermanns Geschmack überlassen. Eine Doppelbelichtung, wie sie das Selbstporträt (Abb. 149) zeigt, besticht nicht nur durch Originalität des Einfalls, sondern verrät einiges mehr über die Persönlichkeit des Fotografen. Typische → Simultanporträts, wie das in Abb. 150 gezeigte, sind ohne Assistenz wohl schwer zu realisieren.

Selektive Belichtungsmessung → Belichtungsmesser

Selektive Entwicklung Um bei der Entwicklung von belichteten Fotopapieren bestimmte Bildpartien zu intensivieren, können diese selektiv entwickelt werden. Durch Reiben mit dem Finger oder Handballen wird die betreffende Stelle leicht erwärmt und dadurch die Entwicklung beschleunigt. Da bei Negativmaterial keine selektive Entwicklung möglich ist, können hier einzelne Bildstellen nur durch chemische Beeinflussung (→ Verstärker) hervorgehoben werden.

Selentonung → Tonen

Selenzelle → Photoelement

Sensibilisierung Da die lichtempfindlichen → Silberhalogenide einer fotografischen Emulsion nur die blauen und ultravioletten Spektralanteile des Lichtes absorbieren, müssen den Schichten, die für das ganze Farbenspektrum gleichermaßen empfindlich gemacht (»sensibilisiert«) werden sollen, entsprechende Sensibilisatoren hinzugefügt werden. Das sind chemische Stoffe, die das Licht in den betreffenden Spektralbereichen absorbieren und die dadurch aufgenommene Energie auf die Silberhalogenide übertragen, wodurch diese entwicklungsfähig werden. Die daraus resultierende → Farbempfindlichkeit wird in den sog. Farbempfindlichkeitskurven (vgl. Abb. 46) dargestellt. Da die Sensibilisatoren nur in einem begrenzten Wellenlängenbereich absorptionsfähig sind, müssen, je nachdem, um welchen Filmtyp es sich handelt, der Emulsion mehrere und ganz bestimmte Sensibilisatoren zugesetzt werden.

Sensitometrie Während sich die Sensitometrie zu Beginn des Jahrhunderts noch auf die vergleichende »Empfindlichkeitsmessung« (wörtliche Übersetzung) fotografischer Materialien beschränkte, ist sie heute eine eigenständige Wissenschaft, deren Aufgabe es ist, die Auswirkung von Belichtung und Entwicklung auf lichtempfindliche Emulsionen zu erforschen und Maßstäbe für die Charakterisierung ihrer fotografischen Eigenschaften zu finden. Sie ist außerdem die geeignetste Möglichkeit für die Hersteller zur Prüfung und ständigen Kontrolle von Qualität und Haltbarkeit der von ihnen produzierten fotografischen Materialien.

Serigraphie → Siebdruck

Sequenz → Fotosequenz

Servoblitz → Satellitenblitz

Sichtentwicklung Eine spezielle Entwicklungsmethode, die nur für die Verarbeitung von Schwarzweißfilmen geeignet ist. Sie wird dann praktiziert, wenn ein Film bei schlechten, nicht kontrollierbaren Lichtsituationen eingesetzt wurde und Ungewißheit herrscht über die Intensität seiner Belichtung. Zunächst wird der Film in völliger Dunkelheit 3 min bis 5 min anentwickelt. Dann ist das Silberbild so weit ausgebildet, daß selbst hochempfindliche Filme bei der Begutachtung unter einer dunkelgrünen Dunkelkammerleuchte keinen Schleier mehr bilden. In Abständen von 2 min wird die Kontrolle wiederholt, bis die richtige Negativdichte erreicht ist. Bei der Kontrolle der fortschreitenden Entwicklung muß berücksichtigt werden, daß der Film dem Auge dichter erscheint, als er in Wirklichkeit ist. Die richtige Beurteilung ist eine Frage praktischer Erfahrung.

Siebdruck Das auch als Serigraphie bezeichnete Druckverfahren findet für den ein- und mehrfarbigen Druck kleiner Auflagen auch in der Fotografie Anwendung. Als Druckform dient das in einen schwenkbaren Rahmen gespannte, feinmaschige Gewebe aus Metall, Nylon oder Kunstseide. Dieses »Sieb« wird vor dem Druck an den bildfreien Stellen durch Schablonen abgedeckt. Die Druckfarbe wird mit einem Rakel auf die offenen Stellen des Siebes und von dort auf das Papier übertragen. Durch vielfache Verbesserung der Drucktechnik (vor allem der Siebe) wurde es möglich, auch fotografische Halbtonbilder mit einer Feinheit zu drucken, die einem 75er, ja 125er Druckraster entspricht. Typisch für den Siebdruck ist die stark auftragende Farbe (ähnlich dem Stahlstich). Er eignet sich hervorragend für die Reproduktion von Gemälden sowie zur Herstellung von Foto-Grafiken, Plakaten und Kalenderblättern.

Silberfarbbleichverfahren Ein Farbpositivverfahren, dessen Prinzip nicht die chromogene (farbaufbauende) → Entwicklung ist, sondern eine chromolytische (farbauflösende). Im Gegensatz zum gewöhnlichen Mehrschichtenfarbfilm, der die farblosen Vorstufen (→ Farbkuppler) der später in der Entwicklung entstehenden Farbstoffe enthält, sind in den komplementär sensibilisierten Schichten jener für das Silberfarbbleichverfahren geeigneten Filme und Fotopapiere bereits die kompletten Farbstoffe eingebettet. Diese Farbstoffe werden bei der Verarbeitung des belichteten Films entsprechend der Schwärzungsintensität des zuvor entwickelten und fixierten Negativ-Silberbildes in der jeweiligen Farbschicht zusammen mit dem Bildsilber ausgebleicht (abgebaut). An den Stellen, an denen das Silber gebleicht (oxidiert) wird, reduziert der Farbstoff gleichzeitig zu einer farblosen Verbindung. Der übrigbleibende Farbstoffanteil ergibt nach dem Ausfixieren in Ergänzung zum ausgebleichten Negativ ein positives Farbbild. Da diese speziellen Fotomaterialien in drei übereinanderliegenden Schichten alle zum Bildaufbau benötigten Farbstoffe enthalten, erscheinen sie in unbelichtetem Zustand schwarz. Die sich daraus ergebende niedrige Empfindlichkeit der Farbmaterialien läßt die Verwendung des Silberfarbbleichverfahrens nur für Kopierprozesse zu (→ Dia-Direktverfahren). Andererseits wird durch das Absorptionsvermögen der Farbstoffe, die zudem farbecht und frei von Nebenfarbdichten sind, jegliche → Lichthofbildung unterdrückt. Alle Faktoren ergeben zusammen eine bemerkenswerte Verbesserung der Schärfeleistung und farbliche Brillanz. Das Silberfarbbleichverfahren kann neuerdings selbst in der Amateurdunkelkammer angewandt werden (Cibachrome).

Silberhalogenide Silberhalogenide sind die lichtempfindlichen Silbersalze der Halogenwasserstoffsäuren. Die für die Fotografie wichtigen Silberhalogenide sind Silberchlorid (AgCl), Silberbromid (AgBr) und Silberjodid (AgJ). In fotografischen →Emulsionen führt die photolytische Zersetzung der Silberhalogenide zum Entstehen des latenten Bildes, das seinerseits die chemische Zersetzung (Schwärzung) während des Entwicklungsprozesses katalysiert (fördert). Die Lichtempfindlichkeit der Silbersalze beschränkt sich auf den Bereich des blauen und ultravioletten (aktinischen) Lichts. Deshalb sind den Emulsionen sog. Sensibilisatoren (»Empfindlichmacher«) beigefügt, chemische Verbindungen, die durch die Absorption längerwelligen Lichts die Photolyse auch in diesen Spektralbereichen ermöglichen. (→ Entwicklung, → Korn)

Silbermaske (Graumaske) Um die → Gradation belichteter Farbnegativfilme im Nachhinein noch beeinflussen zu können, werden Silbermasken nach dem Originalnegativ hergestellt, die je nachdem, ob sie zu einem Positiv oder Negativ entwickelt werden, das Gamma (→ Gammawert) des Farbfilms unterschiedlich verändern. Gleichzeitig wird durch die Erhöhung der Gesamtdichte die → Farbsättigung, d. h. die Brillanz der im späteren positiven Farbabzug resultierenden Farben gesteigert. Die Silbermasken werden im Kontakt mit dem Original auf panchromatischen Schwarzweiß-Negativfilm kopiert und später mit diesem deckungsgleich übereinandermontiert. Ebenso können Silbermasken beim → Duplizieren von Farbdiapositiven auf gewöhnlichen → Farbumkehrfilm einer Kontraststeigerung entgegenwirken, die sich als Folge der steilen Gradation des Farbumkehrfilms ergeben würde. Selbstverständlich dürfen Silbermasken nur eine sehr flache Gradation und geringe Dichte aufweisen, da sie ansonsten die Kontraste des Originalbildes zu sehr verändern würden. Bei überbelichteten Diapositiven mit »ausgefressenen« Lichtern kann eine geeignete Silbermaske, mit dem Diapositiv zusammenmontiert, in eben diesen Lichtern ein gewisses Maß »Zeichnung« vortäuschen.

Silhouette Im direkten oder streifenden Gegenlicht mit leichter Unterbelichtung fotografiert, können Motive zur Silhouette werden. Die plastische Wirkung derartiger Bilder ist, infolge des hohen Helldunkelkontrasts zwischen der zeichnungslosen, homogen dunklen oder schwarzen Silhouette und dem hellen Hintergrund, sehr groß. Vom Grad der Unterbelichtung hängt es ab, ob in den Schatten noch Details zu erkennen sind (Halbsilhouette), oder ob nur die Umrisse des Motivs bildwirksam werden. Letzteres trifft zu, wenn das Motiv die einzig vorhandene Lichtquelle total verdeckt. In solchen Fällen kann es zu stimmungsvollen Überstrahlungen (Lichtkranz; → Gegenlichtaufnahme, Abb. 69) an den Konturen der Silhouette kommen. Besonders effektvoll wirkt dies z. B. bei Porträt- und Aktaufnahmen im Ganz- bzw. Halbprofil. Häufig werden flächige und massive, z. T. mehr als die Hälfte des Bildraums beanspruchende Vordergrundsilhouetten (z. B. Torbogen oder Baumsilhouette) dazu benützt, die räumliche Tiefe (→ Luftperspektive) stark zu betonen. Bei Farbaufnahmen trägt eine schwarze Silhouette, die das eigentliche Motiv »umrahmt«, zu einer nicht unwesentlichen Steigerung farblicher Brillanz bei.

Simultankontrast → Farbkontrast

Simultanporträt Die Grundidee des Simultanporträts ist der Wunsch, den zu Porträtierenden von »zwei Seiten« zu zeigen. Es handelt sich um eine alte Tricktechnik, die heute, im Zeichen des Farbporträts, in den Fotoateliers wieder mit Erfolg aufgegriffen wird. In den meisten Fällen wird eine größer in den Hintergrund genommene Profilaufnahme mit einer kleineren Frontansicht oder einem Halbprofil ein- und derselben Person (oder eines Paares) kombiniert (Abb. 150). Das kann auf dem Wege der → Doppelbelichtung bei der Aufnahme geschehen oder durch Übereinanderkopieren zweier Negative unter dem → Vergrößerungsgerät. Beide Aufnahmen werden am besten vor einem schwarzen Hintergrund gemacht, auf den selbst kein Licht fallen sollte. Die zuverlässigere Technik ist die Montage unter dem Vergrößerungsgerät. Hier kann der Fotograf mit mehreren, unterschiedlich ausgeleuchteten Varianten der Hintergrund- und Vordergrundversion des Motivs arbeiten. Außerdem lassen sich die Einzelbilder nach Sicht millimetergenau übereinanderkopieren. Wer-

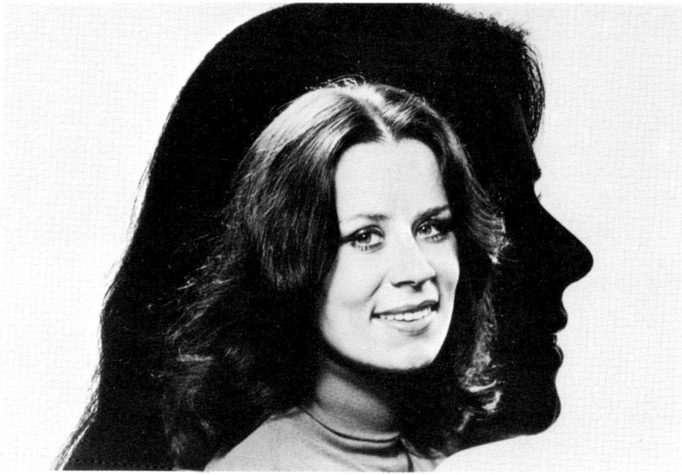

150 **Simultanporträt.** Foto: Julius Behnke, Wetzlar

den zwei Negative im → Sandwich-Verfahren kopiert, müssen sie Schicht gegen Schicht in die Negativbühne eingelegt werden, wodurch eines der beiden Bilder seitenverkehrt erscheint. Meist wird hierfür das Hintergrundprofil verwendet. Wenn es auf originalgetreue Wiedergabe ankommt, muß eines der Motive zweimal umkopiert und dabei gekontert werden.

Skylightfilter Das »Himmelslicht«-Filter wird bei Farbaufnahmen überall dort eingesetzt, wo durch die hohe → Farbtemperatur des Lichts, z. B. bei klarem, blauem Himmel um die Mittagszeit (auch im Schatten), Blaustich droht, ebenso in Bergregionen über 3000 m Höhe und an der See. Das Skylightfilter absorbiert UV-Licht bis etwa 360 nm und ist deshalb auch für Aufnahmen günstig, bei denen Dunst die Fernsicht trübt: Es sorgt durch die Absorption eines großen Streulichtanteils für eine bessere Transparenz und verlagert die Farben in einen etwas wärmeren Bereich (wichtig für Porträtaufnahmen [Hauttöne]).

Sofortbildverfahren Fotografische Aufnahmeverfahren, die unmittelbar nach der Belichtung innerhalb weniger Sekunden oder Minuten ein fertiges, positives Schwarzweiß- oder Farbpapierbild liefern. Das älteste ist das 1947 erfundene Polaroid-Land-Verfahren. Es benötigt etwa 10 s für die Entwicklung eines Schwarzweißbildes, ca. 50 bis 60 s für ein Farbpapierbild (Polacolor). Die Aufnahmen werden mit eigens dafür konstruierten Kameras gemacht, in denen das Bild belichtet und gleich anschließend entwickelt wird. Polaroid-Bilder entstehen nach dem Prinzip des Silbersalzdiffusions-Verfahrens. Der Schwarzweißfilm besteht aus einer Negativschicht, einem Übertragungspapier und einer Kapsel, welche den für die Entwicklung notwendigen Fixierentwickler als Paste enthält. Beim Transportieren bzw. beim Herausziehen des Films aus der Kamera wird die Paste über ein Rollensystem zwischen das belichtete Negativ und das Übertragungspapier gequetscht und dadurch die Entwicklung eingeleitet. Die bei der Negativentwicklung übrigbleibenden Silbersalze werden von dem in der Paste ebenfalls enthaltenen Fixiermittel in lösliche Komplexe überführt, welche in das Übertragungspapier diffundieren und dort an bereits vorhandenem, fein dispersem Silber durch den nachdiffundierenden Entwickler (physikalisch) entwickelt werden: Es entsteht ein positives Bild.

Beim farbigen Polacolor-Bild werden in ähnlicher Weise drei Farbschichten, die für die Spektralbereiche Blau, Grün und Rot sensibilisiert sind, durch die aus den jeweils direkt benachbarten Schichten herandiffundierenden Entwickler-Farbstoffkomplexe zum farbigen Negativ entwickelt. Die dabei nicht verbrauchten Farbstoffe können durch das Negativ hindurch in das Übertragungspapier diffundieren, wo sie durch eine diffusionsfeste Säureschicht stabilisiert werden: Sie ergeben ein positives Farbbild. Sowohl beim Schwarzweiß- als auch beim Farbbild wird die Entwicklung nach einer exakt einzuhaltenden Zeit abgebrochen, indem Negativ und Übertragungspapier auseinandergezogen werden. Dies ist bei dem seit 1975 bekannten Kodak Instant-Verfahren nicht mehr nötig. Die ebenfalls in Spezialkameras belichteten Farbbilder benötigen 8 min zu ihrer vollständigen Ausentwicklung. Sie werden, im Gegensatz zu Polacolor-Bildern, von der Rückseite her belichtet. Die das positive Bild aufbauenden Farbstoffe diffundieren hier vom Negativ aus durch das Übertragungspapier hindurch bis auf dessen Vorderseite. Dort läßt sich die sukzessive Bildentstehung während des ganzen Entwicklungsvorganges beobachten. Die Entwicklerpaste verbleibt in einer dichten Tasche auf der Bildrückseite. Farbabb. 25 zeigt den 19-schichtigen Aufbau eines derartigen Bildes nach erfolgter Belichtung und Entwicklung.

Softlinse → Weichzeichner

Solarisation Aus dem Verlauf der → Schwärzungskurve (vgl. Abb. 147) erkennt man, daß die Schwärzungsdichte beim Überschreiten eines bestimmten Belichtungswerts wieder abnimmt: Es tritt eine Bildumkehr ein. Beobachtet wurde dieses Phänomen erstmals in überbelichteten Aufnahmen, bei denen sich die Sonne im Bildfeld befand. Die Sonnenscheibe zeigte im Negativ eine geringere Deckung als der sie umgebende Himmel, d. h. im Positiv strahlte die dunkle Sonne vom hellen Himmel herab. Nach lat. sol = Sonne wurde diese Erscheinung Solarisation genannt. Über die noch nicht endgültig geklärten Entstehungsursachen gibt es im wesentlichen zwei Theorien. Die Rebromierungs- oder Regressionstheorie besagt, daß bei der Entstehung des → latenten Bildes durch Überbelichtung große Mengen an Halogen freigesetzt werden, die von der Gelatine der → Emulsion nicht restlos aufgenommen werden können und deshalb mit bereits entwicklungsfähigen Silberkeimen eine Rückreaktion zum → Silberhalogenid eingehen. Im Gegensatz dazu spricht die Koagulationstheorie von einer gravierenden Einschränkung der katalytischen Wirkung von Silberkeimen auf die Entwicklung durch deren übergroßes Anwachsen infolge einer hohen Belichtungsintensität. Solarisation wird mitunter irrtümlich mit dem Sabatier-Effekt (→ Pseudosolarisation) verwechselt.

Sonnenmalerei »Fotografische Sonnenmalerei« nennt sich eine experimentelle Technik, die das Ziel hat, durch Spiegelung und Reflexion entstehende Sonnenstrahlenmuster im Bild festzuhalten. Das Verfahren wurde von dem Wiener Paul Konrad Hoenich (geb. 1907) erfunden. Hoenich baute mit relativ einfachen technischen Mitteln variable → Reflektor-Systeme, z. T. mit farbigen Folien versehen, welche das Sonnenlicht auf eine weiße Leinwand werfen und dort ein farbiges »Sonnenbild« erzeugen. Dieses verändert sich ständig, entsprechend dem wechselnden Stand der Sonne. Optisch, farblich und ästhetisch reizvolle Zustände der Sonnenbilder werden mit der Kamera auf Farbfilm festgehalten (vgl. Paul Konrad Hoenich, Sonnenmalerei. Köln 1974).

Spannungskonstanthalter Elektronisches Gerät, das Schwankungen in der Netzspannung ausgleicht und somit geeignet ist, für eine gleichbleibende → Farbtemperatur einer Lichtquelle zu sorgen. Dies ist insbesondere bei Farbvergrößerungsgeräten und Kopiergeräten eine notwendige Voraussetzung für präzises Arbeiten.

Spannungsoptik Prüf- und Meßverfahren der Material- und Geräteprüfung, mit dem im Bereich der Druck- und Spannungsprüfung von Werkstükken Stellen größter und minimaler Spannung oder Belastung dargestellt, fotografiert und vermessen werden. Das zu untersuchende Teil wird zu diesem Zweck als Modell (meist in verkleinertem Maßstab) aus einem transparenten Kunststoff angefertigt, der doppeltbrechende Kristalle enthält. Bei der Betrachtung des unter Belastung (Zug, Druck, Scherkräfte etc.) stehenden Modells in polarisiertem Licht durch einen Analysator (Polarisationsfilter) hin-

151 **Spannungsoptik.** Spannungsoptische Aufnahme: Der Schraubenschlüssel aus Plexiglas wurde unter Belastung in polarisiertem Licht durch einen Analysator hindurch fotografiert. Die Stellen größter Materialbelastung wurden sichtbar. Foto: J. G. Friedrich, München/Agfa-Gevaert, Leverkusen

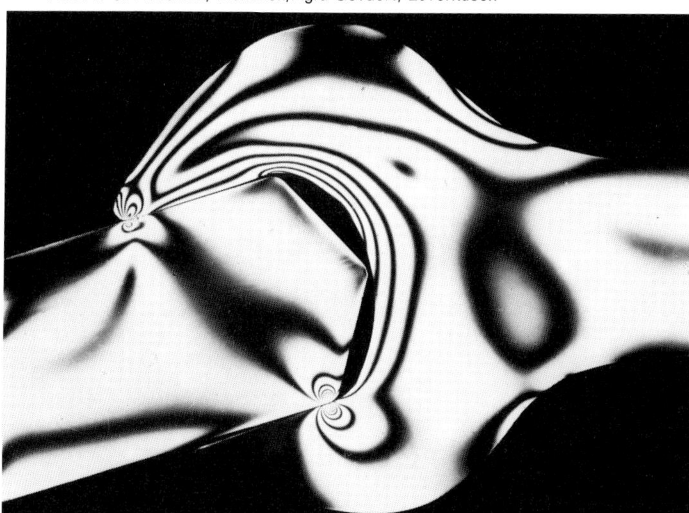

durch sind spektralfarbene Spannungslinien deutlich erkennbar. Sie werden fotografisch aufgezeichnet und ausgewertet und geben Aufschluß über die im Innern des Prüflings auftretenden Spannungsverhältnisse (Abb. 151).

Spektraleffekt-Filter In die Filterscheibe sind Linienstrukturen eingraviert, die bei Farbaufnahmen zu feinen spektralfarbenen Effekten führen (durch Beugung am Liniengitter). Sie erscheinen insbesondere in den → Spitzlichtern einer Aufnahme, die von Lichtquellen (Sonne) oder spiegelnden → Reflexen herrühren. Da diese Filter meist eine Drehfassung besitzen, besteht die Möglichkeit, die Lichteffekte motivgerecht in die Bildgestaltung einzubeziehen.

Spektralfarben Die reinen, nicht zusammengesetzten Farben des sichtbaren Spektrums werden als Spektralfarben bezeichnet. Eine Spektralfarbe stellt also einen genau definierten engen Bereich aus dem gesamten Farbenspektrum dar (vgl. Farbabb. 26, Abb. 152). Weißes Licht kann durch → Dispersion in seine Spektralfarben zerlegt werden. Die Gesamtheit aller Spektralfarben von Rot über Orange, Gelb und Grün bis Blau und Violett, wird durch das farbige Spektrum des Lichts wiedergegeben.

Sperrfilter Farbfilter werden in der Regel nach der Farbe des Lichts benannt, für das sie in einem engen Wellenlängenbereich durchlässig (transparent) sind, wobei sie die → Komplementärfarbe absorbieren. Sperrfilter dagegen sind nach der Strahlungsart benannt, für die sie *undurchlässig* sind (sie »sperren«). Zu letzteren werden das UV-, besser UVa-Filter (UV-absorbierende Filter), das Schwarzfilter (→ Infrarotfilter) und das → Polarisationsfilter gezählt. Streng genommen ist die Terminologie nicht ganz konsequent: Polarisationsfilter sind für polarisiertes Licht durchlässig, je nachdem, in welcher Ebene das Licht schwingt; Schwarzfilter sind nur für Infrarotlicht durchlässig. Sie werden infolgedessen auch als strenge Infrarotfilter bezeichnet. Lediglich beim UVa-Filter handelt es sich um ein Sperrfilter im Sinne der Definition, weil es nur den konkreten Wellenlängenbereich des UV-Lichts absorbiert. Im übrigen ist die Unterscheidung der Farb- und Sperrfilter ohnehin nur quantitativer Natur.

Spiegel, halbdurchlässiger (vgl. Abb. 153) Spiegel dieser Art werden als Strahlenteiler in optischen Meßsystemen (Entfernungsmessern, Belichtungsmessern) eingesetzt, überall dort, wo es gilt, einen bestimmten Strahlenanteil aus- oder einzublenden. Die → Hintergrundprojektion (vgl. Abb. 78) macht

152 **Spektralfarben.** Schematische Darstellung des sichtbaren Spektrums mit Randgebieten (vgl. auch Farbabb. 26)

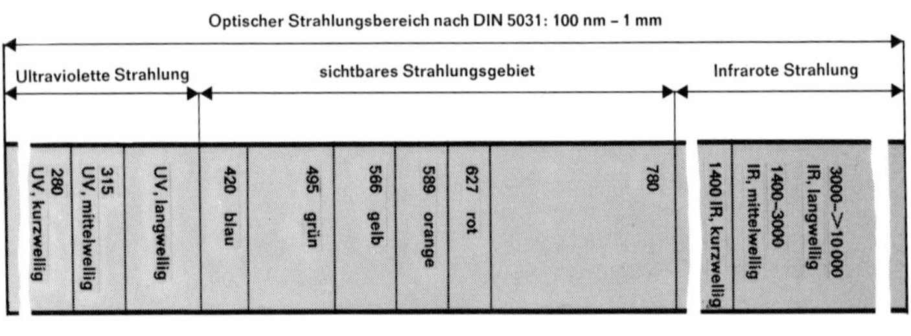

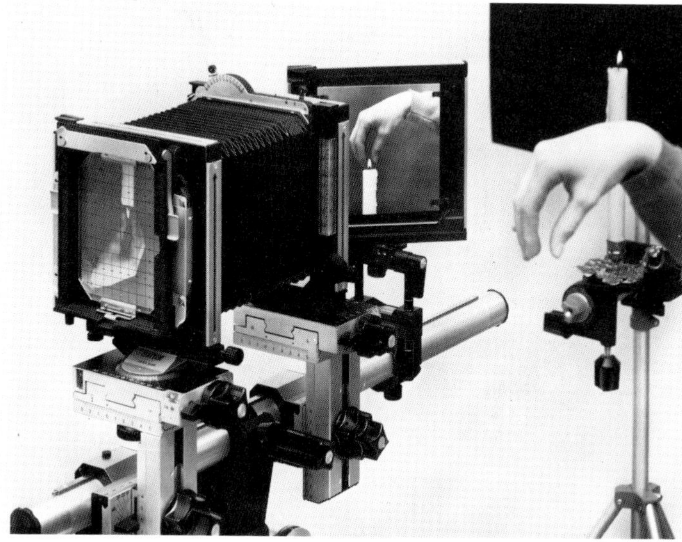

153 **Spiegel, halbdurchlässiger.** Trick-Überblendung mit einem halbdurchlässigen Spiegel. Foto: Sinar Schaffhausen, Feuerthalen (Schweiz)

sich die Eigenschaften halbdurchlässiger Spiegel zunutze. Die Spiegel selbst bestehen aus optisch hochwertigen Gläsern, die einseitig mit einem hauchdünnen Metallfilm bedampft sind. Ein Teil des Lichts wird von dieser Metalloberfläche reflektiert, ein anderer Teil durchgelassen.

Spiegelobjektiv Um die Baulänge von → Fernobjektiven auf eine handlichere Größe zu reduzieren, werden Spiegelobjektive gebaut. Charakteristisch sind gekrümmte Spiegel, die an die Stelle von optischen Linsen treten. Durch die ringförmige Eintrittspupille gelangen die vom Motiv kommenden Lichtstrahlen auf einen ebenfalls ringförmigen, konkav gewölbten Hauptspiegel, der sie auf den konvexen Fangspiegel reflektiert (Abb. 154). Dieser zweite Spiegel wirkt ähnlich brennweitenverlängernd, wie das hintere, zerstreuende Linsenelement bei »echten« → Teleobjektiven (→ Objektive, Abb. 117c). Er reflektiert das vom Hauptspiegel gesammelte (konvergente) Licht unter Abschwächung der Konvergenz durch die zentrale Öffnung im Hauptspiegel auf die Filmebene. Da Spiegel hinsichtlich der chromatischen → Aberration nicht korrigiert werden müssen, genügt oft eine kleine Linsenzahl, um die verbleibenden Bildfehler (vorwiegend → Koma und → Astigmatismus) zu korrigieren. Durch die zweifache »Faltung« des Strahlenganges im Spiegelobjektiv und die zerstreuende Wirkung des Fangspiegels verringert sich die Baulänge des Fernobjektivs auf weniger als die Hälfte der Brennweite. Um jedoch eine ausreichende Lichtstärke zu gewährleisten, haben Spiegelobjektive (die nicht abgeblendet werden können) einen sehr großen Durch-

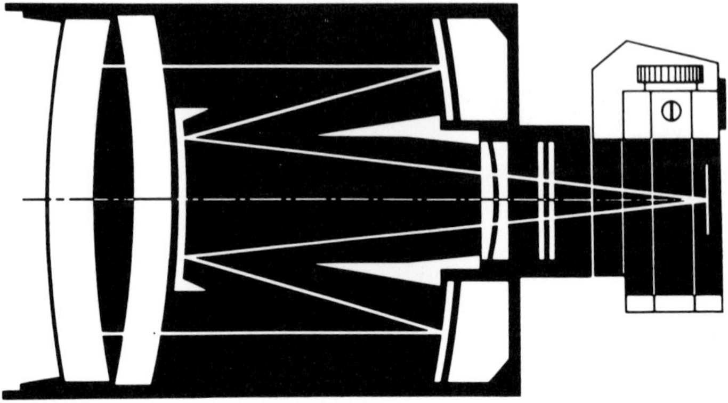

154 **Spiegelobjektiv.** Spiegelobjektiv Zeiss, 1/4,5, f/500 mm. Aus: Ernst A. Weber, Foto-Praktikum. München 1973, S. 151

messer. Sie werden für Kleinbildkameras in Brennweiten von 400 bis 2000 mm gebaut. Eine Eigentümlichkeit von Spiegelobjektiven ist, daß Objektpunkte, die im Unschärfenbereich liegen, nicht als Zerstreuungskreise, sondern wegen der ringförmigen Eintrittspupille als Zerstreuungsringe abgebildet werden.

Spiegelreflexkamera Das Prinzip der einäugigen bzw. zweiäugigen Spiegelreflexkamera ist etwa seit 1880 bekannt. Dieser Typ der schnellen Handkamera ist heute in den Bereichen des Bildjournalismus und anspruchsvoller Amateurfotografie am weitesten verbreitet, sowohl im Kleinbildformat 24 x 36 mm als auch in den Mittelformaten 6 x 6 cm und 6 x 7 cm. Das vom jeweiligen (Wechsel-)Objektiv erfaßte Bild wird über einen Umlenkspiegel auf die Mattscheibe der Kamera reflektiert (deshalb »Spiegelreflexkamera«; vgl. Abb. 155a). Dort kann es entweder direkt oder über ein Sucher-Okular betrachtet werden. Zweiäugige Spiegelreflexkameras (6 x 6 cm) besitzen zwei gleiche und übereinander angeordnete Objektive, von denen das untere als Aufnahmeobjektiv dient, während das obere über einen feststehenden Umlenkspiegel ein aufrechtes, aber seitenverkehrtes Bild auf der Mattscheibe entwirft (Abb. 155b, c). Mit ihrer Hilfe kann exakt auf das jeweilige Motiv scharf eingestellt werden, weil Auf-

b

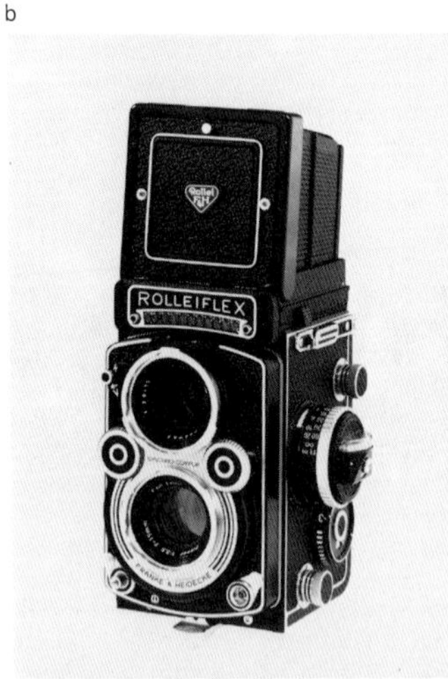

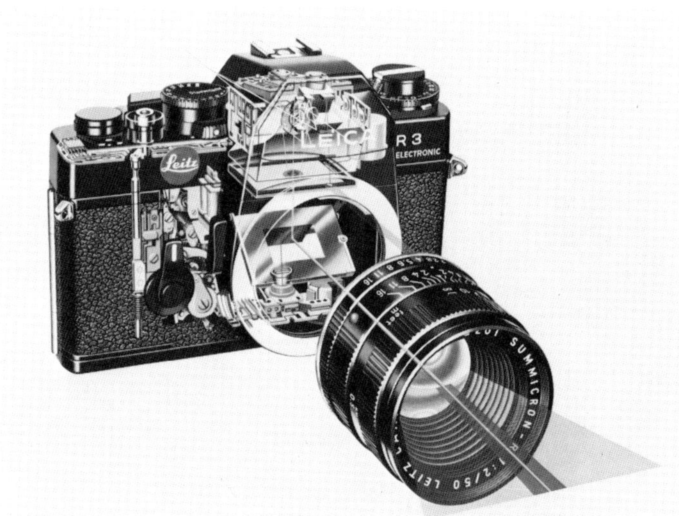

a

155 **Spiegelreflexkamera.** a) Einäugige Spiegelreflexkamera. Foto: Leitz Wetzlar – b) Zweiäugige Spiegelreflexkamera. Foto: Rollei, Braunschweig – c) Schema einer zweiäugigen Spiegelreflexkamera (Rollei): Zwei übereinander angeordnete Objektive erzeugen ein identisches Bild, einmal auf der Mattscheibe (4), ein andermal auf dem Film (9). 1 Sucherobjektiv – 2 Aufnahmeobjektiv – 3 Spiegel, der das Sucherbild auf die Mattscheibe (4) wirft – 5 Sucherokular (Mattscheibenbetrachtung) – 6 Durchblickfenster (Sportsucher) – 7 Vergrößerungslupe für Mattscheibenbild – 8 Rollfilm – 9 Bildfeld

nahme- und Sucherobjektiv gemeinsam auf einer verstellbaren Objektivbühne liegen. Allerdings muß bei Nahaufnahmen, wie bei Mußsucherkameras, die → Sucherparallaxe berücksichtigt werden. Zweiäugige Spiegelreflexkameras gibt es nicht nur mit fest eingebauten Objektiven. Sie werden auch als → Systemkameras mit → Wechselobjektiven unterschiedlicher Brennweiten gebaut.

Bei der einäugigen Spiegelreflexkamera (24 x 36 mm, 6 x 6 cm und 6 x 7 cm) dient das Aufnahmeobjektiv gleich-

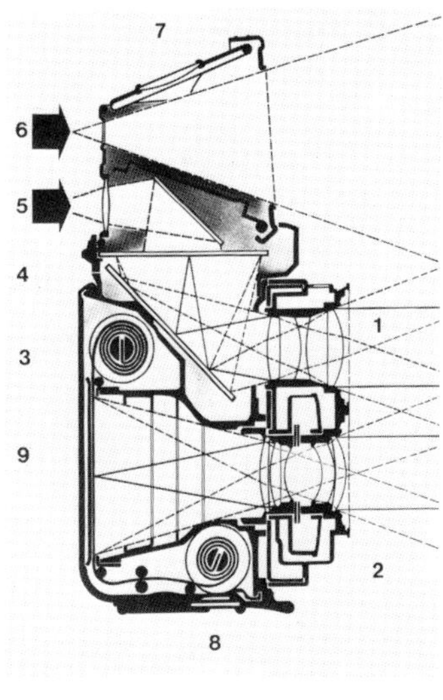

c

zeitig zur Betrachtung des Motivs über einen Umlenkspiegel, der für den Augenblick der Aufnahme aus dem Strahlengang des Objektivs ausgeschwenkt wird. Das Sucherbild, welches auf der über dem Klappspiegel angebrachten Mattscheibe (oder Bildfeldlinse) entsteht, kann über ein → Pentaprisma aufrecht und seitenrichtig betrachtet werden. Weil das Sucherbild mit dem bei der Belichtung in der Filmebene entworfenen Bild identisch ist, bietet sich dem Fotografen die Möglichkeit einer präzisen Beurteilung des Bildausschnitts, der exakten → Scharfeinstellung sowie der Beurteilung der → Schärfentiefe, alles Vorteile, die sonst bei keinem anderen Kameratyp zu finden sind. Einäugige Spiegelreflexkameras sind fast immer als Systemkameras ausgebildet und verfügen in der Regel über einen eingebauten → Belichtungsmesser, welcher nur das durch das Objektiv fallende Licht bei der Messung berücksichtigt (→ TTL-Messung) und damit exakt und ausschließlich die Helligkeit des jeweiligen Motivs.

Spiegelung In nahezu allen Motivbereichen sind Spiegelungen ein aufnahmetechnisches Problem, mit dem sich Fotografen ernsthaft auseinandersetzen müssen. Spiegelungen können selbst Bildinhalt sein, bzw. ihn bereichern; andererseits können sie ein Motiv auch störend beeinflussen (→ Entspiegelung). Zum unmittelbaren gestalterischen Medium werden Spiegelungen überall dort, wo es gilt, den fotografierten Gegenstand zusammen mit seiner Spiegelung aufzunehmen, um ihn womöglich besonders zu charakterisieren, z. B. in der Darstellung einer Glasvase oder eines silbernen Gefäßes. Effektvolle Spiegelungen ergeben sich in der Landschaftsfotografie (Farbabb. 15), wenn sich Wolken, Berge oder Bäume in einem stillen See spiegeln. Je nach Absicht des Fotografen wird das gespiegelte Motiv mehr oder weniger stark in den Schärfenbereich des Objektivs genommen; scharf dort, wo das sich spiegelnde Detail zum wesentlichen Inhalt des Bildes wird, unscharf oder verschwommen in Fällen, wo die Spiegelung rein als atmosphärisches Element gewertet wird (z. B. die Spiegelung einer stark farbigen Häuserzeile in einem Bach). In manchen Fällen ist der sich spiegelnde Gegenstand, da er im Unschärfenbereich liegt, nicht mehr identifizierbar. Dann wird die Spiegelung zur Abstraktion, die alleine vom Spiel der Linien oder Farben lebt. Von geradezu surrealer Wirkung können Motive sein, in denen sich zwei oder drei Spiegelungen partiell durchdringen. In diesen Fällen muß das Hauptmotiv durch präzise Scharfeinstellung herausgearbeitet, müssen Nebenmotive mehr oder weniger in die Unschärfenzone verlegt werden. Geeignete »Spiegel« für die Herstellung solcher Bilder sind Schaufenster (Abb. 156), die Glasfront eines Bahnhofs oder Bürogebäudes, der Rückspiegel eines Autos etc. (vgl. auch → Reflexe).

Spitzlichter Rein weiße Lichtpunkte ohne jegliche Zeichnung in einem positiven Bild, wie sie z. B. in → Gegenlichtaufnahmen in Form von → Reflexen zu beobachten sind, werden als Spitzlichter bezeichnet. Vor allem in ansonsten vorwiegend dunkel gehaltenen Fotografien (→ Low Key-Effekt) erhöhen sie den Eindruck der Brillanz und betonen den Kontrast. Ihr Anteil am Bildaufbau sollte jedoch ein gewisses Maß nicht übersteigen.

Spotlight → Punktlicht

Springblende → Wechselobjektive von → Spiegelreflexkameras sind meist mit einer Springblende ausgestattet. Es handelt sich um eine → Irisblende, die durch Federkraft auf die entsprechend der Lichtsituation gewählte → Arbeitsblende springt, sobald der Auslöser der Kamera betätigt und die Blende freigegeben wird. Nach erfolgter Belichtung

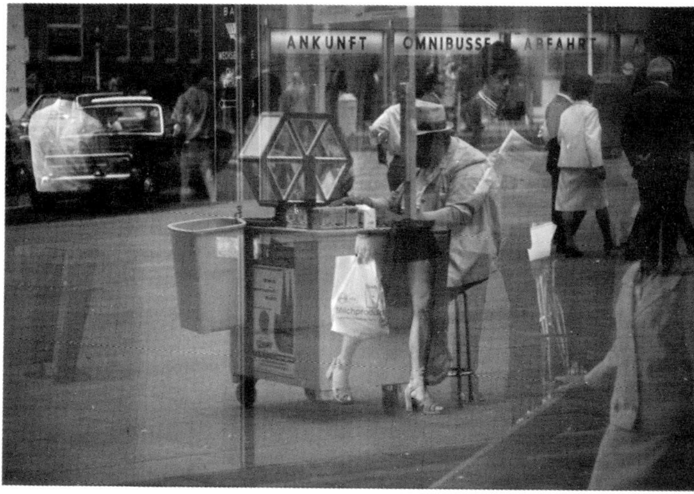

156 **Spiegelung.** Foto: Hugo Schöttle, Würzbach

wird die Springblende sofort wieder voll geöffnet. Dies ist für die Beurteilung von Motiven und für ihre Scharfeinstellung von Vorteil (wegen der Helligkeit). Zur Kontrolle der Schärfentiefe kann die Springblende meist mit einer Schärfentiefentaste auf den eingestellten Arbeitswert, der für die Aufnahme wirksam wird, zugezogen werden.

Spurensicherung (vgl. Abb. 157) Stilistische Spielart der → Conceptual Art. Es handelt sich u. a. um fotografische Dokumentationen ethnologischer, auch archäologischer Zustände und Ereignisse und – soweit sie der Vergangenheit angehören – ihrer Rekonstruktionen. Spurensicherung, das ist die Suche nach Zusammenhängen zwischen dem Gestern und Heute. Gemeint sind damit nicht nur Zustände der Landschaft (auch der Arbeits- und Wohnlandschaft), sondern ebenso die Rekapitulation geschichtlicher Ereignisse: das Sammeln und Verarbeiten archäologischer Funde, persönlicher Erlebnisse, die Wiederbelebung von Jugenderinnerungen. Z. B. sammelt der Amerikaner Alan Sonfist (geb. 1946) Dokumente, die ihn an seine Kindheit erinnern. Christian Boltanski (geb. 1944) ist gleichfalls auf der Suche nach seiner Kindheit. Er sammelt bei jedermann Knipsbilder, auf denen Kinderszenen festgehalten sind, die ihn an die eigene Kindheit erinnern. Daraus montiert er Bildfolgen, z. B. eine mit dem Titel »La visite au zoo«. In der Bildserie zeigt sich eine Identität zwischen der eigenen Erinnerung und dem Erleben anderer Kinder. Die »Qualität« der gesammelten Fotografien ist sekundär. Sie sind »nur« Dokument.

Standardobjektiv → Normalobjektiv, → Objektive

Stative (Abb. 158) Im Fotostudio sind Stative, vom stabilen Tischstativ

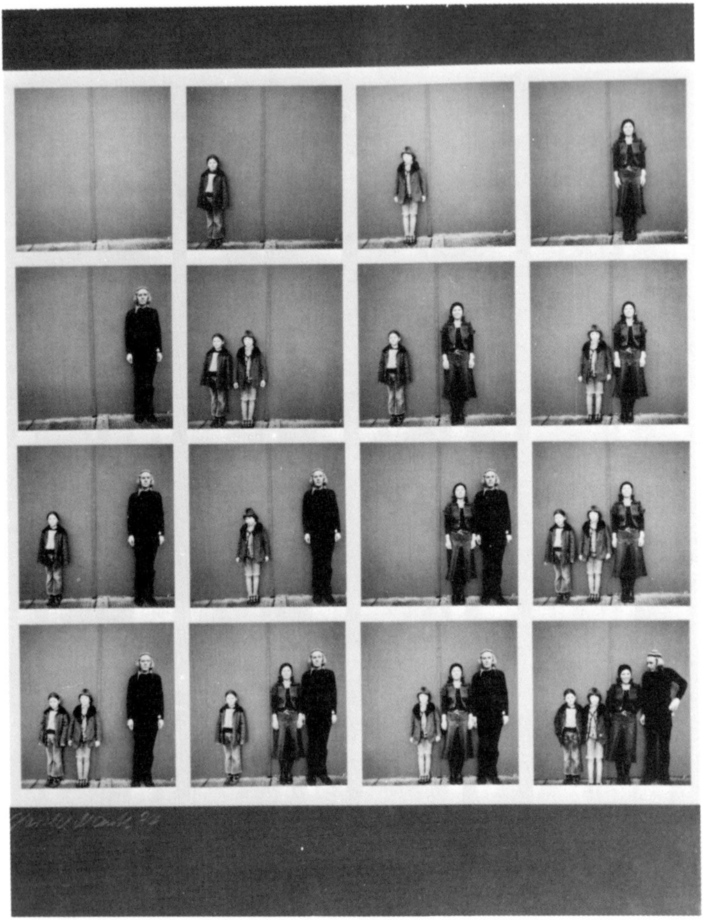

157 **Spurensicherung.** Foto: Harald Mante, Wuppertal

bis zum 3 m hohen Säulenstativ, wichtiger Teil der Standardausrüstung. Bei → Bildreportagen und Fotosafaris ist ihr Einsatz dagegen oft Ansichtssache. Mit Sicherheit gehört in die Ausrüstung eines Fotografen mit Ambitionen ein stabiles Stativ ebenso wie ein langer Drahtauslöser. Da es auf Standfestigkeit ankommt, müssen Stative stabil sein. Dazu gehören drei Beine. Rohrstative sind von Natur aus stabiler als Profilstative, dafür aber auch meist schwerer. Der Stativkopf, Beine, Holme, Kugelgelenke, Schrauben und Klemmen sollten robust und aus gutem Material sein (kein Kunststoff). Für

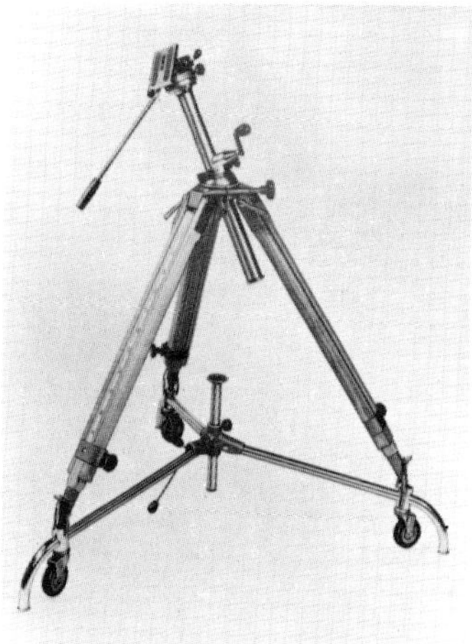

a

Reise und Urlaub mag ein Einbeinstativ, ein kleines Klemm- oder Tischstativ nützlich sein; Klemmstative vor allem deshalb, weil man mit ihnen die Kamera überall »festklemmen« kann. Beim Kauf eines Klemm- oder Tischstativs sollte man daran denken, daß sie eine womöglich schwere Kamera halten müssen.

Stereofotografie Nach der Entdeckung des Stereoskops 1838 durch Charles Wheatstone und David Brewster meldete der englische Optiker J. B. Dancer bereits im Jahre 1856 eine Kamera zum Patent an, mit der man »dreidimensionale« Bilder fotografieren konnte (vgl. Abb. 159). Es war ein Gerät mit zwei Objektiven, die im mittleren Augenabstand (ca. 65 mm) zueinanderversetzt waren; es erzeugte jeweils zwei Bilder, die sich nur ganz geringfügig in ihrer Perspektive unterschieden. Betrachtete man diese beiden Fotos im Stereoskop, wobei für jedes Auge nur eines der beiden Teilbilder zu sehen war, so verschmolzen sie zu einem einheitlichen, plastischen Bild. Jedes der beiden Bilder entsprach also dem optischen Teileindruck des jewei-

158 **Stative.** a) Säulenstativ mit Wagen. Höhe: 120 cm, untere Breite: 95 cm. Foto: CF Planet, Köln – b) Verschiedene Stativköpfe. Vorne links: Neigekopf mit Einhandbedienung, Mitte: Neiger mit Federausgleich für die Vertikalneigung, hinten rechts: Patentkopf zur optimalen Führung unterschiedlicher Kameras. Alle mit Panorama-Zylinder. Foto: Linhof München

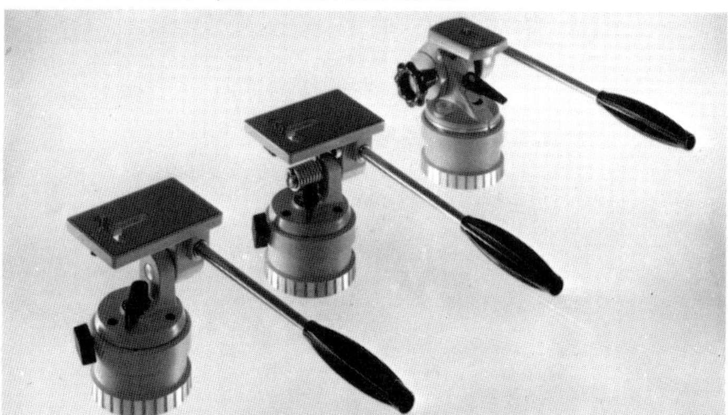

b

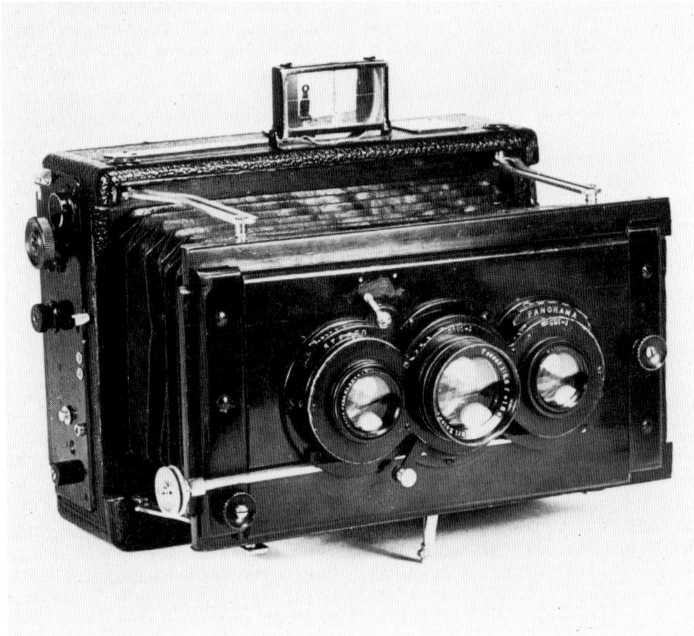

159 **Stereofotografie.** Historische Stereokamera (Panoramakamera), ausziehbar, mit Balgen. Foto: Foto-Historama, Agfa-Gevaert, Leverkusen

ligen Auges von der dreidimensionalen Umwelt. Das Stereoskop fand mit den dazugehörigen Stereobildern sehr schnell große Verbreitung.

Moderne Stereofotografie wird vor allem im technisch-wissenschaftlichen Bereich angewandt. In der → Fotogrammetrie ist sie zu einem Spezialzweig der Meßtechnik geworden. Die hierfür entwickelten Spezialkameras und -vorrichtungen werden auch für bestimmte Aufgaben aus den Bereichen der Mikroskopie, der Landvermessung (Herstellung von Landkarten), Unfallvermessung sowie der Kriminalistik eingesetzt. Zur Aufnahme kann anstatt einer Stereokamera auch eine einfache Kamera dienen, die auf ein Stativ mit Wechselschlitten gesetzt wird. Dieser ermöglicht es, Stereoaufnahmen in Form von Einzelaufnahmen herzustellen, die nacheinander, bei entsprechender seitlicher Versetzung der Kamera, fotografiert werden. Für Kleinbildkameras werden auch Stereo-Vorsatzoptiken angeboten. Sie werden am normalen Objektiv befestigt und liefern zwei Teilbilder im Halbformat (18 x 24 mm), die stereoskopisch betrachtet werden können. Auch die Projektion stereoskopischer Bilder ist üblich: Die beiden Teilbilder werden von zwei verschiedenen Projektoren oder von einem Spezial-Stereoprojektor in senkrecht zueinander polarisiertem Licht übereinanderprojiziert. Bei der Betrachtung des Projektionsbildes mit einer Polarisationsbrille, die als Analysator fungiert, entsteht wiederum der Eindruck eines dreidimensionalen Bildes.

Sterneffekt-Filter Drehbares Vorsatzfilter, welches in den → Spitzlichtern einer → Gegenlichtaufnahme Sterneffekte hervorruft, meist in den verschiedensten Spektralfarben. Es gibt Filter für vier- bis sechsstrahlige Sterneffekte. Eine Variante ist das zweischeibige Sterneffekt-Filter mit gegeneinander verdrehbaren Sternen, die eine Vervielfachung bewirken. Die Filter werden häufig in der Werbe- und Modefotografie eingesetzt.

Still-life Fotografische Stilleben werden als Still-lifes bezeichnet. Man versteht darunter jedoch nicht nur »selbstgebaute«, aus verschiedenen Utensilien komponierte Stilleben, sondern ebenso die stillen Bilder, wie sie draußen in der Natur und ohne Arrangement fotografiert werden können. Insbesondere sind das Motiv-Konstellationen im Nahbereich: Gräser, Blätter, Blüten, Fruchtstände, überfrostete Zweige u. ä. Hier werden spezielle Objektive (z. B. → Makroobjektive) und einiges Zubehör (→ Zwischenringe, → Vorsatzlinsen) benötigt. Interessant ist der an sich schon ungewöhnliche Einsatz von langbrennweitigen → Teleobjektiven (bis 400 mm), deren Einstellbereich (mit Zwischenringen) bis in die Nahzone reicht. Mit solchen Objektiven läßt sich das Charakteristikum eines Stillebens durch die Gegenüberstellung des scharf abgebildeten Motivs mit Unschärfenzonen im Vorder- und Hintergrund noch betonen.

Stoppbad → Unterbrecherbad

Strahlenteiler Trifft Licht auf halb- oder teildurchlässige → Spiegel, so wird ein Teil des Lichts entsprechend den Reflexionsgesetzen (Einfallswinkel = Ausfallswinkel) zurückgeworfen bzw. umgelenkt. Das Restlicht durchdringt den Spiegel nahezu geradlinig und ohne nennenswerte Absorptionsverluste. Diese speziellen Spiegel sind einseitig mit einer sehr dünnen, lichtdurchlässigen Spiegelschicht (Metallüberzug) versehen. Sie fungieren als Strahlenteiler in optischen Systemen (z. B. in Mischbildentfernungsmessern, bei → TTL-Belichtungsmeßsystemen oder in optischen Systemen für die → Hintergrundprojektion).

Straight-photography Bezeichnung für die direkte, unmittelbare (engl. straight) Fotografie, die gleichzeitig das Streben von Fotografen nach einer nicht manipulierten, der Wirklichkeit, Wahrheit und Ästhetik verpflichteten Fotografie charakterisiert. Straight photography gilt als Synonym für eine aktuelle fotografische Stilrichtung (insbesondere in der topographical-photography), der sich junge amerikanische Fotografen verpflichtet fühlen. Sie sehen ihr Ideal in einer ungeschminkten, realistischen »Orts- und Personenbeschreibung«.

Streifenkopiergerät Hilfsmittel zur Herstellung von → Kontaktkopien von einem belichteten und entwickelten Farb- oder Schwarzweiß-Negativfilm. Kontaktkopien sind Positive, die zur Auswahl der für die Vergrößerung geeigneten Motive hergestellt werden und als Belege für das Archiv dienen. Im Streifenkopiergerät können die Negative eines ganzen Rollfilms oder Kleinbildfilms durch Belichtung unter dem → Vergrößerungsgerät auf einmal kopiert werden (auf Papierformat 24 x 30 cm). Das Gerät besteht aus einer Grundplatte mit angelenkter Glasabdeckplatte, durch welche die Filmstreifen, zusammen mit dem Fotopapier, auf die mit einer Schaumstoffauflage versehene Grundplatte gepreßt werden. Bei guten Geräten lassen sich die Negativstreifen am Rand der Glasplatte festklemmen.

Streiflicht Flach einfallendes Licht, welches geeignet ist, eine unregelmäßig strukturierte Oberfläche besonders plastisch hervortreten zu lassen. Vom Streiflicht werden nur die erhabenen Details eines Motivs auf der der Lichtquelle zugewandten Seite erfaßt, während tiefer gelegene Strukturen entsprechend beschattet sind. In der Sachfotografie wird gezieltes Streiflicht für eine charakterisierende Materialwiedergabe, z. B. zur Betonung von groben Holz- oder Stoffmaserungen, eingesetzt.

Streulicht Weiches, diffuses, also nicht oder nur schwach gerichtetes Licht. Es entsteht überall dort, wo das gerichtete Licht einer Strahlungsquelle (z. B. der Sonne oder einer künstlichen Lichtquelle) reflektiert oder gebeugt wird, vor allem beim Durchgang durch optisch trübe Medien (Beugung des Lichts an fein dispersen Strukturen) und bei der Remission an rauhstrukturierten, hellen Oberflächen (→ Lichtzerstreuung). Es führt zu einer Anhebung des → Grundschleiers bei lichtempfindlichen Materialien. Tritt im Strahlengang eines Objektivs Streustrahlung auf, so bedeutet dies eine Verschlechterung der Kontrastwiedergabe infolge einer diffusen Bildüberlagerung. Auch bei der fotografischen → Reproduktion im → Durchlicht (vor allem bei Vergrößerungsarbeiten) besteht die Gefahr einer Kontrastminderung in der Bildwiedergabe durch Streulicht. Dies tritt besonders stark in Erscheinung, wenn die zu reproduzierende Vorlage die hell erleuchtete Fläche nur teilweise bedeckt. Es ist empfehlenswert, derartig überstrahlende Randbereiche stets abzumaskieren, gleichgültig, ob es sich um eine Ausschnittvergrößerung oder um Reproduktionen auf dem Leuchttisch handelt. In der Dunkelkammer kann vagabundierendes Streulicht nicht geschützte lichtempfindliche Fotomaterialien unbrauchbar machen. Empfehlenswert: mattschwarz gestrichene Wände in der Nähe des Vergrößerungsgerätes.

Strichbild Fotografische Abbildung ohne Halbtöne (z. B. von Zeichnungen, Schriften etc.). Strichbilder werden auf Spezialfilme (→ Lith- oder → Strichfilme) aufgenommen oder kopiert. Es handelt sich um kontrastreich (steil) arbeitende Filmmaterialien mit extrem hohem → Auflösungsvermögen, die in einem Spezialentwickler verarbeitet werden. Sie sind meist auf maßhaltige Polyesterunterlagen gegossen und von niedriger bzw. mittlerer Lichtempfindlichkeit (9–19 DIN).

Strichfilm (→ Dokumentenfilm, → Lithfilm) Grafische Schwarzweiß-Negativ-Filme mit sehr steiler → Gradation (γ bis 2,5), die speziell zur Wiedergabe (→ Reproduktion) von Strichvorlagen, aber auch zur Umsetzung von Halbtonbildern in Schwarzweiß-Grafiken Verwendung finden.

Strobochromatogramm Strobochromatogramme dienen der Darstellung kontinuierlicher Bewegungsabläufe in einzelnen Farbphasen. Gegenüber den bekannten Darstellungstechniken der → Stroboskopfotografie (Stroboskopbeleuchtung, Stroboskopkamera) tritt hier die Farbe als weiteres Darstellungsmittel von Bewegungen hinzu. Wesentliches Kennzeichen der Strobochromatografie ist die Möglichkeit, ruhende Teile eines Gegenstandes in seinen natürlichen Farben, bewegte Teile desselben Gegenstandes dagegen in einzelnen Farbphasen wiederzugeben. Hierdurch ist sowohl eine bessere Erkennbarkeit und Analyse von Bewegungsvorgängen wie aber auch ein weites Feld ästhetischer Gestaltungsmöglichkeiten gegeben. Grundlegende Arbeiten hat der Grafiker Hans Andree (geb. 1937) vorgestellt (Abb. 160). Er verwendete bei seinen Aufnahmeserien die drei Farbauszugsfilter Blau, Grün und Rot, mit deren Hilfe er auf *einem*

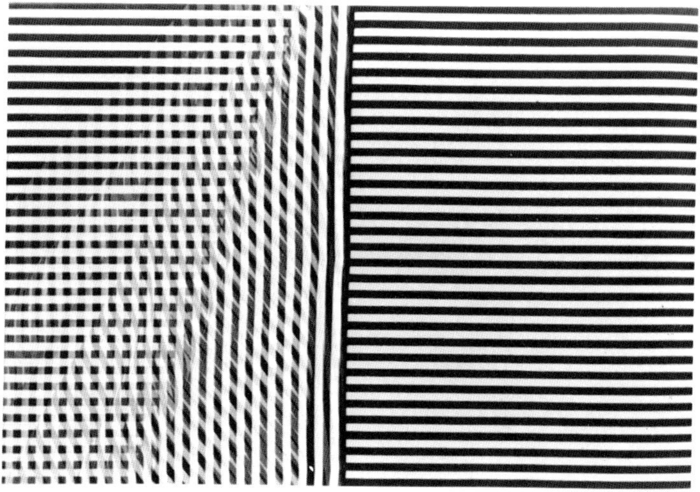

160 **Strobochromatogramm.** Foto: Hans J. Andree, Hamburg

Farbnegativ oder Farbdia nacheinanderfolgende Belichtungen durchführte. Ruhende Teile eines Gegenstandes werden somit ebenfalls mehrfach belichtet, jedoch jeweils mit den Farbauszugsfiltern Blau, Grün und Rot, so daß bei der Überlagerung dieser Farben wieder ein neutralfarbenes Bild erscheint. Lediglich bewegte Teile eines Gegenstandes werden in einzelne Farbphasenbilder blau, rot und grün aufgefächert.

Stroboskopfotografie Experimentelle Aufnahmetechnik, in der bei offenem Kameraverschluß und mit Hilfe einer intermittierenden Beleuchtung (Stroboskopleuchten) in dunklen Räumen → Bewegungsabläufe in mehreren Phasen auf einem Bild sichtbar gemacht werden (Abb. 161). Dabei entstehen Überlappungen einzelner Bewegungsphasen, die z. T. in gestalterischer Absicht bewußt angesteuert werden.

Strukturen Sie sind ein wichtiges gestalterisches Element im Bereich einer sich betont grafisch orientierenden Fotografie (Abb. 162). Strukturen, die foto-grafisch interessant sind, finden sich sowohl im extremen Nahbereich (Mikro- und Makroaufnahmen) als auch in der weitläufigen Landschaftsfotografie. Geometrische Linien und Flächen eines Motivs herauszuarbeiten, das ist eine Frage der Lichtführung. Je stärker die Kontraste von Licht und Schatten sind, desto wirksamer tritt die Struktur zutage, vor allem dort, wo extreme Helligkeit und tiefe Schattenzonen aneinanderstoßen (z. B. an den vom → Streiflicht modulierten Wellenlinien einer Dünenlandschaft). Deshalb wird gerade bei schwarzweißen Strukturen kontrastreiches Licht bevorzugt. Dasselbe gilt für Aufnahmen von festen Stoffen oder Kristallen in der → Mikrofotografie oder von Blättern und Pflanzen im Nahbereich. Sie werden zur Herausarbeitung der Oberflächenstrukturen seitlich beleuchtet (→ Dunkelfeldbeleuchtung). Obwohl strukturbetonte Motive mit Vorliebe eher flä-

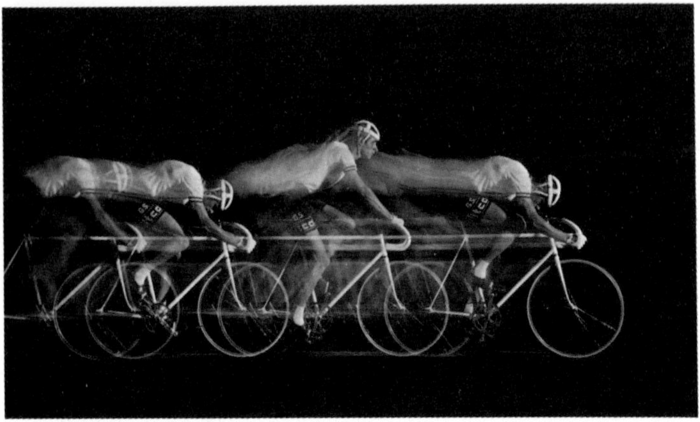

161 **Stroboskopfotografie.** Foto: René Groebli, Zürich

chig aufgefaßt werden, indem man darauf achtet, daß scharfgezeichnete Linien oder geometrische Felder den gesamten Bildraum bis in den Beschnitt füllen, sei auf die Möglichkeit verwiesen, dafür geeignete, grafisch ausgeprägte Motive in einen Gegensatz zu im Unschärfenbereich gehaltenen Details zu bringen, denn durch den Schärfe-Unschärfe-Kontrast wird die Bildwirkung noch gesteigert. In der Farbfotografie kommen zu den klassischen Helldunkelstrukturen die Farbstrukturen hinzu. Hier wirkt sich allzu starker Lichtkontrast eher negativ aus, weil dort, wo sich gegen die von flach einfallender Sonne erzeugten Konturen eines Motivs massive Schattenzonen bilden, eine zu starke Trennwirkung entstehen kann. Reine Farbstrukturen, bei denen Farblinien, Farbstreifen oder Farbflächen das Bild bestimmen, sollten dagegen bei möglichst bedeckter Sonne und bei gleichmäßig hellem Tageslicht aufgenommen werden. Nur so können sie farbkompositorisch zu einer auch formal stark grafischen Wirkung gelangen. Beispielhaft für die Gestaltung fotografischer Strukturen im Schwarzweiß-Bereich sind die Arbeiten der Klassiker der → Neuen Sachlichkeit Albert Renger-Patzsch (1897–1966), Karl Blossfeldt (1865–1932) und Paul Strand (geb. 1890), im Farbbereich die Mikro-Aufnahmen von Manfred P. Kage (geb. 1935) sowie Landschaftsaufnahmen von Franco Fontana (geb. 1933) und Manfred Sack (geb. 1939).

Stürzende Linien Perspektivische Verzerrung, die durch eine Neigung der Kamera bei der Aufnahme aus der Horizontalen nach oben (bzw. nach unten) hervorgerufen wird. Stürzende Linien sind häufig auf Fotografien von Gebäuden zu sehen, die von unten (oder von oben, z. B. vom Dach eines benachbarten Gebäudes) aufgenommen wurden (Abb. 163a). Die in Wirklichkeit parallel verlaufenden Senkrechten verjüngen sich dann zum oberen (bzw. unteren) Bildrand hin. Dieser Effekt wird um so stärker, je kürzer die Objektivbrennweite und je kleiner der Aufnahmeabstand ist. Natürlich werden stürzende Linien vom menschlichen Auge genauso wahrgenommen, aber meist nicht so kraß. Um einer natür-

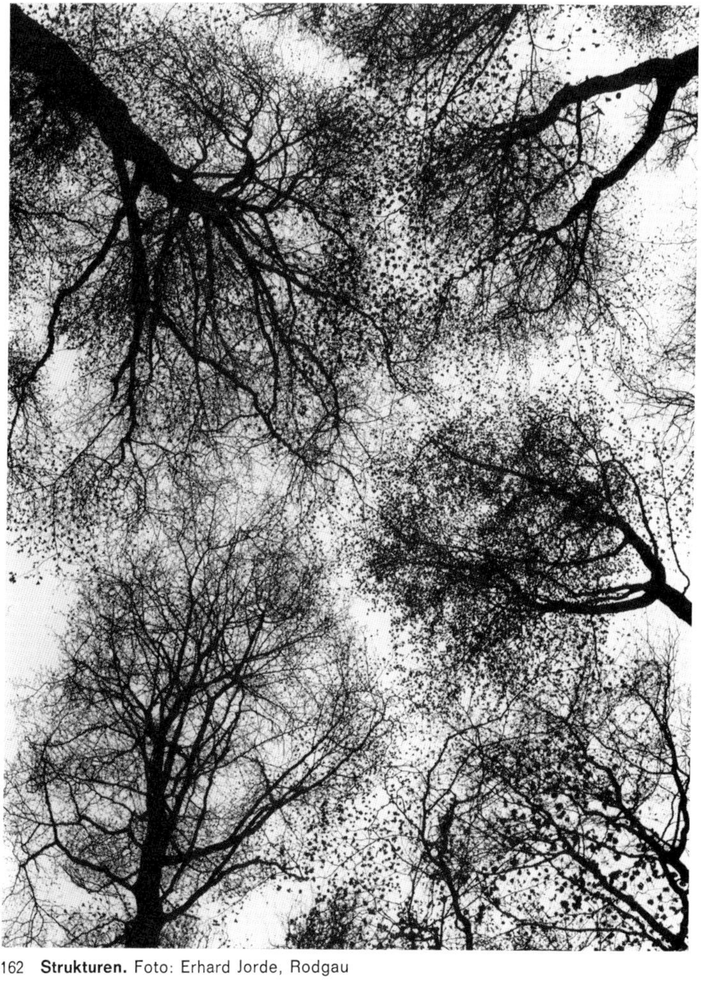

162 **Strukturen.** Foto: Erhard Jorde, Rodgau

lichen Darstellung nahezukommen, können stürzende Linien weitgehend entzerrt werden. Während dies bei → Großbildkameras mit verschwenkbaren Objektivplatten bereits bei der Aufnahme möglich ist, sind Mittelformat- und Kleinbildfotografie (mit Ausnahme PA-Curtagon) auf ein nachträgliches → Entzerren während des Vergrößerungsprozesses angewiesen (Abb. 163b). Am besten werden stürzende Linien von vornherein vermieden, in-

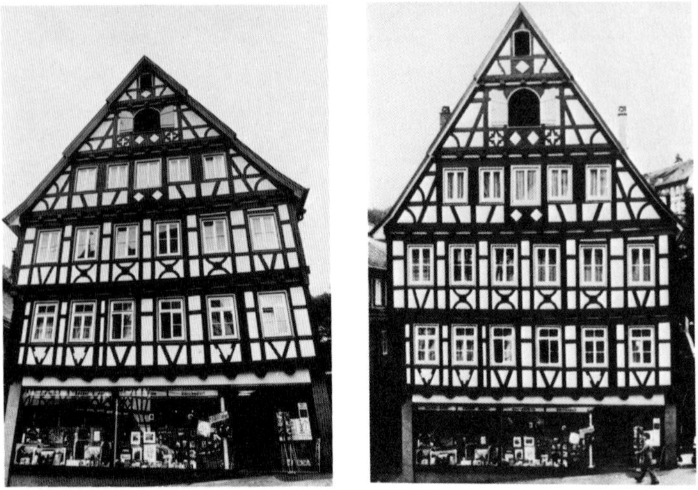

163 **Stürzende Linien.** a) Bei der Aufnahme eines Hauses von unten entstehen stürzende Linien – b) Die stürzenden Linien wurden entzerrt. Fotos: Hugo Schöttle, Würzbach

dem der Fotograf einen Aufnahmestandort wählt, von dem aus eine Aufnahme mit präzise waagerecht stehender Kamera möglich ist. Doch auch das Gegenteil kann, wenn es bewußt und in gestalterischer Absicht herbeigeführt wird, effektvoll sein: stürzende Linien als Möglichkeit besonders dynamischer Architekturfotografie (→ Fish Eye-Objektiv, Abb. 55).

Subjektive Fotografie Bedeutsamste fotografische Strömung nach 1945 in Deutschland, die zu internationalem Ansehen gelangte und die Entwicklung der gestaltenden Fotografie der Nachkriegszeit stark beeinflußte. Ihr Initiator war Otto Steinert (geb. 1915). »subjektive fotografie« hieß die Ausstellung, die im Juli 1951 in der Werkkunstschule in Saarbrücken stattfand, in der Otto Steinert seit 1947 als Fotolehrer wirkte und deren Direktor er inzwischen war. Die Ausstellung brachte eine Wiederbegegnung mit Fotografen des → Bauhauses (Laszlo Moholy-Nagy [1895–1946], Herbert Bayer [geb. 1900]) sowie mit namhaften Lichtbildnern der internationalen Fotoszene, die in Deutschland z. T. wenig oder nicht bekannt waren. Darunter befanden sich Namen wie Henri Cartier-Bresson (geb. 1908), Brassai (geb. 1899), Werner Bischof (1916–1954), René Groebli (geb. 1927), Robert Doisneau (geb. 1912), Helmut Gernsheim (geb. 1913), Rolf Winquist (1910–1969) u. v. a. An deutschen Fotografen beteiligten sich u. a. Erich Angenendt (1894–1962), Fritz Brill (geb. 1904), Chargesheimer (1924–1976), Heinz Hajek-Halke (geb. 1898), Toni Schneiders (geb. 1920), Liselotte Strelow (geb. 1908), Ludwig Windstosser (geb. 1921) und natürlich Otto Steinert (geb. 1915). Der Begriff »subjektive fotografie« übte große Anziehungskraft auf gestalterisch ambitionierte Fotografen

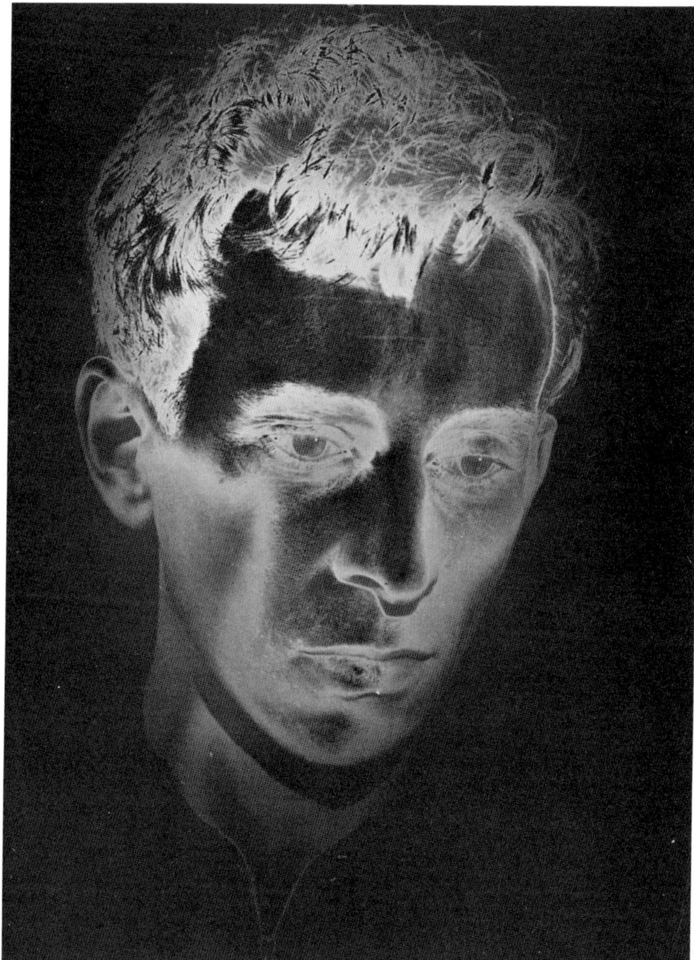

164 **subjektive fotografie.** Foto: Otto Steinert, Essen, 1948

aus. Man verstand darunter die bewußte Hinwendung zur individuellen Aussage im Bild und damit eine Betonung des künstlerischen Aspekts der Fotografie. Die Spannweite der gezeigten Bilder reichte vom abstrakten → Fotogramm, von surrealistischen Darstellungen (→ Fotomontage) über Landschaften und Porträts (Abb. 164) bis hin zur engagierten, subjektiv kommentierenden Reportage. Der Kritiker Robert d'Hooge, der über die Ausstellung berichtete, unterstrich den idealen Wert solcher Fotografie, die als breitenwirksames Mittel berufen sei, das visuelle Bewußtsein unserer Zeit maßgeblich zu formen. Fotografie, die allgemeinverständlichste Bildtechnik, sei besonders geeignet, die Verständigung unter den Völkern zu fördern. In diesen Formulierungen wird der Idealismus deutlich, der für die folgenden Jahre Triebfeder der Aktivitäten subjektiver fotografie war. Der Bewegung schlossen sich Fotografen aus 15 Ländern an.

1952 erschien der Bildband »subjektive fotografie« mit den Fotos der ersten Ausstellung. Es folgten zwei weitere Ausstellungen (1954 und 1958) und ein Bildband »subjektive fotografie 2«. Doch während die Premiere 1951 in Saarbrücken als geradezu aufrührerisches Ereignis erschien, konnten die folgenden Veranstaltungen fotografisch keine wesentlich neuen Erkenntnisse mehr bringen. So wurde »subjektive fotografie 3« (photokina 1958) gleichzeitig zum bestätigenden Schlußpunkt der Initiative ihres Schöpfers. 1959 übernahm Otto Steinert die Leitung der Abteilung Fotografie an der Folkwangschule Essen, die unter ihm zu einem der bedeutendsten fotografischen Zentren Europas wurde, zum »Mekka« junger Fotografen. Die inzwischen in die Gesamthochschule Essen integrierte Fotoabteilung, in der auch die dokumentarische Fotografie besondere Pflege genießt, verdankt ihren Ruf primär dem pädagogischen Erfolg Otto Steinerts, aber nicht zuletzt auch dem nachwirkenden Einfluß dessen, was heute noch als »subjektive fotografie« legendäre Geltung hat.

Subtraktives Farbverfahren → Farbmischung

Sucherparallaxe Bei Kameras mit Durchsichtsucher (nicht bei → Spiegelreflexkameras) besteht insbesondere im Nahbereich zwischen dem Bildausschnitt im Sucher, der durch den → Leuchtrahmen angezeigt wird, und dem Ausschnitt, welcher zur Belichtung tatsächlich auf den Film gelangt, eine von der Aufnahmeentfernung abhängige Differenz (Sucherparallaxe oder Suchermißweisung). Diese rührt daher, daß die optische Achse des Suchers parallel zu der des Objektives ausgerichtet ist, der Sucher aber, der sich neben dem Objektiv befindet, das Motiv unter einen anderen Winkel »sieht« als das Objektiv. Um die Sucherparallaxe auszugleichen, wird bei einfachen Kameras der durch den Leuchtrahmen angezeigte Bildausschnitt für den Nahbereich durch zusätzliche Leuchtwinkel korrigiert (Parallaxenausgleich). Bei anspruchsvolleren Sucherkameras verändert sich mit der Entfernungseinstellung am Objektiv zugleich der Blickwinkel des Suchers: Die optische Achse des Suchers wird dabei mit abnehmender Aufnahmeentfernung zum Objektiv hin geneigt.

Surrealismus André Breton (1896 bis 1966) verkündete 1924 das »surrealistische Manifest«. Darin wird u. a. die Erkenntnis »manifestiert«, daß visionäre Träume, ja selbst Wahnsinn von nun an ebenso als reale Wirklichkeit betrachtet werden müßten wie die Ergebnisse eines verstandesgemäßen Denkens und wie ein vom Verstand kontrollierbares Empfinden. Er forderte, daß gerade dieser »Surrealismus« zum Inhalt Bildender Kunst gemacht werden müsse. Es war nur die logische Folge, daß sich die Surrealisten der technischen und gestalterischen Mittel der → Collage und → Fotomontage bedienten, die durch die Dadaisten Kurt Schwitters (1887–1948), George Grosz (1893–1953) und John Heartfield (1891–1968) in Mode gekommen waren. Auch die → Lichtmontage und die Technik des → Fotogramms gehörten von vornherein zu den surrealistischen Gestaltungsmitteln, die prädestiniert waren, die Welt der

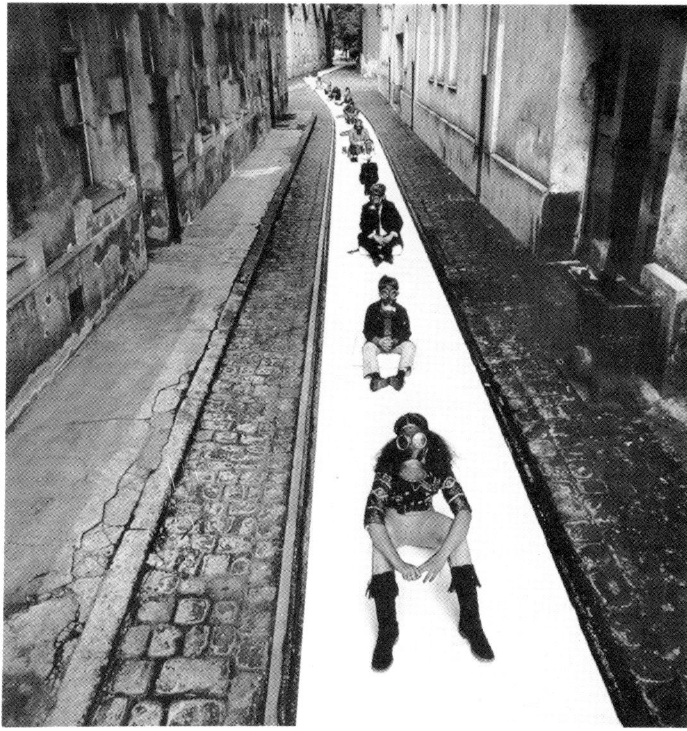

165 **Surrealismus.** Foto: Thomas Lüttge, München

Imagination zu erschließen: Visionen, Träume, Unbewußtes, das alles ließ sich mit den Mitteln der Fotografie besonders gut darstellen. Die surrealen Bilder bekamen mit der Fotografie einen Schimmer von Authentizität. Der bis heute nachwirkende künstlerische Protest von → Dadaismus und Surrealismus gegen überlieferte Kunstformen, der gestalterisch eine neue Welt erschloß, wurde schließlich zum totalen Freiraum künstlerischen Schaffens. Die Versuche, Unbewußtes wiederzugeben, führten mitunter auch zu einem Subjektivismus, ja geistigen Narzißmus um jeden Preis. Er wirkt noch heute nach in der unendlichen Vielfalt moderner Stilrichtungen. Was die Dadaisten und Surrealisten, soweit es künstlerische Fotografie betrifft, in die Welt setzten, fand – zusätzlich zur dortigen konstruktivistischen Grundrichtung – im → Bauhaus Pflege und praktische Anwendung in den Bereichen der Plakatkunst, der Buchillustration und Werbefotografie. Namen wie Laszlo Moholy-Nagy (1895–1946) und Herbert Bayer (geb. 1900) mögen hierfür beispielhaft sein. Von den klassischen Vertretern eines fotografisch

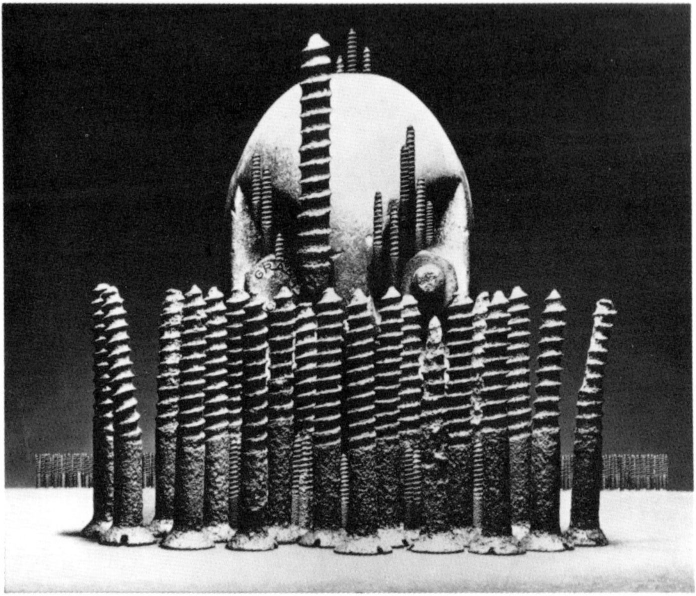

166 **Surrealismus.** Foto: Arno Jansen, Köln

orientierten Surrealismus seien einige wenige erwähnt: Raoul Hausmann (1886–1971), Max Ernst (1891–1976), Man Ray (1890–1977), Hannah Höch (geb. 1889), Edouard L. T. Mesens (1903–1971), Marcel Duchamp (1887 bis 1968), René Magritte (1898–1967), Hans Bellmer (1902–1971) und Herbert List (1903–1976). Die Nachwirkungen des Surrealismus sind teilweise noch heute sichtbar in dem, was → Conceptual Art, → Fotosequenz oder »Surrealer Konstruktivismus« genannt wird (Abb. 165, 166).

Symmetrie Die symmetrische Anordnung eines Motivs simuliert Ruhe und Ausgeglichenheit. Sie sollte demgemäß dort gewahrt werden, wo sie zum gestalterischen Parameter bezüglich des Bildinhaltes wird. Andererseits bietet sie die Möglichkeit, einer im Motiv vorhandenen Unruhe, einem Zuviel an Formenstrukturen entgegenzuwirken. Beispielsweise mag der Blick in die Straßenschlucht einer Großstadt mit bizarr aufragenden Hochhäusern und mit starkem Verkehr durch symmetrische Anordnung des Motivs an Überschaubarkeit gewinnen, während betonte Asymmetrie und stark stürzende Linien Unübersichtliches nur noch verwirrender erscheinen lassen würden. Der Einsatz einer bestimmten Brennweite kann sich auf das symmetrische Gleichgewicht positiv auswirken. Beispielsweise kann ein →Weitwinkelobjektiv bei etwas erhöhtem Kamerastandpunkt (→ stürzende Linien!) durch eine Betonung symmetrisch geordneter Fluchtlinien zu einer weiteren formalen Beruhigung beitragen. Im Gegensatz hierzu führt Symmetrie manchmal bei der Darstellung eines ruhigen, schon von seiner Beschaffenheit her symmetrischen Motivs (z. B. kugelförmiger Gasometer) zu formaler Langeweile.

Systemkamera Die Systemkamera ist Basis eines ganzen Aufnahme-Systems. Zum System gehört nicht nur eine möglichst große Anzahl von auswechselbaren → Objektiven, sondern auch vielerlei Zubehör, das für eine möglichst universelle Anwendung der Kamera konzipiert wurde. Systemkameras gibt es praktisch in allen Aufnahmeformaten, in der Großbildtechnik ebenso, wie in der Mittelformat- oder Kleinbildfotografie. Grundlage für die Vielseitigkeit und Flexibilität der Ausstattung ist das Baukastenprinzip. Dieses unterscheidet sich von Fabrikat zu Fabrikat. Teile davon sind nur in seltenen Fällen mit anderen Systemen kompatibel (austauschbar). Zu einem vollständigen Kamera-System gehören auf dem Gebiet der Kleinbild- und Mittelformat-Fotografie, neben der ganzen Objektiv-Palette, eine Motorausrüstung, → Adapter unterschiedlichster Art für eine technisch-wissenschaftliche Anwendung, verschiedene Suchervorsätze (Winkelsucher, Sucherlupe), austauschbare Sucherscheiben (→ Mattscheibe, Scheiben mit → Mikroprismenraster oder → Schnittbild-Indikator, Klarglasscheibe mit Fadenkreuz), Nah- und Reprovorsätze sowie verschiedene → Zwischenringe für die Objektive. Für den Bildjournalismus werden austauschbare Filmkassetten und Spezialkassetten für → Motorkameras, Einrichtungen für Tandembetrieb oder → Panoramaaufnahme angeboten.

Table-top-Fotografie Aufnahmen, die »auf dem Tisch« gemacht werden, nennt man Table-tops. Gemeint sind Fotos von Modellen unterschiedlichster Art, von Szenarien und Landschaften, die in Miniaturbauweise hergestellt sind, beispielsweise die Bühnenbilder für ein Puppentheater oder die im Modell gebauten Kulissen für Schauspiel und Oper. In der Werbung werden Table-tops für die Gestaltung von Anzeigen oder Plakaten »inszeniert« und fotografiert. Besondere Bedeutung hat die Table-top-Fotografie in der Architektur. Die in den Konstruktionsbüros entworfenen und maßstabgerecht hergestellten Modelle von Neubauten (vom Einfamilienhaus bis zur Satellitenstadt) werden als Table-tops in einem definierten Größenverhältnis zum Modell abgelichtet. Die Fotos werden für Baupläne, Wettbewerbe oder für Dokumentationen angefertigt.

Tageslichtfarbfilm Diese Farbfilme sind der → Farbtemperatur des mittleren Tageslichts (5600 Kelvin) angepaßt. Bei sehr hohen Farbtemperaturen des Aufnahmelichts (z. B. Mittagssonne) neigen Tageslichtfilme zu einer kälteren, leicht blaustichigen Farbwiedergabe. Deshalb werden Landschaftsaufnahmen relativ selten bei hoher Mittagssonne fotografiert. Hingegen haben viele Fotografen gegen eine Verschiebung der Farben in den wärmeren Bereich (Beleuchtung niedrigerer Farbtemperatur im Morgen- oder Abendlicht) nichts einzuwenden. Mit geeigneten → Konversionsfiltern unterschiedlicher Dichte lassen sich Tageslichtfilme auch bei Kunstlicht einsetzen. Blitzaufnahmen, die mit Elektronenblitz oder blauen Blitzlampen gemacht werden (hohe Farbtemperatur) müssen auf Tageslichtfilm belichtet werden.

Talbotypie → Kalotypie

Tandem-Doppelprojektor Das Aufkommen der → Multivisionstechnik und der modernen → Tonbildschau mit → Überblendtechnik hat zur Konstruktion von Spezialprojektoren geführt, von denen der Tandemprojektor eine

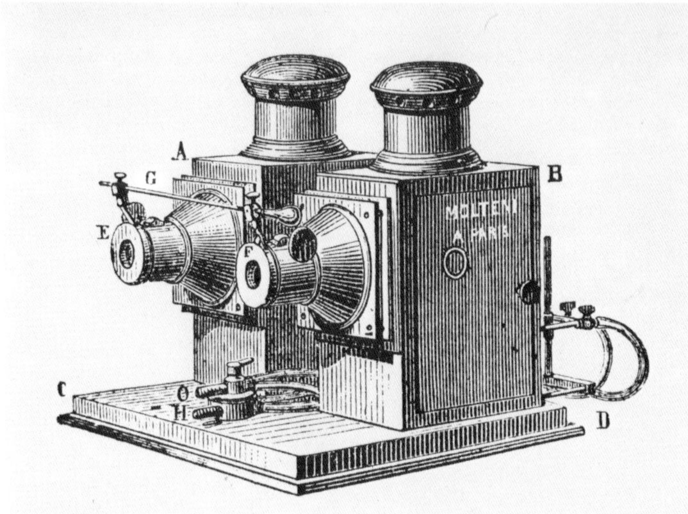

167 **Tandem-Doppelprojektor.** Historischer Tandem-Projektor mit Steuerung zu Überblendeffekten, Molteni, Paris. Um 1879. Foto: Sammlung Georges Auger, Paris

168 **Tandem-Doppelprojektor.** Modernes Gerät mit Fernsteuerung und elektronisch arbeitender Überblendtechnik. Foto: Braun, Frankfurt/M.

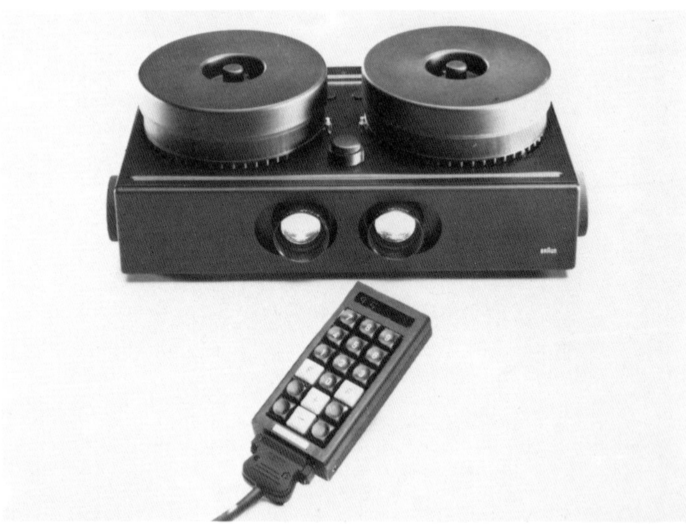

interessante Lösung darstellt. Zwei Projektoren sind in symmetrischer Anordnung in einem gemeinsamen Gehäuse untergebracht, und zwar so, daß die eigentlichen Projektionsteile (Objektiv und Lampenhaus) unmittelbar nebeneinander liegen, die Kassetten (Rundkassetten oder Langkassetten) dagegen jeweils außen (Abb. 168). Das hat nicht nur den Vorteil der Platzersparnis, sondern auch den, daß die Mittelachsen der optischen Systeme ziemlich nahe beieinanderliegen und auf diese Weise eine parallaxenfreie Übereinanderprojektion zweier Bilder, Basis einer exakten Überblendtechnik, ermöglichen. Das Steuergerät, das die vom Tonband kommenden Wechsel- und Überblendkommandos ausführt (langsame oder rasche Überblendung wahl- und wechselweise) ist bei modernen Geräten in den Tandemprojektor integriert.

Tandemkamera Spezialkonstruktion aus zwei → Motorkameras, die für Sportfotografen entwickelt wurde (Abb. 169). Die beiden Kameras sind so auf die Tandem-Einrichtung montiert, daß sie denselben Bildausschnitt erfassen. Ihre elektrischen Antriebe sind aufeinander abgestimmt, so daß die Verschlüsse während des Motorbetriebs wechselweise ausgelöst werden. Hierdurch wird eine Verdoppelung der höchstmöglichen Bildfrequenz von drei bis vier Bildern pro s auf sechs bis acht Bilder in der s erreicht.

Tank-Entwicklung In professionellen Fotolabors werden die belichteten Filme für die Entwicklung auf Metallrahmen gespannt, die dann zu mehreren in einen großen Entwicklungstank (im Dunkeln) eingehängt werden. Die Tanks selbst werden meist von einem exakt temperierten Mantelbad um-

169 **Tandemkamera.** Foto: Leitz Wetzlar

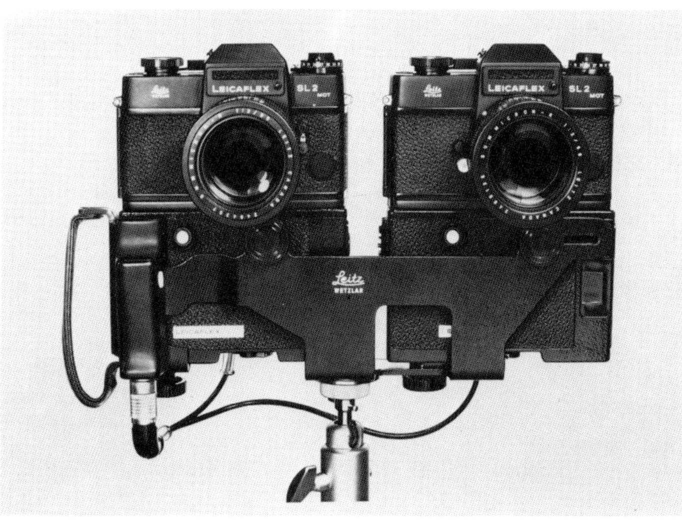

spült. Den Forderungen der Entwicklungskinetik entsprechend müssen entweder die Filme oder die Bäder bewegt werden. Letzteres geschieht beim Entwickler durch periodisches Einblasen von Stickstoff und eine Umwälzung mit Hilfe einer Pumpe. In den Folgebädern wird statt dessen ölfreie Druckluft zugeführt und zumeist auch noch umgepumpt. Ein Vorteil der Verarbeitung in großen Tanks ist, daß sowohl Kleinbild- und Rollfilme als auch Planfilme unterschiedlicher Formate gleichzeitig entwickelt werden können.

Teilbelichtung Beim Vergrößern eines Bildes können Motivdetails, die im Negativ zu dunkel sind, durch partielles → Nachbelichten eine intensivere Durchzeichnung erfahren. Teilbelichtungen spielen insbesondere beim auszugsweisen Übereinanderbelichten mehrerer Motive (→ Lichtmontage) eine wichtige Rolle. Die bildunwichtigen Einzelheiten werden abmaskiert oder mit der Hand abgehalten.

Teilbildnahlinse → Multifokallinse

Telekonverter → Konverter

Teleobjektiv Pauschal gesagt, werden alle → Objektive längerer Brennweite (Bildwinkel < 40°) als Teleobjektive bezeichnet (vgl. Abb. 117c). Im strengeren Sinne jedoch sind darunter nur die Objektivkonstruktionen zu verstehen (auch im Unterschied zu → Fernobjektiven), die durch die räumliche Trennung eines sammelnden und zerstreuenden Linsenelements die Schnittweite (Abstand zwischen dem hintersten Linsenglied und der Bildebene) derart verkürzen, daß diese kleiner ist als die eigentliche Brennweite des Objektivs. Dies bedeutet, daß die bildseitige Hauptebene in die Nähe der Frontlinse oder gar vor diese zu liegen kommt. Die Aufgabe des hinteren, zerstreuenden Linsenelements ist es, die Konvergenz der von der sammelnden Frontlinsengruppe kommenden Strahlen zu schwächen und somit die Brennweite zu verlängern. Dadurch wird die Tubuslänge der Objektive auf ein handliches Ausmaß reduziert. »Echte« Teleobjektive gibt es für Kleinbildkameras (Aufnahmeformat 24 x 36 mm) etwa ab der 85-mm-Brennweite, bei 6 x 6-cm-Kameras ab der 120-mm-Brennweite. Teleobjektive sind vier- bis sechslinsige Konstruktionen (meist Lichtstärke bis 1:2), die hervorragend für Sport-, Tier- und Landschaftsaufnahmen geeignet sind, sich aber neuerdings auch besonderer Beliebtheit als effektvolle Porträt-Objektive erfreuen. Entsprechend ihrer Tele-Charakteristik sorgen diese Objektive für eine Raffung der Perspektive und für eine Komprimierung der räumlichen Tiefe. Sie eignen sich besonders gut für das gestalterische Spiel mit Schärfen- und Unschärfenbereichen.

Temperieren Die meisten Rezepte zur Verarbeitung von Filmen und Fotopapieren basieren auf Bädertemperaturen von 20° C. Neuerdings werden, insbesondere für die Verarbeitung von Farbmaterialien und für die Schnellprozeß-Entwicklung von Filmen und Papieren, auch höhere Temperaturen (bis weit über 30° C) vorgeschrieben oder empfohlen. Das genaue Temperieren der Bäder ist also – und nicht nur bei hohen Temperaturen – eine Notwendigkeit. Der Selbstverarbeiter ist auf geeignete Temperiergeräte angewiesen, die möglichst präzise arbeiten und die sich sowohl für die Schalenverarbeitung als auch für die Tank-, Dosen- und Trommel-Entwicklung eignen. Entsprechende Geräte sollten eine Genauigkeit von ± 0,2° C garantieren.

Testnegativ (-Diapositiv) Testnegative werden zum Scharfeinstellen eines zu vergrößernden oder zu reproduzierenden Bildes eingesetzt. Sie zeigen eine detailreiche Linienstruktur mit geometrischen Figuren und Rastern, die ein exaktes Scharfstellen ermöglichen. Das ist notwendig, wenn z. B. bei einer Vergrößerung das Negativ selbst keine markanten Anhaltspunkte bietet bei dunklen oder unscharfen Motiven (Wischeffekte). Das Testnegativ wird in die Filmbühne gelegt und auf die Grundfläche des Vergrößerungsrahmens scharf eingestellt. Dann tauscht man Testnegativ und Originalnegativ aus, das nun bei exakter Schärfe kopiert werden kann. Neuerdings werden zum Vergrößern auch starke Lupen verwendet, die direkt auf das Fotopapier gestellt werden und mit deren Hilfe eine präzise Schärfenkontrolle des Negativkorns erfolgen kann. – Eine Variante des Testnegativs ist das Test-Diapositiv. Es enthält nicht nur geometrische Raster und Linien, sondern auch Farbmuster. Test-Dias dienen der Einjustierung von Diaprojektoren auf die Projektionsebene bzw. zur Kontrolle der Qualität eines Projektionsbildes. Getestet wird die Schärfe bis in die Ecken, die gleichmäßige Ausleuchtung bis zum Bildrand, die Leuchtkraft der Farben sowie die Differenzierung der Farbnuancen.

Thermographie Fotografische Aufzeichnung von Wärmestrahlung, deren Wellenlängen von ca. 780 → Nanometer (nm) bis zu 1 mm reichen. In den dem sichtbaren Spektrum unmittelbar benachbarten Infrarotbereichen kann Wärmestrahlung (bis zu ca. 1000 nm) mit normalen Kameras auf speziell sensibilisierte → Infrarotfilme belichtet werden (→ Infrarotfotografie). Eine solche Wärmestrahlung geht von Körpern aus, deren Temperatur über etwa 300° C liegt. Infrarotemissionen warmer Körper, deren Temperaturen weniger als 300° C betragen, müssen zuerst über einen elektronischen Bildwandler in sichtbares Licht transformiert und verstärkt werden, ehe sie auf fotografischen Materialien festgehalten werden können. Die ursprünglich für

170 **Tonbildschau.** Geräte zur Vertonung mit einem Projektor. Foto: Leitz Wetzlar

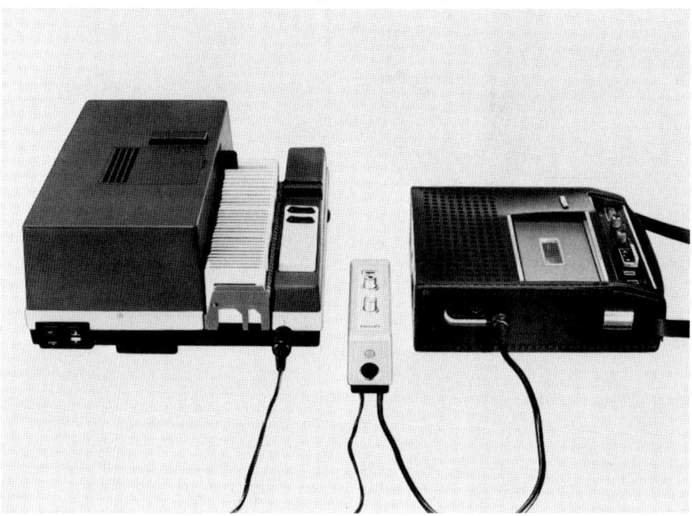

militärische Aufklärungszwecke entwickelte Thermographie findet heute in Medizin, Meteorologie und in einigen Bereichen der Technik vielseitige Anwendung, und zwar überall dort, wo es einzelne Wärmezonen gegeneinander abzugrenzen gilt bzw. um Wärmeverluste visuell erkennbar zu machen (Wärmeisolation).

Tiefdruck Das Verfahren hat seine geschichtlichen Vorläufer im Kupferstich, Stahlstich und in der Radierung. Die Druckfarbe wird hier wie dort von Vertiefungen (eingeätzte Flächen, Linien, Bildpunkte) im Druckstock aufgenommen und an das Papier abgegeben, während die Oberfläche der Druckplatte, im Falle des modernen Kupfertiefdrucks die Oberfläche des Druckzylinders, die nicht druckenden Teile darstellt. Der Kupfertiefdruck hat sich, durch die hohen Ansprüche des modernen Zeitschriftendrucks, zu einem hochqualifizierten Druckverfahren entwikkelt, vor allem für die Wiedergabe von Schwarzweiß- und Farbfotografien in Großauflagen (Millionenauflagen der Illustrierten). Die zum Druck vorgesehenen Fotos werden auf einen Positivfilm kopiert und anschließend (nach der umbruchgerechten Montage) beim erneuten Umkopieren auf einem speziellen Pigmentpapier aufgerastert. Diese Rasterkopie (60er, 80er, 100er Raster) wird auf den Druckzylinder übertragen (geätzt). Beim Druck wird die Farbe in unmittelbarem Kontakt von Papier und Druckzylinder aufgenommen.

Tiefensichärfe → Schärfentiefe

Timer → Zeitschaltuhr

Tischstativ Meist ein kleines, handliches Dreibein- oder Klemmstativ für Aufnahmen im Nahbereich. Gute Tischstative zeichnen sich durch stabile, feststellbare Kugelgelenkköpfe mit möglichst großer Kameraauflagefläche aus. (→ Stative).

Tonbildschau Die einfachste Art der Tonbildschau ist der normale, vom Bildautor kommentierte und mit Musik (Schallplatte, Tonband) untermalte Dia-Vortrag. Er kann u. U. publikumswirksamer sein als jede vollautomatisch gesteuerte → Multivision. Aufwendiger ist die vom Tonband gesteuerte Tonbildschau (Abb. 170). Hierzu bedarf es eines (oder mehrerer) technisch entsprechend eingerichteten Projektors, eines Stereo-Tonbandgeräts sowie eines speziellen Steuergeräts für den Bildwechsel. Mindestens eine der Spuren des Tonbandes wird als Signalspur für die Steuerung des Bildwechsels benötigt. Demnach sind tonbandgesteuerte Tonbildschauen mit Stereoton nur in Verbindung mit einem Vierspurgerät möglich, auf dem alle vier Spuren parallel bespielt bzw. abgespielt werden können. Neben der elektronischen, frequenzabhängigen Steuerung vom Tonband aus gibt es allerdings auch mechanisch arbeitende Steuergeräte, bei denen die Bildfolge durch Steckkontakte programmiert wird. Besonders variationsfähig hinsichtlich projektionstechnischer Raffinessen wird die Tonbildschau durch den Einsatz mehrerer Projektoren, die ein Überblenden der einzelnen Bilder ermöglichen (→ Überblendtechnik), sowie die simultane Projektion auf mehreren Projektionsfeldern bei entsprechend unterteilter Bildwand.

Tonen In der Fotografie des 19. Jh. spielte die Tonung von Schwarzweißbildern eine bedeutende Rolle, da es noch keinen Farbfilm gab. Heute erfreut sie sich im Zeichen der Nostalgie-Welle wieder zunehmender Beliebtheit. Ganz allgemein versteht man unter Tonen die chemische Umwandlung des Bildsilbers in eine gefärbte Verbindung. Für einige Tontrennungsverfahren muß das Bild zuerst gebleicht werden, bevor es sich tonen läßt (sog. Zweibadtonung). Bei der Einbadtonung wird das kolloidale Silber unmittelbar in eine farbige Verbindung überführt oder durch eine solche ersetzt. Diese Verfahren dienen einerseits dem Abschwächen oder Verstärken von Schwarzweißnegativen, andererseits – und das vorwiegend – der Farbtonung von Schwarzweißbildern, gleichgültig ob es sich um Papierbilder oder Diapositive handelt. Die wichtigsten Verfahren, die sich vorrangig zur Tonung von Papierbildern eignen, sind die Schwefeltonung, die Selentonung und die Goldtonung. Bei der Schwefeltonung wird das Bild erst (mit Kaliumferricyanid) gebleicht und dann in einem schwefelhaltigen Tonbad (Alkali- oder Ammoniumsulfidlösung) behandelt. Ebenso wie bei der Selentonung, wo anstelle der Sulfidlösung eine Selenidlösung verwendet wird, ist das Endergebnis eine Brauntönung des Bildes, hervorgerufen durch das entstandene Silbersulfid (bzw. Silberselenid). Eine rötliche Tonung erzielt man durch die Behandlung des bereits schwefelgetonten Bildes mit einer Lösung des komplexen Gold (I)-Rhodanid (Goldtonung). Wird das Silberbild direkt in der Goldsalzlösung getont, so oxidiert das edlere Metall das Silber, welches in Lösung geht. Übrig bleibt ein Bild aus kolloidalem Gold.

Tontrennung Um Halbtonbilder in differenzierte Grauwerte zu zerlegen (→ Isohelie), um bestimmte Graustufen in einem Bild herauszuarbeiten, um die Schatten oder Lichter zu betonen (vgl. Abb. 171), um vielleicht sogar ein Schwarzweißbild in Farbe umzusetzen, bedient man sich der Tontrennung. Vom Originalnegativ oder einer vergrößerten, positiven Planfilmkopie werden im Kontaktverfahren mit unterschiedlichen Belichtungszeiten auf hart arbeitende Kopierfilme einzelne

171 **Tontrennung.** Korkeiche. Foto: Hans Kanne, Darmstadt

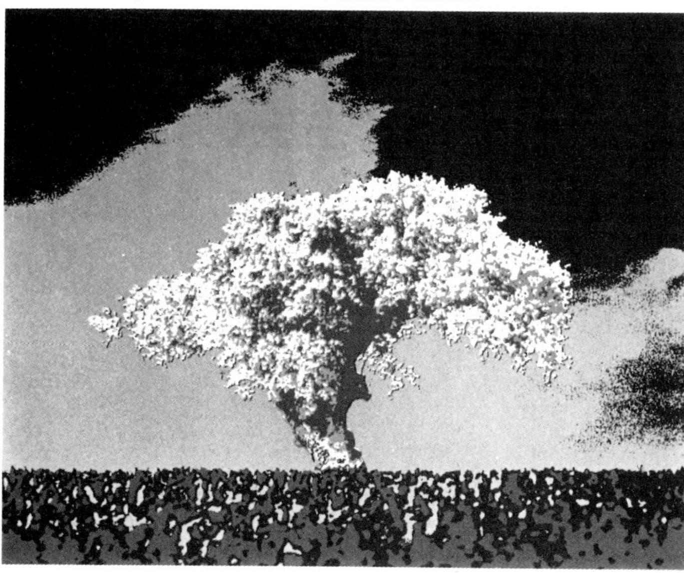

Tonwertauszüge kopiert. Sie werden bis zur gewünschten Dichte (evtl. chromogen, d. h. unter Zusatz von Farbentwickler und -kupplern) entwickelt. Direktkopien vom Originalnegativ müssen im Umkehrverfahren zu Negativen entwickelt werden, da sie zur Herstellung eines positiven Bildes benötigt werden. Geeignete Tonwertauszüge werden danach paßgerecht übereinandermontiert (mit Hilfe einer entsprechenden Passerleiste oder von mitkopierten Passerkreuzen) und schließlich auf ein Papier der Gradation weich oder normal umbelichtet. Es gibt noch andere Verfahren zur gezielten Beeinflussung der Tonwertskala, wie die Behandlung mit selektiven Abschwächern oder Verstärkern, sowie das Herstellen von deckungsgleichen Lichternegativen, die, zusammen mit dem Originalnegativ vergrößert, die Lichterzeichnung eines Bildes verbessern.

Tonwertumkehrung Eine Tonwertumkehrung findet statt, wenn aus einem Negativ ein Positiv entsteht (Negativ-Positiv-Verfahren) oder aus einem Positiv ein Negativ. In beiden Fällen werden helle Stellen des Ausgangsbildes dunkel und dunkle Stellen hell wiedergeben. Bei → Umkehrfilmen werden in einem einzigen Verarbeitungsprozeß die Tonwerte gleich zweimal umgekehrt, so daß als Ergebnis wieder ein dem Motiv entsprechendes tonwertrichtiges Bild entsteht.

Transparenz Die Lichtdurchlässigkeit einer belichteten und entwickelten fotografischen Schicht ist durch ihre Transparenz charakterisiert. Die Transparenz wird als Verhältniszahl (Dezimalbruch) oder in Prozenten angegeben (z. B. 0,5 oder 50%). Sie ist der Quotient aus durchgelassenem Lichtanteil und ursprünglich eingestrahlter Lichtintensität. Eine Transparenz von 0,0 (0%) bedeutet absolute Lichtundurchlässigkeit, ein Wert von 1,0 (100%) bedeutet, daß alles Licht durchgelassen wird. Der negative (dekadische) Logarithmus der Transparenz wird als → Dichte bezeichnet.

Transparex-Film Monochrome Farbfolien von Agfa auf Polyesterunterlage, die in vielen Farben hergestellt werden. Sie eigen sich zum Kopieren von Strichvorlagen und werden für bestimmte Aufgaben der → Foto-Grafik und des → Foto-Design eingesetzt, z. B. um Auszüge einer → Tontrennung oder → Äquidensiten in beliebige Farbtöne zu transponieren. Transparex-Folien werden im Direktkontakt mit dem zu kopierenden Film oder mit einem Papierbild im Thermokopier-Verfahren bei Tageslicht kopiert und in klarem Wasser »entwickelt«. Das Material wird vorzugsweise für die Gestaltung von Plakaten oder Anzeigen (auch für Overhead-Projektion) verwendet.

Trickfilter (vgl. Abb. 172) Im Unterschied zu → Tricklinsen haben Trickfilter keinen brennweitenverändernden Einfluß auf das Objektiv. Trickfilter sind reine Effektfilter. Sie spielen im Bereich gestaltender Fotografie (vor allem bei Werbeaufnahmen) eine Rolle. Zunächst können normale farbige → Kontrastfilter, wie sie in der Schwarzweißfotografie eingesetzt werden, zu Trickfiltern werden (Gelb-, Orange- und Rotfilter). Andererseits wird eine ganze Reihe spezieller Trickfilter angeboten. Populär sind farbige → Verlaufsfilter (teilweise eingefärbt), → Spektral-, → Sterneffekt- und → Popfilter. Auch weichzeichnende Filter in unterschiedlichsten Farbtendenzen gehören hierher. Entsprechend der Filterdichte müssen bei der Belichtungsmessung Verlängerungsfaktoren (→ Filterfaktoren) für die Belichtungszeit berücksichtigt werden.

Tricklinsen (vgl. Abb. 173, 174) Im Unterschied zu → Trickfiltern sind Tricklinsen Objektivvorsätze, die brennweitenabhängig sind, da sie den Strah-

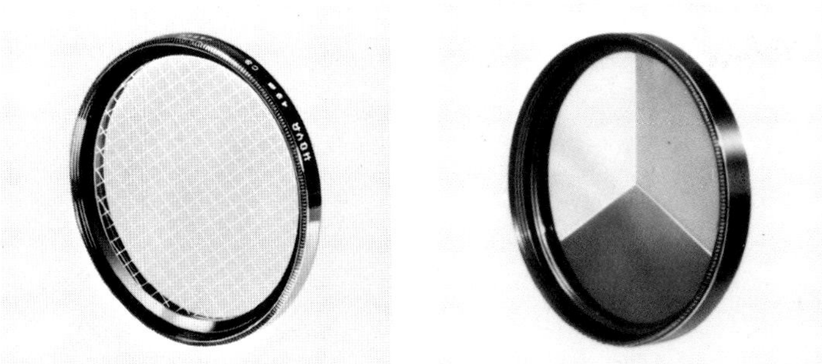

a b

172 **Trickfilter.** a) Gitterfilter – b) Tricolorfilter. Fotos: Hama, Monheim

lengang im Objektiv maßgeblich verändern. Ihre optimale Wirkung ist daher nur in der Kombination mit bestimmten Brennweiten zu erzielen. Die meisten sind für → Normalobjektive bzw. leichte → Tele- oder → Weitwinkelobjektive ausgelegt. Die in der Praxis am häufigsten eingesetzten Tricklinsen sind → Mehrfachprismen (vgl. Farbabb. 23, Abb. 105), → Multifokallinsen und → Punktlinsen. Da es sich insgesamt um Klarglaslinsen handelt, bedarf es beim Einsatz von Tricklinsen keiner Belichtungsverlängerung.

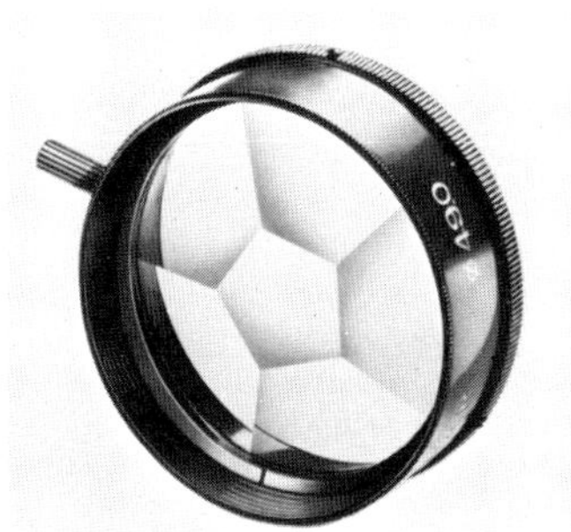

173 **Tricklinsen.** Tricklinse (Sechsfachprisma). Foto: Hama, Monheim

Trocknung Die Verarbeitung belichteter Filme und Fotopapiere schließt mit ihrer Trocknung ab. Filme werden ausschließlich an der Luft oder in Trokkenschränken mit Warmluftgebläse getrocknet. Beim Trocknen von Papieren unterscheidet man mehrere Methoden. Während konventionelle Fotopapiere nach wie vor in Trockenpressen oder -trommeln getrocknet werden, wurden für die kunststoffbeschichteten PE- und RC-Papiere neue, hochwirksame Warmluft- oder Infrarot-Trockengeräte entwickelt (→ Schnellverarbeitungsprozeß, Abb. 144). Leistungsstarke Infrarot-Trockner benötigen für den Trockenvorgang z. T. weniger als eine Minute. Erwähnenswert ist, daß sich kunststoff-

174 **Tricklinsen.** Aufnahme mit Dreifachprisma. Foto: Günter Osterloh, Wetzlar

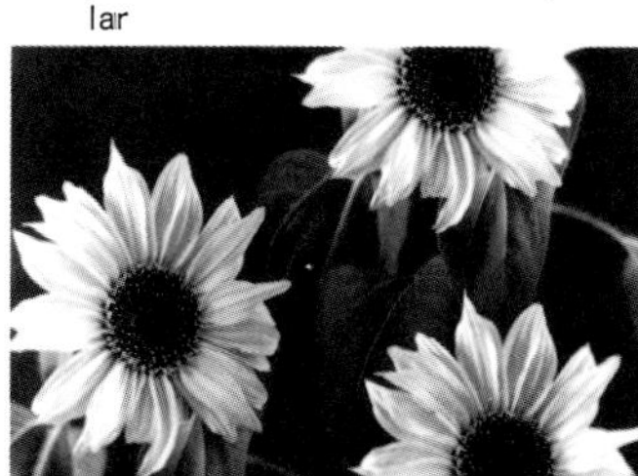

beschichtete Papiere außerdem in wenigen Minuten an der Luft trocknen lassen, ohne daß sich dies auf die Oberflächeneigenschaften (hochglänzend, halbmatt, matt) negativ auswirken würde.

Tropenfestigkeit Filmmaterial ist in den Tropen bei über 90% Luftfeuchtigkeit und einer jährlichen Durchschnittstemperatur von etwa + 30° C vom Bakterienbefall bedroht. Besonders die Farbwiedergabe von Farbfilmen wird durch die extreme Hitze stark beeinträchtigt, ebenso der Belichtungsumfang. Nicht zuletzt deshalb schweißen die Filmhersteller ihre lichtempfindlichen Materialien in stabile Kunststofffolien ein oder verpacken sie in luftdichten Metall- bzw. Kunststoffdosen. Fotografen, die viel in den Tropen arbeiten, sollten sich eine Mini-Trockenkammer zulegen. Das sind geeignete Styroporbehälter, die luftdicht verschlossen werden können. Darin ist das Filmmaterial vor Feuchtigkeit und unmittelbarer Hitzeeinwirkung geschützt. Zusätzlich können die Filmbehälter mit einem chemischen Trockenmittel (Silicagel) angefüllt werden. Für Kameras und Objektive gibt es tropenfeste Metallkoffer.

TTL-Messung (TTL = engl. through-the-lens) Die Belichtungsmessung durch das Objektiv wird als TTL-Messung bezeichnet. Es handelt sich um die zuverlässigste Art moderner → Belichtungsmessung, weil diese die Helligkeit des Motivs unmittelbar durch das jeweils an die Kamera gesetzte Objektiv mißt. Gemessen wird nur das Licht, das auch auf das Bild gelangt. TTL-Belichtungsmesser sind in Kameras mit Wechselobjektiven eingebaut. Fast alle hochwertigen → Spiegelreflexkameras des Kleinbildformats (und einige 6 x 6-cm-Kameras) sind damit ausgerüstet, ebenso einige Spitzenmodelle der → Meßsucherkameras. Man unterscheidet die selektive TTL-Messung (kleiner Meßwinkel) von der Integralmessung, die das ganze Bildfeld erfaßt. Bei manchen Kameras sind beide Meßmöglichkeiten vorgesehen.

Überbelichtung Bei → Negativfilmen führt die Überbelichtung zu dichten, z. T. fast schwarzen Negativen. Überbelichtete → Umkehrfilme erscheinen dagegen als zu dünn (zu hell). Das Resultat ist dennoch vergleichbar: Das normal vom Negativ gezogene Positiv zeigt ebensowenig eine Zeichnung in den Lichtern (hellste Stellen) wie die Wiedergabe vergleichbarer Stellen im Diapositiv. Ein zu dichtes Negativ kann jedoch, bei entsprechend verlängerter Belichtungszeit, im Kopierprozeß noch zu verwertbaren Ergebnissen führen. Diapositive mit »ausgefressenen« Lichtern sind hingegen durch keine Manipulation mehr zu retten. Hieraus resultiert: Während Schwarzweiß-Negativfilme mit ihrem relativ großen Belichtungsumfang (flache → Gradation) Überbelichtungen in gewissen Grenzen noch verarbeiten, müssen Farbnegativfilme und Farbumkehrfilme möglichst exakt belichtet werden.

Überblendtechnik Bei der Projektion von Diapositiven entsteht zwischen zwei aufeinanderfolgenden Bildern eine Dunkelpause. Sie dauert normalerweise zwischen 0,4 und 2 Sekunden und wird vor allem bei → Tonbild- bzw. → Multivisionsschauen als störend empfunden. Mit Hilfe von mindestens zwei Projektoren und einem Überblendgerät kann sie in der Weise eliminiert werden, daß ein Bild das andere unmittelbar ablöst (»harte« Überblendung) oder ein Bild aus dem anderen gewissermaßen herauswächst (»weiche« Überblendung). Bei weichen Überblendungen kann der Zeitraum des Überblendvorgangs zwischen ca. 0,8 und 4 s variiert werden. Es gibt auch Steuergeräte, bei denen der zeitliche Ablauf des Überblendvorgangs von Hand beliebig geregelt werden kann. Für die

Multivision werden die Wechselimpulse auf ein Tonband oder ein mechanisches Steuergerät programmiert und von dort an die Projektoren weitergeleitet. Bei frequenzgesteuerten Bildwechselgeräten lassen sich harte und weiche Überblendungen, Auf- und Abblendungen je nach Bedarf mischen.

Übereinanderkopieren → Lichtmontage

Überlagerung (Überalterung) Filme und Fotopapiere, die über das aufgedruckte Verfallsdatum hinaus verwendet werden, sind überlagert. Die Hersteller garantieren nur bis zu dem aufgedruckten Termin, kühle und trockene Lagerung vorausgesetzt, für die Konstanz der Filmempfindlichkeit, bei Farbmaterialien auch für die Qualität der Farben (vgl. auch → Kippende Farben). Die Erfahrung zeigt, daß Papiere und Filme bei gleichbleibend kühler Lagerung (+ 2 bis 10° C) auch noch geraume Zeit nach dem Verfallsdatum einwandfreie Resultate liefern.

Überstrahlung Bei Aufnahmen im → Gegenlicht kann es zu Überstrahlungen an den Konturen des Motivs kommen, insbesondere, wenn es unmittelbar die Lichtquelle verdeckt. Besonders deutlich wird dies bei → Silhouetten-Aufnahmen in denen der Überstrahlungseffekt absichtlich herbeigeführt und durch Unterbelichtung noch forciert wird. Solche Gegenlichtdarstellungen weisen naturgemäß extreme Kontrastumfänge auf und führen zu einer meist gravierenden Beeinträchtigung der Schattenzeichnung. Durch künstliches Aufhellen mit geeigneten → Reflexionsflächen bzw. Aufhellblitzen kann dem teilweise entgegengewirkt werden.

Ultrakurzzeiteffekt → Schwarzschild-Effekt

Ultraviolett-Fluoreszenz Photolumineszenz (kaltes Leuchten) eines Körpers oder Stoffes, der unsichtbares ultraviolettes Licht absorbiert und in Form sichtbaren Lichts wieder abstrahlt. Die UV-Fluoreszenz ist für die → Fluoreszenz-Fotografie von großer Bedeutung.

Ultraviolett-Fotografie Vorwiegend in Spektroskopie und → Mikrofotografie eingesetzte fotografische Aufnahmetechnik, die sich die Eigenschaften des unsichtbaren ultravioletten Lichtes (spezifisches Reflexions- und Absorptionsverhalten) zunutze macht. Um die Einwirkung jeglichen sichtbaren Lichtes auf den Film zu vermeiden, wird vor das Objektiv ein spezielles Ultraviolett-Filter (kein UVa-Filter!) gesetzt, welches nur für ultraviolette Strahlung durchlässig ist. Hierin unterscheidet sich die UV-Fotografie grundsätzlich von der → Fluoreszenz-Fotografie, welche nur das sichtbare, durch UV-Strahlung lediglich induzierte Fluoreszenzlicht bei der Aufnahme berücksichtigt. Bei den Aufnahmematerialien für die UV-Fotografie handelt es sich meist um gewöhnliche, nicht sensibilisierte (d. h. »farbenblinde«) Schwarzweißfilme, die für den an das sichtbare Spektrum angrenzenden UV-Bereich höchst empfindlich sind. Für UV-Strahlung kürzerer Wellenlängen (< 300 nm) werden die Filme mit fluoreszierenden Zusatzschichten versehen, die die kurzwellige Strahlung in längerwellige transformieren, für welche die Emulsion maximal lichtempfindlich ist.

Ultraviolett-Strahler Fotoleuchten mit hohem UV-Strahlungsanteil, die in der → Ultraviolett- und → Fluoreszenz-Fotografie eingesetzt werden. Meist besteht die Lichtquelle dieser Leuchten aus einer Quecksilberdampflampe bzw. Quecksilberhochdrucklampe aus Quarzglas, deren Strahlungsmaximum bei 365 nm liegt. Spezielle Ultraviolett-Filter (keine UVa-Filter!) sorgen dafür, daß nur der unsichtbare UV-Strahlungsanteil des Quecksilberdampflichts abgestrahlt wird.

Umentwicklung Normal belichtete Negative können, wenn das Ergebnis der Entwicklung unbefriedigend ausfällt, ein zweites Mal entwickelt werden. Man nennt das Umentwickeln. Zunächst wird das bereits vorhandene Silberbild gebleicht (→ Bleichbad). Negative, die zuvor zu dicht entwickelt wurden, können danach mit einem → Feinkornentwickler erneut und solange entwickelt werden, bis die angestrebte Dichte erreicht ist. Zu dünne (flaue) Negative werden unter Zusatz von Silbernitrat umentwickelt (halb physikalische, halb chemische Entwicklung). Entscheidend ist dabei, daß alle Arbeitsgänge bei hellem Licht, also nach Sicht, durchgeführt werden können.

Umkehrentwicklung → Entwicklung

Umkehrfilm Im Unterschied zu → Negativfilmen ergeben Umkehrfilme ein positives, tonwert- oder/und farbrichtiges Transparent-Bild, das für die Projektion oder den Druck geeignet ist. Die größte Bedeutung haben → Farbumkehrfilme (→ Rollfilme, → Planfilme), mit denen beliebig viele Kopien von Diapositiven hergestellt werden können. Sie haben eine flachere Gradation, um einer unerwünschten Kontraststeigerung beim Kopierprozeß entgegenzuwirken. Eine aktuelle Neuentwicklung auf dem Gebiet des Umkehrfilms sind die für das Silberfarbbleichverfahren entwickelten Cibachrome-Planfilme, die im → Dia-Direktverfahren verarbeitet werden. Für die Herstellung von schwarzweißen Diapositiven sind heute keine speziellen Umkehrfilme mehr erforderlich. Nahezu jeder Schwarzweiß-Negativfilm läßt sich im Umkehrverfahren direkt zum Diapositiv verarbeiten. Im Unterschied zum Farbumkehrverfahren muß hier nach der Erstentwicklung lediglich das negative Silberbild ausgebleicht werden. Das nach einer → Zwischenbelichtung und Zweitentwicklung entstehende Positiv wird anschließend normal ausfixiert.

Umkopieren Sowohl Negative als auch Positive können durch Umkopieren in ihrer Kontrastwiedergabe verändert werden. In den meisten Fällen handelt es sich um das Anheben der → Gradation bei flauen Negativen, von denen man eine kontrastreichere Wiedergabe anstrebt, um Positive, die durch das Umkopieren (z. B. auf → Lithfilm) ihren Halbtoncharakter verlieren und in harte Schwarzweiß-Grafiken umgewandelt werden (→ Tontrennung). Das Umkopieren von Farbdias über einen speziellen → Internegativ-Film ist gleichzeitig die einzige Möglichkeit, um Einfluß auf deren farbliche Zusammensetzung auszuüben (Ausfiltern von → Farbstichen etc.).

Unschärfe → Zerstreuungskreis, → Schärfentiefe

Unschärfenkreis → Zerstreuungskreis

Unterbelichtung Unterbelichtete → Negativfilme zeichnen sich durch geringe → Dichte (hell), unterbelichtete Diapositive (→ Umkehrfilme) durch zu hohe Dichte (dunkel) aus. Infolge des gegenüber Umkehrfilmen und Farbnegativfilmen vergrößerten Belichtungsumfangs von Schwarzweiß-Negativfilmen verkraften diese in einem bestimmten Maße auch Unterbelichtungen, die zuweilen sogar bewußt herbeigeführt werden, um durch eine entsprechend verlängerte Entwicklungsdauer die Lichtempfindlichkeit dieser Materialien besser auszunützen (→ empfindlichkeitssteigernde Entwicklung). Allerdings wächst mit verlängerten Belichtungszeiten auch das Korn. Bis zu einem gewissen Grad gestatten auch Farbumkehrfilme eine empfindlichkeitssteigernde Entwicklung nach der vorangegangenen, absichtlichen Unterbelichtung (bis zu 6 DIN).

Unterbrecherbad Im Unterbrecherbad wird der Entwicklungsvorgang des aus dem Entwickler kommenden Negativs oder Positivs gestoppt (deshalb auch

Stoppbad genannt). Bei einfacher Wässerung zwischen Entwicklungsvorgang und Fixieren werden die Bilder schwach weiterentwickelt (insbesondere bei höheren Temperaturen), so lange noch Spuren von Entwicklerchemikalien auf der Bildseite haften. Verwendet man statt normalem Wasser eine 2$^{0}/_{0}$ige Essigsäurelösung, so wird der Entwicklungsvorgang durch eine pH-Wert-Verschiebung aus dem alkalischen Bereich (des Entwicklers) in den sauren Bereich abgestoppt. In diesem Fall macht es nichts aus, wenn man die entwickelten Papiere längere Zeit im Stoppbad liegen läßt. Unterbrecherbäder bewähren sich insbesondere bei → Schnellverarbeitungsprozessen, weil sich manche nicht genügend Zeit lassen, um auf die Ausentwicklung eines Bildes zu warten; d. h. die Bilder werden bewußt überbelichtet und die Entwicklung vor der Ausentwicklung abgestoppt. Von sorgfältig arbeitenden Fotografen wird dieses Verfahren allerdings nur in Notfällen praktiziert.

UVa-Filter Ultraviolett absorbierendes Filter (meist nur als UV-Filter bezeichnet), welches als → Dunst- oder → Skylightfilter bei der Aufnahme verwendet wird.

Varioeffekt →Zoomeffekt

Vario-Objektiv (Abb. 175) Objektive mit manuell oder motorisch veränderlicher Brennweite (auch Zoom-Objektiv oder Gummilinse genannt). Sie sind in modernen Filmkameras längst Standardausrüstung. In der Fotografie werden sie wegen ihrer Unhandlichkeit einerseits (großes Gewicht durch bis ca. 30 Linsen) und ungleichmäßige Abbildungsqualität andererseits nur beschränkt eingesetzt. Vorteil: Die Objektive gestatten innerhalb gewisser Grenzen die Wahl unterschiedlicher Bildausschnitte von ein und demselben Aufnahmestandort aus. Außerdem lassen sich durch Verstellen der Brennweite während der Belichtung dynamisch wirkende → Zoomeffekte erzielen. Das Prinzip der

175 **Vario-Objektiv** (Zoom-Objektiv, Gummilinse). a) Vario-Objektiv für 6x6 cm-Kamera Variogon 1:5,6/140–280 mm – b) Schnittbild dieses Vario-Objektivs. Foto und Zeichnung: Schneider-Optik, Bad Kreuznach

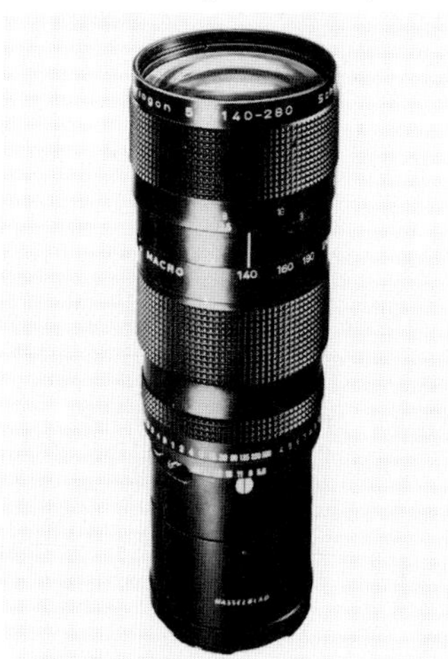

a

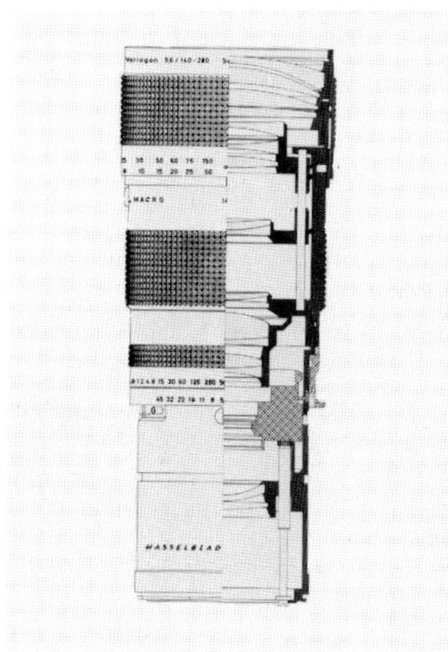

b

Brennweitenverstellung beruht auf einer kontinuierlichen Veränderung der relativen Lage einzelner Linsengruppen zueinander mit sog. → floating-elements. Bei hochwertigen Vario-Objektiven wird auf exakte Beibehaltung der Scharfeinstellung und des Öffnungsverhältnisses während der Brennweitenveränderung besonderer Wert gelegt.

Verfallsdatum → Überlagerung

Verfremdung Als Verfremdung eines Bildes bezeichnet man jedes Abweichen von der normalen, tonwertrichtigen und farbgetreuen Wiedergabe eines fotografischen Motivs. So gesehen ist bereits die Schwarzweißwiedergabe eines farbigen Gegenstandes als Verfremdung zu betrachten. In der Praxis gelten jedoch nur drastisch manipulierte Schwarzweiß- oder Farbfotos als verfremdet, z. B. → Solarisationen, → High Key- und → Low Key-Bilder, → Isohelien etc.

Vergrößerung Fotografieren beginne in der Dunkelkammer, meinen manche, und sie übertreiben natürlich. Aber zweifellos ist die Endstufe des fotografischen Prozesses, die Vergrößerung des Bildes in der Dunkelkammer unter dem → Vergrößerungsgerät, ein sehr entscheidender Schritt zur Erzielung eines qualitativ hochwertigen Bildes. Dieses vergrößerte Bild kann ein Papierbild oder ein Diapositiv sein. Kleinbildnegative (24 x 36 mm) sollten mindestens fünffach, also auf ein Format von 13 x 18 cm vergrößert werden, wenn man diskutable Bildwirkungen erreichen möchte. Kleinere Bildformate sind wenig geeignet, dem Bildinhalt, und sei es ein noch so einfaches Moitv, in seinem ganzen Detailreichtum gerecht zu werden. Für Wand- und Ausstellungsbilder sind, da hier die Betrachtungsabstände größer werden, Formate zwischen 30 x 40 cm und 50 x 60 cm (auch größer) durchaus angemessen. Die Qualität moderner Filme erlaubt eine solche Vergrößerung ohne Schwierigkeiten. In Extremfällen, z. B. beim Einsatz von Fotos für die Werbung, werden heute selbst vom Kleinbildformat metergroße Vergrößerungen von hoher Schärfe hergestellt. Hierfür ist allerdings der Weg des → Umkopierens über größere Internegativ-Formate üblich. Das bisher größte Farbdiapositiv, das auf diese Weise nach einem Kleinbildformat vergrößert wurde, ist über 18 m breit und 5,5 m hoch (→ Internegativ, Abb. 83). Das entspricht etwa einer 500fachen Vergrößerung eines Diapositivs von 24 x 36 mm. Dies zeigt, daß der Vergrößerungsfähigkeit moderner Filmmaterialien kaum Grenzen gesetzt sind. Voraussetzung ist ein einwandfrei belichtetes und entwickeltes Originalnegativ oder Diapositiv.

Ebenso entscheidend wie die richtige Bildgröße kann die gestalterische Einflußnahme des Fotografen auf den Vergrößerungsvorgang selbst sein. Hier wird einiges für die ästhetischen Qualitäten des Bildes getan: durch die Wahl der geeigneten Papier-Gradation, durch → Nachbelichten, → Abhalten oder → Abwedeln. Es geht um die gleichmäßige Durchzeichnung, das Hervorheben oder Zurückdrängen bestimmter Details. Selbst bei einwandfreier Aufnahmetechnik und präziser Entwicklung des Negativs läßt sich durch solche Manipulationen die Abbildungsqualität optimieren. Nicht vergessen sei die Wahl des wirksamsten Bildausschnitts, z. B. durch Veränderung der durch das Negativformat gegebenen Seitenverhältnisse oder durch Abmaskieren von Randpartien, die die formale Ordnung des Bildinhalts stören. Es zeigt sich, daß dem rein gestalterischen Teil der Vergrößerungsarbeit eine ähnlich große Bedeutung zukommt wie dem der Aufnahmetechnik. Nicht immer läßt sich ein Motiv schon bei der Aufnahme in vollendeter Form erfassen, sei es aufgrund eines ungünstigen Kamerastandorts oder sonstiger ungünstiger Umstände bei der Aufnahme. Eine gekonnte Vergrößerungstechnik bietet dann die Chance zu einer letzten wirksamen Korrektur.

Vergrößerungseffekt Bei der Vergrößerung fotografischer Bilder wird von einem bestimmten Vergrößerungsmaßstab an deren Kornstruktur deutlich (→ Korn). Man bezeichnet die maximal mögliche Vergrößerung, bei der das Korn gerade noch nicht sichtbar wird, als Grenzvergrößerung. Die Körnigkeit eines Bildes wird jedoch in manchen Fällen in gestalterischer Absicht bewußt forciert (→ Impressionismus).

Vergrößerungsgerät (Abb. 176) Mit dem Vergrößerungsgerät werden, ausgehend von einem schwarzweißen oder farbigen Negativ (neuerdings auch vom Diapositiv, → Dia-Direktverfahren) Papiervergrößerungen und vergrößerte Diapositive hergestellt. Über einer massiven Grundplatte ist an einer stabilen Stativsäule das eigentliche Vergrößerungsteil – in der Höhe verstellbar – aufgehängt. Es besteht aus der Filmbühne mit Filmandruckplatte, dem Vergrößerungsobjektiv und einem Lampenhaus. Letzteres besitzt zur gleichmäßigen Ausleuchtung des Bildfeldes einen → Kondensor, der das von der Lichtquelle kommende Licht stark bündelt. Das Negativ bzw. Diapositiv in der Filmbühne wird über ein auswechselbares, spezielles Vergrößerungsobjektiv in *die* Ebene abgebildet, in der das Fotopapier vom Vergrößerungsrahmen fixiert wird. Die Wahl der Brennweite des jeweils einzusetzenden Vergrößerungsobjektivs muß vom notwendigen Vergrößerungsmaßstab abhängig gemacht werden. Je kürzer die Brennweite, desto größer wird das projizierte Bildfeld. Gewöhnliche Vergrößerungsgeräte sind für das Kleinbild- und Mittelformat (24 x 36 mm und 6 x 6 cm bis 6 x 9 cm) eingerichtet. Für die Großbildtechnik stehen Vergrößerungsgeräte ab 9 x 12 cm zur Verfügung. Um Farbvergrößerungen zu ermöglichen, ist das Lampenhaus meist mit einer Filter-

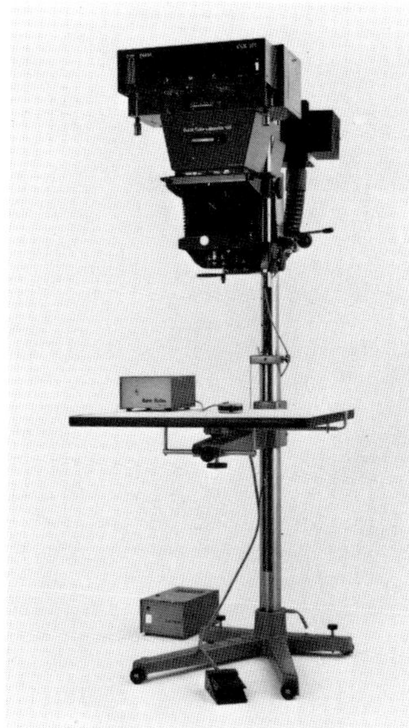

176 **Vergrößerungsgerät.** Profi-Gerät für Farbe und Schwarzweißtechnik. Foto: Durst, Bozen

schublade versehen, in die zur Verarbeitung von Farbfilmen entsprechende Filterfolien oder Glasfilter eingelegt werden. Meist läßt sich das komplette Lampenhaus gegen einen → Farbmischkopf für stufenlose Filterung auswechseln. Hingegen sind typische Farbvergrößerungsgeräte von vornherein mit einem solchen ausgestattet. Anspruchsvolle Geräte besitzen eine mechanische Vorrichtung zur automatischen Scharfeinstellung: Bei jeder Höhenverstellung des Vergrößerungsgerätes bewegt sich ein Mitnehmer über eine Steuerkurve und stellt dadurch kontinuierlich den Objektivauszug und damit die Schärfe nach.

Zur Herstellung von kleinformatigen Reproduktionen kann die Filmbühne bei manchen Geräten durch eine Reproduktionskassette ersetzt werden: Das Vergrößerungsgerät wird quasi zur Reprokamera (→ Reproduktionsgerät) umfunktioniert. Die zu reproduzierende Vorlage wird dazu in den → Vergrößerungsrahmen oder direkt auf die Grundplatte gelegt. Die Belichtung des Planfilms oder der Fotoplatte in der Reprokassette erfolgt durch kurzzeitige Beleuchtung der Vorlage mit einer systemgerechten Repro-Beleuchtungseinrichtung (2 oder 4 Lampen). Die Belichtungszeiten werden in jedem Fall über eine → Zeitschaltuhr geregelt. Anspruchsvolle Vergrößerungsgeräte verfügen über zusätzliche technische Raffinessen, wie z. B. über eine verschwenkbare Filmbühne und Objektivebene zum → Entzerren perspektivischer Verzerrungen (Abb. 145), ein Rotfilter zur Betrachtung des Negativs auch bei eingelegtem Fotopapier (nur bei schwarzweiß möglich), einen Hilfsspalt zur Scharfeinstellung etc. An einigen Geräten läßt sich der Vergrößerungskopf um 90° schwenken, um Großvergrößerungen in horizontaler Projektion auf eine senkrechte Wand zu ermöglichen. Dem gleichen Zweck dienen spezielle Horizontalvergrößerungsgeräte, die auf Schienen verschiebbar angeordnet sind. Bei mehrbahnigen Großbildern (jeweils 100 cm oder 127 cm breit) wird nur *eine* senkrechte Bahn auf einmal belichtet. Mit Hilfe einer horizontal verschiebbaren Filmbühne wird das Negativ – der Papierbahnbreite entsprechend – in Teilstreifen einzeln aufbelichtet. Vorteil: keine Ausleuchtungsprobleme.

Vergrößerungsrahmen (auch Vergrößerungskassette) Für das Kopieren von Negativen oder Diapositiven auf Fotopapier wird ein Vergrößerungsrahmen benötigt (Abb. 177). Er dient der Planlage der lichtempfindlichen Papiere (oder Filme) in der Projektionsebene des → Vergrößerungsgeräts, auf ihn wird das zu vergrößernde Bild scharf eingestellt. Mit zwei bis vier verschiebbaren Halteleisten wird das Papier niedergehalten und zugleich der beabsichtigte Bildausschnitt abmaskiert. Für Großvergrößerungen ab 50 x 60 cm werden Rahmen mit pneumatischer Ansaugvorrichtung angeboten, die die randlose Vergrößerung und absolute Planlage selbst stärkster Fotopapiere (auch von Fotokarton) gewährleisten. Zum → Entzerren perspektivischer Verzerrungen gibt es Spezialrahmen, die auf einem feststellbaren Kugelgelenk schwenkbar gelagert sind und eine entsprechende Schräglage des Fotopapiers ermöglichen (Abb. 45). Speziell zum Einsatz in der Farbdunkelkammer dienen sog. Vielfachbelichtungsrahmen. Mit ihrer Hilfe können bis zu vier Teilbelichtungen nach unterschiedlichen Probefarbfilterungen auf ein und dasselbe Blatt Papier gemacht werden.

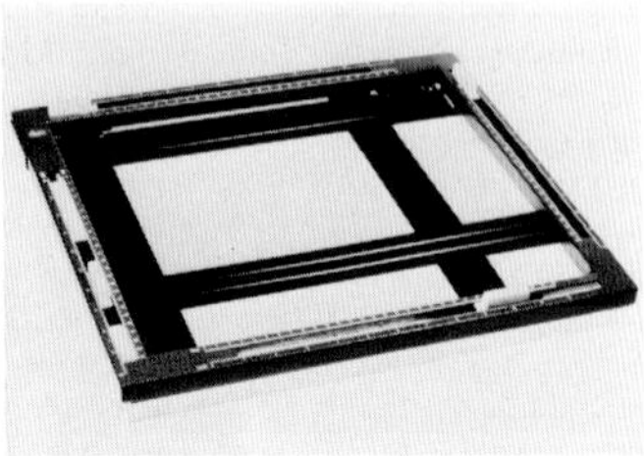

177 **Vergrößerungsrahmen.** Foto: Leitz Wetzlar

Vergütung → Mehrschichtenvergütung

Verlängerungsfaktoren → Filterfaktoren

Verlaufsfilter → Farbverlaufsfilter

Verschlußzeit → Belichtungszeit

Verschlußzeitenautomatik → Belichtungsautomatik

Verstärker (chemisch) Im Bereich der chemischen Negativ-Retusche ist nicht nur das Abschwächen von Interesse, sondern ebenso das (partielle) Verstärken mit einer entsprechenden Verstärkerlösung (z. B. Quecksilber- oder Silberchlorid), wodurch die Deckung (Dichte) einzelner Bildpartien oder des gesamten Negativs erhöht werden kann. Die Metallsalze lagern sich dabei an bereits entwickelte Silberkristalle an und werden in einem zweiten Bad, das ein geeignetes Reduktionsmittel (Entwicklerlösung) enthält, zu elementaren Metallen reduziert, welche in ihrer feinen Verteilung im Negativ eine verstärkte Absorption des Lichtes bewirken. Eine andere Möglichkeit zur Verstärkung von Negativen stellen einige Tonungsverfahren (→ Tonen) dar.

Verstärkerfolie → Röntgenfotografie

Verwackeln Nicht nur die Bewegung eines Motivs kann zu einer unscharfen Abbildung führen (→ Bewegungsunschärfe), sondern auch die (unbeabsichtigte) Eigenbewegung der Kamera. Durch plötzliches Nachlassen des Auslösedrucks bei der Belichtung sowie durch die Bewegung des Klappspiegels bei einäugigen → Spiegelreflexkameras entstehen u. U. verwackelte Aufnahmen, ebenso durch hastige Bewegungen in ungünstigen Aufnahmesituationen. Die Gefahr des Verwackelns ist um so größer, je länger die → Belichtungszeiten sind. Auch die Brennweite des jeweils eingesetzten Objektivs spielt eine Rolle. Bei langen Brennweiten (kleiner Bildwinkel) ändert sich der Bildausschnitt schon bei den kleinsten Kamerabewegungen. Während beim Einsatz kurzer Brennweiten (→ Weitwinkelobjektive) noch Belichtungszeiten von 1/30 s gut zu halten sind, können Freihandaufnahmen mit einem 135-mm-Objektiv bei einer 1/125 s verwackelt sein. Um bei Langzeitbelichtungen, die vom Stativ erfolgen, die Gefahr des Verwackelns durch den Auslösevorgang zu reduzieren, sollte man den Drahtauslöser oder das Vorlaufwerk (Selbstauslöser) der Kamera benützen.

Verwischen Jedes rasche Bewegen der Kamera während der Dauer einer längeren Belichtungszeit (etwa ab 1/30 s) bewirkt ein verwischtes Bild, wobei die Art des Unschärfeneffektes von der Länge der Belichtungszeit und der Geschwindigkeit und Ausdehnung der Bewegung abhängt. Die auf einen Wischeffekt abzielende Manipulation erfolgt meist in der Absicht, die Illusion von Geschwindigkeit hervorzurufen (z. B. durch → Mitziehen der Kamera bei Sportaufnahmen, vgl. Abb. 108). Andererseits wird die Verwischung als Gestaltungsmittel impressionistischer Fotografie (→ Impressionismus) eingesetzt. Durch eine wie immer geartete Unschärfe läßt sich u. U. der Eindruck des Flüchtigen, Schwebenden, vielleicht sogar Unwirklichen in einem Landschaftsbild oder in einem Stilleben betonen (Abb. 178). Die aufnahmetechnische Schwierigkeit liegt darin, die Kamera erst im allerletzten Augenblick der Offenzeit des Verschlusses rasch und gleichmäßig nach oben, unten oder seitwärts wegzuziehen. Dieses nämlich bewirkt, daß im Endeffekt ein an sich scharfer Bildkern von → Bewegungsunschärfe (vgl. Farbabb. 17) überlagert wird. Einfacher läßt sich dieser Effekt durch eine → Doppelbelichtung (oder in einem → Sandwich) verwirklichen, weil hier zwei Einzelaufnahmen, eine scharfe und eine verwischte, übereinanderbelichtet oder übereinandermontiert werden können.

Verzeichnung Zu einer Verzeichnung führen Linsen, die bewirken, daß bei der Aufnahme von Motiven mit geraden Linien, die nicht durch die Bildmitte gehen, diese in der Abbildung nicht als Gerade, sondern als gekrümmte Linien erscheinen. Je weiter diese Geraden außerhalb der Bildmitte liegen,

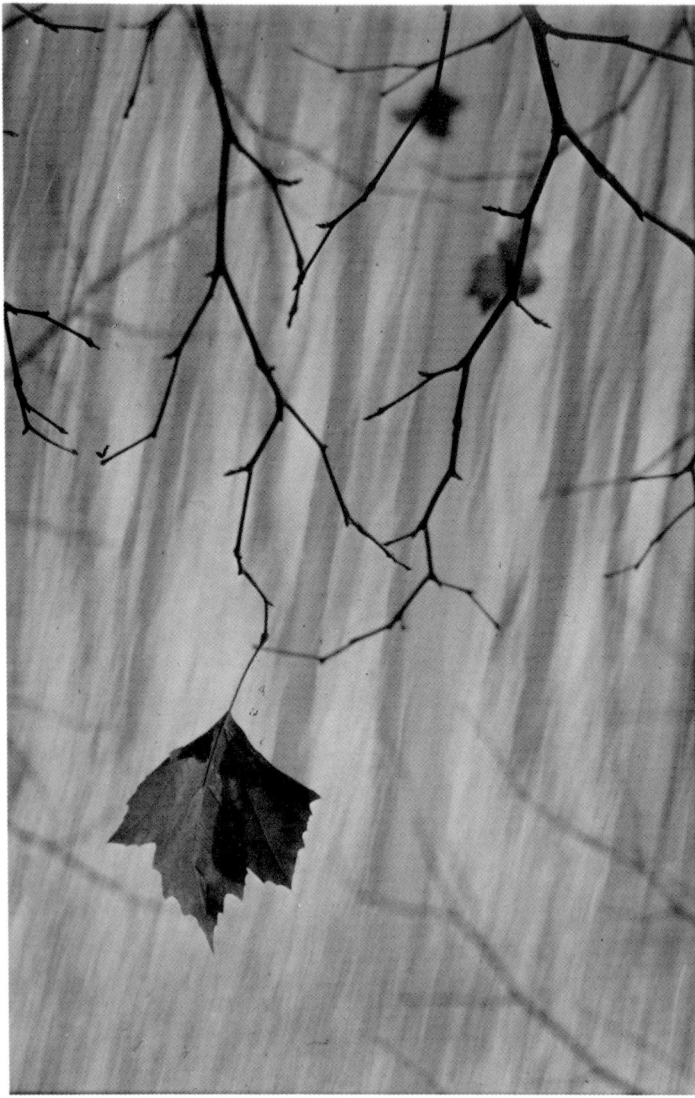

178 **Verwischen.** Sandwich-Aufnahme. Foto: Rudolf Auer, Rentrisch

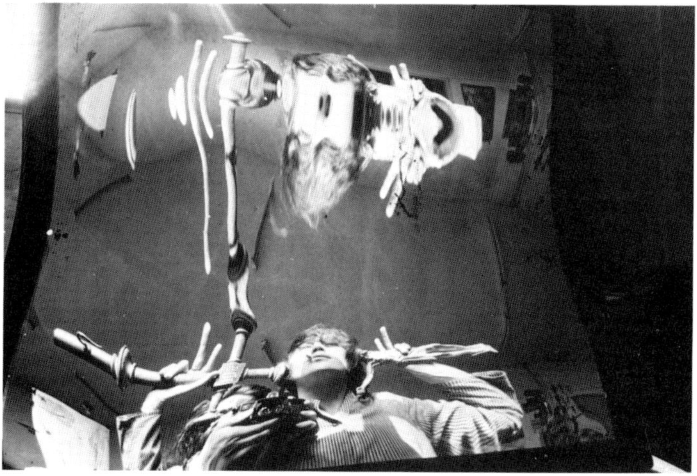

179 **Verzerrung.** Bert Gerresheim 1972. Foto: Bernd Jansen, Düsseldorf

desto stärker gebogen erscheinen sie im Bild. Die Ursache für diesen Abbildungsfehler liegt in der Inkonstanz des Abbildungsmaßstabes für Lichtstrahlen, die unter verschiedenen Winkeln zur optischen Achse in das Objektiv einfallen. Wirklich auffallend sind Verzeichnungen heute nur noch bei extremen → Weitwinkelobjektiven, bei deren Konstruktion die Hersteller bewußt auf eine Korrektur der Verzeichnung verzichtet haben. Typisch hierfür ist das extreme → Fish Eye-Objektiv, dessen Bildfeld kreisförmig begrenzt ist (Abb. 55).

Verzerrung Darstellungen, die gegenüber der natürlichen Betrachtungsweise im Bild verändert erscheinen, werden als verzerrt bezeichnet (Abb. 179). Im Bereich gestaltender Fotografie gibt es viele Möglichkeiten beabsichtigter Verzerrung, z. B. durch Schwenken oder Verwackeln der Kamera, durch Einsatz eines → Fish Eye-Objektivs bzw. von → Tricklinsen. Beim Vergrößern von Fotopapieren können Verzerrungen (zum Zwecke des Karikierens) durch Wölben oder Knicken des Fotopapiers vor oder während der Belichtung erzeugt werden. Auch Aufnahmen aus extremer Nähe führen, insbesondere beim Einsatz von → Weitwinkelobjektiven, zu Verzerrungen. → Stürzende Linien (Abb. 163) sind nichts anderes als Verzerrungen. Sie können durch → Entzerren beseitigt werden.

Video Art Im Prinzip ist ein Video-Synthesizer eine Art Bildgenerator, der elektronische Signale in Formen und Farben umsetzt (Farbabb. 4), wie sie ein Musik-Synthesizer als Klänge erzeugt. Mit Hilfe eines Farbfernsehmonitors können sowohl geometrische Muster durch x-y-Signale, als auch Kreise, Kurven, Dreieckkombinationen usw. durch Formgeneratoren dargestellt werden. Durch den Anschluß einer Schwarzweiß-Fernsehkamera werden beliebige gegenständliche Objekte in Art der → Äquidensiten-Umsetzung ins Bild integriert und mit den anderen Strukturen gemischt. Sieben Graustufen lassen sich in Farbtöne oder Hell-Dunkel-Konturen umsetzen, die nahezu beliebig farbig manipuliert werden können. Bei Verwendung eines Mikrofons, Tonbandgerätes oder Musik-Synthesizers können Farbbilder auch dynamisch und frequenzabhängig moduliert werden. Das Video Art-Signal kann auf Band gespeichert, mit anderen farbigen Video-Signalen gemischt und schließlich vom Bildschirm als Serie abfotografiert werden. Kleinformatige Prints werden für Ausstellungen zu Abläufen zusammengestellt und zu Bildflächen gereiht (→ Reihentechnik).

Vignettierung Gleichmäßiges Abfallen der Bildhelligkeit zum Bildrand hin (vor allem in den Ecken) nennt man Vignettierung (Lichtabfall). Die natürliche Vignettierung ist darauf zurückzuführen, daß für schräg durch das Objektiv fallende Strahlenbündel, verglichen mit achsenparallelen Lichtstrahlen, einerseits der effektive Querschnitt der Eintrittspupille verringert und andererseits die Weglänge bis zur Bildebene vergrößert ist. Darüber hinaus hat schräg auf den Film auftreffendes Licht eine geringere Beleuchtungsstärke (geringere Intensität) als senkrecht auftreffendes. Diese natürliche Vignettierung ist begreiflicherweise bei → Weitwinkelobjektiven stärker ausgeprägt als bei Objektiven eines kleineren Bildwinkels. Besonders sichtbar wird die Vignettierung bei leicht unterbelichteten Farbumkehrfilmen, die infolge ihres geringen Belichtungsspielraums empfindlicher auf Helligkeitsschwankungen reagieren als Negativfilme. Ausgesprochen störende Vignettierungen erzeugen falsche Gegenlichtblenden oder zu enge Linsenfassungen bei minderwertigen Objektiven. Sie können die schräg einfallenden Lichtbündel beschneiden und bewirken dann eine künstliche Verschattung der Randzonen einer Aufnahme. Vignettierungen lassen sich aber auch absichtlich herbeiführen. Nostalgisch angehauchte Porträtfotografen praktizieren mit entsprechenden Vorsatzblenden eine ovale oder runde Vignettierung. Auf diese Weise wird auf den Porträts eine Art Fenstereffekt erzeugt.

Vintage print (engl. »Weinlese«-Druck) Als vintage prints werden neuerdings historisch besonders wichtige und deshalb wertvolle Fotografien bezeichnet. Es handelt sich um Abzüge, die vom Autor persönlich und unmittelbar oder kurze Zeit nach der Aufnahme selbst hergestellt wurden.

Vorbelichtung Wird eine fotografische Schicht vor der eigentlichen Belichtung kurzzeitig diffusem Licht ausgesetzt, dessen Intensität unter dem Schwellenwert bleibt, der für eine minimale, vom → Grundschleier unterscheidbare → Schwärzung notwendig wäre, entstehen in der → Emulsion kleinste Silberkeime, die bereits durch schwaches Licht während der nachfolgenden, eigentlichen Belichtung zum voll entwicklungsfähigen Keim anwachsen. Das bedeutet, daß durch eine kurzzeitige, hochintensive Vorbelichtung (Hypersensibilisierung) die Lichtempfindlichkeit fotografischer Materialien gesteigert werden kann. Gleichzeitig wird die → Gradation verflacht, ein Effekt, den sich große Kopieranstalten zunutze machen, um anstelle mehrerer Papiersorten unterschiedlicher Gradationen mit einer einzigen (nämlich extrahart) auszukommen. Die Gradation wird für den jeweiligen Vergrößerungsprozeß durch Vorbelichtung entsprechend verflacht. Eine ähnlich empfindlichkeitssteigernde Wirkung hat die → Latensifikation des bereits latent belichteten Bildes.

Vorlaufwerk → Selbstauslöser

Vorsatzlinsen Sämtliche Linsen oder Linsen-Kombinationen (z. B. Achromate), die, vor das Objektiv gesetzt, eine Veränderung des Strahlenganges im Objektiv bewirken, sind Vorsatzlinsen. Dazu gehören die brennweitenverkürzenden → Nahlinsen, → Weichzeichner und einige → Tricklinsen. Vorsatzlinsen werden entweder einfach auf das Objektiv gesteckt oder in das Filtergewinde eingeschraubt.

Vorwahlblende Bei → Spiegelreflexkameras mit → Springblende wird die stets voll geöffnete Blende nur während der Belichtung auf ihren Arbeitswert zugezogen. Diese → Arbeitsblende wird am Blendeneinstellring vorgewählt.

Warmlufttrocknung Mit dem Erscheinen der kunststoffbeschichteten Fotopapiere hat die Warmlufttrocknung das Trocknen von Fotopapieren auf der konventionellen Trockenpresse (oder Trockentrommel) weitgehend abgelöst. Die Vorteile dieser Methode sind verkürzte Trockenzeiten und eine geringere mechanische Belastung der fotografischen Schichten (vgl. auch → Infrarottrocknung).

Wässern Aufgabe der Zwischen- und Schlußwässerung ist die restlose Beseitigung von Chemikalien, die in Emulsion und Trägerschicht von Filmen und Fotopapieren aus vorangegangenen Verarbeitungsbädern zurückgeblieben sind. Von der Gründlichkeit des Wässerns hängt u. a. die Haltbarkeit entwickelter fotografischer Materialien ab. Der Zusatz eines Netzmittels in der letzten Phase der Schlußwässerung soll die Bildung von Trockenflecken verhindern.

Wechselobjektiv Eine Kamera, gleich welchen Formats, wird dann zur → Systemkamera, wenn sie, zur Bewältigung verschiedenster Aufgaben, mit einer Anzahl von Wechselobjektiven ausgestattet ist, vom extremen → Weitwinkelobjektiv bis zum → Tele- oder → Fernobjektiv. In erster Linie wird die Wahl einer bestimmten Brennweite von der Aufnahmeentfernung bestimmt. Mit Tele- oder Fernobjektiven überbrückt der Fotograf größere Entfernungen, während er kurzbrennweitige Objektive vorwiegend bei kleinen Aufnahmeabständen einsetzt. Wesentlich für die Gestaltung von Motiven sind natürlich auch Perspektive und Ausdehnung des Schärfentiefenbereichs. Auch sie können durch die Wahl einer bestimmten Brennweite beeinflußt werden. So wird beim Einsatz von Teleobjektiven die Perspektive in der Bildtiefe stark komprimiert, wobei Vorder- und Hintergrund, zumindest bei stark geöffneter Blende, unscharf werden. Weitwinkelobjektive dagegen lassen die Abstände der abgebildeten Details in der Tiefe wesentlich größer erscheinen, als sie in Wirklichkeit sind. Der Schärfentiefenbereich solcher Aufnahmen reicht meist vom Vordergrund bis zum Hintergrund. Man kann also sagen: Je länger die Brennweite, desto stärker werden die Schärfen- und Unschärfenkontraste. → Vario-Objektive können bis zu einem gewissen Grad die Eigenschaften mehrerer Objektive in sich vereinigen (großer Brennweitenspielraum).

Weichzeichner Weichzeichner sind Objektive und Objektivvorsätze, bei denen das durch das Objektiv dringende Licht durch die reliefartige Oberfläche des Glases geringfügig gestreut wird. Leichte Unschärfen entstehen, weil ein unscharfes (diffuses) Bild den scharf abgebildeten Bildkern überlagert. Erreicht wird dieser Effekt durch spezielle Linsenelemente, durch → Dutoscheiben (Scheiben mit konzentrischen Ringen) oder durch Gitterstrukturen an der Filteroberfläche. Charakteristisch für weichgezeichnete Aufnahmen ist, daß das Licht in die Schattenpartien überstrahlt, diese also zumindest an den Rändern aufhellt (vgl. Farbabb. 13). Die Verwendung von Weichzeichnern am Vergrößerungsgerät (meist zur → Korndämpfung) ergibt dagegen eine genau umgekehrte Wirkung, d. h. die Schatten breiten sich in die helleren Partien aus. In jedem Fall sind die Übergänge zwischen Lichtern und Schatten gleitend. Für gestalterische Zwecke in der Farbfotografie werden sogenannte Low-Contrastfilter, Diffusionsfilter oder Nebeleffektfilter eingesetzt, die sich in ihrer Diffusionswirkung unterscheiden. Die Weichzeichnung läßt sich durch den Einsatz längerer Brennweiten noch intensivieren.

Weitwinkelobjektive (→ Objektive, Abb. 117b) Sie erfassen einen großen Bildwinkel von ca. 65–180°. Dem entsprechen Objektivbrennweiten (bezogen auf das Kleinbildformat) von 35 mm bis 7,5 mm. Da die Schnittweite (Abstand zwischen dem hintersten Linsenglied und der Bildebene) bei normalen Objektivkonstruktionen kleiner ist als die objektiveigene Brennweite, sitzen vor allem die extremen Weitwinkelobjektive sehr dicht vor der Bildebene. Diese Anordnung ist bei Sucherkameras ohne weiteres realisierbar, während bei → Spiegelreflexkameras der Raum für den Klappspiegel das Einhalten einer Mindestschnittweite erforderlich macht. Deshalb werden Weitwinkelobjektive mit einer im Vergleich zur Brennweite verlängerten Schnittweite konstruiert. Dazu wird *vor* das eigentliche (sammelnde) Linsen-System ein großes zerstreuendes Linsen-System gesetzt (eine sog. Retrofokus-Konstruktion), wodurch die Lage der bildseitigen Hauptebene weit hinter das letzte Linsenglied verlagert wird. Die an sich schon hohe Linsenzahl von normalen Weitwinkelobjektiven (etwa 6 bis 9 Linsen) wird in diesem Fall noch erhöht (bis zu 10 Linsen und mehr). Weitwinkelobjektive kurzer Brennweite haben eine begrenzte Lichtstärke, da bei großem Öffnungsverhältnis die Korrektur der Abbildungsfehler einen unangemessenen Mehraufwand für die Konstruktion bedeuten würde. Durch den großen Winkel, unter dem Licht-

180 **Weitwinkelobjektive.** Aufnahme mit 16 mm-Objektiv. Foto: Günter Osterloh, Wetzlar

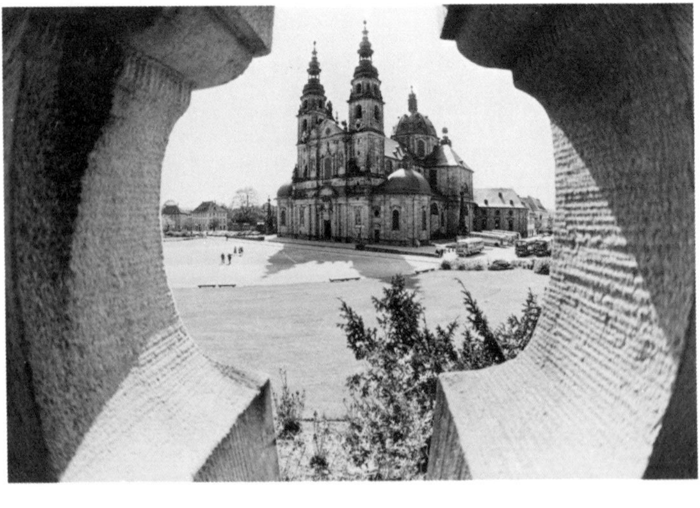

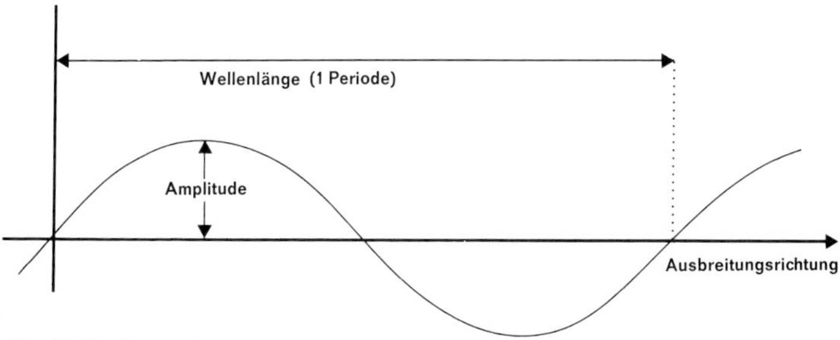

181 **Wellenlänge,** Amplitude, Periode des sinusförmig schwingenden Lichts

strahlen in das Objektiv einfallen, ist ein Helligkeitsabfall zum Bildrand hin unvermeidbar (→ Vignettierung). Weitwinkelobjektive werden in erster Linie dort eingesetzt, wo es darum geht, einen möglichst großen Bildausschnitt bei relativ kurzer Aufnahmeentfernung zu bekommen (z. B. Innenaufnahmen). Das originellste aller Weitwinkelobjektive ist das → Fish Eye-Objektiv (Bildwinkel 180°, Brennweite 7,5 mm). Es bewirkt eine z. T. karikaturhafte Verzeichnung der Motive (vgl. Abb. 55).

Wellenlänge (vgl. Abb. 181) Die Wellenlänge λ elektromagnetischer Strahlung (→ Licht), d. h. der Abstand zwischen zwei gleichen Phasen, ist der Strahlungsfrequenz ν umgekehrt proportional. Die Beziehung zwischen der Frequenz ν, der Wellenlänge λ und der Lichtgeschwindigkeit wird durch $c = \frac{\lambda}{\nu}$ wiedergegeben. Nach $E = h\nu$ (h = Planck'sche Wirkungsquantum) ist die Energie E der kurzwelligen (hochfrequenten) Strahlung groß, der langwelligen (niedrigfrequenten) kleiner. Das Spektrum des sichtbaren Lichtes erstreckt sich über einen Bereich von den kurzen energiereichen Wellenlängen mit ca. 380 nm (Violett) bis zu den längeren des energiearmen, dunkelroten Lichtes mit ca. 780 nm. Fotografische Schichten sind, je nach Sensibilisierung, in einem weitaus größeren Spektralbereich lichtempfindlich. So können → Infrarotfilme bereits durch Wärmestrahlung (Infrarotlicht) belichtet werden. Für jegliche Strahlung mit kürzeren Wellenlängen als denen des violetten Lichtes (z. B. UV-Licht oder Röntgenstrahlung) sind fotografische Materialien höchstempfindlich.

Wischeffekt → Verwischen

Xenonlampe Leistungsstarke tageslichtähnliche Hochdruckgasentladungslampe mit Edelgasfüllung (Xenon). Sie wird in Studioleuchten und Projektoren verwendet. Bei einer Betriebsspannung (Gleichstrom) von 60 bis 80 Volt liefern Xenonlampen Nennleistungen von ca. 100 bis einigen tausend Watt. Sie haben eine extrem hohe Lebensdauer (bis zu 5000 Betriebsstunden) und werden als Lichtquelle zur Filterbestimmung oder zur Farbmusterung besonders geschätzt.

X-Kontakt → Blitzlichtsynchronisation

Zeitlupenfotografie → Hochfrequenzfotografie

Zeitraffer Langsame Bewegungsvorgänge, z. B. das Wachstum einer Pflanze, können in ihrem ganzen Umfang in wenigen Bildern wiedergegeben werden. Diese Bilder werden während eines bestimmten Zeitraums in regelmäßigen Intervallen (beispielsweise stündlich) belichtet, so daß sie in ihrer Gesamtheit die Veränderungen am Motiv vom Anfang bis zum Ende der Bewegung in charakteristischen Phasen festhalten. Man hat für diese Aufnahmetechnik aus dem Filmjargon den Begriff »Zeitraffer« übernommen. Relativ einfach lassen sich solche Bildserien mit der → Motorkamera, die in dem Fall mit einem elektronischen Zeitintervallschalter gekoppelt wird, durchführen, da sie dem Fotografen das Transportieren des Films sowie das Spannen und rechtzeitige Auslösen der Kamera abnimmt. Um von evtl. Schwankungen in den Beleuchtungsverhältnissen unabhängig zu sein, ist es u. U. sinnvoll, die Kamera mit einem → Elektronenblitzgerät zu kombinieren, welches automatisch bei jeder Einzelaufnahme für eine konstante, vorher genau bestimmbare Beleuchtung des Motivs sorgt.

Zeitschaltuhr Der Bemessung und Steuerung von unterschiedlichen Belichtungszeiten bei → Vergrößerungs- und Kopiergeräten dienen Zeitschaltuhren (»Timer«) unterschiedlichster Art. Die einfacheren, mechanisch ablaufenden Uhren schalten Zeiten zwischen etwa 1 und 60 s, die elektronischen Geräte dagegen von ca. 1/100 s bis zu fünf min. Letztere lassen sich auch meist mit automatischen Belichtungsmeßvorrichtungen kombinieren, deren Meßzelle (→ Photoelement) in einen speziellen Vergrößerungsrahmen integriert ist. Bei automatisch arbeitenden → Color-Analyzern stellen → Farbmischkopf, → Vergrößerungsrahmen und die Steuerautomatik mit Belichtungszeitschaltuhr eine Meß- und Steuereinheit dar, welche zu den jeweiligen → Filterfaktoren die notwendigen Belichtungskorrekturen ermittelt und auf die Zeitschaltuhr überträgt.

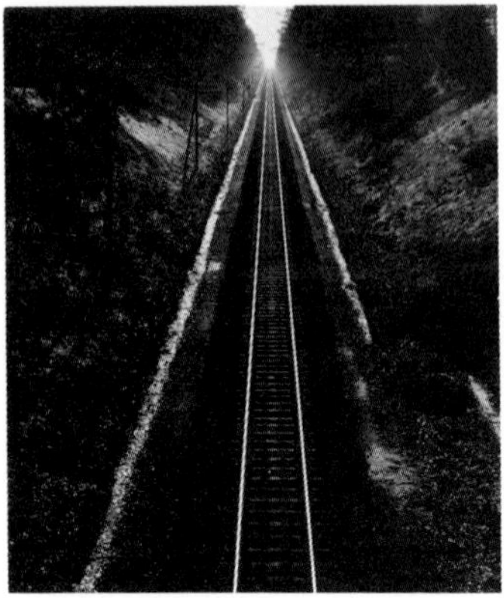

182 **Zentralperspektive.** »Einbahnstraße«. Foto: Erhard Jorde, Rodgau

Zentralperspektive (Abb. 182) Die Zentralperspektive gründet sich auf die Gesetzmäßigkeiten der linearen Abbildung eines dreidimensionalen Gebildes durch einen geometrischen Punkt (perspektivisches Zentrum) in eine zweidimensionale Bildebene (→ Perspektive). Entsprechend der geradlinigen Fortpflanzung des sich ungehindert ausbreitenden Lichts sind sämtliche Objektpunkte mit ihren zugehörigen Bildpunkten durch Geraden (Hauptstrahlen) verbunden. Diesem Prinzip der Zentralperspektive folgt in optimaler Näherung nur die Lochkamera (→ Camera obscura). Objektive werden zwar ebenfalls als linear abbildende optische Systeme bezeichnet, weisen jedoch Abweichungen (→ Abbildungsfehler) vom ideal abgebildeten Verhalten auf.

Zentralverschluß (Lamellenverschluß) Häufigste Bauart eines Kameraverschlusses, bei dem mehrere dünne, kurvenförmig begrenzte Stahlmembranen (sog. Verschlußlamellen) die Verschlußöffnung bedecken (Abb. 183) und bei der Belichtung so um feste Drehpunkte geschwenkt werden, daß sie die Öffnung, von der Mitte her beginnend,

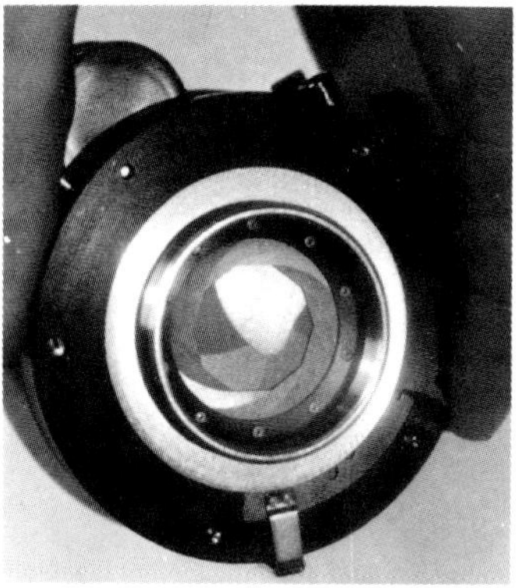
a

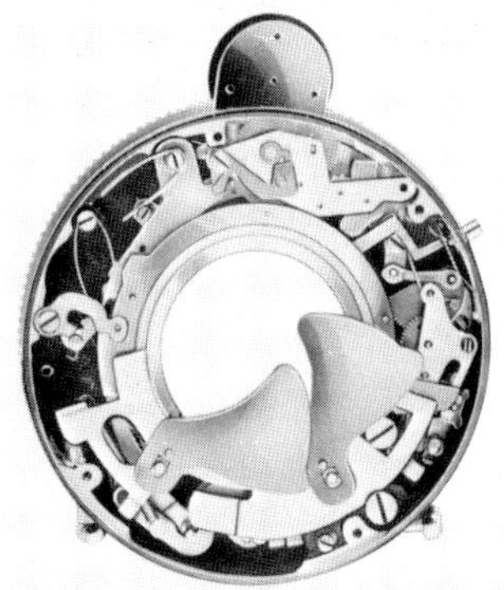
b

183 **Zentralverschluß.** a) Kameraverschluß. Foto: Hugo Schöttle, Würzbach – b) Mechanik des Kameraverschlusses. Foto: Prontor, Calmbach

freigeben. Nach Ablauf der eingestellten Offenzeit (Verschlußzeit) kehren die Lamellen wieder in ihre Ausgangsstellung zurück. Bei langen Belichtungszeiten verhindert ein mechanisches Hemmwerk das frühzeitige Schließen der Lamellen, bei kurzen Belichtungszeiten greift eine starke Feder beschleunigend in den Verschlußablauf ein. In → elektronischen Verschlüssen übernimmt der Anker eines Elektromagneten die Rolle des Hemmwerks. Das Prinzip der Bewegungsumkehr im Verschlußablauf läßt keine kürzeren Belichtungszeiten als 1/500 s zu. Jedoch wird der Zentralverschluß (im Gegensatz zum → Schlitzverschluß) selbst in diesen kurzen Zeiten noch voll geöffnet und kann deshalb auch dann noch mit einer Blitzleuchte synchronisiert werden. Um die baulichen Teile des Zentralverschlusses und somit die während des Verschlußvorgangs bewegten Massen so klein wie möglich zu halten, werden Zentralverschlüsse meistens am Ort der größten »Einschnürung« des durch das Objektiv fallenden Lichtbündels, d. h. in der bildseitigen Hauptebene angebracht (zugleich Sitz der → Blende, Abb. 25). Zentralverschlüsse werden als sog. Zwischenlinsenverschlüsse vorwiegend in einfachere Kameras mit festen Objektiven eingebaut. Bei → Systemkameras ist der Zentralverschluß meistens als sog. Hinterlinsenverschluß in das Kameragehäuse integriert; bei einigen Systemkameras jedoch gleichfalls in das jeweilige Wechselobjektiv.

Zerrspiegel Diese elastischen Spiegel aus unterschiedlichem Material (Metall- oder Kunststoffolien) werden speziell für die fotografische Tricktechnik (Werbefotografie) hergestellt. Sie ermöglichen, indem man sie krümmt, eine unterschiedlich starke Verzerrung bis zur völligen Abstrahierung des sich spiegelnden Motivs (→ Verzerrung).

Zerstreuungskreis Es ist die wichtigste Eigenschaft fotografischer Objektive, den Gegenstand, der sich in der Schärfenebene oder innerhalb des Schärfentiefenbereichs befindet, scharf abzubilden. Hingegen werden Objektpunkte, die mehr und mehr außerhalb dieser genannten Bereiche liegen, zunehmend unscharf, d. h. in Form eines Zerstreuungs- oder Unschärfenkreises abgebil-

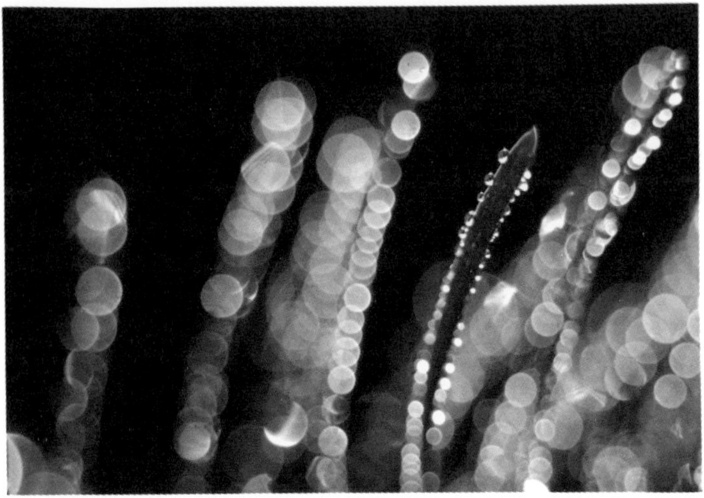

184 **Zerstreuungskreis.** Wassertropfen im Gegenlicht. Foto: Luitpold Raith, Wilhelmsburg

det. Dabei gelten als »unscharf« alle die Bildpunkte bzw. Zerstreuungskreise, welche vom menschlichen Auge unter einem größeren Sehwinkel als ca. 50″ bis 90″ aus der Bezugssehweite erblickt werden. Jenen Grenzdurchmesser, unterhalb dessen ein Zerstreuungskreis auch nach der Vergrößerung noch als scharfer Bildpunkt gesehen wird, bezeichnet man als »zulässigen Zerstreuungskreisdurchmesser« (→ Schärfentiefe). Helle Punkte, wie z. B. Reflexe auf einer Wasseroberfläche oder Wassertropfen im Gegenlicht, werden, sobald sie weit außerhalb der Schärfentiefenzone liegen, zu großen, leuchtenden Unschärfenkreisen auseinandergezogen (Abb. 184). Bei → Spiegelobjektiven werden diese Objektpunkte nicht als Zerstreuungskreise, sondern als Zerstreuungsringe abgebildet; dies ist eine Folge der ringförmigen Eintrittspupille.

Zerstreuungslinse Zerstreuungslinsen sind bikonkave oder konvexkonkave → Linsen (vgl. Abb. 97), die in der Mitte stets dünner sind als am Rand. Sie haben die Eigenschaft, einfallende Lichtstrahlen zu zerstreuen (bzw. eine bereits bestehende Divergenz der Lichtstrahlen noch zu verstärken) und dienen hauptsächlich der Korrektur von → Abbildungsfehlern in mehrlinsigen Objektiven.

Zirkular-Polarisationsfilter Manche → Spiegelreflexkameras mit → TTL-Messung (Belichtungsmessung durch das Objektiv) sind mit Spiegeln oder Strahlenteilern ausgestattet, die das Meßergebnis der Belichtungsmessung beim Einsatz eines linearen → Polarisationsfilters verfälschen würden, weil sie ihrerseits als Polarisatoren wirken und somit auch Meßlicht absorbieren. Um diesem Problem zu begegnen, wurden Zirkular-Polarisationsfilter entwickelt. Durch eine $\lambda/4$-Platte hinter dem Polarisationsfilter wird das in *einer* Ebene schwingende Licht in *zwei* senkrecht zueinanderschwingende, phasenverschobene Komponenten zerlegt, die sich gegenseitig in der Weise überlagern, daß die Schwingungen (Amplituden) gleichsam um die Fortpflanzungsachse rotieren. Wie bei nicht polarisiertem Licht herrscht somit vollständige Symmetrie um die Achse der Ausbreitungsrichtung des zirkular polarisierten Lichts, so daß die Belichtungsmessung von der Polarisationsebene unabhängig ist.

Zoomeffekt Experimentelle Aufnahmetechnik mit Hilfe eines → Vario-Objektivs (Zoom-Objektiv). Vario-Objektive (vgl. Abb. 175) sind optische Systeme mit mechanisch oder motorisch veränderbarer → Brennweite. Sie ersetzen nicht nur mehrere Wechselobjektive verschiedener Brennweiten, sondern ermöglichen auch den »Fahreffekt«, der rasche Bewegung simuliert. Gezoomt wird während der Dauer der Belichtungszeit, entweder in Stufen (ruckartig) oder in einer einzigen Bewegung (kontinuierlich; Abb. 185). Es muß darauf geachtet werden, daß die gewünschte Brennweitenveränderung mit Ablauf der Belichtungszeit abgeschlossen ist. Meist wird, da Belichtungszeiten zwischen 1/30 s und 1 s (auch länger) nötig sind, vom → Stativ gearbeitet. Nur so ist eine erschütterungsfreie Zoom-Bewegung gewährleistet. Wichtig ist, daß das entscheidende Motivdetail (im Bildzentrum) scharf abgebildet ist und so als ruhender Pol einen wirkungsvollen Kontrast zum Wischeffekt bildet. Beliebt sind gezoomte Sport-Motive (Fußball, Leichtathletik, Autorennen).

Zoom-Objektiv → Vario-Objektiv

Zweischichtenfilm Das Verfahren, eine fotografische → Emulsion in zwei Schichten aufzuteilen, findet sowohl bei der Herstellung von Schwarzweißfilmen als auch der von Farbfilmen praktische Anwendung. Der Zweck ist, die Empfindlichkeit der betreffenden Schicht zu

185 **Zoomeffekt.** Afrikanisches Dorf. Foto: Erwin Kneidinger, Stadt Haag (Österreich)

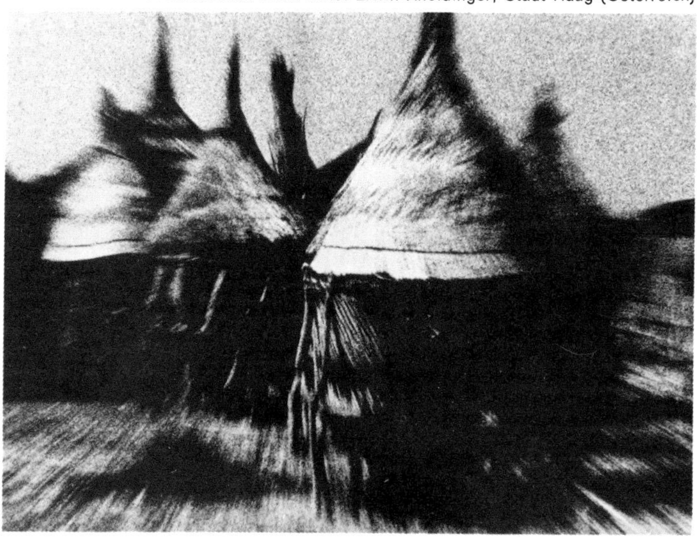

erhöhen, ohne dabei die Feinkörnigkeit einzubüßen. Das Verfahren macht sich die Tatsache zunutze, daß grobe → Körnigkeit nur in den Bildteilen mittlerer Dichte stören, nicht aber in den Schattenpartien. Aber gerade diese Dichten sind maßgeblich für die Bestimmung der Empfindlichkeit eines Films. Man gießt also eine feinkörnige, für die mittleren und hellen Bildstellen empfindliche Schicht über eine hochempfindliche und grobkörnige Schicht, um den idealen Kompromiß hoher Filmempfindlichkeit bei möglichst feinem Korn zu realisieren.

Zweistufenentwicklung Auf der Suche nach einem Verfahren, bei der Entwicklung eines Schwarzweißfilms feinste Körnigkeit bei optimaler Ausnützung der Filmempfindlichkeit und differenzierter Kopierfähigkeit zu erreichen, wurde die Zweistufen- oder Zweibadentwicklung entdeckt (Emofin). Der Film wird nicht wie üblich in einem, sondern nacheinander (ohne Zwischenwässerung) in zwei Bädern entwickelt. In der ersten (neutralen) Lösung saugt sich die Emulsion lediglich mit noch weitgehend inaktiven Entwicklersubstanzen voll. Erst in der zweiten Lösung, die vorwiegend entwicklungsbeschleunigende Alkalien enthält, setzt die eigentliche Entwicklung ein. Sie ist dann abgeschlossen, wenn der in der Emulsion (und nur dort) vorhandene Entwickler verbraucht ist. Die Vorteile der Zweistufenentwicklung sind eine bessere Ausnützung der Filmempfindlichkeit (Empfindlichkeitsgewinn 2 bis 5 DIN) und die ausgleichende Wirkung begrenzter und gleichmäßig verteilter Entwicklermengen. Sie verhindern einerseits das »Zulaufen« der Schatten, andererseits verbessern sie die Zeichnung in den Lichtern.

Zwischenbelichtung Die Zwischenbelichtung (auch Zweitbelichtung) ist eine entscheidende Stufe im Verarbeitungsprozeß von Schwarzweiß- und Farbumkehrfilmen (vgl. auch → Pseudosolarisation). Bei der Schwarzweiß-Umkehrentwicklung wird das in der Erstentwicklung entstandene negative Silberbild in einem Bleichbad in lösliche Silbersalze überführt und herausgelöst. Die nach der Erstentwicklung in der Emulsion verbliebenen Silberhalogenide werden in der diffusen Zwischenbelichtung entwicklungsfähig gemacht. Dazu wird der tropfenfreie Film von der Vorder- und Rückseite über eine längere Zeit (1 bis ca. 5 min) und aus nächster Nähe dem Licht einer hellen Lampe ausgesetzt. Der Film darf dabei nicht zu stark erwärmt werden (Schmelzpunkt der Gelatine ca. 30° C). Erfolgt die Zwischenbelichtung im Wasserbad (nur mit durchsichtiger Filmspirale möglich), muß die Belichtungsdauer entsprechend verlängert werden, da das Licht den Film nur streift. Wird dem Wasserbad Fluoreszin (0,1%ig) zugegeben, so kann die Belichtungsdauer verkürzt werden. In der sich an die Zwischenbelichtung anschließenden Zweitentwicklung entsteht das positive Bild. Der Farbumkehrprozeß (→ Farbumkehrfilm) unterscheidet sich vom Schwarzweißverfahren lediglich in zwei Arbeitsgängen: Das Bleichen nach der Erstentwicklung unterbleibt, dafür schließt sich an die Zwischenbelichtung eine chromgene Entwicklung mit abschließendem → Bleichfixierbad an.

Zweitbelichtung → Zwischenbelichtung

Zwischennegativ → Internegativ

Zwischenringe Sie dienen der Verlängerung des Objektiv-Auszugs (→ Auszugsverlängerung), um größere → Bildweiten und dadurch einen größeren → Abbildungsmaßstab zu erzielen. Es handelt sich um einfache Ringe oder Röhren hoher Präzision, die so stabil und präzise gebaut sind, daß sie die Zentrierung des Objektivs nicht gefährden. Bei Objektiven mit → Springblende muß der verwendete Zwischenring mit einer entsprechenden Übertragungsmechanik vom Kameragehäuse zum Objektiv ausgestattet sein. Es besteht die Möglichkeit, zwei oder drei Ringe zu kombinieren und hierdurch den Abbildungsmaßstab weiter zu vergrößern. Doch wird hier die Lichtstärke des Objektivs beeinträchtigt. Beim Einsatz an → Spiegelreflexkameras mit → TTL-Messung geht der hierfür wirksame Verlängerungsfaktor in die Belichtungsmessung mit ein. Wer viel und mit unterschiedlichen Brennweiten im Nahbereich fotografieren möchte, für den sind allerdings → Nahlinsen oder gar ein → Balgennaheinstellgerät die idealeren Hilfsmittel.

Zwischenwässern → Unterbrecherbad

Lebensläufe zur Geschichte der Fotografie

Adams, Ansel (* 1902 San Francisco) Begann als 14jähriger Landschaften zu fotografieren. Nach seiner Ausbildung zum Pianisten wandte er sich 1930 der Fotografie zu. Gefördert von Alfred → Stieglitz, wurde er zu einem der führenden Landschaftsfotografen der USA. Ein spezielles Interessengebiet Adams ist die Darstellung des Menschen in der Natur, seiner Beziehung zur Natur. 1932 war er einer der Mitbegründer der Fotografengruppe F/64. 1940 verpflichtete ihn das New Yorker Museum of Modern Art zur Mitarbeit bei der Einrichtung seiner inzwischen weltberühmten Fotoabteilung. 1946 gründete Adams die Abteilung »Berufsfotografie« an der California School of Fine Arts. Adams ist Autor erfolgreicher Fotolehrbücher und Bildbände.

Publikationen: This is the American earth. 1960 (hg. v. Nancy Newhall) – Death Valley and the Creek called Furnace. 1962 (hg. v. Edwin Corle) – Artivical-light photography. 1971 – Natural-light photography. 1971 – Images 1923–1947. 1975 – Photographs of the Southwest. 1976.

Albert, Joseph (* 1825 München, † 1886) Lernte bei dem bekannten Münchner Fotografen Alois Löcherer und wurde später Hoffotograf der bayerischen Könige Maximilian II. und Ludwig II. Albert ist durch Verbesserungen der Lichtdrucktechnik bekannt geworden. Erste Erfolge auf diesem Gebiet hatte er um 1868. 1874 gelangen ihm die ersten Dreifarbenlichtdrucke. Diese speziellen Arbeiten sind als Albertypien, Kalotypien oder Heliotypien bekannt geworden.

Literatur: Winfried Ranke, J. A. Hoffotograf der Bayerischen Könige. 1977.

Anschütz, Ottomar (* 1846 Lissa bei Posen, † 1907 Berlin) Absolvierte eine Lehre als Dekorationsmaler und ließ sich anschließend zum Fotografen ausbilden. Er studierte in Berlin, München (bei Hanfstaengl) und Wien. Anschütz eröffnete 1868 ein Fotostudio in Lissa. Doch sein besonderes fotografisches Verdienst liegt im Bereich der Bewegungsanalyse. Ähnlich wie → Muybridge stellte er eine große Anzahl Kameras nebeneinander auf, um die Bewegungen von Menschen und Tieren in einzelnen Bewegungsphasen festzuhalten. In den Jahren 1887–1891 konstruierte er den Anschütz-Schnellseher, einen elektrisch betriebenen Betrachtungsapparat: Phasenbilder (Glasdiapositive) wurden auf einer rotierenden Scheibe befestigt, die im Dunkeln in schneller Folge durchleuchtet wurden. Das Ergebnis waren bewegte Bilder. 80 solcher Elektrotachyskope, Vorläufer des Kinematographen, wurden in Zusammenarbeit mit Siemens & Halske, Berlin, gebaut und verkauft. Die Apparate wurden auf Jahrmärkten aufgestellt und durch Einwerfen einer Münze in Betrieb gesetzt.

Arbus, Diane (* 1923 und † 1971 New York) Erfuhr eine Ausbildung als Modefotografin. Bekannt wurde sie jedoch mit ihren Aufnahmen von Außenseitergruppen, mit sozialkritischen Darstellungen von unterprivilegierten Menschen der Gesellschaft. 1967 erregte sie mit ihren z. T. schockierenden Aufnahmen anläßlich der Ausstellung »New Documents« im Museum of Modern Art, New York, erhebliches Aufsehen. 1970 bis 1971 wirkte Diane Arbus als Dozentin an der Rhode Island School of Design. Umfangreiche Ausstellungen, die nach ihrem Freitod 1971 im Museum of Modern Art, New York, und auf der Biennale, Venedig, gezeigt wurden, wiesen auf die große Bedeutung des fotografischen Lebenswerks hin, das sie hinterließ.

Literatur: Doon Arbus / Marvin Israel, D.A. 1972 – Katalog D.A. Stedelijk van Abbe-Museum, Eindhoven. 1975.

Atget, Jean Eugène (* 1856 Libourne, † 1927 Paris) Zunächst Seemann von Beruf. 1877–1880 studierte Atget am Konservatorium in Paris (Musik, Theater). Nach dem Scheitern einer Schauspielerkarriere versuchte er sich vorübergehend als Maler. Erst 1898, mit 42 Jahren, wird er Fotograf in Paris. Zu seiner Kundschaft gehörten die Pariser Maler, denen er Fotos lieferte, nach denen sie malten. So hatten seine Motive Einfluß auf Maler wie Utrillo, Derain, Vlaminck, Kisling. 1899 gelang es ihm, einige seiner Pariser Städtebilder an die Historische Bibliothek von Paris zu verkaufen, was ihn ermutigte, auf diesem Wege fortzufahren. In der Folgezeit entstanden zahlreiche Bildserien über Paris. Systematisch fotografierte er die alten Stadtteile durch, vor allem Häuser und Viertel, die vom Untergang bedroht waren. Doch erst 1930, lange nach seinem Tode, wurden Bildserien von ihm in Paris, Leipzig und New York herausgebracht, die ihn endlich bekannt machten. Die Geschichte der Fotografie bezeichnet Atget als den Vater der sozialdokumentarischen Fotografie. Über 5000 Negative sind von ihm erhalten, ca. 10000 Bilder befinden sich allein in amerikanischen Sammlungen.

Literatur: Bernice Abbott, The world of A. 1964 – E. A. Lichtbilder. 1975 (hg. v. Bernice Abbott) – Jean Leroy, A. Magicien du vieux Paris en son époque. 1976.

Bayer, Herbert (* 1900 Stadt Haag/Österreich) Student am Bauhaus in Weimar, anschließend Lehrer für Typographie am Bauhaus in Dessau. Beschäftigte sich außerdem mit Malerei, Grafik und Fotografie. Bayer übernahm die Technik der Fotomontage und Collage in die freie und angewandte Grafik. Von 1928 an wirkte er in Berlin, wurde Art Director der Zeitschrift »Vogue«, arbeitete mit an der Zeitschrift »die neue linie« und wurde schließlich Direktor des Werbestudios Dorland. 1938 bis 1945 wirkte Bayer in New York als Werbeberater für die Industrie, für Verlage und Werbeagenturen. 1946 übersiedelte er nach Aspen. Hier wirkt er seitdem als einer der angesehensten Designer und Künstler. Als Maler und Grafiker ist Bayer bis heute Konstruktivist geblieben. Ungezählt sind seine Ausstellungen, die er inspirierte und organisierte (darunter auch viele mit eigenen Werken).

Publikation: H. B. Das Werk des Künstlers in Europa und USA. 1967.

Bayard, Hippolyte (* 1801 Breteuil-sous-Noye, † 1887 Nemours) Als Angestellter beim französischen Finanzministerium beschäftigte sich Bayard in seiner Freizeit mit fotografischen Experimenten (seit 1837), deren Ergebnis negative Papierbilder waren. Angespornt von Daguerres Erfolgen entwickelte er 1839 ein direktes Verfahren zur Herstellung von positiven Papierbildern mit Hilfe von Silberchlorid. Bereits zwei Monate vor Veröffentlichung des Daguerreotypie-Verfahrens durch den Astronomen François Aragot vor der französischen Abgeordnetenkammer (1839) trat Bayard mit einer Fotoausstellung an die Öffentlichkeit. Seine Arbeiten wurden jedoch, im Schatten der Erfolge Daguerres, wenig beachtet.

Literatur: André Jammes, H. B. Ein verkannter Erfinder und Meister der Photographie. 1975.

Beaton, Sir Cecil (* 1904 London) Sir Beaton studierte 18jährig Kunst- und Theaterwissenschaften in Harrow und Cambridge. Nebenbei war er Amateurfotograf. Er fotografierte extravagante Porträts von Familienmitgliedern und Kollegen, die ihn rasch bekannt machten. So wurde er bereits 1928 Starfotograf der Zeitschrift »Vogue«. Rasch schuf sich Beaton einen Namen als Porträtist der High Society und avancierte 1938 zum Hoffotografen des englischen Königshauses. Beaton betrachtete die Fotografie stets als Liebhaberei und nützte beim Arrangement seiner Aufnahmen die Erfahrungen aus, die er sich als Bühnen- und Kostümbildner erworben hatte. Die Liebe zum Detail, Akribie bei der Einbeziehung atmosphärischen Dekors sind typisch für seinen fotografischen Stil.

Publikationen: Portrait of New York. 1938 – The Glass of Fashion. 1954 – Royal Portraits.
Literatur: Charles Spencer, C. B. Stage and Film Designs. 1975.

Biermann, Aenne (* 1898 Jena, † 1933) Absolvierte zunächst ein Musikstudium und wurde Pianistin. Nebenbei lernte sie als Autodidaktin fotografieren. In den 20er Jahren wurde Aenne Biermann durch ihre Porträts, durch ungewöhnliche Aufnahmen von Lichtspiegelungen, Makro- und Naturmotiven bekannt. Sie gilt als hervorragende Vertreterin der Neuen Sachlichkeit. Franz Roh veröffentlichte die besten ihrer Bilder 1930 in einem Bildband der »Sammlung Photothek«.

Bischof, Werner (* 1916 Zürich, † 1954 Peru) Interessierte sich zunächst für Malerei, wollte dann Sport- und Zeichenlehrer werden. Bischof wechselte 1932 an die Kunstgewerbeschule in Zürich, wo er den Grundkurs und die Fotoklasse bei Hans → Finsler besuchte. Ab 1936 wirkte er als freier Fotograf und Grafiker und wurde 1942 Mitarbeiter und schließlich Cheffotograf der Zeitschrift »DU«. Seine Reportagen über die Ruinenstädte des Zweiten Weltkriegs wurden zu den wichtigsten Zeitdokumentationen. Bischof bereiste nach dem Kriege als einer der ersten die unterentwickelten Gebiete: Indien, Korea, Südamerika. Seine Reportagen erschienen in »Life«, »Fortune«, »Picture Post« und »Observer«. 1949 schloß er sich der Gruppe Magnum an. Bischof kam 1954 auf einer Reise durch die Anden bei einem Autounfall ums Leben.

Publikation: Japan. 1957.
Literatur: Manuel Gasser, Fotos von W. B. 1959. – Flüeler, W. B. 1973 – Burri, W. B. 1916–1954. 1974.

Bloßfeld, Karl (* 1865 Schielo, † 1932 Berlin) Bloßfeldt absolvierte eine dreijährige Lehre als Modelleur in einer Kunstgießerei. 1884 begann er an der Kunstgewerbeschule in Berlin Malerei, Modellieren und Musik zu studieren. Auf Reisen durch Italien und Griechenland war er mit dem Sammeln und Präparieren von Pflanzen beschäftigt, die er auch fotografierte. 1898 erfolgte seine Ernennung zum »Professor für das Modellieren nach lebenden Pflanzen« an der Unterrichtsanstalt des Kunstgewerbemuseums in Berlin. Es war um 1900, als Bloßfeldt ganz systematisch mit dem Fotografieren von Pflanzen begann. Insbesondere waren es pflanzliche Details, die er in großer Zahl und in ungewöhnlich formaler Strenge und Akkuratesse festhielt. Er sah in diesen Details Urformen der Kunst, und er verwendete sie als Modelle für den Kunstunterricht und zur Illustration in einschlägigen Büchern. Fotohistorisch werden seine Aufnahmen der Neuen Sachlichkeit zugerechnet.

Publikationen: Urformen der Kunst. 1928 – Wundergarten der Natur. 1932 – Wunder in der Natur. 1942 posthum (hg. v. Dannenberg).

Bourke-White, Margaret (* 1904 New York, † 1971 Connecticut) Studierte 1921–1927 Fotografie. Ab 1934 arbeitete sie als Bildberichterstatterin bei der Zeitschrift »Fortune«. Bekannt wurde sie mit zahlreichen Industrie-Reportagen und politischen Reportagen. Mit der Gründung von »Life« trat sie 1936 in den Redaktionsstab dieser Illustrierten ein, dem sie bis zu ihrem Tode angehörte. Während des Krieges war sie u. a. als Kriegsberichterstatterin tätig. Neben ihren als durchaus männlich empfundenen Reportagen veröffentlichte sie mehrere Bücher.

Publikationen: Eyes on Russia. 1931 – You Have Seen Their Faces. 1939 (hg. v. Caldwell) – Portrait of Myself. 1963.
Literatur: Callahan, The Photographs of M. B.-W. 1972.

Bragaglia, Anton G. (* 1890 Frosinone, † 1960 Rom) Arbeitete als Schriftsteller, Theater- und Filmregisseur und Fotograf. Wichtiger Vertreter des italienischen Futurismus. Bragaglia versuchte die Bewegungsdynamik mit in seine Kunstwerke einzubeziehen und bediente sich dabei der Fotografie. Veröffentlichte 1913 in Turin seine Ideen im Manifest des Fotodinamismo futurista.

Literatur: Malerei und Photographie im Dialog. Katalog. Zürich 1977.

Brandt, Bill (* 1905 London) Bill Brandt lernte bei Man → Ray in Paris fotografieren (1929) und eröffnete dort zunächst ein Porträt-Atelier. Bald danach wurde er Fotojournalist. Vorbilder: → Cartier-Bresson und → Brassaï. 1931 ging er als freier Fotograf nach London, wo er mit seinen Reportagen über die Industriezentren Nordenglands bekannt wurde. Er zeigte die hier entstandenen Bilder mit großem Erfolg in einer Einzelausstellung in Paris. Auch als Porträtfotograf und Landschaftsfotograf machte sich Brandt rasch einen Namen. Auf dem Gebiet moderner Aktfotografie wurde er durch eigenwillige, in der Folgezeit oft nachgeahmte Detailstudien bekannt.

Publikationen: The English at Home. 1936 – A Night in London. 1938 –

Camera in London. 1948 – Literary Britain. 1951 – Perspectives of Nudes. 1961 – Early Photographers. 1975.

Brassai (eigentl. Gyula Halász; * 1899 Brasso/Ungarn) Begann seine Laufbahn mit einem Kunststudium in Budapest und Berlin. Doch statt Maler wurde er Journalist (Paris 1924). Ab 1930 konzentrierte sich seine Arbeit auf den Bildjournalismus. Einer breiten Öffentlichkeit wurde er schließlich durch prikkelnde Nachtaufnahmen von Paris bekannt. Brassaï gilt als Meister des unbeobachteten Fotografierens und der Available-light-Fotografie.

Publikationen: Paris de Nuit. 1933 – Camera in Paris. 1949 – Das geheime Paris. 1976 – Brassaï 1976.

Burchartz, Max (* 1887 Wuppertal, † 1961) Studierte an der Kunstakademie in Düsseldorf, nach 1919 in Weimar. Burchartz pflegte enge Kontakte zur de Stijl-Gruppe und zum Bauhaus. 1926 wurde er zum Professor für Grafik und Fotografie an der Folkwangschule in Essen ernannt.

Publikationen: Matrosen, Soldaten, Kameraden – ein Bilderbuch von der Reichsmarine. 1933 – Gleichnis der Harmonie. Gesetz und Gestaltung der bildenden Künste. 1955.

Cameron, Julia Margaret (* 1815 Kalkutta, † 1879 Ceylon) Lebte seit 1818 in Frankreich und ließ sich 1848 endgültig in London nieder. Zu fotografieren begann J. M. Cameron um 1863 (mit 48 Jahren!). Sie porträtierte berühmte Zeitgenossen, Persönlichkeiten aus ihrem Freundeskreis (u. a. Lord Tennysson, Robert Browning, George F. Watts, Thomas Carlyle, Charles Darwin usw.). Ihr berühmtestes Porträt ist das von Sir John Herschel (1867). Die Fotografin pflegte, wie manche ihrer Zeitgenossen, den prä-raffaelitischen Stil. Sie fotografierte mit großformatigen Kameras und mit weichzeichnenden Linsen. Ausstellungen: 1865–1870 bei Colnaghis, French Gallery und German Gallery, London. Die letzten Jahre ihres Lebens verbrachte sie auf Ceylon.

Literatur: Powell, Famous men and women. 1972 – Hill, J. M. C.: a Victorian family portrait. 1973 – The Cameron collection. 1975 – Gernsheim, J.M.C. Her life and photographic work. 1975. – Ovenden, A Victorian album. 1975.

Capa, Robert (eigentl. André Friedmann; * 1913 Budapest, † 1954 Indochina) Nach dem Studium an der Universität Berlin (1931) war Capa als Filmassistent tätig. 1933 emigrierte er nach Paris. Als Kriegsberichterstatter beteiligte er sich 1936 am spanischen Bürgerkrieg, wo u. a. sein berühmtestes Foto, »Tod eines republikanischen Soldaten«, entstand. Im Zweiten Weltkrieg arbeitete er wieder als Kriegsberichterstatter für die amerikanische Zeitschrift »Life«, für die er die Invasion der Amerikaner in der Normandie fotografierte. Capa gehörte zu den Gründungsmitgliedern der Gruppe Magnum in New York (1947). Es folgten Reportagen in Israel (Palästina-Krieg) und Indochina.

Publikationen: Death in the Making. 1937 – Slightly out of Focus. 1947 – Image of War. 1964 posthum. Dt.: Das Gesicht des Krieges, 1965.
Literatur: Cornell Capa/Karia, R. C. 1913–1954. 1974.

Cartier-Bresson, Henri (* 1908 Chanteloup) Wollte zunächst Maler werden und studierte 1927–1928 bei André Lhote. Erste Fotografien und Filme mit Jean Renoir (1937/1938). Während des Krieges Film- und Bildberichterstatter der französischen Armee. Prägte einen individuellen, im Bereich der Reportage unverwechselbaren Stil, der den internationalen Bildjournalismus stark beeinflußte. Nach seiner ersten großen Ausstellung im Museum of Modern Art, New York (1946), gründete er 1947 mit Robert → Capa, David Seymour und Georges Rodger die Gruppe Magnum. Arbeitet seither für alle großen Zeitschriften der Welt. Zahlreiche Ausstellungen mit Fotografien und Zeichnungen in New York, Paris, Zürich.

Publikationen: Images à la sauvette. 1952 – Les Européens. 1955 – D'une Chine à l'autre. 1955 – Photographies. 1963 – Sowjetunion. 1973 – Images of man 2/4: H. C.-B. 1975.

Chargesheimer (* 1924 und † 1972 Köln) Vielseitiger Künstler, inszenierte Opern und Schauspiele, entwarf Bühnenbilder und Kostüme, malte und fotografierte. Seit 1955 freier Fotograf. Wurde bekannt als Porträt-, Theater- und Städtefotograf. Er produzierte außerdem weithin beachtete Bildbände.

Publikationen: Cologne Intime. 1957 – Im Ruhrgebiet. 1958 – Romanik am Rhein. 1959 – Zwischenbilanz. 1961 – Theater, Theater. 1967 (zus. mit Walser) – Köln 5 Uhr 30. 1970.

Coburn, Alvin Langdon (*1882 Boston, † 1966 North Wales) Nach einer Europareise im Jahre 1900 erfolgte die erste erfolgreiche Ausstellung im London Salon. 1902 wurde Coburn Mitbegründer der Photo-Secession in New York. Zunächst als Porträtfotograf tätig. Dann wandte er sich den östlichen Kulturen, der vergleichenden Religionswissenschaft zu. 1906 übersiedelte er nach Wales (England). Freundschaft mit G. B. Shaw. Durch Ezra Pound Kontakt zum Vorticism, der englischen Variante des Kubismus/Futurismus. In der Folgezeit entstanden fotografische Abstraktionen, die sog. Vortographs (1917). Es handelte sich um geometrisch orientierte fotografische Kompositionen, die mit Hilfe eines dreiteiligen Spiegelsystems entstanden.

Publikationen: Novels and Tales. 1909 – New York. 1910 – London. 1914 – Men of Mark. 1913 – More Men of Mark. 1922.

Cornelius, Peter (* 1913 und † 1970 Kiel) Begann während seines Studiums zu fotografieren und absolvierte dann eine Fotografenlehre. Ab 1936 Industriefotografie bei Paul → Wolff. Mehr und mehr wandte er sich bildjournalistischen Aufgaben zu. Seit 1956 beschäftigte sich Cornelius mit der farbigen Kleinbildfotografie. Wurde bekannt durch eine eigenwillige, sehr dynamische Farbgestaltung seiner Aufnahmen (mit impressionistischer Tendenz). Cornelius ist einer der ersten Fotografen, die in der bewußten Gestaltung des Schärfen-Unschärfen-Kontrasts ein hervorragendes farbkompositorisches Mittel sahen.

Publikation: Farbiges Paris. 1961.

Cunningham, Imogen (* 1883 Portland/Oregon, † 1976) Angeregt durch Gertrude → Kaesebier begann Imogen Cunningham 1901 zu fotografieren. Studium und Promotion (Chemie) an der University of Washington. Anschließend: Studium an der technischen Hochschule Dresden. 1910 kehrte die Fotografin nach Seattle zurück und eröffnete ein Studio für Porträtfotografie. Zunächst arbeitete sie im Stil der

Pictorialisten, wandte sich dann aber der Neuen Sachlichkeit, der straight photography zu. Mitte der 20er Jahre entstand eine Bildsammlung über Pflanzen und Blüten, die 1929 auf der internationalen Ausstellung »Film und Foto – Stuttgart 1929« gezeigt wurde. Imogen Cunningham ist Mitbegründerin der amerikanischen Fotografengruppe F/64. Sie fotografierte außerdem viele Reportagen für große amerikanische und europäische Zeitschriften. 1973 ernannte die San Francisco Art Commission sie zur »Artist of the Year«.

Publikation: I. C., Photographs 1910 bis 1973. 1974 (hg. v. Mann).

Daguerre, Louis Jacques Mandé (* 1787 Cormeilles-en-Parisis, † 1851 Bry-sur-Marne) Studierte Architektur, wurde dann Bühnenbildner und Maler in Paris. 1826 hatte Daguerre erste Kontakte zu → Niepce. 1829 Partnerschaft mit Niepce bei Versuchen zur Verbesserung der von Niepce praktizierten Heliographie. 1835 Entdekkung des latenten Bildes und Entwicklung einer belichteten Platte in Quecksilberdämpfen. 1837 Entdeckung des geeigneten Fixiermittels in Form einer einfachen Kochsalzlösung. In den beiden folgenden Jahren Vervollkommnung der entdeckten Methode. Unter dem Patronat von Arago, Physiker und Astronom, wurde Daguerres fotografisches Verfahren, das, nach dem Erfinder, als Daguerreotypie bezeichnet wurde, vom französischen Staat gekauft und der Weltöffentlichkeit zur beliebigen Verwendung freigegeben (Akademie der Wissenschaften, 19. August 1839).

Literatur: L. J. M. D.: A historical and descriptive account of the daguerreotype and the diorama. 1971 – Claudel, The Daguerreotype Process. 1973.

Delamotte, Philip Henry (* 1820 und † 1889 London) Künstler und Zeichenlehrer an der London University. Begann seine fotografische Laufbahn in den 40er Jahren mit der Herstellung von Kalotypien. Delamotte organisierte 1857 den fotografischen Teil der Manchester Art Treasures Exhibition, die als die erste Kunstausstellung der Geschichte gilt, bei der die Fotografie gleichberechtigt neben traditionellen Exponaten bildender Kunst gezeigt wurde.

Demachy, Robert (* 1859, † 1938) Französischer Bankier, Amateurmaler und Fotograf. Perfektionierte um 1894 die Technik des Gummidrucks. Behandelte die Negative mit farbiger Kreide, um impressionistische Effekte zu erzielen. Demachy gründete den Photo-Club de Paris, war Mitglied des Linked Ring und gilt als einer der wichtigsten Vertreter und Förderer der Kunstfotografie in Frankreich.

Publikationen: Photo-Aquatint or The Gum-Bichromate Process. 1897 (hg. v. Maskell) – Puyo, Les Procédés d'Art en Photographie. 1906 – R. D. – photographs and essays. 1974 (hg. v. Jay).

Disdéri, André Adolphe Eugène (* 1819 Paris, † 1890 Nizza) Französischer Hofmaler und Berufsfotograf. Meldete 1854 das Patent für eine Multipleoptik-Kamera an, mit der acht kleine Porträts auf eine Platte fotografiert werden konnten. Damit ließ sich die Herstellung von Porträts rationalisieren. Diese preiswerten fotografischen Visitenkarten (cartes de visite) kamen 1859 in Mode, nachdem Napoleon III. sich von Disdéri in diesem Kleinformat hatte porträtieren lassen. Die cartes de visite wurden schließlich als Sammel- und Tauschbildchen verkauft und verhalfen Disdéri zu großem Reichtum. Er gründete in London, Toulon und Madrid entsprechende Studios, verlor aber sein Vermögen ziemlich rasch und starb in einem Armenhaus in Nizza.

Duchamp, Marcel (* 1887 Blainville bei Rouen, † 1968 Paris) Bedeutender Maler und Erfinder des Ready-made (1919). Vertreter des Dadaismus und Surrealismus. Erregte u. a. durch die Miteinbeziehung fotografischer Elemente (Stroboskopeffekt) in seine Malerei Aufmerksamkeit. Um 1912 begann Duchamp mit einigem Erfolg selbst zu fotografieren.

Eisenstaedt, Alfred (* 1898 Dierschau) Kaufmann von Beruf. Zunächst erfolgreicher Amateurfotograf in Berlin. Erste Veröffentlichungen seiner Bilder 1927 im Weltspiegel. Anschließend wird Eisenstaedt professioneller Bildreporter und 1935 mit einer Reportage über Thomas Mann (Nobelpreis-Verleihung) sehr bekannt. 1936 Emigration in die USA, wo er zu einem der besten Fotojournalisten avancierte und Mitarbeiter im Stab von »Life« wurde.

Publikationen: The Eye of E. 1969 – Witness to Nature. 1971 – Panoptikum. 1973 – E's Album. 1976.

Erfurth, Hugo (* 1874 Halle, † 1948 Gaienhofen am Bodensee) Absolvierte 1892–1896 eine Lehre bei dem Dresdner Hoffotografen Höffert. Gleichzeitig studierte er Malerei an der Kunstakademie Dresden. 1906 richtete er sich dort das Palais Lüttichau als Porträt-Studio ein, das zu einem Treffpunkt des Dresdner Kulturlebens wurde. Erfurth wurde zu einem der gesuchtesten Porträtisten der 20er und 30er Jahre. Er fotografierte, was Rang und Namen hatte: Klee, Kollwitz, Dix, Hauptmann, Kokoschka, Chagall, Gropius, Adenauer u. v. a. Gleichzeitig entwickelte er sich zum Meister aktueller Kopiertechniken. Bis etwa 1918 stellte er Gummidrucke her, später dann Ölpigmentdrucke. 1919 war Erfurth Mitbegründer der Gesellschaft Deutscher Lichtbildner (GDL), die heute die älteste Fotografenvereinigung Deutschlands ist. 1933 übersiedelte Erfurth nach Köln, wo er 1945 ausgebombt wurde.

Publikation: Otto Steinert / H. E.: Bildnisse. 1961.
Literatur: Hansch, H. E., der Altmeister der deutschen Porträtfotografie. In: Moderne Fototechnik. Juni 1971 – B. Lohse, H. E., der Fotograf der goldenen 20er Jahre. 1977.

Evans, Frederick Henry (* 1852 London, † 1943) Englischer Buchhändler und zunächst reiner Amateurfotograf. Porträtierte seine Freunde: G. B. Shaw, Aubrey Beardsley u. a. Wurde 1898 Berufsfotograf. Insbesondere interessierte er sich für Architektur. Für die Zeitschrift »Country Life« fotografierte er englische Kathedralen und französische Schlösser, Aufnahmen, mit denen er auch in den USA bekannt wurde. Bereits seine erste Ausstellung in Boston 1897 war ein großer Erfolg. Evans, Mitglied der berühmten Kunstfotografen-Gilde The Linked Ring (1901) stellte ausschließlich Platindrucke her.

Evans, Walker (* 1903 St. Louis, † 1975 New Haven/Connecticut) Widmete sich zunächst dem Literatur- und Sprachenstudium an verschiedenen Colleges und an der Sorbonne in Paris (1926).

1928 wurde er Berufsfotograf. Von Bedeutung sind seine fotografischen Arbeiten über südamerikanische Architektur und über die Kunst in Afrika (1935–1939). Desgleichen zählt Evans zur Gruppe der FSA-Fotografen, der u. a. Dorothea Lange, Russell Lee, Port Walcott und Arthur Rothstein angehörten. Sie produzierten von 1935 bis 1943 über 270 000 Aufnahmen. Evans arbeitete für »Time«, wurde Mitbegründer und Redakteur der Zeitschrift »Fortune« (1946). Es folgten mehrere Ausstellungen im Museum of Modern Art, New York; 1965 übernahm Evans einen Lehrstuhl an der Yale University, New Haven/Connecticut.

Publikationen: The Crime of Cuba. 1933 – American Photographs. 1975 – Photographs for the Farm Security Administration, 1935–1938. 1973.
Literatur: Sweeny, African Negro Art. 1935 – Szarkowski, W.E. 1971.

Fenton, Roger (* 1819 Heywood/Lancashire, † 1869 London) Absolvierte ein Kunststudium bei Paul Delaroche (Paris 1841). Daneben war er Amateurfotograf. Es folgte ein Jura-Studium in London, wo er sich schließlich als Rechtsanwalt niederließ. 1847 gründete Fenton einen Amateurclub, mit dem Ziel, das Kalotypieverfahren zu verbessern. 1852 unternahm er die erste Foto-Expedition der Geschichte (Rußland), deren Erfolg ihn bestärkte, Berufsfotograf zu werden. 1853 gründete er die Photographic Society of London, die spätere Royal Photographic Society of Great Britain. Auf der Höhe seines Schaffens avancierte er zum königlichen Hoffotografen. Fenton wird die erste Kriegsreportage der Geschichte zugeschrieben (Krimkrieg).
Literatur: Gernsheim, R.F., Photographer of the Crimean War. 1954 – I. Hannavy, R. F. of Crimble Hall. 1975.

Finsler, Hans (* 1891 Zürich, † 1972) Studierte Architektur und Kunstgeschichte. Ab 1921 wirkte Finsler als Kunsthistoriker an der Kunstgewerbeschule in Halle. Nebenbei begann er zu fotografieren. Schließlich entwickelte er Prinzipien und Stil der sog. Neuen Sachfotografie. Sein wachsendes Interesse für die Fotografie führte 1927 zur Gründung einer Fotoklasse. Es folgte ein Ruf nach Zürich, wo Finsler 1932 bis 1955 Fotopädagoge an der dortigen Kunstgewerbeschule war. Er galt als einer der bedeutendsten Fotolehrer der Schweiz.

Hallensleben, Ruth (* 1898 und † 1977 Köln) Sie arbeitete zunächst als Sozialpflegerin in Kassel. Nach einer fotografischen Lehre machte sie sich 1934 in Köln selbständig. Ihre für eine Frau ungewöhnlichen Hauptarbeitsgebiete lagen im Bereich der Schwerindustrie, des Hoch- und Tiefbaus. Sie fuhr als erste Frau in Bergwerke ein, um vor Ort zu fotografieren. Seit 1961 lebte und arbeitete Ruth Hallensleben in Wuppertal. Es entstanden Bildbände über den Niederrhein und Köln.

Heartfield, John (eigentl. Helmut Herzfelde; * 1891 und † 1968 Berlin) Von Beruf Grafiker. Neben Raoul Hausmann, Richard Huelsenbeck und George Grosz wurde Heartfield einer der führenden Vertreter des Berliner Dadaismus. Er schuf satirische und aggressive Fotomontagen gegen den Krieg, gegen Kapitalismus und Nationalsozialismus. Seine Veröffentlichungen erfolgten hauptsächlich in der »Arbeiter-Illustrierten-Zeitung«. Vorübergehend arbeitete Heartfield als Bühnenbildner bei Max Reinhardt und Erwin Piscator. Er emigrierte 1933, kehrte 1950 in die DDR zurück.

Publikationen: Krieg im Frieden. 1973.
Literatur: J.H. 1974 – W. Herzfelde, J.H. Leben und Werk. 1976.

Henneberg, Hugo (* 1863 Wien, † 1918) Studium der Physik, Chemie, Astronomie und Mathematik in Wien. Nach Radierungen und Holzschnitten fotografische Zusammenarbeit mit Heinrich → Kühn und Hans → Watzek (bekannt als Das Kleeblatt). Sie entdeckten gemeinsam den sog. Kombinationsdruck, einen farbigen Gummidruck auf strukturiertem Papier, und wirkten mit ihrer Wiener Schule stilbildend in der Kunstfotografie der Jahrhundertwende.

Hill, David Octavius (* 1802 Perth/Schottland, † 1870 Edinburgh) War Landschaftsmaler und Buchillustrator. Hill erhielt 1843 den Auftrag, die über 400 Mitglieder der ersten Generalversammlung der Free Church of Scotland zu fotografieren. Hierzu fotografierte er sämtliche Mitglieder und benützte diese Aufnahmen als Vorlage zur Herstellung des Gruppenbildes. Hill arbeitete mit Robert Adamson (1821–1848) zusammen. In den wenigen Jahren ihrer Zusammenarbeit bis zu Adamsons Tod entstanden über 1500 Kalotypien, Porträts, Gruppen- und Landschaftsbilder. Nach Adamsons Tod kehrte Hill zur Malerei zurück.

Publikationen: D.O.H./Adamson, Inkunabeln der Photographie. 1963 – D.O.H./Adamson, The Hill/Adamson Albums. 1973 – D.O.H./Bruce, Sun pictures. 1973 – D.O.H./Adamson/Ovenden/Henderson, Hill and Adamson photographs. 1973 – D.O.H./Adamson, Ford, Colin and Boy Strong. 1974.

Hine, Lewis Wickes (* 1874 Oshkosh/Wisconsin, † 1940 Hastings-on-Hudson/New York) Studierte Soziologie und Pädagogik (1898 bis 1900). Zunächst fotografierte Hine autodidaktisch, gab aber 1908 seinen Lehrberuf auf, um sich ganz der Fotografie zu widmen. Er gilt als Bahnbrecher eines engagierten Bildjournalismus. Seine fotografischen Themen waren Krieg und sozialkritische Reportagen, darunter Dokumentationen über Kinderarbeit in Bergwerken und Fabriken.

Literatur: I. W. Gutman, L.W.H. 1874 bis 1940. 1974.

Itten, Johannes (* 1888 Schwarzenberg, † 1967 Zürich) Maler und Pädagoge. War 1919–1923 am Bauhaus in Weimar tätig. Itten entwickelte eine Farbenlehre, die weite Verbreitung fand. Er eröffnete in Berlin eine eigene Kunstschule, später auch in Krefeld. In der Zeit von 1919 bis 1938 nahm Itten Einfluß auf die Fotografen am Bauhaus und auf das, was sich Neue Fotografie nannte. 1938–1954 amtierte er in Zürich als geschätzter Direktor der Kunstgewerbeschule, Textilfachschule, des Industrie- und des Rietberg-Museums. Nach seiner Pensionierung (1954) arbeitete er wieder als freier Maler.

Publikationen: Kunst der Farbe. 1961 – Mein Vorkurs am Bauhaus. 1963.

Jackson, William Henry (* 1843, † 1942) Einer der ersten bedeutenden Landschaftsfotografen Amerikas. 1870 bis 1877 fotografierte er für acht Länderregierungen geologische Übersichtsaufnahmen. Seine Fotografien vom Yellowstone-Gebiet waren ausschlaggebend dafür, daß die Mitglieder des Senats und des House of Representatives dieses Gebiet 1872 zum ersten Nationalpark der USA erklärten. Von geschichtlicher Bedeutung sind vor allem auch seine Aufnahmen von Indianersiedlungen im Westen Amerikas. Im Gegensatz zu den damals in Europa üblichen pittoresken Landschaftsbildern zeichnen sich seine Aufnahmen durch Einfachheit und formale Klarheit aus.

Literatur: Newhall, W.H.J. 1974.

Kaesebier, Gertrude (* 1852 Des Moines/Iowa, † 1934 New York) Erlernte während ihrer Ausbildung als Porträtmalerin das Fotografieren, das sie schließlich zu ihrem Beruf machte. Gertrude Kaesebier stand unter dem Einfluß von Alfred → Stieglitz, der ihre Aufnahmen in »Camera Work« veröffentlichte. Sie war Mitbegründerin der Photo-Secession (1902) und Mitglied des Linked Ring in New York, dem die bedeutendsten Vertreter amerikanischer Kunstfotografen angehörten. 1910 erfolgte der Bruch mit Stieglitz und die Gründung einer eigenen, rivalisierenden Gruppe, der Pictorial Photographers of America (zusammen mit Clarence White und A. L. → Coburn).

Kertész, André (* 1894 Budapest) Fing als 18jähriger an zu fotografieren. Schon die ersten Fotos von Land und Leuten in Ungarn zeigten starken Interpretationswillen. 1925 übersiedelte Kertész nach Paris, wo er sich mit Malern und Schriftstellern befreundete. In Reportagen für die Zeitschriften »DU«, »Frankfurter Illustrierte« und »Berliner Illustrirte Zeitung« vervollkommnete sich sein fotografischer Stil. 1936 wechselte Kertész nach New York, wo er für große Zeitschriften arbeitete: »Look«, »Vogue«, »Harper's Bazaar« etc. Ein Höhepunkt seiner Karriere: 1945 organisierte das Guggenheim Museum in New York eine große Kertész-Ausstellung, die ihn ins Blickfeld der Öffentlichkeit rückte. Es folgten eine ganze Anzahl weiterer Ausstellungen und vor allem Bildbände. Wie bei kaum einem anderen Fotografen ist bei Kertész bis heute seine unverwechselbare Handschrift sichtbar. Sein Stil ist geprägt von Einfallsreichtum, Mitgefühl und Humor.

Publikationen: Paris vue par A.K. 1934 (hg. v. MacOrlan) – A.K. Photographer. 1945 (hg. v. Szarkowski) – A.K. 60 Jahre Fotografie, 1912–1972. 1972 (hg. v. Ducrot) – J'aime Paris. 1974 – New York Discovered. 1975 – A.K. 1976.

Kühn, Heinrich (* 1866 Dresden, † 1944 Brigitz/Tirol) Nach dem Studium der Medizin und der Naturwissenschaften in Innsbruck wandte sich Heinrich Kühn der Fotografie zu. Über den Wiener Camera Club kam es zur Zusammenarbeit mit Hugo → Henneberg und Hans → Watzek. Ihre Arbeiten signierten die drei Fotografen als Das Kleeblatt. Sie entwickelten 1897 gemeinsam den Mehrfarben-Gummidruck. Heinrich Kühn gilt als einer der erfolgreichsten Porträt- und Landschaftsfotografen Österreichs, der als Stilbildner die österreichische Kunstfotografie beeinflußte. Er war Mitglied des renommierten Linked Ring und Mitbegründer der Wiener Schule.

Publikation: H.K., 1866–1944. 1976.

Lange, Dorothea (* 1895 Hoboken/New Jersey, † 1960 San Francisco) Studium der Pädagogik, Ausbildung zur Fotografin an der Columbia University in New York. 1919 eröffnete die Fotografin ein Porträt-Studio in San Francisco. In der Zeit der wirtschaftlichen Rezession fotografierte sie die Arbeitslosen auf den Straßen und in ihren Quartieren. Sie wurde Mitglied der Gruppe F/64 (1932). Von 1937 bis 1942 arbeitete sie, als Mitglied des berühmten FSA-Fotografenteams, im Auftrag der US-Regierung an einer Fotodokumentation über die sozialen Lebensbedingungen für Landarbeiter in den Südstaaten mit. Nach 1954 fotografierte Dorothea Lange sozialdokumentarische Bildberichte für »Life« und andere Zeitschriften, vor allem über den Nahen Osten und Asien.

Publikationen: The American Country women. 1967 – D.L. 1972.
Literatur: P. Taylorr/D. Lange: An American Exodus – A Record of Human Erosion. 1939 – D.L./Elliott: D. L. 1966.

Lartigue, Jacques-Henri (* 1894 Courbevoie) Bekam als Siebenjähriger eine wertvolle Kamera geschenkt. Schon die ersten Bilder zeigten ungewöhnliches Talent. Er fotografierte Autos, Papierdrachen und Flugapparate. Bemerkenswert ist, daß ihn vornehmlich bewegte Dinge interessierten. Teilweise zeigen diese Bilder Bewegungsunschärfen und perspektivische Verzeichnungen, die Lartigue zugunsten der Darstellung eines lebendigen Geschehens bewußt in Kauf nahm. 1915 begann er in Paris zu malen. Die Fotografie, die er nebenbei betrieb, betrachtete er stets als Hobby. Lartigue verkehrte mit berühmten Künstlern, denen er viele Anregungen verdankte (van Dongen, Guitry, Cocteau, Chevalier und Picasso). Später interessierte ihn vor allem der Film. Dies und seine Begeisterung für den Sport kommt in vielen seiner in den 30er und 40er Jahren entstandenen Fotos zum Ausdruck. Das Museum of Modern Art in New York würdigte das Werk des französischen Fotoamateurs im Jahre 1963 mit einer großen Bilderschau.

Publikationen: Portfolio J.-H.L. 1972 (hg. v. Anais Nin) – J.-H.L. and Women. 1973 – Das Fest des großen Rüpüskül. 1973 – L. 8 x 80. Katalog. 1975.

List, Herbert (* 1903 Hamburg, † 1974 München) Begann, bestärkt durch Andreas Feininger, um 1930 zu fotografieren. Er verließ Deutschland 1936 und arbeitete für »Harper's Bazaar«, »Life« und »Verve«. Seine Bilder waren versponnen, distanziert, viele ausgeprägt surrealistisch angelegt. Bereits in den 30er Jahren nahm er voraus, was heute in verstärktem Maße in den Fotografien von Ralph Gibson und Les Krims als Novität empfunden wird. Große Beachtung fand auch seine Bildserie vom zerstörten München (1946).

Publikation: Photographien von 1930 bis 1970. 1976.

Mach, Ernst (* 1838 Turas/Mähren, † 1916) Physiker und Philosoph, lehrte in Graz, Prag und Wien. Verbesserte die Stroboskopfotografie und Schlierenfotografie, die er für die Beobachtung fliegender Projekte anwendete. Mach benutzte 1884 erstmals elektrische Entladungen als Lichtquelle. 1888 experimentierte er mit Zeitrafferaufnahmen. Nach ihm ist die Mach-Zahl, Einheit zur Messung der Schallgeschwindigkeit benannt (1 Mach = 331 m/s in der Luft).

MacPherson, Robert (* 1811 Edinburgh, † 1872 Rom) Lebte von 1840 an als Maler und Kunsthändler in Rom. Begann erst mit 40 Jahren zu fotografieren (1851). Die Bedeutung seines fotografischen Lebenswerkes liegt im Bereich der Architekturaufnahmen; es galt speziell der Wiedergabe alter römischer Bauten und Kunstwerke. Seine hervorragenden Fotografien von Skulpturen des Vatikans haben in dem 1863 gestalteten Kunstführer über den Vatikan Aufnahme gefunden. Auf reproduktionstechnischem Gebiet entdeckte MacPherson den Prozeß der Photolithographie, die er für die Wiedergabe eigener Aufnahmen praktisch anwendete.

Man, Felix H. (eigentl. Hans Baumann; * 1893 Freiburg) Nach der Rückkehr aus dem Ersten Weltkrieg studierte Felix H. Man an der Kunstgewerbeschule in München. 1929 erwarb er eine Ermanox-Kamera. Mit ihr entstanden die ersten Bildreportagen für die »Münchner Illustrierte Presse«. 1929 wurde Man Produktionsleiter der Abteilung Bildbericht des Deutschen Photodienstes (Dephot). In den darauffolgenden beiden Jahren entstanden über 80 Bildberichte alleine für die »Münchner Illustrierte Presse«, deren Chefredakteur Stefan Lorant war. Aufsehen erregten vor allem Mans Fotointerviews mit bedeutenden Künstlern, Schriftstellern und Politikern (Liebermann, Shaw, Slevogt, Strawinsky, Mussolini). 1943 übersiedelte Man nach London und arbeitete als Chefreporter bei »Picture Post«. 1948 veröffentlichte Man die erste Farbreportage (»Picture Post«), 1951 einen großen Farbbericht über das Festival of Britain (»Life«).

Misonne, Léonard (* 1870 Gilly/Belgien, † 1943) Begann um 1891 während seines Studiums in Löwen zu fotografieren und trat einem Amateurklub bei. 1898 würde er Berufsfotograf und hatte mit einer Ausstellung von Landschaften in Brüssel ersten Erfolg. Mit großem Geschick entwickelte er einen sehr persönlichen fotografischen Stil, der betont die Darstellung des Lichts und des Atmosphärischen (Regen- und Nebellandschaften) mit einbezog. So benützte er selbstkonstruierte Filter, um eine ganz bestimmte Weichzeichnung zu erzielen, Kennzeichen der Kunstfotografie um die Jahrhundertwende. Zunächst praktizierte Misonne den Kohledruck, dann den Öldruck. Später entwickelte er eine eigene Kopiertechnik, das sog. Mediobromverfahren.

Literatur: Schwabik, Ein Fotograf aus Belgien 1870–1943. 1976.

Moholy-Nagy, Laszlo (* 1895 Borsod/Ungarn, † 1946 Chicago) Studierte Jura, dann Malerei. 1923 kam Moholy-Nagy an das Bauhaus nach Weimar, wo er Leiter des Vorkurses und der Metallwerkstatt wurde. 1928 wirkte er als Bühnenbildner in Berlin. Bis zu seiner Emigration nach London 1935 beschäftigte sich Moholy-Nagy kontinuierlich mit Licht- und Farbuntersuchungen, mit neuen Ausdrucksmöglichkeiten des Konstruktivismus. Er war ein Meister der Fotomontage, Lichtmontage, der Fotoplastik und Collage und hat auf diesem Gebiet Bahnbrechendes geleistet. 1937 wurde er Mitgründer des New Bauhaus in Chicago (später School of Design), wo er bis zu seinem Tode lehrte.

Literatur: L.M.-N., Malerei, Fotografie, Film. Bauhaus Buch Nr. 8. 1967 – L.M.-N. 1974 – Photographs of 1975 – Rondolina, L.M.-N., Pittura, fotografia, film. 1975.

Muybridge, Eadweard (* 1830 Kingston/England, † 1904 Kingston) Wanderte 1852 nach Amerika aus und wirkte dort zunächst als Buchhändler und Illustrator. Zu fotografieren begann Muybridge um 1860, vor allem Landschaften im amerikanischen Westen. Bekannt wurde er, weil er (etwa ab 1878) fotografische Bewegungsstudien an Mensch und Tier unternahm. Muybridge stellte 24 Kameras in kurzen Abständen nebeneinander auf, die von den bewegten Objekten (z. B. von einem galoppierenden Pferd) über einen raffinierten Mechanismus selbst ausgelöst wurden. Es entstanden Bildserien, auf denen die rasch aufeinanderfolgenden Bewegungsphasen eines Bewegungsablaufs dargestellt waren. 1879 entwickelte er in Philadelphia das Zoopraxiscop zur schnell aufeinanderfolgenden Projektion seiner Phasenbilder. Diese Geräte gelten als unmittelbare Vorläufer der Kinematographie. 1887 erschien in insgesamt 11 Bänden mit 781 Bildserien sein geschichtsträchtiges Werk »Animal Locomotion«.

Publikationen: Animals in motion. 1955.
Literatur: Animal Locomotion: the Muybridge work at the University of Pennsylvania. 1973 – MacDonnell E.M. Der Mann, der die Bilder laufen ließ. 1973 – Haase, Muybridge. Man in Motion. 1976.

Nadar (eigentl. Gaspard Félix Tournachon; * 1820 Lyon, † 1910 Paris) Studierte in Lyon Medizin, anschließend (1842) übersiedelte er nach Paris und betätigte sich als Journalist und Karikaturist. Nadar begann 1849 zu fotografieren und eröffnete 1853 ein Foto-Studio, das zum Treffpunkt der Künstlerelite von Paris wurde. Seine Porträts sind, im Gegensatz zu dem damals üblichen sehr statischen Porträtstil, von erstaunlicher Natürlichkeit. 1858 machte Nadar aus einem Fesselballon die ersten Luftaufnahmen von Paris, 1860 bis 1861 Fotos von der Kanalisation und den Katakomben in Paris (wobei er zur Beleuchtung Magnesium verwendete). In seinem Studio fand 1874 die erste Ausstellung der Impressionisten statt. 1891 gründete Nadar die Zeitschrift »Paris Photograph«. Außer als Lichtbildner wurde er als Verfasser satyrischer Essays und Novellen bekannt.

Literatur: N. 1977.

Nadar, Paul (* 1856 und † 1939 Paris) Sohn des Gaspar Félix Nadar. Fotografierte 1886 das erste Fotointerview. Während Vater Nadar dem Wissenschaftler M.E. Chevreul Fragen stellte, belichtete der Sohn eine ganze Serie lebendiger Aufnahmen des Interviewten. Diese Bildserie wurde anläßlich des 100. Geburtstages von M.E. Chevreul aufgenommen und in »Le journal illustré« veröffentlicht.

Natterer, Johann (* 1821 Wien, † 1900) Studierte Medizin. Arbeitete auf fotografischem und fotochemischem Gebiet mit seinem Bruder Joseph zusammen. 1840 entdeckten und verbesserten die Brüder ein Gemisch aus Brom, Chlor und Jod und konnten damit die Empfindlichkeit der fotografischen Platten wesentlich steigern. Es gelang ihnen, erstmals mit einer Belichtung von weniger als einer Sekunde Daguerreotypien von Straßenszenen herzustellen, die sie mit einem Petzval-Objektiv mit der Lichtstärke von 1:3,5 (1850 gerechnet!) an einer Voigtländer-Kamera belichteten.

Nègre, Charles (* 1820 und † 1879 Grasse) Maler und Fotograf. Nègre begann um 1850 Kalotypien herzustellen. In seinem Pariser Studio fotografierte er Porträts, Stilleben und Genre-Bilder. Doch war er vor allem ein hervorragender Architektur-Fotograf. Nègre wurde bekannt durch seine Bildserie über den im Exil lebenden Kaiser (Napoleon III.). Er war Mitbegründer der Société Française de Photographie und entwickelte verschiedene fotomechanische Prozesse: Heliogravure (1854), Collotypie (1856), Photo-Galvanographie (1861).

Niépce, Joseph Nicéphore (* 1765 Chalon-sur-Saône, † 1833 Gras) Erfinder der Fotografie. Seit 1816 unternahm Niepce Versuche, Bilder, die in der Camera obscura entstanden, über sensibilisierte Papiere auf einen Druckträger zu übertragen. Er experimentierte mit lichtempfindlichem Asphalt, um die Bilder auf Stein, Metall und Glas zu übertragen. 1822 gelang die erste Fotokopie eines Kupferstiches auf einer mit Asphalt beschichteten Glasplatte. 1826 fotografierte er vom Fenster seines Arbeitszimmers aus mit der Belichtungszeit von 8 Stunden auf eine mit Asphalt beschichtete Zinkplatte (von Helmut Gernsheim entdeckt und heute im Besitz der Texas University/USA). Er benützte dabei die erste Kamera, die er sich von dem Pariser Optiker Charles Chevalier eigens anfertigen ließ. Von 1827 stammt sein erster Bericht an die Royal Society of Sciences über das Heliographie-Verfahren. In Paris erfolgten erste Kontakte mit Daguerre, mit dem er sich 1829 vertraglich einigte. Das gemeinsame Ziel war die Verbesserung des Heliographie-Verfahrens. 1833 wurde sein Sohn Isidor Vertragsnachfolger. Zwischen 1837 und 1839 war das Verfahren praktisch so weit verbessert, daß es als Daguerreotypie seinen Siegeszug antreten konnte.

Perscheid, Nicola (* 1864, † 1930) Kam nach einer Fotografenlehre in Koblenz und einigen Gesellenjahren in Görlitz (1891) und Leipzig (1894) nach Berlin (1905). Dort widmete er sich – als einer der ersten Berufsfotografen – der Kunstfotografie. Er schuf weithin beachtete Landschafts- und Genre-Bilder, die er im Gummidruck, später im Öldruck verarbeitete. Perscheid entwickelte 1925 das sog. Perscheid-Objektiv, das bei Busch in Rathenow gebaut wurde. Es handelte sich um einen hervorragenden Weichzeichner, der sich insbesondere für Porträtaufnahmen eignete. Perscheid soll außerdem als einer der ersten Fotografen nach einer Dreifarbenaufnahme mit drei Teilnegativen farbige Bromöl-Umdrucke hergestellt haben.

Ray, Man (* 1890 Philadelphia, † 1976 Paris) Ausbildung als Architekt, Ingenieur. Danach studierte Man Ray Malerei in New York und stellte bereits 1912 seine ersten Bilder aus. 1915 hatte er die erste One-man-show, die seinen Namen als einen der frühen abstrakten Maler Amerikas rasch bekannt machte. 1917 gründete er, zusammen mit Marcel → Duchamp und Francis Picabia, die New Yorker Dada-Gruppe. Erst 1920 begann er sich ernsthaft mit Fotografie zu beschäftigen, indem er seine eigenen (gemalten) Bilder reproduzierte. 1921 übersiedelte er nach Paris, um an der Académie des Beaux Arts zu studieren. Dort befreundete er sich mit den Pariser Dadaisten und Surrealisten. Er erregte Aufsehen mit ersten abstrakten Fotos, die er Rayogramme nannte. Irrtümlich hielt er sich für den Erfinder der dabei angewandten Technik des Fotogramms, die vor ihm schon andere Künstler praktiziert hatten, u. a. → Talbot (um 1840) und → Schad (1918). Er veröffentlichte zwölf seiner Rayogramme unter dem Titel »Champs delicieux«. In den folgenden Jahren arbeitete Man Ray abwechselnd als Maler, Fotograf (Porträts) und Filmemacher.

Weitere Publikation: Self Portrait. 1963
Literatur: Martano, M.R. Clin d'oil. 1971 – Janus, M. R. 1973 – Masini, M.R. 1975 – Penrose, M.R. 1975.

Renger-Patzsch, Albert (* 1897 Würzburg, † 1966 Wamel) Begann mit zwölf Jahren als Autodidakt zu fotografieren. Nach dem Kriegsdienst 1918 Chemiestudium in Dresden. Fotografische Mitarbeit an der Buchreihe »Die Welt der Pflanze«. 1922 wurde Renger-Patzsch Leiter der Bildstelle des Folkwang-Archivs in Essen, doch machte er sich bereits 1925 in Bad Harzburg als Fotograf selbständig. Gleichzeitig erschien sein erster Bildband »Das Chorgestühl von Cappenberg«. Bereits 1928 kehrte er nach Essen zurück und übernahm Aufträge in den Bereichen der Industrie-, Architektur- und Landschaftsfotografie. 1928 erschien sein Bildband »Die Welt ist schön«, gepriesen als Standardwerk der Neuen Sachlichkeit, als deren Pionier er gilt. 1933 wurde Renger-Patzsch Dozent an der Folkwang-Schule in Essen. Es folgten Ausstellungen im In- und Ausland, die ihn international bekannt machten.

Weitere Publikationen: Technische Schönheit. 1929 – Sylt. Bild einer Insel. Landschaft als Dokument. 1936.
Literatur: Kempe, A.R.-P. – Der Fotograf der Dinge. 1967 – A.R.-P. Katalog. Fotografien 1925–1966. 1977.

Rijs, Jacob (* 1849 Ribe/Dänemark, † Bare/USA) Pionier der sozialdokumentarischen Fotografie. Wirkte zunächst als Gerichtsreporter für die »New York Tribune«. Bekannt wurden seine gesellschaftskritischen Reportagen aus den Slums von New York. Mit seinen Bildberichten protestierte er u. a. gegen die Kinderarbeit in den Fabriken, eine Aufgabe, die später von Lewis W. Hine fortgesetzt wurde.

Publikationen: How the other half lives. 1971 – J.R. 1972.
Literatur: Alland, J.R. 1974.

Rodtschenko, Alexander (* 1891 Petersburg, † 1956 Moskau) Kunststudium 1910–1914 in Moskau. 1913 zeigte Rodtschenko seine erste Ausstellung mit impressionistischen Gemälden. Mit z. T. konstruktivistischen Arbeiten beteiligte er sich am »Tathus Magasine«. 1918–1926 unterrichtete Rodtschenko an der Proletkult-Schule in Moskau. Er beschäftigte sich mit Typographie und Plakatentwürfen. Sein Hang zum Konstruktivismus führte ihn zur Collage und Fotomontage, die er auch für die Gestaltung von Plakaten einsetzte. Ab 1925 entstanden Fotografien, die sich an der abstrakten Malerei orientierten. Rodtschenko leistete mit seinen Arbeiten in den 30er Jahren einen geschichtlich bemerkenswerten Beitrag zur Entwicklung frei gestaltender Fotografie.

Salomon, Erich (* 1886 Berlin, † 1944 Auschwitz) Jurastudium und Promotion in München, Berlin und Rostock. Pionier des modernen Bildjournalismus. Arbeitete 1918–1925 fest für den Ullstein Verlag, später für die »Berliner Illustrirte Zeitung«, für »Times«, »Fortune«, »New York Times« u. a. Salomon war Meister der diskreten Beobachtung und Bildberichterstattung. Er arbeitete mit lichtstarken Objektiven an der Ermanox oder der Leica und fotografierte Gerichtsverhandlungen, Parlamentssitzungen, internationale Konferenzen (ohne Blitzlicht oder Lampen). 1931 erfolgte die Veröffentlichung seines Bildbandes »Berühmte Zeitgenossen in unbewachten Augenblicken«. 1934 Emigration nach Holland. 1944 Tod im Konzentrationslager Auschwitz. Noch heute gilt Salomon als Vorbild und seine Arbeit als Maßstab im Bereich des Bildjournalismus. 1971 Stiftung des Dr. Erich Salomon-Preises für hervorragende bildjournalistische Arbeiten durch die Deutsche Gesellschaft für Photographie (DGPh).

Publikationen: Obevakade ögonblick – unguarded moments. 1974 – Portrait of an age. 1975 – E.S. Katalog 1976.

Sander, August (* 1876 Herdorf a. d. Sieg, † 1964 Köln) Arbeitete zunächst als Bergmann. Während des Militärdienstes 1896–1898 hatte Sander erste Möglichkeiten zu fotografieren. Aus dem Militärdienst entlassen, wird er Berufsfotograf. 1902 eröffnete Sander ein eigenes Atelier in Linz. Doch bereits 1910 übersiedelte er nach Köln. Den ersten großen Erfolg brachte ihm die Werkbundausstellung 1914. Nach dem Ersten Weltkrieg fotografierte Sander deutsche Typen, einfache Handwerker, Bauern und Bürger. Seine Aufnahmen waren meist gestellt. Er bemühte sich um originelle, möglichst aussagestarke Wiedergabe. Am bekanntesten wurde seine Ausstellung »Menschen des 20. Jh.« (1927) und seine Bücher »Antlitz der Zeit« (1929), »Deutschenspiegel« (1962) und »Menschen ohne Maske« (1971 posthum).

Weitere Publikationen: A.S., Künstlerporträts – A.S. Rheinlandschaften. 1975 (hg. v. Kemp).

Schad, Christian (* 1894 Miesbach) Maler des Expressionismus und der Neuen Sachlichkeit. Februar 1916 Mitbegründer des Dadaismus. 1918 und später stellte Schad Fotogramme her, die von seinen Freunden Schadographien genannt wurden. Durch Aufbelichtung von realen Gegenständen, die er auf Fotopapieren anordnete, entstanden abstrahierte und phantastische Lichtgrafiken. Seine Arbeiten gelten als wegweisend für das moderne künstlerische Fotogramm, das vier Jahre später auch von Man → Ray (Rayogramm) praktiziert wurde.

Literatur: C.Sch. Schadographien 1918–1975. Katalog 1975.

Steichen, Edward (* 1879 Luxemburg, † 1973 West Redding/Connecticut) Steichen absolvierte in Milwaukee ein Kunststudium. Während dieser Zeit arbeitete er für eine Kunstanstalt (Lithographie) und machte seine ersten Fotos (1896). Bereits 1902 zeigte er seine Gemälde und Fotografien (Gummidrucke) in einer Ausstellung in Paris. Bei dieser Gelegenheit entstand sein berühmtes Porträt von Auguste Rodin, »The Thinker«. Im gleichen Jahr wurde in New York die Photo-Secession ins Leben gerufen, zu deren Gründungsmitgliedern Steichen zählt. 1905 kommt es zur engen Zusammenarbeit mit Alfred → Stieglitz, den er beim Aufbau der berühmten Gallery 291 in New York unterstützte. 1906–1914 studierte Steichen Malerei in Paris, kehrte aber bei Kriegsbeginn wieder nach Amerika zurück. Während des Krieges war er Spezialist für Luftaufnahmen, 1923–1937 Cheffotograf bei »Condé Nast«. Er arbeitete für »Vogue« und »Vanity Fair«. Inzwischen war Steichen längst zu einem der erfolgreichsten Porträt- und Modefotografen der USA geworden. 1946 erfolgte schließlich die Berufung zum Direktor der Fotoabteilung des Museum of Modern Art in New York. Als solcher organisierte er viele Ausstellungen, darunter seine berühmteste: The Family of Man (1955). Sie wanderte durch viele Großstädte der ganzen Welt.

Publikationen: The First Picture Book. 1930 – E.S., ein Leben für die Fotografie. 1965 – E.S. 1976.

Steinert, Otto (* 1915 Saarbrücken) Studium der Medizin. Arbeitete bis 1948 als Arzt, beschäftigte sich aber zunehmend mit Fotografie. 1948 gründete er eine Fotografenklasse an der Staatlichen Schule für Kunst und Handwerk in Saarbrücken, deren Direktor er 1952 wurde. Zahlreiche Ausstellungen in Europa, Asien und Amerika. Steinert entwickelte einen einprägsamen fotografischen Stil, der durch Strenge der Form und eine ins Extrem gehende Kontraststeigerung der Schwarzweißtechnik gekennzeichnet ist. Seit 1959 wirkt er als Lehrer an der Folkwang-Schule, Essen, und bildete eine ganze Reihe hervorragender Fotografen aus. Bedeutsam sind die beiden von Steinert initiierten fotografischen Bewegungen fotoform und Subjektive Fotografie.

Publikationen: Subjektive Fotografie. 1952 – Subjektive Fotografie 2. 1955 – O.S. Initiator einer fotografischen Bewegung. Katalog 1976 – Selbstporträts. 1961.

Stieglitz, Alfred (* 1864 Hoboken/New Jersey, † 1946 New York) Studierte 1881–1890 an der Technischen Hochschule Berlin Ingenieurwesen und Fotografie. Stieglitz kehrte 1890 mit dem Vorsatz nach Amerika zurück, die gestaltende Fotografie auf breiter Basis in der bildenden Kunst durchzusetzen. Er verfolgte dieses Ziel mit der Herausgabe verschiedener Fotozeitschriften: »American Amateur Photographer« (1892–1896), »Camera-Notes« (1897–1902), »Camera-Work« (1902–1917). 1902 gründete Stieglitz die amerikanische Photo-Secession und die Gallery 291 in der Fifth Avenue. Stieglitz stellte in seinen Zeitschriften und Ausstellungen alle namhaften Fotografen und Künstler seiner Zeit vor (→ Steichen, → Cameron, Matisse, Picasso u. v. a.). Er selbst war ein hervorragender Fotograf. Bekannt wurden seine Straßenszenen von New York, die er 1898 mit einer Handkamera fotografierte. Erst 1937 gab er das Fotografieren auf und widmete sich von da an nur noch der Verbreitung der Künste.

Literatur: America and A.S. 1934 – Bry, A.S. – Photographer. 1965 – Norman, A.S. – an American Seer. 1973 – Hiley, A.S. 1976.

Strand, Paul (* 1890 New York, † 1976 Paris) Studium der Fotografie in New York 1907–1909. Strand war Schüler von Lewis W. → Hine an der Ethical Culture High School. 1909 Eröffnung eines eigenen Studios. Durch Vermittlung von Alfred → Stieglitz wurde er Mitglied der Photo-Secession. Strand gilt als engagierter Vertreter des Neuen Realismus (1917) in der Fotografie, später auch des Films, denn er arbeitete abwechselnd als Fotograf und Filmemacher. Um 1926 begann er Pflanzen zu fotografieren. Er verfolgte dabei ähnliche Ziele, wie sie die Vertreter der Neuen Sachlichkeit (→ Renger-Patzsch, → Bloßfeldt) in Deutschland anstrebten. 1932 übersiedelte Strand nach Mexiko, wo er Direktor einer Abteilung für Foto und Film bei der mexikanischen Regierung wurde. Er kehrte 1935 wieder nach New York zurück und begann Dokumentarfilme zu drehen. 1945 präsentierte das Museum of Modern Art, New York, mit großem Erfolg eine Einzelausstellung des Fotografen. Nach 1946 verfaßte Strand Beiträge und Bildbände über New England, Frankreich, Italien, Ägypten, Marokko u. a.

Weitere Publikationen: Ghana, an African Portrait. 1976 – P.S./Tomkins, Sixty years of photography. 1976 – The Mexican Portfolio. o. J.
Literatur: Monographie P.S. 1971 – Hazel Strand/Hoffmann, P.S. A retrospective monograph. 1972.

Sudek, Josef (* 1896 Kolin, † 1976 Prag) Gelernter Buchbinder und zunächst Amateurfotograf. Sudek tritt 1920 dem Prager Amateur-Photoklub bei. 1922–1924 studierte er Fotografie bei Karl Nowak. Sein erstes Buch über den St. Veits-Dom in Prag wurde 1928 veröffentlicht. Noch vorher, im Jahre 1924, gründete er, zusammen mit einigen Fotografen, die Tschechische Fotografische Gesellschaft. 1933 erfolgte die erste Einzelausstellung und 1936 – gemeinsam mit → Heartfield, → Moholy-Nagy, → Rodtschenko und Man → Ray – eine vielbeachtete Ausstellung im Manés Saal zu Prag. Die Stärke des Fotografen waren stimmungsvolle Landschaften, romantische Interieurs, Still-lifes und Porträts.

Literatur: J.S. Katalog. Neue Galerie-Sammlung Ludwig. 1976 – J.S. Katalog. Galerie Lichttropfen, Aachen. 1976.

Talbot, William Henry Fox (* 1800 Melbury/England, † 1887 Lacock Abbey) Universalgelehrter, Philologe, Naturwissenschaftler, Kunstgelehrter. Seit 1834 experimentierte er mit der Camera lucida und der Camera obscura. Erfand, nach Anregungen von John F. W. Herschel (1792–1871), ein Negativ-Positiv-Verfahren, das er, noch vor Bekanntgabe des Daguerreotypie-Verfahrens, unter der Bezeichnung Kalotypie (auch Talbotypie genannt) patentieren ließ. Die Royal Society gab seine Erfindung unter »The Process of Calotypie photogenic Drawing« am 10. Juni 1841 bekannt, fünf Jahre, nachdem Talbot sein erstes Foto – ein Bild, das er von seinem Haus in Lacock aufgenommen hatte, gelungen war. Im Unterschied zur Daguerreotypie, bei der ein negatives Bild auf einer Silberplatte erzeugt wurde, handelte es sich bei der Talbotypie bereits um ein Negativ-Positiv-Verfahren, bei dem lichtempfindliches Papier belichtet wurde. Der Kalotypie-Prozeß fand weltweite Verbreitung. Er führte im Prinzip auf direktem Wege zu den Negativ-Positiv-Verfahren, wie sie heute noch angewandt werden. Talbot selbst schuf unzählige solcher Bilder, insbesondere Landschafts- und Architekturfotografien. Bereits 1844 erschien sein erstes fotografisch illustriertes Buch »The Pencil of Nature«, wenig später »The Sun Pictures of Scotland«. Auch die in seinen Vorversuchen hergestellten Fotogramme von Pflanzen und Schmetterlingen erregten Aufsehen. 1849 meldete Talbot ein weiteres Patent an. Es betraf die Verwendung von Porzellan als fotografischem Bildträger. Talbot, der die universellen Möglichkeiten der Fotografie früh erkannte, gilt gleichzeitig als Pionier der Mikrofotografie, der Panoramafotografie, ja sogar der Fotokopie.

Literatur: Jammes, W.H.F.T. 1973 – W.H.F.T. Ein großer Erfinder und Meister der Photographie. 1972.

Thomson, John (* 1837 und † 1921 London) Schottischer Forscher und Fotograf, Mitglied der Royal Geographic Society. Thomson gilt als einer der Pioniere des frühen Fotojournalismus. 1865 reiste er nach China und publizierte 1867 seine dort aufgenommenen Fotografien in »The Antiquities of Cambodia«. Fünf Jahre später veröffentlichte er weitere Ergebnisse seiner fotografischen Forschungsarbeiten in dem Buch »Illustrations of China and its people«. Erstmals zeigten diese Fotografien chinesische Straßenszenen, Menschentypen und vor allem die dort herrschenden sozialen Verhältnisse. Thomson gilt außerdem als früher Vertreter des Live-Porträts. Er fotografierte bereits 1880 namhafte Persönlichkeiten nicht nur im Atelier, sondern suchte sie mit der Kamera in ihrem Zuhause auf.

Umbo (eigentl. Otto Umbehr; * 1902 Düsseldorf) Zunächst Zechenarbeiter, Töpfer, Schauspieler und Schnitzer. Studierte 1921–1923 am Bauhaus in Weimar. Anschließend übersiedelte er nach Berlin und wurde Kamera- und Regieassistent beim Film. Spezialität: Herstellung von Fotomontagen. 1928 wurde Umbo Mitbegründer des Deutschen Photodienstes (Dephot) in Berlin, dem ersten Zusammenschluß freischaffender Fotografen. Er galt als einer der führenden Bildreporter. Auch nach 1945 arbeitete er wieder als Bildjournalist und wurde schließlich Dozent für Fotografie an der Fachhochschule Hildesheim.

Literatur: Gidal, Deutschland – Beginn des modernen Photojournalismus. 1972.

Watzek, Hans (* 1848 Bilin/Österreich, † 1903 Wien) Studium an den Kunstakademien in Leipzig und München. Lehrer für Zeichnen und Modellieren. Wurde Professor und schrieb eine Abhandlung über die Fragen des physiologischen Sehens im Vergleich zur Fotografie. Seit 1896 arbeitete Watzek als Fotograf mit Heinrich → Kühn und Hugo → Henneberg zusammen. Sie stellten Gummidrucke her und entdeckten dabei den sog. Kombinationsdruck, einen mehrfarbigen Gummidruck. Sie bevorzugten großformatige Kameras und kopierten ihre Negative auf stark strukturiertes Papier. Ihre gemeinsam produzierten Bilder signierten die drei Fotografen mit Das Kleeblatt. Watzek und seine Freunde wirkten als Vertreter der Wiener Schule stilbildend im Bereich der Kunstfotografie.

Weber, Wolfgang (* 1902 Leipzig) Studium der Ethnologie, Philosophie und Musik in München. 1925 Studienreise nach Ostafrika. Wandte sich nach seiner Rückkehr mehr und mehr dem Fotojournalismus zu. Arbeiten für die »Berliner Illustrirte Zeitung«. Während des Krieges schuf er Bildreportagen, die insofern von besonderer Bedeutung wurden, als sie vom Standpunkt eines objektiven Beobachters über gegnerische Fronten berichteten. Nach 1945 wurde Weber Chefreporter der »Neuen Illustrierten«, für die er in die Krisenherde der Welt reiste. Seit 1964 arbeitet Weber für das Deutsche Fernsehen.

Weston, Edward (* 1886 Highland Park / Illinois, † 1958 Carmel / Kalifornien) Weston begann als Wanderfotograf und eröffnete 1911 ein Porträt-Studio in Tropico / Kalifornien. Er pflegte zunächst den damals üblichen Salon-Stil und arbeitete außerdem für Ausstellungen. 1923 machte er in Mexiko die Bekanntschaft des Malers Diego Rivera, der auf sein fotografisches Schaffen erheblichen Einfluß gewann. Dieser führte zu einer Veränderung des gestalterischen Interessenbereichs von Weston und zu einer Neuorientierung seines fotografischen Stils. Nunmehr bevorzugte er Naturmotive im Nahbereich und Stilleben, auch nach seiner

Rückkehr nach Kalifornien (1927). Weston fotografierte Pflanzen und Naturformen in streng formalen Kompositionen, in denen seine Neigung zur Abstrahierung sichtbar wurde. Eine der bekanntesten ist die 1930 entstandene Aufnahme einer Paprikaschote, die einer abstrakten Plastik gleicht. 1932 wird Weston Mitbegründer der Gruppe F/64. Als erster Fotograf erhält er 1937 ein Guggenheim-Stipendium.

Wolff, Paul (* 1887 Straßburg, † 1951) Studierte zunächst Medizin, fotografierte beruflich 1926 erste Aufnahmen mit einer Leica. Wurde zum Schrittmacher der Kleinbildfotografie und verhalf ihr zur Anerkennung in den Bereichen der Berufsfotografie und des Bildjournalismus. Seine in mehreren Bildbänden veröffentlichten Fotos hatten starken Einfluß auf die Entwicklung moderner Kleinbildtechnik.

Literaturhinweise

Theorie – Grundlagen

Daucher, H. / Seitz, R.: Didaktik der bildenden Kunst. München 1977
Franke, H. W. / Jäger, G.: Apparative Kunst. Köln 1973
Freytag, H.: Praktische Foto-Optik. Düsseldorf 1977
Krippner, St. / Rubin, D.: Lichtbilder der Seele (Kirlian-Fotografie). München 1976
Solf, K. D.: Fotografie – Grundlagen, Technik, Praxis. Frankfurt 1976
Teicher, G.: Handbuch der Fototechnik. Leipzig 1967

Gestaltung

Agfacontour Professional in Wissenschaft und Technik. Leverkusen 1974
Croy, O.: Fotomontage und Verfremdung. München 1974
Croy, O.: Praxis der Foto-Grafik. München 1977
Feininger, A.: Feiningers Kompositionskurs der Photographie. Düsseldorf 1974
Feininger, A.: Richtig sehen – besser fotografieren. Düsseldorf 1977
Gnade, M.: Fotos von Menschen. Düsseldorf 1974
Itten, J.: Kunst der Farbe. Ravensburg 1975
Jäger, G. / Holzhäuser, K. M.: Generative Fotografie. Ravensburg 1975
Karch, K.: Multivision, wie man sie plant, macht, einsetzt. Karlsruhe 1976
Küppers, H.: Farbe, Ursprung, Systematik, Anwendung. München 1972
Lewinski, J. / Clark, B.: Blickpunkt Farbe. Ein Handbuch für kreative Fotografie. Düsseldorf 1977
Lundquist, P.: Fotografik SW + Farbe, München 1973
Mante, H.: Bildaufbau. Ravensburg 1969
Mante, H.: Farb-Design in der Fotografie. Ravensburg 1970
Meisnitzer, F.: Wie fotografiere ich was in Schwarzweiß und Farbe. München 1974
Schöttle, H.: Die Landschaft – Farbfotografie für jedermann. Frankfurt 1977
Schöttle, H.: Das Porträt – Farbfotografie für jedermann. Frankfurt 1977
Spitzing, G.: 1 Foto = 1001 Bilder. Düsseldorf 1976

Time-Life: Die Kunst der Photographie. Amsterdam 1974
Time-Life: Fotoprobleme. Amsterdam 1972

Aufnahme- und Verarbeitungstechnik

Agfa-Gevaert: Verarbeitungsfehler in Schwarzweiß-Prozessen. Leverkusen 1975
Berger, Dr. H.: Agfacolor, Aufnahme – Verarbeitung. Wuppertal 1968
Boje, W.: Portraits in Farbe. Düsseldorf 1977
Croy, O.: Perfekte Fototechnik. München 1973
Croy, O.: Reproduktion und Dokumentation. München 1976
Feininger, A.: Farb-Fotolehre. Düsseldorf 1969
Feininger, A.: Die hohe Schule der Fotografie. Düsseldorf 1974
Gareis / Scheerer: Farbfoto-Handbuch. München 1976
Großbildpraxis. München 1972
Hedgecoe, J.: Meisterschule der Photographie. Stuttgart 1977
Münster, O. Graf zu: Sportfotografie. Düsseldorf 1973
Schöttle, H.: Olympiade der Farbfotografie. Frankfurt 1976
Time-Life: Das große Buch der Photographie. Amsterdam 1976
Time-Life: Die Farbe. Amsterdam 1972
Time-Life: Photoprobleme. Amsterdam 1972
Time-Life: Das Studio. Amsterdam 1972
Weber, E. A.: Farbfotopraktikum. Berlin 1971
Weber, E. A.: Foto-Praktikum. München 1973

Labortechnik

Agfa-Gevaert: Agfacolor selbst verarbeitet (Negativ-Positiv-Prozeß). Leverkusen 1971
Beutler, W.: Meine Dunkelkammer-Praxis. Düsseldorf 1972
Kisselbach, Th.: Dunkelkammer-Handbuch. München 1976
Spitzing, G.: Farbvergrößern nach Dias. Düsseldorf 1976
Spitzing, G.: Vergrößern schwarzweiß + farbig. München 1973
Time-Life: Das Bild – Negativ- und Positiventwicklung, Duka-Praxis. Amsterdam 1975

Verschiedenes

Auer, M.: Kameras gestern und heute. München 1976
Fabian, R.: Die Fotografie als Dokument und Fälschung. München 1976
Freund, G.: Photographie und Gesellschaft. München 1974
Gerstenberg, E.: Die Urheberrechte an Werken der Kunst, der Architektur und der Photographie. München 1968
Hautmann / Riedel: Das neue Fotorecht. München 1972
Heidtmann, F.: Wie finde ich fotografische Informationen. Berlin 1976
Lohse, B.: Hugo Erfurth 1874–1948 (Porträt). München 1976
Tausk, P.: Geschichte der Fotografie im 20. Jahrhundert. Köln 1977
Willsberger, J.: Fotofaszination. Gütersloh 1975

DuMont Kunst-Taschenbücher

»Die Reihe ist aktuell und vielseitig und bietet eine Fülle von farbigen und einfarbigen Abbildungen. Inhaltlich stehen Information und Dokumentation im Vordergrund. Aktualität auch bei kunsthistorisch weiter zurückliegenden Komplexen.« *Stuttgarter Nachrichten*

Stand Ende '78

Band 2
Horst W. und Dora Jane Janson
Malerei unserer Welt

Band 3
August Macke Die Tunisreise

Band 4 Uwe M. Schneede
René Magritte

Band 5 Ernst Günther Grimme
Pieter Bruegel d. Ä.

Band 6 Karin Thomas
DuMont's kleines Sachwörterbuch zur Kunst des 20. Jahrhunderts

Band 8 Christian Geelhaar
Paul Klee

Band 11
William Morris
Kunde von Nirgendwo

Band 12 José Pierre
DuMont's kleines Lexikon des Surrealismus

Band 13 Joseph-Émile Muller
DuMont's kleines Lexikon des Expressionismus

Band 14 Jens Christian Jensen
Caspar David Friedrich

Band 15 Heijo Klein
DuMont's kleines Sachwörterbuch der Drucktechnik und grafischen Kunst

Band 17 André Stoll
Asterix – das Trivialepos Frankreichs

Band 18 Horst Richter
Geschichte der Malerei im 20. Jahrhundert

Band 22 Wolfgang Brückner
Elfenreigen – Hochzeitstraum

Band 23 Horst Keller
Marc Chagall

Band 24 Ernst R. Scherz und Anneliese Scherz
Afrikanische Felskunst

Band 25 Gabriele Sterner
Jugendstil

DuMont Kunst-Taschenbücher

Band 26 Jens Christian Jensen
Carl Spitzweg

Band 27 Oto Bihalji-Merin
Die Malerei der Naiven

Band 28 Hans Holländer
Hieronymus Bosch

Band 30
Johannes Pawlik (Hrsg.)
Malen lernen

Band 31 Jean Selz
DuMont's kleines Lexikon des Impressionismus

Band 32 Uwe M. Schneede
George Grosz

Band 33
Erwin Panofsky
Sinn und Deutung in der bildenden Kunst

Band 34
Oto und Lise Bihalji-Merin
Henri Rousseau

Band 35 Evert van Uitert
Vincent van Gogh

Band 36 Barbara Leuner
Psychoanalyse und Kunst

Band 37 Bob Haak
Rembrandt

Band 38 Ingeborg Tetzlaff
Romanische Kapitelle in Frankreich

Band 39 Joost Elffers (Hrsg.)
DuMont's Kopfzerbrecher
TANGRAM

Band 40 Walter Pach
Auguste Renoir

Band 41
Heinrich Wiegand Petzet
Heinrich Vogeler – Zeichnungen

Band 42 Ernst Günther Grimme
Deutsche Madonnen

Band 43 Karl Heinz Krons
Gestalten mit Papier

Band 44 Fritz Baumgart
DuMont's kleines Sachlexikon der Architektur

Band 45 Jens Christian Jensen
Philipp Otto Runge

Band 46
Walter Friedlaender
Hauptströmungen der französischen Malerei von David bis Delacroix

DuMont Kunst-Taschenbücher

Band 47 Paul Vogt
Der Blaue Reiter

Band 48
Aubrey Beardsley Zeichnungen

Band 49 Heinrich Hüning
Gestalten mit Holz

Band 50
Conrad Fiedler
Schriften über Kunst

Band 51 Martin Warnke
Peter Paul Rubens

Band 52 Jörg Krichbaum/
Rein A. Zondergeld
DuMont's kleines Lexikon der Phantastischen Malerei

Band 53 Edward Quinn
Picasso

Band 54
Karin Thomas / Gerd de Vries
DuMont's Künstler-Lexikon von 1945 bis zur Gegenwart

Band 55 Kurt Schreiner
Kreatives Arbeiten mit Textilien

Band 56 Ingeborg Tetzlaff
Romanische Portale in Frankreich

Band 57 Götz Adriani
Toulouse-Lautrec und das Paris um 1900

Band 58 Hugo Schöttle
DuMont's Lexikon der Fotografie

Band 59 Hugo Munsterberg
Zen-Kunst

Band 60 Hans H. Hofstätter
Gustave Moreau

Band 61
Martin Schuster / Horst Beisl
Kunst-Psychologie

Band 62 Karl Clausberg
Die Manessische Liederhandschrift

Band 63 Hans Neuhaus
Werken mit Ton

Band 65 Harald Küppers
Das Grundgesetz der Farbenlehre